August Flammer

Erfahrung der eigenen Wirksamkeit

August Flammer

Erfahrung der eigenen Wirksamkeit

Einführung in die Psychologie
der Kontrollmeinung

Verlag Hans Huber
Bern Stuttgart Toronto

Umschlagbild: Theo Frey, Weiningen

CIP-Titelaufnahme der Deutschen Bibliothek

Flammer, August:
Erfahrung der eigenen Wirksamkeit : Einführung in die
Psychologie der Kontrollmeinung / August Flammer. –
Bern ; Stuttgart ; Toronto : Huber, 1990
  (Psychologie-Lehrbuch)
  ISBN 3-456-81942-0

© 1990 Verlag Hans Huber, Bern
Gesamtherstellung: Hubert & Co., Göttingen
Printed in Germany

Inhaltsverzeichnis

Vorwort

Hilflosigkeit ist in den letzten fünfzehn Jahren zu einem neuen Schlüsselwort der klinischen Psychologie geworden. Hilflosigkeit hat mit Machtlosigkeit, mit Versagen, ja mit Depression zu tun. Der Komplementärbegriff zu Hilflosigkeit ist Kontrolle; er hat durch die Hilflosigkeitsdiskussion neue Aufmerksamkeit erlangt, ist aber fundamentaler und hat eine noch größere Reichweite. Kontrolle zu haben heißt, Ziele erreichen zu können, seine Lebensbedingungen im Griff zu haben, Freiheit oder doch Freiheitsgrade zu besitzen, funktionstüchtig und glücklich zu sein, gelegentlich auch, Macht zu haben und sich überlegen zu fühlen. Kontrollerfahrung ist eine Lebensgrunderfahrung; und alle Menschen streben natürlicherweise nach einem Kontrollanteil. Kontrolle erlaubt Fortschritt, Kontrolle ermöglicht persönliches Verdienst, impliziert aber auch Verantwortung.

Eine Zeitlang glaubte man, daß der Mensch nie zu viel Kontrolle haben könnte. Dieser Glaube ist irrig. Über gewisse Ziele können gar nicht alle Menschen gleichzeitig Kontrolle ausüben; es gibt auch eine Kontrollkonkurrenz, ja einen Kontrollkampf unter den Menschen. Und Teile unserer Welt sind so komplex, daß der Versuch, sie zu kontrollieren, mitunter auch schlimme Folgen haben kann. Früher trösteten sich die Bauern bei schlechtem Wetter mit dem Hinweis darauf, daß es sicher noch schlechter herauskäme, wenn das Wetter durch Menschen kontrolliert werden könnte; heute wissen wir, daß viele sorglose Eingriffe in die Zusammenhänge der Natur schwerwiegende ökologische Folgen haben können: Wir können uns zugrunde kontrollieren!

Ist Kontrolle daher anzustreben oder zu vermeiden? So kann die Frage nicht lauten; vielmehr geht es darum, wieviel, in welchen Bereichen und wie wir Kontrolle anstreben und ausüben. Und natürlich geht es in der modernen Psychologie noch um mehr, nämlich darum, wie die Menschen zu ihrer eigenen Kontrolle stehen, ob sie wissen oder glauben, Kontrolle zu haben, und wie sie zu solchem Wissen gelangen. Menschen können eben nicht nur unglücklich sein, weil sie keine oder zu wenig Kontrolle haben, sondern auch, weil sie meinen, keine oder zu wenig Kontrolle zu haben. Dann wagen sie nämlich keine Kontrollhandlungen mehr, dann finden sie sich ohnmächtig, unfähig, letztlich wertlos. Der zentrale Gegenstand dieses Buches ist darum die Kontrollmeinung, d.h. die persönliche Meinung über die eigene Kontrolle als Teil des Selbstkonzepts.

Der vorliegende Text ist gedacht als lehrbuchmäßige Einführung für Leserinnen und Leser, die zwar keine besonderen Vorkenntnisse mitbringen, aber doch wohl nicht das erste Mal ein fachpsychologisches Buch lesen. Ich versuche im ersten und größten Teil, die wichtigsten einschlägigen Erkenntnistraditionen verständlich darzustellen und zu einer kohärenten Auffassung von Kontrolle, Kontrollmeinung und ihrer persönlichkeitsmäßigen und sozialen Bedeutung hinzuführen. Der zweite Teil geht der Frage der Verankerung der

Kontrollmeinung im persönlichen Selbstverständnis und in der eigenen Lebenserfahrung, genauer: der Autobiographie, nach. Damit soll ein umfassendes Verständnis der persönlichen Kontrollmeinung erreicht werden, das auch in der fachpsychologischen Beratungs- und Therapietätigkeit zum Tragen kommen soll. Der dritte Teil führt in den Aufbau der Kontrollmeinungen im Lauf der menschlichen Entwicklung ein. Die Lektüre des zweiten Teils setzt die Lektüre des ersten voraus; auch der dritte Teil baut auf dem ersten, nicht aber ausdrücklich auf dem zweiten, auf. Der erste Teil allein enthält eine gewisse eigene Geschlossenheit. Wer also nicht das ganze Buch lesen will oder im Unterricht verwenden will, kann entweder den ersten Teil (Kapitel 1 bis 9) auswählen oder den ersten und den zweiten Teil (Kapitel 1 bis 14) oder den den ersten und den dritten Teil (Kapitel 1 bis 9 und 15 und 16). Der zweite Teil schöpft am meisten aus der aktuellen psychologischen Forschung; seine Lektüre wird durch elementare fachpsychologischen Vorkenntnisse mehr als die beiden anderen erleichtert.

In seiner Entstehung bestand dieses Buch jahrelang aus einem immer wieder überarbeiteten Vorlesungsskript, genau genommen aus einer Serie von Texten, die die Vorlesung herkömmlichen Stils ersetzt haben. Meine Studierenden sind gewohnt, nach einer mündlichen Einführung ins Thema die Basisinformation selbst zu lesen und hernach in der gemeinsamen Veranstaltung weiter zu verarbeiten. Eine zweistündige Veranstaltung und die Kapitellektüre je Woche machen ein Semester aus. In der zweiten Hälfte der Doppelstunde gebe ich jeweils eine Einführung ins neue Kapitel (mal eine Vorschau, mal eine einführende Demonstration, mal die Herausarbeitung der besonderen Problemstellung etc.). Nach der zwischenzeitlichen Lektüre steht die erste Hälfte der nächsten Doppelstunde zur Verfügung für Fragen der Studierenden, für Übungen, für Gruppendiskussionen, für zusätzliche Information meinerseits etc. Im darauffolgenden Semester findet jeweils ein Seminar zum Thema mit vertiefenden Originaltexten statt.

Häufig hat die didaktische Arbeit mit diesen Texten zu wertvollen Einsichten meinerseits geführt. Sie führte zu substantiellen Verbesserungen in nachfolgenden Skriptauflagen. Ich bin dafür meinen interessierten und hilfreichen Studierenden sehr dankbar.

Es drängt mich jedoch, in erster Linie jenen Personen aus meiner ständigen Arbeitsgruppe zu danken, die schon bei 'der ersten Stunde' unserer Beschäftigung mit Kontrolle dabei waren, nämlich Ruth Lüthi, Alexander Grob und eine Zeitlang Beat Keller. Sie haben seit 1983 lesend, diskutierend, planend, experimentierend, schreibend, kritisierend, zweifelnd und immer wieder begeistert die Forschungsarbeiten zur Kontrolle mitgetragen.

In den letzten Jahren kamen weitere Mitarbeiterinnen und Mitarbeiter dazu, die sich bis heute oder vorübergehend forschend und mitdenkend mit Kontrolle auseinandersetz(t)en, nämlich Eva Scheuber-Sahli, Andrew Mackinnon, Alexander Wearing, Florian Kaiser, Elisabeth Rheindorf, Kathrin von Steiger und Joannis Avramakis.

Die häufige Verwendung des Pronomens «wir» entspringt darum in diesem Buch nicht dem Bedürfnis, das «ich» bescheiden hinter dem «wir» zu verstekken, sondern verweist auf die Arbeitsgruppe 'Kontrolle'. Ich habe erst gegen Ende festgestellt, daß ich im Text sowohl «wir» als auch «ich» verwendet habe; eine nähere Prüfung ergab, daß die Wahl des Pronomens jeweils unreflektiert zutreffend war.

In der Arbeit am zweiten Buchteil waren mir die vorzüglichen Arbeitsbedingungen an der Melbourne University und die kollegialen Gespräche mit Alex Wearing und Doreen Rosenthal wichtige Hilfen.

Hilfe von besonders intensiver Art erhielt ich in der letzten redaktionellen Phase von Kommentaren und Vorschlägen einer ganzen Gruppe von außerordentlich interessierten und hilfsbereiten Teilnehmern eines Ad-hoc-Seminars in Bern. Diesen möchte ich ganz ausdrücklich danken, insbesondere Joannis Avramakis, Walter Diethelm, Alexander Grob, Bettina Hosenfeld, Israela Jakubowitsch, Manuel Joray, Florian Kaiser, Ruth Lüthi, Vinzenz Morger, Markus Neuenschwander, Elisabeth Rheindorf, Eva Scheuber-Sahli und Peter Valentin.

Endlich brachten Annemarie Borner und Daniela Schäufele-Krneta mit je einer Schlußlektüre, die sie beide mit beeindruckendem Sprachgefühl und Sachverständnis besorgten, noch Erstaunliches zu meinem Bewußtsein; herzlichen Dank!

In einer speziellen Dankesschuld fühle ich mich gegenüber Theo Frey, von dem die eingestreuten Photographien aus der Zeit während und nach dem zweiten Weltkrieg stammen und dessen Werk ich erst in den letzten Monaten kennen und vor allem schätzen gelernt habe. Er hat diese Bilder wegen des Themas, das mit Kontrolle und Ohnmacht zu tun hat, zu Vorzugsbedingungen zur Verfügung gestellt. Sie sind im Band «Rückblende» (Offizin-Verlag, Zürich 1989) originalpubliziert.

Die schließliche Fertigung der Offset-Vorlagen ist das Werk verschiedener Personen, deren sorgfältige Kleinarbeit ich dankbar und mit Stolz über das sehenswerte Ergebnis hervorhebe. Sie stammt von Peter Valentin, Walter Diethelm, Joannis Avramakis und Daniela Schäufele-Krneta. Auf der Seite des Verlags war Dr. Peter Stehlin immer ein kompetenter und freundlicher Berater und schließlich effizienter Realisator.

Ich danke schließlich meiner Familie für die Pflege eines angenehmen und tragenden Alltags, in dem meine Hochs und Tiefs, die ich in der Beschäftigung mit der Kontrolle immer wieder erlebe, Echo und Einbettung finden. Herzlichen Dank darum meiner Frau Silvia und unseren Kindern, die ja gar nicht mehr Kinder sind, Monica, Ivo, Pascal.

Bolligen und Bern, Ostern 1990   A. F.

Teil I
Kausalität, Kontrolle, Kontrollmeinung

Im Zentrum dieses Buchs steht das Konzept der Kontrollmeinung. Im Teil I (Kapitel 1 bis 9) wird der Begriff mit seinen Verästelungen und Zusammenhängen eingeführt, der Teil II (Kapitel 10 bis 14) bespricht die Wege und Irrwege der Entstehung konkreter Kontrollmeinungen sowie Möglichkeiten der gezielten Veränderung, und der Teil III (Kapitel 15 und 16) zeichnet die strukturelle Entwicklung der Kontrollmeinungsbegriffe im Laufe des menschlichen Lebens nach.

Nach einer ersten Einführung in die allgegenwärtige Bedeutung der Erfahrung von Wirksamkeit und Kontrolle im Kapitel 1 leiten die Kapitel 2 bis 4 den Hauptbegriff in historischen Etappen von zentralen verwandten Begriffen her (Kapitel 2: Kausalität, Kapitel 3: Kausalattribution, Kapitel 4: Hilflosigkeit). Kapitel 5 entfaltet die Begrifflichkeit der Kontrollmeinung umfassend. Daran schließen sich Kapitel über die wissenschaftlich nachgewiesene Relevanz der Kontrollmeinungen im menschlichen Leben (Kapitel 6), über die intrinsische Motivation der Menschen, Kontrolle zu erwerben und auszuüben (Kapitel 7), und über Grenzen der Kontrollierbarkeit, den Umgang mit Grenzen und Fragen zur Kontrollverteilung und zur Gerechtigkeit (Kapitel 8 und 9) an.

1. Problemfeld und Begriffe

1.1 Erfahrungen von Macht und Ohnmacht im Alltag

Menschen sind ein Leben lang aktiv und üben fortlaufend kleine und große Wirkungen auf ihre Umwelt aus. Eigentlich sind sie für andere und gar für sich selbst nur an ihren Wirkungen erkennbar, und man ist versucht zu sagen: Menschen sind, was sie können.

Ich möchte das zur Einführung mit einigen Schilderungen aus dem normalen und etwas weniger normalen Alltag verdeutlichen.

1.1.1 Wirkung und Selbstwert

Wenn Kinder etwas gelernt haben, etwas Neues 'können', wiederholen sie das ausgiebig (Beispiele: mit der Steinschleuder umgehen, Fahrrad fahren). Außerdem sind sie darauf häufig stolz und zeigen diesen Stolz gegenüber ihrer Umwelt. Das gilt für Erwachsene nicht weniger.

Wenn Pawlow in seinem Labor Hunde darauf trainierte, eine flache Ellipse als Signal für einen angenehmen Reiz und einen Kreis als Signal für einen unangenehmen Reiz wahrzunehmen und er im weiteren die Ellipse immer mehr dem Kreis anglich und den Kreis langsam zur Ellipse abflachte, wurden die beiden Reize schließlich nicht mehr verläßlich unterscheidbar. Das brachte die Tiere in große Not (vgl. Mineka & Kihlstrom, 1978; Bower & Hilgard, 1981).

Wenn alte Menschen ihren früheren Einfluß, ihre Aufgaben verloren haben, aber auch wenn sie spüren, daß ihre Fähigkeiten schwinden, kommen sie sich wertlos vor. Sie klagen gelegentlich darüber, daß sie völlig unnötig seien, daß sie krank sein oder allein in ihrer Wohnung sterben könnten, ohne daß es jemand merken würde oder daß sie jemandem fehlen würden.

Es könnte sein, daß es zum Wohlbefinden von Lebewesen, insbesondere von Menschen gehört, Wirkungen zu erzielen, Ereignisse voraussagen zu können und selbst etwas wert zu sein.

1.1.2 Delegation und Vertrauen

Auf einer Südsee-Insel habe ich vor Jahren einen Gottesdienst erlebt. Die ersten Eindrücke waren bestimmt von Farben, südsee-melodischen Liedern und Fröhlichkeit. Dann folgten Bittgesänge: Sie wurden immer lauter, man reichte sich die Hände beim Singen, streckte die Hände immer höher gegen den Himmel, und schließlich summten die Gläubigen nur noch, während der Priester laut (aber ziemlich unverständlich französisch) betete. Die Gläubigen vertrauten auf das Gebet des Priesters und summten sich in eine melodisch-emotionale Harmonie mit ihm und der Welt hinein.

Im WM-Ausscheidungs-Spiel Schweiz-Dänemark im Wankdorf am 17.10. 1984 trug der dänische Torhüter nicht die sonst übliche Nr. 1, sondern die Nr. 20, mit der er kurz vorher als Ersatzmann sehr erfolgreich gewesen war (Mitteilung des TV-Reporters).

Wenn Menschen kritisch krank sind, suchen sie oft medizinische 'Kapazitäten' auf. Andere wallfahren zu heiligen Städten oder Personen mit besondern Kräften.

Als im Jahre 1989 in Italien eine große Wasserknappheit herrschte, wurden Bittprozessionen um Regen durchgeführt.

Es könnte sein, daß Menschen, die sich selbst machtlos vorkommen, auf wohlgesinnte Menschen oder Kräfte hoffen, die mit ihrer Macht alles zum Guten wenden. Viele beten zu Gott. Ist das Ohnmacht?

1.1.3 Hilflosigkeit

Vielen Menschen hilft es, anderen helfen zu können, für andere zu sorgen. Wenn Kinder erwachsen werden und aus der elterlichen Wohnung ausziehen, wird es nicht nur am Familientisch leer; statt Erleichterung durch Entlastung erleben viele Väter und Mütter dann auch eine persönliche Leere und eine Unzufriedenheit mit sich selbst, die vorher kaum zum Bewußtsein gelangt ist. Von einem solchen Fall berichtete zum Beispiel Seligman (1975, dt. 1983, 1):

Kürzlich bat mich eine Frau mittleren Alters um psychotherapeutische Behandlung. Jeder Tag, so sagte sie, sei ein einziger Kampf, nur um gerade so über die Runden zu kommen. An schlechten Tagen bringe sie es nicht einmal fertig, aus dem Bett aufzustehen, und wenn ihr Ehemann abends nach Hause komme, sei sie noch im Schlafanzug und habe kein Essen vorbereitet. Sie weine sehr viel; selbst Phasen besserer Stimmung würden von Gedanken an Versagen und Wertlosigkeit unterbrochen. Kleine, alltägliche Beschäftigungen wie Einkaufen oder Ankleiden kämen ihr sehr schwierig vor, und jedes kleinste Hindernis erscheine ihr wie eine unüberwindliche Barriere. Als ich sie darauf hinwies, daß sie eine gutaussehende Frau sei, und ihr vorschlug, sich ein neues Kleid zu kaufen, antwortete sie: 'Das ist einfach viel zu schwer für mich. Ich müßte mit dem Bus durch die Stadt fahren und würde mich wahrscheinlich verirren. Selbst wenn ich tatsächlich zu dem Geschäft hinfände, so würde ich ja doch kein passendes Kleid finden. Was würde das Ganze letztlich auch bringen, ich bin doch wirklich so unattraktiv.'

Sie geht und spricht langsam, und ihr Gesicht sieht traurig aus. Bis zum letzten Herbst war sie lebhaft und aktiv gewesen, war Vorsitzende des Elternbeirats in ihrem Vorort, eine charmante Gastgeberin, Tennisspielerin und Hobbydichterin. Dann geschah zweierlei: ihre Zwillingssöhne kamen aufs College und gingen damit zum ersten Mal von zu Hause fort, und ihr Mann wurde innerhalb seiner Firma auf eine Position mit größerem Verantwortungsbereich befördert, eine Position, die ihn häufiger von zu Hause fernhielt. Jetzt grübelt sie darüber nach, ob ihr Leben überhaupt noch lebenswert sei, und hat bereits mit dem Gedanken gespielt, den Inhalt ihrer Flasche Antidepressiva auf einmal zu schlucken.

Es könnte sein, daß Leben ohne subjektive Wirksamkeit sinnlos ist.

1.1.4 Realität oder Illusion?

Aus der ethnologischen Literatur ist bekannt, daß gesunde Menschen innert Stunden sterben können, wenn sie entdecken, unwissentlich ein Tabu gebrochen zu haben, oder wenn sie vom Medizinmann oder dem Häuptling aus der Gemeinschaft verbannt werden (Basedow, 1925; Cannon, 1942). Richter (1957) glaubte an Tieren in einem (grausamen) Experiment vergleichbare Zustände festgestellt zu haben. Er hatte wilden Ratten die Schnurrhaare weggeschnitten und sie in einen Behälter mit Wasser gegeben. Zu seiner Überraschung gaben sie sich nicht lange Mühe zu schwimmen, sondern ertranken innert 1 bis 15 Minuten, was von den schwimmgewohnten Tieren natürlich nicht zu erwarten war. Während die meisten zu allererst im Wasser eine Beschleunigung des Pulses zeigten, wurde dieser dann immer langsamer, als ob das Leben der Tiere widerstandslos ausgelöscht würde. Nach der Interpretation Richters verlieren Ratten ohne ihre Schnurrhaare die Orientierung und damit die Möglichkeit, sich zu wehren oder sich effizient zu verhalten; er glaubte, daß seine Versuchstiere aus Hoffnungslosigkeit über ihre Lage starben («as a result of hopelessness», Richter, 1957, 197). Von einem unglaublichen Fall aus der sog. zivilisierten Welt berichtete Seligman (1975, dt. 1983, 4-5):

1967 kam eine Frau kurz vor ihrem 23. Geburtstag völlig aufgelöst ins städtische Krankenhaus von Baltimore gelaufen und bat um Hilfe. Sie und zwei andere Mädchen hatten, wie es schien, verschiedene Mütter, waren aber bei derselben Hebamme an einem Freitag, den 13., im Okefenokee-Sumpf zur Welt gekommen. Die Hebamme hatte alle drei Babys verflucht und prophezeit, daß die eine vor ihrem 16. Geburtstag, die zweite vor ihrem 21. Geburtstag und die dritte vor ihrem 23. Geburtstag sterben würde. Die erste war mit 15 Jahren bei einem Verkehrsunfall ums Leben gekommen; die zweite war am Abend vor ihrem 21. Geburtstag bei einer Schlägerei in einem Nachtclub versehentlich erschossen worden. Nun wartete sie als dritte voller Entsetzen auf ihren eigenen Tod.
Die Klinik nahm sie etwas skeptisch zur Beobachtung auf. Am nächsten Morgen, zwei Tage vor ihrem 23. Geburtstag, wurde sie tot in ihrem Klinikbett aufgefunden – ohne erkennbar organische Todesursache.

Ein Schüler, der seiner Aufgabe nicht gewachsen ist (oder nicht gewachsen zu sein glaubt), wird leicht zu einem 'underachiever'. Warum soll er sich anstrengen, wenn er keine Chance hat? Die schlechte Meinung über einen selbst bestätigt sich (oder wird doch nicht falsifiziert), wenn man sich gar nicht anstrengt.

So wie ungünstige Schulerfahrungen einen zur Überzeugung führen können, daß man dumm ist (was sich, wenn man sich danach verhält, auf jeden Fall bewahrheitet), so läßt sich jemandem auch die Überzeugung fehlender Kompetenzen beibringen. Der Einfluß der Erzieher ist dabei nicht immer so offenkundig wie wirksam. Ein Lehrer kann z.B. einem seiner Meinung nach nicht sehr guten Schüler Mißerfolge ersparen wollen, indem er ihm leichtere Aufgaben zuhält. Wenn der Schüler das merkt, kann er daraus schließen, daß der Lehrer wenig von ihm erwartet, und sein Verhalten sowie sein Selbstbild danach richten. Oder eine Schülerin kann für die Lösung einer einfachen Aufgabe (aufmunternd) gelobt werden, für die eine andere Schülerin nicht gelobt wird; daraus läßt sich für die erste Schülerin die implizite Beurteilung durch die Lehrerin abschätzen (vgl. Brophy & Good, 1974; Meyer, 1984).

Es könnte sein, daß es weniger darauf ankommt, tatsächlich Wirkung zu haben, als darauf, daran zu glauben. Und umgekehrt: Was hilft es, Wirkungen zu haben, wenn man glaubt, man habe keine?

1.1.5 Verzicht auf 'unnütze' Information

Viele Menschen wollen mit unangenehmen Realitäten lieber gar nicht konfrontiert werden, vielleicht weil sie nichts dagegen tun mögen, vielleicht weil sie nichts dagegen tun können. Seligman (1975, dt. 1983, 3) berichtete über einen instruktiven Streit zwischen Leserbriefschreibern der *New York Times*:

Eine Mrs. Samuels war Passagier an Bord einer Boeing 747 gewesen, die von Los Angeles nach New York flog; sie wandte sich mit einer Klage an die *Times*. Über den Rocky Mountains – sie wartete gerade darauf, daß das Mittagessen serviert würde – wurde den Passagieren mitgeteilt, daß man aus 'technischen Gründen' eine nicht eingeplante Zwischenlandung in Chicago einschieben müsse. Einige Minuten später meldete sich der Pilot noch einmal: 'Einige der Passagiere möchten gerne darüber aufgeklärt werden, was 'technische Gründe' wirklich bedeutet. Einer der Motoren ist ausgefallen, so daß eine Zwischenlandung aus Sicherheitsgründen angezeigt ist. Natürlich könnte das Flugzeug auch mit nur zwei Motoren bis New York weiterfliegen'.
Mrs. Samuels berichtete, daß die Aufregung beträchtlich gewesen sei, und meinte, daß man die Passagiere, die ja nun einmal dafür bezahlten, Entscheidungen dem Piloten zu überlassen, über ihre Lage hätte im Dunkeln lassen sollen; sie konnten ohnehin nichts an der Situation ändern außer einen erhöhten Blutdruck zu bekommen. Mrs. Samuels schloß mit der Frage: 'Wie viele Leser denken wie ich über die freiwillige Offenheit des Piloten – wenn das Flugzeug wirklich nicht in Schwierigkeiten war, wie behauptet wurde? Und wie viele meinen andererseits, daß ihre Grundrechte verletzt werden, wenn sie überhaupt nichts erfahren?'. Es ist interessant, daß die meisten Leser, die auf Mrs. Samuels Frage antworteten, die volle Wahrheit erfahren wollen, wenn es Schwierigkeiten gibt.

Ein Artikel der Weltwoche vom 6. 4. 1989 über AIDS war überschrieben mit: «Was bringt's, wenn man's weiß?»

In unserer arbeitsteiligen Gesellschaft liefern wir uns gegenseitig immer wieder aus. Auch freiwillig. Hilft es, daß wir wissen, wann die Situation kritisch ist? Oder hilft es, nicht zu wissen?

1.1.6 Grenzen

So wichtig auch das Erlebnis eigener Wirksamkeit ist und so schwerwiegend bestimmte Wirkungen für einzelne Menschen tatsächlich sind: Unseren Möglichkeiten sind Grenzen gesetzt. Man kann daran verzweifeln oder einen Weg suchen, mit Begrenzungen umzugehen. Einige japanische Sprichwörter (frei übersetzt aus der englischen Übersetzung nach Azuma, 1984) sollen die Leserin oder den Leser zum Nachdenken anleiten:

- «Du kannst nicht ein weinendes Kind und den Landbesitzer besänftigen.»
- «Wenn Du mit einem Langen [=Großen?] zu tun hast, laß ihn gewähren.»
- «Weiden brechen unter dem Schnee nicht.»
- «Wahre Toleranz toleriert auch den Intoleranten.»

Eine zweischneidige Weisheit dieser Art kommt auch in einem geläufigen Schweizer Sprichwort zum Ausdruck: «Dä Gschider git noh, dr Esel blibt stoh.»

Es ist natürlich nicht zufällig, daß die Christenbibel den Umgang mit Grenzsituationen auch thematisiert, z.B. in folgenden Aussagen:

- «Wer sein Leben findet, der wird's verlieren; und wer sein Leben verliert um meinetwillen [Christus], der wird's finden» (Mt. 10,39).
- «Denn was hülfe es dem Menschen, wenn er die ganze Welt gewönne und nähme an seiner Seele Schaden?» (Mk. 8.36).
- «Alle eure Sorgen werfet auf ihn; denn er sorget für euch» (1. Petr. 5,7).

Es könnte sein, daß persönliche Wirksamkeit so sehr zu einem glücklichen Leben gehört, daß wir versucht sind, unser ganzes Glück davon abhängig zu machen. Vielleicht fällt diese Relativierung uns Menschen der westlichen Zivilisation besonders schwer.

1.2 Gedanken zur Bedeutung persönlicher Wirksamkeit im Leben

1.2.1 Leben als Austausch

Leben besteht immer in einem Austausch zwischen einem Lebewesen und seiner Welt. Lebewesen sind immer in einer Welt, aber nicht etwa weil sie in einem Raum wie in einem Behälter geortet werden müßten, sondern weil der Austausch mit der Umwelt überhaupt erst Leben ist, weil die Welt das Medium des Lebens ist.

Atmen, gehen, liegen, essen, ausscheiden, und erst recht wahrnehmen, greifen, schlagen, beeindruckt-sein, diskutieren, vermissen, lieben, suchen, vermeiden: Immer ist da ein lebendes Wesen und ein Gegen-Stand oder ein Partner/eine Partnerin. Der Gegen-Stand, die Um-Welt kann sogar das Lebewesen selbst oder Teile davon sein, so z.B. wenn ein Säugling mit seinen Fingern spielt oder wenn jemand über den Weg einer geistigen Problemlösung nachdenkt oder einem Gefühl 'nachhängt'.

In der Allgemeinen Psychologie gehört das Verdienst dafür, diese transaktionale Denkweise schon am längsten und intensivsten gefördert zu haben, der dialektisch-materialistischen Psychologie. In der Tat widerspiegelt das Konzept der Kontrolle ein Stück weit die fundamentale Dialektik des Lebens: Ein Lebewesen, das sich der Realität anpaßt und auf diese Einfluß nimmt, von dieser veränderten Realität selbst beeinflußt wird, sich nötigenfalls wieder

16

anpaßt und wieder Einfluß nimmt etc. Das hat Jean Piaget im Anschluß an James Baldwin mit Akkommodation und Assimilation bezeichnet (Piaget, 1937, 1980).

1.2.2 Spielarten des Wirkens

Wirkung kann direkt und indirekt sein. Wenn ich einen Fußball wegschlage, nehme ich direkt Einfluß auf das Stück Welt, das ich verändern möchte; wenn ich ins Tor treffe, habe ich überdies eine erstrebte Wirkung auf meine Anerkennung durch andere, natürlich indirekt über den Torschuß. Wenn ich mich selbst zu beherrschen versuche, strebe ich generell mehr Wirkung für mich an (indem ich nicht aus jedem Winkel aufs Tor schieße, sondern mich erst in bessere Position bringe, schieße ich schließlich mehr Tore, habe ich mehr Kontrolle über meine Wirkungen). Wenn ich gar den Ball einem Teamkameraden abgebe, der in besserer Schußposition steht, dann gewinnt das Team als solches mehr Wirkung; vielleicht bietet mir das eine wichtige Partizipation an der gemeinsamen Wirkung. Ich kann natürlich den Ball auch einem Kameraden abgeben, um mich durch ein Couloir besser zu stellen und dort den Ball wieder zu übernehmen; so nehme ich andere instrumentell in meine Kontrolle, um so indirekt bestimmte Zielwirkung zu haben.

Obwohl die Welt des Individuums es selbst auch einschließt, kann man doch eine Kontrolle über die (externe) Welt von einer Kontrolle über sich selbst unterscheiden. Jedenfalls ist in den letzten Jahren das spezielle Thema der Selbstkontrolle sehr aktuell geworden (vgl. Carver & Scheier, 1981; Hartig, 1973), weitgehend instrumentell als indirekte Kontrolle der äußern Realität.

Je nach Anspruch ist eine Wirkung befriedigend oder nicht. Warum rennt ein Hamster (glücklich?) stundenlang in seinem Laufrad, und warum finden wir das gräßlich? Der Hamster hat tatsächlich Kontrolle: Er verschiebt sich gegen seine Unterlage (auch wenn es nach unserm Raumverständnis umgekehrt ist). Vielleicht hat er gar keine weitergehenden Ansprüche. Wir Menschen sind mit gleich wenig zufrieden, wenn wir nicht merken, daß auch wir in einen Beschäftigungstaumel geraten sind, der wie das endlose Laufrad immer eine (selbstgeschaffene) Fortsetzung hat: selbstgeschaffene Sachzwänge, die uns keinen Raum mehr für neue Kontrolle geben, außer daß wir unsere 'Pflicht' tun.

Welche Berechtigung hat diese Verdächtigung? Worum geht es wirklich? Darum, daß ich zahnradartig mit meiner Welt im Einklang stehe? Oder darum, daß ich die Formen des Austauschs dauernd verändere? Oder daß ich möglichst viel Routine im Unverzichtbaren erwerbe, um Raum zu haben für Nicht-Routine? Oder geht es gar darum, daß ich für Kontrolle kämpfe, um aus dem Kontrast mit Wirkungsverlust das Wirken mehr zu genießen? Oder ist am Ende Kontrolle doch nicht das Letzte, weil ich am Ende keine Kontrolle mehr habe, weil das Ende darin besteht, keine Kontrolle mehr zu haben? Aber lebe ich fürs Ende? Soll ich Wirkungslosigkeit etwa vorüben? Heißt Kontrolle also doch Leben, so wie Leben auch permanent Kampf gegen Tod ist?

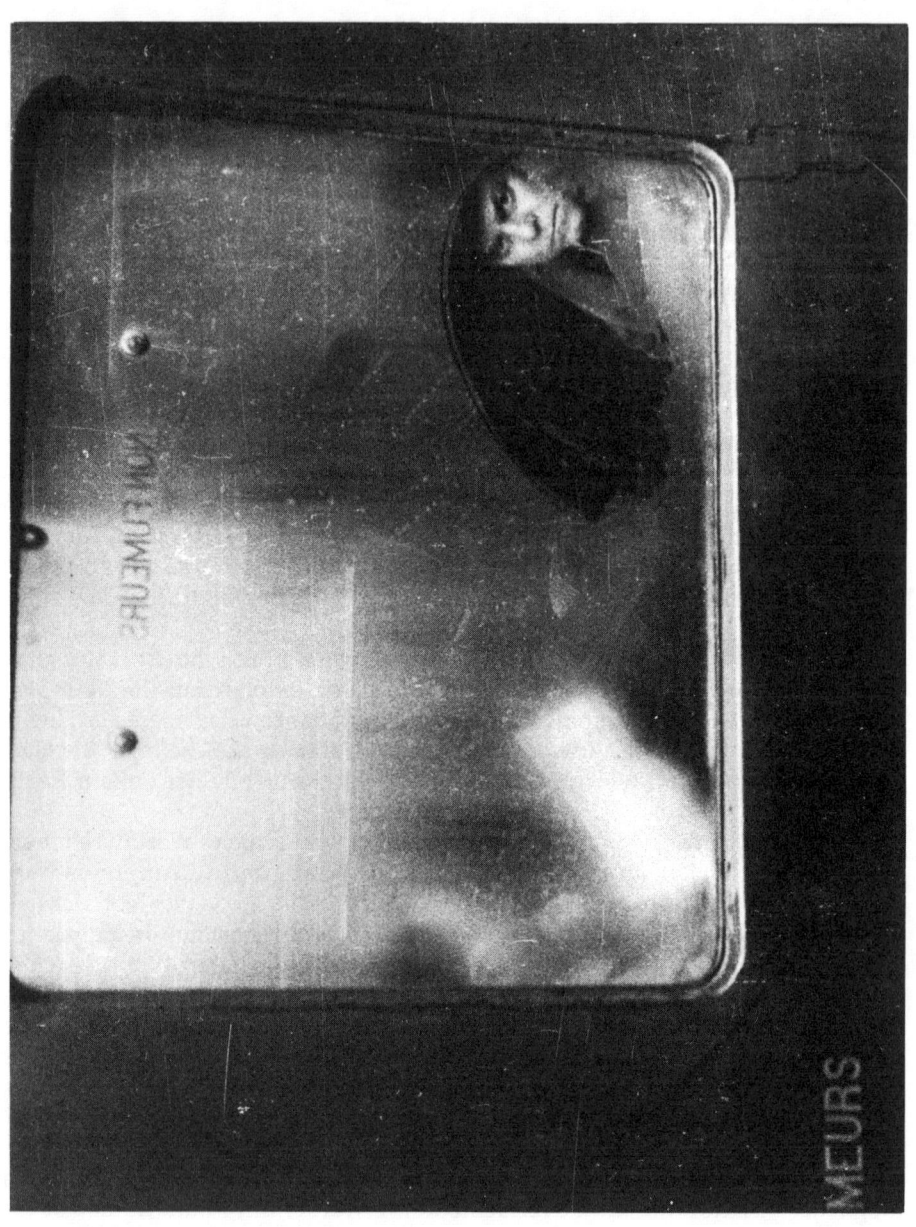

18

Und dennoch: Begegne ich der Welt wirklich, wenn ich auf sie einwirke? Nicht eher, wenn sie auf mich einwirkt? Im spezielleren Bereich des Sozialen stellt sich das etwa so dar: Begegne ich, indem ich rede und nicht höre, indem ich darstelle und nicht sehe? Oder begegne ich, indem ich zuhöre und sehe? Wenn aber nur das letztere zuträfe, dann würde nur der Partner mir begegnen und ich ihm nicht. Begegne ich also, wenn ich sowohl mitteile als auch zuhöre, wenn ich sowohl ergreife als auch ergriffen werde, wenn ich sowohl darstelle als auch wahrnehme? Wenn ich sowohl assimiliere als auch akkommodiere? Wenn ich in die endlose Bewegung der Dialektik eintrete?

Was heißt das für den Stellenwert des Wirkens, der Kontrolle? Interagiere ich mit der Welt, indem ich sowohl kontrolliere als auch kontrolliert werde? Schlägt sich hier die Dialektik des Lebens auf die Dialektik des Denkens über das Leben durch?

Ich vermute tatsächlich: Ohne (oder fast ohne) Wirkmöglichkeiten ist das Leben kein glückliches, aber totale Wirkmöglichkeiten heben von der Realität ebenso sehr ab. Ähnlich wie sowohl totale Armut als auch großer Reichtum einen ins Abseits stellen.

Was soll ich anstreben, um glücklich zu sein? Eine Mischung von Kontrolle und Nicht-Kontrolle? Ich weiß nicht, was hier 'Mischung' heißt, so wenig wie mir das Stichwort vom goldenen Mittelweg weiterhilft. Kontrolle am richtigen Ort und zum richtigen Zeitpunkt und Nicht-Kontrolle an ihrem Ort und ihrer Zeit? Das heißt: Kontrollierte Nicht-Kontrolle. Das geht so nicht. Dann vielleicht: Ein bestimmtes Maß an Kontrolle, nicht mehr, nicht weniger. Welches Maß? Ein kontrolliertes Maß…? Da kommen wir nicht heraus: Es gibt eben keine kontrollierte oberste Ebene der Kontrolle der Mischung von Kontrolle und Nicht-Kontrolle.

Und wie nun, wenn Kontrolle identisch mit Freiheit wäre? Könnte man auch zu viel Freiheit haben? Wie ein schwereloser Astronaut, der einen Raumspaziergang macht und versehentlich die Anbindung verliert? Er hätte so viel Freiheit, daß keine Freiheit mehr da wäre. Schlägt Freiheit in ihrem Maximum in Unfreiheit um? Zum Glück ist damit realistischerweise nicht zu rechnen. Freiheit gibt es immer nur als Teilfreiheit.

1.3 Begriffe

Jeder wissenschaftliche Gegenstand hat seine Begrifflichkeit. Sie wird in diesem Buch sukzessive und im Zusammenhang mit der Beschreibung von Phänomenen und Theorien darüber eingeführt. Eine kleine Auswahl zentraler Begriffe wollen wir aber von Anfang an festlegen.

Der Gegenstand dieses Buches wird in der Fachliteratur in Anlehnung an den amerikanischen Ausdruck 'control' meistens als *Kontrolle* bezeichnet. Das deutsche Wort ist aber trotz der gleichen Wurzel nicht ganz synonym. Während das englische Wort z.B. auch die Bedeutung der Regelung oder Regulation umfaßt, läßt das deutsche Wort vor allem an Überprüfung und Korrektur denken. Da aber dennoch keine bessere deutsche Übersetzung besteht und der fachpsychologische Terminus der Kontrolle auch schon breit eingeführt ist, wollen wir dabei bleiben, aber die spezielle Bedeutung dieses Wortes für unseren Kontext explizit umschreiben.

Kontrollieren ist eine Handlung oder eine Prozedur. Kontrolliert werden Zustände und Vorgänge. Die Kontrolle besteht darin, geeignete Prozeduren bereitzuhalten und im Bedarfsfall einzusetzen, damit ein Zustand sich in einen angestrebten anderen Zustand verändert oder daß Veränderungen an einem Zustand kompensiert werden, wenn Nicht-Veränderung angestrebt wird. Dazu äquivalent ist die Kontrolle darüber, daß eine Veränderung in eine angestrebte Veränderungsform umgeleitet wird oder daß eine bestimmte Veränderung gegen Störungen 'konstant' gehalten wird. Das läßt sich an konkreten Beispielen leicht illustrieren.

Wer eine Blumenvase vom Pult auf einen Tisch stellen will und das auch tut, übt Kontrolle über den Standort der Vase aus; wenn er den Tisch zuerst freimachen und abwischen und dazu in einem anderen Raum erst einen Lappen holen muß, werden die Kontrolloperationen schon recht vielfältig. Wer sich mit einem automatischen Wecker am Morgen um sechs Uhr wecken läßt, übt insofern Kontrolle über seine Schlafdauer aus. Wer den Wasserstrahl von einem Spültrog erfolgreich in den andern Spültrog umleitet, kontrolliert die Richtung des Wasserstrahls. Wer Schauspieler werden möchte und sein Leben erfolgreich so einrichtet, daß er es wird, übt Kontrolle über seinen Lebenslauf aus. Wir nennen das *kontrollieren* oder *Kontrolle ausüben*.

Kontrolle ist immer *zielbezogen*, d.h. bezogen auf angestrebte Zustände oder Veränderungsformen. Es ist äquivalent zu sagen, jemand übe Kontrolle über die Erreichung seines Berufsziels aus, und, jemand übe Kontrolle über seinen Lebenslauf im Hinblick auf das Berufsziel aus.

Viele Dinge können wir kontrollieren, ohne daß wir die entsprechende Kontrolle aktiv ausüben. Ich kann es beispielsweise einrichten, zum Bahnhof zu gehen und nach Zürich zu fahren, wenn ich will; ich habe also Kontrolle über das mögliche Ziel meiner Lokomotion. Aber ich strebe dieses nicht in jedem Moment an. Wir sagen, daß wir über solche (möglichen) Ziele *Kontrolle haben*, auch wenn wir die Kontrolle nicht aktuell und aktiv ausüben. So habe ich Kontrolle über das Einstellen von Telephonnummern, auch wenn ich nicht jederzeit Nummern wähle. Manche Ziele sind praktisch immer aktuell (z.B. gesund bleiben), aber es braucht oft keine aktiven Kontrollmaßnahmen. Genau genommen üben wir dann doch Kontrolle aus (wenn auch im Fall der Gesundheit nicht absolute Kontrolle), d.h. wir würden sofort Maßnahmen ergreifen, wenn sie uns angezeigt erschienen; weil aber die Menschen in solchen Fällen nicht bewußt über die Zieleinhaltung wachen, sprechen wir auch hier von 'Kontrolle haben'. So habe ich auch Kontrolle über meine Schuldenzahlungen, auch wenn ich nicht jederzeit am Bezahlen bin.

Das Beispiel mit der Gesundheit zeigt, daß man nicht immer totale Kontrolle ausübt oder hat; es gibt alle Abstufungen zwischen keiner Kontrolle und totaler Kontrolle. Oft sprechen wir einfach davon, daß jemand viel oder wenig Kontrolle hat.

Die Ausübung der Kontrolle geschieht zielbezogen und mehr oder weniger bewußt. Sie ist darum praktisch auf die Menschen beschränkt. Wenn ein Vogel seinen Flug erfolgreich auf ein Ziel hin steuert und dabei Störeinwirkungen von Querwinden ausgleicht, sprechen wir besser von *Regulation*. Regulationen werden auch von technischen Geräten, von Automaten ausgeführt. Ein Thermostat reguliert z.B. die Zimmertemperatur. Wenn ein Mensch seine Funktionen übernähme, wäre das Kontrolle. Im Fall des Thermostaten hat er die Kontrolle delegiert.

Kontrolle hat eine objektive und eine subjektive Seite. Die Ausübung von Kontrolle führt zu tatsächlichen und oft von außen feststellbaren *Wirkungen*. Diese sind objektiv. Wenn Kontrolle nur vermeintlich ist, d.h. wenn sie keine objektiven zielführenden Wirkungen auslöst, sprechen wir von *Kontrollillusion*. Wenn wir zum Ausdruck bringen wollen, daß eine Person glaubt, Kontrolle auszuüben, ohne daß auch schon erwiesen ist, daß sie die entsprechenden objektiven Wirkungen erzielt, sprechen wir von Kontrollmeinung. Die *Kontrollmeinung* muß nicht eine Kontrollillusion sein, aber sie kann eine sein.

Mit dem Kontrollbegriff verwandt ist der Begriff der *Fähigkeit* (synonym: *Kompetenz*). Kontrollausübung setzt entsprechende Fähigkeiten voraus. Wenn dabei nur eine Fähigkeit kritisch ist, dann werden die Begriffe der Kontrolle und der Fähigkeit deckungsgleich (koextensiv), z.B. die Fähigkeit, in einer Prüfung schriftliche Divisionen mit ganzen Zahlen durchzuführen. Wenn jemand in einer Prüfung über schriftliche Divisionen mit ganzen Zahlen das Ziel verfolgt, die Prüfung zu bestehen und dafür alles einzusetzen, dann ist die Kontrolle über das Prüfungsziel genau so groß wie die Fähigkeit, in einer Prüfung schriftliche Divisionen mit ganzen Zahlen durchzuführen (über die Fähigkeiten, den Schreibstift korrekt zu halten oder die vorgegeben Aufgaben zu lesen, lohnt sich dann die Rede gar nicht).

Fähigkeiten sind demnach Voraussetzungen für Kontrolle. Dabei können gleiche Fähigkeiten für die Kontrolle über unterschiedliche Ziele in Frage kommen; wir sprechen von Fähigkeiten für ganze Handlungsbereiche oder Leistungsbereiche. Eine ähnliche Sprechweise gibt es auch für die Kontrolle. Wenn man nicht nur die Kontrolle über ein einziges, bestimmtes Ziel meint, sondern aussagen will, daß jemand für eine ganze Klasse von Zielen oder über einen Zielbereich Kontrolle hat, kann man das ausdrücklich machen, indem man von *Bereichskontrolle spricht*.

Niemand hat über alle denkbaren Ziele gleichmäßig viel oder wenig Kontrolle, Gleichmäßigkeit ist höchstens in Bereichen zu erlangen. Wir sagen deshalb, daß Kontrolle *bereichsspezifisch* ist. Wie groß der Bereich ist und wie er beschrieben werden soll, ist in jedem Fall zu entscheiden.

Wenn Menschen ihre eigene Kontrolle beurteilen sollen, d.h. wenn sie ihre Kontrollmeinung z.B. in geeigneten Fragebogen zum Ausdruck bringen sollen, differenzieren sie die Bereiche oft nicht sonderlich stark. Wenn auch noch die Fragen relativ unspezifisch gestellt sind, fallen die Antworten oft genereller aus als eigentlich gerechtfertigt wäre; jemand hat dann einfach generell viel oder generell wenig Kontrolle. Solche Generalisierungen wurden z.B. bei Antworten zum Fragebogen von Rotter (1966) und in davon abgeleiteten Verfahren (vgl. Mielke, 1982; Krampen, 1989c) beobachtet.

Der genannte Autor J.B. Rotter hat 1954 den Begriff des *'locus of control of reinforcement'* geprägt, womit er zum Ausdruck brachte, daß die Kontrolle über ein Ereignis im gegebenen Individuum (internale Kontrolle) oder außerhalb des Individuums liegt (externale Kontrolle). Die eingebürgerte deutsche Übersetzung für locus of control ist *Kontrollüberzeugung*. Obwohl die Theorie Rotters außerordentlich viel Forschung ausgelöst hat, beziehen wir uns in diesem Buch nur selten darauf, weil sie wegen der praktischen Mißachtung der Bereichsspezifität die Vorstellung hervorruft, Kontrolle sei etwas, das einem Individuum unabhängig von seiner Umwelt, seinen Lebensbedingungen und seinen Zielen als eine Eigenschaft anhafte.

In diesem Kapitel ist (zur Vermeidung von Fachausdrücken in der Einleitung) häufig das Wort *Wirksamkeit* verwendet worden. Genau genommen und von jetzt an meinen wir damit nur die Tatsache, daß jemand durch sein Handeln etwas bewirken kann. Kontrolle setzt Wirksamkeit voraus, ist aber mehr; man könnte sagen, daß Kontrolle regulierte Wirksamkeit ist, nämlich die Handhabung von verschiedenen Ursache-Wirkungsbeziehungen, so daß bestimmte angestrebte Zustände oder Prozeßformen erreicht resp. eingehalten werden.

Zusammenfassung

Offensichtlich gehört es zu einem befriedigenden Menschenleben, Wirkungen zu haben und auch wahrzunehmen, daß man Wirkungen hat.

Menschen sind stolz auf das, was sie können, wiederholen und üben es gerne und zeigen dies auch nach außen.

Vielleicht noch wichtiger als tatsächliche Kontrolle ist der Glaube, man habe Kontrolle, ob dieser Glaube gerechtfertigt oder eine Illusion ist.

Menschen, die keine Kontrolle haben, fühlen sich hilflos. Menschen, die in bestimmten wichtigen Bereichen keine Kontrolle haben, suchen die Hilfe anderer, indem sie sich der wohlwollenden Kontrollausübung durch andere anvertrauen (Beispiele: Arzt, Gott).

Erste begriffliche Festlegungen: Kontrolle ist zielbezogen regulierte Wirkung. Man kann Kontrolle haben oder sie auch aktuell ausüben. Entscheidend für das persönliche Wohlbefinden und die Entscheidung über die Einleitung einer Handlung ist die Kontrollmeinung, d.h. die subjektive Meinung oder der Glaube, daß man Kontrolle hat oder nicht.

Kontrolle ist bereichsspezifisch, lernbar und schließlich gebunden an konkrete Handlungen; das vergleichsweise statische Konzept des locus of control als Persönlichkeitseigenschaft deckt unsere Vorstellungen von Kontrolle ungenügend ab.

Seminarliteratur

- Tod durch Tabu-Bruch, Fluch und Verzauberung: Cannon (1942).
- Tod durch Desorientierung bei Tieren: Richter (1957).

2. Kausalität

Wer Kontrolle ausübt, setzt gezielte Wirkungen. Wirkungen sind verursacht. Weil Ursachen resp. Verursachungen wesentliche Komponenten der Kontrolle sind, wollen wir zunächst etwas über Kausalrelationen nachdenken. In diesem Kapitel steht Kausalität grundsätzlich zur Diskussion. Da sich die Wahrnehmung der Kausalität als problematisch erweisen wird, soll im Kapitel 3 darüber ausführlicher gesprochen werden.

2.1 Ursache und Erklärung

Aristoteles (384-322 v. Chr.) hat vier Ursachentypen unterschieden und jeden Ursachentyp für jedes Ding und jedes Lebewesen, insbesondere für die sog. Artefakte gelten lassen, nämlich:

– Materialursache
– Formalursache
– Wirkursache
– Zweckursache.

    Die Materialursache ist der Stoff, aus dem etwas besteht oder in dem etwas stattfindet. Eine Statue besteht aus Marmor. Ein Steinwurf wird mit einem Stein, der irgendwo auf die Erde fällt, realisiert.

    Die Formalursache ist das 'Wesentliche', das der bloßen Materie ihre Form, die Form des jeweiligen Gegenstandes gibt. Die Statue stellt die Idee des Bildhauers von einem idealschönen Jüngling dar, der Steinwurf beschreibt eine bestimmte Parabel.

    Die Wirkursache ist das, was das Ereignis oder das Produkt veranlaßt hat. Im Fall der Statue sind es die kraftvollen und gezielten Schläge des Bildhauers, im Fall des Steinwurfs der starke Arm oder eine Wurfmaschine.

Die Zweckursache ist das Resultat des Ereignisses, oft ist es intendiert, manchmal ist es einfach da. Die Skulptur z.B. macht dem Beschauer Freude oder vermittelt ästhetische Maßstäbe, der Steinwurf resultiert in einer Ortsverschiebung des Steins oder in der Verletzung eines Gegners.

Aristoteles' Ursachentheorie impliziert seine ganze Ontologie. Wenn wir heute im Alltag nach der Ursache für ein bestimmtes Phänomen oder Ereignis gefragt werden, geben wir meistens eine Antwort, die nur einen der aristotelischen Typen umfaßt, nämlich die Wirkursache. So tut es weitgehend auch die moderne Wissenschaft. Bis ins 17. Jahrhundert hinein überwogen allerdings Erklärungen, die sich auf Formalursachen bezogen. Galilei erklärte physikalische Erscheinungen durch ihre mathematische Darstellung (Fölsing, 1983). Auch Newtons Erklärungen mit der Gravitation und den Anziehungskräften der Körper beschrieben die (gute) Ordnung, nach der die Welt aufgebaut ist und funktioniert (= Formalursache; die letzte Wirkursache war für ihn ohnehin Gott). Molière hat sich über diese Art von Erklärungen lustig gemacht, indem er einen Arzt die Schlafwirkung des Opiums mit den «vertus dormitives» (= Fähigkeit, einzuschläfern) des Opiums 'erklären' ließ (Kuhn, 1971, 12).

Im 17. und 18. Jahrhundert kamen immer häufiger Erklärungen mit Wirkursachen auf: nämlich zeitlich vorausgehende Ereignisse, materielle Berührung; mechanistische Zusammenhänge erhielten die Würde von Ursachen. Im praktischen Alltag sind wir als Laienphysiker im wesentlichen immer noch auf dieser Stufe, während die Fachphysiker rasch wieder zur formalen, d.h. mathematischen Beschreibung als Erklärung zurückkehrten (Kuhn, 1971). Dadurch wurden drei Tätigkeiten gegenseitig praktisch deckungsgleich: Ursachen angeben, erklären, theoretisch beschreiben.

Da in unserm Alltagsdenken die Wirkursachen die wichtigsten sind und wir als Psychologen dieses Alltagsdenken der Alltagsmenschen erfassen wollen, konzentrieren wir uns im weitern auf die Wirkursachen, bei Gelegenheit dann auch auf die Zweckursachen.

2.2 Inferenz aus der Wahrnehmung

Alles, was geschieht, hat eine objektive (Wirk-) Ursache (vgl. Aristoteles; in lateinischer Tradition: Quidquid movetur, ab aliquo movetur). Worin besteht sie? Warum und wo ist sie zu lokalisieren?

2.2.1 Suche nach der objektiven Grundlage der Kausalität (David Hume)

Eine sehr einfache Ursache-Wirkungs-Vorstellung, die aber bis heute viel diskutiert wird, hat der schottische Philosoph David Hume (1711-1776) seinen Überlegungen zugrunde gelegt. Diese Vorstellung ist die, daß eine bewegte Billardkugel, die auf eine ruhende Billardkugel auftrifft, letztere in Bewegung setzt. Der Aufschlag (Wirkursache) verursacht die Bewegung der zweiten Kugel. Sicher? Alles, was wir sehen, sind die beiden Bewegungen. Die Ursächlichkeit als solche ist nicht sichtbar; wir unterstellen sie, wir inferieren sie. Wie kommen wir dazu? Der Sensualist Hume glaubte, daß drei Bedingungen nötig seien, damit wir Ursächlichkeit unterstellen können, nämlich die Beobachtung raumzeitlicher Kontiguität (an einem bestimmten Ort und zu einer bestimmten Zeit müssen die beiden Kugeln sich berühren), die zeitliche Priorität der Ursache (die verursachende Bewegung muß der verursachten Bewegung vorausgehen) und die wiederholte Beobachtung des gleichen Ablaufs (die 'Erfahrung' der Beobachter).

Der Schluß, daß wir Ursächlichkeit nicht eigentlich wahrnehmen können, war für Hume eine Enttäuschung, entspricht aber seinen strengen Maßstäben an die Wahrnehmung: «Blicken wir auf die uns umgebenden Außendinge und betrachten wir die Wirksamkeit von Ursachen, so sind wir in keinem einzigen Fall in der Lage, irgendeine Kraft oder einen notwendigen Zusammenhang zu entdecken, irgendeine Eigenschaft, welche die Wirkung an die Ursache bindet und die eine zur unausbleiblichen Wirkung der andern macht. Wir finden nur, daß die eine in Wirklichkeit tatsächlich auf die andere folgt» (Hume, 1748, dt. 1986, 85).

Wenn Ursachen also nur inferiert ('attribuiert') sind, was sind sie wirklich? Da sich solche Kausalitätsbeziehungen nach unserer Wahrnehmung regelmäßig einstellen, muß da doch 'etwas' sein! Allerdings: Was für ein Etwas soll das überhaupt sein? Ducasse (1926) stellte zu Recht fest, daß wir nicht jede Relation als ein verbindendes Etwas zwischen zwei Etwas unterstellen sollten, weil wir uns sonst auch zwischen diesem Etwas und dem vorausgehenden und dem nachfolgenden Etwas wieder Verbindungen vorstellen müßten.

2.2.2 Vielfalt der Wirkursachen (John Stuart Mill)

Ducasse's Vorschlag, die Kausalität als eine Relation zu verstehen, löst aber nur eines der Probleme in Humes Modell. Ein anderes Problem dieser Erklärung besteht darin, daß sie gegenüber der zu erklärenden Realität viel zu einfach ist. Eine dringende Ausweitung ist die, auf die der Engländer John Stuart Mill (1806-1873) hingewiesen hat: Jede Wirkung hat normalerweise viele und verschiedenartige (Wirk-)Ursachen, die oft auch nur Bedingungen genannt werden. Wer zum Beispiel ein Spiegelei braten will, verläßt sich auf sehr viele solcher ursächlicher Bedingungen, etwa beim Aufschlagen des Eis: der relativ brüske Schlag auf die Pfannenkante, aber auch die Brüchigkeit der Eischale und die Härte der Pfannenkante. Es gibt Bedingungen, die erfüllt sein müssen, damit etwas geschieht, und andere, die nicht erfüllt sein dürfen. Wenn ein Auto über die Brücke in den Fluß stürzt, braucht es eine vorausgehende entsprechende Ortsbewegung des Autos, vielleicht eine schneebelegte Straße, das Fehlen von Schneeketten und die Abwesenheit eines starken Brückengeländers.

Wir wissen, daß es Bedingungen gibt, die hinreichend sind, und solche, die zwar notwendig, aber allein doch nicht hinreichend sind. Und unter den hinreichenden gibt es solche, die nicht unbedingt notwendig sind.

Soll man zwischen Bedingung und Ursache unterscheiden? Das müßten wir völlig willkürlich durchführen. Warum sollen bei unserem Autounfall nicht ungenügende Adhäsion die Ursache sein und Schnee, Tempo etc. nur Bedingungen? Oder vielleicht die Schwerkraft als Ursache? Oder als Bedingung?

Bereits J. St. Mill hatte darauf hingewiesen, daß wir umgangssprachlich bestimmte Konventionen befolgen, z.B. indem wir plötzlich und unerwartet auftretende Ereignisse typischerweise als Ursache und alle anderen Bedingungen nur als Bedingungen bezeichnen oder indem wir die zuletzt auftretende oder sichtbar werdende Bedingung als Ursache herausheben.

In solchen Fällen ist es üblich, lediglich eines der Antezedentien unter der Bezeichnung 'Ursache' auszusondern und alle übrigen lediglich 'Bedingungen' zu nennen... Die tatsächliche Ursache ist die Gesamtheit all dieser Antezedentien, und wir haben, philosophisch gesprochen, kein Recht, nur eine von ihnen unter Ausschluß aller anderen als 'die Ursache' zu bezeichnen (Mill, 1843, Ausgabe 1886, 214).

Wenn man ursächliche Zusammenhänge gründlicher analysieren möchte, hat man nicht nur Mühe mit der vollständigen Aufzählung aller Bedingungen oder Ursachen, sondern auch noch damit, daß die notwendigen von den nicht notwendigen und von den überhaupt irrelevanten, aber vermeintlich relevanten Bedingungen zu unterscheiden sind. Um das gründlich und wissenschaftlich zu tun, hat Mill eine besondere Methode vorgeschlagen, die noch heute gültig ist und die gerade im nächsten Kapitel noch bedeutsam werden wird, nämlich die sog. Differenzmethode (Mill, 1843). Diese besteht in der unabhängigen Variation der fraglichen Bedingungen und der Feststellung, welche Bedingungen mit dem Erscheinen des fraglichen Effekts kovariieren. Auf dieser Überlegung basiert das uns geläufige faktorielle Design und seine varianzanalytische Auswertung. Natürlich müssen die Effekte wiederholt auftretensfähig sein, und natürlich – so wissen wir heute – sind auch Interaktionen zwischen solchen Faktoren möglich. Aber immerhin!

2.2.3 Objektive Bedingungen der unmittelbar wahrnehmbaren Kausalbeziehungen (Karl Duncker und Albert Michotte)

Karl Duncker (1903-1940) und Albert Michotte (1881-1965) waren Gestaltpsychologen. Sie interessierten sich dafür, ob und unter welchen objektiven Bedingungen Ursache-Wirkungszusammenhänge wahrgenommen werden können.

Duncker (1935) kam mit seinen Experimenten zur Überzeugung, daß es unmittelbar wahrnehmbare Kausalbeziehungen neben partiell wahrnehmbaren und überhaupt nicht wahrnehmbaren Kausalitätsbeziehungen gibt. Die unmittelbar wahrnehmbaren Kausalbeziehungen gehorchen den objektiven Gestaltgesetzen, z.B. dem Gesetz des gemeinsamen Schicksals, dem Gesetz der Ähnlichkeit oder dem Gesetz des glatten Verlaufs. Im Fall der Billardkugel sind z.B. Ähnlichkeit beider Kugeln und glatter Verlauf der fortgesetzten Bewegung gegeben; beim Klopfen (= Verursachung von Klopftönen durch das Schlagen auf eine Tischplatte) sind parallele Zeitmuster (= Gesetz des gemeinsamen Schicksals) feststellbar.

Michotte (1963) untersuchte die exakten zeitlichen und örtlichen Bedingungen, denen eine solche phänomenale oder unmittelbar wahrnehmbare Kausalbeziehung genügen muß. Er arbeitete mit auf einer Ebene beweglichen Scheiben, die nach dem Eindruck der Beobachter einander entweder stießen (wie die Billardkugeln bei Hume) oder schoben (= 'mitnahmen'). Der Eindruck des Stoßens entstand z.B. nur, wenn zwischen dem Abschluß der ersten Bewegung und dem Anfang der zweiten weniger als drei Zehntelsekunden verstrichen. In ähnlicher Weise ließen sich Grenzen für die minimalen räumlichen Distanzen zwischen der 'ursächlichen' Scheibe und der von der Wirkung betroffenen Scheibe finden.

Bemerkenswert ist der Befund, daß viele Probanden ihre Eindrücke in Verben faßten, die eigentlich nur für Lebewesen adäquat sind, z.B. 'mitnehmen', 'an der Bewegung teilnehmen', 'im Fluge pflücken' etc. Diese Redeweisen entsprechen bereits der zweiten Tradition des Kausalitätsverständnisses. Nach dieser wird Kausalität aus der Erfahrung des Bewirkens durch Handeln verstanden. Davon ist im folgenden die Rede.

2.3 Inferenz aus der Handlungsprojektion

In der Tradition von Hume werden die objektiven Bedingungen untersucht, unter denen Kausalität 'von außen' gesehen werden kann. Statt sie zu sehen könnte man auch versuchen, sie 'von innen' zu erleben resp. aus der Erfahrung als Handelnde(r) auf objektive Gegebenheiten zu projizieren.

2.3.1 Handlung als Kausalität

Wer eigene Wirksamkeit erlebt, erlebt sich selbst unmittelbar als Verursacher(in). Die Philosophin Anscombe (1975, 69) formulierte das so: «Er [= Hume; Verf.] fordert uns zuversichtlich heraus, 'einen Fall zu benennen, in dem die Wirksamkeit dem Geiste deutlich erkennbar ist und wo deren Ablauf unserem Bewußtsein oder unserer Wahrnehmung offensichtlich wird'. Nichts einfacher als das: Ist Schneiden, ist Trinken, ist Schnurren nicht 'Wirksamkeit'?»

Unter den vielen Bedingungen (oder Ursachen) eines Ereignisses kommt es häufig vor, daß wenigstens eine dabei ist, die wir oder wenigstens irgendein Mensch unter Kontrolle hat. Diesem gestehen wir mit Vorzug den Status *der* Ursache zu (Collingwood, 1969; zit. nach Eimer, 1987, 46-47). In unserm Beispiel des Autounfalls ist die am einfachsten zu kontrollierende Bedingung die Fahrgeschwindigkeit. Weil der Fahrer diese kontrolliert, ist er 'schuld'. Hätte ihm aus irgendeinem Grund dort nicht zugemutet werden können, daß er langsam fährt, etwa weil er ein Notwagenfahrer war, dann wäre eher das Straßeninspektorat schuld, das so gefährliche Stellen nicht schneefrei hält.

Das Erlebnis eines Handlungsspielraums oder der Handlungsfreiheit bestimmt die mögliche Auswahl von Ursachen. Genau genommen kann man aber einen Faktor nur unter der Kontrolle einer Person glauben, wenn man diesen Faktor überhaupt für variabel hält. Das ist bei außergewöhnlichen und seltenen Ereignissen als Ursachen leichter der Fall als bei ganz normalen. Beispielsweise wird das Auto in unserer Gesellschaft nur selten als ein wichtiger

Kostenfaktor unseres so teuer gewordenen Gesundheitswesens gesehen, denn man kann sich kaum vorstellen, daß wir ohne Auto lebten. Neuere psychologische Forschung postuliert deshalb für die Ursachenfeststellung die mentale Generierung von alternativen Zuständen des betreffenden Faktors (Kahneman & Tversky, 1982; Kahneman & Miller, 1986; Wells & Gavanski, 1989). Vielleicht ist es so: Je weniger eine Ursache variabel oder kontrollierbar ist, desto leichter klassieren wir sie spontan als Bedingung, und je variabler und kontrollierbarer sie ist, desto leichter akzeptieren wir sie als 'die' Ursache.

2.3.2 Rezept als Kausalität

Die Kausalitätsauffassung, die in Handlungsrezepten mündet, ist besonders im naturwissenschaftlichen Denken geläufig. Die Naturwissenschafter (auch wir Psychologen) geben sich mit der Erklärung eines Phänomens am liebsten erst dann zufrieden, wenn sie das Phänomen willkürlich selbst auslösen können. Dann haben sie die Ursächlichkeit 'im Griff'. Und überdies kann man dann aus der Erkenntnis auch leichter eine Technik entwickeln. Daß das nicht in allen Bereichen so einfach geht, ist z.B. den Entwicklungspsychologen und den Astronomen zu ihrem eigenen Leidwesen geläufig.

Das läßt sich im Anschluß an Collingwoods (1969) Krebsbeispiel (Eimer, 1987, 46) mit der AIDS-Forschung demonstrieren. Es reicht nicht, Erkrankungsbedingungen, Übertragungsmechanismen, ja Virenstämme zu entdecken und noch so exakt zu beschreiben, solange nicht eine hinreichende Bedingung gefunden ist, die durch Menschen sicher manipuliert oder kontrolliert werden kann, ja solange nicht ein Handlungsverfahren oder Rezept bereitgestellt und erprobt ist, die Krankheit wirklich zu heilen und zu verhindern.

Diese Sichtweise der Kausalität ist zwar eine sehr reduzierte und anthropozentrische, aber sie lenkt den Blick auf die Möglichkeit von Verantwortung, Verdienst und Schuld. Und wir sehen bereits jetzt, wie folgenschwer die Bestimmung *der* Ursache unter den vielen Ursachen oder Bedingungen ist. Darum werden die psychologischen Prozesse dieser Interpretation sehr wichtig. Davon später mehr.

Im Grunde genommen sind wir jetzt ziemlich weit von dem weggekommen, was man als objektive Kausalität postulieren könnte. Auch den Philosophen dieser Auffassung kann man vorwerfen, daß sie mehr über das Reden über Kausalität als wirklich über Kausalität sprechen. Vernehmen wir nochmals Anscombe (1957, 68; zit. nach Eimer, 1987, 43):

Wie zeigt jemand, daß er über das Konzept 'Ursache' verfügt? ... Durch das Erlernen einer Sprache sind wir mit den linguistischen Repräsentationen und Anwendungen einer ganzen Anzahl kausaler Konzepte vertraut gemacht worden. Von diesen werden viele durch transitive und andere handlungsbezogene Verben repräsentiert, die bei Berichten über Beobachtetes Verwendung finden. Eine kleine Auswahl: kratzen, wässern, tragen, essen, verbrennen, umwerfen, abhalten, drücken, machen, ... verletzen.

2.3.3 Von der Wirkerfahrung zur abstrakten Kausalität (Piaget)

In der Theorie von Jean Piaget (1896-1980) entsteht das abstrakte Kausalitätskonzept im Lauf der Individualentwicklung aus der unmittelbaren Wirkerfahrung. Er geht davon aus, daß in der Realität so etwas wie Kausalität objektiv vorhanden ist, daß sie also nicht eine wagemutige Inferenz oder gar eine bloße A-priori-Kategorie im Sinne Kants ist. Ursächlichkeit ist erkennbar, aber doch nicht ungebrochen sichtbar oder wahrnehmbar.

Piaget vertritt den genetischen Ansatz; ähnlich wie die dialektisch-materialistische Erkenntnistheorie (Epistemologie) ist er der Meinung, daß alles geworden ist und deshalb nur aus seiner Genese verstanden werden kann. So wird aus der Epistemologie der Kausalität eine genetische Epistemologie der Kausalität und damit, weil sie empirisch betrieben wird, eine Entwicklungspsychologie der Kausalität (vgl. Piaget, 1964; 1973; Flammer, 1988; Kesselring, 1988).

Sensu-motorische Stufe: Das Neugeborene hat kein Kausalitätskonzept, allein schon deshalb nicht, weil es nicht zwischen konstanten verschiedenen Dingen, ja nicht einmal zwischen sich und der Welt unterscheiden kann. Nach Piaget kann das Kleinkind ab dem dritten Lebensmonat verschiedene Wahrnehmungen miteinander in Verbindung setzen. So kann es passieren, daß es eine Korrelation zwischen gewissen inneren, propriozeptiven Wahrnehmungen und Bewegungen seiner Händchen feststellt. Dadurch wird das Händchen langsam ein Stück von ihm selbst oder eine Verlängerung seiner selbst. Mit der Zeit stellt es Zusammenhänge zwischen eigenen Bewegungen und fremden Bewegungen und Ortsveränderungen fest. Das alles gibt ihm ein Gefühl des Wirkens, das es in den sog. Kreisreaktionen andauern lassen oder gar einleiten kann.

Präoperatorische Stufe: Mit der Zeit erhält die Welt eine vom Subjekt unabhängige Eigenständigkeit und zeitliche Permanenz. Ein Wissen um Raum und Zeit entsteht. Kovariation von Ereignissen in der Außenwelt werden festgestellt und via Projektion der eigenen Wirkerfahrung gedeutet: Mal ist das Kind selbst entfernter Verursacher (Magie), mal sind Gegenstände wie es selbst zielorientierte Agenten (Animismus). Die Dinge tun, was sie tun, weil sie es müssen oder wollen (der Regen fällt, weil er zur Erde und in den Bach will; der Waagebalken geht hinunter, weil er muß).

Auf der konkret-operatorischen Stufe kann das Kind die räumliche Welt in ihren Beziehungen immer besser verstehen; es kann nachvollziehen, daß belastete Waagebalken sich senken, daß eine von einem Stein getroffene Scheibe zerbricht. Es gewinnt ein intentionsfreies Verständnis einer rein mechanischen Kausalität. Es 'sieht' dann Kausalbeziehungen etwa so, wie die Gestaltpsychologen es beschrieben haben: vor allem bedingt durch raumzeitliche Kontiguität. Für das Kind sind die Ereignisse Ausdruck eines inhärenten physikalischen Determinismus.

Auf der formalen Stufe gelingt es dem jungen Menschen, auch vom Sichtbaren und Vorstellbaren zu abstrahieren. Auf dieser Stufe können Kovariationen qua Kovariationen reflektiert und daraus Schlüsse gezogen werden. Es werden Naturgesetze inferiert und postuliert.

Damit sind wir eigentlich bei Hume angelangt, mit dem Unterschied, daß die Erkenntnisgewißheit größer sein sollte. Die formalen Operationen haben sich auf den Vorstufen des Erkennens und Denkens aufgebaut und sind dadurch im Erkennenden verläßlicher verankert. Auch muß nicht befürchtet werden, die Kausalinferenzen seien reine Projektionen oder reine Glaubenssache, da sich die kognitiven Strukturen nach Piaget interaktiv aufgebaut haben. Zwar sind die Erkenntnisschemata Assimilationsschemata, d.h. sie gleichen das zu Erkennende an die Erkennensmöglichkeiten an; diese Schemata haben sich aber tausendfach bewährt und häufig akkommodiert, d.h. an die Widerständigkeit der zu erkennenden Realität angepaßt.

2.4 Schlußfolgerungen

Wir wollten bis zu diesem Punkt möglichst die objektive Kausalität resp. die objektiven Bedingungen der Kausalitätswahrnehmung besprechen. Da aber die Objektivität nicht objektiv in unseren Erkenntnisapparat eindringt (aber durch die Erkenntnis dennoch nicht beliebig entstellbar ist), können wir von der Epistemologie und der Psychologie der Kausalität nur annäherungsweise abstrahieren. Wir versuchten es hier, indem wir uns womöglich auf anerkannt problemlose psychologische Prozesse verließen. Was könnten wir – auf einem einigermaßen verläßlichen epistemologischen Konsens – dennoch als Ergebnis zur Kausalität festhalten?

– Es gibt immer gleichzeitig sehr viele Ursachen oder ursächliche Bedingungen, und es ist eine willkürliche oder konventionelle Entscheidung, welche wir als *die* Ursache bezeichnen.
– Es wirken nicht nur viele Ursachen nebeneinander und miteinander auf einen Effekt hin, sondern viele Wirkungen sind gleich wieder Ursachen für weitere Wirkungen. Es gibt Ursachenketten.
– Eigentlich gibt es in der von uns überblickbaren Zeit gar keine erste Ursache; für praktische Zwecke aber entscheiden wir oft, wo eine Kette anfängt (= Interpunktion; vgl. Watzlawick, Beavin & Jackson, 1967, dt. 1969).
– Ursachen können unterschiedlich nötig sein. Es gibt notwendige und hinreichende, notwendige und nicht hinreichende und nicht notwendige, aber hinreichende Ursachen.
– Ursachen können auch in verschiedener Beziehung zu Wirkungen stehen. Es gibt z.B. mechanische Ursachen (sog. Wirkursachen), Gründe und Motive für Handlungen, Ziele von Handlungen und Wirkungen von Handlungen (vgl. Schank & Abelson, 1977). Wir sagen, Handlungen seien zielorientiert; die physikalischen Äußerungen von Handlungen müssen jedoch in einer physikalischen Ursächlichkeitskette liegen. Dennoch: Wie wird ein Ziel zu einer Ursache? Wie führt eine aufregende Idee zur Ausschüttung von Adrenalin? Und umgekehrt: Wie führt mich ein physikalisches Ereignis auf eine neue Idee?

– Ursachen sind über den Handlungsvollzug erlebbar. Im Lauf der Individualentwicklung wird diese Erfahrung relativ verläßlich auf beobachtete Ereignisfolgen übertragbar.

Wir möchten nochmals auf den Anfang dieses Kapitels zurückkommen. Die Wirkursache ist wirklich nur ein Typ von Ursachen. Das wird mehr als zweitausend Jahre nach Aristoteles wieder deutlich, wenn wir das Angeben von Ursachen als Erklären verstehen. Wenn wir wirklich erklären wollen resp. wenn wir den Grund angeben wollen, warum eine Glühlampe leuchtet, können wir von Strom, von Widerstand, von elektrischen Leitungen etc. sprechen; zufrieden sind wir erst, wenn uns die Darstellung des gesamten (Bedingungs-) Systems gelungen ist. Da reicht die Angabe einer zeitlich vorausgehenden Wirkung nicht! «Le critère essentiel de causalité, c'est-à-dire d'explication, n'est pas historique» (Halbwachs, 1971, 26).

Damit sind aber zwei weitere Dinge sichtbar geworden: (1) Auch solche Erklärungssysteme mag man erklären wollen. Und wir tun das, indem wir versuchen, sie auf noch allgemeinere theoretische Aussagen zurückzuführen. Allgemeine Aussagen, in denen spezielle enthalten sind, nehmen wir für Erklärungen der speziellen Aussagen. Und auch diese mögen wir noch erklären wollen etc. (2) Solche Ursache-Analysen oder Erklärungen sind letztlich nichts anderes als Beschreibungen, allerdings Beschreibungen anhand möglichst genereller Prinzipien.

Zusammenfassung

Das Konzept der Ursache hat die Philosophen schon im Altertum beschäftigt. Für Aristoteles z.B. bestand die Erklärung eines Dings in der Angabe von vier Ursachen, nämlich der Materialursache, der Formalursache, der Wirkursache und der Zweckursache. Davon ist die Wirkursache jene, die heute im Alltag und sogar in der Wissenschaft am meisten verwendet wird.

Der Engländer David Hume versuchte, durch genaue Beobachtung Ursachen festzustellen. Er fand Bedingungen, unter denen der Ursächlichkeitseindruck entsteht (nämlich zeitliche Kontiguität, zeitliche Priorität der Ursache und Wiederholbarkeit des Phänomens); die Ursachenbeziehung als solche konnte er aber nicht 'sehen'.

Ursächlichkeit kann man nur erschließen; aber man sollte sie sich nicht als ein verbindendes Ding vorstellen, das zwischen der Ursache und der Wirkung steht, sonst muß man sich auch zwischen diesem Ding und der Ursache resp. der Wirkung wieder 'etwas' vorstellen.

John Stuart Mill hob hervor, daß jedes Ereignis an viele Bedingungen gebunden ist und daß wir im Alltag meistens nur eine davon als Ursache bezeichnen, z.B. die auffallendste, die zuletzt beobachtete, die seltenste etc. Duncker und Michotte versuchten, diese spontane Auszeichnung als Ursache mithilfe gestaltpsychologischer Gesetze zu erklären.

Moderne Philosophen sowie der Psychologe Piaget versuchten, das Konzept der Kausalität von der eigenen Wirkerfahrung als handelnde Person abzuleiten. Damit werden unter den vielen Bedingungen eines Ereignisses jene als Ursachen ausgezeichnet, die handelnd kontrolliert werden können.

Seminarliteratur

- Eine philosophische Betrachtung zu Kraft, Kausalität und Wirkung: Hume (1748, dt. 1986, 82-97).

3. Kausalattribution

Da Kausalität als Beziehung nicht im eigentlichen Sinn beobachtbar ist, sondern von den beobachtenden Menschen erschlossen, d.h. 'projiziert' resp. 'zugeordnet' wird, ist es angezeigt, über die Mechanismen dieser Zuordnung etwas ausführlicher zu sprechen.

Statt Zuordnung spricht man in der Fachsprache von 'Attribution'. Eigentlich kann man Attribution und Kausalattribution unterscheiden. Kausalattribution ist ein Spezialfall der Attribution. In einem weiten Sinn schließt Wahrnehmung immer attributive Komponenten ein. Innerhalb der letzten Jahrzehnte hat sich unsere generelle Auffassung von der Wahrnehmung derart verändert, daß das Postulat der Kausalattribution heute weniger herausfordernd ist als vor 50 Jahren. Wir sehen die Realität nie, wie sie ist, und nie vollständig, sondern wir rekonstruieren sie aktiv, selektiv, allenfalls hypothesengeleitet. Statt daß wir wahrnehmen, inspizieren wir, bestätigen oder verändern wir unsere Hypothesen (Schemata im Sinne Piagets). Wahrnehmung muß sich bewähren und nicht unbedingt objektiv wahr sein; und Wahrnehmung geschieht oft nicht um ihrer selbst willen, sondern unter der Leitung von Handlungsabsichten und von Anliegen (und ist u.U. selbst eine Handlung); vgl. Bruner & Postman (1949/1950), Brunswik (1952), Piaget (1947), Neisser (1976, dt. 1979).

Attribution hat mit diesen Hypothesen zu tun und heißt Zuschreibung eines Konzepts, eines Schemas, einer Interpretation. Man kann Eigenschaften, Bewegungsrichtungen, Absichten und eben auch Ursachen zuschreiben. Debler (1984, 21 und 43) nennt das, was ich hier mit Attribution bezeichne, Attribution schwacher Definition und das, was ich mit Kausalattribution bezeichne, Attribution strenger Definition.

Kausalattribution verhält sich zu Kausalität wie Kontrollmeinung zu Kontrolle (Kapitel 1.3; Tabelle 3-1).

Tabelle 3-1
Attribution von Kausalität und Kontrolle (Begriffsvergleich)

	Wirkung in der Vergangenheit	Wirkung in der Zukunft
objektiv	Kausalität	Kontrolle
subjektiv	Kausalattribution	Kontrollattribution resp. Kontrollmeinung

Kontrolle ist natürlich auch eine Ursache (resp. eine der Ursachen) einer Wirkung. Nach dem etablierten Sprachgebrauch aber reden wir von Kausalattribution, wenn jemand einer tatsächlich stattgefundenen Wirkung eine bestimmte Ursache (oder mehrere) unterstellt, und von Kontrollattribution (geläufiger: Kontrollmeinung), wenn jemand einer möglichen Wirkung Kontrolle als eine der möglichen Ursachen unterstellt. Wenn man aussagt, wer Kontrolle hat, spricht man von Kontrollattribution; wenn man aussagt, ob man selbst viel oder wenig Kontrolle hat, spricht man von Kontrollmeinung.

3.1 Attributionsprozesse nach Fritz Heider

Fritz Heider (1896-1988) gilt als Vater der Attributionstheorie. Er wurde in Wien geboren und widmete sich nach der Matura erst den Künsten (Architektur, Literatur, Malerei), dann dem Studium der Rechte und schließlich der Philosophie und der Psychologie. Seine Grazer Dissertation von 1920 handelte vom Ding und dem Medium, in dem wir es wahrnehmen (Heider, 1926). Beeindruckt davon, daß wir etwa bei der visuellen Wahrnehmung mit den wahrgenommenen Dingen keinen Kontakt haben, sondern nur mit ihren 'Ausläufern', d.h. mit Lichtwellen, die von jenen reflektiert worden sind, entwickelte er nach und nach die Idee einer stufenweisen Rekonstruktion der Dinge (1930), die schließlich in der Attributionstheorie (1944) und überhaupt in der Psychologie der alltäglichen interpersonalen Wahrnehmung (1958) gipfelte.

Nach dem Doktorat ging Heider nach Berlin, um bei den Gestaltpsychologen Wolfgang Köhler und Max Wertheimer zu studieren. 1927 wurde er Professor in Hamburg, nach drei Jahren verbrachte er sein erstes akademisches Sabbathjahr mit Kurt Koffka am Smith College in den USA, wo er gleich blieb. 1947 wechselte er an die University of Kansas, die er bis zu seinem Tode nicht mehr verließ (vgl. Heider, 1983; dt. 1984; 1989; Harvey, 1989).

Heider (1930, 381) hat sein Verständnis der Wahrnehmung mit einem einfachen Schema dargestellt:

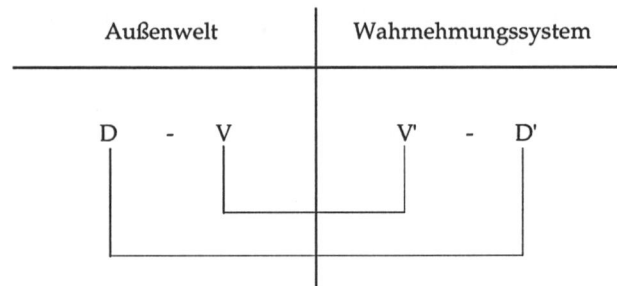

wobei:

D = die lebensrelevante Umwelt ('Dingwelt') = distale Reize.

V = das vermittelnde Geschehen im Medium, die das Organ unmittelbar treffenden Reize = proximale Reize.

V'= das Geschehen im Organismus, 'das dem Reiznahen adäquat ist'.

D'= Erlebnisse, die auf die Dinge abzielen.

Wenn man mehr als ein Ereignis in Betracht zieht, z.B. zwei, von denen das eine (1) Ursache und das andere (2) Wirkung ist, läßt sich diese Darstellung zu Figur 3-1 erweitern.

Wie die Figur 3-1 ausdrückt, besteht in der Außenwelt eine ursächliche Beziehung vom realen Ding 1 zum realen Ding 2 (vertikale Verbindung); D1 steht zeitlich vor D2. In der mentalen Repräsentation wird natürlich normalerweise die gleiche Wirkungsrichtung dargestellt, nur ist es häufig so, daß zuerst die Dingrepräsentation 2 (D2') als Wirkung wahrgenommen und dazu die Ursache festgestellt wird. Zeitlich nicht umdrehen läßt sich die Auftretensreihenfolge von V1' und V2'. Die Kausalzuordnung auf dieser 'reiznahen Stufe' nannte Heider phänomenale Kausalität; sie entspricht dem, was Dunker (1935) unmittelbar wahrnehmbare Kausalität nannte.

Entsprechend seiner gestaltpsychologischen Herkunft beschrieb Heider in seinem Aufsatz von 1944 vor allem zwei Schemata, die eine Verwandtschaft oder Ähnlichkeit zwischen Personen, Handlungen und Handlungsprodukten herstellen. Das erste betrifft die Wahrnehmung von Person und Handlung: «Ursprung und Wirkung, oder eine Person und ihre Handlung, konstituieren die Teile einer Kausaleinheit» (Heider, 1944, dt. 1973, 34). Entsprechend ist z.B.

die Beurteilung der beiden gleich: Ist eine Handlung moralisch gut, ist es auch die Person und umgekehrt.

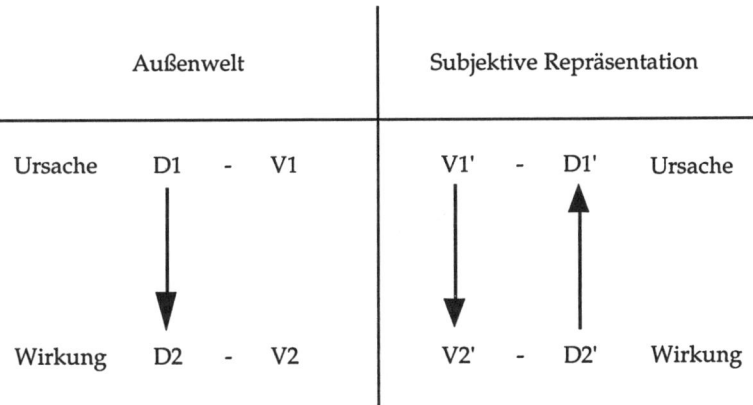

Figur 3-1
Kausalattribution nach Heiders Wahrnehmungsmodell

Das zweite Schema betrifft die Wahrnehmung von Person und Handlungsprodukt: «Handlungen oder Produkte werden von den Eigenschaften der Personen, denen sie zugeschrieben werden, gefärbt. Ein Scherz einer Person, die als albern gilt, erscheint meist albern – wird derselbe Scherz jedoch von einer als geistreich bekannten Person gemacht, erregt er Heiterkeit. Wo Reichtum angebetet wird, gilt der Millionär nicht nur in Dingen des Geldverdienens, sondern auch in allen anderen als Autorität» (Heider, 1944, dt. 1973, 38).

In seinem interessanten Buch von 1958 arbeitete er weite Teile der Sozialpsychologie unter dem Aspekt der allgegenwärtigen Prozesse der Kausalattribution auf und zeigte immer wieder, wie unterschiedlich ein soziales Ereignis bewertet wird, wenn es durch eine bestimmte Person intentional oder wenn es durch bestimmte Umstände herbeigeführt worden ist. Diese Unterscheidung ist bis heute unter den Stichwörtern der internalen vs. externalen Verursachung (und später auch der internalen vs. externalen Kontrolle) bedeutsam geblieben.

3.2 Zur Entstehung von Attributionsmustern nach H.H. Kelley

Die Entstehung von Attributionsmustern wäre ein weniger interessanter Gegenstand, wenn die Attributionen immer exakt in Abhängigkeit des Wahrnehmungsgegenstands entstehen würden und immer funktional wären. Allerdings, wenn die Realität nicht mit Sicherheit objektiv wahrgenommen werden kann, dann läßt sich auch nichts Abschließendes darüber aussagen, wie gut die Attribution der Realität entspricht und wie funktional sie tatsächlich ist. Alles, was wir haben, sind Vergleiche, nämlich Vergleiche zwischen verschiedenen wahrnehmenden Personen, zwischen verschiedenen Wahrnehmungsereignissen und zwischen verschiedenen Gegenständen, auf die eine gleiche Handlung bezogen ist.

Wir betrachten im folgenden die sog. Aktualgenese von Attributionen und erst viel später die Ontogenese (= Individualentwicklung; vgl Kapitel 15 und 16).

3.2.1 Das Varianzanalyseschema

H.H. Kelley (1967) hat die Differenzmethode von J.S. Mill aufgegriffen und ein Modell der rationalen Bedingtheit von Attributionen vorgeschlagen.

Kelley unterstellte dem attribuierenden (Alltags-) Menschen, daß er etwa so vorgeht wie der Wissenschafter, der einen faktoriellen Versuchsplan varianzanalytisch auswertet. Oder anders gesagt: Nach Kelley geht der naive Beobachter nach dem Kovariationsprinzip vor: «Der Effekt wird derjenigen Bedingung zugeschrieben, die vorhanden ist, wenn der Effekt vorhanden ist, und die abwesend ist, wenn der Effekt abwesend ist» (H.H. Kelley (1967, 194). Als wesentliche Variationsdimensionen unterschied Kelley:

– beobachtete handelnde Personen (P),
– Objekte und Personen, auf die die betroffene Person reagiert (O),
– Umstände oder Zeitpunkte (U).

Mit diesen Dimensionen gelang es Kelley, drei wesentliche Attributionsbedingungen zu formulieren, nämlich Konsens, Distinktheit und Konsistenz. Der *Konsens* ist hoch, wenn sich viele P gegenüber einem O gleich verhalten. Die *Distinktheit* ist hoch, wenn sich P_i nur gegenüber wenigen O so verhält wie gegenüber dem bestimmten O_j. Die *Konsistenz* ist hoch, wenn sich die bestimmte Person P_i zu verschiedenen Zeitpunkten und unter verschiedenen Umständen U gegenüber O_j gleich verhält.

Damit sind zwar nicht alle möglichen Kombinationen von Bedingungen erfaßt, aber doch relevante. Diese drei Bedingungen gestatten nun, in geeigneter Kombination spezifische Hypothesen über das Zustandekommen typischer Kausalattributionsmuster, nämlich die Ursachenzuschreibung auf die handelnde Person, die Zuschreibung auf das Objekt oder die Objektperson und die Zuschreibung auf die Umstände zu generieren:

	Konsens	Distinktheit	Konsistenz	Attribution
GGH	gering	gering	hoch	Handelnde Person
HHH	hoch	hoch	hoch	Objekt(person)
GHG	gering	hoch	gering	Umstände/Zeitpunkt

Ausformuliert lauten diese drei ausgezeichneten Kausalattributionsmuster so:

GGH: Eine Handlung wird kausal dem Handlungssubjekt zugeschrieben, wenn sich diese Person vielen Objekt-Personen gegenüber so verhält (geringe

38

Distinktheit) und das auch unter unterschiedlichen Umständen (hohe Konsistenz) und wenn sich diese Person darin von anderen Personen unterscheidet (geringer Konsens).

HHH: Eine Handlung wird kausal einer Objekt-Person zugeschrieben, wenn sich viele Personen (hoher Konsens) dieser gegenüber immer wieder (hohe Konsistenz) so verhalten, aber vielen anderen Personen gegenüber nicht (hohe Distinktheit).

GHG: Eine Handlung wird kausal einer Situation (= den besondern Umständen) zugeschrieben, wenn sich eine Person einer Objekt-Person gegenüber nur zu einem bestimmten Zeitpunkt oder nur unter bestimmten Umständen (geringe Konsistenz) so verhält und das Verhalten weder gegenüber andern Personen (hohe Distinktheit) noch bei andern Personen (geringer Konsens) beobachtet werden kann.

Dieses Schema ist nachvollziehbar, rational, vielleicht zu rational, und konnte in einigen Experimenten auch bestätigt werden (vgl. Kelley & Michela, 1980; für eine vollständige logische Analyse vgl. Försterling, 1989). Dabei zeigte sich, daß die Konsens-Information im allgemeinen am wenigsten von allen dreien verwertet wird (vgl. McArthur, 1972), d.h. im allgemeinen sehen die Menschen die beobachteten Menschen mehr als spezielle Individuen, als daß sie Unterschiede zwischen Umständen und Handlungsobjekten in Betracht ziehen. Ross (1977) hat diesen wiederholten Befund, daß wir im Alltag eine sachlich nicht immer gerechtfertigte Präferenz für Person-Attributionen haben, als fundamentalen Attributionsfehler bezeichnet (vgl. auch Miller & Aloise, 1989). Vielleicht hat das damit zu tun, daß man an Personen Forderungen stellen und ihnen Verantwortung zuschreiben möchte. Dadurch ist Unberechenbarkeit verminderbar (vgl. Lerner & Miller, 1978).

Insgesamt kann man aber doch sagen, daß das Kovariationsprinzip nach Kelley nicht nur sehr rational (und plausibel), sondern auch verhältnismäßig gut empirisch gesichert ist. Über Attributionsfehler wird noch mehr zu sprechen sein. Als nächstes sind die Fälle zu diskutieren, in denen die Beurteiler gar nicht die volle Information besitzen, die sie für die Anwendung des Kovariationsprinzips brauchen würden. In diesen Fällen hat Kelley einen Notbehelf beobachtet, nämlich das sog. kausale Schema nach Kelley (von Herkner, 1980, übersetzt als Ergänzungsschema).

3.2.2 Ergänzungsschemata

Wenn Sie beobachten, daß A B auslacht, und sonst nichts wissen, dann sind dafür mehrere Erklärungen möglich: (1) A ist ein Auslacher; (2) B ist lächerlich; (3) es war grad eine spezielle Situation, in der B lächerlich war. Für eine vertretbare Kausalattribution brauchen Sie mehr Information, aber nicht zwingend zu allen drei Kelley-Dimensionen.

Manchmal läßt sich Information halbwegs sicher erschließen. Wenn Sie in unserm Beispiel dazu noch erfahren, daß auch andere B auslachen (hoher Konsens) und daß A sonst keine Personen auslacht (hohe Distinktheit), könnten Sie bereit sein, zu schließen, daß B lächerlich ist (Verzicht auf Konsistenzinformation). Oder: Wenn Sie erfahren, daß A sonst B nicht auslacht (hohe Distinktheit), dann folgern Sie vielleicht bereitwillig, daß B sich in einer speziellen Situation befand und selbst eigentlich nicht lächerlich ist (Verzicht auf resp. Inferenz von Konsens- und Konsistenz-Information). Oder: Wenn Sie erfahren, daß A auch andere Personen (geringe Distinktheit) immer wieder (hohe Konsistenz) auslacht, dann halten Sie A wahrscheinlich für einen Auslacher (Inferenz von geringem Konsens).

Um die drei ausgezeichneten Kovariationskonstellationen GGH, HHH und GHG zu unterscheiden, genügt als Minimum je spezifische Teilinformation. Um GGH im Gegensatz zu HHH und GHG zu erschließen, genügt die Teilinformation –G–. Um auf HHH zu schließen, reicht H–, und um GHG sicherzustellen, reicht die Teilinformation –HG; andere Teile sind natürlich nicht eindeutig, z.B. G— oder —H. Aber diese Schlußfolgerungen sind nur möglich, wenn nur die drei ausgezeichneten Kovariationskonstellationen in Frage kommen. Tatsächlich konnten Orvis, Cunningham & Kelley (1975; zit. nach Herkner, 1980, 21) zeigen, daß ihre Probanden eine Tendenz hatten, nach diesen Regeln zu attribuieren, d.h. Zustände zu inferieren, die eines dieser drei Attributionsmuster erlauben.

3.2.3 Schema für multiple Ursachen

Wenn für ein Ereignis zwei Ursachen in Frage kommen und für beide Ursachen die empirischen Voraussetzungen erfüllt sind, kann es sein, daß beide Ursachen gleichzeitig angenommen werden oder daß nur eine von beiden ausgewählt wird (Kelley, 1972). Kun & Weiner (1973) und Cunningham & Kelley (1975) konnten zeigen, daß Versuchspersonen beide Ursachen für notwendig halten, wenn ein Effekt außergewöhnlich selten oder stark ist, aber nur eine, wenn der Effekt alltäglich ist.

Das läßt sich an einem Gedankenbeispiel illustrieren. Bei guten Schülerleistungen kommen oftmals a priori sowohl die aktuelle Anstrengung (spezieller Umstand) als auch hohe Begabung (Person) als Ursachen in Frage. Ist die Leistung ganz außergewöhnlich, unterstellen wir meistens beide Ursachen. Wenn die Leistung eher alltäglich ist, genügt uns als Erklärung der Hinweis entweder auf die Anstrengung oder auf die Begabung; beide Ursachen gleichzeitig zu betrachten, erscheint uns fast übertrieben.

3.3 Dimensionen der Kausalattribution

Die Dreifachunterscheidung von Kausalattributionen nach Kelley (handelnde Person, Objekt oder Objektperson, Umstände oder Zeitpunkt) deckt einen großen Teil der Vielfalt von Kausalattributionen ab. Aber es gibt noch mehr Variation. Viele Forscher haben immer neue Unterscheidungsdimensionen eingeführt (vgl. die handliche Darstellung von Försterling, 1986, 23-35). Die folgenden scheinen uns die wichtigsten zu sein.

3.3.1 Attribution auf internale vs. externale Ursachen

Diese Zweiteilung geht auf Heider zurück und ist die meist verwendete; sie wurde vor allem von Rotter (1954) in der Übertragung auf die Kontrollattribution betont. Einen Erfolg internal zu erklären, heißt, ihn auf hohe Fähigkeiten der betreffenden Person oder auf ihre besondere Anstrengung zurückzuführen. External wird ein Erfolg z.B. erklärt, wenn er auf glückliche Umstände, auf die Hilfe anderer oder auf die geringen Anforderungen der Aufgabe zurückgeführt wird. Innen und außen meinen: innerhalb und außerhalb der handelnden Person. Diese Unterscheidung ist bei Kelley enthalten: 'innerhalb' entspricht der 'handelnden Person', 'außerhalb' entspricht dem 'Objekt' resp. der 'Objektperson' und den Umständen. Diese Dimension dient sehr leicht dazu, Wertungen vorzunehmen: Internal attribuierter Erfolg wertet auf, external attribuierter Erfolg läßt die Bewertung weitgehend offen (vielleicht hatte die handelnde Person keine Chance, vielleicht bedurfte sie der Hilfe), internal attribuierter Mißerfolg wertet ab, external attribuierter Mißerfolg läßt die Person 'ungeschoren' davonkommen.

3.3.2 Attribution auf stabile vs. variable Ursachen

Auch diese Dimension wurde bereits von Heider thematisiert, und auch ihr sind wir bei Kelley begegnet (als Konsistenz resp. Inkonsistenz bezeichnet). Weiner et al. (1971; vgl. auch Weiner, 1972) haben die beiden bis jetzt genannten Dimensionen kombiniert und in ein Vierfelderschema (Tabelle 3-2) gepaßt, das große theoretische und noch größere praktische Beliebtheit erlangte.

Tabelle 3-2
Muster der Kausalattributionen nach B. Weiner

| | | Ort der Ursache | |
		intern	extern
Stabilität der Ursache	stabil	Fähigkeit	Aufgabenschwierigkeit
	labil	Anstrengung	Zufall

3.3.3 Attribution auf kontrollierbare vs. unkontrollierbare Ursachen

Auf eine Anregung aus der Dissertation von Rosenbaum (1972; zit. nach Weiner, 1980) hat Weiner später auch noch die Dimension der Kontrollierbarkeit dazugenommen. Die vollständige Kreuzung der drei Variablen führt zu einer Aufspaltung des Gesichtspunkts, indem nun zur eigenen Kontrollierbarkeit auch die Kontrollierbarkeit durch andere dazukommt; dadurch erweiterte Rosenbaum das Weinersche Vierfelderschema zu einem Achtfelderschema (vgl. Tabelle 3-3 von Rosenbaum, 1972).

Tabelle 3-3
Achtfelderschema nach Rosenbaum (1972; zit. nach Weiner, 1980, dt. 1984, 271)

	kontrollierbar		unkontrollierbar	
	stabil	variabel	stabil	variabel
internal	konstante eigene Anstrengung	variable eigene Anstrengung	eigene Fähigkeit	eigene Müdigkeit und Stimmung; Fluktuation der eigenen Fähigkeit
external	konstante Anstrengung anderer Personen	variable Anstrengung anderer Personen	Fähigkeit anderer; Aufgabenschwierigkeit	Müdigkeit; Stimmung und Fluktuation der Fähigkeit anderer; Zufall

Die Dimension der Kontrollierbarkeit hat sich in der Untersuchung von Perrig-Chiello (1980) sogar besser bewährt als die Stabilitätsdimension, indem die Probanden sich häufig dadurch unterschieden, daß sie entweder Fähigkeit und Zufall (unkontrollierbar) mehr als Anstrengung und Aufgabenschwierigkeit (kontrollierbar) oder aber Anstrengung und Aufgabenschwierigkeit mehr als Fähigkeit und Zufall betonten. Perrig-Chiello untersuchte Attributionsstile von Lehrern und Lehrerinnen in der Beurteilung von Schülerleistungen. Dabei zeigte sich auch, daß ältere Lehrer und Lehrerinnen ausgeprägter extreme Attributionen im Sinne der vier Felder, und zwar aller vier Felder, verwendeten als jüngere Lehrpersonen. Vielleicht urteilten sie einfach mutiger und klarer als die jüngeren Lehrer und Lehrerinnen. Des weitern attribuierten Lehrerinnen stärker auf Begabung und Zufall als Lehrer. Und Lehrpersonen, die relativ viel berufliche Fortbildung betrieben, argumentierten weniger stark als die anderen mit Fleiß und Zufall.

Tabelle 3-4
Vierfelderschema nach Perrig-Chiello (1980; 1983). Zum Verständnis: Perrig-Chiello sprach von möglichen Aufgaben, deren Schwierigkeit deshalb kontrollierbar ist; Weiner (Tabelle 3-3) sprach von gegebenen Aufgaben, deren Schwierigkeit natürlich nicht (mehr) kontrollierbar ist.

		Ort der Ursache	
		intern	extern
Kontrollierbarkeit der Ursache	kontrollierbar	Anstrengung (labil)	Aufgabenschwierigkeit (stabil)
	nicht kontrollierbar	Fähigkeit (stabil)	Zufall (labil)

Perrig-Chiello hat schließlich die Kontrollierbarkeitsdimension an die Stelle der Stabilitätsdimension gestellt und ist dadurch wieder zu einem einfachen Vierfelderschema gelangt (Tabelle 3-4).

3.3.4 Attribution auf global wirkende Ursachen vs. spezifisch wirkende Ursachen

Im Rahmen der Attributionstheorie ist die Unterscheidung zwischen Globalität und Spezifität durch Abramson, Seligman & Teasdale (1978) berühmt geworden. Diese Autoren hoben Ursachen, die für sehr viele Folgen (tatsächlich oder vermeintlich) verantwortlich sind, von solchen ab, die nur spezifische Wirkungen haben. Eine hohe Intelligenz beispielsweise gilt häufig als eine Voraussetzung für sehr verschiedenartige Hochleistungen; Farbenblindheit hat relativ spezifische Auswirkungen.

Im Grunde ist mit dieser Unterscheidung eine uralte Problemgruppe angesprochen, die die Psychologie und noch mehr die Pädagogik immer wieder beschäftigt hat, nämlich die der Formalbildung und des Transfers von Gelerntem (Flammer, 1970; 1975a). In der Psychologie entspricht diese Problemgruppe der Suche nach möglichst allgemein gültigen Gesetzmäßigkeiten, etwa in Form einer geringen Zahl von Intelligenzfaktoren, die möglichst alles abdecken sollten, oder dem Anspruch auf die universelle Gültigkeit einer Entwicklungstheorie (vgl. Kohlberg, 1969; Sneary, 1985) oder der jahrzehntelangen Suche nach der Lerntheorie, die alle Lernphänomene erklären sollte (Flammer, 1975b).

3.3.5 Weitere Differenzierungen

Dieser Katalog könnte noch weit ausgebaut werden; er deckt aber den größten Teil der Varianten ab (vgl. van Overwalle, 1989). Es sollen noch zwei Unterscheidungen, die Försterling (1986, 26-27) anführt, genannt werden. Die eine stammt von Heider und heißt mit der aus der Wahrnehmungspsychologie entlehnten Nomenklatur *distal* vs. *proximal* (vgl. 3.1). Wenn man sich auf die unmittelbaren Ursachen konzentriert, spricht man von proximalen Ursachen, sonst von distalen. Die andere Unterscheidung ist uns im Kapitel 2 begegnet, nämlich die Attribution auf einfache oder *einzelne Ursachen* vs. die Attribution auf eine *Vielzahl von Ursachen* oder auf eine komplexe Ursache. Die Konzentration auf eine einzige Ursache erfaßt zwar normalerweise einen Sachverhalt nicht völlig, ist aber doch handlich.

DeJong, Koomen & Mellenbergh (1988) identifizierten aus freien Erklärungen für Erfolg resp. Mißerfolg zwölf Ursachen, nämlich: Motiviertheit, Anstrengung, Subjektivität der Beurteilung, Zerstreutheit, Erfolgsdruck, Intelligenz, Erfahrung, verbales Wissen, Stimmung, Aufgabenschwierigkeit, Zeitbeschränkung, Zufall. Diese legten sie einer neuen Stichprobe paarweise vor und baten die Versuchspersonen, jene der beiden Ursachen zu nennen, die ihnen für ein ausführlich beschriebenes Ereignis zutreffender erschien. Für die einen der

Versuchspersonen hatte das Ereignis einen positiven, für die anderen einen negativen Ausgang. In jedem Fall wurden alle 66 möglichen Ursachenpaarungen vorgegeben. Die Ergebnisse wurden anhand einer multidimensionalen Skalierung konfiguriert und zeigten eine massive Reduktion der vorgegebenen Ursachenvielfalt auf drei Ursachentypen, nämlich: Internalität vs. Externalität, Stabilität vs. Instabilität und Entschuldbarkeit vs. Unentschuldbarkeit ('appropriate as excuse vs. inappropriate as excuse', was sich durchaus mit Unkontrollierbarkeit vs. Kontrollierbarkeit übersetzen läßt).

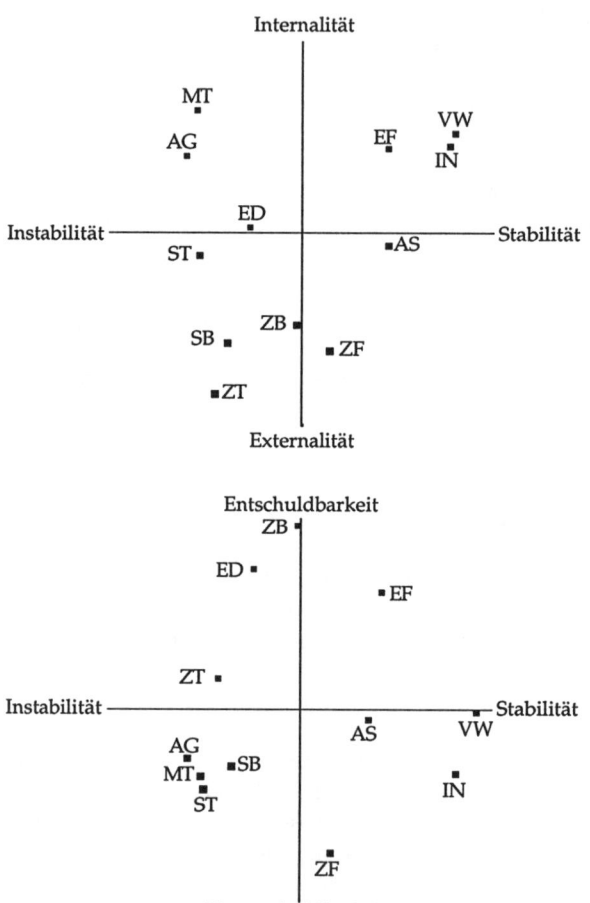

Figur 3-2
Multidimensionale Einordnung von zwölf verschiedenen Ursachen in drei Ursachentypen (De-
Jong, Koomen & Mellenbergh, 1988, 721) – MT = Motivation; AG = Anstrengung; SB = Subjektivität
der Beurteilung; ZT = Zerstreutheit; ED = Erfolgsdruck; IN = Intelligenz; EF = Erfahrung; VW =
Verbales Wissen; ST = Stimmung; AS = Aufgabenschwierigkeit; ZB = Zeitbeschränkung; ZF =
Zufall

In Figur 3-2 kann die Affinität der einzelnen der zwölf Ursachen zu den drei Ursachentypen nachvollzogen werden. Beachtlich ist, daß diese Untersuchung genau den dreidimensionalen Ursachenraum bestätigt, den B. Weiner vorgeschlagen hatte und der im diagnostischen Verfahren von Russell operationalisiert ist (Russell, 1982; Russell & McAuley, 1986; Russell, Lenel, Spicer, Miller, Albrecht & Rose, 1985; Russell, McAuley & Tarico, 1987; Vallerand & Richer, 1988).

3.4 Spontanes kausales Denken

Die Arbeiten Heiders sowie die Alltagsbeobachtungen haben die Psychologen davon überzeugt, daß die Menschen tatsächlich eine sehr starke Tendenz haben, die Welt mithilfe von Kausalzusammenhängen zu interpretieren. Ist das auch belegt? Wir tragen ja viele nichthinterfragte falsche Überzeugungen ('Aberglauben') mit uns herum und fühlen uns damit sicher, bis doch auf einmal das Gegenteil bewiesen wird. In unserem Fall gibt es in der Tat einige empirische Untersuchungen, die dieses unterdessen trivial scheinende Phänomen nachgewiesen haben. Wir wollen darauf kurz eingehen und verlassen uns dabei auf eine handliche Literaturübersicht von B. Weiner (1985).

Die Tendenz, vor allem unerwartete Ereignisse ausdrücklich kausal zu erklären, entspricht der Theorie Kahneman's & Tversky's (1982; vgl. Kapitel 2), wonach die Ursachenfeststellung auf der mentalen Generierung von möglichen Alternativen basiert. Eine weitere empirische Bestätigung dafür fanden Clary & Tesser (1983) in einer anderen Art von Studie. Sie ließen Probanden Texte lesen, in denen die beschriebene Hauptperson entweder konsistent oder inkonsistent handelte. In einer anschließenden Textwiedergabe wurden für die inkonsistenten Geschichten wesentlich mehr (erfundene!) Kausalaussagen produziert als für die konsistenten Geschichten (vgl. schon Bartlett, 1932). Die gleichen Befunde aus einer ähnlichen Situation teilte Hastie (1984) mit.

Eine andere Gruppe von Untersuchungen bestand darin, daß die spontanen Äußerungen von Probanden während des Lösens von Aufgaben aufgenommen und analysiert wurden. Hier wurde die Tendenz festgestellt, Kausalattributionen vor allem dann zu produzieren, wenn die Probanden ihre Ziele nicht erreichten oder sich blamierten (vgl. Weiner, 1985).

Lau & Russell (1980) untersuchten 107 Zeitungsberichte über 33 Sportereignisse und fanden darin 594 kausale Erklärungsaussagen. Siege wurden nicht häufiger und nicht weniger häufig kausal erklärt als Niederlagen, wohl aber wurden nicht erwartete Ausgänge häufiger mit Kausalaussagen interpretiert als erwartete Ausgänge. Lau (1984) fand allerdings diesen Unterschied zwischen nicht erwarteten und erwarteten Ausgängen nicht wieder, wohl aber mehr kausale Aussagen für Niederlagen als für Siege. Statt Sportreportagen analysierten Bettman & Weitz (1983; zit. nach Weiner, 1985) Börsenberichte und fanden 2.33 kausale Aussagen pro Bericht und zwar signifikant mehr, wenn über Firmen zu berichten war, die wider Erwarten schlecht abgeschnitten hatten. Staton (1984) analysierte Briefe von Kindern des sechsten Schuljahrs («dialogue journals») und fand vor allem dann kausale Aussagen, wenn unangenehme Ereignisse berichtet wurden.

In einem einfallsreichen Experiment ließen Pyszczynski& Greenberg (1981) Versuchspersonen 'zufällige' Zeugen einer sozialen Interaktion zwischen Versuchleiter und einer anderen Versuchsperson (die in Wirklichkeit eine Verbündete des Versuchsleiters war) werden. Dabei bat der Versuchsleiter diese andere Versuchsperson um eine Hilfe. In einer Bedingung bestand die Hilfe darin, nach Abschluß des Experiments einen Fragebogen von einer Seite, der nur eine Minute in Anspruch nehmen würde, auszufüllen (kleine Bitte). In der anderen Bedingung bestand die Hilfe darin, sich an drei aufeinanderfolgenden Abenden je zwei Stunden lang zur Bearbeitung einer großen Testbatterie zur Verfügung zu stellen (große Bitte). In beiden Bedingungen sagte die verbündete Versuchsperson in der Hälfte der Fälle die Hilfe kommentarlos zu und in der anderen Hälfte der Fälle ebenso kommentarlos nicht. Die Autoren unterstellten, daß die Erfüllung der kleinen Bitte und das Abschlagen der großen Bitte selbstverständlich oder doch sehr verständlich war, während die Abschlagung der kleinen und die Erfüllung der großen Bitte doch eher ein unerwartetes Verhalten war. Nun muß man wissen, daß der wirklichen Versuchsperson angekündigt worden war, das Experiment, zu dem sie eingeladen war, bestünde aus kooperativen Leistungen, die paarweise auszuführen waren, in ihrem Fall eben mit dieser anderen ihr aber unbekannten Versuchsperson. Vor dem 'eigentlichen' Experiment sollte sie dann einen kleinen Persönlichkeitsfragebogen mit zehn Fragen ausfüllen (fünf Fragen zu Hilfeverhalten und Kooperativität und fünf Fragen von weiterem persönlichkeitspsychologischem Interesse). Hernach war es ihr gestattet, die Antworten der Partnerperson auf fünf der zehn Fragen nach eigener Wahl einzusehen. Entsprechend der Vorhersage der Autoren wählten jene Versuchspersonen, die Zeugen der unerwarteten Erfüllung oder Nichterfüllung der Bitte gewesen waren, signifikant mehr Items zum Hilfeverhalten und zur Kooperativität der Partner als jene Versuchspersonen, die Zeugen der erwarteten Erfüllung oder Nichterfüllung der Bitte gewesen waren. Das Bedürfnis nach Verstehen, mithin nach Kausalattribution von unerwarteten Ereignissen ist also stärker als das Bedürfnis nach Verstehen oder Kausalattribution von erwarteten Ereignissen (vgl. auch McCaul, 1983; Pittman & Pittman, 1980, und Wong & Weiner, 1981).

Aufgrund solcher Befunde ist in der Literatur die Auffassung vertreten worden, daß die Attributionsprozesse genau genommen gar nicht so allgegenwärtig und spontan, sondern eher reaktiv seien (Kuhl, 1983, 61; Heckhausen, 1986, 18). Man nimmt an, daß Attributionsprozesse dann auftreten, wenn die Ereignisse den aktuellen Schemata, die Erwartungen und Wahrnehmung leiten, widersprechen. Attributionsprozesse stehen dann «im Dienste der 'Theorierevision', indem sie nämlich unsere bisherigen (impliziten) Kausalannahmen erweitern, berichtigen oder vollständig revidieren» (Meyer, 1988, 144).

3.5 Attributionsprinzipien und Attributionsfehler

Die Attribution verläuft nicht immer so rational, wie die Kovariationsprinzipien von Kelley vermuten lassen. Man kann Abweichungen davon als systematische Fehler taxieren oder – wie Hilton & Slugoski (1986) – auf eine andere generelle Inferenzlogik zurückzuführen versuchen. Da die Abweichungen einigermaßen systematisch und unter spezifizierbaren Bedingungen ziemlich sicher auftreten, führt die einfache Annahme weiter, diese Fehler seien die Kehrseite von im allgemeinen funktionalen Mechanismen oder Gewohnheiten. Unter diesem Gesichtspunkt habe ich die folgende 'Fehlerliste', die nicht ganz frei ist von Überschneidungen, zusammengetragen.

3.5.1 Das Einschränkungsprinzip

Das Einschränkungsprinzip oder das discounting principle besteht darin, daß die Attributionen immer so ökonomisch sind wie möglich. Wenn jemand eines seiner beiden Häuser verkauft und wir erfahren, daß er oder sie dieses Geld gut gebrauchen kann, fragen wir nicht noch, ob er oder sie vielleicht gleichzeitig einem ethischen Prinzip der Eigentumsstreuung nachleben wollte; wenn wir hingegen glaubwürdig wissen, daß diese Person das ethische Prinzip der Eigentumsstreuung einhalten will, dann fragen wir nicht danach, ob sie so handelte, um gleichzeitig auch noch dringend nötiges Geld zur Verfügung zu haben. Wenn wir eine befriedigende Ursachenerklärung haben, und sei sie noch so einfach, suchen wir im allgemeinen keine weiteren. Dieses Prinzip läßt sich auch für gezielte Täuschungen verwenden: Nennen Sie einen von möglichen Gründen für eine Handlung, und Ihr Gegenüber sucht unter Umständen nicht nach weiteren.

Das Einschränkungsprinzip als solches läßt aber nicht vorhersagen, welche Ursachen beibehalten werden und welche nicht. Darauf geben die folgenden Prinzipien einige Antworten.

3.5.2 Das Proportionalitätsprinzip

Das Proportionalitätsprinzip besteht darin, daß die attribuierende Person eine der Wirkung proportionale Ursache annimmt (Shultz & Ravinsky, 1977, sprechen vom Ähnlichkeitsprinzip). Dank diesem Prinzip können einem (zufälligen) Entdecker einer wissenschaftlichen Gesetzmäßigkeit, die sich später als folgenschwer erweist, besondere Forschungskompetenzen attribuiert werden. Und dank diesem Prinzip nehmen viele Menschen an, daß ein Verbrechen mit großen Auswirkungen nicht von einem einzelnen begangen werden kann (vgl. die Konspirationstheorie um J.F. Kennedys Mord; McCauley & Jacques, 1979). Vermutlich nur weil dieses Proportionalitätsprinzip so selbstverständlich funktioniert, ist der sprichwörtliche Hinweis, daß auch kleine Ursachen große Wirkungen haben können, bedeutsam.

3.5.3 Das Primacy-Prinzip

Dem Primacy–Prinzip oder dem Prinzip des ersten Eindrucks entspricht die Tendenz, die ersten Wahrnehmungen als Basis für die Interpretation weiterer Ereignisse zu verwenden (vgl. die Assimilationstendenz nach Piaget, 1947, die Wahrnehmungstäuschungen nach Asch, 1946, die Erwartungs- oder Hypothesentheorie der Wahrnehmung nach Bruner & Postman, 1949/1950, und die Zyklentheorie der Wahrnehmung nach Neisser, 1976).

Jones, Rock, Shaver, Goethals & Ward (1968) präsentierten ihren Probanden zu 30 Aufgaben angebliche Resultate von (anderen) Versuchspersonen und ließen sie die Fähigkeit dieser Versuchspersonen beurteilen. Den einen Probanden wurden die Resultate in einer Reihenfolge vorgegeben, daß die richtigen Lösungen in den ersten 15 Aufgaben gehäuft vorkamen; anderen Probanden wurden die Resultate in einer Reihenfolge vorgegeben, daß die richtigen Lösungen gehäuft in den letzten 15 Aufgaben vorkamen. Obwohl insgesamt alle Probanden die gleiche Information hatten, beurteilten die ersten Probanden die Fähigkeiten der vermeintlichen, sonst unbekannten Versuchspersonen höher als die zweiten. Einen Beleg dafür, daß das anfänglich aufgebaute Vorwissen die Interpretation der nachfolgenden Information beeinflußt hatte, lieferten Feldman & Allen (1975), welche die gleiche Information graphisch simultan und nicht sukzessiv darboten. Die graphische Vorlage enthielt je 24 angebliche Resultate (Zeichnungen), die von links nach rechts zu inspizieren waren. In diesem Experiment blieb der Primacy-Effekt aus; es zeigte sich sogar ein Recency-Effekt (= Überbetonung der zuletzt inspizierten Information).

3.5.4 Das Auffälligkeitsprinzip

Duval & Wicklund (1972), McArthur & Post (1977) und viele andere konnten zeigen, daß wir die Ursachen vor allem solchen Faktoren zuschreiben, welche die besondere Aufmerksamkeit der Wahrnehmung auf sich lenken, z.B. Neuartigkeit, Bewegung, Kleidung und Verhalten, Lautheit, starke Beleuchtung, Zentralität im Blickfeld (auf wen man sieht, inkl. Spiegel vor einem selbst), semantische Akzentuierung und sprachliche Hervorhebungen.

In Experimenten von Duval & Wicklund (1972) mußten Versuchspersonen das Verhalten von zwei dialogisierenden Personen, A und B, beurteilen. Im Fall 1 war A hell beleuchtet, B nicht; die beobachtende Person zeigte die Tendenz, auf der Seite von A mehr die Personeigenschaften und auf der Seite von B mehr die Situationseigenschaften in Rechnung zu stellen. Das gleiche Ergebnis zeigte sich im Fall 2, in dem A in einem Schaukelstuhl saß und ständig schaukelte, während B ruhig auf einem gewöhnlichen Stuhle saß. Und nochmals der gleiche Effekt konnte im Fall 3 gezeigt werden, in dem A eine auffällig gestreifte Bluse trug und B eine einfarbige dezente. Einen vergleichbaren Befund meldeten Taylor & Fiske (1975), die zwei Personen im Gespräch durch Drittpersonen beurteilen ließen. Die Beurteiler zeigten die Tendenz, jene der beiden beobachteten Personen als dominant zu bezeichnen, die sie von vorne sahen.

In einem andern Experiment zeigten Duval & Wicklund (1972; vgl. auch Kapitel 13.1.3), daß Versuchspersonen, die vor einen Spiegel gesetzt waren und sich so dauernd selbst beobachten konnten, eigenes Verhalten häufiger auf sich selbst attribuierten als Versuchspersonen, die nicht vor einen Spiegel gesetzt waren.

Das Auffälligkeitsprinzip war schon in der gestalttheoretischen Erklärung der phänomenalen Kausalität von Heider enthalten. Unterdessen wissen wir aber, daß es nicht nur von der Stimulus-Konfiguration abhängt, was daran auffällig ist, sondern auch von Erwartungen, Vorauserfahrungen und vor allem auch von zuvor gerade aktivierten mentalen Interpretationsschemata (vgl. Strack, Erber & Wicklund, 1982).

3.5.5 Der Konsens-Effekt

Viele Menschen glauben, andere Personen dächten und handelten mehrheitlich wie sie selbst. Das haben z.b. Ross, Greene & House (1977) mit folgendem Experiment illustriert: Studierende (als Probanden) erhielten die Anfrage, für ein Experiment eine halbe Stunde lang mit einem eher albernen Sandwich-Plakat (auf dem Rücken und auf dem Bauch: «Iß bei Joe») auf dem Stanford-Campus umherzulaufen. Jene, die bereit waren, die Aufgabe zu übernehmen, schätzten im Durchschnitt, daß 62% ihrer Kollegen auch mitmachen würden. Jene, die nicht bereit waren, die Aufgabe zu übernehmen, schätzten im Durchschnitt, daß 33% ihrer Kollegen mitmachen würden.

Soll man sich freuen über die Tendenz, sich mehr als nötig im großen Durchschnitt zu sehen? Warum kommt es überhaupt dazu? Ross (1977) glaubte, daß eben die meisten Menschen mehr Menschen aus ihrem eigenen Milieu, d.h. von ihrer speziellen Art, kennen als andere. Das ist plausibel und ist z.B. für Menschen, die öffentlich Verantwortung tragen, bedenkenswert.

Ross sprach nur vom nicht immer gerechtfertigten Konsens-Effekt; vermutlich gibt es gelegentlich auch einen übertriebenen Dissens- oder Kontrast-Effekt, sonst hätte das dem lateinischen Dichter Terenz zugeschriebene Sprichwort «Nihil humanum a me alienum puto» («Ich glaube, daß mir nichts Menschliches fremd ist»), das das Gegenteil beteuert, nicht so lange überlebt.

3.5.6 Auswirkungen von sozialer Abhängigkeit

Berscheid et al. (1976) konnten zeigen, daß die Personwahrnehmung stark davon beeinflußt ist, ob man von der bestimmten Person abhängig ist oder nicht. Sie fanden z.B., daß Beobachterpersonen andere Personen, von denen sie abhängig waren, mit steigender Abhängigkeit länger beobachteten, mit stärker ausgeprägten Person-Eigenschaften belegten und als sympathischer beurteilten. Wahrscheinlich gilt das nur bis zu einem bestimmten Grad der Abhängigkeit.

Schon 1955 hatten Thibaut & Riecken gezeigt, daß eine Gefälligkeit einer Person deutlicher der guten Gesinnung und Absicht attribuiert wurde, wenn die handelnde Person statusmäßig der betroffenen Person überlegen, als wenn die Statusrelation umgekehrt war.

Die Wirkung gegenseitiger Abhängigkeit auf die Attributionstätigkeit wiesen Harvey, Yarkin, Lightner & Town (1980) nach. In ihrem dritten Experiment ließen sie Versuchspersonen individuell einen Video-Film über vier Personen beobachten mit der Ankündigung, daß sie im zweiten Teil des Experiments mit den beobachteten Personen zu tun haben würden. Der Film zeigte eine heftige Auseinandersetzung über ethische Fragen der Sexualität. In einer Vergleichsbedingung war die Instruktion nur die, den Film zu beobachten, ohne die Ankündigung der späteren Interaktion. Nach der Filmdarbietung hatten die Versuchspersonen das Gesehene aus dem Gedächtnis wiederzugeben und zu kommentieren. Wie erwartet zeigten die Versuchspersonen mit der Interaktionsankündigung mehr Erinnerungen als die Versuchspersonen ohne die Interaktionsankündigung. Und vor allem enthielten die Kommentare der Versuchspersonen mit der Interaktionsankündigung mehr Kausalattributionen als die Kommentare der Versuchspersonen ohne die Interaktionsankündigung. Offensichtlich hatten sich die erstgenannten Versuchspersonen mit dem Gesehenen intensiver auseinandergesetzt und dabei vor allem auf die psychologische Begründung der Verhaltensweisen und Äußerungen geachtet (für ähnliche Untersuchungen vgl. Miller, Norman & Wright, 1978; Elliott, 1979; Harkness, DeBono & Borgida, 1985; und Monson, Keel, Stephens & Genung, 1982). Regan, Straus & Fazio haben bereits 1974 gezeigt, daß wir bei geliebten Personen Erfolge häufiger internal und Mißerfolge häufiger external attribuieren; für weniger geschätzte Personen tun wir aber gerade das Gegenteil.

In den berühmten Gehorsamsexperimenten von Milgram (1974, dt. 1983), in denen Versuchspersonen auf Anordnung eines Versuchsleiters einer weiteren Versuchsperson für Mißerfolge im Lernen zunehmend stärkere Stromstöße als Strafe verabreichen sollten, wurde eine Kausalattributionstendenz auch auf der Seite jener Person sichtbar, von der die Zielperson abhängig war. Die bestrafenden Personen rechtfertigten ihr Verhalten nämlich häufig mit dem Hinweis auf die Faulheit oder Dummheit oder einfach die 'Schuld' der bestraften Personen.

Die Attributionstendenzen, die aufgrund sozialer Abhänigkeit entstehen können, sind in einzelnen Berufen potentiell so folgenschwer, daß dagegen verschiedenartige Maßnahmen getroffen werden. Lehrerinnen und Lehrer versuchen ihre Schulleistungsbeurteilungen 'objektiv' abzusichern; Therapeutinnen und Therapeuten setzen sich bewußt mit Übertragungen und Gegenübertragungen auseinander; Dorfpolizisten werden nach einer bestimmten Zahl von Dienstjahren versetzt, etc.

3.5.7 Selbstbeobachtung und Fremdbeobachtung

Nach dem sogenannten fundamentalen Attributionsfehler (Ross, 1977; vgl. Kapitel 3.2.1) haben die Menschen im Alltag eine sachlich nicht immer gerechtfertigte Präferenz für Person-Attributionen. Diesen Befunden stehen aber auch widersprechende Befunde gegenüber: Präferenz für Umwelt-Attributionen oder für Objekt-Person-Attributionen (z.B. Ajzen, 1971; Deci, 1975). Offensichtlich sind da interagierende Faktoren im Spiel, und der Streit kann nicht einfach zugunsten einer der Positionen entschieden werden.

Sich selbst betreffend haben die Menschen die Tendenz, Handlungsursachen mehrheitlich den Umständen zuzuschreiben; betreffend andere sind sie rascher bereit, Person-Attributionen vorzunehmen (Jones & Nisbett, 1972; Frank & Gilovich, 1989; Skinner, Schindler & Tschechne, 1990, Exp. 2). Das ist desto ausgeprägter, je mehr sich das Verhalten anderer Menschen vom eigenen unterscheidet (geringer Konsens): Dann halten wir das Verhalten anderer Personen als für diese erst recht charakteristisch. Beispiel: Wenn wir jemanden das Rotlicht überfahren sehen, halten wir ihn leicht für gefährlich oder rücksichtslos. Hier liegt vielleicht auch die Erklärung dafür, daß die wissenschaftliche Verkehrspsychologie jahrelang versuchte, den sogenannten Unfällertyp zu beschreiben und vorherzusagen. Es scheint ihn wirklich nicht zu geben (vgl. Hürlimann, 1988).

Woher rührt dieser Unterschied zwischen der Selbstbeurteilung und der Fremdbeurteilung? Vielleicht hat es mit dem Auffälligkeitsprinzip zu tun. Jones und Nisbett (1972) glaubten, daß die oder der Handelnde sich selbst kaum sieht, wohl aber die Situation, in der sie oder er handelt. Anders ist es, wenn man eine andere Person beobachtet; dann sieht man vor allem diese und weniger ihre Situation. Diese Erklärung ist verwandt mit der Selbstwahrnehmungstheorie von Bem (1967), der behauptete, daß wir unsere Gefühle, Absichten und Einstellungen im wesentlichen aus unserem Verhalten erschließen und nicht durch Introspektion gewinnen. Auch nach Bem schauen wir also aus uns heraus (wenn auch weniger weit) und schließen erst dann zurück.

Vielleicht aber überwiegt bei der Selbstbeurteilung ganz einfach die Distinktheitsinformation häufiger als bei der Fremdbeurteilung. Bei sich weiß man, daß man nicht immer gleich handelt; von anderen kann man es weniger gut wissen.

Es ist interessant zu bemerken, daß auch die wissenschaftliche Psychologie in der ersten Hälfte dieses Jahrhunderts insgesamt mehr Person-Attributionen pflegte als die neuere Psychologie. Man betrieb ausgiebig Differentialpsychologie und verwendete intensiv psychodiagnostische Instrumente. In der theoretischen Erklärung ging es vornehmlich darum, die Fähigkeiten und Dispositionen festzustellen. Diese wurden methodisch als Faktoren oder als latent traits konzipiert. Ein guter Test hatte langfristige Prognosen zu gewährleisten, sollte also in der Kelley'schen Terminologie geringen Konsens, wenn möglich geringe Distinktheit und vor allem hohe Konsistenz aufweisen (GGH). Im Gegensatz zu dieser Tradition stand der Behaviorismus (GHG). Obwohl wir Wissenschafter die Überzeugung haben, weitergekommen zu sein, sind wir nicht frei von der Tendenz, den 'naiven' Psychologen den gleichen Fortschritt nicht zuzumuten (vgl. Laucken, 1974). Daß diese Unterstellung der simplen Dispositionserklärung z.B. für Lehrer zu Beginn der achtziger Jahre nicht (mehr) zutrifft, hat kürzlich Thommen (1985) gezeigt.

3.5.8 Das Prinzp der Selbstwertsteigerung

Aber auch dieser Unterschied zwischen Fremd- und Selbstbeurteilung kommt nicht ungebrochen vor: Auch für eigenes Handeln konnten Snyder, Stephan & Rosenfield (1976) zeigen, daß wir die Tendenz haben, eigene Erfolge internal (= auf uns selbst als Verursacher) zu attribuieren und eigene Mißerfolge external (= auf Situationsbedingungen). Sie nannten diese Tendenz *Egotismus* (vgl. Kapitel 11.2.1). Andere nannten dieses Phänomen *self serving bias* (Miller & Ross, 1975; Bradley, 1978; Zuckerman, 1979). Solche Attributionsverzerrungen nehmen wir offensichtlich zum Schutz unseres eigenen Selbstwerts vor. Wer aber vermutet, das täten vor allem jene Menschen, die unter einem angeschlagenen Selbstwertgefühl leiden, hat sich getäuscht: Ickes & Layden (1978) haben gezeigt, daß diese Tendenz desto größer ist, je höher der Selbstwert bereits ist (Tabelle 3-5; vgl. auch Marsh, 1986).

Tabelle 3-5
Mittlere Anzahl von internalen (I) und externalen (E) Attributionen für positive (+) und negative
(-) Ergebnisse (nach Ickes & Layden, 1978)

Selbstwert	Art der Attribution			
	+ I	+ E	- I	- E
hoch	3.96	2.04	2.20	3.80
mittel	3.65	2.35	2.65	3.35
niedrig	3.37	2.63	3.28	2.72
Mittelwert	3.65	2.35	2.67	3.33

Damit ist allerdings noch nicht ausgemacht, was wodurch bewirkt wird, d.h. ob der Selbstwert oder die Attributionsgewohnheit am Anfang steht. Es könnte nämlich ebenso gut sein, daß viele Menschen einen tiefen Selbstwert haben, *weil* sie nicht die glückliche Unverfrorenheit besitzen, Erfolge sich selbst und Mißerfolge anderen oder den Umständen zuzuschreiben.

Die Tendenz, den eigenen Selbstwert zu steigern oder zu wahren, zusammen mit der Tendenz, sich wie die anderen und die anderen wie sich zu sehen, können zusammen auch zu einer Tendenz führen, die Menschen generell für besser zu halten, als sie sind. Das hat Nisbett mit Mitarbeitern in mehreren eindrücklichen Untersuchungen gezeigt (Nisbett & Borgida 1975; Nisbett et al., 1976; Wells & Harvey, 1977). Nisbett & Borgida (1975) schilderten ihren Probanden eine Untersuchung von Darley & Latane (1968), in der festgestellt worden war, daß nur wenige Menschen und auch erst nach einigem Zögern einem Mitmenschen in einem epileptischen Anfall zu Hilfe kamen. Im Experiment von Nisbett & Borgida wurden den Probanden einer Gruppe die (schlechten) Hilfeergebnisse von Darley & Latane mitgeteilt und den Probanden einer anderen Gruppe nur die Untersuchungsanlage. Hernach wurden ihnen per Video (belanglose) Interviews mit Einzelpersonen der ursprünglichen Untersuchung vorgestellt; die Pbn hatten die Aufgabe, zu schätzen, ob diese Einzelpersonen voraussichtlich Hilfe gaben oder nicht. Unter beiden Bedingungen waren die

Schätzungen mehrheitlich die, daß die betreffende Person rasche Hilfe geben würde – sehr zu Unrecht! Die Autoren hegen die Vermutung, daß jene Probanden, die um die Resultate insgesamt wußten, die Interview-Stichprobe für nicht zufällig ausgelesen hielten.

Daß die Menschen ohne weitere Information über andere Menschen diesen eher gute Absichten unterstellen, entspricht auch dem wiederholten Befund, daß wir Erfolge anderer ohne weitere Kenntnis der Personen bevorzugt ihren Fähigkeiten und Anstrengungen zurechnen (vgl. Kelley & Michela, 1980, 468-469 und 474).

3.5.9 Das Freiwilligkeitsprinzip

Dieses Prinzip statuiert, daß Handlungen desto eher der Person attribuiert werden, je mehr an sich gleichwertige Handlungsalternativen bereitstanden. Jones & Harris zeigten schon 1967, daß ein in der entsprechenden Umgebung sozial geächtetes Verhalten (z.B. einen Aufsatz zugunsten der Politik von Fidel Castro zu schreiben) den Probanden negativ angelastet wurde, wenn die Beurteiler nur den Aufsatz ohne weitere Information zu lesen kriegten, jedoch nicht, wenn sie wußten, daß die Schulaufgabe entsprechend gelautet hatte.

Dieses Prinzip ist in seinem Funktionieren ziemlich problemlos, nicht aber in seiner Anwendung. Beobachter sind wahrscheinlich oft zu rasch bereit, gleichwertige Handlungsalternativen zu unterstellen. Beispiel: Ein Student meldet sich 'fahrlässig' früh zum Abschlussexamen und fällt durch. 'Geschieht ihm recht, er wollte zu hoch hinaus oder war gar leichtsinnig'; dabei war ihm die Alternative, sich noch nicht zu melden, gar nicht so naheliegend, weil ihm gerade eine seltene attraktive Stelle angeboten worden war.

3.5.10 Der Erwartungseffekt

Häufig gehen Menschen nicht ohne relevantes Vorwissen an zu interpretierende Situationen heran. Solches Wissen begründet oft Erwartungen oder gar Voreingenommenheit. Das ist umso folgenschwerer, wenn dieses Vorwissen irrtümlich ist. Deaux (1976) ließ eine ganze Reihe von Leistungen beurteilen, die Männer und Frauen angeblich erbracht hatten. Wenn die guten Leistungen typische Männerleistungen waren, wurden frauliche Erfolge häufiger als Zufalls- oder besonderes Anstrengungsprodukt bezeichnet als männliche Erfolge. Im Fall von typischen Frauenleistungen waren die Verhältnisse umgekehrt.

Zusammenfassung

Kausalattribution verhält sich zu Kausalität wie Kontrollmeinung zu Kontrolle.

Fritz Heider hat Kausalschemata postuliert und gezeigt, daß wir Menschen die Welt, die wir wahrnehmen, mit Vorzug nach Kausalbeziehungen ordnen. Dadurch generalisieren wir z.B. Eigenschaften von Ursachen auf Wirkungen und umgekehrt resp. von Personen auf ihre Aussagen etc.

Kelley hat gezeigt, daß die Menschen das Motiv einer Handlung entweder in der handelnden Person oder im Objekt resp. der Zielperson oder in den Handlungsumständen verwurzelt sehen. Sie tun das in Abhängigkeit von beobachteten Variationen zwischen verschiedenen Handelnden (Konsensinformation), zwischen verschiedenen Objekten resp. Zielpersonen (Distinktheitsinformation) und zwischen verschiedenen Zeitpunkten resp. Umständen (Konsistenzinformation).

Die wichtigsten Dimensionen der Kausalattribution sind Internalität vs. Externalität, Stabilität vs. Variabilität, Kontrollierbarkeit, Generalität vs. Spezifität.

Besonders häufig werden Ereignisse ursächlich erklärt, die selten vorkommen oder aus irgendeinem Grund nicht erwartet worden sind.

Die inadäquate Verwendung von Attributionsmechanismen kann bedingt sein durch das Einschränkungsprinzip, das Proportionalitätsprinzip, das Primacy-Prinzip, das Auffälligkeitsprinzip, den Konsens-Effekt, soziale Abhängigkeiten, Selbst- und Fremdperspektiven, das Selbstwertsteigerungsprinzip, das Freiwilligkeitsprinzip und den Erwartungseffekt.

Seminarliteratur

- Zur phänomenalen Kausalität und zur spontanen Kausalattribution: Heider (1944, dt. 1973), Weiner (1985).
- Zu Attribution und Verantwortung: Montada (1988).
- Experimentelle Studie zur Steigerung der Attributionstätigkeit durch Erwartung sozialer Interaktion: Monson, Keel, Stephens & Genung (1982).
- Experimentelle Studie zum Varianzschema von Kelley: McArthur (1972).
- Experimentelle Studie zur Attribution für eigene und fremde Leistungen: Skinner, Schindler & Tschechne (1990).

4. Hilflosigkeit

Die Kapitel 2 und 3 waren den Ursachen und den psychologischen Prozessen der Ursachenattribution gewidmet. Ursache ist aber nicht identisch mit Kontrolle; Ursachen stehen im Dienst der Kontrolle. Und Ursachenattribution orientiert sich an der Vergangenheit und der Gegenwart, während die Kontrolle resp. das Kontrolle–Haben ebenso sehr in die Zukunft gerichtet ist. Das Kapitel 4 geht den Weg der Annäherung an die Kontrolle weiter, indem es den Blick auf die beurteilende als verursachende Person selbst richtet.

Der Hilflosigkeitsbegriff steht dem Kontrollbegriff gegenüber. Hilflosigkeit steht hier zunächst im Zentrum, weil sich aus deren Klärung Kontrolle besser verstehen läßt.

4.1 Experimentelle Demonstration der erlernten Hilflosigkeit

Das Phänomen der Hilflosigkeit wurde zuerst durch Martin E.P. Seligman beschrieben (Seligman & Maier 1967; Overmier & Seligman, 1967). Er produzierte gelernte Hilflosigkeit an Hunden, und zwar nach einem für solche Experimente klassisch gewordenen triadischen Design, das eine *Lernphase* unter drei Bedingungen vorsieht:

– Bedingung 1 (*Lernbedingung*): Die Hunde befanden sich (einzeln) in einer sog. shuttle-box. In unregelmäßigen Abständen wurde der Rost, auf dem die Hunde standen, unter eine elektrische Spannung gesetzt. Diesen Elektroschock konnten die Hunde unterbrechen, indem sie mit der Schnauze einen bestimmten Hebel drückten. Taten sie das nicht, wurde die Spannung nach einer bestimmten Zeit auf jeden Fall unterbrochen. Man könnte sagen, daß die Tiere unter dieser Bedingung über die Dauer des Elektroschocks Kontrolle besaßen.
– Bedingung 2 (*Hilflosigkeitsbedingung*): Jeder Hund unter dieser Versuchsbedingung war je einem Hund der ersten Gruppe zugeordnet. Sie erhielten im gleichen Zeitrhythmus Elektroschocks von gleicher Dauer. Nur war die Dauer nicht durch ihr Verhalten bestimmt, sondern durch das Verhalten des je zugeordneten Hundes (sog. yoking oder Jochen). Man könnte sagen, daß die Tiere unter dieser Bedingung über die Dauer des Elektroschocks keine Kontrolle besaßen.
– Bedingung 3 (*Vergleichsguppe*): Keine Intervention, kein Schock.

In der *Testphase* am darauffolgenden Tag wurden alle Hunde einzeln wieder in die Box gesetzt. Dann ertönte in unregelmäßigen Abständen ein Ton, dem nach zehn Sekunden ein Elektroschock folgte. Diesem konnten die Hunde durch Überspringen einer Trennwand entgehen. Wenn sie das nicht taten, hörte der Schock nach 60 Sekunden auf jeden Fall auf. Die Untersuchung richtete sich auf die Frage, ob die Hunde dieses Vermeidungsverhalten überhaupt lernten und ob die vorausgehenden Erfahrungen auf dieses Lernen einen Einfluß hatten. Wie die Tabelle 4-1 zeigt, lernten die Hunde der ursprünglichen Bedingungen 1 und 3 dieses Vermeidungsverhalten ziemlich leicht, während die Hunde der Bedingung 2 in drei Vierteln der Versuche den elektrischen Rost überhaupt nicht verließen.

Tabelle 4-1
Verbleib der Hunde auf dem elektrisch geladenen Rost (Seligman & Maier, 1967, 3)

Bedingung	Durchschnittlicher Verbleib auf dem elektrischen Rost in Sekunden	% der Hunde, die 9 oder 10 mal den Rost nicht verließen	Durchschnittliche Anzahl des Verbleibens auf dem Rost
1: Lernbedingung	27.00	00.0	2.63
2: Hilflosigkeit	48.22	75.0	7.25
3: Vergleich	25.93	12.5	2.25

Obwohl die bahnbrechenden Experimente mit (armen) Hunden durchgeführt wurden, zeigte die Arbeitsgruppe um Seligman bald, daß die gleichen Mechanismen auch bei vielen anderen Tieren gefunden werden können (vgl. Seligman, 1975, dt. 1983, 25-27; Maier & Seligman, 1976). Mittlerweile liegen auch entsprechende Experimente an Menschen vor.

Hiroto (1974) zum Beispiel belästigte menschliche Versuchspersonen in unregelmäßigen Abständen mit einem schrillen Ton von 3000 Hz und 110 db. Durch Druck auf einen roten Knopf konnte dieser Ton in der Ausweg-Bedingung («escape») abgestellt werden. In der Ausweglos-Bedingung («no-escape») half nichts, den Ton abzustellen. Überdies gab es eine Vergleichsbedingung, in der diese erste Phase gar nicht durchgeführt wurde. In der zweiten Phase (Testphase) konnten die Probanden einen durch ein Licht voraus angekündigten ebenso schrillen Ton mit geeigneten Manipulationen an einem Schalthebel unterbrechen. Zwar lernten mit der Zeit auch die Probanden der Ausweglos-Bedingung, den Ton zu unterbrechen, aber wesentlich langsamer, wie die Figur 4-1 zeigt. 110 db ist sehr laut, ja schmerzlich und gefährlich, und glücklicherweise sind in späteren Experimenten keine so lauten Töne mehr verwendet worden.

Die Untersuchung Hirotos ist insofern bedeutsam, als sie eine Generalisierung der Hilflosigkeitserfahrung auf eine andere Aufgabenstellung, wenn auch im gleichbleibenden räumlichen und sozialen Kontext, demonstrierte. Die Untersuchung ist allerdings nicht über alle Zweifel erhaben, da zwischen der Ausweg-Gruppe und der Ausweglos-Gruppe kein Jochen durchgeführt wurde. Dadurch ergab es sich, daß die Ausweglos-Gruppe insgesamt über längere Zeit dem lästigen Lärm ausgesetzt war als die Ausweg-Gruppe (vgl. Wortman & Brehm, 1975, 296).

Dieser Einwand gilt jedoch nicht gegen die erste und die dritte der vier Untersuchungen von Hiroto & Seligman (1975) an Studierenden. Sie verwendeten den gleichen triadischen Versuchsplan wie Seligman & Maier (1967). Im ersten Experiment erhielten die Probanden der Ausweg- und der Ausweglos-Gruppe in der Lernphase ein störendes Licht, das die Ausweg-Gruppe mit geeigneten Manipulationen löschen konnte (Beschreibung nicht eindeutig in Hiroto & Seligman, 1975, 314). Die Testphase bestand darin, daß ein unangenehmer Ton von 3000 Hz und 90 db mit (anderen) geeigneten Manipulationen unterbrochen werden konnte. In der Testphase brauchten die Probanden der vorausgehenden Ausweglos-Bedingungen am längsten Zeit, bis sie die Aufgabe im Griff hatten; die Ausweg-Bedingung und die Kontrollbedingung unterschieden sich nicht.

In einem zweiten Experiment verwendeten Hiroto & Seligman (1975) in der Lernphase kognitive Begriffsbildungsaufgaben, die entweder gelöst werden konnten oder nicht. Die Testaufgabe war die gleiche wie im ersten Experiment, die Ergebnisse im wesentlichen ebenfalls. Im dritten Experiment wurde die Lernaufgabe des ersten Experiments verwendet, dafür in der Testphase eine kognitive Aufgabe (Anagramme), während im vierten Experiment die Begriffsbildungsaufgaben in der Lernphase und die Anagramme in der Testphase verwendet wurden. In allen vier Experimenten waren die Probanden der

Ausweglos-Bedingung in der Testphase langsamer als die Probanden der beiden anderen Gruppen. Genau genommen sind die Experimente 2 und 4 nicht ganz schlüssig, weil sich mit den kognitiven Aufgaben kein Jochen durchführen ließ; so hatten eben die Ausweglos-Versuchspersonen nur (unkontrollierte) Mißerfolge und z.B. keine (unkontrollierten) Erfolge, im Gegensatz zur Ausweg-Gruppe, die nicht nur Kontrolle über die Resultate erlebte, sondern neben Erfolgen auch Mißerfolge, wodurch die beiden Variablen Mißerfolg und Erlebnis der Nichtkontrolle konfundiert waren (vgl. Stiensmeier-Pelster, 1988, 12).

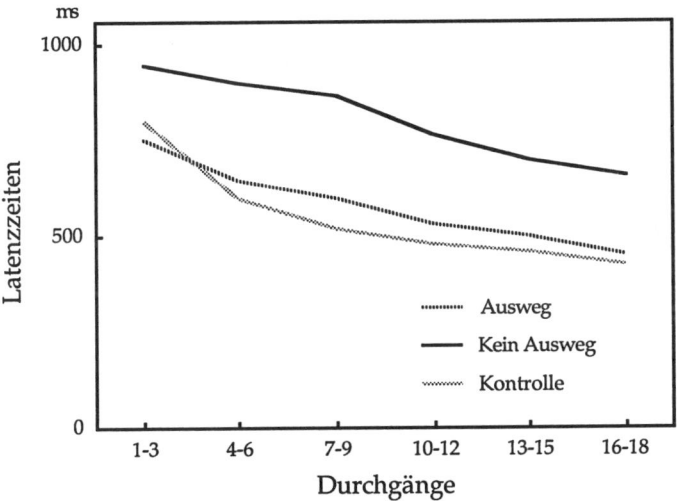

Figur 4-1
Durchschnittliche Reaktionslatenz bei Menschen in sechs aufeinander folgenden Dreierblöcken,
in Abhängigkeit von der systematischen Vorauserfahrung (Hiroto, 1974, 190)

4.2 Definition der Hilflosigkeit

Hilflosigkeit hat mit der *Kontingenz* eines Ereignisses oder einer Ereignisklasse mit einem Verhalten oder einer Verhaltensklasse zu tun. Wenn die Wahrscheinlichkeit des Auftretens eines Ereignisses E vom Auftreten oder Nichtauftreten eines bestimmten Verhaltens V abhängt, sagt man, daß das Ereignis E mit dem Verhalten V kontingent sei (für eine weitere Differenzierung des Kontingenzkonzepts vgl. Perrez, 1989). Die *Hilflosigkeit* eines Individuums besteht nun darin, daß das Individuum eine (wirkliche oder vermeintliche) Nichtkontingenz zwischen Ereignis und eigenem Verhalten feststellt oder eine tatsächliche Kontingenz nicht feststellt (weil diese Hilflosigkeit meistens erworben ist, spricht man oft von gelernter oder erlernter

Hilflosigkeit). Natürlich ist solche Hilflosigkeit nur dann der Rede wert, wenn das Ereignis für das Individuum einigermaßen wichtig ist.

Noch stärker aus der Sicht des betroffenen Individuums könnte man so formulieren: Die Hilflosigkeit eines Individuums gegenüber einem angestrebten Ereignis E besteht darin, daß es die Wahrscheinlichkeit seines Eintretens nicht durch zielgerichtetes Verhalten beeinflussen zu können meint. Unter der Annahme, daß V auftreten kann oder nicht, läßt sich das formelhaft so darstellen:

$$p(E/V) = p(E).$$

Hilflosigkeit könnte man auch als die Meinung, ein Ziel nicht kontrollieren zu können, definieren. Entsprechend dieser Umkehrung liegt Nicht-Hilflosigkeit oder eine relativ hohe *Kontrollmeinung* dann vor, wenn ein Individuum meint, daß die Zielerreichungswahrscheinlichkeit unter Einsatz geeigneter persönlicher Maßnahmen größer ist als ohne solchen Maßnahmeneinsatz, wieder formalisiert:

$$p(E/V) > p(E).$$

Statt von zielgerichtetem Verhalten spricht Seligman (1975, dt. 1983) von «willentlicher Reaktion». Mit dem Term Reaktion wollte Seligman den Begriff auch auf Tiere anwendbar halten; der Term willentlich weckt Assoziationen zum Konzept der Handlung, weist also über den behavioristischen Kontext hinaus (einmal, Seite 9, überwindet die deutsche Übersetzerin diese Spannung, indem sie «voluntary response» mutig als «willentliche Handlung» wiedergibt). Seligman ging es darum, die Bewegungen, die Pflanzen ausführen, und alle «Reaktionen, die wir unabhängig von Belohnung oder Bestrafung ausführen», also «Reflexe, blinde Reaktionen, Instinkte, Tropismen» (S. 10), und also auch klassisch konditionierte Reaktionen auszuschließen. In Frage kommen für die Theorie Seligmans nur Verhaltensweisen, die im Sinne der operanten Konditionierung instrumentell sein können: «Wenn ein Organismus keine operante Reaktion ausführen kann, die Einfluß auf ihre Konsequenz hat, so möchte ich diese Konsequenz als unkontrollierbar bezeichnen» (S. 10). In modernem Sprachgebrauch könnte man durchaus von kontrollierten Verhaltensweisen sprechen, was aber nicht angeht, weil Kontrolle ja zu erklären ist. In der theoretischen Interpretation seiner Befunde ist Seligman wesentlich weniger behavioristisch als in seiner unmittelbaren Wortwahl. Er demonstriert z.B. eindrücklich, wie die elementaren lernpsychologischen Vorstellungen über drei Stufen auf den heutigen Stand anzupassen sind (1975, dt. 1983, 42-43): Ein Organismus könne nicht nur lernen, daß ein Verhalten eine bestimmte Wirkung habe, indem diese Wirkung immer nach dem Verhalten und nie sonst auftrete, sondern auch, daß (1) diese Wirkung gelegentlich nur mit einer Wahrscheinlichkeit von weniger als 1 erfolge (analog zur intermittierenden Verstärkung), sowie daß (2) eine Wirkung auch mal nur (oder mit einer bestimmten Wahrscheinlichkeit höchstens dann) erfolge, wenn ein bestimmtes Verhalten *nicht* vorausgehe, und schließlich gar, daß (3) eine Wirkung mit je bestimmter Wahrscheinlichkeit sowohl vom Verhalten als auch vom

Nicht-Verhalten abhängen könne. Dieses Beziehungswissen kennzeichnet Seligman (1975, dt. 1983, 43) mit «kognitiv» und «Überzeugung».

Die Behauptung, daß beim Erlernen von Hilflosigkeit Information erworben werde und nicht einfach eine Reaktionstendenz, wird wenigstens bei der Übertragung dieses Modells auf den Menschen leicht akzeptierbar. Ein schöner Beleg dafür ist z.B. der, daß nach einer Untersuchung von De Vellis et al. (1978) Hilflosigkeit sogar durch Beobachtung gelernt werden konnte.

4.3 Folgen der Hilflosigkeit

Die genannten Experimente (und viele erfolgreiche Replikationsstudien) haben gezeigt, daß die massive Erfahrung der Unvermeidlichkeit von unangenehmen Ereignissen das künftige Lernen von Vermeidungs- und Fluchtreaktionen, auch in neuartigen Situationen, häufig beeinträchtigt bis verunmöglicht. Das ist aber nicht alles: Viele Experimente an Tieren und an Menschen haben Auswirkungen solcher Erfahrungen auf mehreren Ebenen nachgewiesen. Seligman faßt sie zusammen als (a) kognitive, (b) emotionale und (c) motivationale Konsequenzen. Diese sind aber nicht von einander unabhängig, sondern eher verschiedene Auswirkungen der gleichen psychischen Situation der Hilflosigkeit.

Was die Hilflosigkeitssituation im Kern ausmacht, ist theoretisch nicht abschließend geklärt. Seligman ist schon seit 1975 der Überzeugung, daß Hilflosigkeit letztlich kognitive Wurzeln habe, nämlich die «Überzeugung», daß Ereignisse von eigenen willentlichen Reaktionen unabhängig seien, und die «Erwartung», daß das weiterhin so sei.

4.3.1 Kognitive Folgen

Als kognitive Folgen der Hilflosigkeit bezeichnet Seligman das Phänomen, daß die Erfahrung der Unvermeidlichkeit von unangenehmen Ereignissen Tiere und Menschen daran hindert, neue Zusammenhänge zwischen Ereignissen wahrzunehmen, z.B. auch nicht zwischen Verhalten und Folgen.

Man beachte, daß Seligman die Hilflosigkeit als solche kognitiv erklärt (die subjektive Repräsentation der Nicht-Kontingenz und die 'Erwartung', daß das weiterhin so sei) und unter den drei Typen von Folgen auch noch kognitive vorsieht (das Nichtwahrnehmen und Nichtlernen von tatsächlichen Kontingenzen).

4.3.2 Emotionale Folgen

Die Überzeugung, daß ein aversives (unangenehmes) Ereignis unkontrollierbar sei, führt zu Furcht und – wenn Kontrolle auch nach einiger Zeit nicht wieder erlangt worden ist – zu Resignation, unter Umständen sogar zu Depression. In Untersuchungen von Weiss (1968, 1971a,b,c; zit. nach Seligman, 1975, dt. 1983,

43) entwickelten die hilflosen und nur die hilflosen Ratten massive Magenge-
schwüre. Die emotionalen Folgen scheinen desto stärker zu sein, je wichtiger
der Kontrollbereich ist (Seligman, 1981).

Mikulincer (1989) ging davon aus, daß die Erfahrung, ein Problem trotz Anstrengung nicht lösen zu können, vor neuen ähnlichen Problemen Angst auslösen
kann. Aus der Angstpsychologie ist bekannt, daß die mentale Verarbeitung
aktueller Angst während der Bearbeitung einer (allenfalls als Prüfung erlebten) Aufgabe innere Aufmerksamkeit beansprucht. Dadurch müssen die psychischen Ressourcen gleichzeitig auf die Aufgabenlösung und die Angstverarbeitung aufgeteilt werden, wodurch für die Aufgabenlösung trotz besonderer
Anstrengung weniger Ressourcen vorhanden sind (Mandler & Sarason, 1952;
Sarason, 1975; Sarason & Stoops, 1978; Walter, 1978; Schwarzer, 1981). Das
Experiment von Mikulincer (1989) konnte in der Tat nachweisen, daß hilflos
gemachte Versuchspersonen sich in den nachfolgenden Aufgaben häufiger
gleichzeitig besorgte Gedanken über ihre persönliche Situation machten als
nicht hilflos gemachte Versuchspersonen und daß diese 'Nebengedanken'
dann mit den Aufgabenlösungen interferierten, wenn die Aufgaben eine starke
Gedächtnisauslastung erforderten (vgl. auch Lavelle, Metalsky & Coyne,
1979; Coyne, Metalsky & Lavelle, 1980; Kuhl, 1981). Damit ist auch gezeigt,
daß die drei von Seligman genannten Folgen der Hilflosigkeit sich gegenseitig
bedingen resp. steigern können.

4.3.3 Motivationale Folgen

Der emotionale Zustand macht bereits verständlich, warum hilflose Tiere und
Menschen kaum noch etwas lernen. Wer sich zurückzieht von der Welt, kann
keine neuen Erfahrungen machen. Die Überzeugung der Nichtkontrollierbarkeit unangenehmer Ereignisse läßt auch gar kein Wirkverhalten als sinnvoll
erscheinen. Der Organismus verfällt deshalb nach Seligman in Passivität,
weshalb neue Kontrollerfahrung a priori unmöglich wird, selbst wenn die neue
Situation kontrollierbar *wäre*.

4.4 Alternative Erklärungen

Seligmans Erklärung der Hilflosigkeitsfolgen mit irgendeiner Art von kogni-
tiver Repräsentation der Nichtkontingenz zwischen beobachteten Zuständen
und eigenem Verhalten hat sich bis heute als beste Erklärung halten können.
Alternative Erklärungen sind natürlich versucht worden, aber die meisten
konnten nicht befriedigen. Auf einige davon sei hier kurz hingewiesen.

4.4.1 Hilflosigkeit = Schockwirkung?

Die Schock-Experimente, die Seligman referierte, waren für die Tiere bestimmt unangehm (auch die Humanexperimente waren wenig erheiternd). Aus eigener Erfahrung wissen wir, daß gehäuftes Leid einen sehr niederschlagen kann. An diese Erklärungsmöglichkeit hat schon Seligman gedacht und darum den sog. triadischen Versuchsplan entworfen, wonach – wie oben dargestellt – in allen Hilflosigkeitsexperimenten drei Bedingungen durchgeführt wurden:

- Lernbedingung: vermeidbarer Schock (damit auch vorhersagbarer Schock),
- Hilflosigkeitsbedingung: unvermeidbarer und unvorhersagbarer Schock (yoking oder Jochen),
- Vergleichsbedingung: keine entsprechende Schockerfahrung.

Durch das Jochen erhielten die Versuchstiere der ersten Gruppe gleich viele und gleich lange Schocks wie die Versuchstiere der zweiten Gruppe. Wenn also die Schockhypothese stimmen würde, müßten auch die Versuchstiere der ersten Gruppe hilflos geworden sein, was ja nicht zutrifft.

Obwohl die meisten Hilflosigkeitsexperimente mit der Unkontrollierbarkeit widerlicher Ereignisse operierten, liegen auch vereinzelte Untersuchungen vor, in denen angenehme Ereignisse unkontrollierbar waren. Seligman (1975, dt. 1983, 32) referiert ein Experiment, in dem hungrige Ratten unabhängig von ihrem Verhalten in unregelmäßigen Abständen Futterkügelchen erhielten. In der zweiten Experimentalphase mußten diese Ratten lernen, sich das Futter durch Hebeldrücken zu verschaffen. Sie lernten das desto länger nicht, je häufiger sie voraus die Futterkügelchen unkontrolliert erhalten hatten. Auf weitere Experimente, die denselben Befund erbrachten, hat Seligman an gleicher Stelle verwiesen.

In diesen Experimenten wurden keine Schocks verabreicht, und dennoch zeigte sich erschwertes Lernverhalten als Folge. Mit einem Seitenverweis auf die «jeunesse dorée» betont Seligman ausdrücklich, daß die Hilflosigkeit produzierende Erfahrung von Unkontrollierbarkeit weder von der Wertung des Ereignisses abhängt, noch davon, in welchen Bereichen sich die p bewegen; Hauptsache ist, daß p(E/V) = p(E). Wir halten es allerdings dennoch für wahrscheinlich, daß im Fall angenehmer Ereignisse das ganze Hilflosigkeitssyndrom mit den kognitiven, emotionalen und motivationalen Folgen weniger rasch eintritt (vgl. Petermann, 1986, 239).

Abramson, Seligman & Teasdale (1978, 54) nannten eine ganze Reihe von Tier- und Humanexperimenten, nach denen die massive Erfahrung unkontrollierbarer angenehmer Ereignisse (sog. Wohlstandsverwahrlosung) die gleichen kognitiven und motivationalen Effekte hervorgerufen habe wie die klassischen Hilflosigkeitsexperimente. Zu den emotionalen Folgen sind die Befunde weniger klar (they «probably do not produce sad affect»). Auf der Basis von Alltagsbeobachtungen ist aber wohl kaum zu bezweifeln, daß Wohlstandsüberfluß auch negative emotionale Folgen haben kann.

Joffe, Rawson & Mulick (1973) hielten Ratten einer ersten Gruppe in einem geordneten Wohlstand: Durch Drücken auf je geeignete Hebel erhielten sie Futter, Wasser, Beleuchtung und Dunkelheit nach Wunsch. Die Ratten einer zweiten Gruppe lebten in einer Welt, die man einen chaotischen Wohlstand nennen könnte; sie hatten die gleichen Bedingungen (Jochen), hatten aber keine Kontrolle darüber. Nach sechzig Tagen und in neuer Umgebung zeigten die Tiere der zweiten Gruppe weniger Explorationsverhalten und mehr vegetative Angstsymptome. Nach Hulse (1973, und mehreren weiteren Untersuchungen; zit. nach Herkner, 1980, 60) wirkte sich ein ähnlicher chaotischer Wohlstand beeinträchtigend auf das spätere Lernen von Ratten und von Tauben aus. Und Benson & Kenneley (1976) zeigten mit Menschen, daß eine Reihe von bedingungslosen positiven Rückmeldungen späteres Lernen verlangsamte.

4.4.2 Hilflosigkeit = Passivität?

Die Wurzel des Hilflosigkeitssyndroms könnte gelernte Passivität sein. Hilflosigkeit zeigt sich oft als Passivität, was auch nachvollziehbar ist in einer Situation, wo jede Aktivität nur Ressourcen verbraucht, aber doch nicht näher ans Ziel heranführt.

In einem interessanten Experiment bewies aber Maier (1970), daß gelernte Passivität durchaus nicht mit Hilflosigkeit identisch ist. Maier ließ im ersten Durchgang lernende Hunde einen Schock abstellen, indem sie sich total bewegungslos verhielten. Im zweiten Experimentalteil, in dem nur aktive Flucht die Vermeidung des Elektroschocks ermöglichte, lernten die vorher auf Bewegungslosigkeit trainierten Tiere die instrumentelle Flucht nach Anfangsschwierigkeiten durchaus wieder, aber nicht die gejochte Hilflosigkeitsgruppe. Wenn die Passivitätshypothese zuträfe, sollte man meinen, daß die Lerngruppe in diesem Fall noch hilfloser gewesen wäre als die gejochte Gruppe. Offensichtlich ist die Passivität als Konsequenz aus der Nichtkontingenz-Erfahrung nicht identisch mit explizit gelerntem instrumentellem Verhalten (vgl. auch Mielke, 1984, 28-29).

4.4.3 Hilflosigkeit = Verhaltensextinktion?

Im lernpsychologischen Kontext könnte man die Hilflosigkeit, erst recht, wenn sie sich als Passivität darstellt, als Ausdruck der Löschung (Extinktion) allen sonst in Frage kommenden Verhaltens verstehen. Diese Hypothese stößt aber an logische und empirische Schwierigkeiten. Extinktion entsteht durch Nicht-Verstärkung gelernten (= vorher verstärkten) Verhaltens. Im experimentellen Ablauf geht aber dem Hilflosigkeitstraining keine spezifische Lernphase voraus. Man müßte schon auf die vorausgehende individuelle Lerngeschichte verweisen.

Ein weiteres logisches Problem besteht darin, daß das Verhalten, das nach dem Hilflosigkeitstraining eigentlich gelernt werden sollte, teilweise recht verschieden war von dem Verhalten, das im Hilflosigkeitstraining allenfalls gezeigt und gelöscht worden wäre.

Die empirischen Probleme sind ebenfalls zweifach. Zum einen weiß man von der Löschung, daß sie bei geeigneter neuer Verstärkung rasch aufgehoben werden kann. Und genau das scheint nicht der Fall zu sein: Selbst nach einzelnen Erfolgen scheinen hilflos gemachte Tiere und Menschen ihre Resignation kaum oder nur sehr langsam aufzugeben (Seligman, 1975, dt. 1983, 34-35, 38 und 53). Das wäre nach der Extinktionshypothese nicht zu erwarten.

Das andere empirische Problem besteht darin, daß in Untersuchungen vorausgehende, explizite, gezielt vermittelte Lernerfahrung das Eintreten der Hilflosigkeit massiv erschwerte (sog. Immunisierung), also gerade nicht zu Löschung führte.

4.4.4 Hilflosigkeit = Interferenz von inkompatiblen motorischen Reaktionen?

Mit einiger Spitzfindigkeit könnte man noch immer behaupten, die Tiere hätten auch im Hilflosigkeitstraining irgendwelches Verhalten gelernt, das dann später mit neuem zu lernendem Verhalten interferierte. Diese Interpretation ist nicht nur spitzfindig, sondern auch praktisch widerlegt durch einen Versuch von Overmier & Seligman (1967). Darin wurden Hunde für die Zeit des Hilflosigkeitstrainings mit Hilfe von Curare vollständig paralysiert, so daß sie keinen einzigen Muskel bewegen konnten. Sie konnten also sicher keine konkurrierenden motorischen Reaktionen lernen. Aber auch diese Tiere zeigten sich im folgenden Lernversuch hilflos.

4.4.5 Hilflosigkeit = konditionierte Nichtaufmerksamkeit?

Lubow, Weiner & Schnur (1981) haben die Hypothese aufgestellt, daß erlernte Hilflosigkeit nicht mit der Erwartung der Nichtkontrollierbarkeit zu erklären sei, sondern als eine Folge konditionierter Nichtaufmerksamkeit auf den störenden Stimulus (z.B. Schock) verstanden werden könne. Nichtaufmerksamkeit auf einen Stimulus (S_1) soll dadurch konditioniert werden, daß darauf systematisch 'nichts' oder nichts Regelmäßiges (S_2) folgt: «Inattention to a stimulus is said to be conditioned by pairing the stimulus with the absence of any other subsequent stimulus event. In other words, the absence of a stimulus event functions as an unconditioned stimulus (UCS) supporting conditioning of inattention; conditioned inattention is thus the inevitable result of repeatedly presenting the to-be-conditioned stimulus» (Barber & Winefield, 1986, 236).

Diese Hypothese wurde durch Barber & Winefield (1986) in vier interessant angelegten Experimenten untersucht, konnte aber nur partiell bestätigt werden. Diese Experimente hier darzustellen, würde zu weit führen.

4.4.6 Hilflosigkeit = Strategiedefizit?

Brunstein (1990) hat mit studentischen Versuchspersonen gearbeitet und sie angehalten, während ihrer Arbeit die Gedanken auszusprechen, die ihnen durch den Kopf gingen. Damit konnte er in mehreren Untersuchungen zeigen, daß die Versuchspersonen nach einem Hilflosigkeitstraining deutlich weniger effiziente Aufgabenstrategien wie exakte Aufgabenanalysen, Verwendung von Gedächtnisstützen oder Selbstinstruktion zeigten, dafür häufiger mit sorgenvollen Gedanken über sich selbst beschäftigt waren. Dies galt insbesondere für sog. lageorientierte Versuchspersonen (Kuhl, 1983), d.h. für solche, die sich bereits habituell mehr Sorgen über sich selbst und über ihre eigenen Fähigkeiten machen. Brunstein konnte aber in keiner Weise feststellen, daß sich die auf Hilflosigkeit trainierten Versuchspersonen keine Mühe mehr gegeben hätten; sie strengten sich durchaus an, aber aufgabeninadäquat. Für Brunstein ist Hilflosigkeit deshalb kein motivationales Syndrom, sondern Ergebnis eines Strategiedefizits auf der Basis einer zu ausschließlichen Lageorientierung.

Lageorientierte Probanden waren über ihre Mißerfolge besorgt und deprimiert. Schlechtere Leistungen erzielten sie aber vor allem deshalb, weil sie über keine geeigneten Strategien der Selbstimmunisierung verfügten... Demgegenüber enthielten die beiden Studien keine Hinweise, daß motivationale Defizite, wie sie von Seligman (1975) für die Generalisierung der gelernten Hilflosigkeit postuliert wurden, bereits in der Hilflosigkeitsgenese relevant werden. Lageorientierte Probanden arbeiteten genauso lang und ausdauernd an den Trainingsaufgaben wie handlungsorientierte Probanden (Brunstein, 1990, 122).

Brunsteins Erklärung der Hilflosigkeit unterscheidet sich von Seligmans Erklärung dadurch, daß sie keine motivationale Komponente annimmt und dafür die kognitive Komponente bis zu den handlungsrelevanten Strategien ausformuliert. Überdies bezieht Brunstein die bedeutsame differentielle Variable der Lage- vs. Handlungsorientierung von Kuhl (1983) ein. Weitere Differenzierungen nach dem zeitlichen Verlauf der Mißerfolgserfahrung schließen an Vorschlägen an, die Wortman & Brehm (1975) eingebracht hatten (vgl. Kapitel 7.2.3).

4.5 Hilflosigkeit als Attribution

Das Konzept der Erlernten Hilflosigkeit hat gegen Ende der 70er Jahre immer mehr Forscher überzeugt und auch immer mehr Anwendungsüberlegungen stimuliert. Daß dadurch Differenzierungen fällig wurden, ist nicht erstaunlich. Die wichtigsten dieser Differenzierungen hat die Gruppe um Seligman selbst rasch aufgenommen und in eine erweiterte Theoriefassung eingebaut.

Nachdem Seligman und sein Kollege Maier ihre Ideen aus der Tierpsychologie bezogen hatten und zunächst dem Behaviorismus verhaftet waren, enthielt bereits das Buch von Seligman (1975) starke kognitive Konzessionen. In dieser Richtung ging die Entwicklung weiter: Die Hilflosigkeitstheorie wurde attributionstheoretisch neu gefaßt. Es waren vor allem die Anstöße von Heider, Rotter und Weiner, die aufgenommen wurden. Die wichtigsten Vorschläge für die Neuformulierungen stammen von Abramson, Seligman & Teasdale (1978) und Abramson, Garber & Seligman (1980). Ein weitgehend paralleler Vorschlag zur attributionstheoretischen Neuformulierung stammt von Miller & Norman (1979); vgl. auch Roth (1980).

Schon nach dem Vorschlag von Seligman (1975) basiert Erlernte Hilflosigkeit auf der kognitiven Repräsentation der Unabhängigkeit von Ereignissen von persönlichem Verhalten. Dann wird aber wichtig, was die Wahrnehmungspsychologen und die Gedächtnispsychologen schon lange wissen: Manche mentale Repräsentation entspricht nicht genau der Wirklichkeit. Man kann sich täuschen und auf der Basis solcher Täuschungen sein Handeln realitäts-unangepaßt planen und ausführen. Hilflose Menschen können passiv sein, weil sie *meinen*, sie hätten keine Kontrolle, selbst wenn sie welche haben. Auch können sich die Verhältnisse ändern, ohne daß das passive Individuum, das eben keine neuen Erfahrungen mehr machen will, die neuen Bedingungen feststellt. Überdies: Aus der Nichtkontingenz einzelner Ereignisse auf die Nichtkontingenz anderer Ereignisse zu schließen, ist nicht ohne Irrtumsrisiko möglich. Generalisierungen machen unsere Erkenntnisse zwar erst wirklich mächtig, aber Generalisierungen sind oft ungerechtfertigte Pauschalisierungen. Im folgenden werden die wichtigsten attributionstheoretischen Differenzierungen zur Theorie der Hilflosigkeit herausgegriffen, wie sie in den letzten zwölf Jahren vorgeschlagen worden sind.

4.5.1 Persönliche vs. universelle Hilflosigkeit

Abramson et al. (1978) hatten festgestellt, daß Probanden gelegentlich in einer Aufgabe hilflos wurden, die Aufgabe also als unlösbar behandelten und sich nicht mehr anstrengten, aber in der Nachbefragung die Aufgabe dennoch als eine Geschicklichkeitsaufgabe, d.h. als irgendwie doch lösbar, bezeichneten. Offensichtlich hielten die Probanden die Aufgabe nicht für absolut unlösbar, wohl aber für unlösbar für sich selbst. Anders gesagt: Die Probanden verfielen nur einer *persönlichen Hilflosigkeit*. Als *universelle Hilflosigkeit* hingegen kann man eine Meinung bezeichnen, wonach eine Person glaubt, alle anderen Menschen könnten eine bestimmte Wirkung auch nicht erzielen oder eine bestimmte Aufgabe auch nicht lösen.

Man kann vermuten, daß die Attribution persönlicher Hilflosigkeit andere Auswirkungen hat als die Attribution universeller Hilflosigkeit. Wenn die Hilflosigkeit nur persönlich ist, mag die betreffende Person zwar auf direkte Kontrollversuche verzichten, sich aber vielleicht über andere Personen, die Kontrolle haben, um die Erreichung bestimmter Ziele bemühen (Beispiel: An einen Parlamentarier oder eine Parlamentarierin gelangen, wenn man als einfacher Bürger in einer Sache sonst keinen Einfluß hat. Oder: Den Gärtner bestellen, wenn man sich selbst nicht getraut, einen hohen Ast abzusägen – wir nennen das *indirekte Kontrolle*). Abramson et al. (1978, 55) betonten, daß die kognitiven und die motivationalen Folgen persönlicher Hilflosigkeit die gleichen seien wie jene der universellen Hilflosigkeit, nicht aber die emotionalen. Am ersten muß man wohl zweifeln; die emotionalen Unterschiede sind aber bemerkenswert. Die Trauer über persönliches Ungenügen ist nicht die gleiche wie die Trauer über ein durch niemanden abwendbares Schicksal.

Persönliche, nicht aber universelle Hilflosigkeit, schlägt sich in einem verringerten *Selbstwertgefühl* nieder (vgl. Abramson, 1977; zit. nach Abramson et al., 1978, 55). Wer z.B. seine Arbeitslosigkeit als persönliches Ungenügen auffaßt und seine vergebliche Stellensuche nur auf persönliche Nichtkontrolle zurückführt, findet leichten Anlaß, an sich selbst zu (ver-) zweifeln. Wer aber seine Arbeitslosigkeit durch wirtschaftliche oder demographische Strukturen bedingt versteht, kann damit besser umgehen. In der Betreuung der Arbeitslosen wird darum erfolgreich angestrebt, die Kontrollattribution von nur persönlichen auf universelle (sog. strukturelle) und persönliche Faktoren umzuorientieren (vgl. Ulich et al., 1985; Dizerens, 1985). Daraus entsteht auch leichter eine Solidarisierung mit anderen Arbeitslosen.

Wenn wir die Beeinträchtigung des Selbstwertgefühls durch persönliche, nicht aber durch universelle Hilflosigkeit (vgl. Abramson et al., 1980, 16) gesondert berücksichtigen, erhöht sich die Seligman'sche Zahl der Dimensionen von Auswirkungen der Hilflosigkeit (und Kontrolle) von drei auf vier (vgl. auch Peterson & Seligman, 1984):

– kognitive,
– motivationale,
– emotionale,
– selbstwertgefühl-bezogene.

Universelle Hilflosigkeit stellt sich gelegentlich als *Nichtkontrollierbarkeit* eines Ereignisses an sich dar. Wer keine Kontrolle über kontrollierbare Ereignisse hat, ist in dieser Beziehung persönlich hilflos. Wenn ein Ereignis aber an sich nicht kontrollierbar ist, dann ist die Hilflosigkeit universell. Man beachte die Sprachform: (Nicht-) Kontrollierbarkeit kennzeichnet die Sache, nicht das an Kontrolle interessierte Individuum.

Douglas & Anisman (1975) konnten zeigen, daß das Versagen in vermeintlich leichten Aufgaben mehr zu persönlicher (= internaler) Attribution führt, während das Versagen in (tatsächlich oder vermeintlich) schwierigen Aufgaben mehr zu universaler (= externaler) Attribution führt. Schwierigkeit ist ja in solchen Fällen aus dem Vergleich mit anderen definiert: Schwierig heißt, daß sehr viele der Probanden der Aufgabe nicht gewachsen sind (daß Versager dann zur Mehrheit gehören); wenn eine Aufgabe zu leicht ist, gehören Versager zur Minderheit (vgl. auch Tennen & Eller, 1977). Natürlich helfen Drittpersonen in solchen Attributionen kräftig mit (vgl. Bandura, 1977; Meyer, 1984).

Kontrollüberzeugung als beides, Voraussetzung und Folge, untersuchten Klein & Seligman (1976) und Miller & Seligman (1975). Sie konnten zeigen, daß die Erwartungsänderung nach Erfolg größer ist bei der vorausgehenden Attribution von internal bedingter (= persönlicher) Hilflosigkeit als bei vorausgehender Attribution von external bedingter (= universeller) Hilflosigkeit. Erfolg bei vorausgehender universeller Hilflosigkeit wird offensichtlich leicht als Zufall abgewertet.

Persönliche Hilflosigkeit bei an sich kontrollierbaren Aufgaben oder Zielen schließt die Annahme ein, daß andere die betreffenden Ziele kontollieren können. Daraus ergibt sich die Frage, wer diese anderen sind. Je nach persönlichem Verhältnis zu solchen anderen (z.B. Lehrer, Freund, Arzt, Konkurrent, 'die' Politiker) ist persönliche Hilflosigkeit dann leichter oder schwieriger zu ertragen. Ich meine, daß hier überhaupt eine wichtige Kontrollvariable verborgen liegt, die die bisherige Forschung stark vernachlässigt hat. Diese Variable ist vermutlich noch von besonderer Bedeutung, wenn die Kontrolle Ereignisse betrifft, die einem sehr wichtig sind.

Exkurs: Auswirkungen von persönlicher vs. universeller Kontrolle resp. Nichtkontrolle

Eine Forschungsgruppe an der Universität Bern untersuchte 1986, 1988 und 1990 das Ausmaß der Kontrollmeinung Schweizerischer Jugendlicher in verschiedenen Lebensbereichen. Dazu hatte sie ein eigenes Erhebungsinstrument entwickelt (Lüthi, Grob & Flammer, 1989). Dieses Instrument gestattet eine Approximation der Unterscheidung zwischen persönlicher und universeller Hilflosigkeit. Zum einen wurden die Versuchspersonen zu jedem von neun Lebensbereichen gefragt, ob (Frage 1) resp. wieviel (Frage 2) Kontrolle sie persönlich zu haben glaubten. Ich zitiere als Beispiel für den Bereich 'Identität', der vorausgehend in einer Situationsschilderung konkretisiert wird, die Frage 2: «Gib an, in welchem Ausmaß Du darauf Einfluß nehmen kannst, daß Du so bist, wie Du bist.» Die Antwort war auf einer Zehn-Punkte-Skala zu geben. Weiter unten stand die Frage 11, die nur an jene Versuchspersonen gerichtet war, die auf die allererste Frage sagten, daß sie im gegebenen Bereich 'eher keinen' Einfluß hatten; sie lautete «Glaubst Du, daß überhaupt jemand darauf Einfluß nehmen kann, wie er oder sie ist?» Wer hierauf mit 'eher nein' oder 'sicher nein' antwortete, sah in diesem Bereich 'universell' keine oder fast keine Kontrolle. Aufgrund der Hypothese von Abramson et al. (1978) war zu erwarten, daß solche Versuchspersonen darüber weniger unglücklich waren als die Versuchspersonen, deren geringe Kontrolle nur persönlich war.

In der gleichen Untersuchung wurde auch ein Zufriedenheitsfragebogen abgegeben (Grob, 1990), und die Versuchspersonen, die den speziellen Bereich als unkontrollierbar bezeichnet hatten, gaben im Vergleich mit jenen, die ihn für kontrollierbar hielten, aber selbst keine Kontrolle zu haben glaubten, in allen neun Bereichen höhere Werte auf dem Hauptfaktor der Zufriedenheit an. Natürlich waren alle Zufriedenheitswerte dieser Versuchspersonen relativ niedrig; ein weiterer Test ergab, daß die Versuchspersonen generell desto weniger zufrieden waren, in je mehr Bereichen sie keine Kontrolle zu haben glaubten.

Ein anderer Index dafür, ob die Versuchspersonen ihre (geringe oder hohe) Kontrolle mehr persönlich oder mehr universell sahen, war aus den Antworten auf die Frage 5 zu gewinnen: «Im Vergleich zu Deinen Kameradinnen/Kameraden: Wie schätzest Du Deine Möglichkeiten in diesem Bereich ein?» Die Antwortmöglichkeiten reichten von 'viel mehr' bis 'viel weniger'.

Wenn nur jene Versuchspersonen berücksichtigt wurden, die auf die erste Frage angegeben hatten, sozusagen keine Kontrolle zu besitzen, so zeigten jene, die auf Frage 5 angaben, weniger Kontrolle als ihre Kameradinnen und Kameraden zu haben, in allen (bereichsspezifischen) Berechnungen geringere Zufriedenheitswerte als die übrigen Versuchspersonen.

Hilflosigkeit oder doch geringe Kontrolle ist offensichtlich leichter zu ertragen, wenn sie universell ist, als wenn sie nur persönlich ist.

4.5.2 Chronische vs. vorübergehende Hilflosigkeit

Abramson et al. (1978) gingen auch von der Beobachtung aus, daß die Hilflosigkeit manchmal nur sehr kurz und manchmal lang anhält. Das ist eine Tatsache, die mit der Hilflosigkeitstheorie bis lang nicht erklärbar war. Der Schlüssel liegt in der subjektiven Beurteilung der Zeitdauer der Ursache für die Hilflosigkeit. Wieder half die Attributionstheorie aus, diesmal die von Weiner et al. (1971) vorgeschlagene Dimension der Labilität vs. Stabilität (vgl. Tabelle 3-2), angewandt auf die Kontrolle. Stabile Kontrolle resp. Hilflosigkeit ist dauerhaft, labile ist vorübergehend (vielleicht auch wiederkehrend). Stabilität vs. Labilität steht orthogonal, d.h. unkorreliert zu Internalität vs. Externalität. Stabile internale Kontrollvoraussetzungen sind etwa attraktiver Körperbau oder Intelligenz; ihr Fehlen kann in gewissen Handlungsbereichen zu chronischer Hilflosigkeit oder chronisch tiefer Kontrollmeinung führen. Labile internale Kontrollvoraussetzungen hingegen sind aufhebbar, veränderlich und nicht langfristig hinderlich; sie haben z.B. mit schlechter Laune zu tun oder mit einer Fußverstauchung oder mit Müdigkeit; durch sie bewirkte Hilflosigkeit ist vorübergehend (Beispiel: 'Heute abend schaffe ich das nicht mehr; morgen wird's wieder besser gehen').

Auch externe Faktoren können stabil oder labil sein. Stabile externe sind etwa das Niveau der Gegner in der Schach-Weltmeisterschaft oder der feste Tag- und Nachtrhythmus der Natur; labile externe sind z.B. das Wetter oder die Stimmung eines sportlichen Gegners.

4.5.3 Globale vs. spezifische Hilflosigkeit

Abramson et al. (1978) unterschieden auch die Dimension der Globalität vs. Spezifizität der Kontrollattribution. Eine Kontrollvoraussetzung ist desto globaler, je mehr verschiedene und je größere Handlungsbereiche sie betrifft. So gilt wissenschaftlich und im Alltag die Attribution auf Intelligenz als eine, die sehr viele Leistungen erklärt, während die Attribution auf ein außergewöhnliches Telephonnummerngedächtnis einer Person nicht viel darüber hinaus aussagt, z.B. nichts über ihre Kenntnisse in amerikanischer Geschichte.

Globale Hilflosigkeit ist offensichtlich verheerender als spezifische. So könnte auch die Prophylaxe der Hilflosigkeit unter anderem darin bestehen, die Diskrimination der Erfahrungen und so die Wahrnehmung von bereichsspezifischen Unterschieden zu fördern. Wenn eine Mutter betrübt feststellt, daß die Lebensbedingungen ihrer Familie den Kindern einen eigenen Garten vorenthalten, ist es gut für sie und ihre Familie, z.B. nicht zu übersehen, daß (allenfalls!) ihr Mann für ihre Kinder mehr Zeit aufbringt und einsetzt als vielleicht der Herr Dr. X mit seinem großen Garten.

Therapeutische Modellversuche im Labor haben gezeigt, daß das Hilflosigkeitstraining meistens seine nachteilige Wirkung verliert, wenn die Probanden davon überzeugt werden können, daß die unkontrollierbare Situation eine sehr spezielle war (vgl. Koller & Kaplan, 1978). In den Untersuchungen von Mikulincer & Nizan (1988) zeigten Personen mit globaler Mißerfolgsattribution schlechtere nachfolgende Leistungen und häufiger lage- oder zustandsorientierte Gedanken (Besorgnis über sich selbst; vgl. Kuhl, 1981; 1983, 252-254) als Personen mit spezifischer Mißerfolgsattribution; dieser Unterschied verschwand, wenn die Versuchspersonen durch aufgabenbezogene Instruktionen davon abgehalten wurden, zustandsorientierte Gedanken zu produzieren (vgl. 4.3.2).

4.5.4 Attribution der Veränderbarkeit von Bedingungen

Häufig mit der Stabilitäts-Instabilitäts-Dimension verknüpft, aber theoretisch und praktisch doch besser getrennt behandelt, ist die Dimension der Veränderbarkeit oder Manipulierbarkeit (vgl. Abramson et al., 1980, 8; Weiner, 1978, 18). Zum Beispiel ist die Grippe im Gegensatz zum Hunger für das Wohlbefinden ein instabiler, aber praktisch schlecht manipulierbarer Faktor. Das Ausmaß der Anstrengung als Faktor des Erfolgs oder Mißerfolgs ist ein instabiler Faktor, er ist aber manipulierbar, 'kontrollierbar'. So hat z.B. Dweck (1975) zeigen können, daß die Leistungen von Schülern mehr gesteigert werden konnten, wenn sie gelernt hatten, Erfolge auf ihre erhöhte Anstrengung zuzuschreiben, als wenn sie dazu gebracht worden waren, sie ihren Fähigkeiten zu attribuieren. Die Autorin arbeitete mit einer Gruppe von sog. hilflosen Volksschülern über 25 Tage hinweg mit Mathematik-Aufgaben, in denen sie praktisch immer Erfolg hatten; in der anderen Gruppe gab es neben vielen Erfolgen auch immer wieder Mißerfolge, die unter Anleitung der Versuchsleiterin jeweils auf mangelnde Anstrengung und Aufmerksamkeit zurückgeführt wurden. Das Training der zweiten Gruppe war erfolgreicher als das der ersten, vermutlich weil die Aufgaben für die Versuchspersonen diagnostischer waren (s. Kapitel 10) und geeignete Kausalattributionen den Aufbau einer höheren Kontrollmeinung gestatteten und so zu weitern Versuchen und Anstrengungen ermutigten (vgl. auch Supersaxo, Perrez & Kramis, 1986).

Die Veränderbarkeitsdimension ist ja eigentlich eine Kontrolldimension. Und man könnte meinen, sie gehöre nicht zu den Faktoren der Hilflosigkeit resp. Kontrolle (Abramson et al., 1980, 8, z.B. erwähnen diese Dimension nur in einer Fußnote und nennen sie «controllability»). Aber es handelt sich hier um die Kontrolle über Bedingungen weiterer Kontrolle, d.h. um *mittelbare Kontrolle*. Beispiel: Zu kontrollieren sei die Prüfungsleistung. Eine sorgfältige und konzentrierte Prüfungsarbeit führt bei geeigneten Bedingungen zu guten Resultaten. Eine der Bedingungen ist die permanente vorausgehende Lernanstrengung, eine andere ist das Schwierigkeitsniveau der Aufgaben. Die vorausgehende Lernanstrengung ist kontrollierbar (und über sie indirekt der Prüfungserfolg), meistens jedoch nicht die Aufgabenstellung. Im Bemühen, Kontrolle zu erwerben oder zu sichern, ist mittelbare Kontrolle sehr wichtig.

4.5.5 Attribution der Wichtigkeit des Zielbereiches

Miller & Norman (1979) schlugen eine weitere Unterscheidungsdimension vor, nämlich den Grad der subjektiven Wichtigkeit eines als unkontrollierbar erlebten Bereiches (vgl. auch Barber & Winefield, 1987). Miller und Norman nahmen wie Wortman & Brehm (1975) an, daß die wahrgenommene Wichtigkeit vor allem die Stärke der Hilflosigkeitswirkung bestimme.

Als einzige Illustration für diese Variable verwiesen Miller & Norman (1979, 99 und 110) auf die Studie von Roth & Kubal (1975). In diesem Experiment wurde den Probandinnen und Probanden einer Gruppe mitgeteilt, sie hätten in einem Test versagt, der üblicherweise ein guter Prädiktor sei für universitären Erfolg; der anderen Versagergruppe wurde weisgemacht, es hätte sich nur so um einen Lernversuch gehandelt. Die erste Mitteilung hatte einen nachhaltigeren (negativen) Effekt auf die Leistungen im zweiten Experiment.

4.5.6 Hilflosigkeit und Hoffnungslosigkeit

Die klinische Erfahrung mit Depressiven hat zu einer Unterscheidung zwischen Hilflosigkeit und Hoffnungslosigkeit geführt (z.B. Beck, 1967). Hoffnungslosigkeit ist ein Spezialfall von Hilflosigkeit:

(a) Im Fall der Hoffnungslosigkeit ist $p(E) = 0$ oder nahe bei 0, sofern das Ereignis ein erwünschtes ist, resp. $p(E) = 1$ oder nahe bei 1, sofern das Ereignis ein unerwünschtes ist. Hilflosigkeit eines Individuums bezüglich eines bestimmten Ereignisses ist dadurch definiert, daß die Wahrscheinlichkeit des Ereignisses die gleiche ist, was immer ein Individuum unternimmt, ob sie nun 0 oder 1 oder irgendwo zwischen 0 und 1 liegt.

(b) Hilflosigkeit kann nur dann auch gleich Hoffnungslosigkeit sein, wenn die Hilflosigkeit *universell* ist. Das heißt, daß die Lage dann hoffnungslos ist, wenn auch andere nicht mehr helfen können, wenn also niemand mehr Kontrolle hat. So ist gelegentlich ein Kranker hilflos, aber nicht hoffnungslos. Weiner & Litman-Adizes (1980) nennen das Beispiel eines Schiffbrüchigen, der hilflos, aber nicht völlig hoffnungslos ist.

(c) Natürlich muß die Hilflosigkeit auch *stabil* sein; vorübergehende Hilflosigkeit ist nicht Hoffnungslosigkeit.

(d) Des weitern muß es sich um eine relativ *globale* Ereignisklasse handeln, die überdies subjektiv als *wichtig* empfunden wird (vgl. Alloy, Abramson, Metalsky & Hartlage, 1988).

Eine interessante Systematisierung der Unterscheidung zwischen Hilflosigkeit und Hoffnungslosigkeit findet sich bei Garber, Miller & Abramson

(1980). Diese gehen von einer Kombinatorik der bedingten Wahrscheinlichkeiten eines unangenehmen Ereignisses (= «bad outcome») aus, und zwar der Wahrscheinlichkeit unter der Bedingung, daß das Subjekt nichts unternimmt (Ordinate), und unter der Bedingung, daß das Subjekt die ihm verfügbare bestmögliche Handlung unternimmt (Abszisse): Tabelle 4-2.

Tabelle 4-2
Kombinationen von subjektiven Wahrscheinlichkeiten unerwünschter Ereignisse (UE), wenn ein bestimmtes Verhalten entweder gezeigt wird (V) oder nicht (V'; aus Garber et al., 1980, 148)

	$p(UE) \mid V=0$	$0 < p(UE) \mid V < 1$	$p(UE) \mid V=1$
$p(UE) \mid V'=0$	A unkontrollierbar, sicher	D kontrollierbar, unsicher	G kontrollierbar, sicher
$0 < p(UE) \mid V' < 1$	B kontrollierbar, unsicher	E unkontrollierbar, unsicher	H kontrollierbar, unsicher
$p(UE) \mid V'=1$	C kontrollierbar, sicher	F kontrollierbar, unsicher	I unkontrollierbar, sicher

Die Leserin oder der Leser ist eingeladen, die neun Kombinationen durchzudenken. Sie oder er wird z.B. feststellen, daß die Zellen A, E und I Seligman's Definition von Hilflosigkeit entsprechen. Aber nur die Zelle I stellt sowohl Hilflosigkeit als auch Hoffnungslosigkeit dar (sofern das unerwünschte Ereignis genügend wichtig, global und langfristig nicht kontrollierbar und überdies durch niemanden kontrollierbar ist). In Zelle A hat man zwar keine Kontrolle, aber auch nichts zu befürchten, in Zelle E fehlt ebenfalls die Kontrolle, aber das gefürchtete Ereignis tritt immerhin nicht sicher auf.

Die Zellen neben der genannten Diagonale A-E-I stellen Kontrollierbarkeit dar; im Falle der Zellen unterhalb der Diagonale (B, C, F) wird die Wahrscheinlichkeit der unerwünschten Wirkung durch Handeln gesenkt, in den Zellen oberhalb (D, G, H) durch Nichthandeln.

Abramson, Metalsky & Alloy (1989) haben diese Hoffnungslosigkeitsauffassung übernommen und als hinreichende, wenn auch nicht notwendige Bedingung für die Entstehung der Depression postuliert.

4.6 Der Attributionsstil nach Seligman

Hilflosigkeit stellt sich aufgrund bestimmter Erfahrungen ein und ist zudem abhängig von der aktuellen Kausalattribution bestimmter Ereignisse. Offensichtlich aber beurteilt nicht jedermann und jedefrau neue Situationen völlig neuartig. Aufgrund von Ereignisserien und kognitiven Gewohnheiten haben viele Menschen eine Tendenz, verschiedenartige Ereignisse individuell ähnlich zu erklären. Dadurch entstehen interindividuell verschiedene, aber intraindividuell ähnliche oder konsistente Muster der Kausalattribution und dadurch der Kontrollmeinung. Seligman nennt diese Muster Attributionsstile.

Die entscheidenden Dimensionen dieser Erklärungs- oder Attributionsmuster haben Peterson, Semmel, von Baeyer, Abramson, Metalsky & Seligman (1982) in der Trias 'Internalität – Globalität – Stabilität' zusammengefaßt und als Meßinstrument in einem Fragebogen operationalisiert. Unterdessen gibt es davon bereits zwei deutschsprachige Versionen, nämlich eine von Stiensmeier, Kammer, Pelster & Niketta (1985) und eine von Brunstein (1986). Ein Item-Beispiel, das gleichzeitig auch noch die Wichtigkeit des Kontrollbereiches erfaßt, ist in Tabelle 4-3 enthalten.

Tabelle 4-3
Item-Beispiel aus der deutschen Version des Fragebogens zum Attributionsstil von Stiensmeier et al. (1985, 304)

Sie treffen eine(n) Freund(in), der (die) Ihnen ein Kompliment macht.

1. Welche Hauptursache ziehen Sie zur Erklärung des Kompliments heran?
   ....
   ....

2. Liegt diese Ursache für das Kompliment eher an Ihnen selbst oder eher in anderen Menschen oder Umständen begründet?

   | Liegt vollkommen in anderen Menschen oder anderen Umständen begründet | 1-2-3-4-5-6-7 | liegt vollkommen in mir selbst begründet |

3. Wird diese Erklärung in Zukunft auch wieder bedeutsam sein, wenn Sie ein Kompliment erhalten?

   | wird nie wieder Bedeutung haben | 1-2-3-4-5-6-7 | wird immer wieder Bedeutung haben |

4. Trifft diese Ursache nur für Ihren Umgang mit Freund(inn)en zu, oder beeinflußt sie auch andere Bereiche Ihres Lebens?

   | beeinflußt nur die vorliegende Situation | 1-2-3-4-5-6-7 | beeinflußt alle Lebensbereiche |

5. Welche Bedeutung hätte es für Sie, ein Kompliment von einem Freund/einer Freundin zu bekommen?

   | hat überhaupt keine Bedeutung | 1-2-3-4-5-6-7 | hat eine sehr große Bedeutung |

Peterson & Seligman (1984) berichteten über zwölf Studien, in denen sich dieser Test bewährt hat. Sie fanden positive Korrelationen mit Depressivitätsmaßen bei Erwachsenen, Jugendlichen und Kindern sowie Korrelationen mit Erklärungen von Prüfungsergebnissen und mit Stimmungswechseln etc. Seither sind weitere Studien erschienen (vgl. Kammer & Stiensmeier-Pelster, 1989). Auch im englischen Sprachraum sind zusätzliche Versionen von Fragebögen zum Attributionsstil vorgelegt worden (Anderson, Horowitz & French, 1983). Anderson, Jennings & Arnoult (1988) haben mit einer Literaturübersicht demonstriert, daß solche Attributionsstile zwar nicht in einem extremen Sinn bereichsspezifisch, aber doch sicher nicht über alle Lebensbereiche eines Individuums hinweg generalisierbar sind; sie sprechen von einem «moderate level of specificity».

Zusammenfassung

Wenn Menschen (aber auch Tiere) wiederholt unangenehmen Ereignissen ausgesetzt sind, denen sie nicht ausweichen und die sie auch nicht verhindern können, werden sie diesen gegenüber hilflos. Diese Hilflosigkeit besteht darin, daß sie einen Nicht-Zusammenhang zwischen ihrem eigenen Verhalten und dem Auftreten der Ereignisse 'wahrnehmen'. Diese Überzeugung der Nicht-Kontrolle kann dazu führen, daß tatsächliche Kontrollmöglichkeiten in der gleichen oder sogar in einer neuen Situation auch nicht mehr wahrgenommen werden.

Seligman, der für das Hilflosigkeitstraining den besonderen triadischen Versuchsplan entwickelt hat, hat eine Hilflosigkeitstheorie vorgeschlagen, nach der die Hilflosigkeit in der Erwartung der Ereignisunabhängigkeit von eigenem Verhalten besteht und sowohl zu kognitiven als auch zu emotionalen und zu motivationalen Defiziten führt.

Die attributionstheoretische Umformulierung der Theorie unterstellt, daß die Hilflosigkeit wesentlich abhängig ist von der kognitiven Interpretation, die die betroffenen Personen dem Mißerfolg geben.

Wenn die Hilflosigkeit als universell, d.h. als allen Menschen gemeinsam, verstanden wird, trifft sie weniger den eigenen Selbstwert, als wenn sie persönlich verstanden wird.

Wird die Hilflosigkeit als vorübergehend angesehen, besteht berechtigte Hoffnung, daß bei späterer Gelegenheit Kontrollierbarkeit zurückkehrt; bei chronisch oder stabil verstandener Hilflosigkeit sind die subjektiven Aussichten weniger günstig.

Wenn die Hilflosigkeit als global verstanden wird, ist sie verheerender, als wenn sie bereichsspezifisch verstanden wird.

Werden die Bedingungen der Nichtkontrollierbarkeit ihrerseits als prinzipiell kontrollierbar wahrgenommen, besteht Hoffnung auf Überwindung der Hilflosigkeit.

Wenn die zu kontrollierenden Ereignisse subjektiv unwichtig sind, wird (bereichsspezifische) Hilflosigkeit nicht als schwerwiegend betrachtet.

Hoffnungslosigkeit ist ein Spezialfall der Hilflosigkeit. Hilflosigkeit ist dann auch Hoffnungslosigkeit, wenn ein unerwünschtes Ereignis praktisch sicher oder ein erwünschtes Ereignis praktisch sicher nicht eintritt und wenn die Hilflosigkeit universell, chronisch und relativ global ist.

Seminarliteratur

- Untersuchungen zu alternativen Erklärungen des Erlernens von Hilflosigkeit: Barber & Winefield (1986); Brunstein (1990, 109-126); Brunstein (1990, 127-150).
- Zu Hilflosigkeit, Angstverarbeitung und Leistungsbehinderung: Mikulincer (1989).
- Zur Hoffnungslosigkeit: Alloy, Abramson, Metalsky & Hartlage (1988).
- Eine Untersuchung mit Skalen zum Attributionsstil: Nolen-Hoeksema, Girgus & Seligman (1986).
- Übersicht über neuere Entwicklungen: Petermann (1986).

5. Handlungskontrolle: Theorien und Begriffe

Kontrolle ist das Gegenteil von Hilflosigkeit. Menschen – um im weiteren nur noch von Menschen und nicht mehr von Tieren zu sprechen – haben Kontrolle in dem Ausmaß, in dem sie nicht hilflos sind; und sie sind hilflos in dem Ausmaß, in dem sie Kontrolle vermissen.

5.1 Handlung und Kontrolle

Verhalten hat immer irgendwelche Wirkungen, egal ob das Verhalten bewußt ist oder nicht, geplant oder nicht. Wenn ein Verhalten geplant und bewußt ausgeführt wird, dann sprechen wir von *Handlung*. Handlungen sind eine Teilmenge des Verhaltens, und nur diese Teilmenge interessiert hier im weiteren.

Handlungen werden um externer *Ziele* willen oder um ihrer selbst willen ausgeführt. Beispiele für den ersten Fall sind: Einen Regenschirm kaufen, eine Pizza backen, sich nach Zürich begeben; Beispiele für den zweiten Fall sind: Musizieren, spazieren, sich unterhalten, einkaufen um des Einkaufens willen. Aristoteles hat die ersten mit poiein (Poiesis) und die zweiten mit prattein (Praxis) bezeichnet. Im zweiten Fall enthält die Handlung ihr Ziel in sich selbst. In beiden Fällen kann man aber sagen, daß die Handlung um ihres Zieles wegen ausgeführt wird.

Wenn Handlungen bewußt und um ihrer Ziele wegen ausgeführt werden, schließt dies zudem ein, daß die handelnde Person in jedem Fall auch die Möglichkeit hätte, die bestimmte Handlung nicht auszuführen. Handlungsausführungen werden *entschieden*. Die möglichen Ziele sind subjektiv unterschiedlich wertvoll.

Vor allem wenn das Ziel einer Handlung außerhalb ihrer selbst liegt (Poiesis), kommt es oft vor, daß das gleiche Ziel auf mehr als eine Art erreicht werden kann. Wenn die Arten oder Wege, ein Ziel zu erreichen, relativ komplex sind und wenn die handelnde Person davon weiß und sich allenfalls zunächst eine bestimmte Art des Vorgehens ausdenkt, dann sprechen wir von *Plänen*, d.h. von mental repräsentierten möglichen Wegen zur Erreichung eines Handlungsziels (vgl. Miller, Galanter & Pribram, 1960).

5.1.2 Kernbegriffe zur Kontrolle

Mit diesen Begriffen zur Handlung können wir die notwendigen Elemente der Kontrolle identifizieren. Die Erreichung eines bestimmten Ziels und die Einhaltung eines bestimmten Zielzustandes zu *kontrollieren*, setzt unter anderem voraus,

(a) das bestimmte Ziel zu kennen,
(b) dieses Ziel für sich als aktuelles Ziel zu akzeptieren,
(c) einen Weg zu kennen, über den das Ziel erreichbar ist,
(d) diesen Weg selbst gehen zu können (und es auch zu wissen) und
(e) diesen Weg tatsächlich zu gehen.

Entsprechend den schon erfolgten begrifflichen Differenzierungen im Kapitel 1.3 läßt sich mit diesen Elementen auch das Konzept des *Kontrolle-Habens* im Unterschied zum *Kontrollieren* (= Kontrolle-Ausüben) festlegen. Es besteht aus den Elementen a, c und d: Kontrolle über ein bestimmtes Ziel hat, wer dieses Ziel kennt, einen Weg dazu weiß, diesen gehen kann und auch darum weiß. Wer Kontrolle hat, könnte sie ausüben, wenn er oder sie wollte (Elemente b und e).

Natürlich können sich Menschen täuschen. Kontrolle ist so wenig direkt und fehlerfrei wahrnehmbar wie Kausalität. Wenn wir die subjektive Meinung einer Person über ihre Kontrolle hervorheben wollen oder wenn wir offen lassen wollen, ob die Person sich in der Wegbeurteilung und der Beurteilung der eigenen Kompetenzen täuscht oder nicht, sollten wir deshalb in Analogie zur Kausalattribution von Kontrollattribution sprechen. Wenn es darum geht, sich selbst mehr oder weniger Kontrolle zuzuschreiben, verwenden wir den Ausdruck *Kontrollmeinung*; wenn die Frage die ist, wem Kontrolle zugeschrieben wird, sprechen wir von *Kontrollattribution*.

An diesem Punkt ist auch eine genauere Spezifizierung des Kontrolle-Habens möglich: Kontrolle kann man haben, selbst wenn man die Meinung hat, man hätte keine Kontrolle, genauer: Kontrolle-Haben heißt, daß man einen zielführenden Weg weiß (a, c) und gehen kann oder könnte (erster Teil von d); die Kontrollmeinung impliziert außer a und c nur den zweiten Teil von d, nämlich das Wissen um das tatsächliche oder vermeintliche Können.

Manchmal weiß man nur, wie man Kontrolle ausüben könnte, aber man kann sie doch nicht ausüben, weil man die nötigen persönlichen Kompetenzen nicht hat oder nicht zu haben glaubt (d). Wenn also nur die Elemente a und c vorhanden sind, sprechen wir von Kontingenzwissen resp. von *Kontingenzattribution* oder *Kontingenzmeinung*: Man weiß, was wodurch bewirkt werden kann/könnte. Den zweiten Teil von d allein bezeichnen wir als Kompetenzwissen resp. als Kompetenzattribution oder *Kompetenzmeinung*.

Nur Kontingenzwissen zu haben, aber zu meinen, man habe selbst die Kontrolle nicht, stellt, wenn das Ziel subjektiv aktuell und bedeutsam ist, eine Herausforderung für das Handlungssubjekt dar. Was läßt sich tun?

Die Analyse der Situation kann dazu führen, daß man prinzipiell beseitigbare Hindernisse erkennt (Beispiele: 'Wenn ich mehr Zeit hätte'; 'Wenn ich auf etwas anderes verzichten würde'; 'Wenn ich das oder jenes erst erlernen würde'). Wir sprechen dann (aber nicht nur dann) von *bedingter* oder *potentieller Kontrolle*. Wenn das Ziel langfristig bedeutsam bleibt oder immer wieder bedeutsam wird und die fehlenden Kompetenzen lernbare Fähigkeiten sind, kann sich die Anstrengung, sich lernend um den Erwerb der Kompetenzen zu bemühen, durchaus lohnen. Dieweil es oft unangenehm ist, Kontrolle über wichtige Ziele nicht zu haben, empfinden es viele Menschen als relativ angenehm, wenigstens an *zukünftige Kontrolle* zu glauben.

Für viele Ziele gibt es nicht nur einen Weg, nicht nur einen Handlungsplan, der dazu führt, sondern mehrere. Wenn die aktuell bekannten Wege nicht beschritten werden können, lohnt sich oft die Suche nach alternativen Wegen. Manchmal sind die alternativen Wege umständlicher als die eben bewußten, oft führen sie über zusätzliche Zwischenziele. Wenn diese Zwischenziele in der Kontrolle von Kontrolleuren bestehen, sprechen wir von *indirekter Kontrolle*. Konkreter: Manche Ziele können wir selbst nicht kontrollieren, aber wir können andere Personen, die Kontrolle haben, in unsere Dienste stellen und sie veranlassen, die gewünschte Kontrolle zu unserem Vorteil auszuüben. Beispiele: Den Arzt oder die Ärztin zur Behandlung einer Krankheit aufsuchen; eine Spezialfirma mit dem Einbau eines Warmluft-Cheminées beauftragen.

Im Fall der potentiellen Kontrolle ist das Fehlen bestimmter notwendiger persönlicher Kompetenzen u.U. nur aktuell, solange bestimmte situative Bedingungen vorhanden sind. Vielleicht können diese geändert werden. Wenn eine invalide Person bestimmte Reisen nicht selbständig durchführen kann, kann das daran liegen, daß Bahnsteige und Eingangstüren von Bahnwagen nicht rollstuhlgängig sind; das ist korrigierbar! Persönliche Hilflosigkeit ist also gelegentlich durch strukturelle Bedingungen determiniert. Das zu sehen, gestattet, den Fehler oder das Manko nicht immer bei sich selbst zu suchen. Auch in der Betreuung und in der Beratung von Personen, die bestimmte Kontrolldefizite haben, lohnt es sich, das Ungenügen nicht ausschließlich zu personalisieren, sondern zu seiner Behebung auch die situativen Bedingungen zu beachten (reine fachpsychologische Arbeit ist darum gelegentlich um eine mehr sozialarbeiterische oder um eine politische Perspektive auszuweiten).

Es können natürlich auch andere Kombinationen dieser fünf Elemente vorhanden sein. Einige davon sind sinnlos, andere für uns irrelevant. Zu erwähnen ist noch das Muster, nach dem nur a und b vorhanden sind. Wenn man keinen Weg weiß, ein Ziel zu erreichen, und von niemandem weiß, der es erreichen könnte, dann hält man das betreffende Ziel für nicht *kontrollierbar*. Nichtkontrollierbarkeit liegt aber auch vor, wenn a, b und c erfüllt sind, die betreffende Person jedoch glaubt, daß es niemanden gibt, der oder die den betreffenden Weg zu gehen fähig ist. Aus der Hilflosigkeitsforschung wissen wir, daß universelle Hilflosigkeit den Selbstwert nicht oder weniger beeinträchtigt als persönliche Hilflosigkeit (Kapitel 4.5.1): Wenn etwas wirklich nicht und durch niemanden kontrollierbar ist, stehe ich nicht als persönlicher Versager da.

Eine Wirkung ist erreicht oder nicht erreicht; die Kontrolle vor dem Vollzug aber ist nur mit einer bestimmten Wahrscheinlichkeit 'wirkungsvoll', d.h. solange als keine zielorientierte Handlung ausgeführt ist. Auch wenn ein Ziel nur mit einer bestimmten Wahrscheinlichkeit erreicht wird (und die Wahrscheinlichkeit des Eintretens des Zielzustands nach der Handlungsausführung nicht die gleiche ist, wie wenn die Handlung nicht ausgeführt würde), liegt Kontrolle vor (vgl. 4.2). Kontrolle ist meistens nicht total, und oft ist man nicht der oder die einzige, der oder die (Anteil an der) Kontrolle hat.

Wenn man ein Maß für die Kontrolle entwickeln möchte, könnte man sie als Wahrscheinlichkeitsdifferenz zwischen dem Eintreten eines Zielzustandes mit vs. ohne Handlungsausführung (HA) definieren, etwa als

$$p(Z) = abs\ (p(Z) \mid HA - p(Z) \mid \overline{HA})$$

Kontrolle haben heißt, kontrollieren können. Menschen können im allgemeinen viele mögliche Ziele kontrollieren. Wir sprechen darum oft statt von konkreten einzelnen Zielen von Zielbereichen und statt von Kontrolle von *Bereichskontrolle*, z.B. von der Kontrolle eines Lagerleiters über den guten Verlauf eines Pfadfinder-Zeltlagers oder der Kontrolle eines Lastwagen-Chauffeurs über sein Gefährt und die Erledigung einer Menge von Transportaufträgen.

Wie im Kapitel 2 bereits dargelegt, hängt eine Wirkung meistens von vielen Bedingungen ab. Selbstverständlich stehen davon immer nur einige, wenn überhaupt, unter der Kontrolle eines bestimmten Individuums. Die anderen Bedingungen sind u.U. in der Kontrolle anderer Menschen. Wenn wir den persönlichen Kontrollanteil einer bestimmten Person zum Ausdruck bringen wollen, sprechen wir darum oft explizit von *persönlicher Kontrolle*.

5.1.3 Anschlußbegriffe

Wenn Kontrollieren als eine Handlung verstanden wird, bei der das Ziel bekannt und die Handlungsausführung entschieden wird, dann kann man einer kontrollierenden Person auch *Verantwortung* zuordnen, d.h. sie verpflichten, nach dem Verursacherprinzip Konsequenzen aus ihrem Handeln zu tragen. Für Wirkungen, über die man keine Kontrolle hat(te), ist man in diesem Sinn nicht verantwortlich.

Die Verantwortungszuschreibung im Anschluß an die Kontrollzuschreibung erhält dann eine besondere Brisanz, wenn die zu verantwortende Wirkung nicht dem Handlungsziel entspricht, aber eine Nebenwirkung der Handlung ist. Praktisch alle Handlungen haben vielfältige Wirkungen, d.h. immer auch Nebenwirkungen. Sind wir für diese auch verantwortlich? Wenn sie vorhersehbar sind und die Handlung frei entschieden und ausgeführt worden ist, im Prinzip ja. Wer einen Baum umsägt, der beim Fallen ein Gerätehäuschen eindrückt, hätte diese Möglichkeit vorhersehen und dagegen Maßnahmen ergreifen sollen; er oder sie 'haftet'. Wenn ein Schüler den Haushund in den Garten hinausläßt und vergißt, die Gartentüre geschlossen zu halten, kann er von seinen Eltern für das Entlaufen des Hundes verantwortlich gemacht werden, nicht aber vielleicht ein dreijähriges Kind, das dem Hund in Abwesenheit der Eltern Freude machen wollte, denn diesem Kind kann nicht zugemutet werden, daß es auch die Möglichkeit des Entlaufens durch die offene Gartentüre bedenkt.

Die Einbettung in die Handlungstheorie macht auch aus, daß nicht jede Korrelation zwischen Verhalten und Zielzustand als Kontrolle angesprochen werden kann. Oesterreich (1981, 25) führt das instruktive Beispiel an, in dem der Pilot eines Sportflugzeuges einen Herzinfarkt erleidet und der einzige Fluggast, der aber des Fliegens nicht mächtig ist, die Steuerung übernimmt. Dieser kann nun vieles machen, und manches wird eine große Wirkung haben – er weiß jedoch nicht welche. Nur mit einer geringen Wahrscheinlichkeit wird der Ersatzpilot zufällig solche Verhaltensweisen ausführen, die zu einer heilen Landung führen, da er unter den vielen möglichen Verhaltensweisen diejenigen nicht verläßlich identifizieren kann, die zum Ziel führen. Hat er Kontrolle über die Landung? Ich meine: ja, aber eine sehr, sehr geringe; er kann wenigstens etwas versuchen (wenn er noch kann), dann hat er mit einer winzigen Wahrscheinlichkeit Erfolg; wenn er nichts tut und nur dasitzt, ist die Wahrscheinlichkeit der weichen Landung gleich null.

Unser Begriff der Kontrolle nach diesem handlungspsychologischen Verständnis impliziert gleichzeitig *Handlungsfreiheit*. Menschen sind in ihrem Handeln frei in dem Sinn und in dem Maß, als sie Handlungsalternativen wahrnehmen und sich für die Ausführung einer davon entscheiden. Die geringste, aber doch schon wirkliche Handlungsalternative besteht darin, eine Handlung nicht auszuführen. Wenn diese Alternative nicht besteht, sprechen wir besser gar nicht von Handlung und darum auch nicht von Kontrolle. Handlung, Kontrolle und Verantwortung schließen nach meiner Auffassung ein Mindestmaß an Handlungsfreiheit ein.

Genau genommen ist die Handlungsfreiheit ein Postulat eines entsprechenden Menschenbilds und kann in ihrer Existenz nicht empirisch nachgewiesen oder aufgezeigt werden: Von sich ausschließenden Möglichkeiten kann immer nur eine realisiert werden. Auch die Introspektion ist da nicht schlüssig: Entweder erlebe ich, daß ich notwendigerweise wähle, was 'besser' ist, oder ich tue absichtlich etwas anderes (was ich im Moment notwendigerweise als besser oder wünschbarer erachte, und sei es nur, um die Möglichkeit der Abweichung vom ersten 'Besten' zu demonstrieren). Mit Berufung auf solche Selbsterfahrung kann auch der Introspektionsbericht anderer, sich frei zu fühlen, in Frage gestellt werden. Da ich aber davon ausgehen möchte, daß Menschen grundsätzlich und wenigstens gelegentlich Verantwortung oder Verantwortungsanteil übernehmen können und daß ihnen prinzipiell das Verdienst der guten Tat aber auch Schuld zukommen kann, ist die prinzipielle Möglichkeit der Handlungsfreiheit unverzichtbar.

Das ist natürlich nicht der einzige Freiheitsbegriff, den Wissenschafter vertreten. Kruglanski (1984, mündlich) hat die Auffassung vertreten, jemand sei frei, wenn die Dinge so laufen, wie er sie wünsche. Es sei nicht nötig, daß es überhaupt möglich sei, daß sie anders laufen. Und Bandura (1989, 1182) versteht Freiheit synonym mit Selbst-Einfluß: «Freedom is not conceived negatively as the absence of external coercion or constraints. Rather, it is defined positively in terms of exercise of self-influence.»

Kontrolle ermöglicht *Vorhersagbarkeit*, Vorhersagbarkeit impliziert aber nicht Kontrolle. Das Dämmern des Abends ist vorhersagbar, nicht aber kontrollierbar. Daß es heute abend bei mir Spaghetti geben wird, kann ich vorhersagen, wenn ich darüber Kontrolle habe und entschlossen bin, diese Kontrolle auszuüben. Obwohl Vorhersagbarkeit noch nicht Kontrolle ausmacht, ist in unkontrollierbaren Situationen Vorhersagbarkeit doch schon besser als Nicht-Vorhersagbarkeit; man kann sich dann nämlich früh genug vorsehen, mit dem zu erwartenden neuen Zustand umzugehen. Ich verweise z.B. auf das Leserbrief-Beispiel im Kapitel 1.1.5 zur Sicherheitslandung eines Flugzeugs; auch in meiner Vorlesung hat sich gezeigt, daß die meisten von uns selbst über kritische Situationen lieber informiert sind als nicht, auch wenn wir zu deren Ausgang nichts beitragen können (im Kapitel 8 wird vom Konzept der *sekundären Kontrolle* die Rede sein, die aus dem Bedürfnis entsteht, sich den nicht kontrollierbaren Umständen wenigstens anzupassen, um Nachteile zu minimieren resp. allfällige verbleibende Vorteile sicherzustellen). Im übrigen müssen diese Situationen der Nichtkontrolle trotz Vorhersehbarkeit gar nicht immer so dramatisch sein: Wir versuchen täglich, mit nicht oder fast nicht oder vernünftigerweise nicht kontrollierbaren Situationen umzugehen, indem wir z.B. gelegentlich 'für alle Fälle' einen Regenschirm mitnehmen, nie ohne Geld in der Tasche ausgehen, etwas zu früh zum Zug gehen etc.

Wenn die Kontrolle eines Zielzustandes dadurch erfolgt, daß man jemanden kontrolliert, der oder die diesen Zielzustand kontrollieren kann, nennen wir das *indirekte Kontrolle* (5.1.2). Wenn der Zielbereich der Kontrolle das Handeln anderer Menschen ist, nennen wir die Kontrolle *soziale Macht*; sie ist eigentlich Kontrolle über die Kontrolle anderer.

Das Handlungskonzept stammt aus einer individualistischen psychologischen Tradition. Entsprechend untersuchen wir oft nur die Kontrolle eines bestimmten einzelnen Individuums. In Wirklichkeit aber sind Ereignisse kausal vielfältig in Kontexte oder Systeme eingebettet (vgl. Kapitel 2.2.2). Entsprechend ist die Kontrolle eines einzelnen Individuums immer abhängig von einer ganzen Menge von physikalischen, psychischen und sozialen Bedingungen. Und manche dieser Bedingungen stehen ihrerseits unter der Kontrolle von bewußt handelnden Menschen. Praktisch haben einzelne Menschen, wenn sie Kontrolle haben, immer nur *Kontroll-Anteile*; sie teilen Kontrolle mit anderen. Und ebenso durchgängig stehen Menschen immer gleichzeitig mehr oder weniger unter der Kontrolle durch andere, sind also Bindeglieder in der Kette indirekter Kontrolle (Kapitel 9).

5.2 Vergleiche mit geläufigen Theorien

Es gibt heute sehr viel Literatur über Kontrolle. Dabei variieren mitunter die zugrunde liegenden Theorien und die Terminologie (Krampen, 1987, 109-118). Einige der Theorien werden im folgenden kurz dargestellt und mit meinen eben dargestellten begrifflichen und terminologischen Festlegungen verglichen.

5.2.1 Locus of control (Julian B. Rotter)

Julian Rotter (1954; 1966; 1982; 1990) formulierte 1954 eine sog. soziale Lerntheorie, die unter anderem thematisierte, daß die Menschen glauben, in bestimmten Situationen durch eigenes Verhalten bestimmte Verstärker zu erreichen und zwar mit einer je zu bestimmenden Wahrscheinlichkeit. Dieser Glaube oder diese Erwartung (E_{si}) wird laut Rotter aus zwei Quellen genährt, nämlich aus den allgemeinen Erfahrungen, einen bestimmten Verstärker zu erhalten (generalized expectancy = GE), und den Erfahrungen, den Verstärker in der spezifischen Situation zu erhalten (E'_{si}). Je mehr solche spezifischen Erfahrungen vorhanden sind, desto weniger muß sich eine Person auf allgemeine Erfahrungen verlassen, was sich mit der folgenden Formelstruktur nach Rotter ausdrücken läßt (E_{si} = Erwartung, in der Situation si den bestimmten Verstärker mit bestimmtem Verhalten zu erlangen; E'_{si} = Verstärkungserwartung aufgrund der vorausgehenden Erfahrungen mit der speziellen Situation si und dem bestimmten Verhalten; N_{si} = Anzahl einschlägiger Erfahrungen in der Situation si):

$$E_{si} = f(E'_{si} \ \& \ GE/f(N_{si})).$$

Je größer diese Erwartung ist, desto mehr liegt der Ort der Verstärkerkontrolle (= «locus of control») im Individuum selbst (internale Kontrolle); je kleiner diese Erwartung ist, desto mehr liegt der Ort der Verstärkerkontrolle außerhalb des Individuums (externale Kontrolle). Diese Erwartung determiniert zusammen mit dem Verstärkungswert das sog. Verhaltenspotential, mithin die Wahrscheinlichkeit, daß in einer bestimmten Situation ein bestimmtes Verhalten gezeigt wird.

Wenn man die Verhaltensverstärkung in Rotters Theorie mit dem Handlungsziel in meiner Darstellung gleichsetzt, dann ist der Kontrollbegriff der gleiche, auch wenn er bei Rotter noch nicht so differenziert ist; z.B. fehlen da noch die Unterscheidungen zwischen Ziel und Weg, zwischen Kontingenz und Kontrolle sowie zwischen Kontrolle und Kontrollmeinung.

Die beschriebenen Erwartungen variieren in Rotters Theorie beträchtlich nach Situation, Verstärker und Individuum. Bis zu einem gewissen, vielleicht nur geringen Grad sind diese Erwartungen je Individuum dennoch über verschiedene Situationen konsistent.

Rotter glaubte, daß sich die Menschen gegenseitig unter anderem dadurch unterscheiden, daß sie generell und über viele Situationen und Zeitpunkte hinweg relativ viel oder relativ wenig internale Kontrolle besitzen. Darum schufen er und Phares (1957) bald ein Testinstrument zur Messung dieser Variablen individueller Unterschiede (Beispiel-Items in Tabelle 5-1). In den letzten Jahrzehnten sind mehrere neue Instrumente entstanden, auch deutschsprachige (Mielke, 1982; Krampen, 1989c). Sie sind in Hunderten, wenn nicht Tausenden von Untersuchungen eingesetzt worden und haben sich in sehr vielen Fragestellungen recht gut bewährt: Internale leisten mehr, erholen sich rascher von Krankheiten und Operationen, rauchen und trinken weniger, suchen häufiger Macht, widerstehen Gruppendruck leichter, sind sozial aktiver, bieten häufiger ihre Hilfe an als Externale etc. (vgl. Phares, 1978; Lefcourt, 1976). Die Zusammenhänge sind im allgemeinen nicht hoch, aber doch relativ konsistent.

Tabelle 5-1

Illustration: Zwei Testitems aus der deutschen Form der IE-Skala von Rotter (Piontowski, Ruppelt & M, 1981, 321 und 322)

2. An vielen unerfreulichen Dingen, die einem im Leben zustoßen, sind unglückliche Zufälle schuld (external). – Am eigenen Mißgeschick sind meistens die eigenen Fehler schuld (internal).

13. Wenn ich Pläne mache, bin ich meistens sicher, daß ich sie verwirklichen kann (internal). – Es ist nicht immer ratsam, allzu weit voraus zu planen, weil vieles dann doch vom Zufall abhängt (external).

5.2.2 Selbstwirksamkeit (Albert Bandura)

Handlungsintentionen stützen sich nach Bandura (1977) gleichzeitig auf zwei Typen von Erwartungen ab, nämlich auf die Ergebniserwartung und auf die Wirksamkeitserwartung (Figur 5-1).

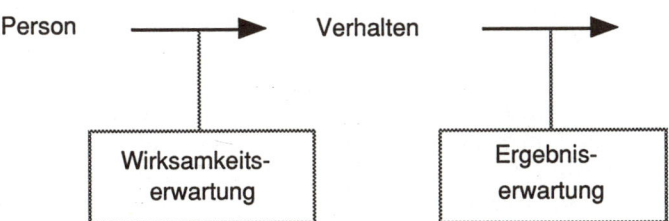

Figur 5-1

Zusammenspiel von Wirksamkeitserwartung und Ergebniserwartung (aus Bandura, 1977, 193)

Die *Ergebniserwartung* («*outcome expectation*» oder «*response-outcome expectation*») ist die Erwartung, daß bestimmte Maßnahmen bestimmte Konsequenzen zeitigen. Beispiel: Wenn alle Autos in Europa mit Dreiweg-Kataly-satoren fahren und insgesamt wenigstens nicht mehr Auto-Kilometer gefahren werden, werden die Wälder mit größerer Wahrscheinlichkeit wieder gesund, als wenn diese Maßnahme nicht ergriffen wird. *Wirksamkeitserwartung* resp. *Selbstwirksamkeitserwartung* (= «*efficacy expectation*») eines Individuums ist die Erwartung, daß es selbst imstande ist, die bestimmte Maßnahme zu realisieren. In unserem Waldbeispiel ist die individuelle Wirksamkeitser-wartung wohl bei den meisten Menschen gering: Nur weil ich selbst ein Ka-talysatorauto oder gar keines fahre, werden die Wälder nicht gesund.

Die Kontrollüberzeugung besteht also in der Kombination der Ergebnisüber-zeugung und der Wirksamkeitsüberzeugung (zur Terminologie: Die Beziehung zwischen Wirksamkeitserwartung und Ergebniserwartung ist die gleiche wie die zwischen Wirksamkeitsüberzeugung und Ergebnisüberzeugung; Überzeu-gung wird zur Erwartung, wenn eine bestimmte Maßnahme tatsächlich ergrif-fen wird). Die Ergebnisüberzeugung oder -erwartung entspricht unserem Kon-zept des Kontingenzwissens, die Wirksamkeitsüberzeugung oder -erwartung unserer Kompetenzmeinung.

Die Differenzierung zwischen Wirksamkeitserwartung und Ergebniserwar-tung führt wesentlich über die lerntheoretische Tradition der ausschließli-chen Ergebnisorientierung, wie sie bei Rotter und Seligman realisiert ist, hin-aus. Es ist eines, zu wissen, wie man ein bestimmtes Ziel erreichen könnte oder müßte, und ein anderes, es selbst erreichen zu können. Diese Unterscheidung gestattet z.B. die Ausgliederung des Konzepts der potentiellen Kontrolle und eröffnet die Möglichkeit, zur Erlangung der Kontrolle Veränderungsbemühun-gen sowohl auf subjektive als auch auf objektive Bedingungen zu richten. Im Fall von gezielten Lernanstrengungen im Hinblick auf zukünftige Kontrolle wird leichter beurteilbar, was zu tun ist und ob es getan werden soll. Wenn man beispielsweise erkennt, daß man täglich trainieren müßte, um ins National-kader der Schwimmer aufgenommen zu werden, kann man das entweder tun oder auch nicht, wenn man glaubt, daß man nicht gleichzeitig auch das Gym-nasium bestehen kann.

Mit dieser Unterscheidung werden auch mögliche Bedingungen sichtbar, un-ter denen sich Hilflosigkeit nicht generalisieren muß. Wer erlebt, ein Ziel nicht kontrollieren zu können, mag in einer neuen Situation dennoch erkennen, daß das gleiche Ziel diesmal auf neuen Wegen erreichbar sein könnte, auf Wegen, für die die nötigen Kompetenzen vielleicht vorhanden sind (Beispiel: Wer nach seiner Erfahrung auf dem Klavier nicht befriedigend improvisieren kann, sollte es mit dem Synthesizer dennoch versuchen). Seine Absetzung ge-gen Seligman formuliert Bandura (1977, 204) so: «For example, the theory of learned helplessness advanced by Maier & Seligman (1976) assumes that as a result of being subjected to uncontrollable aversive events, organisms acquire expectancies that actions do not affect outcomes. Because they come to expect future responding to be futile, they no longer initiate behavior in situations where outcomes are in fact controllable by responses. Although this theory posits an expectancy mechanisms of operation, it focuses exclusively on re-sponse-outcome expectancy.» Das heißt, daß Seligmans Versuchspersonen und

Versuchstiere nur über die Erreichbarkeit von Wirkungen rätseln und nicht unterscheiden, wie solche Wirkungen an sich und auch noch durch eigenes Verhalten erreichbar sind.

Wenn Ergebniserwartung und Wirksamkeitserwartung von einander unabhängig variieren können, dann lockt die Untersuchung ihrer Kombinatorik. Angeregt durch Ausführungen von Mielke (1984, 65) erscheinen mir alle vier möglichen Kombinationen interessant (Tabelle 5-2).

Tabelle 5-2
Kombinationen von Wirksamkeits- und Ergebnisüberzeugung und ihre hypothetischen Wirkungen

Ergebnisüberzeugung	Selbstwirksamkeitsüberzeugung	Zustand des Individuums
hoch	hoch	Kontrolle
hoch	gering	Hilflosigkeit
gering	hoch	relative Wirkungslosigkeit
gering	gering	evtl. Hoffnungslosigkeit

Der Terminus der relativen Wirkungslosigkeit stammt von Mielke. Man könnte statt dessen auch von verhinderter Kontrolle oder von relativer Hilflosigkeit sprechen. Er entspricht der Bedingung, in der – bei Aufrechterhaltung des gegenwärtig nicht kontrollierbaren Ziels – objektive Maßnahmen, d.h. Maßnahmen außerhalb des betreffenden Individuums, ergriffen werden müssen. Wenn ein Jugendlicher das Spiel eines Musikinstruments lernen will, kann er das nur, wenn er ein Instrument zur Verfügung hat; wenn Geldwäscherei gerichtlich belangt werden soll, muß ein entsprechendes Gesetz bestehen.

5.2.3 Kompetenz- und Kontrollmeinung (Rainer Oesterreich)

In der Theorie von Rainer Oesterreich (1981) führen bestimmte Handlungen mit bestimmten Wahrscheinlichkeiten von einem alten zu bestimmten neuen Zuständen. Zwischen einem bestimmten Ausgangszustand und einem bestimmten Zielzustand liegen je nach Weg meistens mehrere Handlungen in geordneter Folge. Das ist in Figur 5-2 mit einem formalen Beispiel dargestellt: Zum Zeitpunkt t0 bestehen (für ein bestimmtes Individuum) zwei Handlungsmöglichkeiten, die je mit der Wahrscheinlichkeit von 1.0 zu den Zuständen $K1_{t1}$ resp. $K2_{t1}$ führen. Dort sind zwei resp. drei weitere Handlungen möglich, die bestimmte Zustände mit unterschiedlichen Wahrscheinlichkeiten herbeiführen. Zum Beispiel führt die Handlung H22 mit p = .6 zur Konsequenz $K2_{t2}$. Die *Kontrolle* über die Zielkonsequenz $K3_{t3}$ beträgt in diesem Handlungsfeld 1.0 x 0.9 x 0.8 = 0.72, errechnet aus der kombinierten Wahrscheinlichkeit der Teilstrecken des objektiv optimalen Weges. Kontrolle ist also die objektiv höchste Verfügbarkeit eines Individuums über die Mittel zur Erreichung eines Ziels, unabhängig davon, ob das Individuum darum weiß oder nicht.

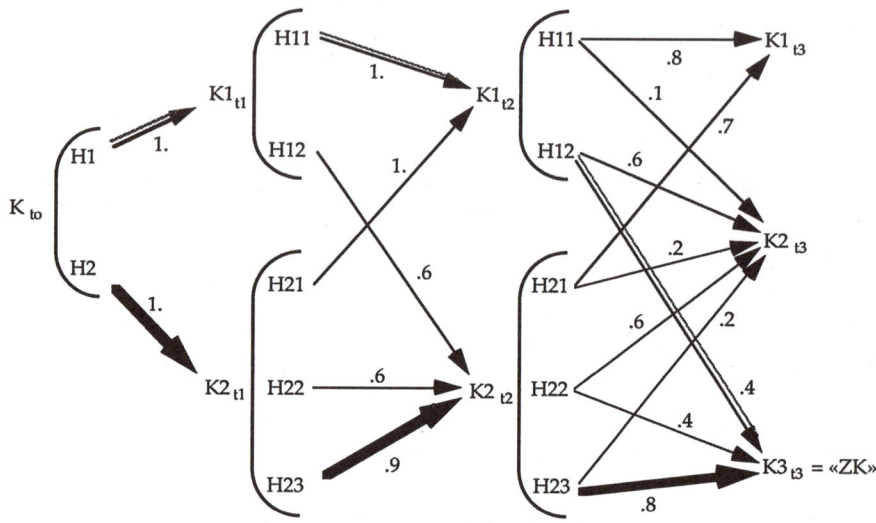

Figur 5-2
Ein individuelles Handlungsfeld mit möglichen Handlungen (H), möglichen Konsequenzen (K) und zugeordneten Wahrscheinlichkeiten (p); der optimale Weg ist mit dicken Übergangspfeilen eingezeichnet (aus Oesterreich, 1981, 38)

Häufig kennt jemand nicht alle Wege, die ihn oder sie vom aktuellen Zustand zum angestrebten führen können, und erst recht nicht die tatsächlichen Erfolgswahrscheinlichkeiten. Das, was jemand persönlich für den besten Weg hält, resp. die daraus kombinierte objektive Wahrscheinlichkeit bestimmt nach Oesterreich die *Kontrollkompetenz* (genau genommen ist es der Quotient aus den objektiven Wahrscheinlichkeiten dieses subjektiv optimalen und des objektiv optimalen Weges). Wenn man in jedem Fall noch die subjektiven statt die objektiven Wahrscheinlichkeiten verwendet, sind die entsprechenden Termini nach Oesterreich 'Kontrollmeinung' und 'Kompetenzmeinung'. Dabei ist Kontrollmeinung ein wenig bedeutsamer Begriff, weil er sich auf die subjektiv geschätzten Wahrscheinlichkeiten des objektiven, aber dem Individuum doch nicht bekannten Wegs bezieht (Oesterreich, 1981, 53-54).

Unsere Unterscheidung zwischen Kontrolle und Kontrollmeinung kommt also auch bei Oesterreich vor. Dabei entspricht das, was bei uns Kontrolle heißt, bei ihm der Kontrollkompetenz und das, was wir Kontrollmeinung nennen, bei ihm Kompetenzmeinung. Oesterreichs Kontrollbegriff, der sich auf die objektiven Wahrscheinlichkeiten des objektiv besten Wegs bezieht, gehört für uns in den Bereich der bedingten Kontrolle: Es ist die Kontrolle, die man hätte, wenn man den besten Weg wüßte.

Unsere Zweiteilung in Kontingenz und Kompetenz oder Ergebnis und Wirksamkeit gibt es bei Oesterreich nicht oder nur teilweise. So wäre etwa das Wissen 'Ich wüßte einen Weg, aber ich kann ihn nicht gehen' darstellbar als eine Übergangssequenz, für die das Produkt der subjektiven Wahrscheinlichkeiten null wäre. Andererseits hat Oesterreich nicht vorgesehen, zusätzlich subjektive Wahrscheinlichkeiten für ideale Handlungen (möglicher anderer Menschen) oder für mögliche Handlungen nach dem Erwerb entsprechender Kompetenzen anzugeben. Die 'objektiven' Wahrscheinlichkeiten, von denen die Rede ist, sind jene für die Handlungen des gleichen Individuums, nicht jene für denkbare andere Individuen. Damit gibt es kein Kontingenzwissen unabhängig von eigenen Handlungen.

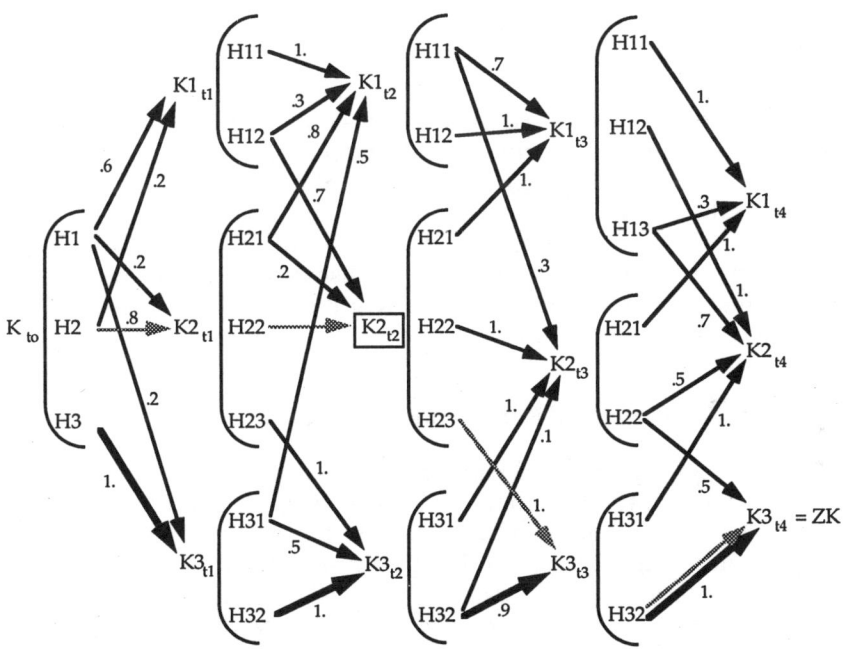

Figur 5-3
Ein individuelles Handlungsfeld mit einer Konsequenz ($K2_{t2}$), deren Effizienz-Divergenz 1 beträgt (aus Oesterreich, 1981, 100)

Andererseits trägt Oesterreichs Theorie besser als alle anderen Kontrolltheorien dem Umstand Rechnung, daß Handlungen normalerweise komplex sind und daß es darum mehrere Wege gibt, die je verschiedene Übergangs- oder Erfolgswahrscheinlichkeiten besitzen, daß man alle oder nur einige Wege kennen kann, daß man die Wahrscheinlichkeiten richtig oder falsch einschätzen kann und daß es Wege gibt, die man beherrscht, und solche, denen man nicht gewachsen ist.

Die Oesterreich'sche Differenzierung erlaubt auch die Beschreibung des wichtigen Umstands, daß man mit einer Handlung oft mehreren Zielen dienen kann, und überhaupt, daß jede Handlung oft noch viele Nebenwirkungen hat, die die handelnde Person gar nicht oder zunächst nicht bedenkt. In der langfristigen Verfolgung eines bestimmten Ziels werden nicht nur gleichzeitig viele andere Ziele mitverfolgt, sondern auch immer wieder neue Ziele dazugenommen. Manchmal geben wir sogar ein Ziel auf, um ein anderes, unterdessen attraktiver erscheinendes Ziel anzustreben. Das alles bedeutet, daß wir oft Handlungen ausführen, die nicht nur für ein einzelnes Ziel optimal sind, sondern maximale Flexibilität für die spätere Verfolgung vieler möglicher Ziele sichern sollten (sog. Bereichskontrolle; vgl. 5.1.2). Ein Zwischenziel, von dem aus Wege zu mehreren weiteren Zielen zur Verfügung stehen, heißt *effizient-divergentes Ziel* (Beispiel K2$_{t2}$ in Figur 5-3). Wenn die Menschen darauf aus sind, ihre gesamte Lebenssituation immer möglichst unter Kontrolle zu haben, ist es für sie wichtig, hoch-effizient-divergente Ziele anzustreben (sog. h-e-d Ziele).

Der Begriff der hoch-effizient-divergenten Ziele ist gleichzeitig trivial und doch zu selten formuliert. Er macht viele menschliche Entscheidungen verständlicher: «Es geht darum, das Handeln ... so zu lenken, daß eine Vielfalt von unterschiedlichen Handlungsmöglichkeiten (Aktivitätsmöglichkeiten) erhalten bleibt. Aus der Notwendigkeit, daß Lebewesen das Bestreben nach Überleben haben, kann daher die Annahme hergeleitet werden, daß höherentwickelte Lebewesen ein Kontrollstreben haben. Es besteht darin, das Verhalten so einzurichten, daß die Regulierbarkeit im Lebensraum erhalten bleibt» (Oesterreich, 1981, 132).

5.2.4 Kontrolle, Wissen und Können (Berlin-Gruppe)

Die Forschungsgruppe um Paul Baltes am Max-Planck-Institut für Entwicklung und Erziehung in Berlin (Skinner & Chapman, 1984; Skinner, Chapman & Baltes, 1988a) nimmt Banduras Unterscheidung zwischen Ergebniserwartung und Wirksamkeitserwartung, die bei Oesterreich nicht explizit vorgesehen ist, wieder auf und postuliert, daß eine rationale Kontrollmeinung aus zwei Komponenten besteht, die sie *means-ends-beliefs* (= Mittel-Zweck-Meinungen oder Kontingenzmeinungen) und *agency beliefs* (= Kompetenzmeinung oder Könnensmeinung) nennt. Zusätzlich unterscheidet sie eine Kontrollmeinung (*control belief*), die in allenfalls undifferenzierter Form einen direkten Zusammenhang zwischen dem eigenen Handeln und der Zielerreichung unterstellt, also u.U. auf die Analyse von Mittel-Ziel-Verbindungen an sich und der persönlichen Kompetenz, solche Mittel einzusetzen, verzichtet (Figur 5-4).

In einer kürzlichen Untersuchung hat die Autorengruppe ein Meßinstrument vorgestellt, das diese drei Kontrollaspekte bei Schülern zwischen der zweiten und sechsten Grundschulklasse separat erfaßt (Skinner, Chapman & Baltes, 1988a). Für verschiedene Mitteltypen, nämlich Anstrengung, Fähigkeit, Hilfe anderer und Glück, haben Faktorenanalysen drei getrennte Faktoren ergeben, die eindeutig auf die drei Kontrollaspekte beziehbar sind. Eine Regressionsanalyse zur Vorhersage der Kontrollmeinung mithilfe der Means-ends-Faktoren (je einen für jeden Mitteltyp) und der Agency-Faktoren (je einen für jeden Mitteltyp) erbrachte einen signifikanten, wenn auch mäßig hohen Zusammenhang ($R^2 = .378$). Das spricht dafür, daß die (globale) Kontrollmeinung oft aus der Kontingenz-Kompetenz-Analyse hervorgeht, gelegentlich aber durchaus nicht.

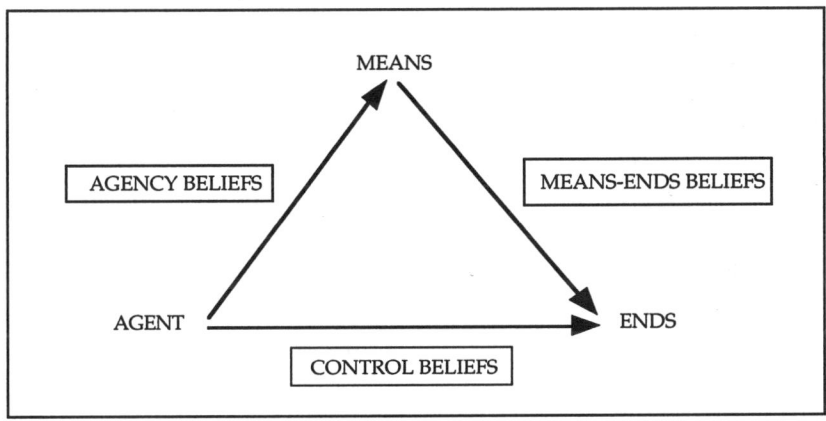

Figur 5-4
Mittel-Ziel-Meinung, persönliche Könnens-Meinung und Kontrollmeinung (aus Skinner, Chapman & Baltes, 1988a, 118)

Eine Korrelationsanalyse mit verschiedenen Instrumenten zum sog. locus of control (Kapitel 5.2.1) erbrachte erstaunlicherweise viele signifikante Korrelationen mit den Means-ends-Faktoren, nicht aber mit den Agency-Faktoren und auch nicht mit den Kontrollmeinungs-Faktoren (Skinner, Chapman & Baltes, 1988a). Dieser Befund ist deshalb erstaunlich, weil im allgemeinen der locus of control mit Schulleistungen korreliert und die Berliner Arbeitsgruppe ebenfalls signifikante Korrelationen zwischen kristallisierten (= auf Lernen und Übung beruhenden) Intelligenzleistungen und Agency-Faktoren meldeten, nicht aber mit Means-ends-Items und auch nicht mit den pauschalen Kontroll-Items (Chapman, Skinner & Baltes, 1990). Dieses Instrument bedarf offensichtlich weiterer empirischer Prüfungen.

Die drei zentralen Begriffe der Berlin-Gruppe entsprechen den hier verwendeten Begriffen, wenn auch wir einräumen, daß die Kontrollmeinung häufig nicht eine rationale und exakte Verrechnung der Kontingenzmeinung und der Kompetenzmeinung darstellt. Anzumerken ist, daß diese begriffliche Zwei- resp. Dreiteilung, die ja eigentlich durch Bandura (1977) angebahnt wurde, heute von vielen Autorinnen und Autoren mehr oder weniger explizit verwendet wird, so zum Beispiel von John R. Weisz (Weisz, 1983; Weisz & Stipek, 1982), von P. Gurin (Gurin & Brim, 1984) und von Martin E. Ford (Ford & Thompson, 1985). Die konzeptuelle Übereinstimmung ist allerdings größer als die terminologische, verwenden doch Ford & Thompson (1985) im Vergleich zu anderen Autoren teilweise gleiche Ausdrücke gerade vertauscht, wie aus Tabelle 5-3 ersichtlich ist.

Tabelle 5-3
Kontingenz-, Kompetenz- und Kontrollmeinung: eine terminologische Gegenüberstellung

Autor	objektiv	subjektiv	insgesamt
Bandura (1977)	Outcome expectation	Efficacy expectation	
Weisz & Stipek (1982)	Contingency judgment	Competence judgment	Perceived control
Gurin & Brim (1984)	Judgment of system responsiveness	Judgment of personal efficacy	Sense of control
Ford & Thompson (1984)	Perceptions of control	Perceptions of competence	Personal agency beliefs
Skinner, Chapman & Baltes (1988)	Means-ends-beliefs	Agency-belief	Control-belief
Der Autor dieses Buches	Kontingenzmeinung	Kompetenzmeinung	Kontrollmeinung

Zusammenfassung

Menschen kontrollieren handelnd ein bestimmtes Ziel, wenn sie dieses kennen und anstreben, wenn sie Wege dahin kennen und diese tatsächlich gehen.

Das Kennen der adäquaten Wege heißt Kontingenzwissen, das Kennen der eigenen Kompetenzen heißt Kompetenzwissen. Wenn Wert darauf gelegt werden soll, daß man sich auch täuschen kann, spricht man von Kontingenzmeinung und von Kompetenzmeinung. Zusammen machen sie die Kontrollmeinung aus.

Wenn ein Ziel über Zwischenziele kontrolliert wird, spricht man von indirekter Kontrolle. Ein Spezialfall davon ist der, daß das Zwischenziel in der Gewinnung einer Person besteht, die über das Hauptziel Kontrolle hat. Wer über das Kontrollieren einer anderen Person Kontrolle ausübt, übt Macht aus.

Unser Handlungsbegriff impliziert auch die Möglichkeit der Handlungsfreiheit in der Zielwahl, in der Weg- oder Mittelwahl und in der Ausführungsentscheidung. Weil Kontrolle durch bewußtes oder wenigstens bewußtseinsfähiges Handeln ausgeübt wird, gibt es auch Verantwortung über Kontrolle sowie die Möglichkeit persönlicher Verdienste und persönlicher Schuld.

Kontrolle schließt Vorhersagbarkeit ein; das Umgekehrte ist nicht der Fall.

Rotters Konzept des locus of control hat in unserer Begrifflichkeit auch Platz, es enthält aber verschiedene Unterscheidungen nicht.

Was wir mit Kontingenzmeinung bezeichnen, heißt bei Bandura Ergebniserwartung, was wir Kompetenzmeinung nennen, heißt bei Bandura Wirksamkeitserwartung. Bei Skinner Chapman & Baltes heißen die entsprechenden Begriffe means-ends-belief und agency-belief.

Seminarliteratur

- Zum locus of control: Rotter (1975, dt. 1982 – leider teilweise schlechte Übersetzung); Mielke (1982, 15-24); Rotter, 1990.
- Zur Zweiteilung in Kontingenz- und Kompetenzmeinung: Skinner, Chapman & Baltes (1988a).
- Zur Operationalisierung der Kontingenz: Perrez (1989).
- Zu einer operationalen Differenzierung mehrerer Kontrollaspekte: Lüthi, Grob & Flammer (1989).

6. Ausgewählte Befunde zur Bedeutung der Kontrolle im menschlichen Leben

Kontrolle ist im menschlichen Leben mindestens in zwei Formen existentiell, nämlich als aktives Kontrollieren und als Wissen (oder Gefühl), daß man über bestimmte Zielbereiche Kontrolle hat. Das erste ist deshalb bedeutsam, weil die Menschen sich immer wieder Ziele setzen und diese auch erreichen wollen. Wie dieses Kontrollieren im einzelnen realisiert wird, ist Gegenstand der Handlungspsychologie. Diese differenziert sich in Fragestellungen wie denen nach den Bedingungen und Prozessen der Zielhierarchisierung, der Automatisierung, der Bewußtwerdung, der gleichzeitigen Verfolgung mehrerer Ziele, nach den rationalen und nicht-rationalen Anteilen der Entscheidungsfindung etc. (vgl. Hacker, 1986; Aebli, 1980; 1981; Von Cranach, Kalbermatten, Indermühle & Gugler, 1980; Lenk, 1981; Oesterreich, 1981; Kuhl, 1983; Frese & Sabini, 1985; Stiensmeier-Pelster, 1988; und viele andere mehr).

Handlungen im eigentlichen Sinn des Wortes werden nur eingeleitet, wenn die betreffende Person ein minimales Vertrauen in die eigenen Möglichkeiten der Zielerreichung hat. Kontrollmeinungen sind daher wichtige Voraussetzungen für konkrete Handlungen; sie sind aber auch wichtige Bestandteile des Selbstbewußtseins und des Selbstwerts. Darum ist zu erwarten, daß auch die Kontrollmeinungen an sich Auswirkungen auf das unmittelbare und auf das langfristige Befinden des Menschen, seine Einstellungen und seine Gewohnheiten, seine Motive und Präferenzen haben. Diese Zusammenhänge interessieren in diesem Kapitel. Man kann diesen Forschungsbereich im Gegensatz zur Handlungspsychologie Persönlichkeitspsychologie nennen (wissend, daß solche Bereichsunterscheidungen die Sicht auf den Gegenstand auch verzerren können, dafür aber bei Gelegenheit eine umfassende und differenziertere Synthese erlauben; vgl. Krampen: «Handlungstheoretische Persönlichkeitspsychologie», 1987).

Kontrolle ist derart zentral im menschlichen Leben, daß sie nicht nur von Hunderten von Autorinnen und Autoren innerhalb und außerhalb des engeren Fachbereichs angesprochen wurde, sondern sich auch in Tausenden (nicht nur Hunderten!) von empirischen Untersuchungen – mehr oder weniger und mit Differenzierungen – bewährt hat. Während der größte Teil dieser Untersuchungen mit Skalen zum sog. locus of control durchgeführt wurde, sind hier auch viele attributionstheoretische Untersuchungen relevant, da die Kontrollmeinung oft eine Generalisierung von Interpretationen vergangener Ereignisse ist.

Die Literatur zur funktionalen Bewährung der Kontrollmeinung ist nicht nur sehr groß, sie beschlägt auch sehr unterschiedliche Funktions- und Lebensbereiche. Zum Einstieg in spezielle Fragestellungen gebe ich an dieser Stelle eine Auswahl von Literaturhinweisen. Kontrolle wird u.a. thematisiert im Zusammenhang mit Selbstbild und Selbstwert (Hausser, 1983; Hohner, 1987), mit Selbstdurchsetzung (Lee, 1983; 1984a), mit der Bewältigung von Eheproblemen und Folgeproblemen der Ehescheidung (Doherty, 1983), mit Schuld und Schicksalsbewältigung (Chodoff, Friedman & Hamburg, 1964; Medea & Thompson, 1974; Lerner, 1977; 1980; Lerner & Miller, 1978; Janoff-Bulman, 1979; Reichle & Dalbert, 1983; Krahé, 1985), mit Religiosität (Bergin, Masters & Richards, 1987), mit persönlichem Entwicklungsoptimismus (Brandtstädter, Krampen & Greve, 1987), mit der Bewältigung von Alternsprozessen (Schulz, 1976; Reid & Ziegler, 1980; Baltes & Baltes, 1986; Rodin, 1986), mit Leistungsmotivation (Weiner, 1972; Heckhausen, 1980), mit Schulerfolg (Dweck, 1975; Diener & Dweck, 1978; Schwarzer, 1981; Balk, 1983; Findley & Cooper, 1983; Kistner, Osborne & LeVerrier, 1988; Skinner, Schindler & Tschechne, 1990), mit erfolgreicher Berufstätigkeit (Lee & Schmaman, 1987; Sophie Freud, 1988; Preiser, 1988), mit Lehrerfolg (Hohner, 1987), mit sportlichen Leistungen (Lee, 1982), mit Arbeitslosigkeit (Frese, 1979; Klein-Moddenborg, 1984, zit. nach Petermann, 1986; Hausser, 1985; Dizerens, 1985; Ulich, Hausser, Mayring, Strehzmer, Kandler & Degenhardt, 1985; Schaufeli, 1988), mit sozialer Integration (Ford & Thompson, 1985), mit politischer Einstellung (Pfrang & Schenk, 1988), mit Schmerztoleranz (Bowers, 1968; Staub, Tursky & Schwartz, 1971; Staub & Kellett, 1972; Johnson, 1973) und mit Phobien (Bandura & Adams, 1977; Kirsch, 1982; Bandura, 1983; Lee, 1984b).

Die funktionale Bedeutung der Kontrolle resp. der Kontrollmeinung wurde bisher besonders anhand der Pathologie, die mit zu geringer Kontrolle resp. Kontrollmeinung zusammenhängt, nachgewiesen. Man kann aber auch zu viel Kontrolle haben (tatsächlich oder seiner Meinung nach), sei es weil man die daraus resultierende Verantwortung nicht tragen kann, sei es, weil man sich mit der tatsächlichen Übernahme solcher Kontrolle überfordert (physische Anforderungen, Streß). Daß jemand zu viel Kontrolle hat, kann sich aber auch daran ermessen, daß deswegen andere zu wenig Kontrolle haben (diese Art von 'Kontrollüberschuß' wird in Kapitel 9 zur Sprache kommen).

6.1 Kontrolle, Depression und Depressionsneigung

Nachdem bereits Beck (1967; 1979; 1987) seit den sechziger Jahren in der Forschung und in der therapeutischen Praxis überzeugend zeigen konnte, daß gewisse depressive Zustände durch entsprechende kognitive Prozesse bedingt sind (real gerechtfertigt oder nicht), übte das Erklärungsparadigma von Seligman (Miller & Seligman, 1975) einen wahren Sog auf die klinisch-psychologischen Forscherinnen und Forscher aus. Beck beschrieb das Denken depressiver Menschen als simplifiziert und negativ: Solche Menschen haben ein negatives Selbstbild, interpretieren neue Erfahrungen (oft unnötig) negativ und verwenden sehr einfache Denkschemata, wodurch ihre Interpretationen oft schwarz-weiß ausfallen.

Seligmans Theorie präzisierte diese Auffassung dahingehend, daß gewisse, nämlich sog. reaktive Depressionen, durch die kognitive Überzeugung der persönlichen Nichtkontrollierbarkeit wichtiger Ereignisse verursacht sein können. Heute besteht Einigkeit in der Meinung, daß die Hilflosigkeit nach Seligmans ursprünglicher Definition keine hinreichende Erklärung ist für das Entstehen reaktiver Depression (Brunstein, 1990). Es muß sich dabei nämlich einerseits um sehr wichtige zu kontrollierende Ereignisse handeln und andererseits um Ereignisse, vor denen die depressive Person nicht nur hilflos, sondern hoffnungslos ist (vgl. Kapitel 4.5.6; Alloy, Abramson, Metalsky & Hartlage, 1988; Abramson, Metalsky & Alloy, 1989), hoffnungslos in dem Sinn, daß sie auch keine indirekte Kontrolle über das vermeintlich sicher eintretende unerwünschte Ereignis resp. das vermeintlich sicher nicht eintretende, aber erwünschte Ereignis zu haben glaubt. Überdies gehört auch die Überzeugung dazu, daß dieser Zustand langfristig stabil und über viele wichtige Lebensbereiche generalisiert sei (Peterson, Luborsky & Seligman, 1983). Eine Übersicht über empirische Untersuchungen dazu findet sich in Peterson & Seligman (1984) und Brunstein (1990); von den vielen weiteren Untersuchungen sind die von Perrez & Reicherts (1986) und Reicherts, Käslin, Scheurer, Fleischhauer & Perrez (1987) zu nennen; für eine Besprechung therapeutischer Möglichkeiten vgl. auch Blöschl (1981; 1988) und Andrews (1989). Daß die Zusammenhänge locker sind resp. unter speziellen Umständen auch ausbleiben können, ist die Schlußfolgerung, die Coyne & Gotlib (1983) aus ihrer Literaturübersicht ziehen (vgl. auch Segal & Shaw, 1986).

Der Hilflosigkeitsbegriff ist ursprünglich kategorisch gemeint: Man ist entweder hilflos oder man ist es nicht. Praktisch und vor allem in der empirischen Arbeit hat es sich aber bewährt, ein Kontinuum von mehr oder weniger Hilflosigkeit anzunehmen, komplementär zum Kontinuum von mehr oder weniger Kontrolle. Die meisten heutigen Instrumente zur Messung der Kontrollmeinung resp. der Hilflosigkeit gehen von einem solchen Kontinuum aus.

Diese Kontinuumsannahme gilt auch für die Instrumente zur Messung des sog. Attributionsstils. Der Attributionsstil besteht in mehr oder weniger stabilen Gewohnheiten, bestimmten Klassen von Ereignissen bestimmte Ursachen oder Muster von Ursachen zuzuschreiben (vgl. Kapitel 4.6). Da Kontrollmeinungen in starkem Maße aus Fortschreibungen von Erfahrungsmustern aus der Vergangenheit in die Zukunft bestehen (vgl. Kapitel 10.1.6) und Attributionsstile als Stile per definitionem einigermaßen stabil sind, lassen sich Ergebnisse von Attributionsstil-Meßinstrumenten auch auf die Erwartung von Ereignissen in der Zukunft generalisieren.

Wir finden die Kontinuumsannahme schließlich auch bei Instrumenten zur Messung der Depression. In Untersuchungen wird darum oft die mehr oder weniger starke Neigung zur Depression, ein sog. Depressions-Index, ermittelt, häufig mit dem sog. BDI (= Beck depression inventory; Beck & Beck, 1972). Dadurch eröffnet sich für die empirische Forschung die Möglichkeit, statt nur mit klinisch definierten depressiven Patienten auch mit mehr oder weniger zur Depression neigenden 'normalen' Versuchspersonen zu arbeiten.

Eine Überblicksdarstellung von Peterson & Seligman (1984) zeigte, daß im allgemeinen eine ausgeprägte positive Korrelation zwischen hilflosigkeitsorientiertem Attributionsstil und Depressionsneigung besteht. Eine neuere Literaturübersicht mit einer Meta-Analyse von Sweeney, Anderson & Bailey (1986) bestätigte diese Schlußfolgerung: Internale, stabile und globale Kausalattributionen für negative Ereignisse und externale, labile und spezifische Kausalattributionen für positive Ereignisse kennzeichnen zur Depression neigende Versuchspersonen. Die Untersuchung von Nolen-Hoeksema, Girgus & Seligman (1986) belegte bei Schulkindern eine hohe Stabilität des Attributionsstils, der Depressionsneigung sowie der Korrelation zwischen beiden über ein Jahr hinweg.

Ein neuer Beleg für diesen Zusammenhang ergab sich mit zwei ganz anderen Instrumenten aus unveröffentlichten Daten der genannten Berner Untersuchung (4.5.1.1). Aus den 1902 Jugendlichen der Daten von 1986 wählten Joray & Avramakis (1989) zwölf aus, nämlich jene, «die geringe Kontrolle im Bereich der Freundschaftsbeziehungen angeben, diesen Bereich und die Einflußmöglichkeiten auf diesen für sehr wichtig halten, zudem glauben, daß hier grundsätzlich Kontrolle möglich ist, selbst aber weniger Kontrolle als andere Jugendliche besitzen», und verglichen deren Depressivitätswerte mit denen des Rests der Stichprobe (der Depressivitätswert stammte aus einem eigenen Instrument zur Erhebung des subjektiven Wohlbefindens von Jugendlichen nach Grob, Lüthi, Kaiser, Flammer, Mackinnon & Wearing, 1990, aus dem mit einer Sechs-Faktoren-Lösung ein Faktor mit sechs Items isoliert werden konnte, die deutlich Depressionsneigungen anzeigten). In allen diesen Items ergaben sich für die ausgewählten Versuchspersonen sehr viel höhere Durchschnittswerte als für die übrige Stichprobe. In fünf der sechs Items war der Unterschied auch bei der so kleinen Stichprobe signifikant, wodurch die Korrelation zwischen Kontrollmeinung und Depressivitätsneigung bestätigt ist. Diesen Ergebnissen aus dem Extremgruppenvergleich entsprechen auch die durchwegs negativen Korrelationen zwischen dem Gesamtdepressionswert und dem Ausmaß der geglaubten Kontrolle je Lebensbereich (Flammer, Grob & Lüthi, 1987b, 240).

Eine interessante Spezifizierung der internalen Kausalattributionen für unerwünschte Ereignisse hat Janoff-Bulman (1979) vorgeschlagen. Sie glaubt, daß internale Attributionen nur dann eine Depression generieren können, wenn sie 'charakterologisch' sind, d.h. sich auf persönliche Eigenschaften, Stimmungen und Wertschätzungen beziehen, nicht aber wenn sie sich auf inadäquate Handlungen oder auf Handlungsunterlassungen beziehen. Das ist nachvollziehbar: Wer bei sich Fehlhandlungen oder fehlendes Handeln als Ursache für eine unangenehme Konsequenz ausmacht, kann allenfalls daran glauben, es ein andermal besser zu machen, hat also Kontrolle und wird nicht depressiv; wer bei sich selbst nicht Handlungen als Ursachen ausmacht, sondern (stabile; vgl. 3.3.2 und 4.5.2) persönliche Eigenschaften (die vermeintlich nicht korrigierbar sind), verfällt eher der Depression. Untersuchungen von Peterson, Schwartz & Seligman (1981) und von Stoltz & Galassi (1989) haben die Tragfähigkeit dieser Unterscheidung empirisch belegt.

6.2 Der 'traurige Realismus' der zur Depression neigenden Menschen

In den letzten zehn Jahren sind mehrere Untersuchungen bekannt geworden, die zeigten, daß nichtdepressive, sog. normale Menschen, ihre eigene Kontrolle oft überschätzen. Das gilt aber nicht für depressive Menschen; wie zu erwarten, sind depressive oder zur Depression neigende Menschen weniger optimistisch als die durchschnittlichen Menschen, überraschenderweise aber oft präziser und realistischer in ihren Schätzungen. Es macht den Eindruck, daß gesunde Menschen die eigene Kontrolle und überhaupt Zusammenhänge oft überschätzen, also in ihrer Kontrollmeinung Optimisten sind, während depressive Menschen Pessimisten und mitunter gar Realisten sind.

Dieser Befund ist durch Untersuchungen von Alloy & Abramson (1979) berühmt geworden, die damit zwei ähnliche frühere Untersuchungen von Golin (Golin, Terell & Johnson, 1977; Golin, Terell, Weitz & Drost, 1979) bestätigten. Seither ist er mehrfach repliziert worden (z.B. von Alloy & Abramson, 1982; Alloy, Albright, Abramson & Dykman, 1988; Taylor & Brown, 1988; vgl. die Übersichten von Alloy & Abramson, 1988). Alloy, Abramson & Viscusi (1981) konnten diesen Unterschied sogar mit suggerierter Stimmung nachweisen: Nichtdepressive Frauen gaben in suggerierter trauriger Stimmung realistischere Schätzungen über ihre Kontrolle ab als ohne diese Stimmungssuggestion; depressive Frauen hingegen gaben in suggerierter gehobener Stimmung weniger realistische Schätzungen über ihre Kontrolle ab als ohne diese Stimmungssuggestion.

Möglicherweise stellt sich dieser 'depressive Realismus' nur bei ohnehin geringer Kontrolle ein. So konnten Benassi & Mahler (1985) diese Differenz der Kontingenzwahrnehmung in Abhängigkeit von der Depressionsneigung in drei Experimenten nur bestätigen, wenn die objektive Kontingenz relativ klein war, aber auch nur, wenn die Versuchspersonen ihre Urteile nicht unter den Augen einer Beobachtungsperson abgeben mußten.

Überdies könnte man meinen, der 'depressive Realismus' komme nur bei leichter Depressionsneigung vor. Damit ist ein Befund von Helmke (1989) verträglich. Dieser zeigte nämlich für den speziellen Bereich der persönlichen Fertigkeitsschätzungen von Schülerinnen und Schülern der 5. und 6. Klasse, daß leichte Überschätzungen der eigenen Fähigkeiten mit hohen Leistungen (nach zwei Jahren gemessen) einhergingen, während jene Schülerinnen und Schüler mit realistischen Schätzungen und leichten Unterschätzungen nach zwei Jahren durchschnittliche Leistungen erbrachten. Schlechte Leistungen wurden bei den starken Unterschätzern und mäßig schlechte Leistungen bei den starken Überschätzern festgestellt. Es ist offensichtlich funktional, von sich selbst eine leicht zu optimistische Meinung zu haben, aber nicht funktional, sich massiv zu unter- oder zu überschätzen. Nach der Übersicht von Alloy & Abramson (1988) ist die Eingrenzung auf leichte Depressionsgrade jedoch nicht gesichert.

Interessanterweise handelt es sich bei diesem gesunden Optimismus der Durchschnittsmenschen nicht um eine generelle Überschätzung von Kontingenzen und Kontrolle, sondern um einen Optimismus zu eigenen Gunsten. Golin, Terell & Johnson (1977), Martin, Abramson & Alloy (1984) und Wenzlaff & Berman (1985, zit. nach Alloy, Albright, Abramson & Dykman, 1988) fanden die Überschätzungen nur im Zusammenhang mit der eigenen Person, nicht aber im Zusammenhang mit fremden Personen. Genau das Umgekehrte stellt sich bei den Depressiven ein: Sie waren gegenüber sich selbst realistisch, überschätzten aber die Kontrolle anderer Menschen. Alloy, Albright, Abramson & Dykman (1988) interpretierten das so, daß durchschnittliche Menschen zu ihrem Selbstschutz ein optimistisches Selbstschema und ein realistisches Schema für die übrige Welt haben (vgl. 11.2.1), während Depressive diesen Optimismus nicht zustande bringen (warum auch immer), dafür aber aufgrund ihrer Lebenserfahrungen allen anderen mehr als sich selbst zumuten. Befunde von Dykman, Abramson, Alloy & Hartlage (1989) und eine in Alloy, Albright, Abramson & Dykman (1988) referierte Untersuchung von Albright, Alloy, Barch & Dykman (1988) stützen diese Interpretation.

Eine zweite Erklärung von Alloy, Albright, Abramson & Dykman (1988) ist die, daß Depressive im allgemeinen sehr um sich selbst besorgt sind, ihre Aufmerksamkeit also vorwiegend auf sich selbst richten und darum Kontingenzen, an denen sie selbst beteiligt sind, realistisch einschätzen. Durchschnittsmenschen sind weniger selbstbesorgt, können ihre Aufmerksamkeit besser auf die Welt um sich herum richten und beurteilen deshalb andere realistischer.

Es macht einen nachdenklich, daß es gesund zu sein scheint, sich selbst ein bißchen zu überschätzen. Ist unsere Situation so schlecht, daß wir ihr nicht wirklich 'in die Augen schauen' sollten? Hält uns nur die positive Illusion aufrecht? Fast möchte man sagen, dieser Zwang zum Optimismus sei modernamerikanisch, sozusagen bedingt durch die allgegenwärtige Konkurrenz oder die generell hohen Lebensansprüche, vielleicht durch die Notwendigkeit, sich vor anderen auszuzeichnen, immer der Sieger zu sein. Dann ist man aber überrascht, eine solche Formulierung bereits aus dem Jahr 1917 bei S. Freud zu finden: «Er [der Melancholiker resp. der Depressive, A.F.] ist wirklich so interesselos, so unfähig zur Liebe und zur Leistung, wie er sagt... In einigen anderen Selbstanklagen scheint er uns gleichfalls recht zu haben und die Wahrheit nur schärfer zu erfassen als andere, die nicht melancholisch sind ... und wir fragen uns nur, warum man erst krank werden muß, um solcher Wahrheit zugänglich zu sein» (Freud, 1917, 432).

Bei den meisten Autoren steht gegenwärtig nicht mehr die Frage im Vordergrund, ob Kontrollmeinung resp. Hilflosigkeit mit Depression in einem Zusammenhang stehe, sondern unter welchen Bedingungen und unter welchen nicht. Das führt zur Frage der Prävention und der sog. Immunisierung gegen Depression.

6.3 Kontrolle und Wohlbefinden

Wenn geringe Kontrolle ein möglicher Faktor für Depression ist, kann man erwarten, daß ein genügendes Maß an Kontrolle, wieviel das auch immer sei, eine (notwendige, wenn auch nicht hinreichende) Voraussetzung dafür ist, daß Menschen sich wohl fühlen. Es gibt zahlreiche Untersuchungen zu politischen, biographischen, ökonomischen und anderen Faktoren, die mit Lebenszufriedenheit oder Wohlbefinden zusammenhängen (vgl. die kritische Übersicht von Ryff, 1989); aber es ist uns nur etwa ein Dutzend bekannt, die den Zusammenhang mit der Kontrollmeinung untersuchten (vgl. Hohmann, 1988, und die Übersicht von Diener, 1984, 559).

In einer unpublizierten Arbeit zur «Lebenszufriedenheit» von Studierenden legten Kramis, Oser & Kramis-Aebischer (1987) 343 Studierenden mehrere Fragebögen zur Bearbeitung vor, aus denen sechs Faktoren der Zufriedenheit mit je verschiedenen Lebensbereichen (insgesamt 30 Items) und drei Maße für die Kontrollmeinung gewonnen wurden. Die Kontrollmeinung wurde mit dem IPC-Instrument von Krampen (1981) erhoben, das den sog. locus of control nach drei Dimensionen differenziert erfaßt, nämlich Internalität (I), Externalität im Sinn der Kontrolle durch machtvolle andere Personen (P) und Externalität im Sinn der Kontrolle durch Zufall (C – für chance). Die Summe von P und C minus I ergaben in dieser Studie das sog. kombinierte Externalitätsmaß.

Die Resultate sind erstaunlich eindeutig: Die Korrelationen der 30 Zufriedenheitsitems mit dem Internalitätswert fielen 28 mal positiv (davon 21 mal signifikant bei p<.05) und zweimal (nicht signifikant) negativ aus: Die untersuchten Studierenden empfanden im allgemeinen desto mehr Zufriedenheit, je mehr sie glaubten, die Ereignisse in ihrer Lebenswelt selbst bestimmen zu können. Die Korrelationen mit P (Externalität im Sinn der Kontrolle durch machtvolle andere Personen) waren 27 mal negativ (davon 20 mal signifikant) und dreimal (nicht signifikant) positiv, jene mit C (Externalität im Sinn der Kontrolle durch Zufall) waren gar 29 mal negativ (davon 20 mal signifikant) und nur 1 mal (nicht signifikant) positiv: Je mehr diese Versuchspersonen glaubten, andere Personen oder irgendwelche Zufälle würden ihr Leben bestimmen, desto weniger zufrieden waren sie mit ihrer Situation. Das kombinierte Externalitätsmaß korrelierte mit dem Gesamtwert für Lebenszufriedenheit höchst signifikant mit -0.27 (Kramis et al., 1987, 34).

Ein anderer Datensatz zu unserer Fragestellung findet sich in der in Kapitel 4.5.1.1 beschriebenen Berner Untersuchung an 14- bis 20-jährigen Jugendlichen. Wir haben dort bereits Ergebnisse genannt, wonach die Meinung geringer Kontrolle die Zufriedenheit mehr beeinträchtigt, wenn man glaubt, andere hätten mehr Kontrolle, als wenn man das Manko als einigermaßen universal interpretiert. Auch der einfache Vergleich der befragten Personen, die glaubten, in einem bestimmten Bereich keine oder sehr wenig Kontrolle zu haben, mit den anderen befragten Personen zeigte klare Zusammenhänge mit den Zufriedenheitsmaßen nach dem Instrument von Grob et al. (1990). Wie aus der Tabelle 6–1 ersichtlich ist, sprechen sämtliche Vergleiche für eine positive Korrelation zwischen der Kontrollmeinung und den Wohlbefindensmaßen. Positive

Lebenseinstellung und Zufriedenheit werden am stärksten beeinträchtigt durch die Meinung geringer Kontrolle in den persönlichen Teilbereichen 'Aussehen' und 'Persönlichkeit' und in den interpersonalen Teilbereichen 'Konflikt' und 'Beziehung', verhältnismäßig wenig hingegen in den gesellschaftlichen Teilbereichen. Aus den gleichen Teilbereichen stammen die Kontrollmeinungen, die auch mit der sog. negativen Befindlichkeit den stärksten Zusammenhang haben (die multivariaten statistischen Vergleiche fielen für alle Teilbereiche außer 'Arbeitsplatz' und 'Wald' hoch signifikant aus; p<.001).

Tabelle 6-1

Kontrolle und Wohlbefinden bei den Versuchspersonen mit positiver Kontrollmeinung (K+) und den Versuchspersonen mit negativer Kontrollmeinung (K−); aus Flammer, Grob & Lüthi, 1989, 93)

	Positive Lebensein-stellung (wichtigster Faktor 1. Ordnung)		Zufriedenheit (Faktor 2. Ordnung)		Negative Lebensein-stellung (Faktor 2. Ordnung)	
	K+	K−	K+	K−	K+	K−
Aussehen	4.51	4.30	4.42	4.10	2.06	2.22
Pers.-Entwicklung	4.52	4.30	4.42	4.17	2.06	2.19
Geld	4.52	4.40	4.44	4.25	2.06	3.13
Konflikt	4.50	4.37	4.41	4.14	2.05	2.25
Beziehung	4.50	4.33	4.40	4.11	2.07	2.15
Arbeitsplatz	4.50	4.44	4.39	4.29	2.08	2.11
Lernstoff	4.56	4.43	4.46	4.33	2.03	2.11
Wald	4.53	4.44	4.40	4.35	2.06	2.10
Jugendtreff	4.51	4.44	4.43	4.30	2.07	2.10

Dieser Trend wird auch in der Detailanalyse der Korrelationskoeffizienten zwischen geglaubtem Kontrollausmaß je Teilbereich und den sechs Wohlbefindensfaktoren einer detaillierten Faktorenlösung bestätigt: Über alle Skalen hinweg sind die Zusammenhänge in den persönlichen und interpersonalen Teilbereichen höher als in den gesellschaftlichen. Am höchsten sind sie für die Wohlbefindens-Faktoren 'Selbstwert', 'positive Lebenseinstellung' und 'Lebensfreude', am geringsten für 'Problembewußtheit' und 'körperliche Beschwerden und Reaktionen' (Flammer et al., 1987b, 134 und 240). Offensichtlich führt die Meinung, mit (vielen) Problemen konfrontiert zu sein, nicht zu einer tiefen Kontrollmeinung, noch schützt eine hohe Kontrollmeinung davor, sich vor Probleme gestellt zu sehen. Das ist auch plausibel, sofern es sich dabei nicht um eine Überbelastung durch Probleme handelt. Bis zu einem bestimmten Ausmaß sind Probleme als Herausforderungen, allenfalls als sog. Entwicklungsaufgaben zu verstehen (Havighurst, 1948; 1956; Liepman &

Stiksrud, 1985). Vielleicht ist es sogar so, daß wer eine hohe Kontrolle zu haben glaubt, es sich eher leisten kann, Probleme zu sehen, als wer sich relativ hilflos fühlt. Bei sehr hoher Problembelastung zeigt dieser Zusammenhang aber eine Tendenz zur Umkehr, wie spezielle Berechnungen unserer Daten anzeigen: Massive Problembelastetheit geht mit einer geringeren Kontrollmeinung einher (vgl. auch Seiffge-Krenke, 1986).

Daß die Kontrollmeinung in gesellschaftlichen Bereichen weniger auf die Wohlbefindenswerte durchschlägt als in den persönlichen und den interpersonalen, ist wohl damit zu erklären, daß Kontrolle in den gesellschaftlichen Lebensbereichen weniger den eigenen Persönlichkeitswert betrifft als jenen aller Menschen in gleicher Situation (vgl. Kapitel 4.5.1).

Auch in Übereinstimmung mit unseren Erwartungen steht der Befund, daß alle diese Korrelationen mit den Wohlbefindensskalen für jene Teilstichproben deutlich höher sind, die der Kontrolle in den je bestimmten Bereichen eine hohe Bedeutung zumessen, als für jene, die behaupten, Kontrolle in diesem Bereich sei nicht so wichtig (Flammer et al., 1987b, 135 und 241; Neuenschwander, 1989, 30). Das ist in der Sache naheliegend, als operationalisiertes Ergebnis aber nicht selbstverständlich: Da die Höhe der Kontrollmeinung durchwegs mit der subjektiven Bedeutsamkeit sowohl des betreffenden Bereichs als auch der Kontrolle im betreffenden Bereich positiv korreliert (Flammer et al., 1987b, 49-51; vgl. auch Heckhausen & Baltes, 1989), könnte man denken, daß jene, die Kontrolle vermissen, die Bedeutung aus Selbstschutz einfach herunterspielen. Wenn dem so wäre, sollten aber die Korrelationen zwischen Kontrollmeinung und Wohlbefinden auch für jene befragten Personen hoch sein, die den Bereichen und der Kontrolle darüber geringe Wichtigkeit attribuieren. Das ist aber nicht der Fall.

Ein besonderer Beleg dafür, daß für das Wohlbefinden u.U. die zu erwartende, künftige Kontrolle ebenso wichtig ist wie die aktuelle Kontrolle, findet sich in den Ergebnissen zum Teilbereich 'Geld'. Die entsprechenden Korrelationen sind im allgemeinen relativ tief ausgefallen, obwohl der Bereich nicht als besonders unwichtig gekennzeichnet wurde. Wir denken, daß die untersuchten Jugendlichen – fast ausschließlich Schüler und Lehrlinge – zum Zeitpunkt ihrer Befragung über wenig Geld verfügten und daß deshalb ein Mehr oder Weniger an Kontrolle mäßig ins Gewicht fiel. Aber das Gefühl, später einmal über (mehr) finanzielle Ressourcen frei(er) verfügen zu können, hat das subjektive Wohlbefinden schon im voraus angehoben. – Ein ähnliches Ergebnismuster zeigte sich verständlicherweise auch zum Kontrollbereich 'Auswahl der Arbeitssituation'.

Es ist wahrscheinlich eine zu simple Annahme, daß das Ausmaß an geglaubter oder in absehbarer Zeit erwarteter Kontrolle einfach und linear mit Wohlbefinden zusammenhänge. Wir haben schon gesehen, daß das auch mit der subjektiv attribuierten Wichtigkeit in Relation steht. Dazu kommt, daß subjektive Urteile kaum absolute sind, sondern aus dem Vergleich mit Standards (Vergleichspersonen, Vergangenheit, erwartete Zukunft; vgl. Michalos, 1985; Grant, 1988) entstehen. Auch die Linearität des Zusammenhangs ist fraglich: Vielleicht ist von einem bestimmten Punkt an 'mehr' gar nicht mehr

'mehr', vielleicht kommt es auf ein Minimum an (von dem dann noch immer nicht klar ist, ob und wie verschiedene Lebensbereiche gegenseitig kompensatorisch wirken können).

Für die Idee, daß für das subjektive Wohlbefinden ein Mindestmaß an Kontrolle nötig ist, sprechen die Befunde von Grob, Flammer, Kaiser & Lüthi (1989). Diese verglichen 82 straffällige Jugendliche zwischen 15 und 22 Jahren, die in Erziehungs- resp. Therapieheimen eingewiesen waren, mit einer parallelisierten Vergleichsgruppe aus der schon genannten Berner Untersuchung. Es überraschte nicht, daß die straffälligen Jugendlichen durchwegs tiefere Wohlbefindenswerte aufwiesen als die nichtstraffälligen Jugendlichen, wobei dieser Effekt bei den jungen Frauen noch viel ausgeprägter war als bei den jungen Männern. Überraschenderweise aber gaben die straffälligen Jugendlichen im allgemeinen nicht tiefere Kontrollwerte an als die nichtstraffälligen Jugendlichen, ja in den drei Teilbereichen 'Persönlichkeit', 'Wahl des künftigen Arbeitsplatzes' und 'Einfluß auf den Lernstoff' sogar signifikant höhere (Lüthi, Flammer & Aebi, 1988). Ob es sich dabei um mangelnde Realitätserfahrung oder um Effekte gezielter pädagogischer Wirkungen auf diese Jugendliche handelt, kann mit den vorliegenden Daten nicht entschieden werden. Für unseren Kontext wichtiger ist der Befund, daß die Korrelationen zwischen dem subjektiven Ausmaß an Kontrolle mit den Wohlbefindensmaßen bei den straffälligen Jugendlichen höher lagen als bei den nichtstraffälligen Jugendlichen. Der Kontrollspielraum der gerichtlich eingewiesenen Jugendlichen bewegte sich vermutlich trotz ihrer eigenen subjektiven Angaben in einem Bereich, in dem 'mehr' spürbar 'mehr' und deshalb wohlbefindensrelevanter ist.

6.4 Kontrollanteil und Gesundheit

Menschen mit hoher Kontrollmeinung tragen zu ihrer Gesundheit im allgemeinen besser Sorge und verhalten sich im Krankheitsfall weniger passiv. So fanden Straits & Sechrest (1963) und James, Woodruff & Werner (1965) unter den Rauchern stärkere Externalitätswerte als unter den Nichtrauchern. Internale Personen unternehmen mehr prophylaktische Aktivitäten (Sport, Zahnpflege, Sicherheitsgurten beim Autofahren etc.), wie Literaturübersichten von Strickland (1978; 1989) belegen.

Zum Zusammenhang zwischen *Alkoholismus* und Kontrolle sind drei Literaturübersichten zu nennen, nämlich jene von Smith (1970), von Rohsenow & O'Leary (1978) und von Donovan & O'Leary (1983). Dennis M. Donovan, der eine ganze Reihe von Untersuchungen zum Zusammenhang zwischen Kontrollmeinung und Alkoholismus durchgeführt hat, kam mit O'Leary zu folgenden Verallgemeinerungen: «(1) Unter Nichtalkoholikern trinken Menschen mit externalem Locus of control offensichtlich mehr als solche mit internalem, und das besonders wenn man das Trinken zur Linderung von schlechter Stimmung betrachtet. (2) Alkoholiker haben entsprechend den Untersuchungen einen Locus of control, der externaler, jedenfalls nicht internaler ist als jener der Nichtalkoholiker. Unabhängig vom gemessenen Locus of control erleben Alkoholiker offensichtlich weniger Kontrolle über soziale und persönliche Streßquellen als Nichtalkoholiker. (3) Unter Alkoholikern korrelieren sowohl der gemessene externale Locus of control als auch die erlebte Nicht-Kontrolle mit pathologischen Zuständen, insbesondere mit Depression... (5) Im Verlauf auf der Entwöhnungskur steigen sowohl die Internalität des gemessenen externalen Locus of control als auch die erlebte Kontrolle. Paradoxerweise aber scheint die Steigerung der Internalität die Wahrscheinlichkeit eines späteren Rückfalls zu erhöhen» (Donovan & O'Leary, 1983; Übersetzung durch A.F.).

In der Literatur wird auch berichtet, daß Internale sich von *chirurgischen Eingriffen* tendenziell rascher erholen als Externale, daß Internale sich im Krankheitsfall durch Fragen und Lesen mehr um Information über ihre Situation bemühen als Externale, und daß Internale medizinische Vorschriften etwa zum Einnehmen von Medikamenten oder zur Einhaltung von Diäten besser einhalten als Externale (Seeman & Evans, 1962; Strickland, 1978; Balch & Ross, 1975).

Die Selbstzuschreibung von *Verantwortung* für einen Unfall kann Patientinnen und Patienten das Gefühl von Kontrolle geben und möglicherweise vermehrte eigene Aktivitäten zugunsten der Heilung einleiten, wodurch der Genesungsverlauf besser ausfällt (vgl. den Befund von Janoff-Bulman & Wortman, 1977); sie kann aber auch Versagen und Schuld suggerieren und das Vertrauen in die eigene Kontrolle erschüttern, wodurch die Genesung behindert werden könnte (vgl. den Befund von Frey, Rogner & Havemann, 1983, zit. nach Osnabrügge, Stahlberg & Frey, 1985, 147).

Man kann alle diese Befunde als Beleg dafür nehmen, daß internale Kontrolle resp. die Meinung relativ hoher eigener Kontrolle zielgerichtetes Handeln ermöglicht oder einleitet. Da aber der 'Ort der Kontrolle' mit so vielen positiven und wünschbaren Variablen korreliert, muß es sich dabei um einen sehr allgemeinen Faktorenkomplex handeln, der sich vielleicht nicht nur als Internalität, sondern auch als starke Persönlichkeit, als psychische und körperliche Vitalität, als Erfolgsgewohntheit und Erfolgswille verstehen läßt.

6.5 Kontrolle und Streß

Von Streß spricht man in der Psychologie, wenn unumgängliche Anforderungen die Ressourcen überfordern oder die Ressourcen chronisch bis an die Grenzen fordern (Jerusalem, 1990). Der Umgang mit solchen Anforderungen wird als unangenehm erlebt, er produziert Angst und Abneigung, aber auch Erschöpfung, Kreislaufstörungen und sonstige körperliche Krankheiten und Indispositionen (vgl. Frese, 1977; Cohen 1980; Thompson, 1981; Lefcourt, 1983; Fisher & Reason, 1988; Cohen & Edwards, 1989; Towbes, Cohen & Glyshaw, 1989 – für eine Streßuntersuchung an Tieren vgl. Visintainer, Seligman & Volpicelli, 1983).

Diese Streßdefinition schließt ein, daß Ziele nicht oder nur noch zur Not unter Kontrolle stehen. Bewältigbare Anforderungen sind per definitionem kontrollierbare Anforderungen. Die Steigerung der Kontrolle kann deshalb der Streßvermeidung dienen. Eine geringe Kontrollmeinung läßt immer wieder Überforderung erwarten; eine hohe Kontrollmeinung schützt darum schon prophylaktisch vor Streß (Fisher, 1986). Das ist vor allem in Untersuchungen mit Personen des sogenannten A-Typs nachgewiesen worden. Im Gegensatz zu B-Typen fühlen sich A-Typen immer an der Grenze des noch persönlich Leistbaren und oft überfordert, haben also eine geringe Kontrollmeinung (vgl. Friedman & Rosenman, 1959; Glass, Singer & Friedman, 1969; Glass, 1977; Glass & Carver, 1980a,b; Brunson & Mathews, 1981; Kobasa, Maddi & Zola, 1983; Fisher, 1984; Friedman & Ulmer, 1984; Cohen & Edwards, 1989), jedenfalls eine zu geringe für ihre tatsächlichen Ansprüche oder für die Höhe und die Vielfalt der von ihnen gesetzten Ziele.

Das Verhältnis von Ressourcen und Anforderungen ist oft nicht nur durch die Anforderung als solche und die persönlichkeitsseitigen Kompetenzen gegeben, sondern auch durch die situationalen Bedingungen, durch soziale Unterstützung, durch Zeitfaktoren, Freiräume und Alternativen. Das hat vor allem die Arbeitspsychologie schon früh erkannt (vgl. Semmer, 1984; 1990). Untersuchungen haben gezeigt, daß die Einführung oder die Gewährung von größeren Handlungsspielräumen bei den Arbeitenden langfristig zu größerer Arbeitszufriedenheit führt (Wall & Clegg, 1981; Hacker, 1986; Wall, Kemp, Jackson & Clegg, 1986).

Es ist denkbar, daß allein die hohe Kontrollmeinung unter sonst gleichen Bedingungen streßreduzierend oder streßprophylaktisch wirkt, weil sie ein sicheres Gefühl gibt und ein Grundbedürfnis (nach Kontrolle, vgl. Kapitel 7) befriedigt (vgl. Semmer, 1990). Dadurch kann einerseits Aufmerksamkeit eingespart werden (man weiß dann, wann oder wo oder vor wem man nichts zu befürchten hat und wann etc. man 'auf Draht' sein muß), und andererseits kann der Aufwand für die Streßbewältigung zeitlich konzentriert und letztlich auch sparsam verwendet werden (vgl. Glass & Singer, 1972; Fisher, 1986, 30). Untersuchungen von Geer, Davison & Gatchel (1970) sowie von Geer & Maisel (1972) haben gezeigt, daß allein schon die Vorhersagbarkeit Streß in Form von Elektroschocks tatsächlich erträglicher macht, jedoch nicht in gleich hohem Ausmaß wie persönliche Kontrolle.

Ein anderer Erklärungsvorschlag wurde von Miller (1979; zit. nach Fisher, 1986, 34-35) als 'Minimax-Hypothese' vorgebracht. Danach vermittelt Kontrolle das Gefühl, daß man das Schlimmste vermeiden kann. Dieser Vorschlag überlappt mit der Idee, daß es letztlich nicht die Kontrolle ist, die zählt, sondern der Effekt, der damit erzielt werden kann (vgl. 7.1.2).

Obwohl im allgemeinen eine negative Korrelation zwischen Streß und Kontrollmeinung besteht, sind auch andere Zusammenhänge zu beachten. Menschen, die über viele Ziele Kontrolle zu haben glauben, können sich verleiten lassen, sie alle kontrollieren zu wollen. Wer zu viele Dinge will, überfordert sich, auch wenn er alle Dinge einzeln durchaus beherrschen könnte. Um sich vor Streß zu schützen, muß man auch auswählen und mit seinen Ressourcen sparsam umgehen.

Mit dieser Idee verwandt ist das Konzept der Kontrollkosten von Semmer (1990). Er meint damit, daß der Aufwand für die Erreichung eines Ziels beachtlich, ja größer sein kann als der Wert des Ziels überhaupt. Wer möglichst alles Kontrollierbare kontrolliert, steht unter chronischem Streß und ist vielleicht mit dem Erreichten auch gar nicht zufrieden.

Eine besondere Streßform besteht im Anspruch, einschneidende Lebensereignisse zu bewältigen, z.B. den Tod eines nahen Angehörigen oder den Verlust des Arbeitsplatzes. In den meisten Theorien und empirischen Untersuchungen zur befriedigenden Bewältigung einschneidender Lebensereignisse spielt eine hohe Kontrollmeinung resp. Internalität eine positive Rolle (Filipp, 1981; 1982; Hautzinger, 1984; Ulich, 1987; Inglehart, 1988; eher zurückhaltend: Turnquist, Harvey & Andersen, 1988). In neuerer Zeit scheint es, daß weniger die schweren einmaligen Erfahrungen die psychische und körperliche Gesundheit gefährden als die Summe der vielen alltäglichen Belastungen, die in gewissen individuellen Lebenssituationen entstehen, z.B. Dauerkonflikte mit Partnern oder finanzielle Sorgen, sog. daily hassles (vgl. Lei & Skinner, 1980; Kanner, Coyne, Schaefer & Lazarus, 1981; DeLongis, Coyne, Dakof, Folkman & Lazarus, 1982; Zimmerman, 1983; Eckenrode, 1984; Quast, Jerusalem & Schwarzer, 1985; Lazarus, 1986; Caspi, Boller & Eckenrode, 1987; Weber & Knapp-Glatzel, 1988).

Die Konzeption der Kontrolle spiegelt sich auch in ihrer Bewährung innerhalb des sog. Hardiness-Konzepts. Kobasa (1979; 1982; 1983; Kobasa & Maddi, 1977; Kobasa, Maddi & Kahn, 1982; Kobasa, Maddi & Zola, 1983; Kobasa & Puccetti, 1983) prägte dieses Konzept auf der Basis ihrer Erkenntnisse aus der Streßforschung. Sie konnte zeigen, daß Manager, die auch hohe Belastungen gesund überstehen, ihren Anforderungen gegenüber eine positive Einstellung haben; sie finden in ihrer Arbeit einen persönlichen Sinn, haben klare Ziele, widmen sich ihrer Aufgabe entschlossen und sind überzeugt, sie zu meistern. Für sie sind Veränderungen und unerwartete Ereignisse Herausforderung und nicht Bedrohung. Die 'harten' Persönlichkeiten besitzen im Gegensatz zu den weniger 'harten' «a stronger commitment to self, an attitude of vigorousness toward the environment, a sense of meaningfulness, and an internal locus of control» (Kobasa, 1979, 1). Dieser 'harte' Persönlichkeitstyp besitzt im Gegensatz zum oben genannten A-Persönlichkeitstyp, der unter Streß krankheitsanfällig ist, mehr Selbstsicherheit und mehr Vertrauen in die eigenen Kompetenzen und ist deshalb weniger gereizt, ungeduldig und aggressiv und fühlt sich weniger dem dauernden Zeitdruck ausgesetzt (Kobasa & Puccetti, 1983; Contrada, 1989).

6.6 Zu den Wirkungen der Vorhersagbarkeit

Kontrolle ist mehr als Vorhersagbarkeit (hier synonym: Vorhersehbarkeit). Kontrolle macht die Ereignisse mehr oder weniger vorhersagbar, insofern als die Ausführung der Kontrolle die Wahrscheinlichkeit ihres Eintretens beeinflußt. Relative oder gar absolute Vorhersagbarkeit ist jedoch auch ohne Kontrolle möglich; es reicht, die Wahrscheinlichkeit des Auftretens eines Ereignisses zu kennen.

Im allgemeinen ziehen die Menschen persönliche Kontrolle der bloßen Vorhersagbarkeit vor; wenn aber Kontrolle schon nicht möglich ist, ziehen sie noch immer Vorhersagbarkeit der Nichtvorhersagbarkeit vor (McGrath, 1981; Semmer, 1990).

Im Kapitel 1.1.5 wurde von der Empörung eines Flugpassagiers berichtet, dem eine kritische Situation auch dann angekündigt wurde, wenn er darauf keinen Einfluß nehmen konnte. In meinen Seminarbesprechungen dieser Situation sagt jeweils eine große Mehrheit der Teilnehmerinnen und Teilnehmer, daß sie in solchen Fällen auch lieber informiert wären. Es gibt noch andere Befunde, wonach die Menschen selbst unangenehme Ereignisse lieber vorsehen möchten, auch wenn sie sie nicht abwenden können. Das mag deshalb sein, weil die Menschen sich dann innerlich darauf einstellen können, auch wenn nicht klar ist, was das heißt. So konnte Miller (1981) zeigen, daß Probanden es vorzogen, den Zeitpunkt eines unangenehmen Ereignisses voraus zu erfahren, statt von ihm überrascht zu werden. Dieses Vorauswissen produzierte aber starke physiologische Erregung und subjektive Ängstlichkeit (was mit dem 'Sich-innerlich-Einrichten' zu tun haben könnte). Solche Belastungsanzeichen waren in der Untersuchung von Monat (1976) noch desto stärker, je länger die Probanden auf das unangenehme Ereignis warten mußten.

Laut Osnabrügge et al. (1985, 144) sind die Wirkungen der Vorhersehbarkeit während der Erwartungsphase nicht einheitlich: In der Untersuchung von Pervin (1963) empfanden Probanden elektrische Schläge, die voraus durch Signale angekündigt worden waren, als weniger schmerzhaft als unangekündigte Schläge; Probanden von Weidner & Mathews (1978) klagten bei unvorhersehbarem Lärm mehr über körperliche Symptome als bei vorhersehbarem; aber bei Glass, Singer & Friedeman (1969, 1. Exp.) zeitigte unregelmäßig einsetzender Lärm die gleichen Wirkungen wie regelmäßig einsetzender Lärm. Nach Ablauf der Interventionsphase jedoch scheinen die vorhersagbar erlittenen unangenehmen Ereignisse weniger unangenehme Folgen zu haben. Vielleicht gibt Vorhersagbarkeit für die Zukunft die Illusion von Kontrolle.

Osnabrügge et al. (1985) differenzierten die Zeitpunkt-Vorhersage von der inhaltlichen Vorhersage. Eine inhaltliche Vorhersage besteht darin, daß man den Probanden sagt, was passieren wird. Das ist vor allem im ärztlichen Arbeitsbereich geläufig. Im allgemeinen sind unangenehme Erfahrungen leichter zu ertragen und zu erwarten, wenn voraus mitgeteilt wird, was man empfinden wird (stechender Schmerz, Kribbeln etc.), wenigstens wenn nicht gleichzeitig mitgeteilt wird, der Schmerz sei sehr stark (vgl. Johnson, 1973; Johnson, Morrissey & Leventhal, 1973; Staub & Kellett, 1972). Nur selten erleichternd wirken Mitteilungen über die Prozeduren oder die Apparaturen. Das ist nachfühlbar: Beim Anblick des Operationsbestecks gerät man leicht in angstmachende Phantasien.

Eine eindrückliche Untersuchung zum Verhältnis Kontrolle-Vorhersagbarkeit-Nichtvorhersagbarkeit stammt von Schulz (1976). Dieser ließ Personen in einem Altersheim durch seine Studentinnen und Studenten mehrfach besuchen und verglich ihr Wohlbefinden und ihr Alltagsverhalten vorher und nachher. Es gab drei Versuchsbedingungen. In der ersten Bedingung ('Kontrolle') konnten die alten Leute selbst bestimmen, wann und wie lange sie Besuch erhielten. In der zweiten Bedingung ('Vorhersagbarkeit') wurden sie jeweils voraus informiert, wann Besuch käme und wie lange er bleiben würde; aber diese Leute hatten keinen Einfluß darauf. In der dritten Bedingung ('Zufall') kamen die Besucherinnen und Besucher unangemeldet. In allen Bedingungen wurden nach dem Prinzip des Jochens gleich viele und gleich lange Besuche zu vergleichbaren Zeiten abgestattet; der Versuch war für die Besuchten, ihre Betreuer im Heim und die Personen, die die Meßwerte erhoben, blind. Schließlich gab es eine Vergleichsgruppe von Personen, die keine Besuche von diesen Studierenden erhielten.

Tabelle 6-2
Psychologische Wohlbefindensindikatoren und Alltagsverhalten in Abhängigkeit von Besuchsbedingungen (aus Schulz, 1976, 570-571)

Variable	Vergleichs-gruppe	'Zufall'	'Vorher-sagbarkeit'	'Kontrolle'
'Lebenswille' (Fremdrating)	4.30	5.00	6.10	7.00
Zunahme persönlicher Hoffnung	-0.31	-0.07	+0.20	+0.42
Häufigkeit von Einsamkeitsgefühlen	8.00	11.00	3.00	1.00
Häufigkeit von Langeweile	7.00	15.50	4.00	4.00
Allgemeines Wohlbefinden	19.50	20.90	22.70	23.30
Gefühl, nützlich zu sein	17.40	17.50	18.90	21.60
Zunahme aktiv verbrachter Zeit	-1.49	+1.31	+1.47	+2.18
Zunahme von Vorsätzen und Plänen	-0.40	+0.05	+0.27	+0.50
Zunahme spontaner Aktivitäten	-0.60	0.00	+1.30	+1.00

Die Ergebnisse auf verschiedenen relevanten Maßen waren deutlich positiver in den ersten beiden Bedingungen als in den beiden andern. Und in manchen Maßen war auch die 'Kontrolle'-Bedingung günstiger als die 'Vorhersagbarkeit'-Bedingung: Kontrolle hat noch positivere Folgen als nur die Vorhersagbarkeit. Die Tabelle 6-2 enthält teilweise Veränderungswerte aus dem Vergleich vor und nach der Besuchsphase, teilweise aber nur die Werte nach der

Besuchsphase (weil die Werte vor der Besuchsphase von einander nicht signifikant verschieden gewesen seien).

In Tabelle 6-2 sind nicht alle, aber viele Unterschiede signifikant (für Details vgl. Original); es läßt sich ein generelles Muster feststellen, wonach die
Werte von links nach rechts im allgemeinen besser werden. In absoluten Zahlen zeigten die alten Leute, die den Zeitpunkt ihrer Besuche mitbestimmen
konnten, mehr Lebenswille, mehr Zunahme persönlicher Hoffnung, seltenere
Einsamkeitsgefühle, ein höheres allgemeines Wohlbefinden, ein stärkeres
Gefühl, nützlich zu sein, eine größere Zunahme aktiv verbrachter Zeit und
eine größere Zunahme von Vorsätzen und Plänen als alle anderen Versuchspersonen, bemerkenswerterweise auch als jene, denen die Besuche wenigstens
angekündigt worden waren. Und in allen diesen Variablen, zuzüglich der Variablen 'Häufigkeit von Langeweile', wurde bei den Personen, denen die Besuche wenigstens angekündigt worden waren, bessere Werte gemessen als bei den
zufällig und bei den nicht besuchten Personen. Die nicht besuchten Personen ergaben in den meisten Messungen schlechtere Werte als die wenigstens zufällig
besuchten Personen.

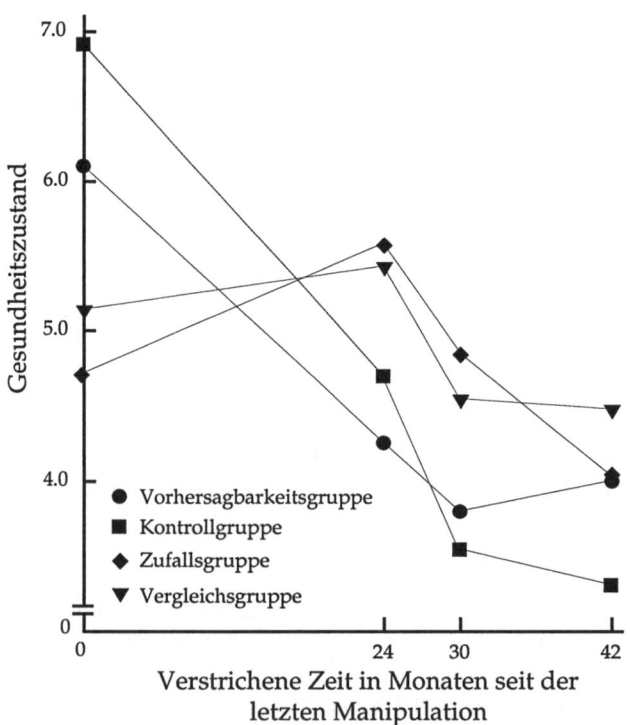

Figur 6-1
Schätzungen des Gesundheitszustands in Nachuntersuchungen zu Schulz (1976); aus Schulz &
Hanusa (1978, 1196)

110

1978 publizierte Schulz mit B.H. Hanusa allerdings eine Nachuntersuchung, die die ermutigenden Befunde von 1976 relativierte. Schulz & Hanusa (1978) hatten die gleichen Versuchspersonen nach 24, nach 30 und nach 42 Monaten nochmals untersucht. Dabei zeigte sich, daß sich der Vorsprung der Kontroll- und der Vorhersagbarkeitsbedingung rasch wieder einebnete: In den beiden Hauptmaßen 'Gesundheitszustand' und 'Lebensmut' fielen die Werte dieser beiden Gruppen im Vergleich zur Zufallsgruppe und zur Vergleichsgruppe sogar tiefer aus, wenn auch nicht statistisch signifikant (Figuren 6-1 und 6-2). Dabei muß man allerdings auch wissen, daß in der Kontroll- und in der Vor- hersagbarkeitsgruppe bis vor dem Abschluß der Nachuntersuchung je zwei Personen verstarben und in der Beurteilung auf diesen Skalen den Wert 0 er- hielten.

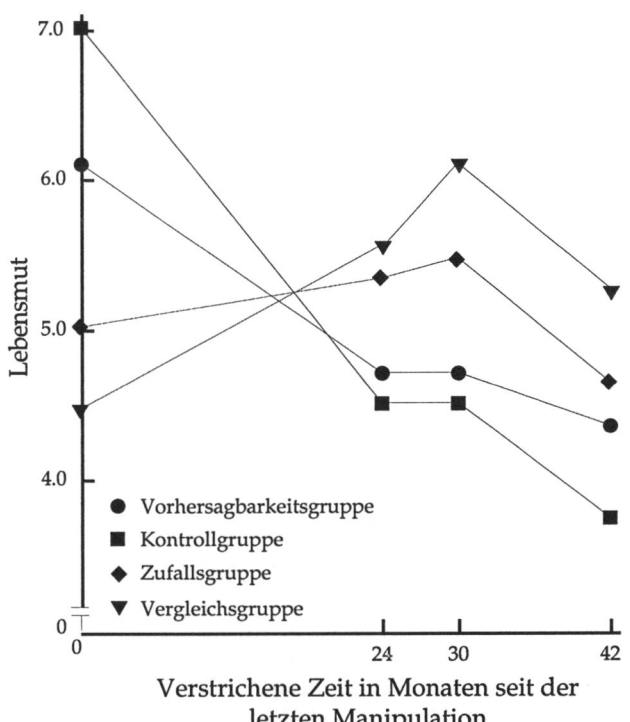

Verstrichene Zeit in Monaten seit der
letzten Manipulation

Figur 6-2
Schätzungen des Lebensmuts in Nachuntersuchungen zu Schulz (1976); aus Schulz & Hanusa
(1978, 1197)

Daß die Werte der Vorhersagegruppe und der Kontrollgruppe sogar noch tie- fer als die der übrigen ausfielen, könnte als ein schmerzhafter Schock durch den aufgezwungenen Verzicht auf vorher befriedigende Erfahrungen interpretiert werden; wegen der nicht erreichten statistischen Signifikanz des Unterschieds könnte man allerdings darüber hinwegsehen und nur feststellen, daß der vorher gewonnene Vorsprung wieder verloren ging.

Im gleichen Jahr wie die Schulz-Untersuchung erschien eine ähnliche Untersuchung von Langer & Rodin (1976). In dieser erhielten alte Heimpatienten Pflanzen, die sie entweder selbst pflegen sollten oder die von ihren Betreuungspersonen gepflegt wurden. Im Gegensatz zu den Versuchspersonen der zweiten Bedingung steigerten jene der ersten Bedingung durch diese Maßnahme ihre allgemeinen Aktivitäten und ihr Wohlbefinden. Und dieser signifikante Unterschied war auch noch nach 18 Monaten vorhanden (Rodin & Langer, 1977). Es ist wahrscheinlich, daß der entscheidende Faktor in dieser Untersuchung auch nach dem formellen Abbruch der Erstuntersuchung noch anhielt (Pflanzen und die Möglichkeit, diese selbst zu pflegen, blieben weiterhin vorhanden). Schulz & Hanusa (1978) wiesen mit Recht auch darauf hin, daß die Kontrolle und auch die Vorhersagbarkeit in der Schulz-Untersuchung abhängig war von einer Vorleistung anderer, d.h. von den Besuchern; jenen Patientinnen und Patienten waren Kontrolle und Vorhersagbarkeit eigentlich nur 'geliehen'.

Zusammenfassung

Kontrolle ist im menschlichen Leben mindestens in zwei Formen existentiell, nämlich als aktives Kontrollieren und als Wissen, daß man über bestimmte Zielbereiche Kontrolle hat. Das erste dient dem aktiven Zielerreichen, das zweite ist Bestandteil des Selbstbildes und dient dem eigenen Selbstwert.

Die Meinung, daß man keine oder ungenügende Kontrolle besitzt, kann zur Basis für eine Depression werden, wenn sie die Charakteristika der Hoffnungslosigkeit annimmt (sicheres Eintreten wichtiger unerwünschter Ereignisse oder sicheres Nicht-Eintreten wichtiger erwünschter Ereignisse, wobei auch niemand anders die nötige Kontrolle hat) und wenn sie überdies stabil und einigermaßen bereichsgenerell ist. Korrelationen zwischen negativer Kontrollmeinung und Ausmaß der Depressionsneigung sind im allgemeinen positiv.

Im Alltag scheinen nicht-depressive Menschen in vielen Bereichen ihre Kontrolle zu überschätzen, während leicht depressive Menschen ihre Kontrolle realistischer einschätzen.

Menschen mit hoher Kontrollmeinung fühlen sich im allgemeinen wohler als Menschen mit geringer Kontrollmeinung. Dies ist besonders der Fall, wenn die Kontrolle wichtige Lebensbereiche betrifft und wenn in diesen Bereichen relativ starke persönliche Kontrolle möglich ist im Gegensatz zu sozial geteilter oder delegierter Kontrolle.

Dieser generell positive Zusammenhang zwischen Kontrollmeinung und Wohlbefinden schließt aber nicht aus, daß Menschen sich auch viel zumuten und zu viel Kontrolle auszuüben versuchen und dadurch in unangenehmen und gesundheitsschädlichen Streß geraten.

Eine hohe Kontrollmeinung wirkt streßprophylaktisch via Einstellung und Zufriedenheit und via Verhalten. Sie reduziert Streß via effizientes Verhalten und Befriedigung über die Erfüllung des Kontrollbedürfnisses.

Sog. Typ-A-Persönlichkeiten fordern viel von sich selbst, haben eine eher geringe Kontrollmeinung, fühlen sich immer an der Grenze des noch pe", "rönlich Leistbaren und sind oft überfordert; sie sind anfällig für Kreislaufstörungen. Sog. Hardy-Typen überstehen auch hohe Belastungen gesund, weil sie ihren Anforderungen gegenüber eine positive Einstellung haben, in ihrer Arbeit einen persönlichen Sinn finden, klare Ziele haben, sich ihrer Aufgabe entschlossen widmen und überzeugt sind, sie zu meistern.

Es besteht im allgemeinen ein positiver Zusammenhang zwischen Gesundheitsverhalten und Kontrollmeinung. Menschen mit hoher Kontrollmeinung resp. internalem locus of control genesen im allgemeinen auch rascher als Menschen mit externalem locus of control.

Kontrolle ermöglicht eine gewisse Vorhersagbarkeit. Auch wenn Vorhersagbarkeit allein Streß reduzieren und das Wohlbefinden steigern kann, so sind diese Wirkungen der Vorhersagbarkeit doch weniger ausgeprägt als im Fall von Kontrolle. Das ist dennoch beachtlich, da manchmal Kontrolle nicht möglich ist, wohl aber Vorhersagbarkeit vermittelt werden kann.

Seminarliteratur

- Attributionsstil und Depression (Methode der zeitverschobenen Kreuzkorrelationen): Golin, Sweeney & Schaeffer (1981).
- Depression und Attributionskomplexität: Flett, Pliner & Blankstein (1989).
- Hoffnungslosigkeit und Depression: Abramson, Metalsky & Alloy (1989).
- Kontrolle und Gesundheit: Rodin (1986).
- Selektive Befundübersichten mit Skalen zur internalen vs. externalen Kontrolle: Phares (1978), Strickland (1989).
- Umgang mit Ungerechtigkeit und Schicksalsschlägen: Montada (1988).
- Umweltkatastrophen, Kontrollmeinung und Streß: Davidson, Baum & Collins (1982).
- Zur Frage, ob Kontrollillusionen gesund sind: Taylor & Brown (1988).
- Streß und Kontrolle: Semmer (1990).
- Kontrolle und Typ-A-Verhalten: Feather & Volkmer (1988).

7. Kontrollbedürfnis

Hilflosigkeit ist nicht etwas, das man einem Freund wünscht. Sie paßt nicht ins Bild eines glücklichen Menschen. Befunde, die im Kapitel 6 referiert worden sind, haben denn auch belegt, daß Kontrolle mit Wohlbefinden korreliert. Dabei geht es offensichtlich nicht nur darum, die erwünschten Wirkungen sicher zu erlangen, sondern auch darum, ihr Eintreten selbst zu kontrollieren.

Die Kontrollmeinung ist eine wichtige, aber nicht immer selbstverständliche Ausgangslage für Handlungen; sie bildet sich aufgrund von vorausgehenden Handlungserfahrungen und ist darum auch nur durch Einsatz zu erlangen. Es liegt darum nahe, ein entsprechendes Bedürfnis anzunehmen, d.h. anzunehmen, daß die Menschen spontan bereit sind, Aufwand zu erbringen, um Kontrolle zu erlangen, zu erhalten oder zu erhöhen. Dieses Bedürfnis ist nicht auf die möglichen Wirkungen als solche gerichtet, sondern auf ihre Kontrolle.

Ganz allgemein können Bedürfnisse genetisch bedingt sein, d.h. unter bestimmten Bedingungen nach ererbten Gesetzmäßigkeiten auftreten (Beispiel: Hunger), sie können aber auch erlernt oder durch Lernen stark überformt sein (Beispiele: Lust auf einen knackigen Apfel, Bedürfnis nach einem ruhigen Gespräch mit einer vertrauten Person). Sind Kontrollbedürfnisse erlernt oder ererbt?

Ich meine, daß die Kontrollbedürfnisse sowohl ererbte als auch erworbene Anteile besitzen, d.h. daß ihre Wurzeln sowohl ins Erbgut als auch in die individuelle Lerngeschichte hinabreichen. Die Orientierungsreaktion z.B., die Organismen im Fall einer plötzlichen Bedrohung zeigen, entspringt wohl einem angeborenen Kontrollbedürfnis; nicht umsonst bestehen Orientierungsreaktionen darin, Bereitschaft zur Bewältigung einer Gefahr zu erstellen (Kopf- und Blickwendung auf die Quelle des Gefahrensignals, Anhalten des Atems etc.). Auf dem anderen Extrem darf man einem Schachspieler so etwas wie ein Bedürfnis zusprechen, auf dem Brett maximale Kontrolle zu behalten. Dieses Bedürfnis ist in dieser Form erlernt. Es könnte aber auf ein elementares (und letztlich ererbtes) Bedürfnis zurückgehen, sich immer so einzurichten, daß man für alles denkbare Weitere eine möglichst gute Ausgangsposition hat (vgl. Oesterreich, 1981). Auch Averill (1973, 290) vertrat die Meinung, daß Kontrollbedürfnisse im Laufe der Sozialisation erworben werden resp. ihre Erscheinungsformen erlangen, teilweise aber in «biologischen Prädispositionen für persönliche Kontrolle» verankert sind.

Ich unterscheide *Kontrollbedürfnis* von *Kontrollgrundbedürfnis*. Das Kontrollgrundbedürfnis ist angeboren, äußert sich aber immer in konkreten Zusammenhängen, bezieht sich auf je konkrete Inhalte oder Ziele. Diese konkreten Ziele sind dem Individuum aufgrund seiner Sozialisation zugänglich. Man könnte auch sagen, daß sich das Kontrollgrundbedürfnis im Lauf der Sozialisation in bestimmten Inhalten oder Zielen als Kontrollbedürfnis materialisiert, an bestimmte Szenarien bindet und dadurch vielfältig und spezifisch wird. Der Kontrollbedürfnisse sind viele, aber es gibt nur ein Kontrollgrundbedürfnis.

Ein solches Verständnis von *Kontrollbedürfnissen* als strategischen Realisierungen eines *Kontrollgrundbedürfnisses*, 'den Kopf immer oben zu behalten', hat den Vorteil, daß man nicht für die Kontrolle jedes denkbaren Ziels ein spezielles Kontrollgrundbedürfnis annehmen muß. Es wäre wissenschaftlich nicht nur unökonomisch, sondern würde auch nichts erklären, wenn einfach zu jedem Vorgang ein entsprechendes Bedürfnis postuliert würde, wie das früh in diesem Jahrhundert gelegentlich versucht wurde (Heckhausen, 1980, 52, berichtete, daß Bernard, 1924, die Literatur nach solcherlei unterstellten Bedürfnissen – damals noch Instinkte genannt – durchforscht habe und auf die stolze Zahl von 14'046 gekommen sei).

Ein weiterer Vorteil der Unterscheidung zwischen Kontrollgrundbedürfnis und einzelnen Kontrollbedürfnissen besteht darin, daß dadurch dem Umstand besser Rechnung getragen werden kann, daß das aktuelle Kontrollinteresse nicht immer unmittelbar der abschließenden Zielerreichung dient, sondern oft nur der Bereitstellung einer guten Ausgangslage für weitere Kontrollbemühungen (Oesterreich, 1981; Osterkamp, 1983) oder sogar nur dem Wissen, eine solche generell günstige Ausgangslage zu haben.

Zur Terminologie sei angemerkt, daß Bedürfnis und Motiv häufig synonym verwendet werden; wenn ich hier differenziere, bezeichne ich mit Bedürfnis die psychologische Manifestation eines zu deckenden organischen Bedarfs oder die subjektive Repräsentation eines körperlichen Mangelzustands (z.B. Durst) und mit Motiv die sog. psychogenen Bedürfnisse oder solche, deren Verständnis ohne Bezug auf die organische Basis auskommt. Bedürfnisse entspringen Ungleichgewichten und ergeben sich in solcher Konstellation spontan. Motive sind gelernt und meistens an wahrgenommene oder vorgestellte Inhalte gebunden. Die Grenze zwischen beiden Phänomenbereichen ist fließend, und die Verwendung der Termini hängt oft von den Konnotationen ab, die man in der Kommunikation mit den entsprechenden Termini vermitteln will. Es wäre wahrscheinlich sehr häufig angezeigt, statt Kontrollbedürfnis Kontrollmotiv zu sagen; aber um die strenge Trennung der gelernten und ererbten Anteile geht es uns hier nicht.

Die Unterstellung eines Kontrollgrundbedürfnisses kann 'rational' gerechtfertigt (7.1) oder aus Verhaltensbeobachtungen erschlossen werden (7.2). Überdies möchte ich das Kontrollgrundbedürfnis und die Kontrollbedürfnisse ins Verhältnis zu anderen wichtigen menschlichen Bedürfnissen stellen (7.3) und schließlich die Frage ansprechen, ob man dieses Bedürfnis auch überbewerten kann.

7.1 Rationale Begründung des Postulats eines Kontrollgrundbedürfnisses

7.1.1 Menschenbild und Kontrollbedürfnis

Die Unterstellung des Kontrollbedürfnisses ist direkt mit meinem Verständnis der Grundsituation des Menschen in seiner Welt verbunden. Der Mensch ist erstens ganz offensichtlich immer in einer Welt, zweitens immer im Austausch mit seiner Welt (atmen, gehen, sehen, sprechen, begleiten, sich erinnern etc.) und erfährt sich selbst drittens erst aus dieser Interaktion. Diese Welt ist nicht immer unmittelbar förderlich für sein Überleben und sein Wohlbefinden; sie setzt Grenzen, greift ihn an, läßt sich von ihm nicht nach Belieben traktieren (auch fliegen bekanntlich keine gebratenen Tauben ins Maul).

Die (physikalische) Welt hat den Menschen nicht erwartet, sie sucht ihn nicht, auch die soziale oft nicht; es bestände also die Gefahr der Abkoppelung, wäre der Mensch nicht selbst und aktiv auf den Kontakt mit der Welt aus, mehr noch: würde er sich nicht anstrengen, sie sich 'gefügig' (d.h. eßbar, umgänglich, bequem, interessant etc.) zu machen. Um in Piagets Begriffen zu sprechen: Die Welt ist dem Menschen in der Assimilation zugänglich. Sie tut das nicht von selbst (teilweise die soziale Welt jedoch schon, zum Glück); der Mensch muß sich selbst aktiv die Welt 'unterwerfen' (allerdings: Die Welt läßt sich nicht beliebig unterwerfen, sie hat ihre Eigengesetzlichkeit, die nur einen bestimmten Freiraum läßt; darum muß auch der Mensch akkommodieren). Welches Motiv garantiert diese aktiven Adaptationsprozesse, d.h. das Zusammenspiel von Assimilation und Akkommodation? Für mich ist das das Leben. Die elementare Abkoppelung von der Welt im Sinn des Verzichts auf

Assimilation und Akkommodation heißt Tod. In ähnlicher Denkrichtung verstehe ich Seligman (1975; dt. 1983), der den totalen Kontrollverlust mit Tod gleichsetzt, und Miller, Galanter & Pribram (1960; dt. 1973, 110), die den «strenggenommen ... undenkbar(en)» Zustand der Planlosigkeit dem Tode gleichsetzen. Sie verweisen auf bekannte Fälle aus sog. primitiven Kulturen, in denen jemand ein wichtiges Tabu verletzt hatte und bald darauf starb (Kapitel 1). Die unter Kognitionspsychologen berühmt gewordene Geschichte des «War of the ghosts» bei Bartlett (1932) berichtet über einen solchen geheimnisvollen Vorgang. Das ist die totale Auskoppelung des einzig lebendigen Welt-Organismus-Austausches.

Entspricht solche Interaktion schon der Kontrolle resp. dem Kontrollbedürfnis? Hier handelt es sich erst um Wirkung: elementarer Austausch, Annahme und Wirkung. Dafür müßte man kein spezielles Bedürfnis ansetzen; es ist einfach das Leben (vgl. Maturana, 1975; Maturana & Varela, 1984); auf einer etwas komplexeren Stufe ist aber das Konzept des Funktionsbedürfnisses oder Funktionslust (s. unten) einschlägig.

Das Kontrollbedürfnis ist entsprechend unserer Terminologie auf einer höheren Entwicklungsebene anzusiedeln. Es zielt darauf ab, diese Austauschprozesse zu einem (relativ bescheidenen) Teil frei und zielorientiert zu regulieren. Das Kontrollbedürfnis wird befriedigt durch die Bereitstellung möglichst vieler freier Handlungsalternativen in möglichst wichtigen Wertbereichen. Der Mensch, der nach Kontrolle strebt, strebt nach Handlungsspielraum, nach Reserven, um gegebenenfalls wichtige Ziele erreichen zu können. Das Kontrollbedürfnis kann durch die einschlägige aktuelle Kontrollmeinung befriedigt werden, es braucht nicht das aktuelle Kontrollieren zu sein.

Die rationale Begründung der Unterstellung eines Kontrollgrundbedürfnisses, das sich in verschiedensten Lebenssituationen unterschiedlich als Strategie äußert, 'den Kopf oben zu behalten zu versuchen', läßt sich darum mit folgenden Elementen durchführen:

– Der Mensch ist als Lebewesen einer Welt gegenübergestellt, mit der er notwendigerweise Austausch pflegt, die ihn gelegentlich unterstützt und die ihn gelegentlich bedroht.
– Der Mensch wird nicht nur von aktuellen Stimuli in Bewegung gehalten, sondern verfolgt auch Ziele, die er mental repräsentiert und deren Verwirklichung manchmal erst in mittlerer oder ferner Zukunft liegt.
– Der Mensch verfolgt diese Ziele geplant, d.h. aufgrund einer Analyse des Ist-Zustandes, des angestrebten Zielzustandes, der möglichen Wege dazwischen und der voraussichtlichen Ressourcen.
– Der Mensch hat im Lauf seiner Lerngeschichte gelernt, auf der Hut zu sein und bei Schwierigkeiten sein Handeln im Hinblick auf seine Ziele und sein Wohlbefinden immer wieder neu auszurichten.

Für einen solchen Menschen ist es funktional, immer möglichst viel Kontrolle zu behalten, damit er seine Interessen jederzeit möglichst wirkungsvoll anstreben kann.

- Des weitern ist der Mensch imstande, sich über sich selbst ein Bild zu machen.
- Aufgrund seines Selbsterhaltungstriebs als Lebewesen strebt er danach, von sich selbst ein positives Bild zu haben (Selbstwert).
- Kontrolle zu haben, wird wahrgenommen als Kompetenz, als Stärke, Gesundheit etc. Das sind positive Werte.

Darum ist zu erwarten, daß der Mensch nach einem Selbstbild strebt, in dem er sich selbst möglichst mit Kontrolle ausgestattet weiß.

- Menschen möchten nicht nur von sich selbst ein gutes Bild haben, sondern auch anderen Menschen ein gutes Bild von sich vermitteln (Selbstdarstellung).
- In den meisten Fällen bevorzugen wir als Partner solche Mitmenschen, die sich in Kontrolle fühlen, gegenüber solchen, die sich hilflos fühlen.

Darum scheint es plausibel zu sein, daß Menschen sich als kontrollierende darstellen möchten.

Wie werden Kontrollbedürfnisse befriedigt? Typischerweise durch die (möglichst vielfältige und beglückende) Erfahrung von selbst herbeigeführten angezielten Wirkungen. Beispiele: die Ernte selbst gepflanzter und gepflegter Tomaten, das Bestehen eines schwierigen und gut vorbereiteten Examens, der Gewinn der Sympathie einer attraktiven Person, die wohlige Müdigkeit nach einer beschwerlichen und erfolgreichen Bergtour, das Öffnen eines Schirms im Regen, das Wegschlagen eines Steins mit dem Schuh etc. Diese Erfahrungen sind aber für die Befriedigung des Kontrollbedürfnisses nur relevant, wenn sie nicht als einmalige erlebt werden, sondern als wiederholbare, als Indikatoren dafür, daß man sich in einem Handlungsraum zieleffizient verhalten kann, daß man selbst Kontrollkompetenz besitzt und sich in einer entsprechend kontrollierbaren Situation befindet oder sich in eine solche begeben kann. Was darum wirklich zählt, ist die Meinung, Kontrolle zu haben. Natürlich basiert diese vorwiegend auf Kontrollerfahrungen, aber die Kontrollmeinung, auch wenn sie irrig ist, genügt.

Unsere rationale Analyse des Kontrollbedürfnisses legt tatsächlich nahe, es als ein Grundbedürfnis zu verstehen. Dabei scheint es allerdings nicht sinnvoll zu sein, es in der reinen Form als von Geburt an präsent zu postulieren. Wie Piaget sehr schön gezeigt hat, sind in den ersten Lebensjahren eher Bedürfnisse nach Wirkung zu beobachten (Kapitel 15). Das Kontrollbedürfnis setzt einen minimalen Ich-Begriff voraus, die Wahrnehmung eigener gezielter Wirkungen und die Generalisation der internalen Kausalattribution auf andere Situationen.

7.1.2 Kompatibilität mit anderen psychologischen Theorien

Das Postulat eines Kontrollbedürfnisses ist nicht neu. Unter diesem Namen oder wenigstens innerhalb von verwandten Konzepten ist es schon häufig aufgestellt worden.

Karl Groos (1899, 489 und 497f.) hat von einem «*Causalbedürfnis*» resp. einer «Freude am Ursache-sein» gesprochen und meinte damit die Lust am Spiel all jener Funktionen, die zur erfolgreichen Lebensbewältigung bereits früh im Leben – eben spielend – vorgeübt werden.

Karl Bühler (1924, 327 und 454ff.) hat den Begriff der *Funktionslust* geprägt, der in der Freude am repetitiven Spiel, das das Lebewesen «für den Ernst des Lebens» (S. 454) vorbereitet, zum Ausdruck kommt. Das Funktionieren als solches hat laut Bühler den entwicklungspsychologischen Sinn nicht schon in der aktuellen Umweltkontrolle, sondern es dient ihr im Sinne einer Vorbereitung auf den 'Ernstfall'. Mit dieser Idee setzte sich K. Bühler in einen Gegensatz zu S. Freud, der das Funktionieren reaktiv und auf aktuelle Bedürfnisbefriedigung hin verstand; Karl Bühler verstand das Auftreten der Funktionslust als spontan (Bühler, 1927; vgl. auch Scheuerl, 1975).

Erst durch die ich-psychologischen Weiterentwicklungen der Psychoanalyse ist die Aufmerksamkeit auf spontane Ich-Aktivitäten gelenkt worden. So hat Hartmann (1939; 1956, zit. nach White, 1959, 308) dem Ich eine sekundäre Autonomie zugeordnet, und Hendrick (1942, 1943, zit. nach White, 1959, 307) hat gar einen «*instinct to master*» postuliert, der zu solchem Handeln führt, das «dem Individuum gestattet, seine Umgebung zu kontrollieren und zu verändern».

Ohne den Terminus 'Kontrollmotiv' zu nennen, hat sich Alfred Adler intensiv mit diesem Gegenstand auseinandergesetzt (vgl. auch Rüedi, 1987; Ellenberger, 1973, 765-877). Für ihn kommt der Mensch in großer Abhängigkeit auf der Welt an, erlebt diese auch bald stark in einem «Minderwertigkeitsgefühl», das er «durch erfolgreiches Streben» nach «Vollkommenheit» und «*Überlegenheit*» in Schach hält oder das «aufgrund psychischer Reaktionen auf Organminderwertigkeiten ins Unerträgliche anwächst» (Adler, 1930, dt. 1976, 47). Dieses Streben richtet sich auf Integration in die Welt («Gemeinschaftsgefühl»), darauf, «eine günstige Beziehung herzustellen von Individuum und Außenwelt», auf «Vollkommenheit», auf «Macht», darauf, «oben» zu sein, darauf, «ein ganzer Mann» zu sein. Aufgrund der Evolution steht «es klar vor unsere[n] Augen, daß ... das Streben nach Vollkommenheit ein angeborenes Faktum ist, das in jedem Menschen vorhanden ist» (Adler, 1933a, Ausgabe 1983, 24). Dabei ging es auch bereits Adler darum, daß die Menschen ihre Macht und ihre Fähigkeiten selbst wahrnehmen und nicht nur tatsächlich ausüben: «Es ist für mich außer Zweifel, daß jeder sich im Leben so verhält, als ob er über seine Kraft und über seine Fähigkeiten eine ganz bestimmte Meinung hätte; ebenso, als ob er über die Schwierigkeit oder Leichtigkeit eines vorliegenden Falles schon bei Beginn seiner Handlung im klaren wäre; kurz, daß sein Verhalten seiner Meinung entspricht» (Adler, 1933b, 12).

Die Annahme von biologischen, homöostatisch regulierten Trieben als der ausschließlichen Motivbasis war nicht nur in der klassischen Psychoanalyse die Regel, sondern lange Zeit auch in der Tierpsychologie. Harlow, ausgehend von seinem berühmten Manipulationsexperiment mit Affen, hat sich dafür ausgesprochen, daß Tiere einen *Manipulationstrieb* besitzen (Harlow & Meyer, 1950). Mit dem Postulat eines solchen Triebs verband Harlow nicht nur die Unterstellung, daß auch Tiere mal den Abbau von Spannung und mal den Aufbau von Spannung suchen, sondern auch den motivational begründeten Aufbau von Erfahrungen, die der späteren Lebensbewältigung dienen.

White (1959, 315) zitierte einen sonst fast vergessenen Psychologen Diamond (1939), der in seinem Artikel über «a neglected aspect of motivation» für höhere Lebewesen die Annahme eines sensorischen Nervensystems vorgeschlagen hatte. Dieses halte Beziehungen zur Umwelt aufrecht, zum Beispiel dadurch, daß ein solches Lebewesen auf die Welt in einer Art einwirkt, welche die Umwelt dazu zwingt, auf den Organismus zurückzuwirken («the sensory-motor organism ... demands the opportunity to react in ways that force the environment to stimulate it», Diamond, 1939, 83-84). Das erinnert an Skinner (1938), der respondentes und operantes Verhalten unterscheidet. Operantes Verhalten (deutsch: Wirkverhalten) ist quasi-spontan (d.h. es ist keine Auslösung auf der Stimulus-Seite feststellbar), aber es hat Wirkungen, die der Organismus wahrnimmt, und aufgrund derer er sein weiteres Verhalten einrichtet (operante Konditionierung).

Schließlich verwies White (1959) auf Woodworth, der zusätzlich zu oder gar vor den klassischen Trieben ein Verhaltensbedürfnis annahm, eine «pervasive tendency to keep in touch with the environment and to be doing something with objects... Instead of saying that ... behavior is secondarily motivated by the organic needs or other great motives, we insist that the ... behavior represents the primary drive to deal with the environment and that large-scale purposive activities are based on this primary drive» (Woodworth, 1958, 125).

Der genannte Robert White (1959) selbst hat vorgeschlagen, zusätzlich zu den allgemein akzeptierten mehr biologischen Trieben wie Hunger und Sexualität auch ein Bedürfnis nach Kompetenz, die sog. *Effektanz* anzunehmen. Von der Kompetenz sagte er: «It satisfies an intrinsic need to deal with the environment (White, 1959, 318). Oder: «Effectance motivation ... aims for the feeling of efficacy» (S. 223); Effektanz entspricht dem «intrinsic need to deal with the environment» (S. 318).

Während Diamond, Skinner und Woodworth die Unterscheidung zwischen tatsächlicher Wirkung und Kontrolle (= Möglichkeit/Fähigkeit zur Wirkung), nicht machten, ging es bei White (1959) deutlich um mehr als nur um die Erfahrung einer einzelnen Wirkung. Diese «effectance motivation» zielt zwar unmittelbar auf Wirkungen, die aber als Anzeichen für Kompetenz gewertet werden. Darum sagte White – etwas mißverständlich – gelegentlich auch «competence motivation» (z.B. S. 318) statt «effectance motivation». Susan Harter (1978) interpretierte White treffend in einer Graphik (Figur 7-1).

Etwas später hat DeCharms (1968) von einem *Bedürfnis, ein «origin» zu sein*, gesprochen, oder negativ ausgedrückt, nicht ein machtloser «pawn» (Bauer im Schachspiel) zu sein. «Origins» sind intrinsisch motiviert («striving for personal causation», S. 328). Auch diese Konzeption unterstellt ein Motiv, das über das Wirkungserleben hinausgeht und letztlich das Selbstkonzept betrifft (S. 325f.).

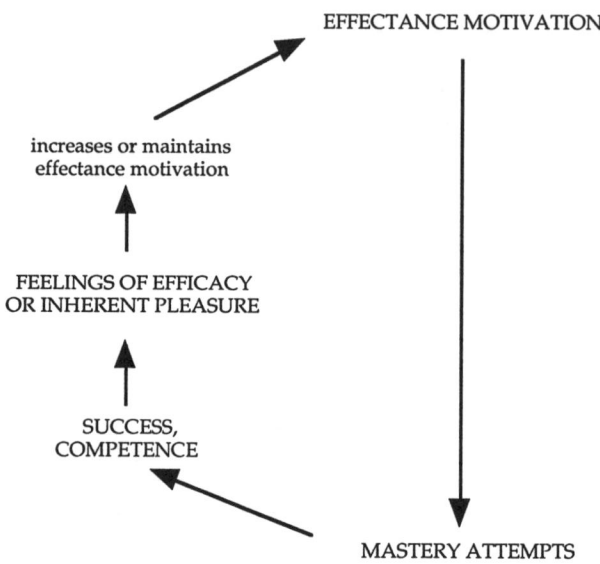

Figur 7-1
Effektanz-Motiv nach White (Harter, 1978, 36)

Nuttin (1973) hat anstelle des Ausdrucks 'Kontrollbedürfnis' jenen des «*causality pleasure*» geprägt.

In einem persönlichkeitspsychologischen Kontext handelte Hausser (1983), wenn auch definitorisch nicht sehr präzis, ebenfalls das Kontrollmotiv ab. Für ihn ist «*Kontrollmotivation* ... das Bedürfnis, auf subjektiv bedeutsame Gegenstände und ihre Entwicklung Einfluß zu nehmen» (S. 90; Hausser schrieb immer 'Kontrollmotivation' [= Motivation im Prozeß], wo es wohl Kontrollmotiv [= Motivationsanlaß oder -ziel] heißen müßte). Und: «Im Selbstvertrauen und Selbstbewußtsein liegen die emotionalen Entsprechungen der Kontrollmotivation» (S. 91). Als eine der Rechtfertigungen für die Postulierung eines solchen Motivs schrieb er: «So gut wie alle Religionen der Menschheitsgeschichte drücken eine Kontrollmotivation der Menschen aus» (S. 90).

Oesterreich (1981) postulierte in seinem Buch über «Handlungsregulation und Kontrolle» ein sog. *Kontrollstreben*: «Man muß davon ausgehen, daß jedes Lebewesen bzw. jede Art das Bestreben hat, sich selbst bzw. die eigene Art zu erhalten (S. 130) ... Es geht darum, das Handeln ... so zu lenken, daß eine Vielfalt von unterschiedlichen Handlungsmöglichkeiten (Aktivitätsmöglichkeiten) erhalten bleibt. Aus der Notwendigkeit, daß Lebewesen das Bestreben nach Überleben haben, kann ... die Annahme abgeleitet werden, daß höherentwickelte Lebewesen ein Kontrollstreben haben. Es besteht darin, das Verhalten so einzurichten, daß die Regulierbarkeit im Lebensraum erhalten bleibt» (S. 132).

Oesterreich (1981, 210-211) kam damit ähnlich wie wir durch eine rationale Analyse zur Postulierung eines Kontrollbedürfnisses (oder Kontrollstrebens, wie er sagte):

Zu dem Begriff «Kontrollstreben» führten zunächst die folgenden Überlegungen: Die Erreichbarkeit von weiter in der Zukunft liegenden Zielen kann nur dann gewährleistet werden, wenn es immer wieder möglichst viele unterschiedliche, aber effektive Handlungsmöglichkeiten gibt. Für einzelne Konsequenzen wird dies durch die Höhe ihrer Effizienz-Divergenz erfaßt. Wird das Handeln so reguliert, daß immer wieder hoch effizient-divergente Konsequenzen erreicht werden, ist dadurch auch zukünftiges Erreichen von Zielen möglich. Da es für jeden Zeitpunkt «weiter in der Zukunft liegenden» Ziele gibt, sind die hoch effizient-divergenten Ziele selbst als Ziele geeignet: Unter dem Gesichtspunkt der langfristigen Fortführung des Handelns verlieren sie ihren Charakter als Zwischenstation auf dem Wege zu einem Ziel und werden selbst zu Zielen. Letztlich resultiert dieses aus der offensichtlichen Tatsache, daß der Mensch sein Handeln nicht mit beliebiger Präzision beliebig weit vorausplanen kann. Die innere Repräsentation seiner Handlungsmöglichkeiten kann auch nicht für alle Handlungsmöglichkeiten gleich sein, er muß sich daher an besonders wichtigen Punkten im Verlaufe seines Handelns orientieren. Die hoch effizient-divergenten Konsequenzen sind solche Punkte; auch im Aufbau seiner inneren Repräsentation - d.h. im Erwerb von Kontrollkompetenz - sollte er daher besonderes Gewicht auf die Kenntnis hoch effizient-divergenter Konsequenzen legen.

Diese Überlegungen sind insofern «normativ», als sie zu Folgerungen darüber führen, nach welchen Strategien das Handeln reguliert werden *sollte*. Mit der Annahme der Wirksamkeit des «Kontrollstrebens» wird dann unterstellt, daß der Mensch danach strebt, sein Handeln nach dieser Strategie zu regulieren, *ohne sich für diese Strategie erst aufgrund normativer Erwägungen entschlossen zu haben.*

Unterstützt wurde diese Annahme durch eine Argumentation, nach der das Kontrollstreben eine «höhere» Form des Überlebensstrebens ist. Bezeichnet man die Aktivitäten beliebiger Lebewesen als «Handeln» - in Anführungszeichen, weil dies sich nur schwer mit unserer Definition vereinbaren läßt -, so besteht das Überleben darin, das «Handeln» fortsetzen zu können, also über die Möglichkeit des «Handelns» zu verfügen. Da in diesem «Handeln» jeweils Umweltvariationen berücksichtigt werden müssen, verlangt die Möglichkeit der Fortsetzung des «Handelns» auch die Möglichkeit zu unterschiedlichem «Handeln». Soll also das Leben fortgesetzt werden, müssen immer wieder Möglichkeiten für unterschiedliches «Handeln» bestehen, das «Handeln» muß also darauf ausgerichtet werden, unterschiedliches «Handeln» auch in der Zukunft möglich zu machen. Die Überlebenschancen werden erhöht, wenn Lebewesen einer Gattung ihr «Handeln» so regulieren können, daß sich ihre Möglichkeiten zu unterschiedlichem «Handeln» nicht nur erhalten, sondern auch erweitern. Erst dies entspricht dann dem Kontrollstreben als Streben nach Erhaltung *und Ausweitung* der Kontrolle. Für lernfähige Lebewesen muß dieses Streben ein Streben nach der Erkundung von Möglichkeiten des «Handelns» implizieren - entsprechend dem Streben nach Kontrollkompetenz als Teil des Kontrollstrebens.

Abweichend von den meisten der genannten Auffassungen kamen Rodin, Rennert & Solomon (1980) zum Schluß, daß es vielleicht gar nicht ein Kontrollbedürfnis gebe, sondern nur ein Bedürfnis nach erwünschten Ereignissen. Demnach würden die Menschen nicht nach Kontrolle um der Kontrolle willen streben, sondern nach den jeweils erwünschten Ereignissen; und wenn diese sich nicht sonst einstellten, dann müsse eben das Bedürfnis nach erwünschten Ereignissen die Form eines Kontrollbedürfnisses annehmen. So haben sich in der Untersuchung von Solomon (1976) die Versuchspersonen nur um Kontrolle bemüht, wenn wirklich eine Wahl zwischen bedeutsam verschiedenen Ereignissen in Aussicht stand (vgl. auch Perlmuter, Monty & Chan, 1986) und wenn sie sich die Kontrolle auch zutrauten (= die nötige Information für eine gute Wahl besaßen). Diese Einschränkungen scheinen selbstverständlich zu sein, werden aber oft nicht mitformuliert: Kontrolle ist im allgemeinen nur bedeutsam, wenn das zu Kontrollierende auch (subjektiv) bedeutsam ist, und man strebt sie auch nur an, wenn man sie einigermaßen ausführen zu können glaubt; Ausnahmen erleben wir als pathologieverdächtig ('Kontrollmanie', vergleichbar mit kindlichem Trotz; oder Vermessenheit im Sinn der Anmaßung von Kontrolle, die man doch nicht wahrnehmen kann, etwa wenn ein Feldherr die 'Verantwortung' für ein waghalsiges Unternehmen 'übernimmt' oder wenn jemand für die Harmlosigkeit einer gefährlichen Produktionsmethode 'bürgt'). Wir möchten aber diese Faktoren nur als Bedingungen für das Kontrollmotiv gelten lassen oder als Begrenzungen des Operationsbereichs des Kontrollmotivs. Sonst ist z.B. der schon genannte Befund von Schulz (1976) nicht erklärbar: Personen im Altersheim wollten nicht nur besucht werden, sondern legten auch Wert darauf, den Termin des Besuchs mitzubestimmen, ja es war für sie auch wichtig, den Besuchstermin nicht nur im voraus zu kennen, sondern eben mitzubestimmen.

Rodin, Rennert & Solomon (1980) verwiesen auch auf Befunde, nach denen Menschen sich gelegentlich um Kontrolle resp. Verantwortung drücken (vgl. Kapitel 11.2.2) und belegten mit einer Versuchsserie von Levy–Warren (1974), Prussing (1975), Solomon & Rodin (1978) und Condry (1976), daß es auch vorkommt, daß die aktuelle Kontrollmeinung den subjektiven Selbstwert senkt statt, wie meistens sonst, steigert. Das ist dann der Fall, wenn man glaubt oder befürchtet, sich in der Handhabung der Kontrolle bewähren zu müssen und sich wahrscheinlich blamiert hat. Auch das ist ein Faktor, der den Operationsbereich des Kontrollmotivs einschränkt.

7.2 Inferenz aus empirischen Befunden

7.2.1 Wenn die Kontrolle über die Wirkung wichtiger ist als die Wirkung selbst

Aus der Streßforschung hat sich die Überzeugung gebildet, daß extreme Anforderungen leichter zu ertragen sind, wenn man glaubt, man könne ihr Eintreten oder ihr Ausmaß kontrollieren, und das selbst unter Bedingungen, in denen man sie tatsächlich nicht kontrollieren kann. So setzten Glass & Singer (1972) Probanden einem unangenehmen Lärm aus, den diese in einer Bedingung glaubten, durch Knopfdruck abstellen zu können, dem sie aber in einer anderen Bedingung wehrlos ausgesetzt waren. Die Probanden der ersten Bedingung zeigten hernach eine höhere Frustrationstoleranz und auch bessere Leistungen in einer Korrekturaufgabe als die Probanden der zweiten Bedingung. Dieser Unterschied zeigte sich sogar dann, wenn der Experimentator in der ersten Bedingung die Probanden gebeten hatte, den Knopfdruck dennoch nicht zu benützen.

Staub, Tursky & Schwartz (1971) fanden, daß Versuchspersonen unvermeidliche Elektroschocks leichter ertrugen, wenn sie wenigstens den Zeitpunkt ihres Eintritts innerhalb eines vorgegebenen Intervalls selbst bestimmen konnten (vgl. auch Bowers, 1968).

Singh (1970) fand sowohl bei etwa sechsjährigen Kindern als auch bei Ratten, daß sie es vorzogen, (angenehme) Verstärker kontingent auf ein eigenes operatives Verhalten entgegenzunehmen als ohne irgendein eigenes Zutun (für eine ähnliche Untersuchung vgl. Nuttin, 1973). In gleicher Richtung geht ein Befund von Flammer, Schläfli & Keller (1978), die zeigten, daß Studierende, denen ein Instruktionsprogramm nach voraus erhobenen Präferenzen präskriptiv dargeboten wurde, einen geringeren Lernerfolg aufwiesen als Studierende, die das Programm aktiv wählen konnten (vgl. auch Klonowicz & Zawadzka, 1988).

Reid & Ziegler (1980) ist es gelungen, eine Meßskala für Kontrollbedürfnisse mit akzeptablen psychometrischen Werten zu konstruieren. Daß diese mit Zufriedenheitsmaßen zwar signifikant, aber doch weniger hoch korreliert als aktuelle Kontrollmeinungen, entspricht der Annahme, daß die aktuelle Kontrollmeinung die Möglichkeit der Befriedigung eines bestimmten Kontrollbedürfnisses einschließt und nicht nur das Kontrollbedürfnis (eine ähnliche Skala für Kinder hat Harter, 1982, vorgelegt).

7.2.2 Zielstrebiges Aufsuchen von Wirkung und Information

Stotland & Blumenthal (1964, zit. nach Seligman, 1983, 121) arbeiteten mit Studierenden, die einige schwierige Persönlichkeitstests bearbeiten sollten. Der Hälfte der Pbn sagten sie, die Reihenfolge der Bearbeitung würde die Ergebnisse nachweislich nicht beeinflussen, daher könnten sie je selbst die Reihenfolge bestimmen, wenn sie wollten. Die angekündigten Tests wurden dann gar nicht durchgeführt, aber es wurde den Pbn die psychogalvanische Leitfähigkeit der Handinnenfläche gemessen als Indikator ihres Aufregungspegels. Die Pbn der Gruppenhälfte, denen eine eigene, wenn auch unbedeutende Wahl angekündigt war, zeigten einen geringeren Aufregungspegel als jene der anderen Hälfte. Das kann man so interpretieren, daß die Bedrohung durch die weitgehend fremdgeleitete Selbstdarstellung (Persönlichkeitstest) in der zweiten Gruppe durch die eigene Wahl etwas gemildert wurde.

Man kann Menschen mit hohem Leistungsmotiv im allgemeinen zugestehen, von sich selbst eine relativ ausgeprägte Meinung (internaler) Kontrolle zu haben. Verschiedene Untersuchungen (vgl. Weiner, 1978) haben gezeigt, daß im Fall der Wahlmöglichkeit hoch leistungsmotivierte Personen realistischere Schwierigkeitswahlen treffen als mißerfolgsängstliche Personen. Mißerfolgsängstliche Personen wählen oft entweder zu schwierige oder zu leichte Aufgaben. Sie verhalten sich defensiv, indem sie sich einfach 'nicht stellen' und mit der Wahl von besonders leichten Aufgaben den Mißerfolg vermeiden, während sie sich mit der Wahl von offensichtlich zu schwierigen Aufgaben für ihren Mißerfolg zum vorne herein entschuldigen. Anders die erfolgsmotivierten Personen: Sie 'möchten es wissen' und stellen sich Aufgaben, an denen sie sich messen können (vgl. Kapitel 10.1.3).

Den einen dieser Befunde hat Burger (1985) auch mit einem eigentlichen Test zur Messung des Kontrollmotivs (Burger & Cooper, 1979) erhalten. Probanden mit hohem Kontrollmotiv wählten für sich schwierigere Anagramm-Aufgaben als Probanden mit einem niedrigen Kontrollmotiv. Die Probanden mit hohem Kontrollmotiv gaben auch höhere und realistischere Schätzungen ihrer zu erwartenden Leistung als die übrigen Probanden. Des weitern strengten sich die Hochmotivierten bei schwierigen Aufgaben mehr an und arbeiteten ausdauernder als die andern.

Susan Harter (1978) hat in mehreren Experimenten nicht nur gezeigt, daß das Lösen einer Aufgabe Freude bereitet, sondern daß im allgemeinen diese Freude desto größer ist, je schwieriger die Aufgabe ist (entweder wirklich ist oder subjektiv eingeschätzt wird). Der Befund, der mir aber am meisten imponiert, wird einer unpublizierten Studie zugeschrieben und wird von der Autorin in ihrer Übersicht von 1978 (45-46) referiert: Sechstkläßler erhielten Anagramme zur Lösung vorgelegt. Die leichtesten bestanden nur aus 3 Buchstaben, die mittleren aus 4 und die schweren aus 5 Buchstaben. Wie in früheren Untersuchungen machten Lösungen der 5er-Anagramme mehr Freude (gemessen als Ausmaß des Lächelns) als jene der 4er oder 3er. Wenn aber auch eine Reihe 6er-Anagramme, die für diese Kinder sehr, sehr schwer waren, dazugegeben wurde, war die Freude, selbst wenn sie sie (unerwarteterweise – ?) lösten, weniger groß als bei den 5ern. Harter wertete diesen Befund als Anzeige einer kurvilinearen Beziehung zwischen wahrgenommener Schwierigkeit und Freude an der richtigen Lösung. Sie glaubte, daß es einen optimalen Herausforderungsgrad gebe.

Warum soll eine besonders unerwartete Lösung aber nicht noch mehr Freude machen? Wir glauben, daß solche Freude jeweils weniger der Lösung als solcher gilt, sondern ihrer Bedeutung in bezug auf die persönliche Kompetenz. Wenn man (selten oder gar ausnahmsweise) eine sehr schwierige Aufgabe richtig löst, dann heißt das noch nicht ohne weiteres, daß man 'so gut' ist; es hätte ja 'Glück' sein können. So ein Einzelereignis sagt also über die Wahrscheinlichkeit zukünftiger Leistungen wenig aus; es verändert die Überzeugung oder Meinung von der eigenen Kontrolle nicht. Meine Interpretation ist also die, daß die Versuchspersonen sich nicht so sehr für das einzelne Ereignis interessierten als für dessen Aussagekraft über die persönlich erreichte Kontrolle. In gleicher Weise interpretiere ich einen Befund von Roth & Kubal (1975).

Roth & Kubal (1975) richteten ihre Untersuchung so ein, daß zwei Drittel der Pbn im ersten (Leistungs-) Experiment (Begriffsfindungsaufgaben) versagten, das andere Drittel der Pbn aber nicht. Die Autoren interessierten sich dafür, wie sich dieses Versagen auf die Leistungen im zweiten Experiment auswirkte. Der Hälfte der zum Versagen prädestinierten Versuchspersonen hatten sie angekündigt, es würde ihnen zuerst eine Serie von Aufgaben vorgelegt, die sich als sehr gute Prädiktoren für universitäre Examensnoten (College grades) erwiesen hätten; der zweiten Hälfte der zum Versagen prädestinierten Versuchspersonen sagten sie ohne besondere Betonung, es handle sich um ein paar Labor-Lernaufgaben. Obwohl beide Gruppen die gleiche 'objektive' Erfahrung des Versagens hatten, erbrachten die Probanden der ersten Versagensgruppe, nicht aber die der zweiten, im zweiten Experiment schlechtere Leistungen als die Kontrollgruppe (ohne Erstversuch). Die Interpretation der Autoren war die, daß die erste Hälfte der Probanden dazu geführt wurde, das Versagen intern (sowie global und stabil, s. unten) zu attribuieren, während die zweite Gruppe das Versagen leicht extern attribuieren, d.h. der speziellen Aufgabe Schuld anlasten konnte. Wir können den Unterschied auch umformulieren: Die versagenden Probanden der ersten Gruppe fühlten sich als persönliche Versager oder unterdurchschnittlich gute Aufgabenlöser; in den Augen der Pbn der zweiten Gruppe konnte es leicht so sein, daß die Aufgaben so speziell und schwierig waren, daß jedermann dabei schlechte Leistungen erbringt, d.h. daß die schwierigen Aufgaben relativ universell unlösbar waren. Im zweiten Fall brachten schlechte Leistungen keine Enttäuschung über eigene Fähigkeiten.

7.2.3 Reaktanz

Reaktanz ist ein Sammelbegriff für alle Verhaltensweisen, mit denen sich ein Individuum bei unerwarteter Frustration gegen Einschränkungen zur Wehr setzt. Solche Verhaltensweisen können erhöhte Anstrengung, Widerspruch, Aggression oder demonstratives Ersatzverhalten sein (vgl. Brehm, 1966; 1972; Wicklund, 1974; Wortman & Brehm, 1975; Brehm & Brehm, 1981). Der Reaktanz entspricht die Haltung des 'Jetzt-erst-recht'. Beispielsweise könnte ein Spitzensportler, der aus speziellen Gründen nicht zu einem Trainingslager gehen kann, zu Hause besonders intensiv trainieren. Oder ein kleines Kind, dem man nachhaltig verbietet, mit einem anderen Kind zu streiten, kann immer noch darauf ausweichen, hinter seiner Mutter seinem Gespänchen die Zunge rauszustrecken (Wortman & Brehm, 1975, 286).

Kontrollentzug oder die Erfahrung, über ein Ziel wider Erwarten keine Kontrolle zu haben, könnte darum Reaktanz oder vermehrte Anstrengung um Kontrolle auslösen. Aufgrund der Seligman'schen Theorie wäre das allerdings nicht zu erwarten. Eher müßte sich dann Hilflosigkeit, wenn auch nur eine sehr spezifische und vorübergehende einstellen. Daß aber wenigstens Menschen nicht gleich nach der Erfahrung von Mißerfolg oder von Nicht-Kontingenz in Resignation und Hilflosigkeit verfallen, haben gewisse Autoren schon früh gegen Seligman eingewandt. Am explizitesten ist die Kritik von Wortman & Brehm (1975) ausgefallen. Nach Brehm (1966, 9; zit. nach Wortman & Brehm, 1975, 282-283) ist nämlich das Individuum von Grund auf motiviert, Freiheit zu haben und zu bewahren, das Gefühl zu haben, «that he can do what he wants, that he does not have to do what he doesn't want, and that at least in regard to the freedom in question, he is the sole director of his own behavior.»

7.2.3.1 Klassen des Reaktanzverhaltens

Wortman & Brehm (1975, 285-287) fassen die Reaktanzverhaltensweisen in vier Klassen zusammen (vgl. auch Gniech & Grabitz, 1978):

(1) *Höherbewertung unkontrollierbarer Ereignisse*
Daß verbotene Früchte die besten sind, sagt schon ein Sprichwort. So haben auch verschiedene psychologische Untersuchungen zeigen können, daß Gegenstände oder Aktivitäten dadurch an Attraktivität gewinnen, daß ihre freie Verfügbarkeit eingeschränkt wird. Hammock & Brehm (1966) zeigten, daß Kinder einen Zuckerstengel (A) einem anderen (B) vorzogen, wenn ihnen A versagt wurde, und das, obwohl sie in einer vorausgehenden Rangordnung B über A gesetzt hatten! Das Gleiche hatten Brehm, Stires, Sensenig & Shaban (1966) mit Schallplatten gefunden.

(2) *Konzentration und vermehrte Anstrengung*
Wenn die Ausübung der Freiheit nur erschwert, nicht aber verunmöglicht ist, dann haben wir die Tendenz, genau die bedrohten Alternativen zu wählen. Wenn ein Studienfach unter einen besonders starken Numerus clausus fällt, dann wird es möglicherweise erst recht von vielen Mittelschulabsolventen auf die Wunschliste geschrieben. Wenn ein Kind immer bei Einbruch der Nacht den Spielhof verlassen und heimkehren muß, wird es die Zeit nach dem Eindunkeln als die besonders spannende empfinden und die Jugendlichen, die dann noch da sein dürfen, erst recht beneiden.
Pittman & D'Agostino (1985) arbeiteten mit verschiedenen Begriffsbildungsaufgaben. Sie gaben während einer bestimmten Phase der Experimentalgruppe absichtlich Zufallsrückmeldung über die Richtigkeit oder Falschheit ihrer Lösungen. In mehreren Untersuchungen konnten sie zeigen, daß solcherart kontrolldeprivierte Probanden nachfolgende Experimentalaufgaben verschiedener Art viel ernster nahmen und so auch bessere Leistungen zeigten.

(3) *Stellvertretender Trotz*
Wenn eine Verhaltensalternative wirklich verwehrt ist, übernimmt man gerne Symbole dafür, um sich oder anderen zu demonstrieren, daß man diese Freiheit nicht weggegeben hat. Kinder lutschen Zigaretten aus Zucker, Mittelschüler lesen demonstrativ provokative Literatur. Die Freiheit, Gurten nicht zu tragen, wird zum Ausdruck bürgerlicher Freiheiten überhaupt.

(4) *Angriff*
Angriff ist manchmal die beste Verteidigung. Wie weit die Aggression jeweils geht, ist natürlich abhängig vom Kräfteverhältnis resp. von der Kosten-Nutzen-Schätzung des Aggressors, von Gewohnheiten und sozialen Normen. Manchmal bleibt es bei Drohungen oder gar nur bei aggressiven und schlecht und recht unterdrückten Gefühlen.
Aggression ist nicht unbedingt Rache für frustrierte Kontrollansprüche, sondern gerade die Wahrnehmung von (kompensatorischer) Kontrolle. Zerstören

zu können, ist eine Kontrollerfahrung (Allen & Greenberger, 1980). Und wenn die Gegenstände der Zerstörung besonders geschützt und von vielen sehr geachtet oder gar verehrt werden, dann dürfte die 'mutwillige Destruktion' erst recht ein starkes Kontrollerlebnis vermitteln. Solche kompensatorische Kontrolle, die durchaus auch immer noch den Angriff auf die frustrierende Person oder Institution und die Freude am allfälligen Spektakel mit einschließt, ist im Fall von chronischer Wirkungslosigkeit z.b. gegenüber einer Behörde, der Polizei, einer persönlichen Autoritäts- oder Machtperson von großer psychohygienischer Wirkung und darf nicht einfach als 'blinde Zerstörungswut' von 'Radaubrüdern' und 'Kriminellen' abgetan werden (vgl. die regelmäßig aufflackernden sog. Jugendunruhen, an denen sich meistens auch viele junggebliebene Leute beteiligen, die nach der Entwicklungspsychologie sicher nicht mehr Adoleszente sind). Kontrolle ist im Leben der Menschen so zentral, daß ihre systematische und andauernde Vorenthaltung in für die Betroffenen wichtigen Bereichen ein brutaler Akt gegen ihren Lebenswillen ist.

Solche bedenkliche und signalhafte Aggression begegnet uns nicht nur bei den spektakulären Anlässen von historisch gewordenen Jugendunruhen. Auch der weit verbreitete chronische Vandalismus z.B. an Schulen könnte oft einem Bedürfnis entspringen, doch wenigstens einmal Kontrolle zu erleben. Ebenso tragisch wie die dadurch entstehenden Verluste ist dabei vielleicht, daß unser dichtes Versicherungsnetz alle diese Vandalenakte in Wirklichkeit verharmlost: Niemand kommt ja wirklich zu Schaden, es gibt einfach etwas Mehrarbeit und meistens einen vollwertig(er)en Ersatz. Kontrollentzugs-bedingter Vandalismus muß deshalb immer gravierender werden, um noch zu einem spürbaren Kontrollerlebnis zu werden.

7.2.3.2 Parameter des Reaktanzverhaltens

Unser Leben ist natürlich voll von kleinen und großen Einschränkungen der freien Kontrolle über unsere Welt. Dennoch fühlen wir uns nicht dauernd frustriert oder dauernd im Kampf gegen Bedrohungen. Wortman & Brehm (1975, 283-285) nannten vier wichtige Bedingungen oder Parameter der reaktanzauslösenden Situationen:

(1) *Freiheitserwartung*
Objektiv gleiche Einschränkungen werden unterschiedlich erlebt, je nachdem, ob wir Freiheit antizipiert haben oder nicht. So konnten die genannten Hammock & Brehm (1966) und Brehm et al. (1966) zeigen, daß die Umwertung der verwehrten Zuckerstengel resp. Schallplatten nicht eintrat, wenn den Pbn voraus nicht angekündigt worden war, sie könnten nach Ablauf des Experiments einen Zuckerstengel resp. eine Schallplatte frei auswählen (Vergleichsgruppen).

(2) *Ausmaß der Bedrohung*
Die Erschwerung der Ausübung der Freiheit wird weniger hart empfunden als ihre gänzliche Verweigerung.

(3) Subjektive Wichtigkeit

Selbstverständlich gibt es wichtigere und weniger wichtige Freiheiten. Daß wir uns vor allem für die wichtigeren einsetzen, macht aus, daß wir nicht dauernd in Reaktanzverhalten engagiert sind.

Immerhin ist zu beachten, daß Freiheitsversagung eine Tätigkeit oder einen Gegenstand erst wichtig machen kann. So mag das Gurtentragen an sich eine geringe Einschränkung der persönlichen Freiheit sein; wenn es einen aber stört, gerät man leicht in Gefahr, es zu einer besonders wichtigen Sache hochzustilisieren. Ich habe überhaupt den Eindruck, daß menschliches Zusammenleben oft solche Verzerrungen der Wichtigkeit durch erfahrene oder drohende Einschränkung zeigt, so unter Familienmitgliedern, unter Betriebskollegen, aber auch in der Politik. Es ist höchst ärgerlich, wenn eine schweizerische Partei ihren Bundesratskandidaten nicht durch das Wahlverfahren bringt und dafür einen Nicht-Kandidaten gewählt bekommt. Und nicht nur das: Die versagte Selbstbestimmung wird besonders wichtig und ruft nach Gegenmaßnahmen, die dann mehr symbolischen als realen Wert erhalten, was die Wahrnehmung von außen nochmals komplizierter macht. Nicht umsonst hängt die Akzeptanz einer gemeinsamen Lösung oft davon ab, ob sie allen Beteiligten gestattet, das Gesicht zu wahren.

(4) Implikative Bedeutung

Manche Einschränkung ist an sich unwichtig, aber sie kann 'der Anfang vom Ende' sein. Nicht umsonst ist Salamipolitik gefürchtet. Nach Oesterreich (1981) besteht das «Kontrollstreben» gerade darin, sog. hoch effizient-divergente Konsequenzen zu erreichen; sie sind so etwas wie strategisch günstige Standorte für die weiteren Handlungen, entsprechend der Schach-Strategie, möglichst die Mitte zu halten (vgl. 5.2.3).

7.2.3.3 Reaktanz oder Hilflosigkeit? Reaktanz und Hilflosigkeit?

Brehm und Seligman haben sehr unterschiedliche Verhaltensfolgen auf die Erfahrung der Unkontrollierbarkeit beschrieben. Teilweise sind sie gar gegensätzlich: erhöhte Aktivität (Brehm) vs. Passivität (Seligman), Aggression (Brehm) vs. Unterlassung sogar von 'natürlicher' Aggression (Seligman). Und es gibt in der Tat Befunde, wonach Menschen auf das Hilflosigkeitstraining nicht mit geringerer, sondern mit gesteigerter Anstrengung reagieren (Thorndton & Jacobs, 1972; Roth & Bootzin, 1974).

Wortman & Brehm (1975) haben vorgeschlagen, die beiden Reaktionstypen in einer integrierten Theorie zuzulassen. Nach dieser intergrierten Theorie erfolgt bei nur geringer Erfahrung von Unkontrollierbarkeit Reaktanz und nach längerer solcher Erfahrung Hilflosigkeit. Dabei sollten nach dem Vorschlag dieser Autoren als Parameter der Situation in beiden Fällen die Kontrollerwartung und die Wichtigkeit der bestimmten Kontrolle in das Modell eingehen: Je stärker die Kontrollerwartung, desto stärker zunächst die Reaktanz und hernach auch die Hilflosigkeit, und je wichtiger die erwartete Kontrolle, desto stärker zunächst die Reaktanz und hernach auch die Hilflosigkeit. Der

zeitliche Ablauf – sowohl die Reihenfolge als auch der Zeitpunkt des Um-
schlags – sollte durch diese Parameter nicht betroffen sein. Die Figur 7-2 stellt
dieses Modell graphisch dar.

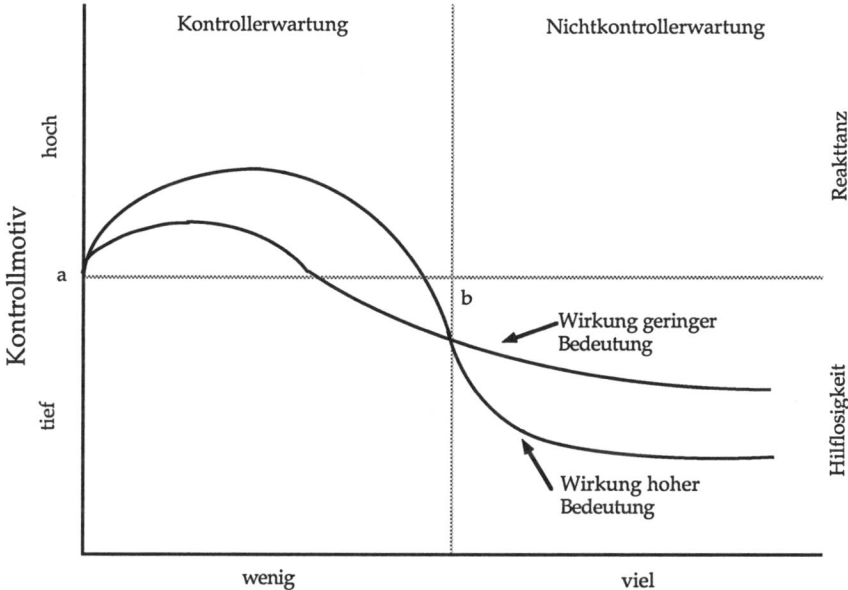

Ausmaß des Hilflosigkeitstrainings resp. Erfahrung von
unkontrollierbaren Wirkungen

Figur 7-2
Das Reaktanz-vor-Kontrolle-Modell von Wortman & Brehm (1975, 309)

Diese Theorieintegration klingt sehr plausibel, ist aber in dieser Einfachheit
nicht so leicht experimentell zu demonstrieren. Immerhin haben die schon zitierten Roth & Kubal (1975) in einem Humanexperiment einen bestätigenden
Befund erbracht. Das Experiment variierte zwei unabhängige Variablen: (a)
Wichtigkeit: eine Begriffsbildungsaufgabe wurde von den Experimentatoren
als Puzzle-Aufgabe (von geringer Wichtigkeit) oder als guter Prädiktor für
Studienerfolg (= wichtig) bezeichnet; (b) Ausmaß an Hilflosigkeitstraining:
viel vs. wenig vs. keines. Die Wichtigkeitsbedingung steigerte bei den Probanden mit wenig Hilflosigkeitstraining Ausdauer und Anzahl von Richtiglösungen gegenüber der Unwichtigkeitsbedingung (hohe Kurve im linken oberen
Quadranten der Figur 7-2). Bei den Probanden mit viel Hilflosigkeitstraining
hingegen ergaben sich desto weniger Richtiglösungen, als je wichtiger die
Aufgabe bezeichnet worden war (tiefe Kurve im rechten unteren Quadranten
der Figur 7-2). Ebenfalls in Übereinstimmung mit dem Modell waren die Er-

gebnisse der Nachbefragung über Motiviertheit, Müdigkeit, Ärger, selbstattribuierte Kompetenz und Einstellung gegenüber dem Experimentator.

Den Abfall der Reaktanz mit wachsender Mißerfolgsserie konnten auch Baum & Gatchel (1981) sowie Stiensmeier (1985a und 1986, Studie 3) nachweisen. Weitere Untersuchungen zur Steigerung der kausalattributiven Aktivität als eine Form der Reaktanz nach Kontrolleinbuße stammen von D'Agostino & Pittman (1982), Pittman & D'Agostino (1985) und Swann, Stephenson & Pittman (1981).

Mikulincer (1988) meldete ebenfalls Befunde, die mit dem Wortman-Brehm-Modell in Einklang stehen. Er ließ junge Studierende (undergraduates) unlösbare Anagramme bearbeiten. Nach erfolglosem Versuch an einem Anagramm zeigten Probanden mit internalem Attributionsstil mehr Frustration und Ärger und auch bessere Leistungen in nachfolgenden Tests als die Probanden mit externalem Attributionsstil (gleiche Ergebnisse fand Stiensmeier, 1985b und 1986, gleich in drei Studien). In der Bedingung mit vier unlösbaren Anagrammen zeigten die Probanden mit internalem Attributionsstil jedoch stärkere Gefühle der Inkompetenz und in nachfolgenden Tests schlechtere Leistungen als die Probanden mit externalem Attributionsstil. Die Faktorenanalyse der Maße über erlebte Gefühle erbrachte eine Zweifaktorenladung, die dem Wortman-Brehm-Modell gut entspricht (Tabelle 7-1).

Tabelle 7-1
Matrix der Zwei-Faktoren-Lösung für negative Gefühle (Mikulincer, 1988, 681).

Item	Ladungen	
	Faktor 1	Faktor 2
Ärger	.34	.78
Hilflosigkeit	.85	.27
Traurigkeit	.44	.59
Frustration	.20	.86
Inkompetenz	.87	.07
Depression	.66	.19

Daß die Reaktanz vor allem dann als Folge von drohendem Kontrollverlust eintritt, wenn die Person eine hohe Meinung über die eigenen Kompetenzen hat, wurde auch sichtbar in Befunden von Wicklund & Brehm (1968), Regan & Brehm (1972), und Goldman & Wallis (1979). Ist die Kompetenzmeinung hingegen gering, verfällt die Person rascher der Hilflosigkeitsmeinung.

7.2.4 Kontrollillusion

Es scheint, daß sich Menschen oft gerne Kontrollillusionen hingeben. Wir nehmen das als einen weiteren Beleg für die Kontrollmotivation (vgl. auch Dubois, 1987).

Ellen Langer (1975) ließ Lose für $1 verkaufen. Die Probanden (= die Käufer) konnten entweder die Lose selber wählen oder erhielten ein durch den Verkäufer ausgewähltes Los. Am Tag darauf ging der Verkäufer nochmals zu den einzelnen Käufern vom Vortag und sagte ihnen, jemand würde noch gern ein Los kaufen, es seien aber keine mehr da; ob er (der Proband) willens wäre, seines weiter zu verkaufen und zu welchem Preis. Jene, die ihr Los nicht selbst ausgewählt hatten, verlangten im Durchschnitt $1.96; jene, die ihr Los hingegen selbst ausgewählt hatten, verlangten im Durchschnitt $8.67! Die zweiten glaubten also mehr an einen Gewinn, obwohl die Wahrscheinlichkeiten natürlich die gleichen waren. Ähnliche Kontrollillusionen ergaben sich, wenn das gezogene Los Buchstaben, evtl. die eigenen Initialen, statt abstrakter Symbole trug oder wenn die Probanden die Zahlen einer dreistelligen Losnummer an drei verschiedenen Tagen erhielten statt auf einmal oder wenn die Probanden genaue Vorstellungen hatten, was sie mit dem eventuellen Gewinn tun wollten, oder wenn sie schon längere Zeit Besitzer ihres Loses waren.

Strickland, Lewicki & Katz (1966; zit. nach Burger & Cooper, 1979, 388) ließen Probanden in einem Würfelspiel um Geldbeträge wetten. In einer Bedingung war die Wette vor dem Werfen einzugehen, in der andern Bedingung war die Wette nach dem Werfen, aber doch vor dem Aufdecken des Wurfes, anzugeben. Die Probanden setzten in der ersten Bedingung im Durchschnitt höhere Beträge aufs Spiel. Vermutlich fühlten sie ihre Einsätze in der zweiten Bedingung mehr dem unkontrollierten Zufall ausgesetzt. Ähnliche Befunde meldete Wortman (1975) zu einem Experiment, in dem farbige Murmeln blind aus einem Sack zu ziehen waren: Waren die Wettwerte voraus bekannt, wagten die Probanden mehr zu setzen; sie fühlten (oder erhofften) Kontrolle beim (trotz allem zufälligen) Auswählen.

Mit solchen Befunden ist nicht direkt die Wirksamkeit eines Kontrollbedürfnisses bewiesen; sie sind aber doch gut verträglich mit der Annahme, daß die Menschen Auswahlmöglichkeiten hoch einschätzen und grundsätzlich der aufgezwungenen Wahl vorziehen.

Ellen Langer (1983, 35) wies darauf hin, daß der Glaube an Kontrolle auch dann sinnvoll sein kann, wenn die Kontrollierbarkeit offensichtlich nicht vorhanden ist. Man ist ja nie sicher! Wäre plötzlich doch Kontrollierbarkeit vorhanden, hätte man vielleicht Kontrolle, wenn man sich darum bemühen würde; ist wirklich keine vorhanden, ist man auch nicht schlechter dran. Ich kann Langer zustimmen, wenn die voraussichtlich vergebliche Kontrollbemühung nicht besonders anstrengend ist und nicht von sinnvolleren Handlungen abhält. Überdies fällt es dann auch leicht, 'Mißerfolg' nicht internal zu attribuieren. Übrigens verwies Langer treffend auf den Philosophen Pascal, der so zum Verhalten gegenüber einem nicht sicher existierenden Gott argumen-

tiert hat: Existiert er, wird man besser daran getan haben, sich nach ihm einzurichten; existiert er nicht, ist auch nichts weiter verloren.

Daß Kontrollillusionen auf Kontrollmotiven basieren, läßt sich auch aus
dem schon angesprochenen Befund ablesen, daß durchschnittliche Probanden
ihre eigene Kontrolle eher überschätzen als depressive (Kapitel 6.2). So konnten Alloy & Abramson (1979; 1982) zeigen, daß Probanden, die in einem De-
pressionsfragebogen hohe Depressionswerte erhielten, ihre Kontrolle in einem Ratespiel, das teilweise zufallsgeneriert war, nach entsprechender
Spielerfahrung adäquat beurteilten. Das Gegenteil traf zu für Probanden mit
tiefen Depressionswerten, die ihre Kontrolle überschätzten, besonders dann,
wenn das erwünschte Ereignis (unkontrolliert und zufällig) relativ häufig
eintrat und wenn es besonders attraktiv war. Es kam aber auch vor, daß
Nicht-Depressive ihre Kontrolle unterschätzten, und zwar dann, wenn das zu
kontrollierende Ereignis zu ihrem Nachteil war (Verlust von Geld).

Befunde wie die hier dargestellten können als Ausfluß eines Kontrollmotivs
gedeutet werden; es gibt aber auch die Möglichkeit, sie als logische Fehler in
der Informationsverarbeitung zu verstehen (vgl. Abramson & Alloy, 1980; Osnabrügge, Stahlberg & Frey, 1985; Strack, 1988). So kann man z.B. wissen oder
feststellen, daß ein erwünschtes Ereignis häufiger auftritt, wenn man Kontrolle darüber hat, als wenn man keine Kontrolle darüber hat, und daraus den
vernünftigen, aber nicht gesicherten Umkehrschluß ziehen, daß bei häufige-
rem Auftreten eines Ereignisses die Kontrolle größer sei. Oder die Erfahrung,
daß man häufig durch Übung die Kontrolle vergrößern kann, kann zum nicht
gerechtfertigten Schluß verleiten, daß Übung die Kontrolle vergrößern muß.
Wenn man die optimistisch verzerrte Kontrollschätzung Nicht-Depressiver
mit solchen Verarbeitungsfehlern statt mit dem Wunschdenken auf der Basis
eines Kontrollmotivs interpretieren will, kommt man dennoch nicht darum
herum, zu erklären, warum Nicht-Depressive mehr solche Fehler machen als
Depressive. Dann kommt das Kontrollmotiv als Erklärungskonstrukt vielleicht doch wieder zum Zug.

7.2.5 Der Glaube an eine gerechte Welt

Lerner (1974; 1977; 1980; Lerner & Miller, 1978) hat die These aufgestellt, daß
die Menschen einen Glauben an eine 'gerechte Welt' aufrechtzuerhalten versuchen. Diese Gerechtigkeit besteht darin, daß für alles Gute und alles Böse
jemand verantwortlich ist und auch zur Verantwortung gezogen wird. Wer un-
verhältnismäßig rasch fährt, soll gebüßt werden. Wer einen Unfall verursacht, soll für den Schaden aufkommen. Je größer der Schaden ist, desto größer
soll die Wiedergutmachung sein. Andererseits: Je größer der Schaden, desto
mehr Faktoren (Personen) sind dafür verantwortlich zu machen (vgl. Kapitel
2), besonders wenn eine eindeutige Einzelverantwortung nicht ausgemacht
werden kann. Und wenn kein Verursacher zu finden ist, ist vielleicht das Opfer auch nicht ganz unschuldig.

Walster (1966) ließ Probanden für einen Unfall Verantwortungen zuschreiben. Dabei ging es darum, daß ein am Hang parkiertes Auto ins Rollen gekom-

134

men war und Schaden angerichtet hatte. Der Fahrer war nach der Meinung der Probanden in jenen Bedingungen mehr zu bestrafen, in denen der Schaden als groß angegeben worden war, als in jenen, in denen er als klein geschildert worden war (vgl. die Eltern, die ihre Kinder entsprechend dem Ausmaß des Schadens, den sie anrichten, bestrafen). Folgeuntersuchungen haben aber zeigen können, daß diese Steigerung nicht eintrat, wenn der verantwortliche Fahrer der beurteilenden Person ähnlich war. D.h. wenn die Fahrerperson und ihre Lebenssituation derjenigen der beurteilenden Person so nahe kam, daß diese damit rechnen mußte, daß ihr Gleiches passieren könnte, entstand eine Tendenz, Verantwortung abzulehnen (vgl. Wortman, 1976; Burger, 1981; Osnabrügge et al., 1985, 135).

Der Grund für solche Verantwortungszuschreibungen und Verdächtigungen ist oftmals der, daß die zuschreibende Person damit bei der Überzeugung bleiben kann, daß solche Ereignisse nicht zufällig und unberechenbar auf einen hereinbrechen. Die nicht reflektierte zynische Argumentation fällt dann etwa so aus: Wenn vergewaltigte Frauen als solche interpretiert werden, die in ihrem Unbewußten die Vergewaltigung suchen und sich entsprechend herausfordernd verhalten, dann müssen Frauen, die überzeugt sind, keine solchen heimlichen Wünsche zu haben, keine Angst haben. Sogar die Opfer mögen sich für die Zukunft sicherer fühlen, wenn sie die Verantwortung auf sich nehmen: Wenn sie sich für eine erlittene Vergewaltigung Selbstschuld einreden, versprechen sie sich gleichzeitig für zukünftige kritische Situationen mehr Kontrolle (Medea & Thompson, 1974). Eltern von schwer- oder todkranken Kindern machen sich manchmal deshalb Selbstvorwürfe, weil der Gedanke schwer zu ertragen ist, daß einen ein solches Schicksal unvorhersagbar irgendwann treffen kann (Chodoff, Friedman & Hamburg, 1964; Riedesser & Wolff, 1985). Und wenn der Blitz die Scheunen jener Bauern aufsucht, die am Sonntag Heu einbringen, dann brauchen die anderen Bauern keine Angst vor dem Blitz zu haben. Es könnte also der Wunsch nach Kontrolle sein, der solchen Verantwortungszuschreibungen Gevatter steht. Vielleicht spielt bei relativ wohlhabenden Mitbürgerinnen und Mitbürgern auch der Wunsch mit, allfällige Mitverantwortung abzuschieben, wenn sie wirtschaftliche Armut oder Arbeitslosigkeit anderer Menschen mit deren Fehlern, derer Faulheit oder einfach mit deren ungenügenden Qualifikationen erklären.

In der Theorie zu den Entwicklungsstufen der Religiosität sehen Oser & Gmünder (1984) eine zweite Stufe von der Art vor, daß Menschen überzeugt sind, mit guten Taten, Opfern, Ritualen etc. sich das Schicksal oder die Geister oder Gott wohlzustimmen. «Unglücks- bzw. Glücksfälle [werden] als Handlungen ultimaten Wirkens in dem Sinne bezeichnet, als Menschen eben zu wenig oder aber genügend geopfert, verzichtet, gebetet haben usw.» (Oser & Gmünder, 1984, 92).

7.3 Verhältnis zu anderen Bedürfnissen und Motiven

Die Übersicht über die menschlichen Bedürfnisse und Motive beschäftigt die Psychologie schon seit mehr als einem halben Jahrhundert. So hatte McDougall (1932) einen Katalog von 18 Bedürfnissen vorgeschlagen; Murray (1938) erweiterte ihn auf 27. Spätere Autoren unterschieden zuerst Klassen und darin einzelne Motive, so z.B. Lersch (1964). Maslow (1954) schlug eine Entwicklungs- und Aufbau-Hierarchie von Bedürfnissen vor. Eine Verbindung der letzten beiden Ideen verwendete Heckhausen (1974), der zunächst drei Gruppen unterschied:

(a) Biologische Bedürfnisse: Hunger, Durst, Schlaf, Sex etc.
(b) Zweckfreie und spontane, d.h. nicht erworbene Motive. Heckhausen zählte dazu vor allem die spontanen Reaktionen auf Inkongruität und verwies auf die Kreisreaktionen sensu Piaget (Kapitel 15). In diese Kategorie gehören auch die elementaren psychischen Bedürfnisse nach Information, nach Orientierung, nach sozialem Anschluß und nach Autonomie und Identität.
(c) Erlernte oder abgeleitete oder kombinierte Motive, z.B. Leistungsmotiv, Interesse an Mozart, Motiv zur Pflege seines Gartens.

Entsprechend den terminologischen Festlegungen in der Einleitung zu diesem Kapitel ist die Kategorie a mit Bedürfnis und die Kategorie c mit Motiv zu bezeichnen. Auf die Kategorie b sind beide Termini anwendbar.

Das Kontrollgrundbedürfnis resp. das Kontrollgrundmotiv reihen wir in die zweite Kategorie der Taxonomie von Heckhausen ein, nämlich zu den spontanen, phylogenetisch erworbenen, individuell nicht gelernten und in der Entwicklung zunächst einfachen Bedürfnissen: Es entspricht einem spontanen Bedürfnis, auf die Welt (zu der man sich als reflektiertes Subjekt auch zählt) Wirkung haben zu können und instrumentell etwas zur Befriedigung seiner Lebensbedürfnisse beitragen zu können. Spezifische Kontrollmotive als aus diesem Kontrollgrundbedürfnis abgeleitete Spezialisierungen ordnen wir der Kategorie c zu. Diese Kontrollbedürfnisse (jetzt besser: Kontrollmotive) sind als Manifestationen des Kontrollgrundbedürfnisses in der Folge von Lernerfahrungen an bestimmte Inhalte und Lebenssituationen gebunden.

Diese Zuordnung eröffnet die Frage nach dem Verhältnis des oder der Kontrollbedürfnisse zu den übrigen Bedürfnissen und Motiven. Wir wollen diesen Beziehungen kurz nachgehen.

7.3.1 Informationsbedürfnis

Das Informationsbedürfnis als Grundbedürfnis sichert den dauernden Informationszufluß. Dieser kann kontrolliert oder unkontrolliert ablaufen: Das Informationsbedürfnis kann mit oder ohne Kontrolle befriedigt werden. Das Umgekehrte gilt nicht, denn das Kontrollbedürfnis kann nicht ohne Information befriedigt werden. Wenn man in einer konstruktivistischen Sicht jede Informationsaufnahme auf einen aktiven Umgang mit den Dingen (und Ideen) zurückführt, dann ist das Informationsbedürfnis einfach das psychische Pendant zum elementaren Lebensprozeß des Austauschs. Tatsächlich verweisen Autoren, die dieses Informationsbedürfnis postulieren, oft auf die Freude am Manipulieren (Harlow, Harlow & Meyer, 1950) und auf spontane Informationsherstellungstätigkeiten, wenn sonst keine Information vorhanden ist (vgl. etwa Karsten, 1928; zit. nach Karsten, 1963, 284). Auch diese Austauschprozesse sind teilweise kontrolliert und teilweise nicht.

Zwar kann die Befriedigung des Kontrollbedürfnisses auch Information einbringen, aber das Kontrollbedürfnis ist auf Wirkung aus und nicht nur auf Information.

7.3.2 Orientierungsbedürfnis

Das Orientierungsbedürfnis ist eine Art Gegenpol zum Informationsbedürfnis; es kennzeichnet das Bestreben, bei Zuviel an Information Ordnung und Übersicht zu erreichen, etwa durch Vereinfachung, durch Klassifikation, durch Einschränkung, durch Prioritätensetzung (gelegentlich ist Informationsabbau nur durch vorausgehende Gewinnung anderer Information möglich). Ohne Orientierung ist Kontrolle unmöglich, und Orientierung ist immer eine gute Ausgangslage für Kontrolle entsprechend dem Konzept der hoch-effizient-divergenten Ziele nach Oesterreich (Kapitel 5.2.3).

Orientierungsbedürfnis und Kontrollbedürfnis sind miteinander eng verwandt: Das Bedürfnis nach Orientierung dient der Kontrolle, aber das Bedürfnis nach Kontrolle geht oft über die Orientierung hinaus, es ist auch das Bedürfnis nach (kontrollierter) Wirkung.

Ähnlich verhält es sich mit dem Bedürfnis nach Vorhersagbarkeit. Kontrolle ermöglicht Vorhersagbarkeit, und eine minimale Vorhersagbarkeit der Lebensbedingungen ist eine Voraussetzung für jegliche Handlungsplanung. Das gilt sogar für den Umgang mit anderen Menschen. Wir wünschen sie im allgemeinen nicht als unberechenbare Menschen. Darum versuchen wir, entweder Kontrolle über sie zu erwerben oder ihnen Kontrolle über sich selbst und ihre Welt zusammen mit einer konstanten Einstellung zuzuschreiben (vgl. z.B. Berscheid, Graziano, Monson & Dermer, 1976). Zwangshafte Menschen, aber auch charakterfeste, sog. prinzipientreue (und vielleicht ebenfalls zwangshafte) Menschen sind sehr verläßlich.

Das Kontrollbedürfnis kann sich aber nicht in einem Vorhersagbarkeitsbedürfnis erschöpfen, denn es gibt auch unerwünschte vorhersagbare Ereignisse; und sogar die erwünschten vorhersagbaren Ereignisse haben wir gelegentlich gerne selbst unter Kontrolle (vgl. Grabitz & Wittmann, 1986).

7.3.3 Bedürfnis nach sozialem Anschluß

Sozialer Anschluß ermöglicht Kontrolle verschiedener Art und noch einiges dazu. Sozialer Anschluß gibt Sicherheit, bewirkt im Sinne der systemischen Auffassung der Gruppe eine Veränderung der Gruppe (= ermöglicht Wirkung) und bringt dem Individuum Information über sich selbst ein (vgl. z.B. Cooley, 1922). Ich verstehe sozialen Anschluß als eine wichtige Voraussetzung für manche Form der Kontrolle, aber das Bedürfnis nach sozialem Anschluß und das Kontrollbedürfnis können durchaus unabhängig von einander sein.

7.3.4 Bedürfnis nach Autonomie und Identität

Das Bedürfnis nach Autonomie und Identität stellt wieder so etwas wie einen Gegenpol zum vorausgehenden, nämlich zum Bedürfnis nach sozialem Anschluß dar. Autonomie und Identität könnte man als persönlichkeitspsychologische Aspekte der Kontrolle verstehen. Vor allem auf jenen Entwicklungsstufen, auf denen Wahrnehmung der eigenen Kontrolle, Attribution auf persönliche Kompetenzen und Evaluation solcher Wahrnehmung möglich ist, stellt sich das Kontrollbedürfnis häufig genau dar als Bedürfnis nach Autonomie und Identität (nicht zufällig spricht Hausser, 1983, in seinem Buch über Identität sehr viel über Kontrolle).

Ich meine, daß Kontrolle weiter geht als Autonomie; ich verstehe Autonomie sozial und damit als relative Abwesenheit von sozialer Macht, d.h. als Negation der sozialen Kontrolle über die eigene Kontrolle. Kontrolle ist umfassender und kann sich auf irgend welche Arten von Wirkungen beziehen.

7.3.5 Leistungsmotiv

Wenn wir nach der eingangs erwähnten Taxonomie von Motiven auch noch Vergleiche mit der dritten Stufe anstellen, werden wir das Kontrollbedürfnis oder -motiv in manchen als Bestandteil wieder finden. Ich nenne hier besonders das Leistungsmotiv, das soziale Machtmotiv, das Helfermotiv und das Ordnungsmotiv.

In deutscher Sprache ist das Leistungsmotiv am intensivsten untersucht worden. Leistung bringt Veränderung, bestätigt die Leistende oder den Leistenden und dient der Auseinandersetzung zwischen Ich und Welt. Offensichtlich ist das Leistungsmotiv eine spezielle Form des Kontrollmotivs (vgl. Kapitel 16.3). So argumentieren auch Morgan & Harmon (1984, 263): «Mastery motivation and similar concepts ... have roots in an appealing belief that there is an intrinsic motive to control the environment, to master skills, and to be effective.»

7.4 Kann man Kontrolle überbewerten?

Paracelsus hatte die Idee vertreten, daß durch das Maß definiert sei, was für den Körper Medizin und was Gift sei. Analog kann man vielleicht auch zu viel Kontrolle haben, so wie man zu wenig haben kann (vgl. auch Rodin, 1986). Oder noch wahrscheinlicher: Man könnte zu einseitig und zu unersättlich nach persönlicher Kontrolle streben. Dadurch kann man sich überfordern und Kontrolle schließlich gar nicht mehr realisieren. Die paradoxe Situation, daß wir Menschen uns ein Leben lang um Kontrolle bemühen, viel davon erlangen, sie aber letztlich individuell doch verlieren und dennoch nicht glauben, allerletztlich individuell unglücklich zu werden, legt auch die Frage nahe, ob wir die Kontrolle nicht doch zu hoch einschätzen, verabsolutieren.

7.4.1 Ein Menschenbild der Macher?

Liegt der Postulierung des Kontrollgrundbedürfnisses ein einseitiges Menschenbild zugrunde? Vielleicht schon. In unserer Kultur wird tatsächlich das Wirken, Herstellen, Beeinflussen, Manipulieren sehr hoch gewertet. In einer unveröffentlichten Berliner Dissertation von E. Linden (1983; zit. nach Petermann, 1983, 219) konnten anscheinend Indikatoren für die Kulturspezifität des Kontrollbedürfnisses gefunden werden. Spence (1985) wies auf die Einseitigkeiten der westlichen (sie sagte: amerikanischen) Traditionen der Leistung und des individuellen Erfolgs hin. Im Kapitel 1 sind wir auch bereits auf mögliche Einseitigkeiten der Kontroll-Sichtweise gestoßen, etwa mit Blick auf definitive Kontrollgrenzen durch Krankheit, Umweltkatastrophen oder Tod.

In neuerer Zeit ist viel die Rede vom Stilwechsel zu unser aller Vorteil, den die stärkere Beteiligung von Frauen z.B. in der Politik, in hohen Verwaltungspositionen und im Management von Betrieben bringen könnte. In diesem Kontext werfen die Befunde von Towbes, Cohen & Glyshaw (1989) neue Fragen auf. In dieser Untersuchung wurde mit der sog. Instrumentalitätsvariablen gearbeitet, auf der anscheinend Männer höhere Werte haben als Frauen und auf der hohe Werte Jugendliche beider Geschlechter gegen ungünstige Auswirkungen von Streß besser schützen als tiefe Werte. Im Gegensatz dazu haben Frauen auf der Expressivitätsvariablen höhere Werte als Männer. Diese Variable ließ mit der erfolgreichen Streßbewältigung keinen Zusammenhang erkennen. Haben wir uns eine Welt eingerichtet, in der es 'besser' ist, männlich zu sein?

Ich meine, daß die Stärke, das Gewicht sowie die Ausprägungsformen des Kontrollgrundbedürfnisses kulturspezifisch sind, wahrscheinlich aber nicht sein Vorhandensein. Mein Verständnis der Kontrolle ist so basal und so direkt mit der Grundsituation des Menschen in einer Welt, mit der er interagiert, verbunden, daß ich mir kein vertretbares Menschenbild vorstellen kann, in dem das Kontrollgrundbedürfnis fehlte. Aber eben, auch ich bin einer Kultur verpflichtet... Malinowski, der viele Kulturen kannte, wenn er auch selbst dem westlichen Kulturkreis angehörte, soll einmal geschrieben haben, daß die Glaubenssysteme sog. primitiver Völker Ausdruck einer «desperate affirmation of their capacity to master the world» seien (Malinowski, 1955; zit. nach Langer, 1983, 32).

Eine eindrückliche Illustration der Bedeutung des Kontrollgrundbedürfnisses in unserm Leben gibt ein Schauspiel von Brian Clark, wie Hausser (1983, 96-99) es beschreibt; dieses Stück demonstriert auch, daß das allgegenwärtige Kontrollgrundbedürfnis allein nicht schon die Postulierung eines Menschenbilds der Macher rechtfertigt.

Am 6. März 1978 wurde im Mermaid Theatre in London das Schauspiel 'Whose life is it anyway?' des Schriftstellers Brian Clark uraufgeführt. Der Titel der deutschen Fassung des Stückes lautet: 'Ist das nicht mein Leben?', wobei 'mein' zu betonen ist (Clark, 1979). Es geht um das Verfügungsrecht eines Menschen über sein eigenes Leben, also auch über seinen Tod. Identitätspsychologisch ausgedrückt handelt das Stück von der Kontrollmotivation eines Menschen über einen höchst bedeutsamen und betroffen machenden Gegenstand - darüber, nach eigenem Ermessen zu sterben oder weiterzuleben. Das Stück spielt an verschiedenen Orten in und bei einem Krankenhaus, die nach Clarks Anweisung allesamt neben- und übereinander auf einer Bühne realisiert sind. Ortswechsel heißt also lediglich Scheinwerferwechsel. Dies verdichtet Ablauf und Wirkung des Stücks auf den Zuschauer erheblich.

Ken Harrison, Bildhauer und Dozent an einer Kunstakademie, erwacht nach einem schweren Unfall und findet sich in einem Klinikbett wieder. Diagnose: Querschnittlähmung im Halsbereich. Kens Alltag im Krankenhaus ist von totaler Versorgungsabhängigkeit gekennzeichnet: Krankenschwestern und Krankenpfleger füttern ihn mit Essen und flößen ihm Getränke ein, nehmen Darmeinläufe vor und entnehmen Urin durch einen Katheterabfluß, rasieren ihn, säubern, pflegen und waschen seinen Körper. Seine vegetativen Funktionen wie Herz-, Lungen- und Nierentätigkeit werden laufend apparativ überwacht. Ken ist damit nicht nur berufsunfähig geworden, sondern ein schwerer Pflegefall obendrein. Mit Ausnahme der Augen-, Gesichts-, Hals- und Gaumenmuskulatur ist er bewegungsunfähig. Seine Sexualität ist auf Gedanken beschränkt, die er hier und da recht ironisch und sarkastisch gegenüber der Schwesterschülerin und der Assistenzärztin äußert. Ironisieren ist überhaupt Kens rein äußerliche Bewältigungsstrategie.

Das Stück setzt sechs Monate nach dem Unfall, also nach sechs Monaten Krankenhaus für Ken, ein. Bei der Visite eröffnet ihm Chefarzt Dr. Emerson auf sein insistierendes Fragen hin: Die Krankheit ist unheilbar. Man wird Ken in Kürze in ein Pflegekrankenhaus verlegen. Der Grad seiner Pflegebedürftigkeit wird sich Zeit seines Lebens nicht verbessern. Ken bedankt sich für die Ehrlichkeit des Mediziners. Identitätspsychologisch heißt dies alles: Ken kann sich seine Krankheit erklären - der Unfall -, er kann den weiteren Krankheitsverlauf vorhersehen - eine Heilung, auch nur eine Besserung ist ausgeschlossen -, und er kann ebenso wie die Ärzte nichts daran beeinflussen. Seine zunehmende psychische Unruhe allerdings halten sie mit Valium im Zaum.

Es verwundert nicht, daß sich eine derart massive Lebensbeeinträchtigung, die auch in der Zukunftsperspektive von Ken als absolut unbeeinflußbar angesehen werden muß, hochgradig generalisiert als global-stabile Kontrollüberzeugung der Unbeeinflußbarkeit. Dies gilt ebenso für das Personal im Umgang mit Ken. Ken zur Assistenzärztin: 'Ich bin gelähmt, und Sie sind hilflos. Und für einen mitfühlenden Menschen, noch dazu für einen Menschen, der Mitgefühl in Taten umsetzen möchte, ist diese Hilflosigkeit schwer zu verkraften. Das einzige, was Sie tun können, Sie können verhindern, daß ich nachdenke und... Sie beunruhige. Also bekomme ich die Pille und Sie Ihre Ruhe.' Einen Hauch von personaler Kontrolle im Alltag erringt Ken, indem er sich gegenüber der Assistenzärztin gegen das Valium wehrt: 'Gut, dann schlucken Sie die Pille, wenn Sie eine Beruhigung brauchen, ich schlucke sie nicht' - und sich momentan durchsetzt.

Am selben Tag - nach einem Konflikt unter den Ärzten - verabreicht der Chefarzt Ken entgegen dessen Protest eine Valiumspritze mit erhöhter Dosis. Dabei eröffnet ihm Ken: 'Ich habe mich entschlossen, nicht weiterzuleben.' Dr. Emerson bestreitet sofort auch dieses Kontrollansinnen: 'Das können Sie gar nicht entscheiden. Sie stehen unter einer Depression.' Ken am nächsten Morgen ironisierend zur Stationsschwester: 'Ich bin nicht einmal in der Lage, mich selber umzubringen.' Eine Sozialhelferin, die Ken auf das Training mit der Lesemaschine vorbereiten will, hat die Offenheit, ihm die Norm der Institution ins Gesicht zu sagen: 'Ein Krankenhaus hat die Aufgabe, Leben zu bewahren, nicht, es aufzugeben.' An diesem Tag hat Ken einen Erregungsanfall und kommt unter die Sauerstoffmaske. Seine Verlobte bittet er ausdrücklich, ihn nicht mehr zu besuchen.

Ken gibt nicht auf. Er läßt den Rechtsanwalt Philip Hill ans Krankenbett rufen und beauftragt ihn, durch einen Gerichtsprozeß durchzusetzen, daß man ihn sterben läßt, wo ihm selbst die äußerste Kontrollmöglichkeit, Hand an sich zu legen, genommen ist. Mr. Hill erweist sich für Ken als der erste beeinflußbare Mensch im Hinblick auf seinen Sterbenswunsch.

Nun setzt ein zähes Ringen ein. Der Chefarzt greift zum äußersten Mittel und erklärt Ken schriftlich - gemäß dem Mental Health Act von 1959 bei Gegenzeichnung durch einen externen ärztlichen Kollegen - für geisteskrank und unzurechnungsfähig. Damit gilt der Patient als willenlos und gefangengenommen. Die Assistenzärztin vertraut Ken an, daß sie auf seiner Seite stehe, ihn aber auf keinen Fall auf Verlangen töten werde. Ein Gerichtsbevollmächtigter eröffnet Ken, daß er bei Entfernen des Katheters nach ca. einer Woche an Vergiftung sterben würde. Ken nimmt dies mit Ironie zur Kenntnis und betreibt weiterhin den Prozeß.

Das Gericht setzt den Prozeß wegen des besonderen Falles im Krankenzimmer an. Psychiater treten auf mit gegensätzlichen Gutachten. Ken erklärt dem Richter: 'Die Grausamkeit besteht nicht darin, daß man jemand rettet oder daß man ihn sterben läßt, sondern sie besteht darin, daß man dem, den es betrifft, das Recht der freien Entscheidung nimmt. – Es ist eine Frage der menschlichen Würde. Sehen Sie mich an: Ich bin zu nichts mehr fähig, nicht zu den primitivsten Verrichtungen. Ich kann nicht einmal urinieren. Ich bin ständig an den Katheter angeschlossen. Alle paar Tage werde ich durchgespült. Alle paar Stunden müssen mich zwei Schwestern wenden, weil ich mich wundliegen und verfaulen würde. Nur mein Gehirn funktioniert noch, aber auch das ist sinnlos, weil ich nicht ausführen kann, was immer es beschließt. Diese Verhandlung beweist es.' Der Richter erwägt für sich: 'Die Rechtslage ist ziemlich klar. Der Entschluß, eine Handlung zu begehen, die unweigerlich zum Tode führen muß, ist nicht ipso facto der Beweis für eine Geisteskrankheit. Wäre dem so, verdienten viele Soldaten statt einer posthumen Tapferkeitsmedaille ein unehrenhaftes Begräbnis. - Mr. Harrison macht auf mich den Eindruck eines tapferen und durchaus beherrschten Mannes, der sich im Vollbesitz seiner geistigen Kräfte befindet. Wie sehr wir auch seine Entscheidung bedauern mögen, das Gesetz erlaubt nur, uns darüber hinwegzusetzen, wenn er klar erkennbar vernünftiger Entscheidungen unfähig ist. Ich werde deshalb die Verfügung treffen, ihn freizulassen.'

Nach dem Urteil eröffnet der Chefarzt Ken in Anwesenheit der Assistenzärztin, auf seinen Wunsch hin könne nun jederzeit die Behandlung abgebrochen, Katheter und Tropf entfernt und die Ernährung eingestellt werden. Daraufhin äußert Ken den Wunsch, in diesem Krankenhaus zu bleiben.

Der Vorwurf, insgeheim einem Menschenbild der Macher zu frönen, kann nicht einfach mit dem Hinweis darauf begründet werden, daß kein Mensch ohne Kontrolle auskommt; vielmehr erhebe ich ihn dort, wo vor allem Kontrolle und maximale Kontrolle zu jedem Preis angestrebt wird. Macher sind wir vielleicht auch dann, wenn wir unsere Kontrolle überschätzen und uns auf Unternehmungen einlassen, die wir schließlich nicht verantworten können. Einen interessanten Hinweis auf diesen Verdacht hat Grob (1990) gefunden. Er untersuchte die Abhängigkeit des sog. umweltgerechten Verhaltens und fand anhand eines LISREL-Modells von vier Hauptprädiktoren zwei besonders indikativ, nämlich die sog. persönliche Philosophie (bestehend aus Werthaltungen und der Bereitschaft, sie zu hinterfragen) und die persönliche Betroffenheit (bestehend aus affektivem Reagieren gegenüber Umweltzuständen und Diskrepanzwahrnehmungen zwischen idealem und tatsächlichem Verhalten). Nur eine sehr geringe Beziehung bestand zum Umweltbewußtsein (bestehend aus umweltrelevantem Wissen und Umweltwahrnehmung). Ein Summenmaß von Kontrollmeinungen zu verschiedenen persönlichen und gesellschaftlichen Lebensbereichen zeigte gar einen deutlich negativen Zusammenhang zu umweltgerechtem Verhalten. Jene Menschen, die sich viel Kontrolle zumuten (zu Recht oder nicht), haben auch eine Tendenz, sich stärker zu Lasten der Umwelt zu verhalten. Kontrolle kann auch rücksichtslos ausgeübt werden!

7.4.2 Selbstüberforderung durch Kontrollstreben

Kontrolle zu haben, gibt Menschen Verantwortung auf; es stellt sie vor die subjektive Verpflichtung zu handeln, um die Kontrolle, die sie haben, wahrzunehmen. Um nicht zu viele oder zu schwere Verpflichtungen zu haben, blenden manche Menschen Kontrolle aus ihrem Bewußtsein aus, z.B. im politischen Bereich oder im unmittelbaren sozialen Bereich (Grob, 1990). Daß solcher Verzicht auf Kontrolle mitunter auch sinnvoll sein kann, ersieht man aus den Wirkungen des Gegenteils: Es gibt Menschen, die sich psychisch oder gar physisch dadurch Schaden zufügen, daß sie zu viel Kontrolle anstreben und dann auch wahrnehmen.

Eine solche Tendenz haben sog. A-Persönlichkeitstypen nach der Definition von Friedman & Rosenman (1959; vgl. Kapitel 6.5), die im Gegensatz zu Typ-B-Persönlichkeiten besonders ehrgeizig, wettbewerbsorientiert, aggressiv und ungeduldig sind. Typ-A-Personen lassen sich von Herausforderungen leicht aktivieren, richten an sich selbst hohe Anforderungen und stehen häufig unter Zeitdruck. Typ-A-Personen erleiden häufiger Herzinfarkte als Typ-B-Personen (Smith & Anderson, 1986) und erbringen ihren hohen Einsatz offensichtlich teilweise auf Kosten ihrer eigenen Gesundheit (vgl. Lazarus & Folkman, 1984, 72-74). Interessanterweise ist Typ-A-Verhalten korreliert mit hoher internaler und geringer externaler Kontrolle (Feather & Volkmer, 1988).

Daß Typ-A-Persönlichkeiten besonders ausgeprägte Kontrollbedürfnisse haben, mag sich auch darin wiederspiegeln, daß sie auf Kontrollverlust stärker mit Streß-Symptomen reagieren als Typ-B-Persönlichkeiten (Glass, 1977, 1983; Pittner, Houston & Spiridigliozzi, 1983; Strube & Werner, 1985; Dyck, Hoser & Janisse, 1987; alle zit. nach Klonowicz & Zawadzka, 1988,3).

Zusammenfassung

Dem Menschen ein Kontrollgrundbedürfnis zu unterstellen, entspricht dem Bild des Menschen in einer Welt, mit der er Austausch pflegen muß, die ihm aber nicht immer gefällig ist.

Dieses Kontrollgrundbedürfnis ist angeboren, es manifestiert sich in Form von vielfältigen Kontrollbedürfnissen, die auf bestimmte Inhalte und Ziele ausgerichtet sind. Die Kontrollbedürfnisse sind gelernte, spezifische Formen des Kontrollgrundbedürfnisses.

Aus der Erfahrung des Menschen, daß für seine Ziele immer wieder neuartige Kontrollhandlungen nötig werden, richten sich die Kontrollbedürfnisse häufig nur auf die Erlangung oder Bewahrung einer kontrolloptimalen Ausgangslage und weniger auf eine damit mögliche Wirkhandlung und ihr Ziel per se.

Ähnliche Konzepte sind in der Psychologiegeschichte von anderen Theoretikern formuliert worden, z.B. «Causalbedürfnis» (K. Groos), «Funktionslust» (K. Bühler), «instinct to master» (I. Hendrick), «Streben nach Überlegenheit» (A. Adler), «Effektanzmotiv» (R.W. White), «Bedürfnis, ein sog. origin zu sein» (R. DeCharms), «causality pleasure» (J.R. Nuttin), «Kontrollmotivation» (K. Hausser) und «Kontrollstreben» (R. Oesterreich).

Daß Menschen oft lieber kritische Information über ihre eigene Leistungsfähigkeit haben als die sichere Meisterung einer leichten Aufgabe, ist ein Indikator für die Existenz eines Kontrollbedürfnisses.

Wenn Menschen sich gegen die Behinderung ihrer Zielhandlungen und gegen die Einschränkung ihrer Freiheit heftig zur Wehr setzen, nennt man das Reaktanz. Die Behinderung der Kontrolle führt meistens erst zu Reaktanz und erst später – bei anhaltender Kontrollbehinderung – evtl. zu Hilflosigkeit.

Menschen gehen mit Zufallsereignissen, z.B. mit Lotterielosen, oft so um, als ob sie darauf einen Einfluß hätten; das nennt man illusorische Kontrolle. Solche Illusionen sind meist harmlos: sie können tragisch werden, wenn Menschen «im Glauben an eine gerechte Welt» für unschuldig erlittene Unfälle, Krankheiten, Vergewaltigungen etc. Schuld auf sich nehmen. Sie tun es vielleicht deshalb, weil sie dann für die weitere Zukunft eine illusionäre Kontrollmeinung aufrechterhalten können.

Die Befriedigung der Kontrollbedürfnisse setzt Information und Orientierung voraus, aber das Kontrollbedürfnis geht über das Informations- und über das Orientierungsbedürfnis hinaus, weil es auf Wirkung abzielt. Das Bedürfnis nach Autonomie und Identität sowie die Leistungs- und Machtmotive sind spezielle Kontrollbedürfnisse resp. –motive.

Die kulturspezifischen Ausprägungen des Kontrollgrundbedürfnisses berechtigt zum Verdacht, daß das Menschenbild der westlichen Zivilisation ein Menschenbild der Macher ist. Das ist aber nur durch die konkreten Kontrollbedürfnisse bedingt, nicht durch das Kontrollgrundbedürfnis an sich.

Seminarliteratur

- Ein Klassiker zum Kontrollmotiv: White (1959).
- Zur Reaktanz: Wortman & Dintzer (1978), Mikulincer (1988).
- Zur Kontrollillusion: Langer (1975).
- Zur Kritik am Kontrollmotiv: Rodin, Rennert & Solomon (1980).

8. Sekundäre Kontrolle

8.1 Begriff

In der naiven Rezeption der Seligman'schen Versuche glaubten viele, daß Menschen, denen Kontrolle versagt wird, in Hilflosigkeit und gar Depression verfallen. Im letzten Kapitel haben wir aber gesehen, daß die Menschen ihre Kontrollansprüche nicht so leicht aufgeben. Oft bäumen sie sich auf, versuchen es nochmals und trotzdem und strengen sich noch mehr an. Wortman & Brehm (1975) haben deshalb ein Zweistufenmodell für den Fall des Kontrollverlusts vorgelegt, das Reaktanz–Hilflosigkeits–Modell (Kapitel 7.2.3.3).

Es ist wahrscheinlich, daß auch dieses Zweistufenmodell für viele Fälle zu einfach ist resp. daß zwischen Reaktanz und Hilflosigkeit oft noch eine Reaktionsklasse vorkommt, die sozusagen vor Hilflosigkeit schützt, nämlich die sog. sekundäre Kontrolle. Ein entsprechendes erweitertes Modell wurde von Flammer (1985; Flammer, Züblin & Grob, 1988) vorgelegt; es integriert einen Vorschlag von Rothbaum, Weisz and Snyder (1982), die zusätzlich zum geläufigen Kontrollkonzept ein Konzept der sekundären Kontrolle geprägt haben.

Der Begriff der *sekundären Kontrolle* baut, wie der Name andeutet, auf den gängigen Konzeptualisierungen von Kontrolle auf, nunmehr *primäre Kontrolle* genannt. Der Kern des Anliegens von Rothbaum et al. besteht darin, daß der Verlust von (primärer) Kontrolle nicht ohne weiteres gleichzusetzen ist mit

Kontrollverlust und damit der Basis von Hilflosigkeit. Vielmehr unterstellen die Autoren, daß viele Individuen in vielen solchen Fällen auf sog. sekundäre Kontrollversuche rekurrieren. Damit ist gemeint, *daß bei der Unmöglichkeit, die Welt nach eigenen Wünschen zu verändern, die Möglichkeit gesucht und genutzt wird, sich selbst resp. seine Ansprüche so zu verändern, daß das Verhältnis Individuum–Welt befriedigend ist oder wird.* Die Kriterien für ein solches 'befriedigendes Verhältnis' sind subjektive, nämlich genau die, die im betreffenden Individuum gegebenenfalls aktuell sind.

8.2 Typen sekundärer Kontrolle

Rothbaum et al. (1982) unterschieden vier Typen sekundärer Kontrolle, nämlich:

- Prädiktive sekundäre Kontrolle: Verzerrte oder angepaßte Vorhersage dient der Vermeidung von Enttäuschungen.
- Illusorische Kontrolle: Der Glaube, daß man auf der Seite des glücklichen Zufalls steht.
- Vikarisierende Kontrolle: Identifikation mit den Kontrollinhabern.
- Interpretative Kontrolle: Uminterpretation der eigenen Ansprüche so, daß sie durch die gegebene Realität erfüllt sind.

8.2.1 Prädiktive Kontrolle

Prädiktive Kontrolle wird vor allem von Menschen mit geringem Selbstvertrauen und von Mißerfolgsängstlichen eingesetzt. Sie besteht darin, daß man hohe Erwartungen gar nicht aufkommen läßt und sich so vor Enttäuschung schützt. Wessen Stellenbewerbungen immer wieder abgelehnt worden sind, rechnet schon gar nicht mehr mit Erfolg auf die nächsten Bewerbungsschreiben; wer immer wieder umsonst auf die Kunst eines neuen ärztlichen Spezialisten gehofft hat, nimmt seine Hoffnungen beim nächsten Mal vielleicht von Anfang an zurück. Mißerfolgsängstliche richten oft die Situationen entsprechend ein, damit weder für sie selbst noch für die Umstehenden Mißerfolg sichtbar wird: Sie wählen – wenn sie können – nur sehr leichte (= erfolgssichere) oder sehr schwere Aufgaben (bei denen Mißerfolg entschuldbar ist; vgl. Atkinson, 1957; 1964; Weiner, 1978).

Prädiktive sekundäre Kontrolle besteht aber nicht eigentlich darin, Prüfsituationen zu vermeiden, sondern in der zugrunde liegenden Strategie, keine enttäuschbare Hoffnung aufkommen zu lassen und keine unvorhersagbaren Enttäuschungen zu riskieren. Es gibt tatsächlich eine ganze Reihe von Befunden dazu, daß Menschen unangenehme Ereignisse leichter ertragen, wenn ihr Eintreten vorweggenommen werden kann (vgl. Rothbaum et al., 1982, 15, sowie Kapitel 6.6).

8.2.2 Illusionäre Kontrolle

Die illusionäre Kontrolle besteht darin, daß man sich doch Kontrolle einbildet, wo man eigentlich weiß, keine Kontrolle zu haben. Wir haben in Kapitel 7.2.4 Untersuchungen von Langer (1983) kennengelernt, in denen Menschen eindeutige Zufallsereignisse doch nicht dem Zufall zugestehen wollten. Wenn wir Lose kaufen, wollen wir sie entweder selbst auswählen oder einer von uns ausgewählten Person zur Auswahl überlassen. Es gibt Leute, die glauben an eine persönliche Glückszahl.

Rothbaum et al. (1982, 18-19) verwiesen auf Untersuchungen, die sich so interpretieren lassen, daß Personen mit bevorzugt externaler Ursachenattribution mehr an ihre Macht über den Zufall glauben als Personen mit bevorzugt internaler Ursachenattribution. So zeigen die Externalen z.B. mehr Reaktanz auf ungünstige Zufälle und haben bei glücklichen Ereignissen eine stärkere Tendenz als die Internalen, sich als Glücksmenschen zu bezeichnen.

8.2.3 Vikarisierende Kontrolle

Während indirekte Kontrolle darin besteht, andere Menschen zu kontrollieren und so ihre Kontrolle nutzbar zu machen (z.B. einen mächtigen Politiker überzeugen oder jemand zu erpressen), besteht vikarisierende Kontrolle in der bloßen Vorstellung, an der Kontrolle anderer teilzuhaben oder davon zu profitieren. Rothbaum et al. (1982) sprachen von Identifikation (erlebbar etwa beim Lesen von Memoiren mächtiger Politiker oder von Berichten über Filmstars oder glückliche Bräute und Mütter an Königshöfen), Selbsterniedrigung und Unterwürfigkeit (man ist stolz auf den, dem man gehorcht).

8.2.4 Interpretative Kontrolle

Die interpretative Kontrolle oder die Kontrolle durch Uminterpretation besteht darin, daß man die Realität so umdeutet, daß man sich wenigstens hernach primäre Kontrolle attribuieren kann. Das sieht man z.B. häufig bei Verunfallten. Bulman & Wortman (1977) berichteten über Unfallgelähmte, die sich alle die Frage stellten, warum es gerade sie getroffen hatte. Und alle hatten eine Erklärung dafür, z.B. Schicksal, Gott, Strafe, Chance für eine Neuorientierung. Vielen von ihnen gab die Erklärung Sinn und Mut für die Zukunft.

Wenn die Menschen ihre bisherige Biographie durchdenken, finden sie manches, das sie eigentlich nicht gewollt hatten, das aber nun doch sein Gutes gehabt habe; oft sieht man nachträglich am Unglück vor allem die vorteilhaften Seiten («felix culpa» nach Augustinus). Das heißt: Auch wenn man es wissentlich nicht wollte, so wollte man es letztlich doch; man wollte ja sein Bestes und freut sich, daß man es von sich aus oder in Verbindung mit Gott und anderen guten Mächten 'letztlich doch richtig' gemacht hat.

Rothbaum et al. (1982) unterstellten, daß die interpretative Kontrolle mit jeder anderen sekundären Kontrolle irgendwie zu tun hat. Ich glaube auch, daß die sekundäre Kontrolle in jedem Fall auch eine interpretative Kontrolle ist. Im folgenden konzentriere ich mich deshalb vor allem auf diesen Typ sekundärer Kontrolle.

8.3 Sekundäre Kontrolle haben, sekundäres Kontrollieren, sekundäre Kontrollmeinung

Die logische Unterscheidung 'Kontrollieren' – 'Kontrolle haben' – 'Kontrollmeinung', wie ich sie in Kapitel 5 für die primäre Kontrolle eingeführt habe, ist auf die sekundäre Kontrolle nicht ohne weiteres anwendbar. Genau genommen ist das, wovon in diesem Kapitel im Anschluß an Rothbaum et al. (1982) die Rede ist, 'sekundäres Kontrollieren', d.h. das tatsächliche Bewältigen einer aufgetretenen Schwierigkeit (was Lazarus & Folkman, 1984, 170-171, mit 'coping' bezeichneten; vgl. 8.4.6). Das 'Sekundäre-Kontrolle-Haben' (= die Möglichkeit zur sekundären Kontrolle) ist zwar auch ein denkbares Phänomen, aber praktisch wenig wichtig, weil es ja im allgemeinen leicht ist, eine 'mißlungene Situation' umzudeuten und ins Positive, wenigstens ins scheinbar Positive, zu wenden. Von jemandem zu sagen, daß er sekundäre Kontrolle 'hat', würde heißen, ihm oder ihr zuzutrauen, immer noch wenigstens eine billige Ausrede, eine Entschuldigung vorbringen zu können, wenn er oder sie will.

Auf den ersten Blick ebenso unbedeutend ist die exakte Rede von der Sekundär-Kontroll-Meinung. Wenn es schon leicht ist, eine Umdeutung eines Mißerfolgs vorzunehmen, dann sollte die eigene Meinung, daß man das kann, ebenfalls bedeutungslos sein. In der konkreten Situation liegt die Schwierigkeit allerdings darin, daß man selbst auch noch an die Uminterpretation, an den guten Kern des Unglücks glauben muß. Es ist vielleicht leicht, eine optimistische Formulierung zu finden, aber weniger leicht, sie ernst zu nehmen resp. eine realistisch erscheindende optimistische Formulierung zu finden. Wenn man diesen Anspruch dazu erhebt, dann ist die Sekundär-Kontroll-Meinung nichts Banales. In generalisierter Form stellt sie dann so etwas wie einen Lebensoptimismus dar, eine Überzeugung, daß 'es' einem letztlich doch nicht schlecht ergehen wird, daß einen am Ende eine gute Ordnung, eine 'Vorsehung' trägt. Paradoxerweise könnte aber gerade eine solche Haltung die Sekundär-Kontroll-Meinung in den Hintergrund drängen: Wenn man auch im Mißlingensfall nicht gleich verloren ist, dann darf man ja etwas wagen, dann kann man sich ja etwas zutrauen und braucht sich mit dem Mißlingen voraus gar nicht auseinanderzusetzen.

8.4 Abgrenzungen der sekundären Kontrolle

Inwiefern ist sekundäre Kontrolle überhaupt noch 'Kontrolle'? Sie ist es nur noch in einem generelleren Sinn, indem sie wie die primäre Kontrolle die Übereinstimmung zwischen den Ansprüchen oder Anliegen des Individuums einerseits und der 'Gegen-ständlichkeit' der Realität andererseits sichert; verschieden sind die Mittel zur Herstellung dieser Übereinstimmung. In diesem speziellen Zusammenhang wird 'Kontrolle' damit zu einem Oberbegriff, der entsprechend verschieden ist vom üblichen Begriff der (primären) Kontrolle. Im Zentrum stehen hier nicht mehr Manipulation, Können, Wirkungserfahrung, sondern Übereinstimmung, Koordination und Zufriedenheit. Entsprechend interpretierten Rothbaum et al. (1982) das Kontrollmotiv um: «Das Motiv, Kontrolle zu haben kann sich nicht nur in offensichtlich kontrollierendem Verhalten äußern, sondern in subtiler Form auch in Verhalten, das nicht kontrolliert» (Rothbaum et al., 1982, 7; Übersetzung durch A.F.). Die Autoren waren sich dieser Uminterpretation bewußt, relativierten aber auf S. 10 wie folgt: «Ob man den Terminus 'Kontrolle' verwendet, wenn der sekundäre Prozeß vorherrscht, ist nicht ausschlaggebend. Entscheidend ist, wie die beschriebenen Attributionen und Verhaltensweisen am treffendsten erklärt werden können. Wir halten dafür, daß diesen Attributionen und Verhaltensweisen ein mächtiges Motiv zugrundeliegt, mit der Umgebung in Passung zu sein» (Übersetzung durch A.F.).

Rothbaum et al. (1982) gaben viele und plausible Belege für die Statuierung des Begriffs der sekundären Kontrolle resp. für die Unterstellung entsprechender spezieller Kontrollprozesse; und dennoch stellen sich nach der Lektüre noch Fragen nach der genauen Definition und nach der Absetzung (= 'De-finition') gegenüber verwandten Konzepten. Das bleibt auch nach der Lektüre des Folgeartikels von Weisz, Rothbaum & Blackburn (1984a) und der Diskussion durch Azuma (1984), Kojima (1984) und Weisz, Rothbaum & Blackburn (1984b) so. Im folgenden sollen einige der zu klärenden Unterscheidungen thematisiert werden, nämlich die Unterschiede zur primären Kontrolle, zur indirekten Kontrolle, zu Kontrollverlust resp. Kontrollverzicht, zum Zielwechsel, zu den vielzitierten Abwehrmechanismen und den sog. Bewältigungsstrategien.

8.4.1 Sekundäre Kontrolle und primäre Kontrolle

Sekundäre Kontrolle ist nicht immer leicht von primärer Kontrolle zu unterscheiden. Diese Schwierigkeit wurde auch von Rothbaum et al. (1982) mehrfach angesprochen. Nach diesen Autoren unterscheidet sich die (interpretative) sekundäre Kontrolle von der primären Kontrolle dadurch, daß die primären Kontrollprozesse im «Versuch [bestehen], Probleme so zu verstehen, daß sie lösbar oder irgendwie meisterbar sind. Aktives Verhalten und Attributionen auf eigene Anstrengung und Fähigkeit sind wahrscheinlich. Sekundäre (interpretative) Prozesse bestehen im Versuch, Probleme so zu verstehen, daß sie sinnvoll sind und akzeptiert werden können. Passives, zurückhaltendes und unterwürfiges Verhalten und Attributionen auf ernsthaft beschränkte Fähigkeiten, auf Zufall und auf mächtige Andere sind wahrscheinlich» (Rothbaum et al., 1982, 12; Übersetzung durch A.F.).

Das kritische Merkmal ist immer das, daß mit der primären Kontrolle die extraindividuelle Welt und mit der sekundären Kontrolle die intraindividuelle Welt manipuliert wird, in beiden Fällen zum Zweck einer befriedigenden

Passung zwischen extra- und intraindividueller Welt. Das ist theoretisch akzeptabel, aber in der Operationalisierung nicht immer einfach. Wenn z.B. ein mißerfolgsängstliches Individuum eine sehr schwierige, d.h. aussichtslose Leistungsaufgabe auswählt, um die zu enttäuschende Erfolgserwartung gar nicht erst aufkommen zu lassen: Kontrolliert es dann die externe Welt oder die interne? Ich meine: beide.

Auch Rothbaum et al. (1982) begegneten diesem Problem der Verhängtheit beider Prozesse, denn sie gestanden in ihrem sog. Zwei-Prozeß-Modell – analog der Assimilations-Akkommodations-Unterscheidung – die Möglichkeit einer Kombination von beiden Prozessen von Anfang an zu: «Keiner von beiden Prozessen existiert in reiner Form; häufig sind beide Prozesse miteinander verhängt, so wie wenn Personen miteinander Kompromisse aushandeln... Häufig besteht ein Schwanken zwischen den beiden Prozessen, so wie wenn Personen im Umgang mit einer physischen Behinderung mal versuchen und mal aufgeben... Die Unterschiede zwischen primärer und sekundärer Kontrolle sind so Unterschiede der Betonung» (1982, 8). Und: «Optimale Adaptation ist definiert als Koordination von primärer und sekundärer Kontrolle» (S. 8). Die Frage bleibt nun, wie genau diese «Betonung», das Vorwiegen des einen oder des andern Prozesses erfaßt werden kann; sonst ist der empirische Gehalt des Konzepts doch null.

Zur Gegenüberstellung mit dem Begriffspaar Assimilation vs. Akkommodation nach Piaget ist zu sagen, daß das Begriffspaar primäre vs. sekundäre Kontrolle jenem nur ähnlich, aber nicht gleich ist: (1) Assimilation entspricht der primären Kontrolle insofern, als sich das Individuum dabei die Welt subjektiv 'unterwirft', sich (resp. seinen Schemata) anpaßt; aber die Assimilation ändert im Gegensatz zur Ausübung der primären Kontrolle die externe Welt nie. (2) Akkommodation ereignet sich in jedem Fall gleichzeitig mit der Assimilation und das mehr oder weniger automatisch und nicht-bewußt; sekundäre Kontrolle aber ist reaktiv und ereignet sich meist nicht leichthin und automatisch. (3) Sekundäre Kontrolle entspricht der Akkommodation nur teilweise, z.B. einigermaßen deutlich im Fall der prädiktiven sekundären Kontrolle und kaum im Fall der illusionären sekundären Kontrolle

8.4.2 Sekundäre Kontrolle und indirekte Kontrolle

So wie Ziele über die Erreichung von Subzielen angestrebt werden können, läßt sich Kontrolle über die Kontrolle von 'Kontrolleuren' realisieren. Ein ausgeprägter Fall davon ist die Kontrolle eines bestimmten Weltzustands über die soziale Kontrolle eines wirklichen Kontrollinhabers. Wir nennen solche Kontrolle indirekte Kontrolle resp. indirekte primäre Kontrolle. Sie unterscheidet sich von der vikarisierenden sekundären Kontrolle dadurch, daß letztere nur in der Identifikation mit Kontrollinhabern besteht, also nicht auf die Veränderung des externen Weltzustands gerichtet ist.

Man muß allerdings zugeben, daß solche Identifikation gelegentlich dennoch Kontrolle über eine günstige Ausgangslage für weitere Kontrolle sein kann. Ähnlich wie die prädiktive sekundäre Kontrolle, die explizit der Enttäuschungsvermeidung dient, kann auch die Identifikation die Funktion erfüllen, eine minimale Ich-Integrität für die Verfolgung späterer Ziele zu garantieren (vgl. das Konzept der hoch effizient-divergenten Konsequenzen, mit denen Oesterreich, 1981, 99, jene Ausgangspositionen bezeichnet, von denen aus möglichst viele Ziele möglichst gut kontrolliert werden können – Kapitel 5.2.3). Das kann allerdings auch nur von außen so aussehen; ob es sich um primäre oder um sekundäre Kontrolle handelt, entscheidet das tatsächliche Motiv: Enttäuschungsvermeidung als Mittel der Ich-Stärkung für spätere Zwecke eingesetzt ist primäre Kontrolle; Enttäuschungsvermeidung um ihrer selbst willen ist sekundäre Kontrolle.

Vikarisierende sekundäre Kontrolle liegt z.B. bei der Identifikation mit der siegreichen Fußballmannschaft vor, dann, wenn man sich einfach als Sieger fühlt, wenn diese siegt, aber nicht wenn man als Mitglied des Fan-Clubs seine Mannschaft mit Glocken, Fahnen und Rufen von der Zuschauertribüne aus zu besseren Leistungen anfeuert.

8.4.3 Sekundäre Kontrolle und Kontrollverlust resp. Kontrollverzicht

Mit dieser Unterscheidung setzten sich Rothbaum et al. (1982) intensiv auseinander. Sie bezeichneten nämlich ihre Auffassung als «Zweiprozeßmodell» im Gegensatz zum «Unkontrollierbarkeitsmodell» von Seligman. Während sie zugestanden, daß sekundäre Kontrolle eben häufig zeitlich auf das Mißlingen der primären Kontrolle folge (S. 8), unterschieden sie die sekundäre Kontrolle von der Kontrollaufgabe durch entsprechende Ausdauer und Anstrengung sowie durch die unterschiedliche subjektive Bewertung (S. 27). Das entscheidende Unterscheidungskriterium liegt also in den Motiven der Individuen selbst: Das sekundär kontrollmotivierte Individuum bemüht sich um eine Übereinstimmung zwischen Ansprüchen und Realität, indem es seine Ansprüche verändert; das hilflose Individuum gibt die Bemühungen zur Erfüllung der Ansprüche auf (nicht aber eigentlich die Ansprüche).

Das Kriterium der Anstrengung und Ausdauer ist aber auch nicht genügend verläßlich, ist doch die Therapie von sog. hilflosen Patienten gerade häufig gekennzeichnet durch die Schwierigkeit, überhaupt erst einmal zu neuen Kontrollerfahrungen hinzuführen (vgl. Seligman, 1975, dt. 1983, 52; Peterman, 1983, 221-223); auch Hilflose sind ausdauernd, nämlich in der Verweigerung von neuen Versuchen! Ein besseres Kriterium findet sich vielleicht in der subjektiven Bewertung: Wer sekundär kontrolliert, ist relativ zufrieden; wer hilflos ist, ist nicht zufrieden. Wer sekundär kontrolliert, gibt die ursprünglichen Ansprüche auf resp. verändert sie, und wer hilflos ist, gibt die Ansprüche nicht auf, wohl aber die Bemühungen um ihre Erfüllung.

8.4.4 Sekundäre Kontrolle und Zielwechsel

Kontrollverlust führt normalerweise nicht zu genereller Hilflosigkeit. Das Leben geht weiter, andere Kontrollmöglichkeiten bestehen oder bieten sich erst recht an. Entsprechend dem theoretischen Konzept der Anpassung der internen Welt als sekundäre Kontrolle kann man die Aufnahme irgendwelcher neuer Ziele nach dem Verlust der Kontrolle über ein bestimmtes Ziel nicht als sekundäre Kontrolle bezeichnen, wohl aber die Aufnahme eines Ziels, das vor dem bestimmten Kontrollverlust nicht sinnvoll gewesen oder doch nicht in Frage gekommen wäre. Wenn einem Individuum der Erwerb des primär angestrebten Berufs nicht gelingt und es deswegen jenen der zweiten Priorität wählt, möchten wir das nicht sekundäre Kontrolle nennen, wohl aber wenn es nunmehr die Nachteile des ersten Berufes derart betont, daß das Versagen hernach als 'gelungen' oder als ein Glück erscheint; dann liegt sekundäre Kontrolle des anfänglichen (Ober-)Ziels vor, mit der Berufsherausforderung in ein befriedigendes Gleichgewicht zu kommen. Auch hier haben wir eine Aufgabe oder Veränderung des ursprünglichen direkten Ziels vor uns.

8.4.5 Sekundäre Kontrolle und Abwehrmechanismen

Unter der Bezeichnung der Abwehr hat die Idee der sekundären Kontrolle in der Psychoanalyse eine lange und differenzierte Geschichte. Für S. Freud (1926, Ges. W. XIV, 196) ist Abwehr oder Widerstand «die allgemeine Bezeichnung für alle die Techniken ..., deren sich das Ich in seinen eventuell zur Neurose führenden Konflikten bedient.» Die Funktion der Abwehrmechanismen besteht im Schutz des Ichs gegen Triebansprüche (A. Freud, 1982, 35.).
Mit Bezug auf die Theorie der sekundären Kontrolle könnte man sagen, daß das Ich die mantifesten Treibansprüche so verändert, daß die wirklichen Triebansprüche (des Es) mit den realen Möglichkeiten kompatibel werden. Diese Zusammenarbeit zwischen Ich und Es führt zu einem raffinierten Doppelspiel: Das Ich paßt die Ansprüche an (= sekundäre Kontrolle), das Es setzt sie dennoch durch (= primäre Kontrolle).
Anna Freud (1982, 36) nennt zehn Techniken der Abwehr (vgl. auch Gleser & Ihilevich, 1969; Bell & Byrne, 1978), nämlich:

– Verdrängung
– Regression
– reaktive Ich-Veränderung (Reaktionsbildung)
– Isolierung
– Ungeschehenmachen
– Introjektion oder Identifizierung
– Projektion
– Wendung gegen die eigene Person
– Verkehrung ins Gegenteil
– Sublimierung

Alle diese Mechanismen führen zu einer Veränderung der Weltwahrnehmung durch das Ich und entsprechen insofern der interpretativen sekundären Kontrolle. Das gilt zum Beispiel für die Projektion, in der eigene Ansprüche auf eine Zweitperson übertragen werden, wodurch sie für das Ich aufgehoben sind. Das Gleiche ereignet sich mit dem Einsatz des Haupt-Abwehrmechanismus, der Verdrängung, aber auch mit den Mechanismen des Ungeschehen-machens, der Sublimierung und der Isolierung: In den 'Augen des Ichs' sind die entsprechenden Triebansprüche aufgegeben worden, es verzichtet auf dieses Stück Kontrolle und findet es gut so, es arrangiert sich also mit der Nicht-durchsetzung der Ansprüche; auf der Ebene der Gesamtpersönlichkeit, spezi-fisch auf der Ebene des Es, sind die Ansprüche aber weiterhin da, das Es strebt unter veränderten Erscheinungsformen das Ziel ihrer Befriedigung doch an.

Die vikarisierende sekundäre Kontrolle findet z.B. eine gewisse Parallele in der Identifizierung. Wenn sich das kleine Mädchen mit der Mutter identifi-ziert, tut es das nicht nur zur Versöhnung mit ihr, sondern auch um z.B. im Puppenspiel wie die Mutter ein 'Kind' zu haben und pflegen zu können; es par-tizipiert so an der Kontrolle der Mutter. Wieder: Auf der (bewußten) Ebene des Ichs verzichtet es, auf der Ebene des Es aber nicht. Es ist ein Trick des Es, dem Ich solche Formen der sekundären Kontrolle anzubieten. Das Ich fällt darauf herein und ist glücklich.

Für die illusorische sekundäre Kontrolle sehe ich weniger deutliche Paral-lelen. Vielleicht besteht eine im Ungeschehenmachen und in der Verkehrung ins Gegenteil, wenn man annimmt, daß diese sich ohne Einmischung des Ichs etwa unter dem Druck des Über-Ichs 'ereignen'. Das ist aber wenig plausibel. Eher ist es so, daß sich unter dem Druck des Ichs (das seinerseits unter dem Druck des Über-Ichs oder dem Druck der Realität stehen mag), Haß in Liebe verwandelt oder der bedrohliche Vater in Tagträumen des fünfjährigen Hans die Form eines lieben Löwen annimmt, der nur Hans gehorcht und den anderen Angst macht (A. Freud, 1982, 56-58). So kontrolliert das Kind seine Angst resp. seinen Vater subjektiv eben doch. – Noch weniger sehe ich eine Parallele zur prädiktiven sekundären Kontrolle.

Wenn man das Persönlichkeitsmodell der Psychoanalyse unterstellt, er-fährt das Konzept der sekundären (interpretativen und vikarisierenden) Kon-trolle eine interessante Differenzierung. Sekundäre Kontrolle im Sinne der Anspruchsverschiebung und der optimistischen Uminterpretation der tatsäch-lichen Lage gibt es dann nur auf der Ebene des Ichs. Auf der Ebene des Es haben wir dann keinen Verzicht auf primäre Kontrolle, sondern ein raffiniertes Ar-rangement zu seiner Erreichung auch unter erschwerten Umständen. Man könnte meinen, auf diese raffinierte Art kontrolliere das Ich die Erfüllung der Triebansprüche eben doch primär. Das trifft aber nicht zu, wenn man annimmt, daß das Ich eigentlich diese kritischen Triebansprüche wirklich nicht erfül-len möchte und sich nach Vollzug der Abwehrmaßnahmen auch in der Illusion wähnt, die Trieberfüllung verhindert zu haben.

8.4.6 Sekundäre Kontrolle und sekundäre Beurteilung im Bewältigungsprozeß nach Lazarus

Richard S. Lazarus (1966; Lazarus & Folkman, 1984; vgl. auch Folkman, 1984) bezieht sich in seinem Modell der Streßverarbeitung ausgiebig auf das Kon-zept der Kontrolle und zwar sowohl der primären als auch der sekundären Kontrolle, obwohl er diese Termini selten verwendet. Die subjektive Streßwahrnehmung entsteht nach Lazarus aus einer Diskrepanz zwischen der Situations- und Anforderungswahrnehmung (primary appraisal oder primäre Bewertung) und der Beurteilung der eigenen Möglichkeiten oder Ressourcen zur Bewältigung der Anforderungen (secondary appraisal oder sekundäre Bewertung). Die primäre Bewertung schließt entsprechend unserer Terminologie auch die Beurteilung der Kontrollierbarkeit einer Situation ein, während die sekundäre Bewertung dem aktuellen Aufbau der Kontrollmeinung entspricht (in Banduras Begriffen: Ergebniserwartung und Wirksamkeitserwartung).

Der Versuch, die Herausforderung zu bewältigen (coping), kann nach Lazarus mehr problemorientiert oder mehr emotionsorientiert sein (Lazarus' Coping-Konzept definiert sich nach dem Bewältigungsversuch und ist nicht abhängig davon, ob der Versuch schließlich erfolgreich ist oder nicht). Die problemorientierten Bewältigungsversuche bestehen vor allem aus zwei Gruppen, nämlich aus tatsächlichen Kontrollhandlungen, die die situationalen Gegebenheiten verändern, und aus kognitiven Neubewertungen der Herausforderung. Diese Neubewertungen können z.B. in Uminterpretationen der Situation (reappraisals) oder in der Veränderung der persönlichen Ziele und Ansprüche bestehen. Es sind darin also auch Strategien der sekundären Kontrolle enthalten. Die emotionsorientierten Bewältigungsversuche bestehen aus Strategien zur Milderung des emotionalen Streßerlebens wie Distanznehmen, Herunterspielen, Vergleichen mit schlimmeren Zuständen, Konzentration auf positive Aspekte einer unangenehmen Situation. Auch unter diesen Strategien befinden sich solche vom Typ der sekundären Kontrolle.

8.5 Ein Vier-Stufen-Modell

Das Konzept der sekundären Kontrolle ist noch so jung, daß bis jetzt wenig gezielte Untersuchungen zur Operationalisierung und zur Prüfung seines empirischen Gehalts bekannt geworden sind. Indirekte Befunde zählten Rothbaum et al. (1982) in größerer Zahl auf.

Zur Illustration der Bedeutung, die dieses Konzept in der Beschreibung Jugendlicher erhalten könnte, verweisen wir auf eine Zusammenstellung, die Thomae (1984, 95) in seiner Längsschnittuntersuchung über jugendliche Reaktionsformen auf Konflikt und Belastung erstellt hat. Darunter figurieren an prominenter Stelle Reaktionsweisen, die wir als sekundäre Kontrolle bezeichnen können, z.B. «akzeptieren, positive Deutung», «Identifikation mit Eltern, Lehrern usw.», «evasive Reaktion (aus dem Felde gehen)». Interessant im Hinblick auf die Prioritätensetzung der Reaktionstypen ist die Tatsache, daß in größter Häufigkeit primäre Kontrolle genannt wird («Leistung»), in zweitgrößter Reaktanz («Widerstand, Opposition») und dann «Anpassung an die institutionellen Aspekte der Situation» (= sekundäre Kontrolle?).

Rothbaum et al. (1982) sprachen wie gesagt häufig von einem Zweiprozeßmodell. Sie meinten damit, daß optimale Anpassung beides verlange, primäre und sekundäre Kontrolle, wenn auch von Fall zu Fall in unterschiedlicher Mischung.

Wohl nicht nur in der Literatur, sondern auch in der Kontrollrealität hat die primäre Kontrolle über die sekundäre Priorität. Die Leute versuchen in den meisten Situationen zuerst, primäre Kontrolle zu erlangen und geben sich mit sekundärer höchstens zufrieden, wenn die primäre nicht gelingt. Die beiden Kontrollarten sind also auch nach Priorität und in der typischen zeitlichen Abfolge unterscheidbar. Man kann noch weiter gehen und auch die zeitliche Priorisierung einbeziehen, die Wortman & Brehm (1975) für Reaktanz und Hilflosigkeit vorgeschlagen haben, wonach nach dem Auftauchen einer Barriere zwischen Ist-Zustand und Kontrollziel zunächst Reaktanz gezeigt wird und erst nach erwiesener Nutzlosigkeit der Reaktanz die Hilflosigkeit.

Die Integration der beiden Prioritätsmodelle, erweitert um den Begriff der indirekten (primären) Kontrolle, erscheint nach dem Vorschlag von Flammer (1985; Flammer et al., 1988) zusammengefaßt in Tabelle 8-1.

Tabelle 8-1
Das Vier-Stufen-Modell der Kontrollstrategien (nach Flammer, 1985)

1. Direkte Kontrolle

2. Reaktanz
   ex aequo: Indirekte Kontrolle

3. Sekundäre Kontrolle

4. Kontrollverlust/Kontrollverzicht

Die Vertikale stellt die Priorität in der Zeit dar (oben = früher, unten = später). Die normale und nächstliegende Reaktion in einer Situation, in der persönliche Ansprüche und die Gegebenheiten der Welt (i.w.S.) nicht aufeinander abgestimmt sind, ist der Versuch, primäre direkte Kontrolle auszuüben. Dadurch ist der mehr oder weniger problemlose Alltag gekennzeichnet. Das Modell wird erst interessant, wenn solche primäre direkte Kontrolle nicht innerhalb einer erwarteten Frist oder mit dem erwarteten Aufwand zur Zielerreichung führt, wenn also Nichtkontrollierbarkeit oder Kontrollverlust, mithin Hilflosigkeit droht. Für diese Situation postuliert das Modell zwei Reaktionen als die nächstliegenden, nämlich einerseits sog. Reaktanz, d.h. die Aufwendung von außergewöhnlicher Energie oder außergewöhnlichen Mitteln zur Durchsetzung der direkten Kontrolle, und andererseits den Versuch indirekter Kontrolle.

Beide, die Stufen 1 und 2 des Modells betreffen primäre Kontrolle. Erst bei deren Versagen und bei der Aussichtslosigkeit weiterer Versuche primärer Kontrolle wird die Möglichkeit der sekundären Kontrolle subjektiv aktuell. Und typischerweise erst, wenn auch diese versagt resp. subjektiv nicht akzeptabel ist, wird der Kontrollverlust zugestanden.

Die strenge Prioritierung entlang der Zeitachse gilt bereichsspezifisch-ontologisch, d.h. für den Verlauf des ersten Erfahrungsaufbaus in einem bestimmten Handlungsbereich: Das Modell unterstellt, daß keine Stufe ausgelassen wird, d.h. daß keine Kontrollstrategie versucht wird, ohne die im Modell vorausgehenden Möglichkeiten ausprobiert zu haben. Später, wenn viel Erfahrung vorhanden ist, sind (aktualgenetisch) Sprünge möglich, d.h. man mag dann z.B. die Aussichtslosigkeit weiterer Versuche zur primären Kontrolle sowie zur indirekten Kontrolle antizipieren und Stufe 2 gleich überspringen.

Die Postulierung dieses Vier-Stufen-Modells ist wirklich erst ein Anfang. Es ist bis jetzt nicht einer ausdrücklichen empirischen Prüfung unterzogen worden, aber es gibt in der bestehenden Literatur zu anderen (verwandten) Konzepten vereinzelte Befunde, die Teile des Modells zu stützen vermögen.

Zur Abfolge 'Erstes Scheitern primärer Kontrolle -> Reaktanz' liegen die bekannten Reaktanzmodell-Befunde von Wortman & Brehm (1975) und von Roth & Kubal (1975) vor, aber auch jene von Tennen & Eller (1977) und Wortman & Dintzer (1978) sowie von Pittman & Pittman (1979, 1980; vgl. Kapitel 7).

Zur Abfolge 'Wiederholtes Scheitern primärer Kontrolle -> Versuch der sekundären Kontrolle' gibt es keine expliziten Untersuchungen. Einschlägig aber sind Arbeiten zur kognitiven Dissonanz, die zeigten, daß ein erzwungener Verzicht auf ein attraktives Ziel häufig eine Umwertung resp. Abwertung dieses Ziels nach sich zieht (z.B. Mann & Dashiell, 1975; vgl. Affolter, 1989). Rothbaum et al. (1982, 8) verweisen auf weitere Arbeiten, die ich aber nicht als einschlägig betrachte.

Zur Teil-Zwischenstufe der indirekten Kontrolle und ihrer Prioritätsplatzierung finden sich Belege in der experimentellen Handlungspsychologie (Subzielbildung, Instrumentenbeschaffung). Das betrifft wenigstens die Abfolge 'Erstes Scheitern primärer Kontrolle -> Versuch der indirekten Kontrolle'. Für die Abfolge 'Scheitern der indirekten Kontrolle -> Versuch der sekundären Kontrolle' sind mir keine emprischen Belege bekannt.

Schließlich bleibt die kritische Abfolge 'Sekundäre Kontrolle -> Kontrollverlust/-verzicht', d.h. die Behauptung, daß Kontrollverlust/-verzicht nur nach dem erfolglosen Versuch der sekundären Kontrolle in Frage kommt. Diese Annahme impliziert im übrigen jene, daß auch sekundäre Kontrolle scheitern kann. Ich denke, daß das unter dem Druck von intrapsychischen Dissonanzen möglich ist, oft wahrscheinlich eingeleitet durch soziale, interindividuelle Verschiedenheiten der Wahrnehmung und Interpretation, z.B. im Fall eines simplen Bestreitens einer anscheinend zu bequemen Interpretation von Nicht-Kontrolle als sekundäre Kontrolle. Einschlägige empirische Befunde fehlen bislang.

8.6 Meßinstrument und erste Befunde bei Jugendlichen

Züblin (1986) hat einen ersten Versuch zur Messung der sekundären Kontrolle an Jugendlichen realisiert (eine Darstellung der nachverarbeiteten Daten ist in Flammer, Züblin & Grob, 1988, enthalten). Züblin beschränkte sich von Anfang an auf die *interpretative sekundäre Kontrolle*. Aus informellen Interviews mit Jugendlichen im Alter von 14 bis 16 Jahren über Situationen, in denen irgendwelche Erwartungen oder Hoffnungen nicht aufgingen, Versuche nicht gelangen oder Ziele nicht erreicht wurden, entstand eine Sammlung von 25 Test-Situationen, die anhand einer testanalytischen Prozedur auf 12 Items mit akzeptablen testtheoretischen Eigenschaften reduziert wurde.

Die Items waren alle nach dem gleichen Muster gebaut: Es wurden eine Frustrationssituation geschildert und anschließend in abwechselnder Folge vier Reaktionen oder Reaktionsklassen angeboten, auf welche insgesamt zehn Präferenzpunkte zu verteilen waren. Die vier Reaktionen repräsentierten die folgenden Reaktionstypen:

– Reaktanz (= verstärkter Versuch um direkte primäre Kontrolle)
– Indirekte Kontrolle (= Versuch, Kontrolleure zielführend zu kontrollieren)
– Sekundäre Kontrolle (= Uminterpretation der Situation zum eigenen Vorteil, im Sinne der interpretativen sekundären Kontrolle)
– Kontrollaufgabe, Kontrollverzicht

Die zu untersuchenden Personen sollten sich vorstellen, selbst in dieser Situation zu sein, und danach beurteilen, welche der angebotenen Reaktionsmöglichkeiten für sie am wahrscheinlichsten oder typischsten wären (Beispiel-Item in Tabelle 8-2).

Tabelle 8-2
Item Nr. 9 (Reihenfolge: Sekundäre Kontrolle – Reaktanz – Kontrollverzicht – indirekte Kontrolle) aus Flammer et al. (1988, 261)

Ein von Dir sehr geschätzter Treffpunkt (Jugendtreff, Disco, Jugendcafé) soll geschlossen werden, da Nachbarn sich beklagt hätten. Was tust Du dann?

Ich suche andere Treffs auf. Vielleicht gibt es nämlich noch bessere. Außerdem lerne ich dort neue Kollegen kennen.

Ich versuche alles, damit das Lokal geöffnet bleibt.

So ein Pech! Aber was kann man da schon tun!

Ich setze mich mit Erwachsenen in Verbindung, die möglicherweise eine Schließung des Treffs verhindern können.

Total Punkte (10)

Tabelle 8-3 belegt, daß der Reaktionstyp sekundäre Kontrolle nach der Reaktanz die zweithäufigst gewählte Alternative ist. Sie ist also von den Jugendlichen (150 Jugendliche beider Geschlechter und verschiedener Schultypen zwischen 14 und 16 Jahren) als echte Alternative angesehen worden. Damit hat die sekundäre Kontrolle wenigstens eine Prima-facie-Attraktivität bei den untersuchten Jugendlichen bewiesen. Die Datenaufnahme geschah anonym; leider wurde dabei sogar unterlassen, das Geschlecht der Versuchspersonen zu erheben.

Daß Kontrollaufgabe am tiefsten rangiert, ist sympathisch, überrascht aber doch, wenn man bedenkt, wie klein der Kontroll-Spielraum jugendlicher Schüler in Wirklichkeit ist. Daß die indirekte Kontrolle selten gewählt wird, mag gefallen, weil es mit dem naiven Bild der noch nicht kompromittierten Jugendlichen übereinstimmt, aber es überrascht, weil indirekte Kontrollversuche gut in die soziale Situation der Jugendlichen passen würden.

Tabelle 8-3
Gewichtung der Reaktionstypen nach mißlungenem Versuch, primäre Kontrolle auszuüben (aus Flammer et al. 1988, 248)

Reaktanz	3.66
Indirekte Kontrolle	1.84
Sekundäre Kontrolle	3.08
Kontrollverzicht	1.42
Total	10.00

Die Reaktionstypen konnten mit Reliabilitäten gemessen werden, die für Gruppenuntersuchungen befriedigend sind, für Einzelversuche aber nicht genügend wären; die Alpha-Werte nach Cronbach sind .53 für die Reaktanz, .54 für die indirekte Kontrolle, .40 für die sekundäre Kontrolle und .67 für den Kontrollverzicht.

Für jeden Reaktionstyp wurde eine separate Faktorenanalyse nach der Hauptkomponentenmethode mit Varimax-Rotation durchgeführt (obwohl – genau genommen – eine der vier Analysen keine Freiheitsgrade mehr besaß, weil die Antworten sich individuell auf 10 summieren lassen mußten). Für alle vier Antwort- oder Reaktionstypen erwies sich die Drei-Faktoren-Lösung als die beste. Das Bedeutsamste aber war, daß sich zur Interpretation aller Faktoren die gleiche Dimension aufdrängte, und zwar die Instanz, die jeweils die (primäre) Kontrolle streitig machte. Dabei war bei der Item-Zusammenstellung auf diesen Aspekt nicht einmal geachtet worden. Weil die konkurrierende Kontrollinstanz in der 'Situation' jedes Items gegeben war und nicht durch die Antworten bestimmt wurde, machte diese Koinzidenz auch aus, daß die Faktorenanalyse für alle Antworttypen weitgehend die gleichen Items gruppierte. Die konkurrierenden Kontrollinstanzen, die die Charakterisierung der drei Faktoren gestatteten, sind die folgenden:

- Gleichaltrige
- Persönlich bekannte Erwachsene: Eltern, Lehrer, Pfarrer, Trainer etc.
- Nicht persönlich bekannte Erwachsene sowie Institutionen: die Regierung, Ämter, die Wirtschaft, das Radiostudio etc.

Bei dieser Sachlage lassen sich die detaillierten Ergebnisse einfach und übersichtlich darstellen. Tabelle 8-4 enthält die Angaben über die mit jedem Faktor erklärte Varianz an der Gesamtvarianz der 12 Endform-Items.

Tabelle 8-4
Durch die drei Faktoren erklärte Varianz in Prozenten (aus Flammer et al. 1988, 250)

	Faktoren			
	Gleichaltrige	Persönlich bekannte Erwachsene	Unbekannte Erwachsene; Institutionen	Total
Reaktanz	12.4	17.7	14.3	44.4
Indirekte K.	18.2	9.9	11.0	39.0
Sekundäre K.	14.6	18.2	11.7	44.5
K.-aufgabe	11.3	22.0	9.9	43.2
Total	56.5	67.8	46.9	171.1

Die Interpretation dieser Ergebnisse ist nur teilweise naheliegend. Beim Antworttyp Reaktanz kommt der Faktor 'Persönlich bekannte Erwachsene' am meisten zum Zug, was als besondere Widerstandsbereitschaft gegenüber den persönlichen Autoritäten (Eltern, Lehrerinnen und Lehrer) verstanden werden kann. Dies paßt ins Bild der Ablösung als Entwicklungsaufgabe Jugendlicher. Daß beim Antworttyp 'Indirekte Kontrolle' der Faktor 'Gleichaltrige' am meisten Varianz erklärt, überrascht; wir hätten den Faktor 'Unbekannte Erwachsene und Institutionen' in dieser Rolle erwartet (allerdings erklärt dieser Faktor auch insgesamt am wenigsten Varianz). Die Varianz des Antworttyps 'Sekundäre Kontrolle' wird wieder durch den Faktor 'Persönlich bekannte Erwachsene' am meisten erklärt. Da alle Versuchspersonen Schülerinnen und Schüler waren, könnte das ein Ausdruck für die Anpassung an das Ausbildungssystem sein, das man einfach überstehen muß. Diese Erklärung könnte auch zum Eindruck passen, den der Antworttyp 'Aufgabe der Kontrolle' nahelegt: Sind es die Lehrerinnen und Lehrer, die Lehrmeisterinnen und Lehrmeister, gegenüber denen die Jugendlichen klein beigeben? Warum nicht gegenüber den Institutionen und den 'unbekannten Erwachsenen'? Tritt die grenzsetzende Autorität nicht als Institution, sondern verkörpert durch ihre Vertreter an die Jugendlichen heran?

8.7 Erste Kulturvergleiche

Sekundäre Kontrolle wird nicht umsonst als 'sekundär' bezeichnet. Sie ist in unserer Kultur weniger attraktiv als primäre Kontrolle. Sie erinnert an Nachgeben, Aufgeben, Kompromiß, Kollaboration. Darauf sind wir heutigen Menschen der westlichen Zivilisation empfindlich. Diese Beurteilung gilt aber nicht für alle Zeiten unserer Geschichte und nicht für alle aktuellen Kulturen. So hat der griechische Stoiker Epiktet (ca. 50-140 n.C.) Lebensweisheiten empfohlen, denen wir heute nur nach längerem Nachdenken Weisheit abzugewinnen vermögen, wie einige Zitate belegen (Epiktet, Auflage 1984):

«Von den Dingen stehen die einen in unserer Gewalt, die andern nicht.»

«Sei dir bewußt: Hältst du für frei, was seiner Natur nach unfrei ist, und für dein eigen, was fremd ist, so wirst du viele Schwierigkeiten haben, Aufregung und Trauer, und wirst mit Gott und allen Menschen hadern.»

«Verlange nicht, daß alles so geschieht, wie du es willst, sondern wolle, daß alles so geschieht, wie es geschieht, und du wirst in Frieden leben.»

«Sage nie von einem Ding: ich habe es verloren, sondern: ich habe es zurückgegeben. Ein Kind ist dir gestorben: du hast es zurückgegeben. Deine Frau ist gestorben: du hast sie zurückgegeben. Dein Landgut wurde dir genommen: also auch dies hast du zurückgegeben. 'Aber der mir's nahm, ist ein schlechter Mensch.' Was geht es dich an, durch wen es der Geber zurückfordert? Solange er dir's überläßt, betrachte es als ein fremdes Gut, wie ein Reisender das Gasthaus betrachtet.»

«Und wenn du den Diener rufst, so denke: er kann dich vielleicht nicht hören; oder wenn er dich hört, so kann er vielleicht nicht tun, was du willst. Jedenfalls soll es nicht von ihm abhängen, ob du deine Ruhe bewahrst oder verlierst.»

«Wisse: sobald du dich mit der Außenwelt einläßt und einem da draußen zu gefallen wünschst, so hast du den Boden unter den Füßen verloren. Darum laß es dir genügen, ein Philosoph zu sein. Willst du aber irgendwem auch als Philosoph erscheinen, so sei es vor dir selbst; das wird genügen.»

Trommsdorff (1989) ordnet die Unterscheidung zwischen primärer und sekundärer Kontrolle der Dimension Individualismus vs. Kollektivismus oder Individualorientierung vs. Gruppenorientierung nach Hofstede (1983) zu. Sie glaubt, daß beide Dimensionen sich in Erziehungspraktiken niederschlagen, die ihrerseits entsprechende Sozialisationswirkungen nach sich ziehen. So erwartet sie «bei 'primärer Kontrollorientierung' … eine eher konflikthafte und selbstwertbedrohende Interaktion» und «bei 'sekundärer Kontrollorientierung' … eine harmonische Interaktion zwischen Mutter und Kind … sowie überhaupt zwischen allen Mitgliedern der an Sozialisationsaufgaben beteiligten Gruppen. Diese Interaktionsform müßte sich selbstwertschonend für die beteiligten Interaktionspartner auswirken – für die Mutter z.B. insofern, als sie zufrieden mit ihrer Rolle und überzeugt ist, diese angemessen auszuführen» (Trommsdorff, 1989, 103). Nach der Erwartung dieser Autorin nehmen Mütter mit primärer Kontrollorientierung ihr Kind als relativ eigenständig, egoistisch und fordernd wahr, versuchen, es mit Überzeugungskraft und mit Sanktionen zu einem selbständigen und durchsetzungswilligen Menschen zu erziehen und empfinden bei kindlichem Fehlverhalten häufig Ärger; Mütter mit sekundärer Kontrollorientierung hingegen halten ihre Kinder für unreif, aber von Natur aus gut, wollen sie mit Einfühlung und Vorbildwirkung zu gruppenfähigen und belastbaren Menschen erziehen und empfinden bei kindlichem Fehlverhalten häufig Schuld, Scham und Traurigkeit. Die Auswertung von je etwa 1000 Interviews mit deutschen und japanischen Müttern über ihr Erziehungsverhalten und ihre Erziehungseinstellungen zeigte deutliche Unterschiede, nach denen die deutschen Mütter mehr primär kontrollorientiert und die japanischen mehr sekundär kontrollorientiert sind (Trommsdorff 1985; 1989).

Die Verbindung der Variablen sekundäre Kontrollorientierung mit der Variablen Gruppenorientierung findet auch eine Bestätigung in einer monokulturellen Studie von Trommsdorff & John (1990) zum Dialogverhalten von Ehepartnern. In dieser Untersuchung fanden sich positive Korrelationen zwischen Verständnis, sekundärer Kontrolle und Femininität.

Gegenwärtig laufen in Nordamerika, Europa und Asien interessante kulturvergleichende Untersuchungen mit fremdsprachigen Adaptationen des Instruments von Flammer et al. (1988). Nach der ersten Datendurchsicht zeigen Versuchspersonen aus sog. gruppenorientierten Kulturen tiefere Werte in direkter Kontrolle und höhere Werte in sekundärer und indirekter Kontrolle als Versuchspersonen aus sog. individuumsorientierten Kulturen. Dies ist besonders bei Frauen ausgeprägt (Essau & Trommsdorff, 1990, mündliche Vorausmitteilung).

Zusammenfassung

Sekundäre Kontrolle besteht darin, daß bei der Unmöglichkeit, die Welt nach eigenen Wünschen zu verändern, die Möglichkeit gesucht und genutzt wird, seine Ansprüche so zu verändern, daß das Verhältnis Individuum-Welt wieder befriedigend ist.

Das Ziel der primären Kontrolle ist eine Veränderung der subjekt-externen Gegebenheiten; das Ziel der sekundären Kontrolle ist eine Veränderung der subjekt-internen Gegebenheiten; beiden gemeinsam ist das Ziel der Passung zwischen der subjektiven Welt resp. den Subjektansprüchen und der subjekt-externen Welt.

Genau genommen ist sekundäre Kontrolle 'sekundäres Kontrollieren', also Bewältigen von Schwierigkeiten, die sich der primären Kontrolle in den Weg stellen.

Eine hohe sekundäre Kontrollmeinung verleiht dem Subjekt Zuversicht und läßt diese sekundäre Kontrollmeinung paradoxerweise in den Hintergrund treten.

Die primäre Kontrolle ist verwandt mit der Assimilation, zielt aber im Gegensatz dazu auf wirkliche Veränderungen; sekundäre Kontrolle ist verwandt mit der Akkommodation, tritt aber als Alternative zur primären Kontrolle auf, während Akkommodation potentiell mit jeder Assimilation gemeinsam auftritt.

Vikarisierende Kontrolle besteht in der Identifikation mit Kontrolleuren und führt als solche zu keinen subjekt-externalen Veränderungen, während indirekte Kontrolle primäre Kontrolle ist, die über Mittelsleute gezielt externe Veränderungen herbeiführt.

Die psychoanalytische Beschreibung der Abwehrmechanismen entspricht der sekundären Kontrolle insofern, als das Ich seine Ansprüche
zwar der Realität anpaßt, dadurch aber die Befriedigung der Triebansprüche des Es ermöglicht. Was auf der Ebene des Ichs als sekundäre
Kontrolle aussieht, ist ein Trick der Gesamtpersönlichkeit, um dem Es
die primäre Kontrolle seiner Anspruchsbefriedigung zu verschaffen.

In der Theorie der Herausforderungsbewältigung nach Lazarus entspricht die sog. sekundäre Bewertung dem Aufbau der primären Kontrollmeinung. Die eigentliche Bewältigung enthält im Fall der sog. kognitiven Neubewertung und im Fall der emotionsorientierten Bewältigung Elemente der sekundären Kontrolle.

Vieles spricht dafür, daß Menschen nach dem Nichtgelingen eines
direkten Kontrollversuchs Reaktanz zeigen oder (alternativ) indirekte
Kontrolle versuchen; wenn sie auch damit nicht ans Ziel gelangen, versuchen sie sekundäre Kontrolle; und erst, wenn auch diese nicht befriedigend gelingt, kommt Kontrollverzicht in Frage.

Es ist wahrscheinlich, daß sich verschiedene Kulturen (z.B. asiati-
sche im Gegensatz zu westlichen) im Gewicht unterscheiden, das sie der
indirekten und der sekundären Kontrolle zumessen.

Seminarliteratur

– Sekundäre Kontrolle im Vergleich zwischen USA und Japan: Weisz et al.
  (1984a).
– Sekundäre Kontrolle in der Entwicklungsperspektive: Band & Weisz (1988)

9. Spielräume und Grenzen der primären Kontrolle; Umgang mit Macht

Kontrolle ist nie absolut. Wir haben nicht alles unter Kontrolle, wir haben über nichts absolute und bleibende Kontrolle, und über vieles haben nicht wir allein Kontrolle. Ziel dieses Kapitels ist es, die Spielräume der Kontrolle etwas auszuleuchten.

So wie sich Freiheit als solche schwer beschreiben und definieren läßt, dafür leichter Unfreiheit und Abhängigkeit, so ist es oft einfacher, Nicht-Kontrolle sichtbar zu machen. Darum ist dieses Kapitel nach Grenzen-Themen organisiert.

Dieses Kapitel spricht nicht nur von Grenzen der Kontrolle, sondern stößt auch an Grenzen des geprüften und konsolidierten Wissens der Kontrollpsychologie. Manche Überlegungen enden darum in Fragen, andere in persönlichen

Stellungnahmen des Autors, der sich hier teilweise außerhalb seines engeren Fachgebiets bewegt.

Schließlich ist zu beachten, daß in diesem Kapitel Grenzen nur in Auswahl besprochen werden, z.B. nicht Kontrollgrenzen im gruppensozialen und im Partnerbereich, nicht die besondere Kontrolle und die Kontrollgrenzen im traditionell-religiösen und nicht im neu-religiösen Bereich, nicht die freiwillig und unfreiwillig auferlegten Kontrollgrenzen im Wettbewerb, im versteckten Konsumzwang, im Zusammenhang mit nationalistischen oder mit faschistischen Bewegungen oder gar unter der Last von totalitären Regierungen. Die Gespräche in der Kontroll-Arbeitsgruppe des Autors haben hier fast endlose Anwendungsbereiche der Kontrollkonzepte aufgezeigt; die Leserin und der Leser sind eingeladen, ihrerseits Grenzen in ihrem oder seinem Lebensbereich unter diesen Gesichtspunkten durchzudenken.

9.1 Fertigkeiten

Unter Fertigkeit verstehe ich die Kompetenz für eine einfache oder zusammengesetzte Operation, die zur Erreichung ganz bestimmter Transformationen eingesetzt werden kann. Fertigkeiten sind lernbar. Beispiele: werfen, Dreisatz lösen, sich ankleiden.

Fertigkeiten können bewußt eingesetzt werden, laufen aber weitestgehend automatisiert ab, d.h. sie sind gelernt und ursprünglich – im Aufbau – mehr oder weniger bewußt kontrolliert worden (vgl. Hacker, 1978). Das Repertoire der Fertigkeiten ist für die Lebensbewältigung und Lebensgestaltung außerordentlich wichtig, weil sie schnell, praktisch ohne Aufmerksamkeitszuwendung und simultan, d.h. gegenseitig überlappend, parallel, eingesetzt werden können.

Fertigkeiten ermöglichen vielfältig Kontrolle; für praktisch jede denkbare Kontrolle ist ein minimales Set von Fertigkeiten notwendige Voraussetzung. Es gibt aber immer Fertigkeiten, die man (noch) nicht besitzt, die man aber gerne besitzen möchte. Solche Begrenzungen sind deshalb auch Kontrollgrenzen.

9.1.1 Begrenzte Fertigkeiten bei Kindern

Da Fertigkeiten lernbar und lernbedürftig sind, ist zu erwarten, daß das kleine Kind viele Fertigkeiten nicht besitzt, die eine erwachsene Person besitzt. Davon werden aber viele durch das Kind nicht vermißt, weil es noch gar keine entsprechenden Ziele kennt. Beispiel: Dreisatz lösen. Sobald aber entsprechende Ziele aktuell werden, kann das Kind unter (vorläufig) mangelnden Fertigkeiten leiden oder sich schämen, z.B. daß es noch nicht radfahren, noch nicht trocken bleiben, noch nicht einen Ast absägen kann (s. Kapitel 16). Immerhin: meist wird das Lernen einer Fähigkeit gerade dann aktuell und auch bald erfolgreich, wenn entsprechende Ziele aktuell werden (vgl. das Beispiel des Radfahrens oder des Schuhe-Bindens). Lernen vermittelt dann die Erfahrung, daß Grenzen hinausgeschoben werden können, was ein ermutigendes Erlebnis ist, das auch späteres Lernen erleichtert.

Daß die entsprechenden Fertigkeiten im Zeitraum ihres Erwerbs für das Erleben der Kinder sehr wichtig sind, ersieht man etwa daran, daß sie sich bei solchen Verrichtungen nicht gerne helfen lassen. Sie können zehnmal im Tag die Maxime 'selber!' ausrufen, wenn sie etwa mit der Mutter zum Einkaufen gehen: Jacke zuknöpfen, Schuhe anziehen, Lift bestellen, Knopf drücken, einpacken etc. – Ist es die Lust am Funktionieren, die Freude über eigene Fertigkeiten oder der Wille zur Unabhängigkeit, die dahinter stehen? Häufig das alles zugleich (vgl. Kapitel 1 und 15).

9.1.2 Begrenzte Fertigkeiten bei Erwachsenen

Kinder ertragen viel Nicht-Können; oder genauer: Wir Erwachsene ertragen an unseren Kindern sehr viel Noch-nicht-Können; 'es wird noch kommen'. Härter sind Fertigkeitsdefizite bei Erwachsenen, sofern zu befürchten ist, daß sie diese Fertigkeiten nicht (mehr) erwerben. Erwachsene, die nicht schwimmen können, gestehen dies ungern ein; Erwachsene, die gerne ein Musikinstrument spielen würden, aber (noch) keines zu spielen gelernt haben, leiden gelegentlich darunter. Viele funktionale Analphabeten führen einen täglichen Kampf der Kompensation und der Kaschierung ihres Handicaps. Allerdings: Es kann insgesamt immer noch viel gelernt werden, so daß wir solchen Erwachsenen (und uns selbst) immer wieder den Mut machen sollten, einfach noch mit Lernen anzufangen, was sie noch nicht gelernt haben und doch gerne können möchten, sei es segeln, Spanisch sprechen oder stricken. Die schmerzlichen Fertigkeits-Grenzerlebnisse von Erwachsenen sind ein großes Stück diktiert durch die irrige Alltags-Ideologie, daß 'Hans nimmermehr lernt, was Hänschen nicht gelernt hat'.

Natürlich leidet man nicht unter jeder Grenze, sondern vor allem unter jenen, die die Erreichung von aktuellen und wichtigen Zielen nicht gestatten. Dazu kommen aber auch grundsätzliche Einstellungen: Es ist besser, zu können als nicht zu können. Überdies: Man weiß ja nie, was man noch brauchen könnte.

9.1.3 Begrenzte Fertigkeiten bei alternden Menschen

Grundsätzlich nochmals anders sieht die Situation bei älter werdenden Menschen aus, die entweder gewisse Dinge wirklich nicht mehr gut lernen können oder gar einmal gelernte Fertigkeiten wieder verlieren. Wenn der schlecht gewordenen Sehfähigkeit wegen nicht mehr gestrickt werden kann oder der Arthrose wegen Bergtouren nicht mehr möglich sind, dann sind die Grenzen praktisch irreparabel resp. nur mit künstlichen Hilfsmitteln oder mit der Hilfe anderer Menschen zu überwinden. Solche Grenzen haben den deutlichen Charakter des Definitiven, und solche Abhängigkeit und solche Kontrollgrenzen wiegen schwer.

Zu den schmerzhaften Aspekten, die wir schon für die Erwachsenen nannten, kommt hier noch der Signalaspekt dazu: Abnahme der Fertigkeiten weist auf den Abschluß des Lebens hin. Vielleicht gibt es bei gewissen Menschen einen Umschlagpunkt: Wenn die Erfahrung der geringen oder gering gewordenen Kontrolle eindrücklich genug geworden ist, setzt man systematisch auf Kontrolldelegation (Beispiel: sein Leben und sein Sterben in Gottes Hände legen).

Beachtenswert ist, daß die Beurteilung von Fertigkeitsgrenzen im Alltag meistens von entwicklungspsychologischen Annahmen ausgeht. So ist ein gleiches Fertigkeitsdefizit (z.B. das Verschütten beim Essen trotz oder wegen hartnäckiger fortgesetzter Versuche) im einen Fall sympathisch und amüsant (z.B. Kind im zweiten Lebensjahr), in anderen Fällen aber tragisch und traurig (z.B. chronisch-kranker alter Mensch oder erwachsener behinderter Mensch). Wenn im Lauf der Zeit eine Besserung zu erwarten ist, ertragen wir solche Grenzen relativ leicht; wenn sie definitiv sind, empfinden wir sie als hart. Wer noch Chancen vor sich hat, soll wegen augenblicklicher Einschränkungen nicht hadern (jungen Leuten muten wir ohne weiteres ein geringes Einkommen, Reisen unter ärmlichen Bedingungen etc. zu); wer große Chancen hinter sich und wahrgenommen hat, der muß akzeptieren, daß alles ein Ende hat (das Nachlassen der Kräfte und das Sterben einer Person über achtzig Jahre sind normal, vielleicht bitter, dürfen aber nicht verbittern); wer wichtige Chancen nie hatte und nie haben wird, ist vor außerordentliche Aufgaben der Lebensbewältigung gestellt (vor allem sog. Invalide, denen wir übrige – ihnen gegenüber Hilflose – dankbar sind, wenn auch sie ihrem Leben Sinn geben, wenn auch sie sichtbar glücklich werden).

9.2 Wissen

Fertigkeiten müssen eingesetzt werden, richtig eingesetzt werden, wenn sie der Zielerreichung dienen sollen. Dieser Einsatz geschieht teilweise automatisch, oft aber gezielt und bewußt. Zielgerichtetes Handeln basiert auf Planung, und Planung basiert auf Wissen (von Cranach et al., 1980; Aebli, 1981; Flammer, Grob, Leuthardt & Lüthi, 1984). Fehlendes Wissen behindert erfolgreiche Lebensbewältigung. Der klassische Begriff der Fähigkeit enthält in undifferenzierter Form sowohl Fertigkeit als auch Wissen.

Wissensbarrieren sind zwar schwerwiegend, Wissen selbst aber ist meistens leichter erwerbbar als Fertigkeiten. Man muß 'nur' zusehen, zuhören, vielleicht lesen, fragen und verstehen, d.h. einordnen und vielleicht systematisch repetieren. Natürlich setzt der Erwerb manchen Wissens schon viel Wissen voraus; die Bewältigung eines Studiums ist bekanntlich keine Kleinigkeit.

Lernen läßt sich durch andere gezielt unterstützen; das ist Lehren. Durch Lehren läßt sich jemandem Kontrolle vermitteln oder schenken, die aber eigenartigerweise nie mehr zurückgenommen werden kann. Mehr noch: Lehrende werden im erfolgreichen Fall überflüssig, weil die Kontrolle dann definitiv auf die Lernenden übergegangen ist.

Landsgemeinde in Trogen 1968

Manches Wissen ist nur mit großem Lernaufwand zu erwerben, und manches ist überhaupt kaum zugänglich. So finden wir etwa individuelle Kontrollbarrieren als Folgen von Wissensbarrieren in folgenden Bereichen:

- Politik: Informationspolitik beeinflußt das Urteil und kann Leute gar dazu führen, gegen ihre eigenen Interessen zu handeln, zu stimmen oder zu wählen.
- Medizin: Das Arzt-Patient-Verhältnis ist selbstverständlich (wissens-) asymmetrisch. Es gibt sogar Patienten, die unnötig und in falscher Angst die Kontrolle total an den Arzt abgeben, so daß sie selbst praktisch nur noch unwesentlich zu ihrer Genesung beitragen können.
- Wirtschaft: Reklame versucht, Wissen und Wahrnehmung einseitig zu beeinflussen. Einseitige Produkte-Paletten schränken die Wahl ein. 'Was man nicht weiß, macht einem nicht heiß.' Oder kaufen Sie doch mal einen Kleinwagen, dessen Karosserie aus rostfreien Materialien gefertigt ist! Oder bestellen Sie bei der PTT eine Telephonstation, die Ihnen bei Anruf von außen auf einem Anzeigefeldchen die Nummer oder gar die Adresse des Anrufenden anzeigt, bevor Sie abnehmen!

Eine andere Art, Kontrolle vorzuenthalten, stellt das Betriebsgeheimnis und mit ihm das Patentierungswesen dar. Es gibt mehr oder weniger Berechtigung, Wissen und damit Kontrolle vorzuenthalten ('geistiges Eigentum'). Welche Kriterien rechtfertigen das?

9.3 Soziale Normen und Rollen

Soziale Normen sind Handlungsrichtlinien und stecken (Performanz-) Grenzen von Handlungsräumen ab. Nichteinhalten von Normen zieht soziale Sanktionen nach sich. Die Handlungsbegrenzung ist damit real, und mithin auch die Kontrollbegrenzung. Pikant dabei ist aber, daß die meisten Normen von den Gruppenmitgliedern so sehr internalisiert sind, daß ihre Zwangswirkung oft nicht wahrgenommen wird. Wenn man wirklich die Norm internalisiert hat, Schokoladepapier nicht auf die Straße zu werfen, erlebt man keinen lästigen Zwang, das Papier zum nächsten Papierkorb zu tragen.

Viele gesellschaftliche Normen erscheinen uns als so sehr und selbstredend gerechtfertigt, daß die entsprechende Beschränkung gleichzeitig auch eine selbstauferlegte ist: Kaum jemand schimpft innerlich über die Gesellschaft, deren Normen gebieten, daß man nicht einfach gegen eine Plakatsäule auf dem Bahnhofplatz uriniert; jedermann hält sich 'von selbst' daran. Solche Normen zu selbstverständlichen werden zu lassen, stellt eine kleine zivilisatorische Errungenschaft dar: Wenn Hundebesitzer ihre Lieblinge nicht mehr auf dem Trottoir versäubern lassen, dann treten keine Spaziergänger mehr auf solche Hinterlassenschaften.

Normen, die nicht ganz unbestritten sind, machen mehr Mühe: für einige schon die Norm, zu einer Beerdigung dunkel gekleidet gehen zu müssen. Gegenwärtig von größerem Belang sind die Normen, die für geschlechtsspezifisches Verhalten gelten (oder nicht mehr gelten).

Wenn nur die generelle Abwesenheit von Normen die Menschen in ihrem Zusammenleben glücklich machen könnte, dann wären manche Lebensprobleme leicht zu lösen: einfach Normen fallen lassen. Normen geben aber Orientierung, Sicherheit, Vorhersagbarkeit von Anerkennung und Belohnung von bestimmtem Verhalten etc. Darum ist große Normenunsicherheit für die meisten Menschen unangenehm. Man könnte sagen, daß Normen die Kontrolle der Betroffenen einschränken, jene der Bezugspersonen aber erweitern. Sichern soziale Normen die soziale Verteilung von Kontrolle?

Soziale Rollen enthalten Normen, die für einzelne oder einige einer Gruppe, aber nicht für alle gelten. Selbstverständlich können auch diese einschränkend wirken (sie können aber auch Kontrolle vermitteln und zwar für die Rolleninhaber wie für die andern Gruppenmitglieder). Da nicht alle Gruppenmitglieder die gleichen Rollen haben, wird die allfällige Einschränkung leichter sichtbar. Unter einschränkenden Rollen wird denn auch oft gelitten. Man denke etwa an den schwachen Schüler, der sich nicht melden 'darf', wenn eine Frage als besonders schwierige Knacknuß angekündigt wird (vgl. Meyer, 1984).

9.4 Materielle Güter

Materielle Güter ermöglichen in dreifacher Hinsicht wesentliche Kontrollmöglichkeiten in unserem Leben, nämlich als Konsumgüter, incl. Umgangsgegenstände, als Beschaffungsinstrumente und Austauschgüter und als Produktionsinstrumente.

9.4.1 Konsumgüter

Sehr viele Lebensvollzüge sind direkt auf materielle Konsumgüter im weitesten Sinn bezogen. Man kann den Genuß des Kaffee-Trinkens nur haben, wenn Kaffee zu trinken da ist; man kann nur segeln, wenn ein Segelboot zur Verfügung steht etc.

Natürlich gibt es in unserer Gesellschaft nach gesundheitlichen und gar psychohygienischen Maßstäben weiterum Überkonsum. Das hindert aber viele Menschen nicht daran, darunter zu leiden, daß sie unfreiwillig weniger konsumieren können als ihre Nachbarn (es ist ja oft weniger wichtig, was und wieviel man objektiv hat oder auch 'ist' als ob man mehr hat oder 'ist' als der Nachbar!).

Was eine wirkliche und echte, leidenschaffende Begrenzung ausmacht, sind zwei Dinge, nämlich das Fehlen des Lebensminimums (immerhin bei 2/3 der Menschheit!) und die ungleiche Verteilung a priori, d.h. die interindividuell ungleiche Zugänglichkeit von Konsumgütern, eben die unfreiwillig anzunehmende interindividuell ungleiche Begrenzung.

Es gibt aber noch einen anderen Verlust über die Kontrolle von Konsumgütern, nämlich den Verlust über die Wahl der Konsumgüter. Wenn in einem bestimmten Winter nur pestizid-infizierter Salat auf dem Markt ist und die meisten Konsumenten längst keine eigenen Gärten mehr haben (noch Zeit hätten, diese zu bestellen), dann fehlt ein Stück Kontrolle.

9.4.2 Beschaffungsinstrumente und Austauschgüter

Nicht nur die Konsumgüter als solche sind ungleich verteilt; auch die Möglichkeiten zu ihrer Beschaffung sind es. Da 'überflüssige' Konsumgüter gegen andere ausgetauscht werden können, bietet auch großer partieller Überfluß an einem bestimmten Konsumgut Kontrolle über andere Konsumgüter. Wenn in einem Land mehr Erdöl gefunden wird als konsumiert werden kann, läßt es sich gegen Reis eintauschen.

9.4.3 Produktionsgüter

Produktionsgüter sind sehr spezielle Beschaffungsinstrumente. Bekanntlich hat Karl Marx (1867; 1885; 1894) die ungleiche Verteilung der Produktionsmittel als eine Hauptursache der institutionalisierten Ungleichheit des Konsumationszugangs i.w.S. gebrandmarkt.

Da viele moderne Konsumgüter in komplizierten und aufwendigen Verfahren hergestellt werden (müssen), wird die ungleiche Verteilung der Kontrollierbarkeit sehr subtil: Die meisten dieser großen und aufwendigen Produktionsmittel können nicht beliebig aufgeteilt werden. Dadurch entstehen entweder Besitzmassierungen bei wenigen einzelnen oder Besitzpartizipation bei vielen einzelnen, die sich in Gruppen organisieren müssen, d.h. an der Kontrolle durch Gruppen partizipieren können. Manchmal (z.B. im Fall der Identifikation) ist Partizipation an Kontrolle durch Gruppen sehr wirksam und befriedigend, manchmal aber nicht (z.B. bei Unübersichtlichkeit).

Bei Arbeitsteilung und hoher Komplexität der Leistungseinheiten läßt sich nicht nur die gerechte Verteilung von Produktions-Kontrolle schwer realisieren; solche Komplexität und Rafinesse der Produktion und Dienstleistung bringt auch für den Konsum Kontrolleinschränkungen, obwohl die Absicht prinzipiell genau die gegenteilige ist. Ich denke z.B. an die Normierung unserer Konsumgüter, die Komplizierung unseres Lebens durch Überverwaltung (etwa: die vielen Versicherungen; die Umstände, wenn man für ein Kind ärztliche Hilfe braucht: Hinfahren und sich von der Arbeit abmelden [allenfalls zu kompensieren], warten im Wartezimmer, zur Apotheke gehen, Krankenschein bestellen, Krankenkassenschein bestellen, Rechnung an Krankenkasse schicken, Krankenkassenbeitrag abwarten und einkassieren, Rechnung bezahlen). Unter dem Gesichtspunkt des Kontrollverlusts über unser konkretes Alltagsleben sind darum kleinere, überschaubarere Lebensfelder sehr zu wünschen.

Menschen leben in, mit und von Traditionen. Tradiert werden die Sprache und das Wissen, tradiert oder vererbt werden aber auch Güter und Geld. Damit sind bereits ungleiche Startchancen gegeben, relative Kontrollgrenzen für einzelne. Was wäre die Konsequenz, wenn wir die Kontrolle zum 'Start' möglichst gleich verteilen könnten? Gleichverteilung von Hinterlassenschaften zum Beispiel? Es gäbe dann kein persönliches Erben und Vererben mehr. Die Gemeinschaft gäbe in dieser Beziehung allen jungen Menschen etwa gleich viel Kontrolle, nähme aber der Elterngeneration eine wichtige Kontrolle weg, die Kontrolle über ihre Sorgewirkungen für ihre Kinder über den eigenen Tod hinaus. Da stehen sich zwei Kontrollansprüche gegenüber. Als Kompromiß hat der Staat Erbschaftssteuern eingeführt. Die verbleibenden Erbmassen sind aber interindividuell noch sehr unterschiedlich groß. So sind die Erbschaftssteuern von einer Höhe, daß es mir als Psychologen scheint, daß die Kontrollbedürfnisse der Besitzenden und ihren Erbenden ernster genommen werden als die Kontrollbedürfnisse der übrigen resp. der Gesamtgesellschaft. Nach meiner Beurteilung entstünde insgesamt mehr Kontrolle, wenn die Erbschaftssteuer wesentlich erhöht würde.

Ein Wort zur Arbeitslosigkeit: Es wird nicht überraschen, daß Psychologen diese moderne Geißel unter dem Gesichtspunkt der Kontrolle untersucht haben und natürlich Erlebnisse des Kontrollverlusts bei Arbeitslosen gefunden haben (vgl. z.B. Ulich et al., 1985). Das ist verständlich. Es macht uns Mühe, die dahinterliegenden ökonomischen Zwänge zu akzeptieren, die ausmachen, daß Arbeitsfähige und –willige trotz Bedarf und trotz an sich arbeitanbietender Welt nicht arbeiten können. Was z.B. ein Chemiker gelernt hat, kann er nur umsetzen, wenn er entsprechende Einrichtungen hat, die aber so teuer sind, daß er sie sich persönlich niemals beschaffen kann. Die Kontrolle über etwas vom Elementarsten im Erwachsenenleben, nämlich etwas zu produzieren, das einem selbst und anderen Freude macht, liegt für weite Bereiche nicht mehr beim Einzelmenschen. Und man könnte ja einmal von den fachlichen Ansprüchen unseres Beispielchemikers abstrahieren. Er könnte ja immerhin auf seinen erlernten Beruf verzichten und etwas anderes machen. Was? Zum Beispiel Schuhe herstellen? (Das ist heutzutage viel zu kompliziert!) Er könnte aber z.B. Salate pflanzen, pflegen und verkaufen (nur: Woher nimmt er das Land?). Dann könnte er aber Kranke pflegen (er findet nicht einmal sicher welche, die bereit sind, sich von einem Laien pflegen zu lassen). Es ist offensichtlich, daß der gesellschaftliche und technologische Entwicklungsstand uns zwar viel Kontrolle verschafft, aber auch viel elementare Kontrolle weggenommen hat.

9.5 Soziale Macht

Man kann den Begriff der Macht deckungsgleich (koextensional) mit Kontrolle verwenden. Ich möchte ihn aber nur brauchen, wenn ich bestimmte Konnotationen damit verbinde, etwa: Kontrollvorteile gegenüber anderen, Machtgefälle, Machtkonzentration (die Begriffsintensionen von Macht und Kontrolle sind also teilweise verschieden). Soziale Macht ist ein spezieller Teil dieser Macht, sie besteht in der Kontrolle über andere Menschen (= soziale Macht im weiteren Sinn), im engeren Sinn in der Kontrolle über die Kontrolle anderer Menschen. Also:

Macht = Kontrollvorteil gegenüber anderen.

Soziale Macht i.w.S. = Kontrolle über andere.
Soziale Macht i.e.S. = Kontrolle über die Kontrolle anderer.

Die Literatur bietet sehr viele Definitionen von Macht an (vgl. z.B. Schneider, 1977). Eine berühmte Definition stammt von Thomas Hobbes (Nachdruck 1971; zit. nach Schneider, 1977, 4): «Immer wenn ein Akteur jene Zufälle in der Hand hat, die eine notwendige Voraussetzung für einen Effekt in seinem Partner sind, dann sagen wir, jener Akteur habe die Macht, diese Ereignisse hervorzubringen.» Das ist soziale Macht im weiteren Sinn. Max Weber (Nachdruck 1972; zit. nach Schneider, 1977, 3) definierte: «Macht bedeutet jede Chance, innerhalb einer sozialen Beziehung den eigenen Willen auch gegen Widerstreben durchzusetzen, gleichviel worauf diese Chance beruht.» Das ist soziale Macht im engeren Sinn.

Diese beiden klassischen Definitionen vermeiden im Gegensatz zu manchen späteren die Implikation, Macht sei eine Fähigkeit oder eine Eigenschaft einer Person (vgl. in Schneider, 1977). Soziale Macht ist nur in einer bestimmten sozialen Situation gegeben und nur aus dieser verständlich! Körperliche Schönheit mag jemanden mächtig machen, aber nur wenn jemand da ist, der darauf anspricht.

Ebenso wenig ist Macht ein konkretes Etwas, aber sie kann auf materiellen Voraussetzungen beruhen. Geld verschafft z.B. Macht, aber nur wenn man es zu nutzen versteht und auch diesmal nur in geeigneter sozialer Beziehung. Ein weiterer Aspekt, der schon in den beiden klassischen Definitionen enthalten ist, ist der, daß die Quellen der Macht sehr verschieden sein können: Geld, Wissen, Geschicklichkeit, Mut, Prestige, soziale Zugehörigkeit etc.

Weiterhin kann Macht durch die oder den Betroffenen wahrgenommen werden oder nicht, ihr oder ihm unangenehm oder akzeptabel sein. Sie kann über verschiedene Wege realisiert werden (Überredung, physischer Zwang, Bedrohung, Einrichtung der objektiven Handlungsvoraussetzungen etc.) und sich auf verschiedene Ziele richten: Beeinflussung des Erlebens oder des Verhaltens oder der Wirkungen des Verhaltens.

Während soziale Macht im weiteren Sinn häufig als eine natürliche (wenn auch nicht immer problemlose) Gegebenheit erscheint (etwa die 'Macht' der Eltern über das Leben eines Neugeborenen), sind wir gegenüber sozialer Macht im engeren Sinn zum vornherein kritischer, weil sie die Kontrolle anderer direkt einschränkt.

9.5.1 Soziale Macht im weiteren Sinn

Wiewohl Menschen häufig Freude haben an ihrer Macht, kommt es auch vor, daß Menschen ungefragt Macht haben und sie ausüben müssen, zum Beispiel im Umgang mit alten und kranken Eltern. Wer vor der Entscheidung steht, sie zu sich aufzunehmen oder in ein Chronischkranken–Heim zu geben, nimmt entschieden Einfluß auf ihr künftiges Leben. Manche Leute können sich dieser Entscheidung nicht entziehen, sie müssen diese Entscheidungsmacht ausüben. Oft gibt es gute Gründe, so oder so zu entscheiden, darunter aber auch solche, die die eigene Biographie betreffen. Oft geraten Menschen in arge Rechtfertigungsnot, und es entstehen Herde für Schuldgefühle, wenn der Entscheid für sie selbst auch Vorteile bringt. In ähnlicher Weise präjudiziert die Entscheidung für oder gegen ein Kind viele Folgeentscheidungen.

Letztlich ist unser ganzes Verhalten wenigstens indirekt für unzählige Menschen nicht belanglos, etwa mein Verhalten als Verkehrsteilnehmer, als Einkäufer, als Gast, als Werktätiger, als Kinobesucher etc. Der Versuch, andere schlechthin nicht zu beeinträchtigen, ist unmöglich und sinnlos: Das Menschenleben besteht wesentlich in sozialen Transaktionen. Sie machen Sozialisation aus, sichern Überleben, schaffen Kultur, machen Geschichte, gehören zur Grunderfahrung von (primärer und sekundärer) Kontrolle und sind für ein glückliches Leben unentbehrlich.

9.5.2 Soziale Macht im engeren Sinn

Auch diese Art von Macht ist in unserem Leben allgegenwärtig. Wenn die Mutter ihren Kleinen mit Anwendung physischer Kraft daran hindert, mit einer metallenen Stricknadel in der Steckdose herumzustochern, dann billigen wir dem daraus gewonnen Vorteil einen wesentlich höheren Wert zu als der damit verbundenen Freiheits– und Erfahrungseinschränkung.

Ungleiche Kontrollverteilung ist der faktische Normalfall, aber in der gegebenen Form in vielen Fällen weder nötig noch funktional noch allen Beteiligten angenehm. Da Kontrolle im Menschenleben etwas so Zentrales ist, völlig gleichmäßige Kontrollverteilung aber praktisch nicht realisierbar und nicht wünschbar ist, verwundert es nicht, daß unser gesellschaftliches Leben permanent im Aushandeln und Anfechten von Kontrollverteilungen besteht. Ich bespreche hier einige Typen solcher Machtkonzentration.

9.5.2.1 Expertenmacht

Zunächst müssen wir sehen, daß Kontrolle sehr oft freiwillig abgegeben wird. Eine mehr oder weniger freiwillige Machtabtretung gehört zur Arbeitsteiligkeit unserer Gesellschaft. Das beginnt bei der harmlosen Überlassung der Auswahlbreite für ein neues Kleid an die Bekleidungsindustrie bis zur Anvertrauung der gesundheitlichen Sorge an den Arzt oder die Ärztin. Das nenne ich Expertenmacht.

Experten sind wir nur mehr oder weniger ausgeliefert. Die Konkurrenz und unser Einkaufsverhalten nach Bevorzugungskriterien schränkt die Macht der Designer und Schneider ein; die Arztwahl ist bei uns weitgehend frei. Wie valabel sind aber unsere Entscheidungskriterien bei der Wahl eines Arztes oder bei der Entscheidung, einen Arzt überhaupt aufzusuchen oder nicht? Dafür ist das Expertise–Gefälle schon fast zu groß. Sind wir in anderen Bereichen der Arbeitsteilung besser dran?

Die meisten Fälle sind harmloser. Aber sie durchziehen unser ganzes Leben. Sehr vieles überlassen wir den Experten, z.B. den Schirmfabrikanten, den Heizungsmonteuren, den Autofabrikanten, den Restaurant–Köchen, den Lehrern…

Man tut den meisten Experten sehr unrecht, wenn man annimmt, sie würden unsere Interessen mit Absicht mißachten. Einige tun's. Die Ausübung von Expertenmacht basiert auf *Vertrauen*; sie zuzugestehen, heißt, Vertrauen zu schenken und auch Risiko auf sich zu nehmen. Blindes Vertrauen? Natürlich nicht. Ich glaube, jede Gemeinschaft muß immer wieder neu das richtige Maß an Vertrauen und die geeigneten Korrektive suchen. Totales Vertrauen ist in den meisten wichtigen Fällen weder gerechtfertigt noch ein Ideal menschlichen Zusammenlebens. Wer total vertraut, gibt keine sachbezogene Rückmeldung, läßt den Experten mit seiner Aufgabe einsam und allein. Und wer kein Vertrauen gibt, stellt sich ins Abseits der arbeitsteiligen Gesellschaft.

Allerdings: Teilweise Rücknahme der Arbeitsteilung ist nicht einfach identisch mit Vertrauensentzug. Ich meine, daß gerade die Beschäftigung mit der Kontrollerfahrung die Frage berechtigt erscheinen läßt, ob sich nicht zusätzliche Lebensqualität dadurch gewinnen ließe, daß wir über unser eigenes Leben mehr und über das anderer weniger Kontrolle hätten. Lebensqualität sollten wir nicht vorschreiben, aber wir sollten Verständnis dafür haben, daß manche Menschen die Befriedigung elementarer Bedürfnisse wieder selbst an die Hand nehmen möchten: eigener Garten für eine partielle eigene Ernährungsbasis, Selbermachen von Kleidern, Ortsveränderungen zu Fuß, Suche und Pflege von natürlichen Gesundheits– und Heilmitteln etc. Ich meine z.B., daß bei geeigneter Bauweise bei gleich viel Baulandverbrauch mehr Leute auf eigenem oder gemein–eigenem Land leben könnten (statt im x–ten Stock), ihren Eingang selbst pflegen könnten (anstelle des Abwarts), ihren Garten selbst gestalten könnten (anstelle des Landschaftsgärtners). Die Benützung des Fahrrads macht unabhängig von fossilem Kraftstoff und von großen Straßen usw. Würden deswegen mehr Leute arbeitslos? Das ist doch wohl eine Strukturfrage: Ein reduziertes Maß an verkäuflichen Arbeitsleistungen (nicht keine mehr!), —> mehr Arbeitszeit für Selbstversorgung —> geringere verkäufliche Arbeitszeit —> Aufteilung der verkäuflichen Arbeit auf mehr Arbeitende —> geringere Kaufkraft. Dafür müßte wesentlich weniger Materie transportiert werden, was unserer Umwelt zugute käme!

Diese gesellschaftspolitischen Ideen eines Laien resp. Psychologen sind vielleicht naiv. Soll der Schuster bei seinem Leisten bleiben? Eben nicht (ganz), wenn wir nicht nur Expertenkontrolle wollen. Die Psychologie der Kontrolle rechtfertigt jedenfalls den Anstoß solcher Überlegungen.

Kürzlich hat ein Pastoraltheologe festgestellt, die heutige Stadtpfarrei sei nicht mehr geographisch, sondern soziologisch zu definieren. Das mag faktisch richtig sein und neue Möglichkeiten bringen, hat aber auch ungünstige Seiten. Wir kennen tatsächlich nicht einmal mehr unsere Nachbarn. Unsere Freunde wohnen u.U. recht weit weg und verstreut, erreichbar über Telephon und mit dem Auto. Transport ist ja fast gratis... Die Nachbarn haben wir deshalb kaum noch nötig; und wenn schon einmal existentielle Not da ist, haben wir die sozialen Spezialdienste: Ambulanz, Sozialarbeiter, Arbeitslosenkasse, Versicherungen aller Art. Freundschaften können wir auf die schöneren Seiten des Lebens beschränken. Wir haben (fast) volle (Beseitigungs–) Kontrolle über die negativen Seiten unseres Lebens, so sehr, daß wir die Nähe des

Aufeinander–Angewiesenseins, die Unmittelbarkeit der Kontrollbeziehungen fast verloren haben.

9.5.2.2 Demokratisch delegierte Macht: legale Macht

Es soll nicht der Eindruck entstanden sein, ich würde mich gegen die Arbeitsteilung überhaupt aussprechen. Nur das Maß ist mir eine Sorge. Und wenn wir nicht in Einzelisolation leben wollen, verlangte gar eine nicht arbeitsteilige Gesellschaft soziale Macht. Menschliches Zusammenleben muß koordiniert werden. Zu diesem Zweck muß Information zu bestimmten Zeiten und an bestimmten Orten konzentriert sein und müssen Entscheidungen getroffen werden, die viele betreffen. Zum Teil läßt sich das in der Gesamtgruppe (Familie, Gemeindeversammlung etc.) vollziehen, zum Teil delegieren wir diese Aufgabe mitsamt den Kompetenzen an ausgewählte Mitglieder, denen wir damit Kontrolle und Vertrauen in die faire Ausübung der Kontrolle gewähren (Busse & Schierwagen, 1988). Dies kann auf der Basis von Sachverstand geschehen, muß aber nicht. Unsere Parlamentarier, Stadträte, Bundesräte etc. üben Macht in unserem Auftrag aus. Insofern wir darüber Kontrolle (Ober–Kontrolle) haben, indem diese Delegierten unserer Verfassung verpflichtet sind, indem wir sie nur auf Zeit wählen, indem wir Initiativ– und Referendums–Recht haben, haben wir Kontrolle über ihre Kontrolle.

Und doch fühlen sich viele hilflos gegenüber dem Staat. Das Maß der Stimmabstinenz, das wir in der Schweiz erreicht haben, erinnert tatsächlich an Seligman'sche Hilflosigkeit. Man müßte dann annehmen, daß nach der Kognition der Nichtstimmenden die Wahrscheinlichkeit eines erwünschten Ereignisses E unter beiden Bedingungen (Stimmabgabe = S, Nicht–Stimmabgabe = –S) die gleiche sei, also: $p(E/S)=p(E/-S)$.

Und so mathematisch gesehen, haben diese Leute nicht einmal sehr unrecht. Das Gewicht der einzelnen Stimme ist in der Tat minim. Wirklicher Einfluß setzt einen enormen Aufwand an Information, Werbung, Parteiarbeit, Referendum etc. voraus. Das kann bei der Größe des Staatswesens kaum anders sein. Auch wenn die Schweiz – international gesehen – ein kleines Staatswesen ist, ist sie kontrollpsychologisch gesehen, noch immer sehr groß. Föderalismus und Stärkung der Basiseinheiten Gemeinde und Quartier liegen darum ganz auf der Linie der hier vertretenen Forderung nach mehr Selbstkontrolle oder nach größerer Unmittelbarkeit des Kontrollerlebens. Die Entwicklungen innerhalb des Europäischen Wirtschaftsraums und die staatspolitischen Implikationen stellen für die einzelnen Staaten und deren Glieder ein intensives Aushandeln von Kontrolle dar, wobei teilweise Kontrolle (an die Zentralgewalt) in der Hoffnung abgegeben wird, daß dadurch neue Kontrollräume entstehen (z.B. Öffnung des Arbeitsmarktes).

9.5.2.3 Macht aus Ausgangsvorteilen

Damit komme ich auf Abschnitt 9.4 zurück. Wer hat, was ein anderer braucht, kann sich diesen gefügig machen, der hat Kontrolle über dessen Kontrolle. Solche Vorteile können in materiellen Gütern bestehen, in Information, in Persönlichkeitseigenschaften, in Statusvorteilen, in ästhetischen oder hedonistischen Angeboten etc.

(1) Macht aus materiellen Vorteilen

Es ist nicht das Gleiche, ob diese Güter existenznotwendig sind (Nahrung) oder nicht, ob diese Güter für alle reichen oder nur für einige, ob die strittigen Güter rechtmäßig erworben oder ererbt oder unrechtmäßig angeeignet worden sind. Auch gibt der Besitzende im allgemeinen nicht ohne zu nehmen, und der Bedürftige nimmt nicht ohne zu geben. Blau (1964; 1968; 1974) beschrieb soziale Macht im Rahmen der sog. Austauschtheorie. Die Theorie des sozialen Austauschs geht davon aus, daß zwischenmenschliche Interaktionen in der Zweierbeziehung beiden Beteiligten Netto–Nutzen bringen, wenn auch nicht unmittelbar, so doch auf längere Sicht.

Das erklärt, warum manchmal recht eigenartige Konstellationen entstehen. So kann z.B. A (der Wohltäter) dem B (dem Schuldner) ungefragt eine Wohltat erweisen, die dieser nicht unmittelbar erwidern kann (jemanden zu einer Yacht–Fahrt einladen, der selbst keine entsprechenden Mittel hat; jemandem das Leben retten, einen guten Posten verschaffen, eine nicht verdiente Beförderung zukommen lassen). Dadurch gerät B in eine Schuld, die er nicht abtragen kann. Der Wohltäter findet darin eine Machtquelle, die er –vielleicht nur für Kleinigkeiten – einsetzen kann; solche Kleinigkeiten heben aber die grundsätzliche Asymmetrie nicht auf. Vielleicht auch verfällt der insolvente Schuldner darauf, die Asymmetrie mit genereller Ehrerbietung und Willfährigkeit zu quittieren, eine soziale Beziehungsart, die nach längerer Einübung kaum noch oder nur durch einen Ausbruch ('Krach') verändert wird.

Diese von Blau beschriebene problematische Machtbeziehung ist natürlich nicht nur auf Macht aus materiellen Vorteilen anwendbar. Aber sie ist im Alltag sehr häufig anzutreffen (Beispiele: ein bereits etabliertes Arbeitgeber–Arbeitnehmer–Verhältnis bei der Fälligkeit einer Beförderung oder bei der Aufrechterhaltung einer durch Streichung bedrohten Stelle, gelegentlich auch das Lehrer–Schüler–Verhältnis, das Eltern–Kind–Verhältnis, Freundschaften zwischen Kindern mit sehr ungleichen ökonomischen oder anderen Ressourcen, Heirat zwischen Partnern, die sehr ungleich viel 'mitbringen' etc.). Gelegentlich finden solche Verhältnisse dann doch einen natürlichen Abschluß (z.B. Schulentlassung), was oft die wahren Gefühle zwischen den beiden Partnern erst sichtbar werden läßt.

Asymmetrie der Ressourcen ist nun aber eine alltägliche und praktisch nicht abschaffbare Voraussetzung. Das heißt aber nicht, daß solche asymmetrischen Machtverhältnisse dauernd neu entstehen müssen. Der durch den Austausch gegenseitig zu erreichende Netto–Nutzen kann auch einmal sehr weit gefaßt werden: Was zum Beispiel Eltern ihren Kindern geben, können diese ihnen nicht zurückgeben, aber sie können Ähnliches anderen Menschen oder ihren eigenen Kindern geben; und die Eltern haben solches vorausgehend auch erhalten. Daß der Meister dem Lehrling viel Wissen und Geschick voraus hat und ihn deshalb fördern kann, verdankt er seinem größeren Erfahrungsalter und seiner Position, die der Lehrling in seinem Alter ganz einfach noch nicht haben kann. Dieser schuldet deshalb seinem Meister zwar Dank (sowie die Respektierung seiner Lebenssituation), aber nicht Rückerstattung. Psychotherapeutische Arbeit muß sich zur Ermöglichung weiterer Persönlichkeitsentfaltung häufig auf die Veränderung der Einstellung Erwachsener gegenüber ihren noch lebenden oder auch schon verstorbenen Eltern richten.

Macht aus Güterbesitz resp. Macht aus ungleicher Verteilung der Güter ist natürlich eine der wichtigsten Ausgangslagen für die Geschichte der Gesellschaften. Es entspricht einer breit akzeptierten Norm unserer Gesellschaft, die Tüchtigen und die Fleißigen mit Gütern dieser Art zu belohnen (der Aufbau einer Firma ist zumeist tatsächlich keine Kleinigkeit, das braucht außer Geschick oft auch außerordentlichen Einsatz). Diese Norm enthält eigentlich das Angebot von Kontrolle als Belohnung für erwünschtes Handeln und ist prinzipiell gut, wenn bestimmte Randbedingungen erfüllt sind. Die entscheidende Randbedingung ist die, daß diese Kontrolle nicht auf Kosten lebenswichtiger Kontrolle anderer geht (Monopole, Erpressung). Denn: Kontrolle des einzelnen ist ein hohes Gut; wichtiger als die hohe Gesamtsumme von Kontrolle über alle Individuen einer Gesellschaft ist die Garantie eines Minimalmaßes von Kontrolle jedes einzelnen Individuums und zwar nicht eine Minimalsumme irgendwelcher Kontrolle, sondern der das Leben wesentlich betreffenden Kontrolle.

(2) *Macht aus Informationsvorsprung*

Wissen ist Macht, Wissen ermöglicht Kontrolle. Know–how ist gesucht, ist gegen Geld käuflich. Patente, Copyright, geistiges Eigentum: Das sind Stichworte aus dem Geschäft der Sicherung des Informationsvorsprungs. Das Streben nach Kontrolle bedeutet dann oft Streben nach Information; darum wird sie hernach gehütet. Kontrollethisch ergeben sich wieder die gleichen Konsequenzen wie oben: Information als Kontrollmittel ist eine akzeptable Belohnung für erwünschte Leistung, wenn die Randbedingung erfüllt ist, daß sie nicht lebenswichtige Kontrolle anderer einschränkt.

(3) *Macht aus Persönlichkeitseigenschaften*

Die meisten Menschen sind für einige andere attraktiv. Das ist trivial, aber für unser Leben konstitutiv. Daraus entsteht auch Kontrolle, die sich rechtfertigen läßt: Annahme oder Ablehnung einer Werbung für Partnerschaft etc.

Einige Menschen aber sind besonders attraktiv, weil sie Eigenschaften haben, die viele Menschen auch gerne hätten; die Bewunderer versuchen sich deshalb, mit diesen Menschen zu identifizieren, sie nachzuahmen, in der Phantasie in ihrer Haut zu leben etc. French & Raven (1959) nennen diese Macht darum Identifikationsmacht. Auch diese Macht läßt sich sowohl mißbrauchen als auch für rechtfertigbar gute Zwecke einsetzen (vgl. z.B. die Wohlfahrtskonzerte gewisser Stars).

Die Identifikationsmacht zeichnet sich vor den anderen Machttypen dadurch aus, daß sie von den Bemächtigten am wenigsten leicht durchschaut und hinterfragt wird. Über andere Machttypen kann man sich ärgern, man kann geplant ihren Abbau versuchen; Identifikationsmacht läßt man gerne über sich ergehen. Je mehr, desto lieber. Man vergleiche etwa die Wirkung gewisser Religionsführer (vor einigen Jahren ging eine Gruppe von über hundert amerikanischen Sektenmitgliedern mit ihrem Chef in den freiwilligen Tod) oder gewisser sog. charismatischer politischer Führer. In harmloserem, aber nicht unbedeutendem Zusammenhang konnten Jamieson & Thomas (1974; zit. nach Zumkley–Münkel, 1984, 215) zeigen, «daß Schüler bzw. Studenten, die ihren Lehrern Identifikationsmacht zuschreiben, im Falle eines Interessenkonflikts dazu tendieren, ihre eigenen Interessen aufzugeben und sich den Wünschen und Interessen ihrer Lehrer zu unterwerfen, während Schüler bzw. Studenten, die ihren Lehrern Strafmacht zuschreiben, ihre eigenen Interessen, wenn auch 'unkooperativ', durchsetzen» (Zumkley–Münkel, 1984, 215-216).

Diskussionen um Macht und Machtkonzentration führen häufig von einer grundsätzlich skeptischen oder gar ablehnenden Haltung zur Einsicht, daß Macht und ein gewisses Maß an Machtkonzentration gesellschaftlich nicht umgehbar sind. Dann stellen sich Fragen, wer besondere Macht ausüben soll oder darf und wie man mit relativer Machtlosigkeit zurecht kommt. Die erste Frage ist die nach der Legitimation und führt zu Überlegungen über demokratische Delegationsprozeduren und demokratische 'Kontrollmechanismen' ('Ober–Kontrolle'), aber auch über Moralität, Verantwortung und Strafe. Das sind alles mehr oder weniger institutionalisierbare Vorkehrungen. Sie sind in unserem gesellschaftlichen Leben unverzichtbar. Dennoch fällt mir auf, daß solche Diskussionen selten zu Kategorien wie emotionale Verbundenheit oder gar Liebe (auch der Machthaber) führen. Ich meine damit ein emotionales Engagement für die Mitmenschen, aus dem heraus Macht 'natürlicherweise' zum Wohl der Betroffenen ausgeübt wird.

9.5.3 Wirkungen der Macht und Reaktionen auf Macht

Die Ausübung von sozialer Macht im engeren Sinn bedeutet, daß man jemanden zu einem bestimmten Verhalten zwingt, das diese oder dieser vielleicht von sich aus nicht zeigen würde.

9.5.3.1 Dimensionen der Auswirkungen

Raven & Kruglanski (1970) haben die Auswirkungen verschiedener Machtquellen auf vier Ebenen unterschieden, nämlich auf das Verhalten, die Einstellung, die Interaktion mit Machtinhabern und die Identifikation mit Machtinhabern. Ein Teil dieser (meines Wissens nicht völlig empirisch gestützten) Übersicht ist in Tabelle 9-1 dargestellt.

Gegenüber allen aufgeführten Machttypen zeigen nach dieser Aufstellung die bemächtigten Personen äußere Unterwerfung, aber nicht immer eine positive Einstellung, nicht immer die Bereitschaft zu direkter Interaktion und vor allem in den meisten Fällen keine Identifikation mit den Machthabern.

Tabelle 9–1
Auswirkungen der Machtausübung nach Raven & Kruglanski (1970, 79); + = Annäherung an Machthaber, 0 = Abstand von Machthaber, − = Auflehnung und Widerstand gegen Machthaber

Machtbasis	Verhalten des/der Bemächtigten			
	Sichtbares Verhalten	Unsichtbare Einstellung	Interaktion mit Machthabern	Identifikation mit Machthabern
Belohnungsmacht	+	0	+	0
Strafmacht	+	−	−	−
Legale Macht	+	+	0	0
Expertenmacht	+	+	0	0
Informationsmacht	+	+	0?	
Identifikationsmacht	+	+	+	+
Illegale Macht	+	−	+	−

9.5.3.2 Auflehnung

Da Kontrolle ein begehrtes Gut ist, liegt es nahe, daß es um Kontrolle leicht zu Konflikten kommt (außer bei Identifikationsmacht). Die schon besprochenen Reaktanzphänomene (Kapitel 7.2.3) gehören dabei noch zu den harmloseren. Individuelle Intrigen können ganze Lebensabschnitte von Menschen in tragischer Weise kennzeichnen, sie können zu Leidenschaften werden, deren interpersonale Dialektik sie selbst immer weiter 'rechtfertigt'. Politische Konflikte sind oft Konflikte um Einflußsphären, um Kontrolle. Salamitaktik ist deshalb gefürchtet, weil sie darauf ausgerichtet ist, die künftige Ausgangssituation, eben die Kontrollchancen zu verbessern.

9.5.3.3 Sekundäre Kontrolle

Macht ist nicht leicht bestreitbar. Und wenn sie es ist, bleibt die Frage nach dem Verhältnis zwischen Aufwand und Wirkung. Ein möglicher Umgang mit fremder Macht besteht darum in der Anpassung zum Zweck des größtmöglichen noch verbleibenden Gewinns. Das nannten wir sekundäre Kontrolle (Kapitel 8). Letztlich hebt sekundäre Kontrolle die Kontrollgrenzen überhaupt auf, die Frage ist nur, zu welchem Preis.

Im Falle sozialer Macht ist sekundäre Kontrolle oft gleichzusetzen mit Feigheit (Anschluß, Anpassung, Nachgeben, Einlenken, Kompromiß), besonders wenn der persönliche kleine Gewinn auf Kosten dritter geht. Das heißt aber nicht, daß sekundäre Kontrolle immer schlecht sei, denn manche Kontrollgrenzen sind definitiv nicht verrückbar.

Häufig ist die Anpassung zunächst wirklich harmlos, denn Macht tritt ja auch oft nicht so offensichtlich und brutal an einen heran. Und merkt man die Verderblichkeit der Machtunterwerfung erst, wenn man schon ein Stück mitgegangen ist, ist man kompromittiert, erpreßbar. Das war wahrscheinlich die elende Situation vieler im Dritten Reich, sie kennzeichnet vielleicht auch häufig die Szenerie der Wirtschaftskriminalität.

9.5.3.4 Gehorsam und Gehorsamsverweigerung

Der Frage, wann Menschen sich gegen langsam und unmerklich heranschleichende verderbliche Macht auflehnen, hat Milgram (1974) eine ganze Serie von Experimenten gewidmet. Der allgemeine Verlauf der Experimente war nach Milgrams eigener Schilderung (1974, dt. 1983, 19-20) der folgende:

Meine Anfangskonzeption war recht einfach. Eine Person kommt in ein psychologisches Laboratorium und erhält den Befehl, eine Reihe von Handlungen auszuführen, die sie in wachsendem Maß in Gewissenskonflikte stürzen. Die Kernfrage ist, wie lange sich die Versuchsperson den Anordnungen des Versuchsleiters fügt, bevor sie sich weigert, die von ihm geforderten Handlungen auszuführen.

Allerdings muß man dem Leser etwas mehr Detailinformation über dieses Experiment geben. Zwei Leute betreten ein Psychologie–Labor, um an einer Untersuchung über Erinnerungsvermögen und Lernfähigkeit teilzunehmen. Einer von ihnen wird zum «Lehrer» bestimmt, der andere zum «Schüler». Der Versuchsleiter erklärt ihnen, daß sich die Untersuchung mit den Auswirkungen von Strafe auf das Lernen befaßt. Der Schüler wird in einen Raum gebracht, auf einen Stuhl gesetzt, seine Arme werden festgebunden, um übermäßige Bewegungen zu verhindern, und an seinem Handgelenk wird eine Elektrode befestigt. Man erklärt ihm, daß er bei jedem Fehler einen Elektroschock von wachsender Stärke erhalten werde.

Im Mittelpunkt des Experiments steht die Versuchsperson als «Lehrer». Nachdem sie zugesehen hat, wie der Schüler festgeschnallt wird, bringt man sie in den Hauptexperimentierraum und läßt sie vor einem eindrucksvollen Schockgenerator Platz nehmen. Dessen Hauptcharakteristikum ist eine horizontale Anordnung von dreißig Schaltern, die bei einer Steigerung von jeweils 15 Volt mit 15 Volt bis 450 Volt bezeichnet sind. Darunter stehen noch Aufschriften, die von «leichtem Schock» bis zu «bedrohlichem Schock» reichen. Der Lehrer / Versuchsperson wird erklärt, daß sie den Schüler im anderen Raum einem Lerntest zu unterziehen habe. Wenn der Schüler eine richtige Antwort gibt, soll der Lehrer/Versuchsperson zum nächsten Fragepunkt übergehen; wenn er eine falsche Antwort gibt, soll die Versuchsperson ihm einen elektrischen Schock versetzten. Sie soll mit der niedrigsten Schockstärke (15 Volt) beginnen und sie graduell bei jedem Fehler erhöhen, also auf 30 Volt, 45 Volt und entsprechend weiter.

Der «Lehrer» ist eine echte, uninformierte Versuchsperson; sie kommt ins Labor, um an einem Experiment teilzunehmen. Der Schüler (oder «das Opfer») *spielt* nur seine Rolle und erhält selbstverständlich keinerlei Schock. Ziel des Experiments ist es, herauszufinden, wie weit ein Mensch in einer konkreten, meßbaren Situation geht, in dem ihm befohlen wird, einem protestierenden «Opfer» zunehmende Qualen zuzufügen. An welchem Punkt wird sich die Versuchsperson weigern, dem Versuchsleiter weiter zu gehorchen?

Die Konfliktsituation wird deutlich, wenn das Opfer (der «Pseudo–Schüler») beginnt, Unbehagen auszudrücken. Bei 75 Volt murrt es, bei 120 Volt beklagt es sich ausdrücklich, bei 150 Volt bittet es darum, aus dem Experiment entlassen zu werden. Seine Proteste steigern sich, je höher die zugefügten Schocks steigen. Die Proteste werden heftiger und stärker emotional gefärbt. Bei 285 Volt kann die Reaktion nur noch als qualvolles Schreien bezeichnet werden.

Beobachter dieser Experimente äußerten übereinstimmend, daß ihre überzeugende Eindringlichkeit in der schriftlichen Darstellung nicht genügend zum Ausdruck komme. Für die Versuchsperson ist die gegebene Situation kein Spiel; ihr Konflikt ist heftig und deutlich erkennbar. Einerseits drängt die offenkundige Qual des Schülers sie dazu, die Sache aufzugeben. Andererseits befiehlt ihr der Versuchsleiter – als eine legitimierte Autorität, der sie sich in gewisser Weise verpflichtet fühlt –, das Experiment fortzusetzen. Jedesmal wenn sie zögert, den Schockknopf zu drücken, befiehlt ihr der Versuchsleiter fortzufahren. Um sich aus dieser Situation freizumachen, muß die Versuchsperson einen klaren Bruch mit der Autoritätsperson herbeiführen.

Das Erschreckende dieser Untersuchungen ist, daß die meisten Probanden hohe bis sehr hohe Schocks zu erteilen bereit waren, obwohl das Opfer sichtlich litt und um Abbruch des Versuchs bat. Sie spielten mit, dem Opfer Kontrolle zu entziehen. Dabei haben Probanden, die am eigentlichen Experiment *nicht* teilnahmen, auf Befragungen behauptet, daß sie den Gehorsam auf einer relativ tiefen Schockstufe verweigern *würden*. Die Nachbefragung der Versuchsteilnehmer hatte auch tatsächlich ergeben, daß viele Probanden sich in einem Gewissenskonflikt befanden, aber den der Autorität einmal geschenkten Gehorsam lange nicht zu verweigern wagten. Ließen sie Machtmißbrauch in feiger Weise einfach gewähren, oder war ihnen die Partizipation an der (mißbräuchlichen) Macht als solche willkommen?

Wie kamen die Pbn mit ihrem eigenen Verhalten zurecht? Inhaltsanalysen der Aussagen zeigten, daß die Probanden verschiedene Strategien verwendeten: Viele beriefen sich auf ihre 'Pflicht' als Pbn («ich selber hätte das ja nie gemacht; ich habe nur gemacht, was man mir befohlen hat»). Andere konzentrierten sich auf die technischen Aspekte des Experiments, um eine innere Distanz zum menschlichen Opfer zu kriegen. Wieder andere vollzogen eine «Gegen–Anthropomorphisierung», d.h. sie machten das Experiment und den Laborleiter zu einer Institution, die nicht wie Menschen hinterfragbar sind («es muß weitergehen»; «das Experiment verlangt es»). Und wieder andere werteten das Opfer ab («der tat so widerspenstig»; «wenn er ein bißchen aufgepaßt und sich angestrengt hätte, hätte er das ohne solche Strafen lernen können»; «er hat die Schocks verdient»); diesem Mechanismus sind wir schon früher unter dem Stichwort des Motivs für eine gerechte Welt begegnet (Lerner, 1974; Kapitel 7.2.5).

Milgram (1974) referierte in seinem Buch 18 Variationen seines Experiments, und weitere sind später von anderen Autoren durchgeführt worden. Danach kann man sagen, daß die Gehorsamsverweigerung immerhin desto früher eintritt, je geringer die Distanz zwischen Pb und Opfer ist (vgl. Tabelle 9-2), aber auch, je größer die Distanz zwischen dem Versuchsleiter und dem Pbn ist. Frauen verhielten sich etwa gleich wie Männer, berichteten jedoch anschließend mehr über Konflikte, die sie hatten. Wenn das Experiment statt an der renommierten Yale University in einem Keller oder in schäbigen Räumen einer unbekannten Privatfirma stattfand, ergaben sich nur leicht weniger Gehorsamsverweigerungen. Wenn hingegen der Versuchsleiter durch einen 'Laien' ersetzt, also nicht eine wissenschaftliche 'Autorität' war, nahmen die Gehorsamsverweigerungen rasch zu. Wenn die Pbn die Schockhöhe selbst wählen konnten oder wenn ihnen niemand zuschaute, waren sie alle viel weniger grausam, aber auch leicht bereit, zu lügen und hernach höhere Schocks zu nennen, als sie tatsächlich gegeben hatten. Bemerkenswerterweise wurde die Gehorsamsverweigerung leichter, wenn zwei Autoritäten anwesend waren und gegensätzliche Meinungen vertraten.

9.5.4 Bedürfnis nach Macht und nach Machtausgleich

Nachdem wir in Kapitel 7 Anlaß gefunden haben, ein Kontrollgrundbedürfnis zu unterstellen, könnte es sein, daß sich daraus abgeleitet auch spezialisierte Bedürfnisse zeigen, Macht zu erwerben und zu sichern, sowie Macht anderer auszugleichen resp. abzuwehren (= Kontrolle über andere zu erwerben oder zu sichern). Zum ersten ist die Forschung bereits einigermaßen fündig geworden.

Tabelle 9–2
Maximalschocks in vier verschiedenen Experimenten (aus Milgram, 1974, dt. 1983, 51)

Schockstufe	Aufschrift und Voltangabe	Experiment 1 Fernraum (n=40)	Experiment 2 Akustische Rückkoppelung (n=40)	Experiment 3 Raumnähe (n=40)	Experiment 4 Berührungsnähe (n=40)
	Leichter Schock				
1	15				
2	30				
3	45				
4	60				
	Mäßiger Schock				
5	75				
6	90				
7	105			1	
8	120				
	Mittlerer Schock				
9	135		1		1
10	150		5	10	16
11	165		1		
12	180		1	2	3
	Kräftiger Schock				
13	195				
14	210				1
15	225			1	1
16	240				
	Schwerer Schock				
17	255				1
18	270			1	
19	285		1		1
20	300	5*	1	5	1
	Sehr schwerer Schock				
21	315	4	3	3	2
22	330	2			
23	345	1	1		1
24	360	1	1		
	Gefahr! Bedrohlicher Schock				
25	375	1		1	
26	390				
27	405				
28	420				
	XXX				
29	435				
30	450	26	25	16	12
Durchschnittlich gegebener Maximalschock		27.0	24.53	20.8	17.88
Prozentsatz gehorsamer Versuchspersonen		65.0%	62.5%	40.0%	30.0%

* Gibt an, daß bei Experiment Nr. 1 fünf Versuchspersonen einen Maximalschock von 300 Volt zufügten

9.5.4.1 Das Machtmotiv

Daß es ein allen Menschen gemeinsames Machtmotiv im Sinne der sozialen Macht im engeren Sinn gibt, gestattet die psychologische Forschung nicht zu behaupten. Die Differentielle Psychologie hat jedoch eine Reihe von damit verwandten Dimensionen einigermaßen reliabel zu messen vermocht, etwa das (mehr oder weniger ausgeprägte) Gefühl eigener Macht, die Bewertung von Macht und das Geschick, Macht auszuüben (vgl. Winter, 1975, und Winter & Stewart, 1978).

Wissenschaftlich am weitesten vorangetrieben ist die Dimension des sog. *Machiavellismus* (vgl. Christie & Geis, 1970). Der Machiavellist, wie er nach dem Vorbild des «Principe» von Nicolo Machiavelli in einem Test operationalisiert ist, zeichnet sich aus durch Utilitarismus, kalte Berechnung, doppelte Moral, Schmeicheleien, Unehrlichkeit, Frechheit, Realismus in der Situationsbeurteilung, Mißtrauen, Gefühlslosigkeit und Bereitschaft zu Manipulationen.

Die folgenden Items aus der Machiavellismus–Skala von Geis (1978, 360-362) zeigen, daß die Machiavellismus–Dimension auf ihrem positiven Pol in der Tat eine raffinierte Mischung von Frechheit und Klugheit, von Verlogenheit und Realismus ist:

1. Never tell anyone the real reason you did something unless it is useful to do so.
2. The best way to handle people is to tell them what they want to hear.
5. It is safest to assume that all people have a vicious streak and it will come out when they are given a chance.
8. Generally speaking, people won't work hard unless they're forced to do so.
12. Anyone who completely trusts anyone else is asking for trouble.
13. The biggest difference between most criminals and other people is that the criminals are stupid enough to get caught.
15. It is wise to flatter important people.
18. It is hard to get ahead without cutting corners here and there.
19. People suffering from incurable diseases should have the choice of being put painlessly to death.
20. Most people forget more easily the death of their parents than the loss of their property.
3. One should take action only when sure it is morally right. (–)
4. Most people are basically good and kind. (–)
6. Honesty is the best policy in all cases. (–)
7. There is no excuse for lying to someone else. (–)
9. All in all, it is better to be humble and honest than to be important and dishonest. (–)
10. When you ask someone to do something for you, it is best to give the real reasons for wanting it rather than giving reasons which carry more weight. (–)
11. Most people who get ahead in the world lead clean, moral lives. (–)

14. Most people are brave. (–)
16. It is possible to be good in all respects. (–)
17. Barnum was wrong when he said that there's a sucker born every minute. (–)

Geis (1978) unterscheidet drei psychologische Ebenen des Machiavellimus, nämlich machiavellistische Kognitionen, machiavellistische Handlungsbereitschaft und machiavellistisches Geschick. Dabei sehen Machiavellisten (sog. Mach$^+$) nicht so sehr sich selbst als vielmehr das ganze Netz sozialer Beziehungen als machiavellistisch.

Sog. Mach$^+$ sind leichter als sog. Mach$^-$ bereit, zu täuschen und zu lügen (Geis, Christie & Nelson, 1970; zit. nach Geis, 1978, 310). Sie zeigen darin auch mehr Variation und Raffinesse. Überdies schauten sie im Experiment von Geis et al. (1970) dem Betrogenen häufiger als Mach$^-$ in die Augen. Sie waren leichter bereit, Betrug abzuleugnen. In einem Experiment von Bogart, Geis, Levy & Zimbardo (1970; zit. nach Geis, 1978, 345) beurteilten die Mach$^+$ das Risiko, das man durch Betrug auf sich nimmt, realistischer als die Mach$^-$.

In einem komplizierten Koalitionsspiel (Con Game genannt), das man durch kalte Berechnung und egoistische Taktikwechsel am leichtesten gewinnen kann, kamen die Mach$^+$ auf die höchste Punktzahl (Geis, 1978, 320). Braginski (1970; zit. nach Geis, 1978, 321) versuchte, Kinder dazu zu bringen, in einer Propaganda–Aktion einer vorgetäuschten Firma andere Kinder zu bewegen, bestimmte Krackers zu essen, die in Wirklichkeit bitter und gar nicht gut waren; Mach$^+$-Kinder brachten mehr Partner dazu, bittere Krackers zu essen, als Mach$^-$-Kinder.

Nicht etwa, daß Mach$^+$ typischerweise die schwarzen Schafe einer Gruppe wären; in Seminargruppen wurden Mach$^+$ am häufigsten zu Leitern erwählt, und solche Gruppen waren erfolgreicher als Gruppen mit Leitern von tieferen Mach–Werten (Geis, 1968; zit. nach Geis, 1978, 322). Mach$^+$ werden im allgemeinen als attraktiv beschrieben, als feine (und nicht grobe, auffällige) Taktiker, als Realisten, als emotional und sozial weniger beirrbar als Mach$^-$.

In Zweier–Spielen, in denen es auf gute gegenseitige Koordination ankam (Durkin, 1970), bewährten sich jene Paare am besten, in denen Mach$^+$ und Mach$^-$ beisammen waren. Allerdings bestanden da bedeutsame Wechselwirkungen mit dem Geschlecht der Versuchsteilnehmer und mit der Geschicklichkeit (Näheres in Geis, 1978, 343). Überhaupt hat Machiavellismus Gemeinsamkeiten mit traditionellen Männerbildern. So konnte Novgorodoff (1974; zit. nach Geis, 1978, 344) zeigen, daß Männer unter den Frauen die Mach$^-$ den Mach$^+$ vorzogen, die Frauen aber unter den Männern die Mach$^+$ und die Mach$^-$ etwa gleich gut mochten. Allerdings ergaben sich Unterschiede nach den Machiavellismus–Werten der Wähler: Mach$^+$-Frauen wählten mehr Mach$^+$-Männer als Mach$^-$-Männer, und Mach$^-$-Frauen wählten mehr Mach$^-$-Männer als Mach$^+$-Männer. Bei den Männern waren die Wahlen weniger gut verteilt, denn sowohl die Mach$^+$-Männer als auch die Mach$^-$-Männer zogen Mach$^-$-Frauen den Mach$^+$-Frauen vor. Mach$^+$-Frauen gingen also in dieser Untersuchung von 1974 am meisten leer aus. Geis (1978, 344) wies allerdings maliziös darauf hin, daß in Wirklichkeit die Situation nicht so schlimm sein muß, weil doch die Mach⁺, auch die Frauen, ihre Chancen besser wahrnähmen und in die Tat umsetzten als die Mach⁻. – Wie würden wohl die Resultate in den neunziger Jahren aussehen?

Auch andere Autoren haben ein «Bedürfnis nach Macht» postuliert, z.B. Mulder (1959, 195). Mulder vertrat diese Überzeugung in seiner Theorie der Machtdistanz–Reduktion. Er statuierte explizit: «Machtausübung führt zu Zufriedenheit» (Mulder, 1959, 190) und: «In dem Ausmaß, in dem die Machtausübung einer Person wächst, steigt ihre Zufriedenheit» (Mulder, 1959, 197).

Dieses Bedürfnis nach Macht bahnt sich nach Mulder seinen Weg vor allem durch Affiliation an die Mächtigeren und durch Distanzierung von den weniger Mächtigen. Laut Schneider (1977, 68) stellte Mulder folgende vier Hypothesen auf, die zwar bis heute nicht eindeutig bewiesen, aber auch nicht eindeutig widerlegt seien:

1. Im Individuum herrscht eine Tendenz, die psychologische Distanz zu den mächtigeren Gruppenmitgliedern zu vermindern.
2. Die Tendenz zur Verminderung der Distanz zu den mächtigeren Gruppenmitgliedern ist umso stärker, je geringer diese Distanz ist.
3. Im Individuum herrscht gleichzeitig eine Tendenz, die psychologische Distanz zu den unterlegenen Gruppenmitgliedern zu erweitern.
4. Diese Tendenz zur Vergrößerung der psychologischen Distanz nimmt ab, je kleiner die Entfernung zu den unterlegenen Gruppenmitgliedern ist.

Eine Reihe von Kleingruppenuntersuchungen mit experimentell arrangierten Machtverhältnissen liegen auf der Linie dieser Hypothesen. Besonders häufig ist gezeigt worden, daß Probanden es im allgemeinen vorziehen, mit machthöheren Gruppenmitgliedern zu kommunizieren als mit machtniedereren (z.B. Zander, Cohen & Stotland, 1959; Mulder, 1960; Hurwitz, Zander & Hymovitch, 1968; Kipnis, 1972).

Dabei ist die Tendenz zur Affiliation nicht bei allen Abständen zu den machthöheren Personen gleich. So zeigten Mulder, Veen, Rodenburg, Frenken & Tielens (1973), daß das Streben nach Machtdistanz–Reduktion desto größer ist, je geringer die Machtdistanz zwischen (unterlegener) Versuchsperson und Partner ist. Hofstädter (1957, 127-128) sprach aber mit Bezug auf G.K. Zipf (1949, ohne Nachweis bei Hofstädter, 1957, 127) von einem «Phänomen der alternierenden Bündnisse». Damit meinte er den Umstand, daß ein Ranginhaber den unmittelbar höheren eher überspringt und Anschluß beim übernächst höheren sucht, weil er mit seinem Wunsch, befördert zu werden, den Neid der Inhaber des nächsthöheren Ranges wecke.

Cohens Befund ist dabei sehr glaubwürdig, wonach solche Tendenzen, sich mehr nach oben als nach unten zu affiliieren, an die Bedingung von Aufstiegshoffnungen geknüpft sind, also nicht für jedermann und in jeder Lebenssituation gelten (Cohen, 1958; zit. nach Schneider, 1977, 73-74).

Die bisher genannten Experimente sind für die Hypothese der Tendenz zur Machtausweitung nur relevant, wenn Affiliation tatsächlich ein instrumenteller Mechanismus zur Machtausweitung ist. Shure, Meeker & Hansford

(1965) konnten zeigen, daß die Mehrheit ihrer Probanden die Chance zur Machtausweitung auf Kosten anderer tatsächlich nutzt (Schneider, 1977, 75).

Sie instruierten ihre Versuchspersonen, als Operatoren in einem Kommunikationssystem hätten sie die Aufgabe, Botschaften durch einen Kanal begrenzter Kapazität zu senden. Für jede gelungene Weitergabe erhielten sie eine finanzielle Belohnung. Der Kommunikationskanal wurde auch von einer anderen Versuchsperson in entgegengesetzter Richtung benutzt. Da in einer Arbeitsperiode nur einer der beiden Partner seine Daten durchgeben konnte, mußte einer zurückstehen. Wartezeiten oder durch Systemüberlastung hervorgerufene Inaktivitäten wurden berechnet. Wer seine Botschaft erfolgreich sendete, erwarb zusätzlich das Recht, in der folgenden Arbeitsperiode seine Nachricht als erster einzugeben. Falls der Gegenspieler trotzdem eine Information durchzugeben begann, konnte ihn der Sieger der vorausgehenden Periode wieder hinausdrängen, verbunden mit einem leicht schmerzhaften Elektroschock. Die Versuchsperson konnte auch unabhängig von dem Wunsch, den Partner zu verdrängen, einen Elektroschock austeilen, der aber auf den Verlauf des Spieles selbst keine Auswirkungen hatte. Eine sichere Machtstellung war also erst möglich, wenn einer der beiden Partner seinem Mitspieler den Vortritt überlassen hatte.

Damit die Versuchspersonen sich dominativ verhielten, arbeiteten sie als Mitglied einer Dreiergruppe, deren Gewinn sich aus den Individualerträgen der drei Mitglieder zusammensetzen sollte. Die Triadenpartner baten die Versuchsperson mehrmals während des Experiments, die dominative Strategie anzuwenden.

In ihren Versuchen ließen Shure et al. die Versuchspersonen gegen einen pazifistisch programmierten Partner spielen, der beim ersten Lauf den Vortritt gewährt, dann aber durch Einfügen seines Botschaftsanfangs den Anspruch auf einen Wechsel erhebt, allerdings ohne je den Elektroschock auszulösen. Zu Beginn planten 75 der 143 Versuchspersonen, dominativ zu spielen. Nach den ersten vier Perioden unter dem Eindruck von drei Aufforderungen der Triadenpartner zur dominativen Strategie spielten 71 von ihnen und 54 von den ursprünglich kooperativ eingestlllten Personen dominativ. Gegen Ende des Versuchs, in der 15. Arbeitsperiode blieben 85 Personen bei der dominanten Strategie. Sie nutzten also ihre durch den anfänglichen Verzicht des Partners erworbene Macht bis zum Ende aus.

Ein ähnliches Experiment, das überdies zeigt, daß Menschen die Tendenz haben, die psychologische Distanz gegenüber machtniedereren Partnern zu vergrößern, legte Kipnis (1972) in einem Aufsatz unter dem Titel «Korrumpiert Macht?» vor. In einem Unternehmensspiel führte der Gewinn von Macht zu Anstrengungen, das Verhalten der weniger Mächtigen zu beeinflussen, zur Abwertung der Leistungen der weniger Mächtigen, zur Selbstzuschreibung der Ursachen von besonderen Anstrengungen der weniger Mächtigen und zur Bevorzugung größerer persönlicher Distanz zu den weniger Mächtigen.

Aus diesen Untersuchungen wird ersichtlich, daß Menschen nicht nur nach Kontrolle überhaupt streben, sondern oft auch nach der speziellen Kontrollform der sozialen Macht im engeren Sinn. Veroff, Reuman & Feld (1984) behaupten nachgewiesen zu haben, daß das Bedürfnis der Menschen nach Macht in ihrer Lebensmitte am ausgeprägtesten sei; die genauen Zahlen aber legen eine Differenzierung nahe (Figur 9–1): In der 1957er Untersuchung zeigten die Männer tatsächlich erst ab etwa 40 Jahren hohe Machtwerte; in der 1976er Untersuchung ist aber kein solcher Anstieg festzustellen, dann waren sie alle von Anfang an machthungriger (oder machten sie nur freimütiger solche Angaben?).

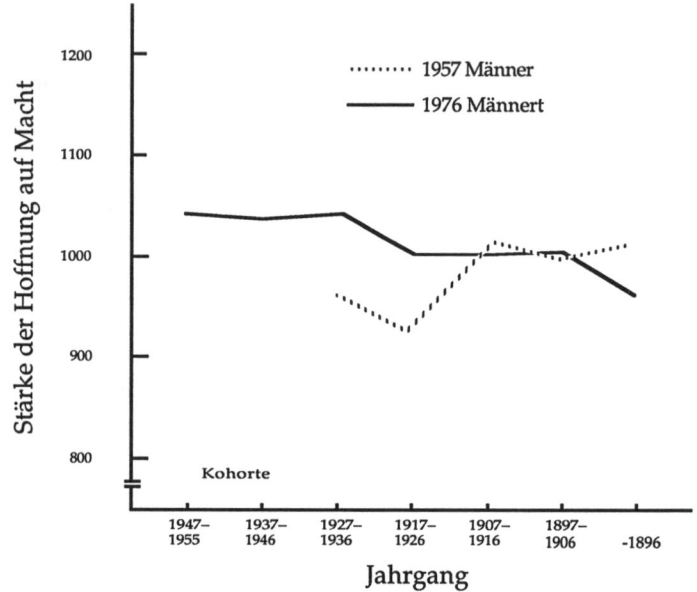

Figur 9–1
Kohorten–Differenzen in den Machtmotiven 1957 and 1976 (aus Veroff, Reuman & Feld, 1984, 1152)

Bei der Postulierung des Machtmotivs muß man beachten, daß erwachsene Menschen mit Macht oft nicht nur spontan umgehen, sondern sich darüber auch mal Gedanken machen. Sie erfahren Sanktionen für Machtusurpation, übernehmen soziale Spielregeln, entwickeln Vorstellungen von Gerechtigkeit, von idealen Gesellschaften etc. und richten ihr Handeln mehr oder weniger danach. Schneider (1977) unterscheidet eine «Tendenz zum Machtausgleich» von einer «Tendenz zur Machtausweitung». Das ist etwas farblos. Vielleicht sollte man hier die Entwicklungspsychologie des Gerechtigkeitsbegriffs, der moralischen Urteils und des moralischen Verhaltens einbeziehen (vgl. Kohlberg, 1974; Flammer, 1988).

186

9.5.4.2 Autoritarismus

Autoritarismus (engl. authoritarianism) als Persönlichkeitseigenschaft ist zu unterscheiden von Machtbedürfnis oder gar Machiavellismus. Der autoritaristische Mensch ist nicht notwendig einer, der für sich selbst viel Kontrolle hat oder wünscht, sondern einer, der überhaupt Machtkonzentration wünscht, der Hierarchien wünscht, selbst gern in Hierarchien steht (oben oder irgendwo in der Linie), in der Extremform ein Faschist ist. Autoritaristische Persönlichkeiten befehlen *und* gehorchen gerne, das erste nach unten und das zweite nach oben.

Das Konzept des Autoritarismus stammt von Erich Fromm (1941), dessen Buch den sinnigen Titel trägt: «Escape from freedom». Er versuchte eine historische Erklärung des deutschen Faschismus, die kurz so aussieht: Der Calvinismus brachte Freiheiten für das Individuum, diese förderten Isolation und Angst (Erfolgszwang). Angst förderte die Bereitschaft für Submission und Gehorsam, aber auch für Projektionen. In den dreißiger Jahren kam dazu eine schwierige ökonomische und politische Situation als Erbe des ersten Weltkriegs.

Auf diesen Gedanken aufbauend unternahm Theodor Adorno in Berkeley seine Antisemitismus–Studien. Er entwickelte (gegenseitig korrelierte) Skalen zur Messung der Faschismus–Tendenzen (die berühmte F–Skala), des Ethnozentrismus und des politisch–ökonomischen Konservativismus. Folgende Elemente gehören nach Adorno, Frenkel–Brunswik, Levinson & Sanford (1950) zum Autoritarismus–Syndrom:

- Konventionalismus
- Autoritaristische Unterwerfung
- Autoritaristische Aggression
- Ablehnung von Einfühlung und von Rücksicht
- Aberglaube und Stereotypie
- Macht und Härte
- Destruktivismus und Zynismus
- Projektivität
- Moralisierung der Sexualität (vgl. Dillehay, 1978, 93).

Adorno et al. (1950, 31-56) beschrieben in psychoanalytischen Begriffen je einen Prototyp des autoritären (oder autoritaristischen) und des nicht–autoritären (resp. nicht-autoritaristischen) Menschen, nämlich den Mack und den Larry: Macks Vater war moralistisch und kalt; darum hatte Mack Probleme der Identifikation mit dem Vater, woraus eine latente Homosexualität entstand; dazu kam eine Abhängigkeit von der kränklichen Mutter, die überdies früh starb; diese Abhängigkeit erzeugte ein Gefühl der persönlichen Weichheit; Mack leugnete aber dieses Gefühl und unterdrückte es durch sein Streben nach Macht und Status, er lehnte 'weiche' Gruppen ab und bezeichnete sie als gefährlich. Larry auf der anderen Seite war strebsam, aber nicht kompromißlos; er hatte Pläne, träumte von einem guten Leben, akzeptierte aber Abhängigkeit.

Daniel Katz (1960; Katz & Stotland, 1959; zit. nach Dillehay, 1978, 111) versuchte in mehreren Untersuchungen, die autoritäre Persönlichkeitsstruktur zu verändern, indem er die Probanden (verbal) in die psychologische Dynamik des Autoritarismus einführte (z.B. indem er erklärte, wie Zynismus, Destruktivität und Aggression mit persönlicher Unsicherheit, Selbstverteidigung und Angst zu tun haben). Solche Kommunikation hatte eine positive Wirkung bei mittelmäßig autoritären Persönlichkeiten, jedoch nicht bei stark autoritären Persönlichkeiten (vgl. auch Wagman, 1955, der bei hoch autoritären Personen mit Änderungsversuchen durch Gegeninformation einen Bumerang–Effekt erzielte).

Sales (1972) untersuchte religiöse Konversionen zwischen 1920 und 1929 (die goldenen Jahre) und zwischen 1930 und 1939 (die Krisenzeit). Größeren Zuwachs während der Krisenzeit hatten in den USA jene Kirchen und religiösen Vereinigungen, die er als relativ autoritär bezeichnete: Church of Jesus–Christ of Latter–Day Saints, the Seventh–Day Adventist Church und die katholische Kirche. Größeren Zuwachs während der 'goldenen Jahre' hatten die Presbyterian Church, die Congregational Christian Church, die Northern Babtist Convention und die Protestant Episcopal Church.

Byrne & Przybyla (1980) untersuchten undergraduates in Psychologieveranstaltungen an der State U. of New York at Albany wenige Wochen vor den 1980er Wahlen auf ihre F–Werte und erhielten die Resultate der Tabelle 9–3. Die F–Skalen–Differenzen waren signifikant bei $p < .0001$. Die Ronald-Reagan-Wähler wiesen deutlich höhere Werte auf der F-Skala auf als die anderen.

Tabelle 9–3
F–Werte der US–Wähler 1980 (aus Byrne & Przybyla, 1980)

Kandidat	Durchschnittlicher F–Wert	n
Ronald Reagan	95.4	29 %
John Anderson	71.6	59 %
Jimmy Carter	70.8	12 %
		100.%

Die gleichen Autoren zitierten auch frühere Untersuchungen. 1960 zeigte die Gruppe, die Orville Faubus unterstützte, den höchsten F-Wert (Autoritarismus-Skala), jene, die Adlai Stevenson unterstützte, den tiefsten. 1964 war der höchste F-Wert bei den Anhängern von George Wallace zu finden, ein mittlerer bei den Anhängern von Barry Goldwater und der tiefste bei den Anhängern von Lyndon Johnson. 1968 schließlich zeigten jene, die sich für Richard Nixon unterstützten, einen höheren F-Wert als jene, die Robert F. Kennedy unterstützten.

Von neueren Wahlen sind mir keine Untersuchungen bekannt. Diverse Studien hatten aber schon früher gezeigt, daß die US-Parteizugehörigkeit (Republikaner vs. Demokraten) als solche keine Korrelation mit F aufwies (vgl. Dillehay, 1978, 123). Solches ergibt sich offensichtlich erst bei der Stellungnahme zu bestimmten profilierten Kandidaten.

Elms & Milgram (1966; zit. nach Dillehay, 1978, 119-120) sowie Epstein (1966) zeigten, daß der Gehorsam im Milgram-Experiment positiv korreliert war mit dem F–Wert der Probanden.

9.6 Existentiell–vitale Kontrollbegrenzungen

Unser Leben ist endlich. Unsere konstitutionellen Voraussetzungen sind unterschiedlich, aber auf jeden Fall existentiell und zeitlich begrenzt. Invalidität ist eine Realität, ebenso Krankheit. Auch unsere soziale und historische Bedingtheit ist Realität und interindividuell verschieden. Sohn eines Pfarrers im Entlebuch des frühen zwanzigsten Jahrhunderts zu sein ist wesentlich anders als Sohn eines früh an Tuberkulose verstorbenen lothringischen Grubenarbeiters des 19. Jahrhunderts zu sein. Und nochmals sehr anders ist die Situation eines taubblinden Menschen etc.

Wir stoßen hier an Kontrollgrenzen und an Verteilungen von Kontrolle, die individuell weitgehend unumstößlich sind. Aber sie sind existentiell. Sicher: teilweise lassen sich solche Grenzen ein Stück weit verschieben oder kompensieren, aber von einem bestimmten Punkt an lohnt es sich nicht, sich gegen sie aufzulehnen.

Was tut die Psychologin oder der Psychologe vor solchen letzten Grenzen? Sie oder er wird wie jeder direkt oder indirekt betroffene Mensch schließlich trauern und akzeptieren. Ob revoltierend oder hoffend darauf, daß alles den Betroffenen letztlich zum Besten gereiche, das scheint mir nicht einmal so wichtig zu sein. Akzeptieren, mitgehen, dasein, Geschichte im Werden mitleben, ist alles, was zu tun bleibt, und es ist nicht wenig.

So beglückend Kontrolle sein mag, das Gegenteil gehört ebenso wesentlich zum Leben, und zwar in doppelter Hinsicht. Junges Leben, Entwicklung junger und jüngerer Menschen besteht zu einem wesentlichen Teil im Erwerb von immer mehr Kontrolle; im Alter geben wir immer mehr Kontrolle ab. Die Aussicht auf den Tod soll aber nicht der Freude am Leben im Weg stehen. Wenn das Ende Kontrollverlust ist, soll deshalb der Anfang nicht Kontrollverzicht sein.

Aber auch für die Hochform des Lebens gilt, daß nicht einfach maximale Kontrolle wünschbar wäre, etwa so, daß jedermann jederzeit über alles Kontrolle hätte. Am Anfang unserer Überlegungen (Kapitel 1, 5 und 7) stand die Feststellung, daß sich der Mensch, so wie er ist, in einer gegenständlichen Welt befindet und im Austausch lebt mit einer Welt, die auch ihre Gesetzmäßigkeiten hat: Steine folgen der Schwerkraft, Bewegung ereignet sich in der Zeit, im Winter schneit es und reifen bei uns keine Kirschen etc. Oder weniger lapidar: Ein Freund, auch wenn er mir viel bedeutet, hat auch Wünsche und

Meinungen, oft andere als ich. Ich meine, in dieser Auseinandersetzung mit der gegen–ständlichen Welt wachse der Mensch, erfahre er sich und die Welt, erkenne er sich selbst (vgl. auch Herzog, 1990). Diese konstitutiven Weltgrenzen wünschen wir nicht zu beseitigen, jedenfalls nicht alle und auf Dauer; Aufhebung aller Kontrollgrenzen würde uns in die Isolation des totalitären Herrschers bringen (und ist es nicht bemerkenswert, daß der Allmächtige nach der christlichen Lehre seine Allmacht selbst beschränkt, indem er den Menschen nach seinem Bild und Gleichnis schuf, d.h. ihn an der Kontrolle partizipieren läßt?).

Zusammenfassung

Kontrollhandlungen setzen Wissen und Können voraus. Auch wenn diese fehlen, können soziale Normen, Gruppenrollen und soziale Machtstrukturen die Ausführung von Kontrollhandlungen behindern. Unter Umständen sind es auch materielle Güter, letztlich aber auch Gesundheit und gar Überleben, die für die Ausführung von Kontrollhandlungen gegeben sein müssen.

Fertigkeiten (= Können) sind im allgemeinen lernbar; darum ist ihr Fehlen oft nicht derart schmerzhaft, wenigstens solange als die entsprechende Lernfähigkeit gegeben ist (vgl. Kindheit – Erwachsenenalter – hohes Alter).

Normen und Rollen können bestimmt einschränken, sie können aber unter Umständen auch sehr wirksame Einladungen sein, bestimmte Handlungen zu wagen, evtl. überhaupt zu versuchen und so zu lernen.

Materielle Güter interessieren als unmittelbare Konsumgüter, aber auch als Beschaffungs- oder Tauschgüter und als Produktionsmittel. Schwerwiegende Kontrollgrenzen entstehen dort, wo das Lebensminimum fehlt. Schmerzhaft werden auch jene Grenzen erlebt, die durch sehr ungleiche Verteilung entstehen.

Macht läßt sich als Kontrollvorteil gegenüber anderen definieren, soziale Macht i.w.S. als Kontrolle über andere und soziale Macht i.e.S. als Kontrolle über die Kontrolle anderer. Kontrollvorteile sind nicht vermeidbar; oft ist es unumgänglich, Macht auszuüben; Macht läßt sich auch zum Wohl der Betroffenen ausüben.

Unsere arbeitsteilige Gesellschaft ist außerordentlich stark auf Expertenmacht angewiesen. Expertenmacht setzt Vertrauen voraus; dieses kann allerdings mißbraucht werden, woraus den Experten Verantwortung erwächst. Der Autor vermutet, daß die Menschen insgesamt glücklicher wären, wenn die gegenwärtige Arbeitsteilung etwas reduziert (nicht abgeschafft) würde.

Demokratisch delegierte und dadurch legalisierte Macht ist Kontrolle, die prinzipiell unter der (Ober-)Kontrolle des Volkes bleibt. Expertise der Delegierten ist dazu hilfreich, aber nicht Voraussetzung.

Macht aus Ausgangsvorteilen umschließt vor allem Macht aus materiellen Vorteilen, Macht aus Informationsvorsprung und Macht aus Persönlichkeitseigenschaften.

Die häufigsten Reaktionen auf Macht sind Unterwerfung, Identifikation, unsichtbare oder sichtbare Auflehnung und sekundäre Kontrolle. Gehorsam wird oft auch dann geleistet, wenn das erzwungene Verhalten deutlich unmoralisch ist (z.B. anderen Menschen Schmerzen oder gesundheitliche Schädigungen zufügen). Immerhin wird der Gehorsam leichter verweigert, wenn die Distanz zwischen Machthaber und gehorsamschuldiger Person groß ist, wenn die Autorität oder Legitimation des Machthabers gering ist und wenn verschiedene Machthaber untereinander uneins sind.

Man kann wohl als besondere Kontrollbedürfnisse auch ein Bedürfnis nach eigener Macht und ein Bedürfnis nach autoritären Strukturen annehmen. Das Bedürfnis nach Macht ist vor allem als Machiavellismus beschrieben worden. Machiavellisten zeigen eine raffinierte Mischung von Frechheit und Klugheit, von Verlogenheit und Realismus. Sie sind persönlich häufig erfolgreich, werden aber deswegen durchaus nicht gemieden, sondern sind oft beliebte Menschen.

Autoritaristische oder autoritäre Persönlichkeiten wünschen nicht einfach für sich viel Kontrolle, sondern überhaupt Kontrollkonzentration und Machthierarchien; sie befehlen gerne *und* gehorchen gerne. Sie sind tendenziell konventionsorientiert, aggressiv, einfühlungsarm, zynisch, aberglaubeanfällig und moralisierend.

Seminarliteratur

- Psychologische Voraussetzungen der Macht: French & Raven (1959).
- Machtbesitz und Machterweiterung: Kipnis (1972).
- Macht, Kontrolle, Zufriedenheit: Madden (1987).

Teil II
Aufbau der aktuellen Kontrollmeinung

Handlung im Sinn des zielgerichteten und geplanten Verhaltens setzt Kontrollmeinungen voraus, denn zur Handlungsplanung gehört auch die Einschätzung der persönlichen Handlungsmöglichkeiten, der persönlichen Kompetenzen, allgemein: der persönlichen Kontrolle. Wer kontrollieren will, muß Kontrolle haben, und wer diese in das Planen einbeziehen will, muß darüber eine Meinung haben, eine Kontrollmeinung.

Wie kommt die Kontrollmeinung im einzelnen tatsächlich zustande? Liegt sie bereits 'fertig' vor, wenn ein entsprechendes Handlungsziel auftaucht? Oder wird sie ad hoc aufgebaut? Wie wird sie aufgebaut, wenn der Handlungsbereich neu ist und also weder eine fertige Kontrollmeinung noch relevante Erfahrungen vorliegen können? Wie gehen Menschen mit ihren 'fertigen' Kontrollmeinungen um, wenn sie Erfahrungen machen, die diesen widersprechen?

Diese Fragen sind noch besonders bedeutsam, weil die aktuellen Kontrollmeinungen nicht immer richtig resp. nicht immer sachlich gerechtfertigt sind. Man kann sich überschätzen und unterschätzen. Hilflosigkeit entspringt meistens einer Selbstunterschätzung.

Der zweite Teil dieses Buches ist diesen Fragen gewidmet. Er geht der Verankerung der Kontrollmeinung in der aktuellen Erfahrung (Kapitel 10 und 11), in der Identität (Kapitel 12) sowie im autobiographischen Wissen (Kapitel 13 und 14) nach. Es wird sich zeigen, daß die immer schon bestehenden Kontrollmeinungen ziemlich veränderungsresistent sind, nämlich sowohl gegenüber neuen Erfahrungen als auch gegenüber Erinnerungen.

10. Erfahrungsinformation und Kontrollmeinung

Prinzipiell beziehen die Menschen ihre Information aus ihrer Erfahrung. Sie haben das, was sie von der Welt (sich selbst eingeschlossen) wissen, einmal erfahren oder glauben mindestens, es einmal erfahren zu haben. Diese Aussage ist nicht so unproblematisch oder gar trivial, wie es scheint. Erstens ist das, was um und mit und in uns passiert, nicht eo ipso auch subjektiv kodierte Erfahrung, denn wir nehmen nur eine Auswahl davon wahr (Selektion). Und zweitens verarbeiten wir unsere Erfahrung oft in einer Art, daß die daraus entstandene subjektive Repräsentation gar nicht mehr so genau dem objektiv Erfahrenen entspricht (Transformation).

Hier interessieren sog. kontrollrelevante Erfahrungen. Als kontrollrelevante Erfahrungen bezeichne ich solche, aus denen Information über die eigene Kontrolle abgeleitet werden kann. Welche Erfahrungen unter welchen Bedingungen kontrollrelevant sind, ist Gegenstand dieses Kapitels 10; die Prozesse der Erfahrungsverarbeitung werden in Kapitel 11 besprochen.

Für die Einteilung der kontrollrelevanten Erfahrungsinformation dient uns eine Taxonomie von Bandura (1977) mit vier Kategorien. Vermutlich unabhängig von Bandura hat auch Perrez (1985; 1989) eine Taxonomie mit vier Kategorien vorgeschlagen; bei ihm fehlt aber die vierte von Bandura (physiologische und emotionale Information), dafür hat er eine weitere angegliedert, nämlich «symbolisch vermittelte Kontingenzen». Ich nenne sie 'sozial repräsentiertes Kontingenz- und Kontrollwissen'.

10.1 Direkte persönliche Erfahrung

An erster Stelle steht die Erfahrung aus dem eigenen Handeln und dem eigenen Erleben. Die konkrete Erfolgs- oder Mißerfolgserfahrung ist die stärkste Basis der Kontrollmeinung. Erfolg steigert die Kontrollmeinung, Mißerfolg senkt sie. Aufgrund empirischer Forschung und logisch-theoretischer Analyse läßt sich die Erfahrung, die für den Aufbau einer spezifischen Kontrollmeinung relevant ist, einigermaßen spezifizieren.

10.1.1 Wahrnehmung und Interpretation von Wirkungen

Erfahrene Wirkungen haben auf die Kontrollmeinung einer Person nur dann einen Einfluß, wenn die Person sie wahrnimmt und wenn sie deren Ursache internal, also auf sich selbst attribuiert (vgl. Abramson et al., 1978 – Kapitel 4). Tatsächliche Wirkungen, von denen sie nicht merkt, daß sie sie bewirkt hat, ändern an ihren Kontrollmeinungen nichts (vgl. die aktuelle Diskussion um umweltrelevantes Verhalten, das viele nicht als umweltwirksam betrachten und darum nicht zur Diskussion stellen wollen; Grob, 1990). Auch schätzen Menschen ihre Kontrolle über Ziele höher ein, wenn sie einer positiven Kontrollhandlung gewahr werden (daß sie etwas Bestimmtes zur Erreichung des Ziels getan haben), als wenn sie eine negative Kontrollhandlung feststellen (daß sie etwas Bestimmtes zur Erreichung des Ziels nicht getan haben); vgl. Dunning & Parpal (1989).

Dowrick (1983; zit. nach Bandura, 1986, 403) konnte zeigen, daß eine besonders gute Leistung, die mit besonderer Hilfe zustandegebracht, gefilmt und dann der Versuchsperson ab Video vorgespielt wurde, nicht nur die Kontrollmeinung steigerte, sondern hernach auch die tatsächlichen Leistungen.

Lüthi (1990, Experiment I) ließ studentische Versuchspersonen aus fünf Leistungsbereichen je fünf Aufgaben bearbeiten und erhob voraus und nachfolgend die subjektive Meinung über ihre eigene Kompetenz in den fünf Leistungsbereichen. Die Versuchsleiterin beurteilte für sich die einzelnen Leistungen, gab jedoch keine Rückmeldungen über die Güte der Leistungen an die Versuchspersonen ab; diese konnten sich aber eindrucksmäßig durchaus ein subjektives Urteil bilden. Der Vergleich der bereichsspezifischen Kontrollmeinungen vor und nach der Aufgabenbearbeitung zeigte eine Zunahme, wenn die Leistung nach der Beurteilung der Versuchsleiterin höher war, als sie aufgrund der vorausgehend abgegebenen Kontrollmeinung zu erwarten gewesen war. Und die Kontrollmeinung wurde gesenkt, wenn die Leistungserfahrung unter der Erwartung blieb.

195

Daß die Wahrnehmung eigener Wirkungen für den Aufbau, die Veränderung oder die Bestätigung eigener Selbstwirksamkeit Bedingung ist, macht die Befunde von Dweck & Repucci (1973) sowie Dweck (1975) an Schulkindern verständlich. Diese fanden, daß die Ausdauer korreliert war mit der spontanen oder suggerierten Attribution von Mißerfolgen auf ungenügende Anstrengung: Wenn die Kinder glaubten, sie könnten die Erfolge bewirken und die Mißerfolge mit mehr Anstrengung vermeiden, dann strengten sie sich mehr an, denn sie wollten den Erfolg wirklich. Man kann darum die Ausdauer bei der Bearbeitung von schwierigen Aufgaben als Indikator für die Kontrollmeinung annehmen (Lütkenhaus, 1987).

Vermeintliche Wirkungen können zu einer illusorischen Kontrollmeinung führen (Langer, 1975; 1983; Kapitel 7).

So wie universelle Hilflosigkeit das Selbstwertgefühl wenig oder nicht beeinträchtigt, so dürfte eine Wirkung, die jedermann haben kann, eine Kontrollmeinung in einem bestimmten Bereich zwar ermöglichen; sie wird aber nicht als besonders bedeutsam erlebt und steigert den Selbstwert wenig (Kapitel 4).

Auch zur chronischem vs. vorübergehenden Hilflosigkeit (Kapitel 4) besteht eine Parallele: Eine Wirkung, die man einmal erzielt hat, vorher und nachher aber immer erfolglos anstrebte, dürfte die Kontrollmeinung nur gering oder nur bedingt steigern (Beispiel: ein bewundertes Gedicht, dem aber nie mehr Vergleichbares folgte). Unerwartete Erfolge können die Kontrollmeinung steigern, aber sozusagen nur auf Zusehen hin. Nachfolgender Mißerfolg bringt die Kontrollmeinung gleich wieder auf das alte Niveau zurück.

10.1.2 Wichtigkeit der Ziele

Wir wollen in jenen Bereichen Selbstwirksamkeit haben, die uns wichtig sind. Erfahrungen aus wenig wichtigen Handlungsbereichen haben wahrscheinlich wenig Konsequenzen auf die Kontrollmeinung. Gerade weil die Kontrollmeinung subjektiv auch bewertet wird, zählt die subjektive Bedeutung oder die Wichtigkeit eines zu kontrollierenden Zieles mit.

Vermutlich kann jeder Mensch vieles, das er nicht besonders schätzt; und wenn er wenig kann, das er schätzt, dann könnte es für ihn hilfreich sein, in ein soziales Umfeld zu gelangen, in dem seine brachliegenden Kompetenzen geschätzt werden. Verliebte Menschen wachsen manchmal 'über sich selbst hinaus'.

Stiensmeier (1986) hat in zwei Studien mit simulierten Mißerfolgen – die Versuchspersonen mußten sich mental in eine beschriebene Situation versetzen – und einer Studie mit real erlebten Mißerfolgen konsistent gefunden, daß die sog. Lageorientierung auch bei nur einem einzigen Mißerfolg dann deutlich größer war, wenn die nicht gelöste Aufgabe subjektiv wichtig war, als wenn die Aufgabe nicht wichtig war (Figur 10-1; die sog. Lageorientierung im Gegensatz zur Handlungsorientierung nach Kuhl, 1983, besteht darin, daß Menschen nach Mißerfolg mehr um ihr Selbstbild und die Neubeurteilung der 'Lage' besorgt sind als um das geplante und tatkräftige Zugreifen; Lageorientierte muten sich also die Kontrolle über das Handlungsziel weniger zu als Handlungsorientierte; vgl. Kapitel 4). Dieser Befund Stiensmeiers entspricht dem von Roth & Kubal (1975; s. Kapitel 6).

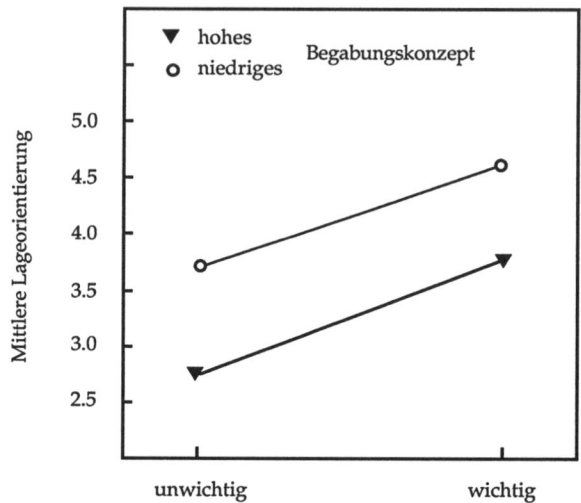

Figur 10-1
Mittlere Lageorientierung nach Mißerfolg in Abhängigkeit von der Höhe des Begabungskonzepts und der Wichtigkeit des Mißerfolgs (Stiensmeier, 1986, 130)

Auch Daten aus dem laufenden Forschungsprojekt des Autors (Kapitel 4.5.1.1) belegen die Bedeutung der Wichtigkeit von Erfahrungen für die Kontrollmeinung. Im Rahmen dieser Untersuchung wurden im Jahr 1986 1902 Schweizer Jugendliche nach ihren Kontrollmeinungen befragt. Zu verschiedenen Bereichen hatten sie ein Set von 11 Fragen zu beantworten, u.a. auch nach der Wichtigkeit sowohl des Bereichs als auch der Kontrolle in diesem Bereich (Flammer, Grob & Lüthi, 1987a; 1989b). Daß diese beiden Messungen miteinander hoch korrelierten, überrascht nicht: Jedermann will besonders in jenen Bereichen stark sein, die ihm oder ihr wichtig sind.

In der gleichen Stichprobe wurden auch Maße zur (Lebens-) Zufriedenheit erhoben. Dabei zeigten sich positive Korrelationen zwischen Kontrolle und Zufriedenheit (vgl. Kapitel 6.3). Wie die Tabelle 10-1 zeigt, sind diese Korrelationen höher für jenen Teil der Stichprobe, deren Versuchspersonen angegeben hatten, daß der betreffende Handlungsbereich ihnen sehr wichtig sei (um die 1500 Versuchspersonen je Bereich), als für jene Versuchspersonen, denen der betreffende Handlungsbereich nicht wichtig war (um die 40 Versuchspersonen je Bereich; indifferente Versuchspersonen ausgelassen). Dabei ist allerdings zu beachten, daß die Korrelationen insgesamt nicht sehr hoch waren; was hier zählt, ist der Vergleich.

Tabelle 10-1
Korrelation zwischen Zufriedenheit und Kontrollmeinung für Bereiche, die den Jugendlichen sehr wichtig resp. nicht wichtig sind

	Wichtigkeit tief	Wichtigkeit hoch
Aussehen	.191	.237
Arbeitsplatz	.274	.135
Konflikt	.076	.207
Wald	.034	.055
Persönlichkeit	-.612 (n=9)	.260
Lernstoff	-.010	.129
Beziehung	.021	.211
Jugendtreff	.024	.141
Geld	.268	.119
Gewichteter Durchschnitt	.043	.175

10.1.3 Diagnostische Aussagekraft von Erfahrungen

Bereits 1957 hatte Atkinson gezeigt, daß die Menschen mit einer durchschnittlichen Erfolgszuversicht durchaus bereit sind, Mißerfolgsrisiko auf sich zu nehmen, wenn sie aus der entsprechenden Erfahrung Information über ihre eigenen Kompetenzen gewinnen können; das Gegenteil gilt für mißerfolgsängstliche Menschen: Diese ziehen entweder sehr leichte Aufgaben (mit sicherem Erfolg) oder sehr schwere Aufgaben (mit sicherem, aber nicht persönlich zu verantwortendem Mißerfolg) vor. Aufgaben, deren Bearbeitung besonders aufschlußreich für die Beurteilung der Selbstwirksamkeit ist, haben eine hohe diagnostische Aussagekraft oder Diagnostizität.

Oft wird in der Literatur statt von diagnostischer Aussagekraft von Wichtigkeit gesprochen. Die Wichtigkeit dessen, was zu kontrollieren ist, die eigene Kontrolle darüber und die diagnostische oder informatorische Wichtigkeit einer Testaufgabe sind aber nicht dasselbe. Ein Handlungsbereich kann einem durchaus subjektiv wichtig sein (z.B. öffentliche Gesundheit), die eigene Kontrolle muß es deswegen nicht sein (z.B. Verzicht auf persönliche politische Einflußnahme auf die öffentliche Gesundheit). Aber auch die Kontrolle kann subjektiv wichtig sein (zum Beispiel die Kontrolle eines Kantonsarztes über die öffentliche Gesundheit), ohne daß man eine konkrete Situation daraus als wichtigen Test für die Kontrolle versteht (z.B. der Einfluß darauf, welche von drei konkurrierenden Firmen als Lieferanten eines bestimmten Impfstoffes zum Zug kommt). Die diagnostische Wichtigkeit einer einzelnen

Situation setzt die subjektive Wichtigkeit der Kontrolle in diesem Handlungsbereich voraus, und diese setzt die subjektive Wichtigkeit des Handlungsbereichs und seiner möglichen Ziele überhaupt voraus. – Die oben zitierten Untersuchung von Stiensmeier (1986) verwendete Wichtigkeit gleichzeitig in allen drei Bedeutungen: Die hohe Wichtigkeit wurde suggeriert durch die Verwendung eines Kreativitätstests, die geringe Wichtigkeit durch die angebliche Absicht, geeignete Aufgaben für spätere psychologische Untersuchungen zu ermitteln.

Trope (1982) zielte explizit auf die Bedeutung der diagnostischen Aussagekraft des Tests ab. Er präsentierte Sekundarschülern (Junior High School) im Einzelversuch zwei Aufgabenserien, von denen er vorgab, sie mäßen die geistige Flexibilität, nämlich einen sog. Wortkettentest und einen sog. Umstellungstest. Der erste bestand darin, daß zu einem Stichwort drei Assoziationen gegeben werden mußten, die alle zusammen in Form oder Inhalt in Beziehung stehen sollten. Der zweite bestand in Rechenaufgaben der folgenden Art:

$$(9 - 5) + 4$$

$$(7 + 4) - 6$$

Die Anweisung an die Versuchspersonen lautete: «Rechne die obere Zeile aus, behalte sie im Kopf, rechne die untere Zeile aus, schreib nichts nieder; wenn das Resultat der oberen Zeile größer als das der unteren Zeile ist, zähle das untere Resultat vom oberen ab und schreibe die Differenz unten hin. Wenn das Resultat der oberen Zeile kleiner als das der unteren Zeile ist, zähle beide zusammen und schreibe das Resultat unten hin.» Des weiteren wurde den Versuchspersonen gesagt, mit diesen Tests könne man die Versuchspersonen gut in drei Gruppen einteilen, die geistig Flexiblen, die Durchschnittlichen und die geistig Unflexiblen.

Zu den Ergebnissen des ersten Tests (zwölf Aufgaben) erhielten die Versuchspersonen manipulierte Rückmeldungen, nach denen sie (zufällig) in eine von vier Gruppen eingeteilt wurden:

- Die Flexiblen: «Laut zehn der zwölf Aufgaben gehörst Du eindeutig zu den geistig Flexiblen.»
- Die Durchschnittlichen: «Laut zehn der zwölf Aufgaben gehörst Du eindeutig zu den Durchschnittlichen.»
- Die Unflexiblen: «Laut zehn der zwölf Aufgaben gehörst Du eindeutig zu den geistig Unflexiblen.»
- Die Unklaren: «Die Resultate sind in Deinem Fall nicht klar; laut vier Aufgaben gehörst Du eindeutig zu den geistig Flexiblen; laut vier anderen Aufgaben gehörst Du eindeutig zu den Durchschnittlichen; und nach den restlichen vier Aufgaben gehörst Du eindeutig zu den geistig Unflexiblen.»

Darauf folgte eine zweite Testphase, nämlich die mit dem sog. Umstellungstest (Rechenaufgaben). Bevor die Versuchspersonen diesen bearbeiteten, wurde ihnen anhand einer geeigneten Tabelle weisgemacht, daß der Test über die geistige Flexibilität ebenfalls sehr eindeutige Aussagen mache ('Aufgabe mit hoher diagnostischer Aussagekraft') resp. daß der Test keine so präzisen Aussagen ermögliche ('Aufgabe mit geringer diagnostischer Aussagekraft').

Die Zahl der Richtiglösungen im zweiten Test (Figur 10-2) variierte signifikant mit beiden Variablen, Rückmeldung auf den ersten Test und Diagnostizität des zweiten Tests: Die Leistungen waren besser (und wahrscheinlich auch die Anstrengungen höher), wenn die Aufgabe angeblich eine hohe diagnostische Aussagekraft als wenn sie eine geringe diagnostische Aussagekraft besaß. Sie waren aber auch desto besser resp. die Anstrengungen desto höher, je betrüblicher die vorausgehende Rückmeldung war; vielleicht hatten die angeblich weniger flexiblen Versuchspersonen beim Lösen der Aufgaben eine bessere Meinung von sich selbst gehabt und wollten es darum jetzt wirklich wissen. Am höchsten waren die Anstrengungen, wenn die vorausgehende Rückmeldung die Entscheidung über dieses Stück Selbstbild nicht zuließ und das ganz besonders dann, wenn die jetzt zu bearbeitende Aufgabe angeblich eine hohe diagnostische Aussagekraft besaß.

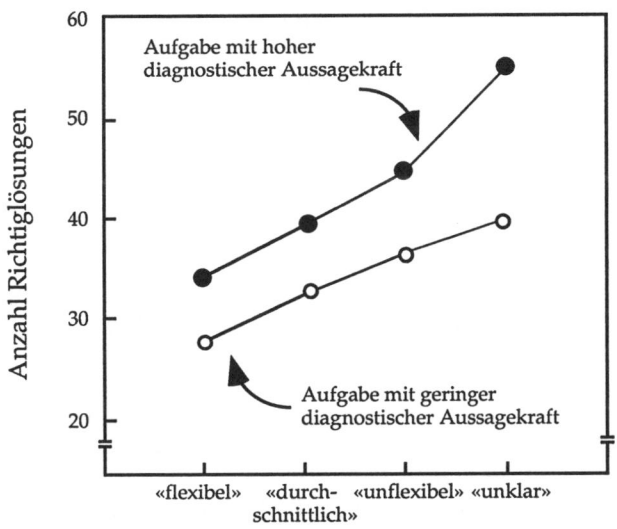

Figur 10-2
Anzahl richtig gelöster Aufgaben in Abhängigkeit von unterschiedlicher diagnostischer Aussagekraft und unterschiedlichen diagnostischen Informationsbedürfnissen (aus Trope, 1982, 209)

Diese Daten belegen eindeutig, daß sich Menschen viel mehr anstrengen, d.h. sich mehr um Information über ihre eigenen Kompetenzen bemühen, wenn sie glauben, eine bestimmte Leistung gebe darüber verläßliche Auskunft, als wenn sie glauben, die Leistung sage nicht viel aus. – Es ist beizufügen, daß Trope den Versuchspersonen von Anfang an zugesichert hatte, daß niemand außer ihnen selbst und dem Versuchsleiter die Ergebnisse erfahren würde; auch wurden am

Ende des Versuchs alle Versuchspersonen gründlich über den 'Betrug' aufgeklärt und um nachträgliches Verständnis für die Zumutung gebeten.

Zur Vermeidung von Mißverständnissen ist zu beachten, daß es nicht die generell weniger kompetenten Schüler und Schülerinnen waren, die besonders begierig nach diagnostischer Information waren, sondern jene, denen man unmittelbar vorher eine solche Information gegeben hatte. Nach Befunden der Motivationspsychologie wissen wir, daß die wenig kompetenten Schülerinnen und Schüler die Tendenz haben, sich vor der Bewährungsprobe zu drücken (vgl. z.B. Boggiano, Main & Katz, 1988). Für die Versuchspersonen von Trope mußten die (gezinkten) Rückmeldungen eine Herausforderung gewesen sein.

Klonowicz & Zawadzka (1988) haben in einem Versuch zeigen können, daß Versuchspersonen sich mehr anstrengten resp. bessere Leistungen erbrachten, wenn sie die Aufgabenschwierigkeit selber bestimmen konnten, als wenn sie darauf keinen Einfluß hatten. Das mag aus bloßer Freude an der Wahl so gewesen sein oder weil die aktuellen Kompetenzen und Anforderungen einander objektiv besser entsprachen (vgl. Flammer, Schläfli & Keller, 1978) oder aber weil die selbstwählenden Versuchspersonen sich selber testen wollten.

Selbstverständlich bleibt für die einzelnen Individuen in konkreten Situationen das schon von J.W. Atkinson angesprochene Dilemma zwischen der Erfahrung der Wahrheit über sich und dem Selbstschutz. Wer die Wahrheit sucht, riskiert, daß sie unangenehm ist. Strube, Lott, Lê-Xuân-Hy, Oxenberg & Deichman (1986) haben in zwei Untersuchungen dieses Dilemma anvisiert und festgestellt, daß durchaus beide Motive wirksam sind, daß aber das diagnostische überwiegt. Die Autoren haben allerdings mit freiwilligen Studierenden experimentiert; diese Frage müßte differentiell und in unterschiedlich ernsthaften und subjektiv bedeutsamen Situationen untersucht werden. Möglicherweise ist nämlich die Präferenz für Erfahrungen von hoher diagnostischer Aussagekraft eine relativ stabil(isiert)e Variable interindividueller Unterschiede. So interpretierte Carol Dweck (1988) eine Reihe von motivationspsychologischen Untersuchungen aus ihrer Gruppe damit, daß sie lernorientierte und bewährungsorientierte Haltungen (learning goals vs. performance goals) unterschied. Die bewährungsorientierten Schüler ziehen leichte, erfolgssicherere Aufgaben vor und leiden unter Mißerfolgen, während lernorientierte die Herausforderungen suchen und Mißerfolge erst recht zum Anlaß für mehr Anstrengung und vertieftere Analyse nehmen (Flammer, 1990).

10.1.4 Wechsel von Erfolgen und Mißerfolgen

Wahrnehmung ist nur möglich, wenn Unterschiede vorhanden sind. Personen, die in einem bestimmten Bereich immer Erfolg haben, wissen u.U. gar nicht genau, wie gut sie sind; vielleicht sind die Anforderungen immer gering gewesen.

Chapin & Dyck (1976) haben mit leseschwachen (und hierin mißerfolgsgewohnten) Kindern gearbeitet und ihnen in wiederholten Sitzungen entweder immer Sätze vorgegeben, die sie erfolgreich meistern konnten (und auch taten), oder eingestreut auch Sätze, an denen sie scheiterten. Die Kinder durften nach einem Anlauf vor jedem Satz selbst entscheiden, ob sie weiterlesen oder aufhören wollten. Wenn die vorgegebenen Aufgaben vermischt einmal zu Erfolg und einmal zu Mißerfolg führten, waren die Kinder im allgemeinen signifikant ausdauernder, als wenn sie nur (leichte) Aufgaben erhielten, mit denen sie Erfolg hatten. Allerdings war dieser Effekt bei Chapin & Dyck vor allem dann ausgeprägt, wenn den Kindern nach nicht erfolgreichen Sätzen auch suggeriert wurde, daß der Satz besonders schwer gewesen sei (sog. Attributionstraining).

Der Wechsel von Erfolg und Mißerfolg wird durch die betroffene Person wahrscheinlich auch als Ausdruck der diagnostischen Aussagekraft der Aufgabe gewertet.

10.1.5 Herausforderung und Ausdauer

Wichtigkeit des Handlungsziels, Wichtigkeit der Kontrolle und diagnostische Aussagekraft der Aufgabe (mäßig großes Risiko eines Mißerfolgs) sind die zentralen Voraussetzungen dafür, daß eine Erfahrung gesucht und kontrollbezogen verwertet wird. Sie machen aus, daß eine Aufgabe eine Herausforderung darstellt und allenfalls eine beträchtliche Ausdauer auslöst, die ihrerseits bedeutsame Kontrollerfahrungen ermöglicht. Das haben T.S. Pittman und seine Mitarbeiter in Hilflosigkeits-Untersuchungen mit spontanen Attributionen und spontanen Inferenztätigkeiten mehrfach gezeigt (für eine Übersicht s. Pittman & D'Agostino, 1985).

D'Agostino & Pittman (1982) gaben erwachsenen Versuchspersonen in einer ersten Phase eine Lernaufgabe (Begriffs-Identifikationsaufgabe). Dabei wurde eine Gruppe durch Zufallsrückmeldung einem kurzen Hilflosigkeitstraining unterworfen. In einer nachfolgenden und nicht-getricksten Lernaufgabe zeigte sich diese Hilflosigkeitsgruppe ausdauernder als die Vergleichsgruppe mit korrekter Rückmeldung.

Lütkenhaus (1987) beobachtete dreijährige Kinder in verschiedenen Leistungsspielsituationen und stellte fest, daß jene Kinder, die öfter einmal spontan kompetenzbezogene Äußerungen machten (z.B. «Das kann ich», «das kann ich noch nicht», «das kann ich jetzt schon», «das kann ich alleine»), mehr Ausdauer zeigten als Kinder, die keine oder wenig solche Aussagen machten. Dabei waren positive Aussagen bessere Prädiktoren der Ausdauer als negative; aber auch die negativen Aussagen waren signifikante (positive) Prädiktoren. Die Ausdauer stand möglicherweise im Dienst der Informationsbeschaffung über die eigene Kompetenz (was nur möglich war, wenn die Selbstbildentwicklung überhaupt so weit gediehen war; vgl. Kapitel 16).

Diese Ausdauer ist nicht nur für die Bildung eines reliablen Selbstbilds bedeutsam; Ausdauer ermöglicht auch eine Steigerung der eigenen Kompetenz durch Lernen oder Übung (vgl. auch Bandura & Schunk, 1981; Brown & Inouye, 1978; Schunk, 1981).

10.1.6 Selbstschema und Erfahrungsresistenz

Hazel Markus (1977) hat in einem Experiment ihren Versuchspersonen ge-
fälschte Rückmeldung über psychogalvanische Messungen in einem vermeintlichen Suggestibilitätstest gegeben und untersucht, ob die Versuchspersonen
ihre Meinung über sich selbst änderten oder nicht. Bei früherer Gelegenheit
hatte sie nämlich mit validierten Fragebögen ihre Versuchspersonen in drei
Gruppen eingeteilt, nämlich in sozial Unabhängige, sozial Abhängige und
nicht klar Definierte. Die Unabhängigen und die Hälfte der Nichtdefinierten
erhielten nun Rückmeldungen in dem Sinne, daß sie relativ leicht beeinfluß-
bar seien; die Abhängigen und die Hälfte der Nichtdefinierten erhielten
Rückmeldungen in dem Sinne, daß sie relativ unbeeinflußbar seien. Sowohl
die sog. Unabhängigen als auch die sog. Abhängigen zeigten sich aber in den
nachfolgenden Untersuchungen zum Selbstkonzept (Selbstschema, wie Markus
sagte) resistenter gegen die (willkürliche) Rückmeldung als die sog. Nichtdefinierten. Markus zog daraus den Schluß, daß Menschen mit gefestigten
Selbstschemata gegenüber kontrollrelevanten Erfahrungen immuner sind als
Menschen mit ungefestigten oder unklaren Selbstschemata.

Leider bleibt in den beiden Markus-Untersuchungen die Frage offen, warum
die sog. Nichtdefinierten nicht 'definiert' waren (gemeint ist: nicht selbst definiert als entweder abhängig oder unabhängig; Markus sagt «aschematic»).
Es könnte sein, daß sie eben sehr unterschiedliche Erfahrungen hinter sich
hatten oder daß sie Erfahrungen aus sehr unterschiedlichen Lebensbereichen
vermischten; es könnte aber auch sein, daß sie tatsächlich noch wenig einschlägige Erfahrung gemacht hatten oder daß sie die einschlägigen Erfahrungen gar nicht 'ausgewertet' hatten. Schließlich könnte es auch sein, daß sie
eben weder ausgeprägt unabhängig noch ausgeprägt abhängig, sondern so wie
der 'durchschnittliche Durchschnitt' waren. Unter allen diesen Bedingungen
ist die Offenheit für diagnostische Erfahrungen plausibel.

Auch wenn neue Erfahrungen oftmals Chancen bedeuten und viele Menschen
gelegentlich gar nach neuen Erfahrungen lechzen, empfinden wir neue Erfahrungen manchmal auch als bedrohlich. Es gibt viele Gründe dafür, teilweise
vorübergehende, teilweise aber auch solche, die zum Habitus bestimmter
Menschen geworden sind (vgl. Costa & McCrae, 1978; Sperbeck, Whitbourne &
Hoyer, 1986 Hill, Lewicki, Czyzewska & Boss, 1989). Zu neuen Erfahrungen
hinzuleiten, das Neue aber auch zu dosieren, ist eine zentrale Aufgabe in der
Psychotherapie. Die Verhaltenstherapie z.B., die besonders an Verhaltenserfahrungen orientiert ist, kennt eine ganze Spielbreite von Methoden zur Er-
fahrungshinführung, vom einen Extrem des direkten Exponierens (flooding,
performance exposure) bis zum anderen Extrem der sachten und unmerklichen
Heranführung an eine vermeintliche Gefahrenquelle (systematische Desensi-
bilisierung).

10.2 Stellvertretende Erfahrung

Nachdem sich die experimentelle Lernpsychologie während Jahrzehnten aus-schließlich mit der Wirkung direkter persönlicher Erfahrung beschäftigt hat (vgl. die großen Lerntheorien von Pawlow, Thorndike und Skinner), hat Al-bert Bandura (1967, 1986) in den sechziger Jahren der fast vergessenen erzieherischen Erfahrung der Vorbildwirkung theoretisch und experimentell zur gebührenden Beachtung verholfen. Man kann auch aus der beobachteten Erfahrung anderer lernen; andere können für einen stellvertretend Erfahrungen machen.

Unterdessen gibt es ein reiches Wissen über spezifische Bedingungen des Lernens durch Beobachtung (gelegentlich in einem eingeengten Sinn als Lernen durch Imitation oder als Nachahmungslernen bezeichnet). Kann man aber auch Wissen über seine eigenen Kompetenzen aus der Beobachtung des Verhaltens anderer lernen? Es lassen sich zwei Möglichkeiten unterscheiden, näm-lich der Analogieschluß und der Erwerb von Kontingenzwissen. Nur teilweise in diese Kategorie von Erfahrungen gehören solche, die man von jemand er-zählt erhält, der sie seinerseits erlebt hat.

10.2.1 Der Analogieschluß auf eigene Kompetenzen

Der Analogieschluß besteht in diesem Fall darin, daß man aus der Beobach-tung des Verhaltens anderer auf eigene Kompetenzen schließt, im Sinne des Ausspruchs: 'Wenn der oder die das kann, kann ich das auch'. Natürlich ist dieser Schluß nicht ohne weiteres gerechtfertigt. Meistens wird man ihn als Hypothese handhaben und dann selbst die gleiche Handlung versuchen, um herauszufinden, ob man sie wirklich auch ausführen kann.

Am häufigsten und mutigsten wird dieser Analogieschluß von Kindern vollzogen. Bei Kindern ist dies auch besonders dann berechtigt, weil diese in der Tat viele Kompetenzen der Erwachsenen in absehbarer Zeit noch erwerben werden. Dabei kennen wir allerdings die pädagogisch heikle Situation, daß der Lernschritt vorläufig noch unüberwindbar groß ist und das Kind ihn den-noch versuchen will (z.B. mit dem Fahrrad auf die große Straße gehen, den elektrischen Stecker selber flicken, mit der Axt Holzscheiter spalten). Das kann entweder zu physikalisch gefährlichen Situationen oder zu großer Ent-täuschung und anschließendem Verzicht auf weitere Versuche führen.

Bei Erwachsenen ist dieser Analogieschluß seltener sichtbar. Er setzt auch deutlicher voraus, daß die beobachtende Person die beobachtete Person als ähnlich wahrnimmt. Erfolge offensichtlich kompetenterer Modelle und Mißerfolge offensichtlich inkompetenterer Modelle machen keinen großen Eindruck, wohl aber Erfolge und Mißerfolge vergleichbar kompetenter Mo-delle (Suls & Miller, 1977; zit. nach Bandura, 1986, 403; Brown & Inouye, 1978). Weil ältere Kinder und Erwachsene deutlicher Kontingenz und Kompe-tenz unterscheiden, entnehmen sie aus der Modellbeobachtung oft nur Kontin-genzinformation, nicht aber auch (vorschnell) Kompetenzinformation für sich selbst.

Als Beispiel für die Wirksamkeit der stellvertretenden Erfahrung kann eine Untersuchung von Bandura, Adams & Beyer (1977) dienen. Diese Autoren wählten Versuchspersonen aus, die unter einer schweren Schlangenphobie litten und sich deswegen z.B. in ihrer (kalifornischen) Freizeit behindert fühlten. Bandura et al. boten ihnen eine von zwei Behandlungen an, nämlich entweder 'Beobachten und Nachmachen' oder 'Beobachten'. In beiden Fällen war die Aufgabe aufgeteilt in viele kleine Schritte der sukzessiven Annäherung und des Umgangs mit einer Boa constrictor. Nach der Methode des Beobachtens und Nachmachens zeigte eine Modellperson zu jedem Schritt zuerst und ganz kurz das Verhalten vor, und die Versuchsperson versuchte, das Verhalten nachzumachen. Dabei hatte sie genügend Zeit und erhielt sie wenn nötig zusätzliche Hilfen oder wurden die Schritte noch weiter unterteilt. Nach der Methode des Beobachtens handelte nur die Modellperson. Entsprechend der Methode des Jochens (vgl. 4.1) richtete sich die Modellperson in Zeit und Verhalten genau an das zugeteilte 'Beobachten-und-Nachmachen'-Modell.

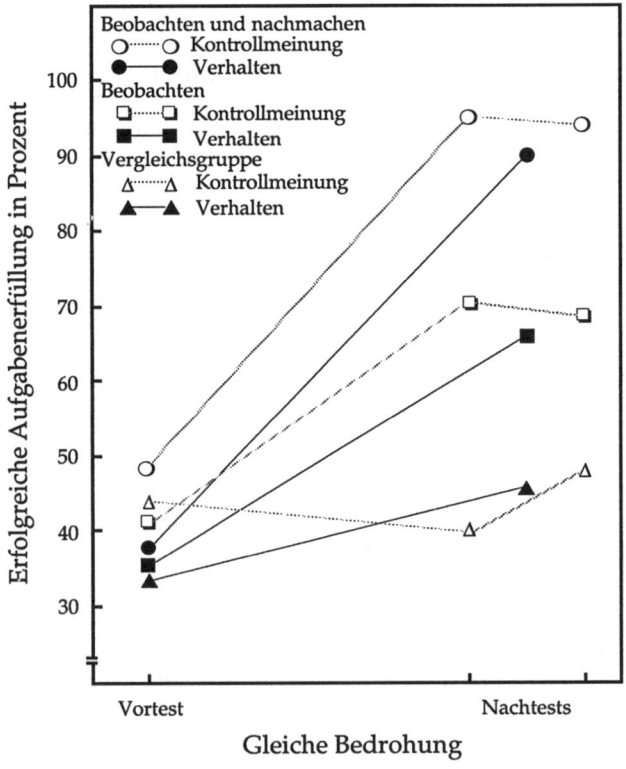

Figur 10-3
Kontrollüberzeugung und Annäherungsverhalten von Schlangenphobikern in Abhängigkeit von verschiedenen Behandlungstypen (nach Bandura et al., 1977, 131)

Wie die Figur 10-3 zeigt, wirkte die bloße stellvertretende Erfahrung (nur Beobachtung) sowohl auf die Kontrollmeinung als auch auf das entsprechende Verhalten (Vergleich mit der Vergleichsgruppe); die Kombination der (kurzen) Beobachtung mit tatsächlicher eigener Handlungserfahrung war aber noch wirksamer.

Eine weitere Illustration dieser Methode hat Mielke (1986) vorgelegt. Durch «teilnehmendes Modellernen» verbesserten ihre Versuchspersonen in einem Fall das freie Redeverhalten vor einem Publikum und in einem anderen Fall das Durchsetzungsverhalten in einer Gruppendiskussion.

10.2.2 Erwerb von Kontingenzwissen

Kontingenzwissen (oder Ergebniswissen; vgl. Kapitel 5) ist im Gegensatz zum Kontrollwissen ein 'Wissen wie' oder ein Wissen über die Bedingungen, unter denen sich bestimmte Ergebnisse einstellen. Solches Wissen läßt sich oft besonders gut aus der Beobachtung des Verhaltens anderer Menschen erwerben. Die eigene Kontrollmeinung kann dadurch angesprochen werden, daß man aus dem Verständnis, wie jemand anders etwas ausführt, erkennt, ob man die nötigen Teilkomponenten selbst auch beherrscht und damit die nötige Kompetenz hat.

Der Erwerb von Kontingenzwissen resultiert natürlich nur in einer Erhöhung der Kontrollmeinung, wenn die beobachtende Person sich selbst die nötigen Kompetenzen auch zumutet. Das haben Garber & Hollon (1980) mit jungen Studierenden demonstriert, die entsprechend dem vorher durchgeführten Depressionsinventar von Beck entweder als zur Depression neigend oder nicht diagnostiziert worden waren. Die Beobachtung einer Partnerperson hatte auf die Veränderung der persönlichen Kontrollmeinung nicht zur Depression neigender Versuchspersonen einen signifikant stärkeren Einfluß als auf die Veränderung der persönlichen Kontrollmeinung von zur Depression neigenden Versuchspersonen. Letztere hatten offensichtlich von ihren Kompetenzen im betreffenden Leistungsbereich von Anfang an eine geringe Meinung.

Wenn einem beim Beobachten von Kontingenzen ein 'Licht aufgeht', möchte man die beobachtete Prozedur meistens auch gleich ausprobieren, sowohl aus Freude über eine entdeckte Kontingenz, als auch zum Ergründen oder Erlernen einer Kompetenz. Die möglichen Beispiele für den Erwerb von Kontingenzwissen aus der Beobachtung anderer sind zahlreich, etwa: Wie man den Rückwärtsgang beim Auto einlegt; wie man ein nicht enden wollendes Gespräch unterbricht; wie man eine Pizza herstellt.

Ebenso selbstverständlich gibt es den Fall, daß jemand aus dem Erwerb des 'Wissens wie' nicht nur erkennt, daß er oder sie gewisse zieldienliche Kompetenzen hat, sondern auch, welche er oder sie noch speziell erwerben muß. Eine angehende Kunstturnerin wird an der beobachteten Übung einer erfahrenen Kollegin Abläufe erkennen, die sie selbst auch bereits kann, und solche, die sie noch lernen muß.

10.2.3 Mitgeteilte Erfahrungen

Die Mitteilung von Verhaltenserfahrungen und von 'Wissen wie' ist ein all-
täglicher Prozeß. Seine Wirksamkeit ist im allgemeinen geringer als die des
Vorzeigens und Beobachtens. Am wirksamsten ist meistens die Kombination
von Vorzeigen und Kommentieren. Das ist die typische Situation beim motorischen Lernen (z.B. Turnunterricht), aber auch die typische Situation des Re-
porters, der ein Fußballspiel am Bildschirm kommentiert und so dem Zuschauer oder der Zuschauerin hilft, mehr zu sehen.

Besondere Beachtung in unserm Zusammenhang verdienen Mitteilungen über
Erfahrungen, die keine oder nur schwer beobachtbare Seiten haben, nämlich
emotionale Erfahrungen. Der lebhafte Bericht über eine bestimmte Furcht und
ihre allmähliche Überwindung mit einer mutigen Tat kann andere Menschen
ermutigen. Dies gilt wiederum besonders dann, wenn sich diese anderen Menschen als der mitteilenden Person einigermaßen ähnlich empfinden. Dazu gehört auch, daß der Bericht nachvollziehbar ist. Überhebliche Schilderungen
über die (unnachahmbare) Leichtigkeit, mit der man gewisse Schwierigkeiten
überwunden hat, sind ebenso wenig hilfreich wie Schilderungen von panischer
Angst, die in Wirklichkeit nicht gewichen ist.

10.3 Verbal vermittelte Überzeugungen

Gelegentlich werden Kompetenzen von Außenstehenden besser wahrgenommen als von einem selbst. Diese können einen dann darüber informieren. In direkter Form ist das aber selten und wohl auch selten wirksam. Vor allem gegenüber Kindern, aber auch gegenüber Erwachsenen, helfen Feststellungen wie:
«Ich weiß, daß Du das kannst» oder «Ich habe schon früher gestaunt über
Deine Fähigkeit, vor einem großen Publikum ruhig zu sprechen.» Die mittei-
lende Person muß dafür in einer privilegierten Beziehung zur Zielperson stehen, typischerweise in der des Fachmanns oder der Fachfrau (Trainer, Lehrer,
Mutter etc.).

Häufiger als in so direkter Mitteilungsform wird kontrollrelevante Information indirekt übermittelt. In Frage kommen etwa die folgenden Formen.

10.3.1 Vorgegebene Kausalattribution

Es ist eine Trivialität, die wir als Mitmenschen und Erzieher oft nicht genügend berücksichtigen, daß wir einander Kausalattributionen häufig ganz einfach anbieten und zwar mit Erfolg. Das ist vor allem im Schulbereich des öf-
tern nachgewiesen worden. So hat Scherer (1972; zit. nach Heckhausen, 1980,
701) aus verschiedenen Schulklassen einige Schüler ausgewählt, die er für sog.
underachievers hielt (d.h. die geringere Leistungen zeigten, als aufgrund
ihres IQs zu erwarten gewesen wäre) und die zudem dadurch auffielen, daß sie
Mißerfolge stärker auf mangelnde Begabung als auf mangelnde Anstrengung
attribuierten. «Beides wurde den Lehrern mitgeteilt, zusammen mit einer kur-

zen Darlegung der kausalattributionstheoretischen Erklärung des Pygmalion-Effektes. Sie wurden gebeten, die genannten Schüler bei geeigneten Gelegenheiten darauf hinzuweisen, daß sie bei vermehrter Anstrengung Besseres zu leisten imstande seien» (Heckhausen, 1980, 701). Diese Schüler veränderten im Lauf der Zeit tatsächlich ihre Attributionsgewohnheiten, erbrachten bessere Leistungen und zeigten sich auch weniger ängstlich als vorher (Heckhausen, 1980, 701).

Supersaxo, Perrez & Kramis (1986) instruierten Lehrer von vier Versuchsklassen, während zehn Wochen, zusammen mit der Note unter jede Prüfungsarbeit einen kausalattributionsleitenden Satz zu schreiben. Zuerst aber sollten sie sich entscheiden, ob die betreffende Arbeit für den bestimmten Schüler oder die Schülerin ein Erfolg, eher durchschnittlich oder ein Mißerfolg war. Mustersätze waren die folgenden:

Erfolg:
a) Siehst Du, welche Fähigkeiten in Dir stecken.
b) Deine Kenntnisse in ... sind erfreulich.
c) Du arbeitest mit Überlegung.
d) Deine Ideen sind wie so oft gut und originell.
e) Du schreibst prima Diktate / interessante Aufsätze.
f) Du bist ein guter Rechner / gut in Sprache.
g) Du bist begabt im Rechnen / in Sprache.

Durchschnitt:
a) Du hast Deine guten Ideen hier zuwenig ausgearbeitet.
b) In dieser Prüfung hast Du Deine Kenntnisse zuwenig gebraucht.
c) Du arbeitest überlegt; dieses Mal aber warst Du zu flüchtig.
d) Mit Deinen Fähigkeiten hast Du hier zu schnell aufgegeben.
e) Du verstehst die Aufgaben; dieses Mal hast Du aber nachlässig gearbeitet.
f) Als guter Mathematiker hast Du hier zu flüchtig gerechnet.
g) Du hast hier Dein Wissen zuwenig angewendet.

Mißerfolg:
a) Schade, daß Du Dich hier zu wenig angestrengt hast.
b) Du hast diese Prüfung einfach zu wenig vorbereitet.
c) Ich bedaure, daß Du Dich hier zu wenig konzentriert hast.
d) Schade, daß Du für diese Arbeit zu wenig gelernt hast.
e) Bei diesen Aufgaben hast Du leider zu schnell aufgegeben.
f) Bei diesem ... hast Du Dir einfach zu wenig Mühe gegeben.
g) Leider hast Du diese Aufgaben zu nachlässig gemacht.

Die Autoren erwarteten, daß diese vorgegebenen Kausalattributionen von den Schülerinnen und Schülern übernommen würden, und konnten tatsächlich folgende Veränderungen nachweisen:

– Gemessen mit dem Attribuierungsfragebogen von Widdel (1977) attribuierten diese Schüler im Nachtest Erfolge signifikant häufiger auf ihre Begabung als im Vortest.

– Entsprechend den Werten aus dem gleichen Meßinstrument ging die Häufigkeit, Erfolge auf die Aufgabenleichtigkeit zurückzuführen, signifikant zurück.

– Die Tendenz, Mißerfolge auf Begabungsmangel zurückzuführen, ging signifikant zurück.

– Entgegen der Erwartung stieg aber die Tendenz, Mißerfolg auf Anstrengungsmangel zurückzuführen, nicht (man kann den Autoren leicht zustimmen, wenn sie darauf hinweisen, daß die eigene Anstrengung leichter wahrnehmbar sei als die Begabung, weshalb erstere Wahrnehmung sich weniger durch Attributionsvorgaben von außen manipulieren lasse als die zweite; man muß aber auch zugestehen, daß sich diese Schülerinnen und Schüler vielleicht wirklich sehr angestrengt hatten und dann der Selbstvorwurf ungenügender Anstrengung gar nicht fair gewesen wäre).

– Gemessen mit dem Angstfragebogen für Schüler von Wieczerkowski, Nickel, Janowski, Fittkau & Rauer (1979) sank die Schulunlust während der Versuchszeit signifikant ab.

Eine vergleichbare Untersuchung mit ähnlichen Ergebnissen legten auch Relich, Debus & Walker (1986) vor.

10.3.2 Gezielte Aufgabenauswahl

Es ist selbstverständlich, daß Lehrpersonen und Eltern ihren Kindern entsprechend ihrer Kenntnis des Entwicklungsstands, der augenblicklichen Verfassung und der Umstände mehr oder weniger zumuten. Von guten Schülerinnen und Schülern wird eher erwartet, daß sie eine schwierige Aufgabe meistern als von schwachen. Bei einer leichten Aufgabe läßt die Lehrperson mit Vorzug den schwächeren Schülerinnen und Schülern eine Chance. Das ist eigentlich richtig und sicher auch gut gemeint. Wir übersehen aber leicht, daß die Schülerinnen und Schüler das auch wahrnehmen und daraus Information für ihr eigenes Begabungskonzept, für ihr eigenes Selbstbild ableiten. Diese Information kann im einzelnen Fall zu einer optimistischen oder zu einer pessimistischen Haltung führen und sich bei Gelegenheit auch selbst bestätigen.

Krüger, Müller & Meyer (1983) haben in einer Untersuchung nachgewiesen, daß die offensichtliche Schwierigkeit einer vorgegebenen Aufgabe durch informierte Personen selbstbezogen interpretiert wird. Vierzig männliche Studierende wurden im Einzelversuch getestet. Jeder Versuchsperson wurde eine zweite (in Wirklichkeit eine mit dem Versuchsleiter verbündete) Versuchsperson zugeordnet. Anscheinend nach Zufall wurde der verbündeten Versuchsperson die Rolle des Aufgabenstellers und der wirklichen Versuchsperson die Rolle des Aufgabenbearbeiters zugeteilt. Die wirkliche Versuchsperson glaubte, es ginge darum, herauszufinden, nach welchen Entscheidungskriterien eine Versuchsperson Aufgaben auswählt und zur Bearbeitung vorgibt.

Nach der Bearbeitung einer ersten Testserie mußte die verbündete Versuchsperson der anderen aus einer Auswahl von Testheften dasjenige zur Bearbeitung geben, das sie «für angemessen» hielt. Die Testhefte waren vorne sichtlich als «schwer» resp. «leicht» gekennzeichnet. In der einen Hälfte der Versuchspersonen wertete die verbündete Versuchsperson aber vorgängig den ersten Test anhand einer vorliegenden Auswertungsschablone aus; die eigentliche Versuchsperson sah das (Bedingung «mit Testauswertung»). In der anderen Hälfte fand keine solche Auswertung statt (Bedingung «ohne Testauswertung»). Zum Abschluß mußte die wirkliche Versuchsperson Urteile abgeben über die eigene Leistung, über die persönliche Zufriedenheit mit der eigenen Leistung, über die Interessantheit der Aufgaben und über die persönliche Wichtigkeit der Erfahrung (genau: «Wie wichtig ist dieser Test für Sie?»).

Wie zu erwarten war, entnahmen die Versuchspersonen aus der offensichtlichen Schwierigkeit der zugeteilten Aufgaben Information über ihre voraus gezeigte Leistung, d.h.: In der Bedingung mit Testauswertung beurteilten die Versuchspersonen ihre persönliche Leistung im ersten Test als hoch, wenn sie für den zweiten Test schwierige Aufgaben zugeteilt erhielten, jedoch als niedrig, wenn sie für den zweiten Test leichte Aufgaben zum lösen bekamen. Dieser Unterschied zeigte sich nicht in der Bedingung ohne Testauswertung (Figur 10-4).

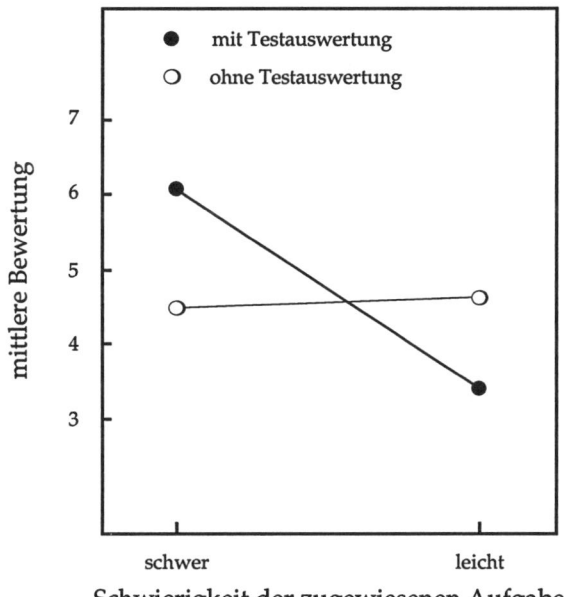

Schwierigkeit der zugewiesenen Aufgabe

Figur 10-4
Mittlere Einschätzung der eigenen Testleitung in Abhängigkeit von der Schwierigkeit der zugeteilten Aufgaben in der Bedingung mit vs. ohne Testauswertung (aus Krüger et al., 1983, 284)

Daß diese Beurteilung nicht eine kalte Feststellung war, sondern selbstbezogen verwertet wurde, beweist die Figur 10-5, nach der die Versuchspersonen unter der Bedingung mit Testauswertung mit ihren (vermeintlich) guten Leistungen zufrieden und mit schlechten unzufrieden waren: Wenn die ausgewählte Zweitaufgabe schwer war und die Versuchsperson davon ableiten konnte, in der ersten eine gute Leistung erbracht zu haben, war das Ausmaß des positiven Affekts größer und das Ausmaß des negativen Affekts kleiner als im Fall der leichten Zweitaufgabe.

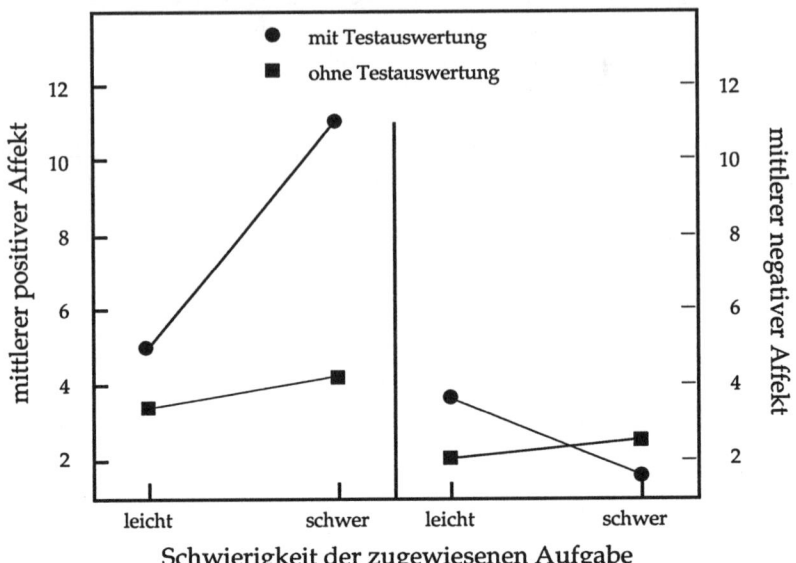

Figur 10-5
Mittlere Stärke der positiven und der negativen Affekte in Abhängigkeit von der (vermeintlichen) diagnostischen Information (aus Krüger et al., 1983, 286)

Die zusätzlich erhobenen Urteile über die Interessantheit der Aufgaben und die subjektive Wichtigkeit variierten nur in Abhängigkeit von der Bedingung mit vs. ohne Testauswertung. Beide waren durchschnittlich höher in der Bedingung ohne Testauswertung als in der Bedingung mit Testauswertung. Das ist verständlich: Der Sache selbst widmet man sich mehr, wenn man nicht in der Prüfung steht als wenn man geprüft wird (Kruglanski, Friedman & Zeevi, 1971; Lepper, Greene & Nisbett, 1973; Lepper & Greene, 1975; Dalenberg, Bierman & Furman, 1984; Dweck, 1988; Flammer, 1990). Es überrascht allerdings, daß die Urteile über Interessantheit und Wichtigkeit nicht auch mit der angeblichen Schwierigkeit der zweiten Aufgabe variierten, könnte man doch erwarten, daß die Testauswertung die subjektive (diagnostische) Wichtigkeit steigerte. Das sollten wenigstens jene Versuchspersonen, die einen schwierigen Test erhielten, auch zugestehen können, da sie ja Pluspunkte ernten konnten.

10.3.3 Lob und Tadel

Als Lehrpersonen, als Erzieher oder Erzieherinnen, auch als Mitmenschen verpflichten wir uns selbst mit guten Gründen immer wieder dazu, Positives anderer Menschen anzuerkennen, Kinder für gute Leistungen zu loben und mit Tadel generell zurückzuhalten. Wenn wir das zu pauschal tun, kann sich die Wirkung aber auch umkehren. Tadel kann durchaus positiv gewertet werden: *achtet!* Wer getadelt wird, kann daraus entnehmen, daß man ihm oder ihr mehr zumutet (vgl. Experiment von Meyer, Engler & Mittag, 1982). Und Lob kann auch negativ gewertet werden: Wer besonders gelobt wird, von dem oder von der hat man offensichtlich nicht so viel erwartet (vgl. die Untersuchung von Meyer & Plöger, 1979). Ähnliches gilt für Wirkung emotionaler Reaktionen auf das Verhalten anderer (Rustemeyer, 1982; zit. nach Meyer, 1984, 146-147).

Mit diesen Elementen, zusammen mit den Erkenntnissen der Lernpsychologie und der Sozialpsychologie, insbesondere jenen zur kognitiven Dissonanz und zur extrinsischen Motivation, wäre eine differenzierte Psychologie des Lobens zu entwickeln. Nicht nur müßte die pauschale Empfehlung, gute Leistungen zu loben, eingeschränkt werden; es müßte auch differenziert werden zwischen dem Lob einer Person, ihrer Kompetenzen und ihren Anstrengungen und der freudvollen Anteilnahme am erreichten Ziel oder am 'Gegenstand', dem die Anstrengung gegolten hat (Flammer, 1990).

10.3.4 Hilfestellungen

Ganz Analoges gilt für Hilfestellungen (vgl. Försterling, 1986, 171-173). Wenn die Hilfe so verstanden wird, daß der Helfer oder die Helferin einem eine bestimmte Leistung nicht allein zumutet, dann ist sie gleichzeitig auch noch (ungünstige) diagnostische Information (vgl. Conty, 1980; zit. nach Meyer, 1984, 145-146). Das soll uns nicht mitmenschlich kalt machen, denn manchmal ist Hilfe echt nötig, und Hilfe im Sinne des gemeinsamen Tuns ist ein sozialer Wert in sich.

10.4 Physiologische und emotionale Information

Wenn vor einer Prüfung eine Person große Angst zeigt und eine andere ganz ruhig und gefaßt erscheint, haben die Umstehenden die Tendenz, der zweiten Person die besseren Leistungen zuzumuten als der ersten. Man weiß zwar, daß viele Menschen unter übergroßer Prüfungsangst leiden, aber man nimmt doch an, daß wer wirklich gut ist, im allgemeinen nicht so viel Angst hat. 'Der hat wohl nicht umsonst so Angst', sagt man.

Diese gleiche Logik wenden die Menschen oft auch auf sich selbst an: Ihre Angst oder ihre Aufregung nehmen sie als ein Zeichen von Gefahr oder Schwierigkeit. Nun gibt es allerdings gute Gründe, Emotionen wie Angst und Aufregung als Reaktion auf die subjektive (kognitive) Beurteilung einer Situation als gefährlich oder schwierig aufzufassen (vgl. Lazarus, 1984; die gegenteilige Auffassung, daß nämlich Angst in einer Situation schon vor und nicht erst nach ihrer kognitiven Bewertung auftritt, wird vertreten durch Zajonc, 1980; 1984). Wenn man annimmt, daß Angst der Beurteilung der Gefährlichkeit einer Situation entspringt, ist der Schluß von der Angst auf die Gefährlichkeit einer Situation zirkulär. Daß heißt allerdings nicht, daß er nicht vorkommt; Menschen können schon mal unlogisch sein: Sie nehmen ihre Angst als Indikator für eine Gefahr und haben dann erst recht Angst; Angst macht Angst. Oft umfaßt dieser Zirkel noch eine weitere Schlaufe, indem die Angst auch Flucht oder Vermeidung auslöst und so der Angst recht gibt. Beispiel: Jemand hat Angst vor einer Spinne —> der Anblick der Spinne bewirkt Aufregung —> diese Aufregung wird als Angst vor der Spinne wahrgenommen —> diese Angst wird als Indikator für die Gefährlichkeit der Spinne gedeutet —> die Person weicht der Spinne aus und bleibt unversehrt —> die Aufregung hat sich gelohnt, denn es ist (dank der Flucht) nichts passiert. So machen Menschen gar keine gegenteilige Erfahrungen, sie sind erfahrungsimmun. Diese Erfahrungsimmunität zu korrigieren, ist der entscheidende Ansatzpunkt vieler Angsttherapien.

Die Interpretation von emotionalen Erfahrungen ist stark durch die eigene Biographie und diese wieder stark durch familiäre Gewohnheiten und gesellschaftliches Alltagswissen geprägt (Beispiel: Die Angst und Nervosität der Mutter kann die ganze Familie verunsichern). Solche Schlußfolgerungen sind (begreiflicherweise und bedauerlicherweise) besonders dann häufig, wenn sich jemand von Anfang an wenig Kontrolle zumutet. Leistungsstarke Menschen empfinden Aufregung als Steigerung der Leistungsbereitschaft, leistungsschwache Menschen aber als Beeinträchtigung (Hollandsworth, Glazeski, Kirkland & Jones, 1979).

Da die Menschen im allgemeinen Kontrolle wünschen, sind sie tendenziell dann in besserer Stimmung, wenn sie sich ihrer hohen Kontrolle bewußt sind, als wenn sie es nicht sind oder gar als wenn sie sich einer tiefen Kontrolle bewußt sind. Vielleicht gibt es auch hier die umgekehrte Wirkung, nämlich daß man in guter Stimmung (die auch durch andere Faktoren bedingt sein kann) von sich selbst eine höhere Kontrollmeinung hat als in schlechter Stimmung. Jedenfalls gilt als gesicherte Tendenz, daß Menschen ein geringeres allgemeines Selbstwertgefühl haben, wenn sie (aus irgendeinem besondern Grund) traurig sind, als wenn sie froh sind (vgl. Amrhein, Salovey & Rosenhan, 1982; zit. nach Kavanagh & Bower, 1985).

Underwood, Froming & Moore (1980) sowie Masters & Furman (1966) versuchten allerdings an Kleinkindern resp. Studierenden vergebens, einen Effekt der Stimmung auf die Kontrollmeinung (je gemessen als Maß des locus of control) nachzuweisen. Erfolgreicher waren Alloy, Abramson & Viscusi (1981) sowie Wright & Mischel (1982). Wie in Kapitel 6.2 bereits besprochen, konnten Alloy, Abramson & Viscusi (1981) bei nichtdepressiven Frauen durch Suggestion einer traurigen Stimmung eine Reduktion ihrer Kontrollüberschätzung erreichen, bei depressiven Frauen durch Suggestion einer heiteren Stimmung jedoch eine Überschätzung. Raps, Reinhard & Seligman (1980) konnten zeigen, daß Versuchspersonen, die zuvor unkontrollierbarem Lärm ausgesetzt waren

und dadurch Anzeichen von Hilflosigkeit aufwiesen, durch ein Stimmungser-
höhungstraining nach Velden (1968) zu relativ gehobenerer Stimmung und zu
besseren Leistungen geführt wurden.

Wright & Mischel (1982) instruierten ihre Versuchspersonen, sich Situationen
vorzustellen, die fröhlich resp. neutral resp. traurig waren, und sich selbst in
diese Stimmung zu begeben. Daraufhin erhielten sie 57 kleine Problemlö-
seaufgaben, nämlich je zwei Graphiken von dreidimensionalen Würfeln mit
der Aufgabe, zu entscheiden, ob der zweite Würfel der gleiche wie der erste
sein könnte, wenn der erste entsprechend rotiert würde. Vierzig der Aufgaben
waren mit der vorgegebenen Information gar nicht lösbar. Die Rückmeldungen
auf die Antworten waren so manipuliert, daß die Hälfte der Versuchspersonen
glaubte, 45 mal richtig geantwortet zu haben, und die andere Hälfte, nur 29
mal richtig geantwortet zu haben. Dazwischen mußten die Versuchspersonen
immer wieder Fragen zu ihrer Zufriedenheit mit dem Ergebnis und über ihre
Erwartungen in den folgenden Aufgaben beantworten.

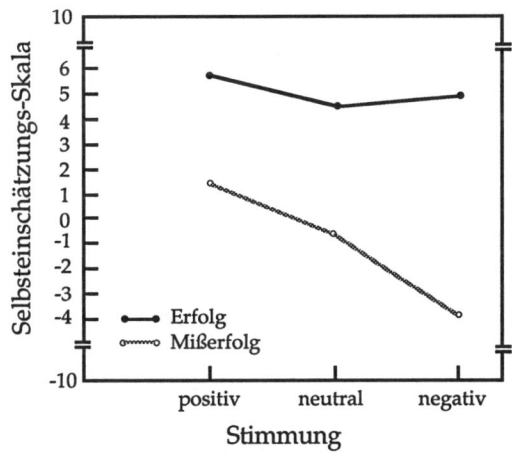

Figur 10-6
Zufriedenheit mit der eigenen Leistung (aus Wright & Mischel, 1982, 905)

Die Zufriedenheit mit der eigenen Leistung hing verständlicherweise von der
Rückmeldung ab, variierte aber auch signifikant mit der vorher induzierten
Stimmung (Figur 10-6): Besonders im Fall vermeintlichen Mißerfolgs sank sie
entsprechend der vorher induzierten Stimmung. Die gleiche Abhängigkeit
zeigte sich auch in den geäußerten Erwartungen für die folgenden Aufgaben
(Figur 10-7): relative Steigerung bei Erfolg und in jedem Fall höher bei positiver als bei negativer Stimmung. Nur bei den gesetzten Minimalzielen war der
Stimmungsunterschied nicht mehr signifikant (Figur 10-8). Man kann die Variablen der Figuren 10-7 und 10-8 durchaus als Ausdruck der aktuellen Kon-

trollmeinung nehmen und die Daten als Beleg dafür taxieren, daß die Stimmung als Information für die Beurteilung der Kontrolle verwendet wird.

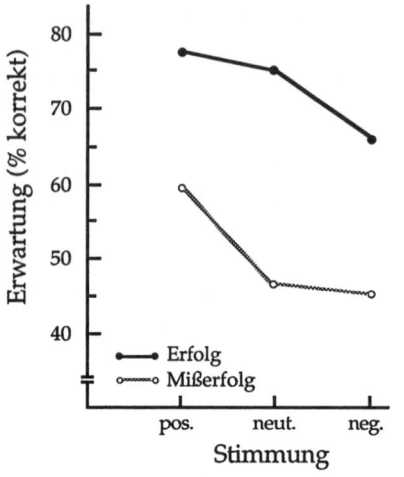

Figur 10-7
Erwartungen für die folgenden Aufgaben
(aus Wright & Mischel, 1982, 906)

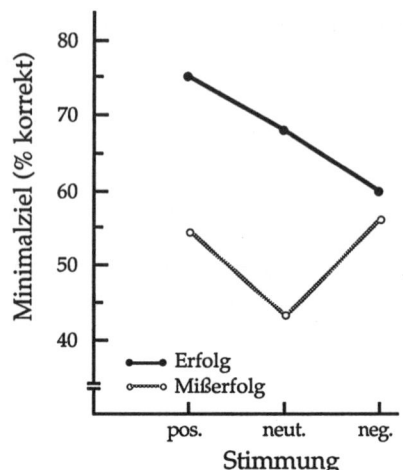

Figur 10-8
Minimalziele für die folgenden Aufgaben
(aus Wright & Mischel, 1982, 907)

Eine ähnliche Untersuchung wurde von Brown (1984) durchgeführt, nur weitete er die Fragestellung aus auf die subjektiven Meinungen über die Stabilität vs. Labilität des Erfolgs/Mißerfolgs resp. der Faktoren, die dazu führten. Er fand, daß 'erfolgreiche' Versuchspersonen (ebenfalls durch manipulierte Rückmeldung bestimmt), denen eine positive Stimmung induziert worden war, mehr darauf vertrauten, ihren vermeintlichen Erfolg fortsetzen zu können, als 'erfolgreiche' Versuchspersonen in negativer Stimmung. Andererseits unterschieden sich diese positiv gestimmten Versuchspersonen in der Beurteilung der voraussichtlichen Stabilität des vermeintlichen Mißerfolgs nicht von den negativ gestimmten Versuchspersonen.

Obwohl sowohl Wright & Mischel (1982) als auch Brown (1984) zunächst aufgabenunspezifische Stimmungen induzierten (und die gleiche Induktion im Lauf des Experiments mehrfach wiederholten), bestand doch die Möglichkeit, daß die Versuchspersonen diese Stimmungen mit der Zeit auf ihren Erfolg resp. Mißerfolg bei den Aufgaben bezogen. Dadurch wurde die Stimmung sukzessive konfundiert mit dem Wissen um Erfolg resp. Mißerfolg. Kavanagh & Bower (1985) arbeiteten deshalb mit drei verschiedenen Kontrollbereichen, nämlich romantische Beziehung, soziale Durchsetzung und athletische (plus diverse) Leistungen. Sie manipulierten die Stimmungen mit hypnotischer Suggestion, sich in ein erfolgreiches resp. erfolgloses romantisches Erlebnis zurückzuversetzen resp. eine ganz alltägliche, neutrale Situation (Lesen im Lehnstuhl) vorzustellen. Die Kontrollmeinung erhoben sie mittels eines Kontrollfragebogens, der drei Lebensbereiche umfaßte, nämlich romantische Beziehung, soziale Durchsetzung und athletische Leistungen. Die Ergebnisse (Figur 10-9) zeigen, daß die Stimmung die Kontrollmeinung in allen drei Bereichen gleichzeitig beeinflußte, was nicht zu erwarten gewesen wäre, wenn der Einfluß (nur) über das Wissen resp. die Einstellung auf spezifischen (Miß-) Erfolg zustande gekommen wäre. Im Vergleich zu einer Standardisierung, an der auch nicht hypnotisierte Versuchspersonen teilgenommen hatten, wirkte sich vor allem die traurige Stimmung sehr nachteilhaft aus, während die frohe Stimmung wenig Abweichung von der neutralen Stimmung produzierte.

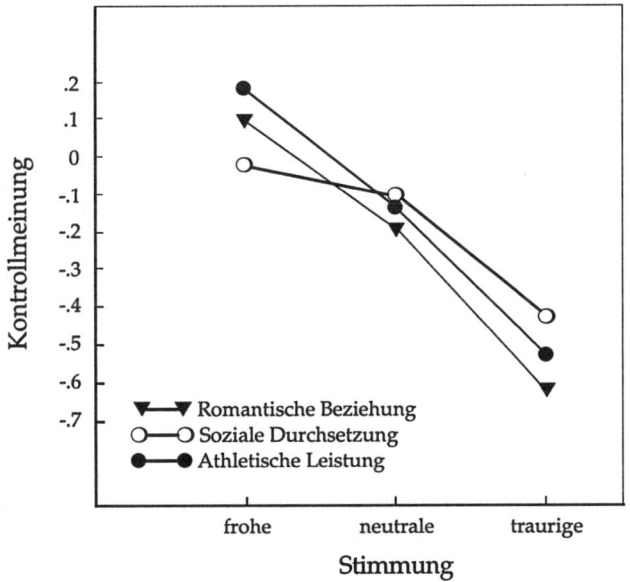

Figur 10-9
Verschiebung der Kontrollmeinung in verschiedenen Stimmungen (nach Zahlen von Kavanagh & Bower, 1985, 516)

Eine neueste Untersuchung über die Wirkung von Stimmungen auf die Kontrollmeinung haben Salovey & Birnbaum (1989) vorgelegt. Sie versetzten grippenkranke Studierende, nach Zufall in drei Gruppen aufgeteilt, mit einem hypnoseähnlichen Verfahren in einen traurigen resp. fröhlichen resp. neutralen Stimmungszustand und erhoben unter anderem ihre persönlichen Einschätzungen zur Wirksamkeit grippenpflegerischer Maßnahmen (= Kontingenzmeinungen) und ihre eigene Kompetenz, diese auch zu ergreifen (= Kompetenzmeinungen). Während die Kontingenzmeinungen von der Stimmung nur leicht abhingen, korrelierten die Kompetenzmeinungen mit der Stimmung hochsignifikant: Fröhlich gestimmte Menschen trauten sich mehr gesundheitsförderliche Maßnahmen zu als traurig gestimmte.

Daß Stimmungen für die betroffenen Menschen oft etwas bedeuten, sie informieren, hat auch Schwarz (1987) in einer Untersuchungsreihe über das aktuelle subjektive Wohlbefinden von Menschen gezeigt. Wenn Menschen aus irgendeinem Grund in schlechter Stimmung sind (und sich nicht klar sind, woher die schlechte Stimmung stammt), dann antworten sie auf Umfragen nach der persönlichen allgemeinen Zufriedenheit mit ihrem Leben negativer als wenn sie in allgemein guter Stimmung sind. Wenn sie aber wissen, welches spezielle Ereignis sie in schlechte Stimmung versetzt hat, können sie davon abstrahieren und auf die Frage nach dem Wohlbefinden unbeeinflußt von der aktuellen Stimmung antworten. Es lohnt sich also, in schlechter Stimmung sich darüber klar zu werden, wodurch sie veranlaßt worden ist; man kann damit eine Übergeneralisierung verhindern und muß deshalb nicht die ganze Welt 'schwarz in grau' sehen.

Bandura, der 1977 diese vierte Informationskategorie für die Bildung der aktuellen Kontrollmeinung auch aufgeführt hat, relativierte 1983 seine Position insofern, als er tatsächliche Wirkerfahrungen jetzt für wichtiger hielt als die Interpretation von Emotionen: «In der Beurteilung eigener Wirksamkeit haben vergangene Leistungen und soziale Vergleiche größeres Gewicht, weil diese Quellen der Wirksamkeitsinformation beträchtlich glaubwürdigere Fähigkeitsindikatoren sind als das endlose Grübeln über eigene Gefühle oder Innereien [engl. viscera]. Man handelt darum eher auf der Basis von Kontrollmeinungen, die man aus mehreren Quellen bezieht, als auf der Basis von Kontrollmeinungen, die sich in erster Linie auf Körperwahrnehmungen abstützen» (Bandura, 1983, 466; Übersetzung durch A.F.).

10.5 Sozial repräsentiertes Kontingenz- und Kontrollwissen

Unter sozial repräsentiertem Wissen verstehe ich Wissensbestandteile, die viele Menschen einer bestimmten Kultur besitzen und für selbstverständlich gültig erachten (Beispiel für sozial repräsentiertes Kontingenzwissen: 'Wer sich wirklich anstrengt, findet immer Arbeit, wenn er überhaupt eine Arbeitsbewilligung hat und nicht behindert ist'; Beispiel für sozial repräsentiertes Kontrollwissen: 'Wo ein Wille, da ist auch ein Weg'). Solches Wissen ist niedergelegt in Sprichwörtern, in geprägten Redewendungen, in Schulbüchern, in Märchen, in Fabeln, in Kindergeschichten, überhaupt in der Literatur.

In eigenen Untersuchungen (Flammer, Kaiser, Lüthi & Grob, 1990; Flammer & Kaiser, 1990) haben wir solches Wissen Regeln genannt (wenn zum Beispiel jemand gefragt wird, warum er oder sie es nicht wagen würde, dem Chef eine beobachtete Ungerechtigkeit ins Gesicht zu sagen, kann er oder sie antworten: 'Als kleiner Angestellter oder als kleine Angestellte hat man gegenüber dem Chef immer unrecht'). Wenn Versuchspersonen ihre vorher geäußerte Meinung, daß sie ein bestimmtes Ziel kontrollieren könnten, begründen sollten, verwiesen sie in etwa zehn Prozent der Fälle auf solche allgemeingültige Regeln, von denen sie offensichtlich annahmen, daß sie auch für sie gelten.

Wenn das sozial repräsentierte Kontingenzwissen statuiert, daß man bestimmte Ziele nicht erreichen und bestimmte Bedingungen nicht ändern kann, dann sind die Menschen, die dieses Wissen teilen, universell hilflos resp. hoffnungslos (Kapitel 4). In der genannten Untersuchung an schweizerischen Jugendlichen hat etwa ein Sechstel der befragten Jugendlichen angegeben, über ihre Persönlichkeitsentwicklung und über ihr Aussehen keine Kontrolle zu haben; zwei Fünftel von diesen glaubten, daß «man» über die Persönlichkeitsentwicklung überhaupt keine Kontrolle haben könne, und drei Zehntel dieser Personen glaubten, daß «man» über das persönliche Aussehen keine Kontrolle haben könne. Auf der anderen Seite hat beinahe die Hälfte der Jugendlichen angegeben, über das Waldsterben persönlich keine Kontrolle zu haben, aber nur ein Zehntel davon glaubte, daß niemand darüber Kontrolle habe (Flammer et al., 1987).

Zusammenfassung

Die wichtigste Informationsquelle für den Aufbau und die Veränderung von Kontrollmeinungen ist die persönliche Erfahrung.

Die Wahrnehmung von Ereignissen wird stark durch Vorwissen und Erwartungen (Schemata) gesteuert. Dadurch kommt es zu einem relativen Überhang von kontrollrelevanten Erfahrungen, die schon bestehende Kontrollmeinungen häufig bestätigen.

Erfahrungen wirken sich auf die Kontrollmeinungen desto stärker aus, je wichtiger die betreffenden Handlungsbereiche sind.

Menschen lieben den Erfolg, ziehen aber oft risikobelastete Herausforderungen der Erfolgssicherheit vor, wenn diese für ihr Selbstbild aussagekräftiger sind.

Aus der Beobachtung von Leistungen anderer Menschen läßt sich vor allem Kontingenzwissen ('Know-how') gewinnen. Die Beobachtung anderer Menschen läßt aber auch Hypothesen über eigene Kompetenzen zu ('Was der/die kann, kann ich auch').

Von anderen Menschen lassen wir uns leicht Kausalattributionen für geschehene Ereignisse suggerieren, weniger leicht aber Attributionen der Kontrolle über zukünftige Ereignisse.

Die Auswahl von Aufgaben, die wir anderen Menschen zumuten, sagen ihnen auch etwas darüber aus, für wie kompetent wir sie halten. Lob für geringe Leistungen kann die Kontrollmeinung mindern, Tadel für Mißerfolge in sehr schwierigen Aufgaben kann die Kontrollmeinung heben.

Aus der subjektiv erlebten Aufregung und der Angst lesen die Menschen (oft irrtümlich) Gefahr oder geringe eigene Kontrolle ab. In gehobener Stimmung schätzt man seine Kontrolle höher ein als in gedrückter Stimmung, unabhängig davon, wodurch die Stimmung ausgelöst worden ist. Die Stimmungsabhängigkeit gilt ausgeprägter für die Kontrollmeinungen als für die Kompetenzmeinungen. Stimmungswirkungen verlieren sich, wenn die Person meint, daß die Stimmung mit etwas ganz anderem zu tun hat.

Kontrolle, die man jedermann zu- resp. abspricht, spricht man ohne weitere Überlegung auch sich selbst zu resp. ab.

Seminarliteratur

- Überblick über Bemühungen des Menschen, kontrollrelevante Information zu erhalten: Trope (1983).
- Selbstschema und Informationsverarbeitung: Markus (1977), Segal, Hood, Shaw & Higgins (1988).
- Überblick über Untersuchungen zur sozialen Vorgabe von Kausalattributionen: Meyer (1984).
- Experimente mit vorgegebener Attribution: Relich, Debus & Walker (1986), Supersaxo, Perrez & Kramis (1986).
- Zu den Wirkungen von Selbsterfahrung und Lehrermeinung auf das schulische Selbstkonzept: Faber (1989).
- Zum Informationswert von Emotionen: Weiner (1980), Schwarz (1988).

11. Verwertung von kontrollrelevanter Erfahrung

Objektive *Ereignisse* werden nur dann zu *Erfahrungen* eines Individuums, wenn sie durch das Individuum wahrgenommen und enkodiert werden, d.h. wenn sie irgendwelche subjektiven Spuren hinterlassen. Wahrnehmung und Enkodierung sind Verarbeitungsprozesse, die häufig mit anderen Verarbeitungsprozessen einhergehen. Einer davon ist die Verwertung der Erfahrung für den Aufbau oder die Veränderung einer *Kontrollmeinung*. Das läßt sich schematisch wie in Figur 11-1 darstellen.

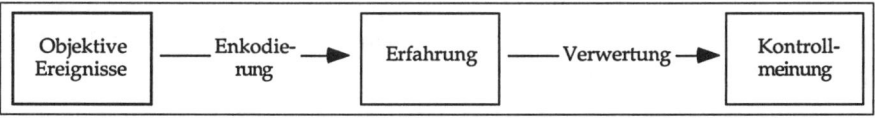

Figur 11-1
Ein vereinfachtes Prozeßmodell zum Aufbau der Kontrollmeinung durch Verarbeitung von Ereignissen

Eine solche Trennung der verschiedenen Informationsverarbeitungsprozesse läßt sich nur analytisch, kaum aber realiter durchführen. Sie dient uns hier zur Gliederung der Darstellung. Die Prozesse der Enkodierung von Ereignissen als Erfahrungen und ihre Bedingungen waren Gegenstand des Kapitels 10, die besondere Konzentration auf die Prozesse der Verwertung von solchen Erfahrungen für den Aufbau oder die Veränderung einer Kontrollmeinung sind Gegenstand des Kapitels 11. Dabei stehen Verwertungsprozesse im Vordergrund, die Verzerrungen bewirken. Natürlich hat niemand einen absolut objektiven Blick; Verzerrung ist immer relativ zum jeweils eingenommenen Standpunkt einer beobachtenden Person.

Dieses Kapitel stellt eine Parallele zum Kapitel 3.5 dar, wo Attributionsfehler zur Diskussion standen. Ich benütze die Gelegenheit, die beiden Konzepte *Kausalattribution* und *Kontrollmeinung* nochmals gegen einander abzugrenzen:

- Eine Kausalattribution bezieht sich auf eine bestimmte und tatsächliche Wirkung und identifiziert die dazugehörige(n) Ursache(n); Kontrollmeinung bezieht sich auf mögliche Wirkungen und identifiziert das Ausmaß, in dem das betreffende Individuum glaubt, dafür ursächlich sein zu können. Vereinfacht könnte man sagen, daß sich Kausalattribution auf vergangene und aktuelle Ereignisse bezieht und die Kontrollmeinung auf zukünftige.
- Auch die Kontrollmeinung ist eine Attribution, nämlich die Attribution der möglichen Verursachung einer möglichen Wirkung.
- Kausalattribution identifiziert alle möglichen Ursachen; die Kontrollmeinung betrifft nur das attribuierende Individuum als mögliche Ursache oder Mitursache.

Noch zwei Vorbemerkungen: (1) Die Prozesse der Informationsverarbeitung beschäftigen prinzipiell die ganze kognitive Psychologie, und die kann hier natürlich nicht abgehandelt werden. Ich wähle jene Prozesse aus, die ganz spezifisch unsere Fragestellung betreffen. Und erstaunlicherweise ist speziell dazu noch nicht viel Forschung betrieben und publiziert worden. Ich werde also oft (vorläufige) Analogieschlüsse ziehen und teilweise Spekulationen wagen, die noch der empirischen Überprüfung harren. (2) Es wird oft von inadäquaten Verarbeitungsprozessen die Rede sein. Daß das nur standpunktbedingt gemeint sein kann, ist oben schon gesagt worden. Zusätzlich ist festzustellen, daß solche inadäquaten Prozesse nicht Fehler des menschlichen Funktionierens darstellen. Vielmehr handelt es sich um Prozesse, die in den meisten Lebenssituationen funktional sind; gelegentlich sind sie es aber nicht und werden trotzdem eingesetzt. So sind genau genommen nicht die Prozesse inadäquat, sondern ihr Einsatz.

11.1 Mehr oder weniger gerechtfertigte Gewichtungen

Es gilt immer, daß von der verfügbaren Information für einen bestimmten Zweck nicht die gesamte relevant und gleich wichtig ist. Überdies ist Beschränkung oft allein schon aus der Begrenztheit der menschlichen Informationsverarbeitungskapazität angezeigt. So kann es geschehen, daß man eine zu enge oder eine ungünstige Auswahl trifft.

11.1.1 Große Wirkungen verlangen eine starke Kontrolle

Entsprechend dem Proportionalitätseffekt der Kausalattribution (vgl. Kapitel 3.5.2) können Menschen, die große Wirkungen ihres Handelns wahrnehmen, sich selbst auch als potente Verursacher wahrnehmen und sich selbst auch in Zukunft mehr zumuten.

Fühlt sich als ein besonderer Könner, wer Besonderes geleistet hat? Im allgemeinen ja. Das ist aber nicht immer und zwingend der Fall. Einerseits sind die Menschen sich selbst gegenüber meistens vorsichtiger mit internaler Attribution als anderen gegenüber; Jones & Nisbett (1972) haben nämlich nachgewiesen, daß wir Menschen bei eigenen Leistungen mehr als bei Leistungen anderer bereit sind, die entscheidende Ursache in externen Faktoren zu sehen, vermutlich weil sie ihr eigenes Handlungsfeld besser kennen als das anderer Leute (vgl. 3.5.8).

Andererseits wissen wir aber, daß wir Menschen eine Tendenz haben, vor uns selbst und vor anderen ein positives Selbstbild zu bewahren oder aufzubauen (vgl. 11.2). Manche und mancher hat in seinem oder ihrem Leben einen nachhaltigen Glücksfall erlebt (Erbschaft, Einstieg in eine bestimmte Firma, Heirat, unversehrt aus einem schweren Unfall hervorgegangen etc.) und vergißt später, daß die Weichen des Lebens damals vielleicht ebenso leicht anders hätten gestellt sein können oder daß eine andere oder ein anderer sich heute an gleicher Stelle befinden könnte. Sicher hadern ökonomisch benachteiligte Leute und körperlich behinderte Menschen oft mit ihrem Schicksal; aber viele von ihnen inkorporieren diese Tatsache und die daraus erfolgte Entwicklung in ihre Identität. Sie messen dann ihre persönliche Lage an jener vergleichbarer Menschen und zeigen sich z.B. in Fragebogenuntersuchungen ebenso zufrieden wie nicht benachteiligte Menschen (Grant, 1988). Zu Recht oder zu Unrecht? Man möchte sagen: Von einem objektiven Standpunkt aus zu Unrecht, psychohygienisch gesehen aber zu Recht. Aber wenn wir so argumentieren, ist das 'objektiv', was hätte sein können, aber nicht ist, und das billig tönende 'psychohygienisch Richtige' ist dann die hilfreiche Illusion. Es stört uns zwar, wenn auf diese Weise implizit die Vergangenheit gerechtfertigt werden soll, aber es ist realistisch, die gegenwärtigen Tatsachen als Fakten anzuerkennen und uns auf die Gestaltung der Gegenwart und Zukunft zu konzentrieren: Kontrolle betrifft zukünftige, potentielle Ereignisse; abgelaufene Chancen sind verfallene Tickets, und was hätte sein können und jetzt nicht ist, ist wirklich nicht. Chancen für die Zukunft sind hingegen wirkliche Chancen. – Fakten formen Menschen, Menschen setzen aber auch Fakten (vgl. Flammer, 1988, 238-256, 299-313).

11.1.2 Eine Erklärung ist eine Erklärung

Die meiste Zeit langweilen wir Menschen uns nicht, wir sehen uns immer vor Aufgaben gestellt, häufig vor mehrere gleichzeitig. Ökonomie der menschlichen Informationsverarbeitung ist darum grundsätzlich funktional. Wer für ein Phänomen eine befriedigende Erklärung hat (die vielleicht zu einfach oder gar falsch ist), sucht darum oft nicht weiter, sondern stellt sich weiteren Aufgaben (vgl. Kapitel 3.5.2: Abschwächungsprinzip). Wie heißt es im Berner Dialekt? «Mir wei nid grüble». Das ist auch auf die Bildung und Erklärung von Kontrollmeinungen anwendbar: Wenn für Wirkungen in der Vergangenheit oder für die Wahrscheinlichkeit der Erreichung eines Ziels in der Zukunft eine offensichtliche Erklärung vorhanden ist, suchen die Menschen meistens keine anderen mehr (vgl. Kapitel 3.5.1: Das Einschränkungsprinzip).

Dieses Prinzip kann auch bei der Verwertung eigener Verhaltenserfahrung Verwendung finden (Wilson, 1985). Wenn Versuchspersonen für eine experimentelle Puzzle-Bearbeitung bezahlt wurden, waren sie hernach (in der freien Zeit) weniger eifrige Puzzle-Spieler, als wenn sie nicht bezahlt worden waren (was ein bekannter Effekt der kognitiven Dissonanz ist). Wenn sie aber gefragt wurden, ob sie solche Puzzles gerne spielten, ergaben sich keine Unterschiede. In der Parallelbedingung aber, wenn die Versuchspersonen darauf aufmerksam gemacht wurden, daß sie (in der Bezahlungsbedingung) hernach auffallend wenig resp. (in der Nichtbezahlungsbedingung) hernach auffallend viel Zeit mit dem freien Spiel verbrachten, dann paßten sie auch die Beurteilung ihrer Freude am Spiel dem Verhalten an (Wilson, Hull & Johnson, 1981, Experiment 2). Wilson (1985) ist der Meinung, wir Menschen hätten eben so etwas wie zwei mentale Systeme. Eines davon leite das Verhalten, sei zum größten Teil nicht bewußt und nicht kontrolliert, das andere sei verbal, bewußt etc. Ratings resp. explizite Beurteilungen gäben Menschen aus dem zweiten System. Widersprüche zum Verhalten fielen dabei oft nicht auf, selbst wenn im ersten System entsprechende Änderungen vorgekommen sind. Sie müßten erst bewußt gemacht werden.

11.1.3 Aufdringliches Wissen

Ebenfalls mit dem Prinzip der Ökonomie der Informationsverarbeitung hat die Strategie zu tun, aus seinem Wissensreservoir immer wieder die nächstliegende stereotype Erklärung auszuwählen. Mit einem breiteren Gesichtswinkel haben Tversky & Kahneman (1973) diese Verkürzung der Informationsverarbeitung als «availability principle» (Verfügbarkeitsprinzip) bezeichnet. In einem ihrer zahlreichen Experimente wurden den Versuchspersonen Listen von je 39 Namen konkreter Personen beider Geschlechter vorgelesen. Zwei Listen enthielten Namen von Personen aus der Unterhaltungsbranche, und zwei Listen enthielten Namen von Personen aus der Politik. Je eine der Listen enthielt 20 Männernamen und 19 Frauennamen, wobei die Frauennamen relativ zu den Männernamen prominenter waren. Und je die andere Liste enthielt 20 Frauennamen und 19 Männernamen, wobei die Männernamen relativ zu den Frauennamen prominenter waren. Alle Namen waren durch die Vornamen eindeutig als männlich oder als weiblich erkennbar. Die Listen wurden im 2-Sekunden-Takt vorgelesen. Anschließend mußten die Versuchspersonen schätzen, ob die Liste mehr Frauennamen oder mehr Männernamen enthielt. 80 von 99 Versuchspersonen schätzten zu Unrecht ein Übergewicht jenes Geschlechts, das durch weniger zahlreiche, aber prominentere Namen vertreten war. Die Autoren erklärten den Befund damit, daß den Versuchspersonen beim nochmaligen mentalen Durchgehen der Liste eben mehr prominente Namen in den Sinn kamen und daß sie ihr Urteil aufgrund dieser mentalen Stichprobe abgaben.

Aufdringliches Wissen als Basis für die Bildung der Kontrollmeinung kann vermutlich auch durch Selbstaufmerksamkeit verursacht sein, die ihrerseits durch verschiedene Faktoren bedingt sein kann. Ein experimenteller und häufig verwendeter Trick, die Selbstaufmerksamkeit zu steigern, besteht darin, Menschen vor einen Spiegel zu setzen (Duval & Wicklund, 1972; Wicklund, 1975).

So haben Duval & Wicklund (1972, 103-105) gezeigt, daß Pbn, die vor einen Spiegel saßen und sich so dauernd selbst beobachten konnten, eigenes Verhalten häufiger auf sich selbst attribuierten als Probanden, die nicht vor einen Spiegel gesetzt waren. Andere erfolgreiche Methoden zur Steigerung der Selbstaufmerksamkeit waren die sichtbare Präsenz einer Videokamera oder das Abhören seiner eigenen Stimme ab Tonband (Wicklund & Duval, 1971).

Duval & Wicklund (1973) lasen studentischen Versuchspersonen eine Reihe von hypothetischen unglücklichen Situationen vor, wie (hier frei übersetzt): «Stell Dir vor, Du fahrest auf einer Straße mit fünf km/h über der erlaubten Höchstgeschwindigkeit. Da rennt plötzlich ein kleines Kind hinter einem Ball her auf die Straße. Du kannst nicht mehr früh genug anhalten und fährst das Kind an, zum Glück nicht lebensgefährlich.» Nach jedem solchen Kurztext mußte die Versuchsperson in Prozenten angeben, wie sehr sie sich selbst für den Vorfall verantwortlich fühlen würde (in jedem Fall mußte die Versuchsperson auf die beteiligten Personen und evtl. Institutionen, sich selbst eingeschlossen, Prozentanteile verteilen, insgesamt 100%). In einer der beiden Experimentalbedingungen hatte die Versuchsperson die zusätzliche Aufgabe, einen Drehtisch (Plattenspieler) von Hand langsam und regelmäßig zu drehen. Diese Aufgabe sollte die Aufmerksamkeit der Versuchsperson von sich selbst auf die Aufgabe und das sichtbare Ergebnis der Aufgabenausführung lenken; ohne diese Aufgabe sollte die Versuchsperson mehr auf sich selbst konzentriert sein. In der Situation ohne Drehaufgabe teilten sich die Versuchspersonen im Durchschnitt 58% der Ursächlichkeit zu, in der Drehaufgaben-Situation nur 50%. Erfreulicherweise nahmen die Versuchspersonen mit erhöhter Selbstaufmerksamkeit (Duval & Wicklund, 1973, Experiment II, diesmal mit Spiegel) im Gegensatz zur Vergleichsgruppe (ohne Spiegel) nicht nur für unglückliche Ereignisse mehr Verantwortung auf sich, sondern auch für glückliche und wünschenswerte (Tabelle 11-1).

Tabelle 11-1
Selbstzuschreibung von Verantwortung (aus Duval & Wicklund, 1973, 27)

Positives Ereignis	–	mit Spiegel	60.0%
Negatives Ereignis	–	mit Spiegel	60.2%
Positives Ereignis	–	ohne Spiegel	49.9%
Negatives Ereignis	–	ohne Spiegel	51.1%

Man darf annehmen, daß sich die Proportionen solcher Kausalattributionen auch in Proportionen der attribuierten Kontrolle über mögliche vergleichbare Ereignisse niederschlagen.

11.1.4 Perspektiven

Man kann nicht nur mehr oder weniger stark auf sich selbst konzentriert sein, sondern eine gleiche Wirkung mehr aus der eigenen Sicht oder mehr aus der Sicht anderer beteiligter Personen beurteilen. Ross & Sicoly (1979) haben dazu bedenkenswerte Befunde geliefert.

In einem Experiment befragten Ross & Sicoly (1979) verheiratete Personen nach ihrem geschätzten Anteil an zwanzig ausgewählten Verrichtungen und Entscheidungen wie Frühstück vorbereiten, Geschirrspülen, Einkaufen, Sorge für die Kinder, Planung gemeinsamer Unternehmungen, Budget-Entscheidungen, Entscheidungen über Wohnungswahl resp. -wechsel, Verursachung von Streitigkeiten zwischen beiden Ehepartnern, Wahl von gemeinsamen Freunden, Produktion von Schmutz in der Wohnung etc. Beide Ehepartner füllten von einander unabhängig einen Fragebogen aus und gaben durch Unterteilung einer Strecke von 150 mm Länge ihren eigenen Anteil und den ihres Partners oder ihrer Partnerin an.

Die Logik der Auswertung war die: Wenn die eigenen Anteile der beiden Partner in ihrer Summe mehr als 100% ergaben, dann mußte wenigstens einer der Partner seinen Anteil überschätzt haben; war die Summe kleiner als 100%, mußte wenigstens einer der Partner seinen Anteil unterschätzt haben (sofern nicht noch ein Anteil von Kindern oder anderen Drittpersonen in Frage kam).

27 von 37 Paaren zeigten insgesamt eine Überschätzung ihrer je persönlichen Anteile, und 16 der 20 Items ergaben in der Summe über alle Paare eine Überschätzung. Dabei kamen diese Überschätzungen bei negativen Items ebenso häufig vor wie bei positiven. Bleibt nur zu hoffen, daß insgesamt mehr positive als negative Ereignisse in den Ehen vorkommen, so daß die Überschätzungen wenigstens den erfreulichen Kontrollmeinungen beider zugute kommen. Und danach bleibt zu hoffen, daß aus dieser jeweiligen Überschätzung der Kontrollmeinungen nicht neue Konflikte entstehen (die allerdings, wenn sich Ross & Sicoly's Befunde auch darauf generalisieren lassen, tendenzmäßig wieder jedes eher auf sich nehmen würde…). Beigefügt werden muß, daß Ross & Sicoly mit studentischen Ehepaaren arbeiteten, wobei zwanzig von den 37 bereits Kinder hatten. Es wäre interessant zu wissen, ob sich diese Überschätzungen auch bei Ehepaaren nach mehr gemeinsamen Jahren erhalten, ob sie sich mehr zugunsten positiver Wirkungen verschieben, ob sie als Krisenindikatoren dienen können etc.

Daß solche Überschätzung der persönlichen Anteile mit der Lenkung der Perspektive veränderbar ist, belegt ein weiteres Experiment von Ross & Sicoly (1979). Darin mußten Studierende (graduate students) Angaben machen über die abgeschlossene experimentelle Prüfungsarbeit, die sie zur Erreichung des

Bachelor-Grades hatten schreiben müssen. Die Versuchspersonen mußten angeben, wieviel Prozent der Methodologie sie selbst (und nicht die Betreuungsperson oder sonst jemand) vorgeschlagen resp. eingebracht hatten. Die gleiche Frage wurde auch gestellt zur Interpretation der Befunde, zur Initiative, überhaupt mit der Betreuungsperson zu sprechen etc. Das war die «Ich-Perspektive». Ein analoger Fragebogen existierte auch in der «Berater-Perspektive». Dieser fragte die (ebenfalls studentischen) Versuchspersonen, wieviel Prozent die Betreuungsperson zu jeder der Teilleistungen beigetragen hatte. Die Fragebögen wurden zufällig auf Studierende verteilt; jede Versuchsperson füllte also nur einen der beiden Fragebögen aus.

Die Erwartung war die, daß der Durchschnitt der Ich-Prozente plus der Durchschnitt der Betreuer-Prozente maximal 100 wäre; eigentlich sollte er kleiner sein, weil ja oft auch noch andere Personen, z.B. Mitstudierende, einen Einfluß hatten. Die Subtraktion 100% minus die Berater-Prozente im Fall der Fragebögen aus der Berater-Perspektive war damit bestimmt keine Unterschätzung der Ich-Prozente. Die Resultate zeigten aber, daß die durchschnittlichen Ich-Prozente aus der Ich-Perspektive 78.18% betrugen und aus der Berater-Perspektive 66.66%. Sogar die durchschnittliche persönliche Bewertung der Prüfungsarbeit differierte je nach Perspektive des Fragebogens: Sie war besser aus der Ich-Perspektive als aus der Berater-Perspektive. Was einem eher oder wovon einem mehr in den Sinn kommt, das gewichtet man mehr.

Die Perspektivenwirkung ist auch vorhanden, wenn es sich um die Wahrnehmung von Ursachenanteilen anderer Personen handelt. Das hat Read (1985; zit. nach Kahneman & Miller, 1986, 144) mit einem einfachen Experiment belegt. Er gab Versuchspersonen Vorgangsbeschreibungen wie folgende vor: «Helen fuhr mit ihrem Auto zur Arbeit auf einer dreispurigen Straße, deren mittlere Spur für beide Fahrtrichtungen als Überholspur diente. Sie wechselte auf eine Überholspur, um einen langsam fahrenden Lastwagen zu überholen, und sah plötzlich ein überholendes Auto von der anderen Richtung auf sie zukommen. Für einen Moment schien ein Frontalzusammenstoß unausweichlich, aber es lief noch glimpflich ab. – Schreiben Sie bitte mit einem Satz, wie Sie denken, daß der Unfall vermieden wurde.» Nach der vorgegebenen Beschreibung war die Situation der beiden auf einander zufahrenden Autos symmetrisch (vielleicht sogar ungünstiger für Helen, weil neben ihr ein langsamer Lastwagen fuhr). Dennoch schrieb die Mehrheit der Versuchspersonen die unfallvermeidende Handlung Helen zu.

11.2 Selbstschutzmaßnahmen

Es ist denkbar, daß Menschen Erfahrungen zugunsten ihrer Kontrollmeinung interpretieren, auch wenn dies nicht oder nicht in diesem Maß gerechtfertigt erscheint. Das ist durchaus verständlich, wenn wir bedenken, daß die Kontrollmeinung den eigenen Selbstwert steigert und daß Menschen im allgemeinen interessiert sind, sich selbst als wertvoll zu erleben. Schließlich streben Menschen auch offensichtlich nach Kontrolle (vgl. Kapitel 7), und vielleicht führt einen auch illusionäre Kontrolle gelegentlich wirklich weiter als die realistische Einsicht in die fehlende oder geringe Kontrolle (vgl. Kapitel 6.2).

11.2.1 Selbstwertsteigerung

Snyder, Stephan & Rosenfield (1976; 1978) bezeichneten die Tendenz, sich selbst durch entsprechende Kausalattributionen in möglichst gutem Licht erscheinen zu lassen, als *Egotismus* (vgl. auch Whitley & Frieze, 1985). Daß diese Tendenz besteht, wiesen Snyder et al. (1976) in einem interessanten und einfachen Experiment nach.

Die Aufgabe in diesem Experiment bestand in einem Zweierwettspiel, in dem jede der beiden Versuchspersonen in jedem Durchgang mit a, b oder c tippen mußte. Dabei hatte sie eine Gewinn-Verlust-Tafel vor sich, aus der sie ablesen konnte, wie viele Punkte sie gewinnen oder verlieren würde, wenn die Partnerperson ihrerseits a oder b oder c tippte. Die Gewinn-Verlust-Zahlen für die Partnerperson waren andere, im Durchschnitt über alle Kombinationsmöglichkeiten aber gleich gute. Es ging darum, wer nach einer bestimmten Anzahl von Durchgängen mehr Punkte hatte. Die Versuchspersonen spielten je in Einzelkabinen. In Wirklichkeit allerdings spielte immer nur eine Person, da die Versuchsleiter die Tips der Partnerperson so fingierten, daß die Versuchsperson nach voraus festgelegtem Zufallsplan entweder gewann oder verlor.

Im Anschluß an sechs Durchgänge, in denen die Versuchsperson vermeintlich entweder viermal gewonnen oder viermal verloren hatte, sollte sie Kausalurteile abgeben und zwar (a) zur eigenen Leistung (als Gewinner resp. Verlierer) und (b) zur Leistung des Partners (als Verlierer resp. Gewinner). Überdies sollte sie schätzen, welche Kausalurteile die Partnerperson gegeben hatte. Tabelle 11-2 gibt die Durchschnittszahlen der Kausalattribute (je auf einer 7-Punkt-Skala).

Tabelle 11-2
Kausalattributionen bei Sieg und Niederlage (aus Snyder, Stephan & Rosenfield, 1976, 438)

	Versuchsperson verliert		Versuchsperson gewinnt	
	«Warum habe ich verloren?»	«Was meint er, warum ich verloren habe?»	«Warum habe ich gewonnen?»	«Was meint er, warum ich gewonnen habe?»
Fähigkeit	.54	1.83	4.38	2.04
Anstrengung	.02	1.17	3.75	1.50
Aufgabenschwier.	.12	.42	1.08	1.33
Zufall	4.62	2.96	3.17	4.67

Die Resultate sind eindeutig und signifikant: Wenn die Versuchspersonen selbst Gewinner waren, attribuierten sie selbst die Siege mehr zugunsten des eigenen Selbstwerts (Fähigkeit: 4.38, Anstrengung: 3.75), während sie den Gegnern eine weniger positive (Fremd-) Beurteilung zumuteten (Fähigkeit: 2.04, Anstrengung: 1.50). Wenn hingegen die Versuchspersonen selbst Verlierer waren, schonten sie sich selbst mit selbstwertbelastenden Attributen (Fähigkeit: .54, Anstrengung: .02), was sie den Opponenten für ihre (Fremd-) Beurteilung weniger zumuteten (Fähigkeit: 1.83, Anstrengung: 1.17). Deutlich umgekehrte Werte finden wir für die Attribution von Zufall (Glück resp. Pech).

Die Tabelle 11-3 zeigt, daß die Versuchspersonen im Fall des eigenen Verlierens den Partnern nicht einfach ungünstigere Urteile über sie selbst zumuteten, sondern daß sie den Partnern unterstellten, sie würden von ihnen, den Versuchspersonen, auch entsprechende Selbstbeurteilung erwarten (Fähigkeit: 1.54, Anstrengung: 1.33; im Gegensatz zur Selbstbeurteilung: Fähigkeit: .54, Anstrengung: .02). Ja, die Versuchspersonen muteten den Gegnern im Fall deren Verlierens recht ungünstige Selbstbeurteilungen zu (Fähigkeit: 3.25, Anstrengung: 2.83). Die Versuchspersonen erwarteten von ihren Partnern im Vergleich zu sich selbst also weniger boshafte Strategien, aber vielleicht das ehrlichere Urteil.

Tabelle 11-3
Vermutete Kausalattributionen des Partners bei Sieg und Niederlage (aus Snyder, Stephan & Rosenfield, 1976, 439)

	Versuchsperson verliert		Versuchsperson gewinnt	
	«Was meint er, warum er gewonnen habe?»	«Was denkt er, daß ich meine, warum ich verloren habe?»	«Was meint er, warum er verloren habe?»	«Was denkt er, daß ich meine, warum ich gewonnen habe?»
Fähigkeit	3.17	1.54	3.25	3.75
Anstrengung	2.04	1.33	2.83	1.83
Aufgabenschwierigkeit	1.38	.46	1.29	.79
Zufall	3.12	3.83	4.58	3.54

Man kann der Tendenz, daß wir uns selbst in beschönigendem Licht sehen, auch positive Aspekte abgewinnen; es macht uns selbst Mut und Selbstvertrauen. Daß wir das gegenüber anderen aber nicht auch tun, kann man bedauern; vielleicht sind wir gegenüber anderen dafür objektiver. Immerhin sind wir uns gegenüber doch nicht so unehrlich, da wir (Vergleich der Tabellen 11-2 und 11-3) offensichtlich wissen, daß wir unser Selbsturteil ein bißchen beschönigen (vgl. auch Kapitel 6.2).

Zuckerman (1979) stellte in einer Literaturübersicht fest, daß in 38 Studien 27 mal die Versuchspersonen Erfolg mehr internal und Mißerfolg mehr external attribuierten und daß nur zwei Studien das gegenteilige Muster zeigten. Bestätigende Untersuchungen jüngeren Datums stammen von Schneider (1981),

Weary & Arkin (1981) und Gibbons & Gaeddert (1984). Stephan, Rosenfield & Stephan (1978) fanden in einem «männlich aussehenden» Wettbewerbsspiel Egotismus nur bei männlichen, nicht aber bei weiblichen Versuchspersonen. Für vergleichbare Untersuchungen im Schulbereich und mit Zusammenhängen zu Persönlichkeitsmerkmalen vgl. Marsh (1986) und weitere dort angegebene Studien dieses Autors.

11.2.2 Selbstdispensation

So wie die meisten Menschen vor sich selbst und vor anderen ein positives Selbstbild aufrechtzuerhalten suchen und fähig sein möchten, erwünschte Wirkungen zu verursachen, so ist es ihnen auch unangenehm, erwünschte Wirkungen nicht schaffen zu können und unerwünschte Wirkungen zu erzielen oder nicht verhindern zu können. Die Psychologie der Leistungsmotivation hat schon früher gezeigt, daß Menschen aus Furcht vor Mißerfolg oft zu wenig wagen, sich gar nicht einmal anstrengen, von Anfang an niedrige Ziele setzen oder die Leistungsbedingungen so einrichten, daß entweder ein leichter Erfolg gesichert oder der Mißerfolg leicht entschuldbar ist (vgl. Kapitel 10.1.3). Viele unternehmen solche Abwehrmanöver erst nach vorausgehenden Mißerfolgserfahrungen.

Das Stichwort 'Manöver' ist durchaus gerechtfertigt, denn man kann oft beobachten, daß Menschen in dieser Beziehung Doppelspiele spielen. Beispielsweise zeigen sie nach außen ('öffentlich') andere Maßstäbe, als sie für sich annehmen. Ein Sportler, der vorgibt, wegen beruflicher Belastung wenig Trainingszeit gehabt zu haben, und sagt, daß er beim Meeting einfach mitmache, um nicht ganz aus der Wettkampfroutine zu geraten, wirkt nach einem Erfolg desto talentierter (dabei hat er vielleicht privat viel trainiert und einen Erfolg auch erwartet). Auch das Umgekehrte ist möglich: Ein Sportler beteuert, in der langen Vorbereitungszeit viel Entbehrung und Training auf sich genommen zu haben, wodurch sein Mißerfolg zum unverdienten Pech werden kann.

Genau genommen betreffen diese Manöver aber weder die Manipulation der tatsächlichen Kompetenzen (Kontrolle) noch die persönliche Meinung darüber (Kontrollmeinung); vielmehr sind es Versuche, die tatsächlichen Kompetenzen nicht zu zeigen. Jones & Berglas (1978) unterschieden zwei Bedingungen, unter denen Menschen die Tendenz haben, ihre tatsächlichen Kompetenzen zu verbergen. Die eine besteht darin, daß man glaubt, eine gute Leistung nur durch Glück zustande gebracht zu haben und sie nicht wiederholen zu können; man möchte dann lieber das gute Bild aufrechterhalten als die Wahrheit erfahren. Die andere tritt ein, wenn jemand eine gute Leistung zwar in persönlichen Fähigkeiten begründet sieht, sie aber nicht oder nicht oft wiederholen möchte, weil sie sehr aufwendig/anstrengend ist oder weil sie unerwünschte Konsequenzen haben kann (Beispiel: Wer bestimmte technische Kompetenzen in der Nachbarschaft zum Einsatz bringt, mag dafür immer wieder angefragt werden; die einen mögen's, die andern nicht).

Etwas weiter geht die Maßnahme, aus den gleichen Motiven sich seiner Kompetenzen (wenigstens vorübergehend) wirklich zu berauben oder sie nicht steigern zu wollen (sog. self-handicapping). Berglas und Jones (1978) haben zeigen können, daß Menschen gelegentlich Medikamente verwenden, um aus drohendem Mißerfolg 'Weder-Erfolg-noch-Mißerfolg' zu machen; «regardless of what the performance outcome is, ... the self-handicapper cannot lose» (Berglas & Jones, 1978).

Berglas & Jones (1978) arbeiteten in Einzelversuchen mit 96 erwachsenen Versuchspersonen (Psychologiestudierenden), die vom Versuchsleiter sorgfältig darauf vorbereitet und damit einverstanden waren, an einem ungefährlichen Experiment zur Wirkung von verschiedenen Medikamenten auf die intellektuelle Leistungsfähigkeit teilzunehmen. Zum Zweck der Erstellung einer individuellen Vergleichsnorm hatten sie zuerst unter der Leitung einer Testassistentin einen Vortest zu bearbeiten, dessen Aufgaben in einer Bedingung mehrheitlich unlösbar, in der andern Bedingung aber mehrheitlich lösbar und relativ leicht waren. Jeder einzelnen Versuchsperson teilte die Assistentin hernach mit, daß ihre Leistung weit über dem Durchschnitt liege. Für die Versuchspersonen mit den mehrheitlich lösbaren Aufgaben mußte das durchaus glaubhaft wirken ('verdienter Erfolg'); die anderen Versuchspersonen jedoch mußten annehmen, daß sie großes Glück gehabt hatten ('unverdienter Erfolg'). Darauf betrat der Versuchsleiter wieder den Raum. In der Hälfte der Fälle beider Bedingungen ließ er sich die Ergebnisse mitteilen, in der anderen Hälfte wollte er sie nicht wissen, um ostentativ das Blindverfahren zu gewährleisten.

Vor der zweiten Testphase konnten die Versuchspersonen nun entscheiden, ob und welches der beiden genau beschriebenen Medikamente in welcher Dosis sie wählen wollten, eines, das die geistige Leistungsfähigkeit nach vorläufigen Erkenntnissen angeblich steigerte, oder eines, das sie möglicherweise beeinträchtigte. Nach dieser Entscheidung wurde der Versuch abgebrochen.

Berglas & Jones erwarteten, daß vor allem die Versuchspersonen mit unverdientem Erfolg das beeinträchtigende Medikament wählen würden, um den Erfolg nicht durch einen eventuellen darauf folgenden Mißerfolg in Zweifel ziehen zu müssen (vgl. Kapitel 10.3 zur diagnostischen Aussagekraft). Die Resultate entsprachen ihrer Erwartung, besonders bei den männlichen Versuchspersonen, bei denen 70% jener mit unverdientem Erfolg dieses Medikament wählten und nur 13% jener mit verdientem Erfolg. Bei den weiblichen Versuchspersonen war der Unterschied etwas weniger ausgeprägt: 40% zu 26%.

Taten die Versuchspersonen das, um vor dem Versuchsleiter einen guten Eindruck zu machen oder um sich selbst die Enttäuschung zu ersparen? In der Hälfte der Fälle wollte ja der Versuchsleiter ausdrücklich nichts wissen von den Vorausergebnissen, von der anderen Hälfte aber wußte er es; diese Unterscheidung hatte keine Differenzen in den Resultaten bewirkt. Die Autoren nehmen darum an, daß es sich nicht nur um ein Manöver vor der Öffentlichkeit handelte, sondern daß das Interesse daran auch persönlich und privat war. In einer Wiederholung des Experiments mit einer zusätzlichen Vergleichs-Bedingung (keine Rückmeldung nach dem Vortest) und vollständiger Privatheit (der Versuchsleiter wollte in allen Fällen die Vortestresultate nicht wissen) stellte sich die Selbstbehinderung zum Zweck der Selbstdispensation (kurz *Selbstbehinderungseffekt* genannt) wieder ein, aber nur bei den männlichen Versuchspersonen und natürlich nur im Fall der (unverdienten) Erfolgs-Rückmeldung.

Tucker, Vuchinich & Sobell (1981) wiederholten dieses Experiment mit Alkohol, indem sie den (nur männlichen) Versuchspersonen vorgaben, die beeinträchtigende Wirkung von Alkohol zu untersuchen; es sei nicht vorgesehen, die Menge des Alkohols vorzuschreiben; jedermann nähme so viel wie er wolle, und daraus entstünde genügend Variation für die Vergleiche. Die Versuchsperson hatten also die Wahl, ob und wieviel Alkohol sie trinken wollten. Im ersten Experiment, in dem in der Zeit zwischen Vortest und Nachtest zusätzlich die Möglichkeit des Testtrainings angeboten wurde, zeigte sich der Effekt der Selbstdispensation durch Alkoholgenuß nur knapp (vor allem nicht, wenn die Nachtestaufgabe als noch schwieriger angekündigt worden war; dann wurde ja die Entschuldigung für Versagen mitgeliefert). Im zweiten Experiment aber, in dem kein Testtraining angeboten war, zeigte sich der Selbstdispensationseffekt durch Alkoholgenuß wieder deutlich: Nach unverdientem Erfolg wurde mehr Alkohol getrunken als nach verdientem Erfolg.

Für unsern Kontext besonders wichtig ist der Befund von Berglas & Jones (1978), daß dieses Selbstbehinderungsinteresse anscheinend nicht nur gegenüber der Öffentlichkeit, z.B. gegenüber dem Versuchsleiter, gilt, sondern auch privat und ohne Öffentlichkeit. Ob diese Schlußfolgerung gerechtfertigt ist, ist allerdings nicht eindeutig. Vielleicht haben die Versuchspersonen der Anonymität der Versuchsanlage mißtraut und insgeheim doch befürchtet, daß sie sich blamieren konnten. Gewisse Zweifel können entstehen aus dem Befund, daß der Effekt vor allem oder stärker bei Männern auffindbar war. Auch wenn Männer vielleicht generell anfälliger dafür sind, ihre Leistungsfähigkeit mit allen Mitteln zu verteidigen, so tun sie das vor Frauen möglicherweise noch mehr; und die Testassistentin in diesen Experimenten war eine Frau.

Diesen Verdacht hatten auch Kolditz & Arkin (1982), die das Experiment mit männlichen Versuchspersonen wiederholten und dabei auch eine Bedingung einschlossen, daß die Versuchspersonen das Medikament ohne Wissen der Testleitung nahmen. Beide, Testleiter und Testassistentin, verließen den Raum, und die Versuchsperson sollte aus der Medikamentenauswahl (natürlich nur Placebo) ihre Wahl treffen, dann den Rest mitsamt dem Nachtestblatt in einen Briefumschlag, der mit der Adresse der angeblich auswertenden pharmazeutischen Firma versehen war, legen und den Umschlag versiegeln. Die Resultate dieses Experiments sprechen deutlich dafür, daß die Selbstbehinderung nur mit öffentlichem Interesse gewählt wurde (Figur 11-2).

Damit ist einstweilen nicht belegt, daß Menschen danach streben, wirklich geringe Kontrolle zu haben (vgl. auch Arkin & Baumgardner, 1985; Baumeister & Scherer, 1988). Menschen können ein Interesse haben, ihre Kontrolle nicht voll auszuspielen, um Anstrengungen zu vermeiden oder um das Risiko der Blamage vor der Öffentlichkeit oder vor sich selbst zu vermeiden oder auch um weniger Verantwortung und damit die Möglichkeit von Schuld und die allfällige Notwendigkeit eines großen persönlichen Einsatzes auf sich nehmen zu müssen (vgl. auch Burger, 1989); aber es erscheint mir als extrem unwahrscheinlich, daß sie ein Interesse daran haben, eine geringe Kontrolle (Kompetenz) wirklich zu haben. Menschen mögen oft auf das Kontrollieren verzichten, aber nicht so leicht auf Kontrolle.

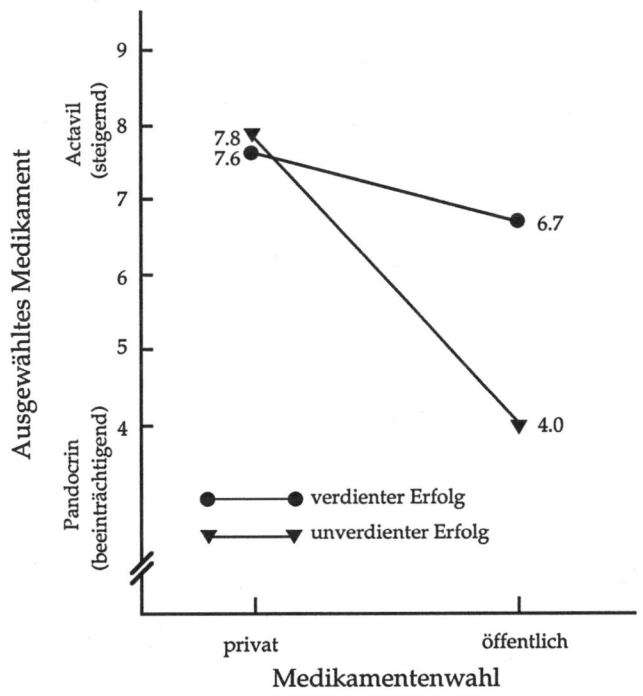

Figur 11-2
Wahl von Medikamenten zur Steigerung resp. zur Behinderung der intellektuellen Leistungsfähigkeit (aus Kolditz & Arkin, 1982, 499)

11.3 Stimmungseinflüsse

Es ist wahrscheinlich, daß auch Stimmungen die Prozesse der Bewertung resp. Auswertung von Erfahrungen beeinflussen. Ähnlich wie die Stellung vor dem Spiegel können starke Stimmungen eine Person veranlassen, sich mehr mit sich selbst zu beschäftigen, und kann die Art der Stimmung eine Voreingenommenheit bewirken (vgl. Segal, 1988).

Es sind mir dazu aber keine gezielten Untersuchungen im Zusammenhang mit Erfahrungsbewertung zuhanden der Kontrollmeinung bekannt. Das schon genannte Experiment von Wright & Mischel (1982) kommt dem Anliegen jedoch nahe (Kapitel 10.4). Diese Autoren haben bekanntlich Versuchspersonen suggestiv entweder in eine schlechte oder in eine gute Stimmung versetzt und ihnen dann Aufgaben zu lösen gegeben, von denen einige unlösbar waren und auf die eine gezinkte Rückmeldung folgte. Auf diese Weise konnten vermeintlich erfolgreiche (insgesamt 45 mal 'richtig' rückgemeldet) von vermeintlich erfolgsarmen Versuchspersonen (insgesamt nur 29 mal 'richtig' rückgemeldet) unterschieden werden. Eine in Kapitel 10.4 noch nicht besprochene abhängige Variable war die nachträgliche Schätzung der Anzahl 'richtig' bearbeiteter Aufgaben. Die Ergebnisse (Tabelle 11-4) zeigen, daß die 'erfolgreichen' Versuchspersonen etwa gleich präzis schätzten wie die 'erfolgsarmen'. Ein Stimmungseffekt zeigte sich bei den 'erfolgreichen' Versuchspersonen nicht, ein gewisser, wahrscheinlich nicht signifikanter jedoch bei den 'erfolgsarmen' Versuchspersonen: Nur in positiver Stimmung und bei relativ geringen Erfolgszahlen unterschätzten sich die Versuchspersonen nicht (man muß aber annehmen, daß die Versuchspersonen den Rückmeldungen nicht immer glaubten, da sie ja allesamt ihre Erfolge unterschätzten).

Tabelle 11-4
Erinnerung in Abhängigkeit von Kontrollmeinung (nur Quantität, nicht etwa episodisch im Detail, gerechnet nach der graphischen Darstellung von Wright & Mischel, 1982, 908)

	als richtig rückgemeldet	aus der Erinnerung als richtig geschätzt	Anteil
Erfolgreiche Vpn			
positive Stimmung	45	39	0.87
neutrale Stimmung	45	39.75	0.83
negative Stimmung	45	32.5	0.72
Erfolgarme Vpn			
positive Stimmung	29	28.5	0.98
neutrale Stimmung	29	21	0.72
negative Stimmung	29	21.5	0.74

Nicht mit Stimmungsmanipulation, jedoch mit dem Vergleich zwischen depressiven und nicht-depressiven Versuchspersonen sind verschiedene Untersuchungen durchgeführt worden. Blaney (1986, 231) nennt in einer Literaturübersicht acht solche Studien, in denen die Versuchspersonen nach der Bearbeitung einer Reihe von Aufgaben schätzen mußten, wie oft sie erfolgreich waren und wie oft nicht. In den meisten Fällen waren die Rückmeldungen manipuliert, d.h. gefälscht, um die Gruppen vergleichbar zu machen. In fünf Studien waren die depressiven Versuchspersonen 'normale' Studierende, die aufgrund von Vortests als zur Depression neigend diagnostiziert worden waren (Wener & Rehm, 1975; Buchwald, 1977; Nelson & Craighead, 1977; Craighead, Hickey & DeMonbreun, 1979; Dobson & Shaw, 1981), in den übrigen drei waren sie klinisch als depressiv diagnostiziert worden und befanden sich in entsprechender Behandlung (DeMonbreun & Craighead, 1977; Gotlib, 1981; 1983). Man darf annehmen, daß diese als depressiv oder als zur Depression neigend diagnostizierten Personen im Durchschnitt in weniger positiver Stimmung waren als die sog. normalen, die als Vergleichspersonen dienten. Blaney (1986, 231) berichtet, daß «in den meisten Fällen ein klares Bild der Erfolgsunterschätzung durch die depressiven im Vergleich zu den nichtdepressiven Personen festgestellt wurde».

Solche globale Schätzungen von Erfolgsproportionen lassen allerdings die Frage offen, ob die Stimmungswirkung tatsächlich die unmittelbare Verwertung der Erfahrungen beeinflußte oder erst die spätere Erinnerungsleistung, die für die Schätzung ja implizit gefordert war. Beides ist denkbar, nämlich daß man in schlechter Stimmung Erfolg gar nicht als Erfolg wahrnimmt (sondern z.B. durch externale Kausalattribution abwertet) und daß man in schlechter Stimmung stimmungskonform erinnert (vgl. Kapitel 14.5). DeMonbreun & Craighead (1977) sind dieser Frage nachgegangen, indem sie die Versuchspersonen nach jeder Aufgabe die Güte ihrer Leistungen feststellen ließen. Da nämlich die Aufgaben darin bestanden, Ähnlichkeiten zwischen Figuren zu bestimmen, konnten die Lösungen mehr oder weniger gut sein. Die Güte der Lösung wurde auf einer quasi-analogen Skala mit Grautönungen manipuliert rückgemeldet, und die Versuchspersonen mußten die rückgemeldete Güte per Knopfdruck digital quittieren. Die Befunde von DeMonbreun & Craighead (1977) zeigten, daß die depressiven Versuchspersonen keine Verzerrung der Wahrnehmung aufwiesen, wohl aber eine Verzerrung der späteren Gesamtschätzung. Danach ist der Depressions- oder Stimmungseffekt auf eine beeinträchtigte Erinnerungsleistung zurückzuführen und nicht auf die Verwertung der aktuellen Erfahrung. Dieser Befund kann aber nicht als gesichert gelten; Craighead, Hickey & DeMonbreun (1979) konnten diesen Befund nicht replizieren, aber auch keine Schätzungsbeeinträchtigung bei den Depressiven finden.

Gotlib (1983) konnte belegen, daß depressive Menschen durchaus beide Fehler begehen können, Wahrnehmungs- und Erinnerungsfehler. Er gab allen seinen Versuchspersonen (depressiven und nichtdepressiven Patienten) unabhängig von ihren vorausgehenden Leistungen (dyadische Diskussion über kontroverse Themen) die gleiche evaluative Information in schriftlicher Form (Werte auf 13 Skalen), von der die Versuchspersonen glaubten, sie sei speziell für sie angefertigt. Die depressiven Patienten interpretierten diese gleiche Information klar negativer als die nichtdepressiven Patienten. Fünf Minuten danach sollten die Versuchspersonen die Werte auf den Evaluationsskalen aus dem Gedächtnis genau erinnern und aufzeichnen: die depressiven Patienten gaben deutlich nochmals schlechtere Werte wieder.

Es ist also durchaus möglich, aber nicht immer so, daß Menschen in gedrückter Stimmung eigene Erfolge weniger häufig erinnern sowie daß sie überhaupt Erfolge schon von Anfang an weniger als solche wahrnehmen.

11.4 Selbstschemata

Dykman, Abramson, Alloy & Hartlage (1989) sind der Frage nachgegangen, warum Depressive ihre eigenen Leistungen häufig unterbewerten, nämlich ob sie es in jedem Fall tun (weil es «charakteristisch» ist für sie) oder ob sie es nur tun, wenn sie aktuell entsprechende ungünstige Selbstschemata besitzen. Unter Selbstschema versteht man seit Markus (1977; vgl. 10.1.6) eine generalisierte Meinung einer Person über sich selbst. Auch wenn z.B. Depressive in vieler Beziehung von sich selbst negativ denken, tun sie das wohl nicht in jeder erdenklichen Hinsicht. In ihrer Untersuchung haben Dykman, Abramson, Alloy & Hartlage (1989) mit zur Depression neigenden studentischen Versuchspersonen gearbeitet, die sich selbst für wenig erfolgreich, wenig motiviert und wenig kreativ, aber für durchschnittlich höflich hielten. Diese Versuchspersonen hatten 45 Aufgaben zu lösen, die darin bestanden, auf dem Bildschirm Punkte variierender Muster zu zählen. Die Versuchsleiter hatten sie im voraus glauben gemacht, daß diese Aufgaben entweder (Gruppe 1) mit Erfolg, Motiviertheit und Kreativität oder mit Höflichkeit und Anstand (to be polite, considerate, and courteous) zu tun hatten. Auf jede Aufgabe wurde eine fingierte Rückmeldung gegeben; und zwar als blinkende Nummer auf einer Fünf-Punkte-Skala entsprechend den oben genannten Eigenschaften (sehr erfolgreich bis sehr erfolglos etc.). In manchen Fällen blinkten zwei anliegende Nummern, und die Versuchsperson hatte zu entscheiden, welche wirklich zutreffe. Wenn die Versuchspersonen glaubten, die Aufgaben hätten mit Höflichkeit zu tun, unterschieden sich die 'Depressiven' in ihren Schätzungen nicht von den Nichtdepressiven; wenn die Versuchspersonen aber glaubten, die Aufgaben hätten mit Erfolg, Motiviertheit und Kreativität zu tun, schätzten sich die 'Depressiven' in den zweideutigen Rückmeldungen signifikant schlechter ein als die Nichtdepressiven. Ausschlaggebend war also nicht die Depressionsneigung (nach Beck gemessen), sondern das aktuelle Selbstschema resp. das Selbstschema, das die Vpn bei den gegebenen Aufgaben für relevant hielten.

Auf der Basis dieses Ergebnisses lassen sich vielleicht große Teile der Forschung zur schemageleiteten Wahrnehmung und Verarbeitung auf die kontrollbezogene Erfahrungswahrnehmung und -verarbeitung übertragen (vgl. z.B. Neisser, 1976; Alba & Hasher, 1983; Lewicki, 1986; Segal, 1988; Hill, Lewicki, Czyzewska & Boss, 1989; Schlenker & Trudeau, 1990). Die Berechtigung dafür hat kürzlich Lüthi (1990) nachgewiesen. Sie gab studentischen Versuchspersonen Leistungsaufgaben vor, ließ sie aber vorher aufgrund von Beispielen ein Urteil über die zu erwartende Güte ihrer Leistung abgeben. Wich diese dann objektiv von der Erwartung ab, zeigte sich eine signifikante Tendenz, das subjektive Urteil über die Diskrepanz in die Richtung der vorausgehenden subjektiven Erwartung abzuschwächen, und diese Tendenz verstärkte sich noch, wenn die Versuchspersonen nach einer Woche noch einmal über ihre Leistung gefragt wurden.

11.5 Mehr oder weniger zutreffende Verwertungsalgorithmen

Die Kontrolle ist nicht eine Sache, noch ist sie eine punktuell meßbare Größe. Genau genommen ist sie die Wahrscheinlichkeit, daß eine bestimmte Person eine bestimmte Klasse von Zielen erreicht, wenn sie will. Diese Wahrscheinlichkeit läßt sich vor allem aus Erfahrungen erschließen. Wenn ein Sportler in der laufenden Saison an zwei von vier Meetings die Weitsprungmarke von sieben Metern übersprungen hat, mag er für das nächste Meeting eine Wahrscheinlichkeit von 0.5 einsetzen, wieder über 7 m zu springen. Vielleicht aber sind ihm die beiden guten Sprünge beim dritten und vierten Meeting gelungen, woraus er ableitet, daß er sich in einer aufsteigenden Linie befindet und die Wahrscheinlichkeit höher als mit 0.5 veranschlagt. Noch viele Dinge sind natürlich auch zu berücksichtigen; die persönliche Einschätzung seiner aktuellen Chancen ist wirklich eine Schätzung, die mit Unsicherheit belastet ist.

Die Prozesse, die bei solchen Schätzungen ablaufen, haben vor allem D. Kahneman und A. Tversky unter dem Stichwort 'Judgment under uncertainty' untersucht (für eine Übersicht ihrer Arbeiten vgl. Kahneman, Slovic & Tversky, 1982). Viele Forscher sind dieser Spur gefolgt oder haben eng verwandte Themen aufgegriffen, wie z.B. die intuitive Schätzung von Korrelationen (vgl. u.a. Shaklee, 1983). Diese Untersuchungen beziehen sich aber normalerweise auf Zusammenhänge, an denen die Versuchsperson nicht selbst beteiligt ist. Die Übertragung der Befunde auf die Konstruktion und Veränderung der Kontrollmeinung ist daher nicht sicher gerechtfertigt. Ich will hier auch nur einige Erkenntnisse herausgreifen, die zeigen, daß teilweise die Übertragbarkeit gegeben sein mag, teilweise aber auch nicht.

11.5.1 Überschätzung der Erfahrungsbasis

Bei der Schätzung von Wahrscheinlichkeiten beachten viele Menschen nur die Proportionen der entsprechenden Ereignisse und nicht auch die Gesamtzahl der Beobachtungen. Kahneman & Tversky (1972) ließen zum Beispiel die Wahrscheinlichkeit schätzen, daß in Geburtsabteilungen an einem Tag mehr als 60% der Neugeborenen Knaben sind. Zu beurteilen waren zwei Geburtsabteilungen, von denen die eine im Durchschnitt 45 Geburten im Tag hatte und die andere 15. Die Versuchspersonen schätzten die Wahrscheinlichkeiten für beide Abteilungen gleich, obwohl das Verhältnis 6 : 4 bei einer größeren Gesamtzahl von Geburten sehr viel weniger wahrscheinlich ist als bei einer kleinen. Ähnlich mögen Menschen in der Verwertung ihrer eigenen Wirkungen umgehen. Wenn jemand zum ersten Mal in seinem Leben Unterschriften für eine Bürgerinitiative sammelt und nach einer ersten Weile von zehn angesprochenen Personen zwei Unterschriften erhalten hat und von seinem Kollegen weiß, daß dieser in den letzten Tagen von 500 angesprochenen Personen 200 Unterschriften erhalten hat, mag er sich selbst bereits als den weniger geschickten Unterschriftensammler ansehen, weil 2 : 8 'viel schlechter' ist als 2 : 3. Dabei trifft dieses Verhältnis bei nur zehn Versuchen zufällig häufiger ein als bei 500 Versuchen.

11.5.2 Muß Zufall chaotisch sein?

Wenn man eine ungezinkte Münze zehn Mal aufwirft, so daß sie entweder auf den Kopf (K) oder auf die Zahl (Z) fällt, dann sind nach Zufall 10^2 Muster möglich und gleich wahrscheinlich. Die meisten Menschen halten aber eine Reihe wie K-Z-Z-K-Z-K-K-Z-K-Z für viel wahrscheinlicher als K-K-K-K-K-Z-Z-Z-Z-Z, und diese wieder für wahrscheinlicher als K-K-K-K-K-K-K-K-K-K (Kahneman & Tversky, 1972), obwohl alle drei gleich wahrscheinlich sind. Zufall muß nach Chaos aussehen; Ordnung kann nur durch eine ordnende Hand entstehen, meinen wir spontan allzu leicht.

Wenn man sich fragt, warum Menschen mit Wahrscheinlichkeiten so schlecht umgehen können, so kommt man auf Antworten, die gleichzeitig auch zur Vorsicht bei der Generalisierung mahnen. Unsere eigenen Wirkungserfahrungen stammen eben nicht aus Wiederholungen gleicher Zufallsprozesse mit exakt gleicher Ausgangslage. Menschen lernen, sie verändern sich selbst und ihre Umwelt, und sie werden durch Umweltveränderungen ihrerseits verändert. Darum wären Reihen von Erfolgen (E) und Mißerfolgen (M) nach den obigen Mustern eben doch aussagekräftiger; M-M-M-M-M-E-E-E-E-E könnte bedeuten, daß jemandem nach dieser Serie der künftige Erfolg wesentlich wahrscheinlicher ist als nur 0.5. Meistens wissen wir ja auch mehr als nur das Ergebnis.

Dennoch spielen oft Zufallselemente mit. Und mit ihnen nicht umgehen zu können, beeinträchtigt durchaus die Einschätzung der Kontrolle.

11.5.3 Beurteilung von Abhängigkeiten

Harriet Shaklee hat eine Reihe von Untersuchungen durchgeführt, die belegen, daß das Verständnis anscheinend simpler Abhängigkeiten nicht einfach ist und im Lauf der Entwicklung erst über Stufen erreicht wird. Sie präsentiert Versuchspersonen typischerweise Resultate einer angeblichen wissenschaftlichen Untersuchung, in der eine Variable B (die unabhängige Variable) unter zwei Bedingungen vorkommt, B_1 oder B_2, und in der andern Variablen (der abhängigen Variablen) einen von zwei Zuständen bewirkt, A_1 oder A_2. Die Variablen werden jeweils konkretisiert, z.B.: In einem Winter wurde in einem bestimmten Dorf ein vorbeugendes Medikament gegen Grippe nach Zufall abgegeben (beispielsweise allen, deren Vornamen bestimmte Anfangsbuchstaben hatten): B_1 = Medikament, B_2 = kein Medikament. Im Laufe dieses Winters wurden einige grippekrank (A_2), andere nicht (A_1). Damit sind vier Kombinationen möglich (vgl. Tabelle 11-5).

Die einfachste Strategie, die Abhängigkeit zu beurteilen, besteht darin, festzustellen, ob die Zelle a relativ groß ist. Diese Strategie führt zu sinnvollen Schätzungen, wenn wie im Zahlenbeispiel I der Tabelle 11-6 viele Personen das Medikament erhalten und insgesamt viele nicht erkrankt sind. Wenn aber zum vorneherein viele das Medikament gar nicht genommen haben, ist diese Strategie nicht sinnvoll (s. Zahlenbeispiel II). Dann sollten wenigstens die Zellen a und b verglichen werden. Diese Strategie erbringt in den Zahlenbeispielen I und II vernünftige Ergebnisse.

Tabelle 11-5
Vierfeldertafel zum Beispiel im Text

		B_1 mit Medikament	B_2 ohne Medikament
A_1	keine Grippe	a	b
A_2	Grippe	c	d

Auch diese zweite Strategie ist aber nicht adäquat, wenn in unserem Zahlenbeispiel relativ viele Leute krank werden (Zahlenbeispiel III). Dann muß man schon die Summe Nicht-Kranke-mit-Medikament plus Kranke-ohne-Medikament mit der Summe Kranke-mit-Medikament plus Nicht-Kranken-ohne-Medikament vergleichen, also in Zahlenbeispiel III: (2 + 18) vs. (2 + 2). Diese dritte Strategie führt in den Zahlenbeispielen I, II und III zu adäquaten Lösungen, nicht aber im Zahlenbeispiel IV, in dem nur sehr wenige Menschen überhaupt das Medikament erhalten haben und insgesamt auch die Mehrheit aller Leute nicht krank wurde. Diesen Zusammenhang entdeckt man nur mit einer Strategie, die die bedingten Wahrscheinlichkeiten einer Grippe im Fall der Medikamenteneinnahme und im Fall ohne Medikamente vergleicht, also im Zahlenbeispiel IV: 2/2 vs. 12/22.

Tabelle 11-6
Beispiele von Vierfeldertafeln (aus Shaklee & Paszek, 1985, 1233)

	I B_1	I B_2	II B_1	II B_2	III B_1	III B_2	IV B_1	IV B_2
A_1	11	2	7	3	2	2	2	12
A_2	4	7	2	12	2	18	0	10

Shaklee & Mims (1981) und Shaklee & Paszek (1985) haben gezeigt, daß bereits Schüler der unteren Klassen häufig die zweite Strategie verwenden, daß aber die höheren Strategien nur selten beobachtet werden (vgl. auch Shaklee & Hall, 1983; Skinner, 1985; Shaklee, Holt, Elek & Hall, 1988). Solche Altersangaben gelten aber nur sehr bedingt, weil die Strategien auch vom Inhalt und der Darstellung des Problems abhängen (vgl. auch Arkes & Harkness, 1983; Arcuri & Forzi, 1988).

Ich schätze die Übertragbarkeit der Strategieanwendung und ihrer Reihenfolge auf die Konstruktion und Veränderung von Kontrollmeinungen als hoch ein, aber es sind mir keine Befunde bekannt, in denen die Versuchspersonen selbst-erfahrene Vierfelder-Kombinationen im Sinn der Tabelle 11-5 zur Bildung ihrer Kontrollmeinung verwerten mußten.

Zusammenfassung

So wie Menschen großen Wirkungen große Ursachen zuschreiben, so messen sie sich als Verursachern von großen Wirkungen eine starke Kontrolle zu.

Für die Erklärung von Ursachen und die Zuschreibung von Kontrolle verwenden Menschen auffällige Ereignisse mit besonderem Gewicht. Wer sich im Rampenlicht fühlt, mißt sich im Fall von Erfolgen mehr Kontrolle und im Fall von Mißerfolg weniger Kontrolle zu, als wer gerade unauffällig ist.

Wer sich viel Kontrolle zumißt, darf auf sich stolz sein. Darum sind wir Menschen im allgemeinen bemüht, uns selbst viel Kontrolle zuzumessen, ja wir neigen dazu, uns zu überschätzen.

Aus dem gleichen Grund haben wir Menschen die Tendenz, Herausforderungen mit hohem Risiko zu vermeiden, insbesondere wenn andere Zeugen sind. Daß man seine eigenen Kompetenzen sichtbar und auf Dauer schädigt, um Risiken zu vermeiden, ist wenig wahrscheinlich.

In guter Stimmung nimmt man seine eigenen Erfolge besser wahr und erwartet auch für die Zukunft mehr Erfolge als in gedrückter Stimmung.

So wie Erwartungen und Selbstschemata die Wahrnehmung steuern, so steuern sie auch die kontrollbezogene Verwertung von Wahrnehmungen.

In der Beurteilung von Kontingenzen begehen die meisten Menschen viele und systematische logische Fehler, u.a. weil sie indadäquate Wahrscheinlichkeits- und Zufallsbegriffe haben.

Seminarliteratur

- Zu Selbstaufmerksamkeit und Kausalattribution: Duval & Hensley (1976).
- Zu den kognitiven Prozessen in der Entstehung des Selbstkonzepts und von Einstellungen: Manis (1977).

- Über die Wirkung von Selbstschemata bei der Beurteilung eigener Leistungen: Dykman, Abramson, Alloy & Hartlage (1989).
- Über Bedingungen für den Verzicht auf Kontrolle: Burger (1989).

12. Die Kontrollmeinung im Gedächtnis

Unser Wachleben besteht in einem permanenten Austausch mit der Umwelt, aus der wir Information beziehen (Erfahrungen) und auf die wir einwirken. Beide Prozeßtypen spielen einander in die Hände: Wir nehmen Wirkungen wahr, und wir verwenden Wahrnehmungen für die Planung und Ausführung von Handlungen. Dabei sind die Erfahrungen oft nicht nur unmittelbar dem Handeln dienlich; indem wir sie im Gedächtnis behalten, können wir uns ihrer auch noch später bedienen.

Die Menschen wissen um ihre Vergangenheit, sie haben eine Biographie. Das gestattet ihnen nicht nur, Erfahrungen später unter neuen Gesichtspunkten nochmals oder weiter auszuwerten, sondern das gibt ihnen auch ein einmaliges Wissen über sich selbst. Sie wissen (mindestens ein Stück weit resp. glauben zu wissen), wer sie sind, woher sie kommen, wo sie stehen, warum sie dahin kamen und wohin sie von da aus gehen möchten, was sie sich zumuten können etc.

Im Kapitel 10 sind die Erfahrungstypen besprochen worden, aus denen Menschen Information für ihre Kontrollmeinung gewinnen, und in Kapitel 11 standen Prozesse der Erfahrungsauswertung zur Diskussion. Kapitel 12 ist der gedächtnismäßigen Repräsentation der Erfahrungen und der daraus gewonnenen Kontrollmeinungen gewidmet. Zentrale Fragen sind, ob im menschlichen Gedächtnis fixfertige Kontrollmeinungen abgespeichert und abrufbereit sind oder ob sie aufgrund von Erinnerungen an spezifische Erfahrungen je nach Bedarf aufgebaut werden. Vielleicht gibt es beides. Das könnte mit der Neuartigkeit von je neuen Anforderungen zusammenhängen: Für bekannte Aufgaben haben wir vielleicht fertige Kontrollmeinungen im Gedächtnis, für neue Aufgaben müssen wir die Kontrollmeinungen erst bilden.

Vielleicht aber besitzen wir auch für bekannte und früher schon bearbeitete Aufgaben sowohl fertige Kontrollmeinungen als auch Detailerinnerungen, und vielleicht stellen diese fertigen Kontrollmeinungen die tatsächlichen Erfahrungen manchmal verzerrt dar. Deshalb werden sich die Kapitel 13 und 14 mit den Prozessen des Erinnerns und Neuverwertens von gedächtnismäßig repräsentierten früheren Erfahrungen beschäftigen.

Eigentlich geht es im Kapitel 12 um angewandte Gedächtnispsychologie. Um das Kapitel aber in Grenzen zu halten, wird viel Grundlagenwissen entweder umgangen (ausgelassen) oder als unproblematisch kurz präsentiert. Spezifisch Interessierte seien ermuntert, mehr zu diesem gegenwärtig virulenten Forschungsbereich zu lesen (z.B. Klatzky, 1980; Wingfield & Byrnes, 1981; Wippich, 1984, 1985).

12.1 Spezifisches und allgemeines Wissen

Nicht nur bezogen auf die Kontrollmeinung, sondern überhaupt auf jegliches menschliche Wissen, gehen wir davon aus, daß in unserem Gedächtnis sowohl sehr spezifische Erfahrungen als auch allgemeine, ja abstrakte Wissensteile gespeichert sind. Diese Unterscheidung war einigen Philosophen schon seit der Antike bewußt (vgl. Herrmann, 1982); in der experimentellen Psychologie wird sie vor allem seit Tulving (1972) unter den Bezeichnungen episodisches und semantisches Wissen diskutiert.

Episodisches Wissen ist gebunden an die je eigene Erfahrung, die zu einem bestimmten Zeitpunkt und an einem bestimmten Ort gemacht worden ist; es ist immer 'persönliches' Wissen, meistens begleitet von Emotionen, die schon zum Zeitpunkt der Erfahrung dabei waren (Beispiel: jemandes Erinnerung an den ersten Auftritt als junge Klavierspielerin, mitsamt der Erinnerung an die Aufregung, die spezielle Kleidung, die schwitzenden Hände und die peinliche Notwendigkeit, nach vier Takten nochmals anfangen zu müssen etc.).

Semantisches Wissen ist allgemein, d.h. vielen gemachten oder noch zu erwartenden Erfahrungen gemeinsam. Es ist zeitlos und verhältnismäßig abstrakt (Beispiel: daß jedermann seine Tramkarte abstempelt, bevor er oder sie in ein Tram steigt) oder überhaupt nur eine formale geistige Konstruktion (z.B. der Pythagoras-Satz). Anstelle des Terminus 'semantisch' verwende ich deshalb und weil er in der Linguistik und in der Psycholinguistik eine etwas andere Bedeutung hat, im folgenden oft die Bezeichnungen *allgemein* und *generalisiert*.

Für unsern Kontext ist der Streit vernachlässigbar, ob diese beiden Wissenstypen auch unterschiedlichen Gedächtnissystemen zuzuordnen sind oder nicht (vgl. Anderson & Ross, 1980; Tulving 1983; 1984; 1985; 1986; Hintzman, 1984; Lachman & Naus, 1984; Roediger, 1984; McKoon, Ratcliff & Dell, 1986; Ratcliff & McKoon, 1986; Morger, 1990).

12.2 Wie allgemein ist das Wissen um die eigene Kontrolle?

Die Kontrollmeinung (oder synonym: das Wissen um die eigene Kontrolle) ist per definitionem semantisches oder allgemeines Wissen. Ob eine bestimmte Kontrollmeinung aber als allgemeines Wissen im Gedächtnis abgespeichert und als solches abrufbar ist oder ob sie immer wieder auf der Basis erinnerter Episoden aufgebaut wird, ist in der Literatur noch nicht diskutiert worden. Praktisch jedermann geht unausgesprochen davon aus, daß Kontrollmeinungen bei Bedarf als allgemeines Wissen einfach vorhanden sind (darum spricht man von Überzeugungen, Meinungen, Attribut[ion]en, beliefs und expectancies);

und ich meine auch, daß das meistens so ist. Zwei Einschränkungen scheinen aber angezeigt zu sein, nämlich eine bezüglich des Generalisierungsgrades einer Kontrollmeinung und eine für den Fall der Anwendung einer Kontrollmeinung auf eine völlig neuartige, d.h. durch das Individuum noch nicht erlebte Situation.

12.2.1 Bereichsspezifität der Kontrollmeinungen

Auch wenn Kontrollmeinungen allgemeines Wissen darstellen, erhebt sich die Frage, wie weit die Allgemeingültigkeit reicht. Das wird vor allem deutlich für die Umkehrung der Kontrollmeinung, nämlich die Hilflosigkeit. Das haben z.B. Abramson et al. (1978; vgl. Kapitel 4.5) eindrücklich demonstriert.

Seit den Arbeiten von Rotter (1954; 1966) ist die Kontrollmeinung im Sinne des locus of control in der Forschung häufig als sehr generalisierte Persönlichkeitseigenschaft verstanden (und in Form von Tests gehandhabt) worden. Daran ist auch immer wieder Kritik geübt worden (vgl. z.B. Rost-Schaude, 1982; Flammer, Grob & Lüthi, 1987). Leider sind mir keine empirischen Arbeiten bekannt, die zeigen, ob die Kontrollmeinungen im allgemeinen im Lauf weiterer Erfahrungen immer spezifischer werden oder ob sie zuerst spezifisch sind und mit weiteren vergleichbaren Erfahrungen immer allgemeiner werden. Aus Rotters formalisierter Darstellung des aktuellen locus of control geht die Unterstellung hervor, daß die Kontrollmeinungen mit der Zeit spezifischer werden, obwohl Rotter selber in seinem Instrument keine inhaltliche Taxonomisierung vorsah, wie sie nach ihm immer geläufiger wurden (z.B. Krampen, 1986; 1989a; Brandtstädter, Krampen & Baltes-Götz, 1989; Lüthi, Grob & Flammer, 1989). Die entprechende formelhafte Darstellung bei Rotter lautet nämlich (vgl. Kapitel 5.2.1):

$$E_{si} = f(E'_{si} \ \& \ GE/f(N_{si})).$$

Da die Anzahl der Erfahrungen im Lauf des Lebens zunimmt und damit wohl auch die Zahl der im gegebenen Fall einschlägigen spezifischen Erfahrungen (N_{si}), verliert die generalisierte Kontrollerwartung (GE) zunehmend an Bedeutung.

Die Annahme, daß sich die Meinungen über die eigenen Kompetenzen parallel zu den Kompetenzen an sich (wenn auch später als diese) entwickeln, rechtfertigt die Erwartung, daß auch Kontrollmeinungen im Lauf der Zeit immer bereichsspezifischer und zahlreicher werden. Diese Erwartung findet eine Entsprechung in der geläufigen entwicklungspsychologischen Auffassung, wonach unser intellektuelles Repertoire im Laufe der Entwicklung immer differenzierter wird (vgl. z.B. Werner, 1926; Piaget, 1970; Fischer, 1980; Case, 1985; Nelson, 1986). Im Fall hoher Kontrollmeinungen regulieren die Kompetenzen das Handeln zunehmend präziser und adäquater, im Fall geringer Kontrollmeinungen kommen sie immer eingeschränkter und differenzierter zum Einsatz (= weniger verheerend im wörtlichen Sinn). Und ich denke, in dieser

Richtung sollten auch erzieherische und beraterisch–therapeutische Maßnahmen wirken.

12.2.2 Beurteilung der eigenen Kontrolle in neuartigen Situationen

Je bereichsspezifischer Kontrollmeinungen sind, desto wahrscheinlicher ist es, daß Individuen sich immer wieder vor Aufgaben gestellt sehen, für die sie keine fixfertigen, abrufbaren Kontrollmeinungen besitzen. Da allerdings viele Aufgaben einander ähneln, können vermutlich Kontrollmeinungen über ähnliche Aufgaben aushelfen. Andererseits sind genau genommen nie zwei Situationen identisch, so daß Kontrollmeinungen in jedem Fall übertragen werden müssen.

Eine solche Übertragung ist problemlos, wenn die Aufgabe wenig Handlungsrisiko enthält. Man kann dann einfach einmal etwas versuchen (Beispiel: Jemand hat erstmals Gelegenheit, mit einer japanischen Schreibbürste und japanischer Tusche einige Kangi-Zeichen zu malen). Wenn mehr Risiko dabei ist (z.B. der Antritt einer Geschäftsreise in ein bisher unbekanntes Land mit sehr verschiedener Kultur), mag man versuchen, die Risiken durch eine Aufgliederung der Aufgabe in Teilaufgaben zu reduzieren. Für Teile der Aufgabe mögen dann durchaus adäquate Kontrollmeinungen zur Verfügung stehen.

Ich stelle mir den Prozeß der Bereitstellung einer aktuellen Kontrollmeinung als zweiphasig vor. In der ersten Phase werden die Aufgabe, deren Kontext und deren Anforderungen analysiert. Daraus entsteht ein Anforderungsprofil an die eigenen Kompetenzen. In der zweiten Phase wird eine Meinung darüber gebildet, ob diese nötigen Kompetenzen vorhanden sind oder nicht. Diese Zweiphasigkeit entspricht durchaus der Unterscheidung Banduras zwischen Ergebniserwartung und Wirksamkeitserwartung (5.2.2), der Unterscheidung Lazarus' zwischen primärer und sekundärer Bewertung (8.4.6) und der Unterscheidung E.A. Skinners zwischen Kontingenzmeinung und Kompetenzmeinung (5.2.4).

Für das Anforderungsprofil, das aus der Aufgabenanalyse in der ersten Phase gewonnen wird, wird in der zweiten Phase kontrollrelevante Information aus dem Gedächtnis abgerufen. Diese Information kann sehr unterschiedlicher Art sein; ich unterscheide drei Arten: (1) Abrufbare Dispositionsinformation (z.B.: «Ich bin musikalisch» oder «Ich bin ein schlechter Sportler»); (2) Erinnerung an einschlägige Episoden aus der eigenen Biographie (z.B.: «Als ich kürzlich ein Lied anstimmen wollte, geriet es viel zu hoch, als daß das Lied hätte zu Ende gesungen werden können»); (3) Erinnerung an einschlägige Beobachtungen bei anderen Menschen (z.B.: «Das hat der Markus damals auch geschafft»). Die erste Art ist als semantisches Wissen über einen selbst zu verstehen, die zweite und die dritte Art stellen episodisches Wissen dar. Diese Klassifikation berücksichtigt nicht die unterschiedlichen Wege, wie die erste Art (Dispositionswissen) ursprünglich zustande gekommen sein kann. Es kann sich dabei um vorausgehende generalisierte Schlußfolgerungen aus einer oder mehreren Erfahrungen handeln, aber auch um die Übernahme einer Fremdmitteilung (z.B. der bewertenden Äußerung einer Lehrperson).

Anzufügen ist, daß die Aufgabenanalyse in der Phase 1 zu Ergebnissen führen kann, die keine der drei genannten Wissensarten wirklich zum Zuge kommen lassen. Wenn jemand eine bestimmte Aufgabe als verbindlichen moralischen Appell versteht, kann es passieren, daß er oder sie nicht weiter nach Kompetenzmeinungen sucht, sondern einfach handelt (in einer unserer Untersuchungen fragten wir Versuchspersonen, ob sie aus einer Wohngemeinschaft ausziehen würden, wenn sie erführen, daß ein Mitbewohner AIDS-infiziert ist; viele antworteten mit nein und wiesen darauf hin, daß so etwas gemein wäre; Flammer, Kaiser, Lüthi & Grob, 1990). Ebenso kann es sein, daß eine Aufgabe als so leicht erkannt wird, daß man sie jedermann, also auch sich selbst ohne weiteres zumutet. Schließlich kann die Beurteilung des Kontrollanteils von Partnern in einer gemeinsamen Aufgabe derart hoch ausfallen, daß man keinen Spielraum mehr für sich selbst sieht. Auch dann erübrigt sich praktisch eine Abklärung eigener Kompetenzen.

In eigenen Untersuchungen haben wir die Tragfähigkeit dieser Phaseneinteilung und der zugeordneten Klassifikation von kontrollrelevanter Gedächtnisinformation einer ersten Prüfung unterzogen (Flammer & Kaiser, 1990; Flammer, Kaiser, Lüthi & Grob, 1990). In einer Studie wurde Versuchspersonen schriftlich eine Aufgabe beschrieben, zu der sie aussagen sollten, ob sie glaubten, sie meistern zu können. Die Antwort auf diese Frage sollte 'ja' oder 'nein' sein. Darauf wurden die Versuchspersonen gefragt, warum sie glaubten, die Aufgabe lösen resp. nicht lösen zu können. Die Antworten auf diese zweite Frage wurden inhaltsanalytisch ausgewertet und ausgezählt. Die Annahme war die, daß die Versuchspersonen auf die erste Frage blitzschnell relevantes Wissen in ihrem Gedächtnis abriefen und dieses auf die zweite Frage sichtbar werden ließen. Weil die Gedächtnisprozesse so rasch ablaufen, konnten sie nicht direkt sichtbar gemacht werden; die unvermittelte Nachbefragung war ein methodisches Hilfsmittel, vorher aktivierte Gedächtnisinhalte nachträglich einsehbar zu machen. Natürlich nahmen wir auf diese Weise auch Verzerrungen in Kauf, etwa bedingt durch den Filter der Kommunikation mit der Befragungsperson.

Als Aufgaben wurden solche ausgewählt, die nicht ganz geläufig waren und die wenigstens einige der Versuchspersonen bisher noch nie zu lösen gehabt hatten, z.B.: «Könnten Sie es aushalten, während drei Monaten mit sechs Stunden Schlaf auszukommen?» Oder: «Stellen Sie sich vor, Ihr Chef oder Ihre Chefin beurteile Sie in einer betriebsinternen Evaluation ungerechterweise negativ; glauben Sie, Sie könnten sich erfolgreich wehren?» Oder: «Stellen Sie sich vor, Sie wollten die beste Schachspielerin oder der beste Schachspieler in der Gegend werden; glauben Sie, Sie könnten es schaffen?» Oder: «Vor Ihnen steht ein knurrender Hund, die Ohren zurückgelegt, die Nüstern gebläht, die Lefzen hochgezogen, so daß die Eckzähne freistehen. Würden Sie es wagen, ihn zu streicheln?»

Für die Klassifikation der Argumente hielten wir im Anschluß an die oben ausgeführten Überlegungen fünf Kategorien bereit, nämlich Dispositionsattribute (D), Episoden (E), Modelle (M), Regeln (R) und Partizipanten (P). Die weniger geläufigen Kategorien R und P entsprachen der subjektiven Beurteilung, daß entweder die Aufgabenlösung durch jedermann geleistet werden konnte oder nicht konnte resp. gar mußte oder nicht durfte (= R) oder daß Mitkontrolleure dem betreffenden Individuum keine Chance ließen oder die Kontrolle extrem schwer oder leicht machten (= P). Beispiele für R-Antworten: «Wenn man etwas wirklich will, dann kann man es auch». Oder: «Kameraden in Not läßt man nicht im Stich.» Beispiele für P-Antworten: «Mein Chef gesteht nie Fehler ein» (im Fall von Schülern: «Unser Lehrer zieht gleich noch einen Punkt von der Note ab, wenn jemand reklamiert»). Oder: «Ich würde den knurrenden Hund nicht streicheln, weil er deutliche Zeichen gibt, daß er mich angreifen würde.»

Diese Befragung wurde zunächst durchgeführt an 52 Erwachsenen zwischen 40 und 75 Jahren (Flammer et al., 1990, Exp. I) und an 45 Jugendlichen zwischen 13 und 15 Jahren (Flammer & Kaiser, 1990, Exp. I); nur wenige Frageformulierungen mußten für die Jugendlichen sinngemäß angepaßt werden. Die Untersuchung lieferte insgesamt 971 Argument-Antworten. Weitaus am häufigsten wurden Dispositionsattribute genannt, gefolgt von Episoden. Verweise auf beobachtete Modelle kamen nicht vor, wohl aber Hinweise auf Partizipanten und die Anführung von Regeln. Dispositionsaussagen erschienen den Versuchspersonen offensichtlich als besonders adäquat. Wenn nämlich nur jene Antworten berücksichtigt wurden, in denen die Versuchspersonen versuchten, die Aufgabe aufzugliedern, einzuschränken oder nach bestimmten Bedingungen zu differenzieren, war der relative Anteil an D-Antworten sehr signifikant höher, als wenn die Aufgabe als Ganze oder bedingungslos hingenommen wurde (Tabelle 12-1). Diese Tendenz galt sowohl für Jugendliche wie für Erwachsene.

Tabelle 12-1
Schriftliche Begründungstypen zu vorher geäußerten Kontrollmeinungen von Jugendlichen und Erwachsenen (nicht publizierte Daten zu Flammer & Kaiser, 1990, Exp. I, und Flammer et al., 1990, Exp. I)

	Ganze Aufgabe	Aufgabe eingeschränkt	Total
Dispositionsattribute	533	113	646
Episoden	157	3	170
Regeln	55	7	62
Partizipanten	9	4	93
Total	834	137	971

Vermutlich schränkten die Versuchspersonen die Aufgaben deshalb ein, weil sie wenn immer möglich mit dem Hinweis auf eine ('fertige') Disposition antworten wollten. Eine solche Antwort widerspiegelt im Fall unserer Aufgaben eine fertige Kontrollmeinung.

248

Es ist naheliegend, daß die Versuchspersonen lieber eine positive Kontrollmeinung (d.h. die Meinung, sie würden eine bestimmte Aufgabe meistern) äußerten als eine negative (d.h. die Meinung, sie würden eine bestimmte Aufgabe nicht meistern). Das war wiederum daran ersichtlich, daß sie im Fall der Situationseinschränkung auch wesentlich häufiger die Meinung vertraten, eine bestimmte Aufgabe lösen zu können, als ohne Einschränkung. Wiederum liegt die Interpretation nahe, daß die Versuchspersonen die Aufgabe einschränkten, um eine positive Kontrollmeinung äußern zu können.

Unsere Untersuchung ließ aber noch weitere aufschlußreiche Differenzierungen zu. Tabelle 12-2 unterscheidet die Begründungsantworten danach, ob sie für eine positive Kontrollmeinung ('ja') standen oder für eine negative ('nein'), sowie ob sie von den Jugendlichen oder von den Erwachsenen stammten.

Tabelle 12-2
Schriftliche Begründungen zu Kontrollmeinungen, aufgegliedert nach Alter der Versuchspersonen und positiver vs. negativer Kontrollmeinung (nicht publizierte Daten aus Flammer & Kaiser, 1990, Exp. I, und Flammer et al., 1990, Exp. I)

	Ganze Aufgabe						Aufgabe eingeschränkt						Total					
	Jugendliche			Erwachsene			Jugendliche			Erwachsene			Jugendliche			Erwachsene		
	ja	n.	T	ja	n.	T	ja	n.	T	ja	n.	T	ja	n.	T	ja	n.	T
D	110	115	225	100	208	308	53	16	69	33	11	44	163	131	294	133	219	352
E	25	34	59	60	38	98	4	1	5	4	4	8	29	35	64	64	42	106
R	12	16	28	14	13	27	0	1	1	5	1	6	12	17	29	19	14	33
P	24	37	61	5	23	28	3	0	3	0	1	1	27	37	64	5	24	29
Total	171	202	373	179	282	461	60	18	78	42	17	59	231	220	451	221	299	520

Die Jugendlichen nahmen insgesamt häufiger als die Erwachsenen eine Aufgabeneinschränkung vor (21% vs. 13%), was vermutlich ihre noch geringere Erfahrung mit wenigstens vergleichbaren Situationen widerspiegelt.

Im Vergleich zu den Jugendlichen begründeten die Erwachsenen eine negative Kontrollmeinung häufiger mit einem 'fertigen' Dispositionsattribut als mit einem der anderen Argumente, während die Jugendlichen gerade bei positiver Kontrollmeinung vermehrt mit Dispositionsattributen argumentierten. Es scheint, daß die Jugendlichen kontrolloptimistischer waren. Sie muteten sich nicht nur mehr Kontrolle zu als die Erwachsenen (51% vs. 43%), sondern begründeten ihre (positive) Kontrolle auch noch häufiger mit Kompetenzen in Form von relativ generellen Dispositionen, während die Erwachsenen anscheinend oft glaubten, für ihre positive Kontrollmeinung einen Faktenbeleg in Form eines Verweises auf eine Episode vorlegen zu müssen. Andererseits verwiesen Jugendliche im Fall negativer Kontrollmeinung signifikant häufiger auf Mißerfolgserfahrungen als Erwachsene, während Erwachsene anscheinend relativ generell wußten oder beschlossen hatten, wo sie ihre Grenzen haben. Sagten im Zweifel die Jugendlichen optimistisch ja und die Erwachsenen vorsichtshalber nein? Oder hatten die Erwachsenen so viel Lebenserfahrung gewonnen, daß sie viel genauer wußten, was sie nicht können? Oder versuchten sie stärker als die Jugendlichen, Illusionen und Enttäuschungen zu vermeiden? Für den etwas (wagemutigen) Optimismus der Jugendlichen spricht auch, daß ihre Urteile über die eigene Sicherheit ihrer Aussagen wesentlich tiefer waren als die der Erwachsenen. Und generell war die Sicherheit im Fall der Dispositionsantworten geringer als im Fall der Episoden-Antworten.

Soll man bedauern, daß die älteren Personen zu vielen Lebensbereichen anscheinend ihre 'Akten geschlossen' haben und weniger Anreiz fühlen, Neues wenigstens zu versuchen? Oder ist dieser Befund ein Ausdruck der Konzentration auf die aussichtsreichen und produktiven Lebensbereiche, damit die verbleibende Zeit optimal genutzt werden kann?

Daß sich andererseits die Jugendlichen a priori viel mehr Chancen geben und offensichtlich mehr bereit sind, etwas (sich) zu versuchen, ist erfreulich. Es gehört zum Alltagswissen von Erwachsenen wie von Jugendlichen, daß Jugendliche noch mehr Entwicklungschancen vor sich haben als ältere Erwachsene (J. Heckhausen, 1987).

Insgesamt kann der Anteil an 'fertigen' Kontrollmeinungen als hoch bezeichnet werden, wenn man die Dispositionsantworten als Ausdruck dafür nimmt. Letzteres könnte allerdings nicht ohne weiteres gerechtfertigt werden, weil doch die subjektive Sicherheit der Versuchspersonen höher war, wenn sie sich auf Episoden statt auf Dispositionen bezogen. Vielleicht war es einfach so, daß die Kommunikation von Episoden oft sehr umständlich und aufwendig war. Da die Versuchspersonen mit dem Versuchleiter vorher nicht bekannt waren, mochten sie im Fall von Episodenantworten die Notwendigkeit gefühlt haben, sehr viele Details anzuführen, um die Episoden überhaupt verständlich zu machen. Dazu kommt, daß diese Untersuchung schriftlich durchgeführt wurde, wodurch möglicherweise zusätzliche ökonomische Kriterien wirksam wurden: Schreiben ist aufwendiger als Sprechen.

Wir führten deshalb die gleiche Untersuchung mit 49 Jugendlichen (Flammer & Kaiser, 1990; Experiment II) und 46 Erwachsenen (Flammer, Kaiser, Lüthi & Grob, 1990; Experiment II) nochmals durch, diesmal aber mündlich und mit einer gezielten Nachbefragung nach einschlägigen autobiographischen Episoden. Diese mündliche Untersuchung erbrachte wesentlich mehr episodische Antworten (Tabelle 12-3). Das gilt zunächst für die Erstbefragung und noch viel mehr für eine gezielte Nachbefragung. Im übrigen aber ließen sich die Ergebnismuster der schriftlichen Untersuchung replizieren. In Zahlen zeigten die Versuchspersonen der mündlichen Befragung ein größeres Vertrauen in ihre eigenen Angaben, aber die Erhebung dieses Urteils ist zwischen den beiden Experimenten nicht ohne weiteres vergleichbar (visuell-analoge Skala in der schriftlichen Form vs. Prozentangabe in der mündlichen Form).

Insgesamt lassen diese Untersuchungen nicht den definitiven Schluß zu, daß Kontrollmeinungen oder wenigstens einige davon tatsächlich 'fixfertig' und abrufbar im Gedächtnis vorliegen, aber sie lassen diesen Schluß als wahr-

scheinlich erscheinen. Wichtiger jedoch ist der Befund, daß unsere Versuchspersonen durchaus häufig konkrete episodische Erinnerungen vorbrachten, die
sie für die gegebene Aufgabe als relevant betrachteten. Es könnte demnach
möglich sein, daß kontrollrelevante Episoden auch aus dem Gedächtnis zum
Aufbau einer speziellen Kontrollmeinung verarbeitet werden können. Allerdings geben diese Untersuchungen auch keine absolute Garantie dafür, daß die
Episoden nicht 'Repisoden' (vgl. 12.3) waren, d.h. daß sie nicht ad hoc aufgrund geringer erinnerter Spuren aufgebaut wurden, allenfalls sogar in Funktion der vorher schon geäußerten Kontrollmeinung, so daß Konsistenz zwischen Kontrollmeinung und Episoden hergestellt worden sein könnte.

Tabelle 12-3
Begründungstypen zu vorher geäußerten Kontrollmeinungen von Jugendlichen und Erwachsenen in
Prozenten (aus Flammer & Kaiser, 1990, Exp. II, und Flammer et al., 1990, Exp. II)

	Jugendliche			Erwachsene		
	Experiment I schriftlich	Experiment II mündliche Erstbefr.	Experiment II mündli-che Zweit-befr.	Experiment I schriftlich	Experiment II mündliche Erstbefr.	Experiment II mündli-che Zweit-befr.
D	65.2	48.1	39.3	67.7	43.7	32.3
E	14.2	27.3	35.4	20.4	36.0	44.8
R	6.4	7.7	14.5	6.3	12.0	16.2
P	14.2	16.9	10.8	5.6	8.1	5.7
M		0.0	0.0		0.2	1.0
Total	100.0	100.0	100.0	100.0	100.0	100.0

12.3 Exkurs: Erinnern, rekonstruieren und konstruieren

Aufgrund der Untersuchungen in 12.2.2 könnte der bereits durch Tulving (1972)
ausgelöste Eindruck entstanden sein, daß die beiden in 12.1 eingeführten Klassen des episodischen und des semantischen Wissens voneinander klar getrennt
in unserem Gedächtnis abgelegt seien. So weit trägt die Unterscheidung wahrscheinlich nicht. Was wir uns als eine konkrete und erinnerte Episode vorstellen, ist nämlich bereits mehr als nur eine konkrete Episode in Rohform. Denken wir das an einem Beispiel durch: Ich erinnere mich zum Zeitpunkt dieser
Niederschrift, vor wenigen Stunden im Tram einen Kollegen angetroffen zu
haben. Die Erinnerung ist ganz konkret: Was der Kollege sagte, wie er lachte,
wie er sich an den Haltegriffen hielt, wie das Tram kraftvoll beschleunigte,
wie wir uns beide bei der Haltestelle zum Ausgang kämpfen mußten, wie wir
uns verabschiedeten. Aber: Erinnere ich mich wirklich an die kräftige Beschleunigung von diesem einen Mal? Das Tram beschleunigt immer kräftig!
Ich kenne das und erwarte es jedesmal, beim nächsten Mal auch. Und auch der

Kollege hat so ein bestimmtes Lächeln, das ich schon oft gesehen habe. Habe ich wirkich auch diesmal darauf geachtet? Hingegen bin ich ganz sicher, daß er genau diesmal sagte, die morgige Sitzung finde nicht statt (wann sonst sollte er es gesagt haben, wenn ich es jetzt doch weiß und es vorher nicht gewußt habe?).

Episoden bestehen immer aus Einmaligem, das in Wiederholtes und Wiederholbares eingebettet ist. Dadurch, daß wir semantisches Wissen an die Verarbeitung von konkreten Episoden herantragen, erfassen wir diese leichter oder rascher (wenn vor mir plötzlich ein Vogel auffliegt, mir um den Kopf flattert und ich nachher zu meinem Ergötzen auf meiner Brille eine Flaumfeder finde, so weiß ich, auch wenn ich nichts dergleichen gesehen habe, daß dieser Vogel bei seinem verwirrten Flattern diese Feder verloren haben muß, weil dieser Vogel eben ein Vogel war und weil Vögel Federn haben, die etwa so leicht abfallen wie Haare).

Ohne Wiederholtes, bekanntes Allgemeines könnten wir das Einmalige nicht erfassen, nicht einordnen. Alles wäre Chaos. Und es wäre ganz einfach zu viel, was wir dann in kurzer Zeit aufnehmen sollten. Man könnte darum sagen, daß man mehr wahrnimmt, wenn man viel entsprechendes allgemeines oder semantisches Wissen auf die Verarbeitung einer Episode anwendet; genau genommen nimmt man aber eher weniger wahr, wenn man vieles von vornerein weiß und deshalb nicht noch eigentlich aufzunehmen braucht.

Ähnlich verhält es sich beim Erinnern: Sehr viel Episodisches braucht man gar nicht in seinem Gedächtnis wieder aufzufinden, denn man kann es aufgrund seines allgemeinen Wissens erschließen. Wir erinnern von solchen konkreten Ereignissen oft nur deshalb so viel, weil vieles gar nicht als solches zu erinnern ist; wir wissen das schon und können es auch jetzt wieder inferieren.

In der Kognitionspsychologie ist diese Verschränkung von allgemeinem und speziellem Wissen mit dem theoretischen Konzept des Schemas diskutiert worden (verwandte, meist etwas engere Konzepte sind *Rahmen*, *Skript* und *Stereotyp*). Als einer der ersten hat C.F. Bartlett (1932) empirisch nachgewiesen, daß durchschnittliche englische Versuchspersonen beim Anhören von fremdartigen indianischen Sagen manches ihren eigenen Vorstellungen von den Gesetzmäßigkeiten der Welt, eben ihren eigenen Schemata angepaßt und damit in Wirklichkeit mißverstanden hatten. Und mit zunehmender zeitlicher Distanz zwischen dem Anhören der Sagen und ihrem Wiedererzählen aus dem Gedächtnis zeigten sich mehr Anpassungen an die geläufigen englischen Schemata.

Man muß annehmen, daß wir vieles, woran wir uns erinnern, in Wirklichkeit konstruieren oder rekonstruieren: 'So muß es gewesen sein, weil es ja immer so ist oder weil es gar nicht anders gewesen sein kann' (vgl. mein Beispiel oben: Über die Mitteilung der nicht stattfindenden Sitzung bin ich nur sicher, weil ich sonst keine Gelegenheit weiß, bei der ich sie erfahren haben könnte). Diese Auffassung wird heute von praktisch allen Gedächtnispsychologen geteilt (vgl. z.B. Neisser, 1967; Snyder & Uranowitz, 1978; Reed & Rosson, 1982; Alba & Hasher, 1983; Barclay & Wellman, 1986; Ross & Conway, 1986; Barclay, 1988; Brewer, 1988). Und sie wurde – was die frühkindlichen Erinnerungen betrifft – schon von Freud (1905) vertreten. Viele psychoanalytische Autoren fassen frühkindliche Erinnerungen als persönliche Mythen auf (Kris, 1956; Saul, Snyder & Sheppard, 1956; Mayman, 1968; alle zit. nach McAdams, 1982).

Die Idee, daß unser autobiographisches Gedächtnis starke rekonstruktive Züge hat, wird auch von Historikern und von literarischen Autobiographen geteilt. Wie schreibt doch Peter Härtling (1980, 125) einmal in seiner zweiten Autobiographie, als er sich erinnert, wie Vater (im Feld) und Mutter (zu Hause) sich brieflich darüber einigten, daß der Junge auf eine Eliteschule gehen sollte:

Auch diese Trennung blieb unbesprochen, sie wurde vollzogen, Vater. Ich bin nicht sicher, ob ich mich, als die Briefe hin und her gingen, so verhalten habe, wie ich mich erzähle, denn dieser altkluge Junge ist mir fremd. Ich habe keine Vergleiche für ihn. Ich habe die Zeit in mir, aber sie ist in einer Sprache fest geworden, die ich nicht ohne weiteres übertragen kann. Meine Erinnerung muß mich trügen. So rasch und gleichgültig könnt ihr nicht entschieden, ihr müßt auf irgendeine Weise euch noch verständigt, das Für und Wider abgewogen haben.

Viele Untersuchungen im Anschluß an Bartlett haben die episodenverzerrende Wirkung der Schemata gezeigt. So haben etwa die Versuchspersonen von Thorndyke (1977) eine Geschichte, die ihnen mit teilweise durcheinander gewürfelten Sätzen erzählt worden war, nachher spontan geordneter wiedergegeben. Oder die Versuchspersonen von Bransford & Johnson (1972), die eine Menge von Sätzen zu lesen hatten, glaubten nachher, neuartige Sätze, die den Inhalt mehrerer der gelesenen Sätze in sprachlich eleganterer Form enthielten, genau so gesehen zu haben. In ähnlicher Weise hat Loftus (1979) belegen können, daß Augenzeugen eines Unfalls unter dem Eindruck gewisser Wirkungen nachher ganz sicher glaubten, Dinge gesehen zu haben, die sicher nicht vorgekommen waren (z.B. eine Waffe oder eine übersetzte Geschwindigkeit).

In seiner Analyse der eidesstattlich wiedergegebenen Erinnerungen von John Dean, einem der Komplizen der sog. Watergate-Affäre, hat Neisser (1981) zeigen können, daß Dean höchst wahrscheinlich von gewissen Aussagen über Präsident Nixons Äußerungen ihm gegenüber ehrlich überzeugt war, obwohl der glückliche Zufall einiger hernach aufgefundener Tonbandaufzeichnungen den Nachweis von Deans Irrtum gestattete. Seine falschen Erinnerungen standen für Dean im Einklang mit anderen Umständen; auch Außenstehende konnten die Verzerrungen nachvollziehen. Neisser hat in dieser Untersuchung den mit vielen Konnotationen ausgestatteten Terminus der *Repisode* geprägt, womit er zum Ausdruck bringen wollte, daß die schemageleitete rekonstruktive Erinnerung Episoden, die aus dem Gedächtnis verloren sind, wieder herstellt («what seems to be an episode actually *re*presents a *re*petition», Neisser, 1981, 20).

In diesem Licht sind unsere Ergebnisse in 12.2.2 erst recht vorsichtig zu interpretieren. Haben sich die Versuchspersonen wirklich an Episoden erinnert, wenn sie darauf Bezug nahmen, oder waren es nur Hinweise auf die Selbstverständlichkeit, daß sie das, was sie wußten, eben irgendwie erfahren haben mußten? Um das genauer zu prüfen, sollte man die Versuchspersonen z.B. veranlassen, genaue und überprüfbare zeitliche und örtliche Angaben der berichteten Ereignisse zu liefern. In 12.4 möchten wir darum Untersuchungen besprechen, in denen in Abhängigkeit von aktuellen Kontrollmeinungen der Zugang zu möglichst exakten Details von Episoden geprüft wurde.

Obwohl wahrscheinlich deutlich geworden ist, wie wenig des Erinnerten tatsächlich episodisch einmalig und als solches erinnert ist, müssen wir uns doch im Klaren bleiben, daß Teile des Erinnerten unbedingt episodisch sind, ja sein müssen, sonst gäbe es nur Allgemeinwissen und kein Wissen um konkrete Geschichte, keine erinnerte Autobiographie. Erinnerung wäre dann nur Täuschung. Das ist vor allem im Zusammenhang mit Kontrollmeinungen sehr wichtig. Menschen tragen oft Kontrollmeinungen mit sich herum, die nicht nur wenig funktional, sondern durch die erlebten Tatsachen gar nicht gerechtfertigt sind (vgl. Kapitel 6 und 7). Es stellt sich darum die Frage, ob im Gedächtnis nicht oft noch ungeborgene 'episodische Schätze' liegen, die eine Korrektur der Kontrollmeinung rechtfertigen würden (vgl. Kapitel 13 und 14).

12.4 Kontrollmeinung und Spezifität des episodischen Erinnerns

Wenn Menschen sich wenig Kontrolle zumuten, könnte es sein, daß sie in der Tat so viele negative Erfahrungen gemacht haben, daß ihre geringen Kontrollmeinungen gerechtfertigt sind. Es könnte aber auch sein, daß sie aus irgendeinem Grund in ihrem Gedächtnis einen leichteren oder rascheren Zugang zu unangenehmen Erfahrungen haben und dann auch nicht weiter suchen, weil sie ihre Meinung bereits bestätigt finden. Die Untersuchungen, die in diesem Teilkapitel referiert werden, stützen die Hypothese des kontrollmeinungsentsprechenden Zugangs zu Gedächtnisinhalten. Sie lassen aber keine Entscheidung darüber zu, ob dieser Effekt nur dadurch bedingt ist, daß die Menschen mit geringer Kontrollmeinung tatsächlich auch weniger positive Lebenserfahrungen gemacht haben als die Menschen mit hoher Kontrollmeinung. Darüber hinaus wurden in diesen Experimenten nicht ausdrücklich kontrollrelevante Gedächtnisinhalte untersucht, sondern beliebige positive oder negative Erfahrungen in Abhängigkeit von hoher vs. niedriger Kontrollmeinung.

Es ist eine plausible Annahme, daß Menschen, die Selbstmord versuchen, wenigstens kurz davor unter einem starken subjektiven Mangel an eigener Kontrolle leiden (Maris, 1981; Nekanda-Trepka, Bishop & Blackburn, 1983; Dyer & Kreitman, 1984; alle zit. nach Williams & Broadbent, 1986, 145). Williams & Broadbent (1986) sind in ihrer Untersuchung davon ausgegangen, daß die Menschen in solchen Situationen nur noch 'schwarz' sehen: «Wir nehmen an, daß eine Person unmittelbar vor einem Suizid-Versuch für Argumente nicht zugänglich und auch nicht fähig ist, wirksame Bewältigungsstrategien zu verwenden, und das teilweise, weil sie aus ihrem Leben nichts als Versagen, Streit, Enttäuschungen etc. erinnern kann» (1986, 144; Übersetzung durch A.F.). Williams & Broadbent haben deshalb mit hospitalisierten Suizidalpatienten innert weniger Tage nach dem mißglückten Selbstmordversuch eine autobiographische Untersuchung durchgeführt.

Diese Untersuchung bestand darin, daß sie den Patienten Stichwörter vorgaben, auf die sie ein konkretes Ereignis aus ihrem Leben nennen sollten. Es waren fünf Wörter, die angenehme Assoziationen hervorriefen, und fünf Wörter, die unangenehme Assoziationen hervorriefen, nämlich: happy, safe, interested, successful, surprised, sowie: sorry, angry, clumsy, hurt (emotional), lonely (entsprechend der Methode nach Robinson, 1976). Als abhängige Variablen interessieren hier die Latenzzeiten bis zur Nennung einer Erinnerung und die Spezifität der Erinnerung. Wenn eine Erinnerung nach festgesetzten Kriterien nicht spezifisch (episodisch) war, wurde die Aufgabe durch die Versuchsleiter präzisiert und eine neue Antwort abgewartet.

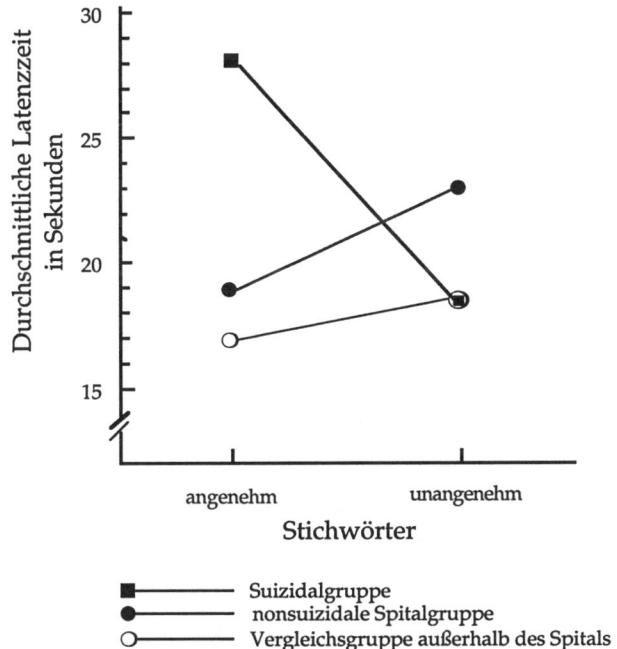

Figur 12-1
Latenzzeiten bis zum Erinnern einer persönlichen Episode auf angenehme und auf unangenehme
Stichwörter (aus Williams & Broadbent, 1986, 146)

Im Vergleich zu einer nonsuizidalen Spitalgruppe und einer unauffälligen Vergleichsgruppe außerhalb des Spitals zeigte die suizidale Spitalgruppe bis zur Wiedergabe von spezifischen Ereignissen angenehmen Inhalts die längsten Latenzzeiten (Fig. 12-1). In die gleiche Richtung gehen die Befunde, daß die suizidalen Patienten überhaupt und im Fall der angenehmen Stichwörter prononciert am meisten allgemeine statt spezifische (episodische)

Antworten gaben und ebenso am häufigsten selbst auf Nachfrage nicht zu einer akzeptablen spezifischen Antwort gelangten.

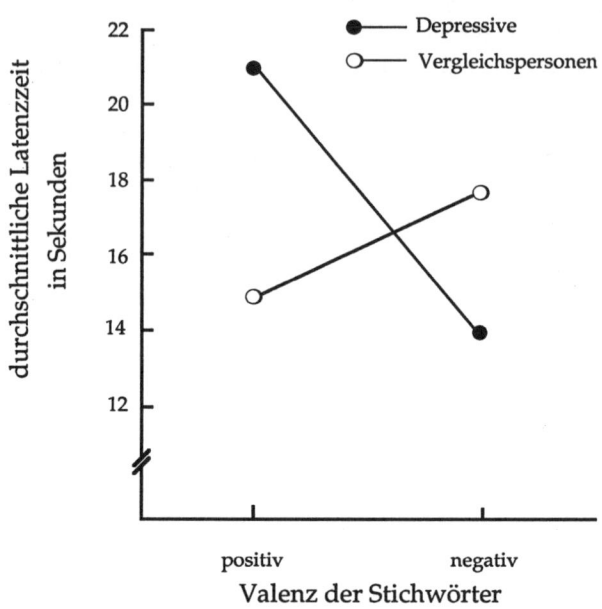

Figur 12-2
Latenzzeiten bis zum Erinnern einer persönlichen Episode auf angenehme und auf unangenehme Stichwörter (aus Williams & Scott, 1988, 692)

Williams hat diese Befunde unterdessen in drei weiteren Untersuchungen im wesentlichen bestätigt. Williams & Scott (1988) verglichen hospitalisierte depressive Patienten mit sog. normalen Personen (Vergleichspersonen). Die Latenzzeiten bis zur ersten Antwort (spezifisch oder generell) unterschieden sich zwischen den Gruppen und zwischen den Stichwörtern drastisch (Figur 12-2). Die Depressiven waren auf negative Stichwörter sogar etwas rascher als die Vergleichspersonen, aber wesentlich langsamer als die Vergleichspersonen auf die positiven Stichwörter. Obwohl beide Gruppen im Durchschnitt etwa gleich häufig antworteten (d.h. nicht verschieden selten überhaupt keine Antwort geben konnten), waren die Depressiven insgesamt weniger spezifisch als die Vergleichspersonen; und während die Vergleichsgruppe auf die positiven Stichwörter spezifischer war als auf die negativen, waren die Depressiven auf die positiven noch unspezifischer als auf die negativen. – Dieser Befund bestätigte auch eine vergleichbare frühere Untersuchung von Lloyd & Lishman (1975), die psychiatrische Patienten gebeten hatten, auf Stichwörter hin positive resp. negative persönliche Erfahrungen mitzuteilen, wobei ebenfalls die Latenzzeiten bis zur Antwort (spezifisch oder nicht) gemessen wurden. Während die Reaktionszeiten der laut Beck-Skala nicht als aktuell stark depressiv zu bezeichnenden Patienten für die positiven Erfahrungen rascher waren als die für die negativen, kehrte sich dieses Verhältnis in dem Maß um, als die Patienten einen hohen Depressivitätsindex nach Beck et al. (1961) aufwiesen.

Moore, Watts & Williams (1988) wiederholten die Untersuchung mit 17 hospitalisierten depressiven Frauen, diesmal ohne Latenzzeitmessungen. Auch sie fanden bei den depressiven Versuchspersonen im Vergleich zu ebenso vielen Vergleichspersonen eine größere Zahl generalisierter Erstantworten, wenn auch nicht statistisch öfter auf positive Stichwörter als auf negative.

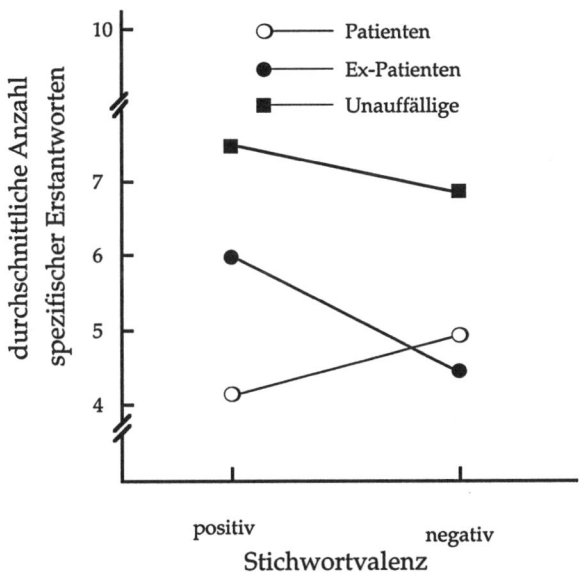

Figur 12-3
Häufigkeit, mit der die erste autobiographische Erinnerung spezifisch war (nach Williams & Dritschel, 1988, 227)

Williams & Dritschel (1988) verglichen mit der gleichen Methodologie drei Gruppen: Suizidale mit unmittelbar vorausgegangenem Selbsttötungsversuch (Patienten), Suizidale mit einem Selbsttötungsversuch, der drei bis 14 Monate zurücklag (Ex-Patienten) und Versuchspersonen aus der allgemeinen Bevölkerung, die paarweise nach Alter und Ausbildungsniveau vergleichbar waren (Unauffällige). Sie arbeiteten mit einer größeren Stichwortliste. Die positiven Stichwörter waren: Comradeship, humour, devotion, gaiety, intimate, kindness, happiness, loyalty, affection, bravery; die negativen Stichwörter waren: boredom, sickness, anxiety, misery, fatigue, shame, panick, sadness, ignorance, hostility. Diesmal ergaben sich keine signifikanten La-

257

tenzzeitdifferenzen, vielleicht weil mit der Länge der Liste für alle eine gewisse Übung entstand. Wieder aber war die Häufigkeit, mit der bereits die erste Antwort spezifisch war, bei den Unauffälligen am höchsten, gefolgt von den Ex-Patienten, und am tiefsten bei den Patienten (Figur 12-3). Die Interaktion zwischen den Patienten resp. Ex-Patienten und den Stichwörtern war wieder signifikant: Die Patienten gaben auf die negativen Stichwörter mehr spezifische Erinnerungen wieder als auf die positiven und die Ex-Patienten auf die positiven mehr als auf die negativen. Die Therapie (oder die Distanz von der Krise) hatte sie positiver gestimmt; aber ihre spezifischen Antworten waren immer noch weniger zahlreich als die der unauffälligen Vergleichsgruppe.

Solche Resultate lassen allerdings keine Entscheidung darüber zu, ob die Unterschiede in der tatsächlichen Gedächtnisstruktur lagen (allenfalls schon bei der Enkodierung so produziert) oder bei den Abrufprozessen. Immerhin fielen diese Patienten in anderen Messungen auch durch besonders schlechte Stimmungen auf, was ebenfalls zur Einseitigkeit des Erinnerns beitragen kann (vgl. Kapitel 11.3). In der Untersuchung von Williams & Dritschel (1988) ergaben sich aber keine signifikanten Korrelationen mit der (schlechten) Stimmung.

Ein oft schlecht kontrolliertes Problem besteht überdies darin, daß hospitalisierte Versuchspersonen im allgemeinen eine Ahnung davon haben, was ihr wunder Punkt ist oder gar, was die Bezugspersonen von ihnen denken und erwarten. So könnten diese Patienten mit ihren Antworten ihre Situation vor dem Versuchsleiter oder der Versuchsleiterin dadurch zu rechtfertigen versucht haben, daß sie 'bewiesen', daß sie eben vor allem negative Lebenserfahrungen besitzen (vgl. Zuroff, Colussy & Wielgus, 1983, 1986) und deshalb z.B. besondere Aufmerksamkeit verdienen.

Obwohl in der Literatur viele Befunde mitgeteilt werden, wonach zur Depression neigende Versuchspersonen, die aber nicht als Depressive klinisch erfaßt sind, depressionstypische Erlebens- und Verhaltenstendenzen zeigen, möchte ich in der Übertragung der klinischen Befunde der Arbeitsgruppe Williams auf den alltäglichen Bereich der Kontrollvariation Vorsicht walten lassen. Denn wir haben in einer noch laufenden Untersuchung an sog. normalen Versuchspersonen das typische Reaktionsmuster im Vergleich zwischen Versuchspersonen mit geringer und solchen mit durchschnittlicher Kontrollmeinung bislang nicht gefunden.

Zusammenfassung

Aktuelle Kontrollmeinungen zu bevorstehenden Aufgaben werden entweder fixfertig aus dem Gedächtnis abgerufen oder ad hoc aufgebaut. In beiden Fällen kommt kontrollrelevante Gedächtnisinformation zum Zug.

Ad hoc aufgebaute Kontrollmeinungen beziehen sich auf Erinnerungen an vergleichbare eigene Erfahrungen oder (selten) auf Erinnerungen an Erfahrungen vergleichbarer Menschen.

Es ist wahrscheinlich, das die Kontrollmeinungen im Lauf der Entwicklung immer bereichsspezifischer und zahlreicher werden.

Wenn allgemeines Wissen über Kontrollmöglichkeiten vorherrscht, die allen Menschen zustehen, muten sich Menschen Kontrolle zu, ohne über ihre persönlichen Kompetenzen näher nachzudenken. Das Gleiche kann sich ereignen, wenn starke moralische Appelle bestehen.

Jüngere Menschen muten sich mehr pauschale Kontrolle zu als ältere; ältere Menschen zeigen häufiger pauschale Urteile über sich selbst in den Bereichen, in denen sie sich keine Kontrolle zutrauen.

Wenn depressive Menschen spezifische Ereignisse erinnern sollen, tun sie das für positive Ereignisse weniger leicht und auch langsamer als für negative; das Umgekehrte gilt für nicht-depressive Menschen: Sie erinnern positive Vorkommnisse spezifischer und rascher als negative.

Seminarliteratur

- Zur Dimensionalität des locus of control: Mielke (1982).
- Zu Kategorien des Wissens, die aktuellen Kontrollmeinungen unterliegen: Flammer, Kaiser, Lüthi & Grob (1990).

13. Biographische Organisation und aktuelle Kontrollmeinung

> «Nur die Erinnerung gibt dem Volk die Möglichkeit, seine Seele zu bewahren» (Andrej Sacharow; zitiert in 'Weltwoche' vom 3.11.1988, S. 17).

Die Kontrollmeinung einer Person entspricht nicht immer ihrer tatsächlichen Kontrolle. Zwar kann letztlich niemand wissen, welches die tatsächliche Kontrolle eines Menschen über einen bestimmten Zielbereich wirklich ist, oft aber haben außenstehende Beobachter, z.B. Lehrpersonen oder Eltern, den begründeten Eindruck, jemand unterschätze oder überschätze sich. Überschätzungen sind oft harmlos, aber nicht immer. Unterschätzungen sind häufiger bedauerlich. Sie reduzieren die Motivation, verhindern korrigierende Erfahrungen und bestätigen sich so schließlich selbst.

Wie kommt man zu inadäquaten Kontrollmeinungen, wie zu adäquateren? Meinungen sind subjektives Wissen, gewonnen aus Information verschiedener Herkunft. Wir haben im Kapitel 10 die Quellen solcher Information diskutiert, in Kapitel 11 Prozesse ihrer Verwertung und in Kapitel 12 die möglichen Formate, die solche Kontrollinformation im Gedächtnis hat. In diesem Kapitel wollen wir den Gedächtnisaspekt weiter vertiefen und uns auf die Organisation der mentalen Biographie konzentrieren. An diese Organisation müssen wir uns halten, wenn wir kontrollrelevante Information aus unserem Gedächtnis wieder herauslesen resp. rekonstruieren. Während im Kapitel 12 die gedächtnismäßige Verankerung der Kontrollmeinung im Zentrum stand, geht es in den Kapiteln 13 und 14 um die Möglichkeiten der Korrektur von Kontroll-meinungen mithilfe von Gedächtnisinhalten.

Es ist einigermaßen einleuchtend, daß unmittelbare Erfahrungen das Wissen um einen selbst verändern können (10.1). Wie aber steht es mit Erfahrungen, die zeitlich weiter zurückliegen? Man kann annehmen, daß sie ihren Niederschlag in der bestehenden Kontrollmeinung bereits gefunden haben und es nicht mehr auf ihre explizite Erinnerung ankommt. Diese Sichtweise ist sinnvoll und praktikabel, aber vielleicht nicht vollständig. Kontrollrelevante Erfahrungen könnten ja zur Zeit der Erfahrung ungenau oder unvollständig ausgewertet worden sein, sich aber als Episoden immer noch im Gedächtnis befinden.

Stellen wir uns als Beispiel einen schüchternen jungen Mann vor, der sich für ungeschickt und unattraktiv hält. Er hat ein Mädchen ins Kino eingeladen, aber dieses hat die Einladung nicht angenommen. Nun konstruiert sich dieser junge Mann ein Selbstbild, wonach er für Frauen nicht attraktiv ist. Es könnte aber sein, daß er bei späterer Gelegenheit herausfindet, daß jenes Mädchen seit einiger Zeit einen festen Freund hat. Diese Feststellung könnte jetzt für ihn Anlaß sein, seine inzwischen gebildete Kontrollmeinung in persönlichen Beziehungsfragen zu revidieren, indem er die erlebte Episode neu deutet.

Es könnte in unserem Beispiel aber auch sein, daß der junge Mann nur jenes eine Mal eine solche Einladung mit Vorsatz und innerer Vorbereitung ausgesprochen hat, bei früheren Gelegenheiten aber, einfach weil es sich so ergeben hatte, schon mehrfach und mit Erfolg Mädchen zu einem Kaffee und dergleichen eingeladen hatte. Zwar macht ihm nun der 'Korb' auf die gezielte und vorbereitete Einladung besonders großen Eindruck, sein biographisches Gedächtnis hält aber Erfahrungen bereit, die insgesamt eine andere aktuelle Kontrollmeinung rechtfertigen – sofern der junge Mann sich daran erinnert. Tut er es? Warum tut er's unter Umständen nicht? Warum handhabt er seine im Gedächtnis gespeicherte Biographie nicht adäquat?

Dieses Beispiel ist konstruiert. Die klinische Erfahrung mit depressiven und schüchternen Patienten zeigt aber zur Genüge, daß viele Menschen ein Selbstbild haben, das durch ihre Biographie nicht völlig gerechtfertigt ist (Ellis, 1977; Beck, Rush, Shaw & Emery, 1979; Stannieder, 1988).

Es gibt viele mögliche Gründe für diese Diskrepanz. Die bedenkenswertesten scheinen mir die folgenden zu sein:

(1) Viele kontrollrelevante Erfahrungen sind im Gedächtnis gar nicht mehr in roher oder unverarbeiteter Form vorhanden. Sie wurden bereits zum Zeitpunkt der Aufnahme interpretiert, vielleicht unter Kontrollaspekten evaluiert. Sie zu erinnern, bringt darum keine neue Information zur aktuellen Kontrollmeinung (Kapitel 13.1).

(2) In der Evaluation von Erfahrungen machen Menschen typische Fehler (allgemeintypische oder individuell typische), die auch eine allfällige Neubewertung von Erfahrungen beeinflussen und dadurch die aktuelle Kontrollmeinung immunisieren (Kapitel 11).

(3) Äquivalente oder ähnliche Erfahrungen werden oft nicht als solche erkannt. Darum kommen sie auch in neuen äquivalenten Situationen nicht in

den Sinn oder werden, falls sie ins Bewußtsein gelangen, nicht als relevant erkannt (Kapitel 13.2).

(4) Kontrollmeinungen betreffen die eigene aktuelle Identität und emotionale Befindlichkeit so stark, daß aus der eigenen Biographie nur oder vor allem jene Erfahrungen ins Bewußtsein treten, die mit der momentanen Kontrollmeinung übereinstimmen, wodurch das eigene Gedächtnis die aktuelle Kontrollmeinung gegen widersprechende Belege immunisiert (Kapitel 14.2 und 14.3).

(5) Wenn eine bestimmte Kontrollmeinung aktuell ist, bemühen sich die Menschen oft spontan gar nicht darum, diese zu hinterfragen oder zu verändern, vielleicht weil sie aus ökonomischen Gründen eine konservative Haltung vorziehen oder weil sie eine hohe Kontrollmeinung nicht in Frage stellen wollen oder weil sie aus einer scheinbar mißlichen Situation auch Vorteile ziehen, z.B. Mitleid und Rücksicht.

Ob und wie Kontrollmeinungen durch die Neubearbeitung von episodischen oder biographischen Erinnerungen verändert werden können, läßt sich zum jetzigen Zeitpunkt nicht befriedigend beantworten. Viele Fragen sind noch offen. Insofern sind die Kapitel 13 und 14 spekulativer und forschungsorientierter als die übrigen Kapitel. Das Kapitel 13 ist mehr den strukturellen Aspekten der kontrollrelevanten Autobiographie gewidmet und das Kapitel 14 mehr den Prozessen des Abrufens und des Wiederverwendens von autobiographischem Wissen.

13.1 Gibt es kontrollrelevante episodische Reserven im Gedächtnis?

Diese Frage knüpft bei 12.3 an, wo von Repisoden anstelle von Episoden gesprochen wurde. Ich ließ dort keinen Zweifel, daß grundsätzlich episodisches Erinnern möglich ist und bei jedermann täglich vorkommt, sonst gäbe es ja kein Wissen um konkrete Vergangenheit. Aber wahrscheinlich wird von den erinnerten Episoden nur weniges wirklich als episodisch erinnert, während das Übrige aufgrund von Allgemeinwissen erschlossen oder gar schon vorausgesetzt wird. Problematisch daran ist, daß man im konkreten Fall oft nicht weiß, was wirklich episodisch und was erschlossen ist.

Die Frage läßt sich für unser Anliegen aber pragmatischer stellen: Haben wir in unserem Gedächtnis Erfahrungen zur Verfügung, aus denen sich zum Zeitpunkt der Erinnerung neues Wissen über unsere Kontrolle für einen bestimmten Bereich gewinnen läßt, Kontrollwissen also, das wir nicht schon gewonnen haben?

An einem Beispiel dargestellt, könnte das etwa so aussehen: X hat zum Zeitpunkt t_1 bei einem ausbrechenden Küchenbrand sehr rasch und ohne Panik zum Feuerlöscher gegriffen, diesen richtig gehandhabt und eigentlich erst nach erfolgter Brandlöschung die Aufregung über das ungeheuer gefährliche Ereignis gespürt. Fortsetzung 1: X freut sich darüber, daß sie so ruhig, rasch und geschickt reagiert hat, findet sich bestärkt in der Meinung oder bildet überhaupt zum ersten Mal die Meinung, daß sie in aufregenden Situationen ruhiges Blut bewahre. Alternative Fortsetzung 2: X ruft ihren Mann an, und die beiden sind bestürzt über das Ereignis und besprechen, was man vorkehren muß, damit sich auch ja solche gefährliche Situationen nicht wiederholen.

Bei späterer Gelegenheit t_2 befindet sich X mit ihren Schülern auf einer Wanderung in den Bergen. Da kündigt sich ein sehr starkes Gewitter an, und es ist gar nicht sicher, daß die Kinder alle noch früh genug bei der Talstation ankommen. Vielleicht sollten sie alle irgendwo unterstehen oder bei der nächsten Weggabelung einen Umweg wählen, um wenigstens sicher eine Kuhhütte zu erreichen, je nach Wetterlage... Es ist denkbar, daß X in Panik gerät durch den Gedanken, demnächst für alle die richtige Entscheidung treffen zu müssen. Es ist aber auch denkbar, daß sie einstweilen ruhig und rasch weitergeht und sich zutraut, unten bei der Weggabelung Wetterlage, Distanzen und Kräfte der Kinder richtig einzuschätzen. Die oben genannte Fortsetzung 1 dürfte hierzu – wenn überhaupt – die bessere Voraussetzung geschaffen haben als die Fortsetzung 2.

Wahrscheinlich bleibt in solcher Aufregung wenig Zeit, ausgiebig an frühere einschlägige Erfahrungen zu denken. Nehmen wir nun aber weiter an, die Schulwanderung stehe erst noch bevor; X hätte keine Kollegin gefunden, die sie begleiten würde, und die Wettervorhersage für den festgesetzten Tag laute: «Starke Gewitterneigung». X fragt sich, ob sie solchen unvorhergesehenen Herausforderungen gewachsen sein würde. Nach der Fortsetzung 1 zum Zeitpunkt t_1 mag sie optimistisch sein. Die Erinnerung an die Fortsetzung 2 zum Zeitpunkt t_1 aber mag ihr nicht geholfen, sie eher unsicherer gemacht haben. Ist es aber denkbar, daß sie jetzt, wenn sie sich an den Küchenbrand erinnert, so etwas wie eine Fortsetzung 1 zustandebringt, d.h. sich (erst) jetzt darüber Rechenschaft gibt, daß sie damals sehr ruhig und wirkungsvoll gehandelt hat; daß aber der Eindruck, wie gefährlich und unberechenbar so ein Herdbrand ist, vor allem durch das Gespräch mit ihrem Mann entstanden ist, obwohl sie nach gemachter Erfahrung immerhin Vertrauen haben dürfte, auch in gefährlichen Situationen nicht gleich die Nerven zu verlieren?

Ich meine, dieses (erfundene und doch nicht ganz erfundene) Beispiel mache plausibel, daß es in unserem Gedächtnis episodische Erfahrungen gibt, die unter Kontroll-Gesichtspunkten noch weiter ausgewertet werden können.

Genau einschlägige kontrollpsychologische Experimente als Belege für diese Vermutung sind mir aus der Literatur nicht bekannt. Aber es gibt im Bereich der sozialen Wahrnehmung Untersuchungen, die zeigen, daß gleiche Szenen unter verschiedenen Bedingungen unterschiedlich stark mit Kausalattributen belegt wahrgenommen und nacherzählt werden. Harvey, Yarkin, Lightner & Town (1980) präsentierten in vier Experimenten je einen Video-Film, der kritische Begegnungen zwischen zwei resp. vier Menschen zeigte. Es ging dabei einmal um Eifersucht, einmal um gewichtige moralische Auffassungsunterschiede und einmal um den Umgang mit einem in persönliche Schwierigkeiten geratenen Menschen. Zu den meisten der verwendeten Filme gab es eine Version mit ernstem und eine mit eher harmlosem Ausgang. Die Filmbeobachter (= die Versuchspersonen) hatten im voraus unterschiedliche

Anweisungen erhalten. Von den abhängigen Variablen interessierte uns besonders, nämlich die Zahl der Kausalattribute, die in den Nacherzählungen der Beobachter zu finden waren. Die Kausalattribute waren in jedem Fall weniger zahlreich, wenn der Film einen harmlosen Ausgang nahm, als wenn er einen ernsten Ausgang nahm. Dieser Befund belegt zumindest, daß kausale Interpretationen bei belanglos scheinenden Wahrnehmungen selten vollzogen werden. Vermehrte kausalattributorische Tätigkeit der Beobachter war überdies nachzuweisen, wenn den Versuchspersonen vorher die dargestellten Personen persönlich näher gebracht worden waren, wenn die Versuchspersonen den Auftrag hatten, die Ereignisse möglichst genau zu erinnern, und wenn sie versuchen sollten, laufend die Fortsetzung und den Ausgang des Geschehens zu antizipieren. Wir können hier auch auf die Untersuchungen von Lau & Russell (1980), Clary & Tesser (1983), Staton (1984) und Hastie (1984) hinweisen, die zeigten, daß die kausalattributorische Aktivität besonders bei unerwarteten Ereignissen groß ist (vgl. 3.4 und 11.1.1).

Leider gingen diese Untersuchungen nicht auch der Frage nach, ob und unter welchen Bedingungen Nachverarbeitungen der früher erfahrenen Episoden möglich sind. Gedächtnisuntersuchungen zu anderen als attributionsbezogenen Bereichen haben allerdings mehrfach belegt, daß eine gewisse Nachbearbeitung möglich ist (vgl. Anderson & Pichert, 1978; Fass & Schumacher, 1981; Flammer & Tauber, 1982; Anderson, Pichert & Shirey, 1983; Borland & Flammer, 1985; Baillet & Keenan, 1986; Borland, Flammer & Wearing, 1987; Gilbert & Osborne, 1989).

Sofern diese Untersuchungen auf die Verwertung kontrollrelevanter eigener Erfahrungen übertragbar sind, implizieren sie wenigstens, daß die bereits erfolgte Verwertung desto weniger gründlich sein dürfte, als je weniger bedeutsam ein Ereignis a priori wahrgenommen wird. Viele Ereignisse halten wir wahrscheinlich im Alltag überhaupt oder unter bestimmten Gesichtspunkten nicht für wichtig oder aussagekräftig, obwohl sie sich später doch als bedeutsam erweisen. Aus der allgemeinen Gedächtnispsychologie wissen wir allerdings, daß solche Ereignisse wenigstens wegen anderer Gesichtspunkte Aufmerksamkeit erfahren haben müssen, wenn sie nicht bald praktischer Vergessenheit anheimfallen sollen.

13.2 Äquivalenz und Klassifikation von kontrollrelevanten Erfahrungen

Die Verwertung kontrollrelevanter Erinnerungen für die aktuelle Kontrollmeinung ist an eine Bedingung gebunden, die die Psychologie in verschiedenen Formen schon lange beschäftigt, die aber bis heute nicht befriedigend erklärt werden konnte. Es handelt sich um die Bedingung der Relevanz oder Einschlägigkeit, geläufiger: der Bereichsspezifität von Erfahrungen. Da keine zwei Lebenssituationen vollständig gleich sind, ist jede Übertragung von Erfahrungen mit einer Unsicherheit verbunden. Wenn man diese nicht in Kauf nimmt, läßt sich Erfahrung nie auswerten. Wie großzügig darf man aber über solche Unterschiede hinwegsehen?

13.2.1 Bereichstaxonomien

Es gibt keine theoretisch begründete und breit akzeptierte Taxonomie von Kontrollbereichen. Nach den eher erfolglosen Bemühungen um solche Taxonomien in verwandten Bereichen der Psychologie (besonders der Differentialpsychologie und der Psychologie des Lerntransfers) hege ich keine große Hoffnung, daß es im Bereich der Kontrolle möglich ist, a priori objektive, d.h. über alle Individuen generalisierbare Taxonomien zustellen.

Im Bereich der psychometrisch orientierten Differentialpsychologie gab es jahrzehntelang faktorenanalytische Versuche, eine Taxonomie induktiv und a posteriori zu entwickeln, insbesondere in der Intelligenzpsychologie durch L.L. Thurstone (Thurstone & Thurstone, 1941), J.P Guilford (1967), R. Meili (1964), A.O. Jäger (1967) u.v.a.m. Einigkeit kam nicht zustande, und jedes System war extrem anfällig für die Auswahl von Probanden- und von Aufgabenstichproben. Daß es in der Transferpsychologie kaum anders ist, überrascht auch nicht mehr, nachdem sichtbar geworden ist, daß das Maß der Übertragbarkeit von Gelerntem von einem Lernbereich zum anderen sich eng an die durchwegs positiven, aber mäßig hohen psychometrischen Korrelationen zwischen den Testleistungen dieser Bereiche hält (Flammer 1970; 1975a). Demnach müßten Taxonomien der Prozesse je Inhaltsbereich erstellt werden. Die Differentielle Lernpsychologie, die diese Forschungsansätze verbindet, ließ dann aber erkennen, daß auch diese Prozesse vor allem über die Lerninhalte identifizierbar sind (Flammer 1975c). Und das ist letztlich zirkulär: Die Taxonomisierung von Inhalten anhand von Prozeßklassen hat sich nach den Inhalten zu richten, an denen sich diese Prozesse abspielen.

In der schon angesprochenen Längsschnitterhebung (vgl. 10.1.2) haben wir mit einer (sehr groben) A-priori-Klassifikation von Kontrollbereichen gearbeitet, indem wir einen persönlichen, einen interpersonalen und einen gesellschaftlichen Bereich unterschieden. Zu jedem Bereich wählten wir Teilbereiche aus, nämlich Aussehen, Persönlichkeit und Geld für den persönlichen Bereich, Konflikte und Beziehungen für den interpersonalen Bereich und Arbeitsplatz, Lernstoff, Waldsterben und Jugendtreff für den gesellschaftlichen Bereich. Die Ergebnismuster in den Daten legten aber nahe, den interpersonalen Bereich mit dem persönlichen zusammenzulegen und sogar den Teilbereich Arbeitsplatz darin einzuschließen.

13.2.2 Schemata als Bereichsdefinitoren

Vielleicht waren die genannten wissenschaftlichen Versuche der empirischen Taxonomisierung auf zu einfache Dimensionen bezogen. In neuerer Zeit hat sich in der Diskussion über das episodische Behalten und Vergessen die Konzeption durchgesetzt, daß spezifische Erfahrungen in geeignete Schemata oder Rahmen eingeordnet sein könnten. Diese Auffassung entspricht derjenigen von Piaget (vgl. vorausgehend Bartlett, 1932; Head, 1920; zit. nach Bartlett, 1932, 200; Baldwin, 1894). Ausubel (1962) hatte das Konzept der Subsumierung für den Prozeß vorgeschlagen, daß Spezifisches mit allgemeinen Begriffen verstanden und als Einzelfall davon registriert wird. Diese Idee tauchte als Begriff der «Fusion» bei Nelson wieder auf (Nelson, Fivush, Hudson & Lucariello, 1983, 64; Nelson, 1986, 99). Fusion bedeutet, daß Spezifisches im generellen Konzept einfach verschwindet, von ihm 'verschluckt' wird, weil es nichts Besonderes darstellt. Sofern aber im Gedächtnis von der Episode noch irgend etwas Spezifisches erhalten bleibt, muß man annehmen, daß ein Komplex von Altem und Neuem gebildet und behalten wird (Bartlett, 1932). Graesser hat dafür die «Skript pointer + tag hypothesis» vorgeschlagen (Graesser, Gordon & Sawyer, 1979; Graesser, Woll, Kowalski & Smith, 1980), und Reiser sprach von einem «context-plus-index model» (1983; Reiser, Black & Abelson, 1985).

Nach dieser Auffassung von der Erfahrungsinterpretation und -ablagerung kommt dem Konstrukt des Schemas die Rolle der Gedächtnisorganisation zu. Bevor wir dies etwas näher untersuchen, sollen einige Begriffe im Umfeld des Schema-Begriffs etwas genauer bestimmt werden. Ich verwende *Schema* als Oberbegriff und meine damit die vernetzten Teile einer allgemeinen Wissensstruktur, die die Selektion und Interpretation von Erfahrungen leitet, Inferenzen und überhaupt das Verstehen ermöglicht, den neuen Erfahrungen im Gedächtnis den Platz zuweist, die Rekonstruktion von nicht mehr im Gedächtnis Vorfindbarem gestattet und die Erwartungen für zukünftige Ereignisse generiert und so wesentlich an der Handlungsplanung beteiligt ist (vgl. auch Alba & Hasher, 1983). Mit Piaget (1947), Bruner (1966) und Aebli (1980) meine ich, daß solche Schemata in verschiedenen Repräsentationsformaten oder –modalitäten realisiert werden können, die teilweise genetischen Stufen entsprechen (z.B. visuo-motorische, vorstellungsmäßige, abstrakte Schemata). Und wie Adams & Worden (1986, 150) vorgeschlagen haben, lassen sich die folgenden Termini für Spezialfälle von Schemata verwenden: *Begriff* (synonym mit *Konzept*) für Klassen von Elementen oder von Unterbegriffen, *Skript* für Klassen von wahrgenommenen Episoden (synonym: *GER* = generalized event representation; Nelson, 1986, 98) und *Stereotyp* für Klassen von wahrgenommenen Personeneigenschaften.

13.2.3 Kontrollskripte

Was uns hier im speziellen interessiert, sind kontrollrelevante Skripte, d.h. Klassifizierungen von kontrollrelevanten Episoden. Die Literatur der letzten zehn Jahre ist voll von Untersuchungen über Skripte (vor allem das Restaurant-Skript), aber auch andere wie: Einkaufen, Aufstehen, Zähneputzen, Eisenbahnfahren, Zoobesuch etc. Viele dieser Skripte werden im Alltag von jedermann derart gleichartig und mit solcher Leichtigkeit gehandhabt (sei es in der Handlungsplanung, sei es in der Interpretation von Erfahrungen), daß ich sie für die Erklärung des Aufbaus von individuellen Kontrollmeinungen als Teilen des persönlichen Selbstkonzepts nicht für besonders relevant halte.

Gibt es aber besondere, kontrollrelevante Skripte? Ich vermute es und denke, daß wir ihnen folgende Eigenschaften zuschreiben sollten:

a) Sie sind differentiell, d.h. individuenspezifisch.
b) Sie beziehen sich auf eine Aufgabe oder eine Herausforderung, deren Bewältigung nicht für jedermann selbstverständlich ist.
c) Sie enthalten individualtypische Strategien zur Meisterung der Aufgabe.
d) Sie führen zum Gelingen resp. Mißlingen der Aufgabenlösung.
e) Sie sind begleitet von individualtypischen Gefühlen der Herausforderung, der Anspannung, des Stolzes, der Trauer, der Angst oder der Abwehr.

Man könnte das auch ein Leistungsskript oder ein Kontrollerfahrungsskript nennen.

Im Gegensatz zu den übrigen Skripten enthält ein solches Kontrollerfahrungsskript Variablen, die typische intra- und interindividuelle Differenzen aufweisen, z.B. Erfolg oder Mißerfolg resp. die Wahrscheinlichkeit des Erfolgs resp. Mißerfolgs. Da die einzelnen Menschen bekanntlich in gewissen Bereichen mehr Erfolg haben als in anderen und da sich die Menschen darin überdies unterscheiden, ist zu erwarten, daß sich individuell für je verschiedene Inhalte unterschiedliche Kontrollerfahrungsskripte entwickeln, so wie Shavelson mit Bezug auf verschiedene Inhalte schulischer Leistungen unterschiedliche Selbstkonzepte unterscheiden konnte (Shavelson, Hubener & Stanton, 1976; Marsh, Smith & Barnes, 1984; Shavelson & Marsh, 1986; Byrne & Shavelson, 1986).

Vermutlich thematisieren wirkungsvolle Kontrollskripte neben der eigenen auch noch andere Rollen, besonders bei Herausforderungen, die kooperativ zu bewältigen sind, oder bei Herausforderungen, die ihrer Natur nach kompetitiv sind, und solchen, die eine gegebene Person immer gleich als kompetitive versteht.

Von besonderer Wichtigkeit dürften bei Kontrollerfahrungsskripten im Gegensatz zu den meisten übrigen die individuellen emotionalen Bedingungen und Konsequenzen sein. Beispiel: 'Immer wenn es darum geht, wer von uns gewinnt, möchte ich lieber gar nicht mitmachen'. Oder: 'Ich bin dann nachher immer traurig'. Oder: 'Ich stehle mich dann nachher wenn möglich weg, weil ich meine Tränen nicht gut zurückhalten kann.'

Leider kenne ich aus der experimentalpsychologischen Literatur keine Untersuchungen zu derartigen Skripten. Wenn es stimmt, daß solche im menschlichen Leben vorkommen und wenn sie den sonst beschriebenen Skripten ähnlich sind, dann lassen sich folgende Funktionen erwarten:

a) Wer eine 'bekannte' Herausforderung auf sich zukommen sieht (bekannt in dem Sinn, daß er oder sie dazu gleich ein passendes Skript aktiviert), kann relativ gut vorhersagen, was sich ereignen wird. Erfolg oder Mißerfolg, Freude oder Trauer oder Ärger werden sich fast notwendigerweise einstellen (Gefahren der self-fulfilling prophecy). Beispiel: X's Lebenspartner meldet, daß weder der elektrische Herd geht noch das Licht brennt; X versteht etwas von elektrischen Anlagen und ist zuversichtlich, Abhilfe zu finden. Oder: Eine Dame fordert X zu einem Tango auf, und X weiß unmittelbar, daß er sich blamieren wird.

b) Wer eine Situation an ein bestimmtes Skript assimiliert, mag in der Situation Elemente sehen, die gar nicht vorhanden sind, die aber zum Skript passen. Beispiel: Ein Unbekannter bietet einer mit zwei Taschen belasteten jungen Dame seine Hilfe an. Diese 'ahnt, was er im Schilde führen könnte', nimmt zwar die Hilfe an, bleibt aber sehr wortkarg und fühlt, daß sie dauernd Avancen abwehren muß.

c) Wer eine Herausforderung kennt und weiß, daß er oder sie ihr gewachsen ist (oder auch nicht), und dann doch einen unerwarteten Ausgang erlebt, sucht und findet hernach die besonderen Umstände, die den Ausgang als Ausnahme erkennen lassen. Beispiel: Eine sieggewohnte Fußballmannschaft, die gegen die Mannschaft einer Kleinstadt verliert, mag hernach den Match wegen des mediokren Terrains und wegen der angeblich fehlenden Ambiance als untypisch bezeichnen. Oder: Jemand mit schwacher Kontrollmeinung hat eine Aufgabe wider Erwarten gut gelöst und erklärt den Erfolg damit, daß es eben keine schwierige Aufgabe war. Sie gehörte sozusagen nicht zum Skript, wie die Person anfänglich meinte.

Gerade der letztgenannte Fall könnte zu individuellen Bereichsaufteilungen führen, die bestehende Kontrollmeinungen gegen neuartige Erfahrungen immunisieren (vgl. das Einschränkungsprinzip in 3.5.1).

Da hier im Gegensatz zur Skriptforschung in der allgemeinen Gedächtnispsychologie und in der Gedächtnisentwicklungspsychologie nicht jene Skripte interessieren, die allen Menschen einer bestimmten Kultur gemeinsam sind, sondern solche, die einzelne Individuen zur Erklärung und Organisation ihrer eigenen Erfahrungen einsetzen, könnte die intraindividuelle Konstanz in der Erklärung verschiedener Episoden als Ausdruck von dahinterliegenden Kontrollskripten verstanden werden. Statt Versuchspersonen zu fragen, wie im allgemeinen eine typische Episode ablaufe (z.B. Geburtstagsparty bei Nelson & Gruendel, 1981, oder bei Nelson, Fivush, Hudson & Lucariello, 1983, oder bei Fivush, Hudson & Nelson, 1984), könnten Versuchspersonen gebeten werden, auf bestimmte kontrollrelevante Stichworte *für sie typische* Ereignisse zu schildern.

13.3 Zur Organisation der Autobiographie im Gedächtnis

Die Biographie ist die Beschreibung des spezifischen Lebenslaufs eines Menschen. Sie heißt Autobiographie, wenn sie durch den betreffenden Menschen selbst geschrieben oder erzählt oder überdacht wird. Wir befassen uns hier mit der Autobiographie, wie sie im Gedächtnis des betreffenden Menschen repräsentiert ist. Sie umfaßt das gesamte episodische Wissen eines Menschen, und zwar nicht nur über sich selbst im engeren Sinn, sondern auch über Ereignisse, die zu Wissen über andere und anderes geführt haben. Nachdem wir aber gesehen haben, daß episodisches Wissen immer in allgemeines eingefaßt ist (12.1) und Erinnerungen häufig Rekonstruktionen und Konstruktionen darstellen (12.3), ist für die Autobiographie erst recht zu erwarten, daß sie eine persönlich zurechtgelegte Geschichte ist («unter der Kontrolle eines totalitären Ichs» Strube & Weinert, 1987, 154) und nicht etwa ein einziger langer Faden von Nur-Episoden. Eine zeitliche Ordnung ist zwar durchaus zu erwarten, aber sicher keine zeitliche Lückenlosigkeit.

Wir verfolgen hier zwei Möglichkeiten, die Organisation der Autobiographie zu studieren. Die erste besteht darin, die Merkmale von vergessenen Inhalten zu untersuchen, und die zweite darin, die Zugänge zu autobiographischen Erinnerungen (etwa in Form geeigneter Hinweisreize) auszumachen.

13.3.1 Kriterien des Vergessens von Teilen der Autobiographie

Zunächst gilt es einmal zu berücksichtigen, daß die Zahl der Episoden, die wir durchaus einmal im Gedächtnis abrufbar hatten, jetzt aber vergessen haben oder jedenfalls nicht mehr auffinden können, größer ist als die Zahl der im Gedächtnis verfügbaren Episoden.

13.3.1.1 Vergessen über die Zeit

White (1982) notierte sich während eines Jahres täglich ein Ereignis und kennzeichnete es mithilfe einer festen Menge von Deskriptoren. Einmal war es ein besonders wichtiges, ein andermal ein eher alltägliches Ereignis. Sieben Monate nach dem Ablauf dieses Jahres glaubte er aufgrund eines Selbsttests, nur noch ein Viertel der Ereignisse einigermaßen vollständig zu erinnern, von den anderen wußte er nichts mehr oder nur noch gewisse Details. Ein weiteres Jahr darauf waren ihm nur noch ein Sechstel der Ereignisse einigermaßen ausführlich präsent (obwohl er sie ja im vorausgehenden Test repetiert hatte). 1985 war der Anteil noch kleiner. Die Ereignisse, die am längsten im Gedächtnis hafteten, waren die seltenen (und darum auffälligen) und jene, die er von Anfang an bei der abendlichen Aufzeichnung als lebhafte Erinnerungen gekennzeichnet hatte; die Daten der Ereignisse wurden im allgemeinen schlecht erinnert, besser aber die Tageszeiten (White, 1986; 1988), wahrscheinlich weil Daten sich gegenseitig weniger markant unterscheiden als Tageszeiten.

Noch umfangreichere Selbstversuche hatten Marigold Linton (1975; 1978; 1982; 1986) und Wagenaar (1986, 1988) durchgeführt. Thompson (1982) und Barclay & Wellman (1986) berichteten über veranlaßte Selbstversuche von Drittpersonen.

Eigentlich könnte man erwarten, daß die autobiographische Vergessenskurve aussieht wie die berühmte Vergessenskurve von Ebbinghaus (1885). Danach würden wir nämlich kurz nach dem Enkodieren sehr viel vergessen und später vom jeweils Behaltenen immer etwas weniger. Das scheint aber nach der Durchsicht einer Reihe von Untersuchungen beim autobiographischen Vergessen nicht der Fall zu sein: Nach den ersten Minuten, nach denen ein großer Teil des Erfahrenen schon gar nicht mehr gewußt wird, nimmt die Menge des je Zeitintervall Erlebten, das noch erinnert wird, einigermaßen linear ab (vgl. Warrington & Sanders, 1971; Linton, 1975; 1978; 1982; Franklin & Holding, 1977; Baddeley, Lewis & Nimmo-Smith, 1978; McCormack, 1979; Messe, Buldain & Watts, 1981; Rubin, 1982; Strube & Neubauer, 1988; White, 1988). Crovitz & Schiffman (1974) fanden eine loglineare Abnahme über die Behaltenszeit.

13.3.1.2 Emotionalität und Vergessen

Wenn also autobiographisches Erinnern lückenhaft ist, muß man sich fragen, was denn vergessen worden ist und was behalten wird resp. nicht mehr (ohne weiteres) auffindbar ist und was eben doch. Lange Zeit glaubte man, man würde vor allem die unangenehmen Ereignisse vergessen (vgl. die Übersicht von Florès, 1975, 242-243, der als älteste Untersuchung die von Colegrove, 1898, zitierte; sowie White, 1982; Linton, 1986, 59-60; Wagenaar, 1986) und diese vor allem dann, wenn sie im psychoanalytischen Sinn das Ich bedrohen (vgl. Freud, 1905, 75). Die empirischen Befunde erwiesen sich aber als widersprüchlich (Baddeley, 1983; zit. nach Wagenaar, 1986, 240); es scheint, daß es weniger auf den Inhalt der begleitenden Emotionen ankommt als auf ihre Stärke: Erlebnisse, die von starken (positiven oder negativen) Emotionen begleitet waren, werden später wahrscheinlicher erinnert als solche, die von schwachen oder keinen nennenswerten Emotionen begleitet waren. Das gilt besonders dann, wenn die entsprechenden Emotionen auch zum Zeitpunkt des Erinnerns stark sind, obwohl diese, besonders die negativen, zum Zeitpunkt des Erinnerns im allgemeinen schwächer sind als zum Zeitpunkt des Enkodierens (vgl. Menzies, 1935; Waters & Leeper, 1936; Turner & Barlow, 1951; Holmes, 1970; Bock, 1980; Robinson, 1980).

Daß Erfahrungen, die mit starken Emotionen verbunden sind, weniger leicht vergessen werden, favorisiert wahrscheinlich das Behalten kontrollrelevanter Erfahrungen, weil diese im allgemeinen im Zustand einer Zielorientierung und oft als persönliche Bewährung erlebt werden. Dieser besondere Vergessensschutz besteht aber für jene Erfahrungen nicht, die an sich kontrollrelevant gewesen wären, aber nicht als solche erkannt wurden.

13.3.1.3 Ich-Bezug und Vergessen

Ereignisse werden im allgemeinen besser behalten, wenn sie einen besonderen Bezug zur erlebenden Person hatten (Rogers, Kuiper & Kirker, 1977; Halpin, Puff, Mason & Marston, 1984; Gehringer & Strube, 1985; Thompson, 1985; Klein & Kihlstrom, 1986), sei dieser Bezug einfach selbst-deskriptiv oder ausdrücklich autobiographisch (Klein, Loftus & Burton, 1989). Schon Bartlett (1932) hatte vorgeschlagen, «Persönlichkeit» als einen Bezugsrahmen des Erlebens und Erinnerns zu verstehen.

Wenn nun Menschen ausdrücklich aus ihrer Autobiographie Information erinnern sollen, ist darum zu erwarten, daß ihnen vor allem das einfällt, was mit ihrer Persönlichkeit resp. ihrem Selbstbild am besten harmoniert (vgl. McAdams, 1982). In der Tat ist die Genauigkeit der autobiographischen Erinnerung höher, wenn das Erinnerte mit aktuellen Überzeugungen übereinstimmt

(Weldon & Malpass, 1981), als wenn dies nicht oder zum Zeitpunkt des Erinnerns nicht mehr so ist; im letzten Fall besteht sogar die Tendenz zur Angleichung des Erinnerten an die aktuellen Einstellungen (Goethals & Reckman, 1973; Goethals & Frost, 1978; Read & Rosson, 1982).

McAdams (1982) unterwarf seine Versuchspersonen einem TAT (projektiver Bild-Deutetest) und ermittelte daraus die Stärke ihrer Machtmotive und ihrer Intimitätsmotive. Hernach ließ er sie herausragende Erinnerungen aus der Autobiographie berichten und stellte fest, daß diese Erinnerungen desto häufiger mit Machterlebnissen zu tun hatten, je stärker ausgeprägt die individuellen Machtmotive waren. Ein ebensolcher Zusammenhang zeigte sich auch mit Intimitätserinnerungen. Haben die Motive die Erinnerungen oder damals schon die Enkodierung selektiv gesteuert? Das läßt sich mit diesen Daten nicht entscheiden. Vielleicht haben diese Erlebnisse damals die Motiventstehung wesentlich mitgesteuert und gingen damit auch den starken Motiven voraus.

Angewandt auf die spätere Verwertbarkeit von kontrollrelevanten Erfahrungen gilt hier vermutlich wie unter 13.3.1.2, daß auch dieser Vergessensschutz gerade für jene Erfahrungen nicht gilt, die an sich kontrollrelevant gewesen wären, aber nicht als solche erkannt wurden.

13.3.1.4 Konsequenzenreiche Episoden und Vergessen

Konsequenzenreiche Ereignisse werden im allgemeinen besser behalten als die übrigen Ereignisse. Das läßt sich u.a. damit erklären, daß man solche Ereignisse häufig erinnert und damit jedesmal neu enkodiert (vgl. Whitten & Leonard, 1981; Thompson, 1982). Allerdings meldete White (1988), daß in seinem Selbstversuch die Wichtigkeit eines Ereignisses die Wahrscheinlichkeit des langfristigen Behaltens nicht gesteigert habe; er bezog sich jedoch nur auf die zum Zeitpunkt der Aufzeichnung geschätzte Wichtigkeit.

Auch hier gilt: Wenn konsequenzenreiche Ereignisse vor Vergessen besser geschützt sind, sind nicht beachtete, aber kontrollrelevante Ereignisse eo ipso nicht favorisiert, es sei denn, sie wären faktisch Bestandteile von größeren und wichtigen Episoden, die als solche häufig mental repetiert werden.

13.3.2 Erinnerungsspuren zur Autobiographie

Analog zur Vielfalt der Vergessenskriterien gibt es eine Vielfalt von Spuren, die das Erinnern von autobiographischen Episoden leiten. Man kann daraus ableiten, daß die mentale Autobiographie polyvalent organisiert ist, etwa nach Personen, nach Orten, nach Gefühlen, nach Handlungszielen und natürlich nach Zeiten resp. Lebensabschnitten (Brauckmann, Ahammer, Angleitner, Filipp & Olbrich, 1983). Allerdings sind nicht alle Spuren gleich hilfreich.

So fand Robinson (1976), daß Versuchspersonen spezifische Ereignisse rascher erinnerten, die mit einer vorgegebenen Aktivität (z.B. besuchen, essen) oder einem bestimmten Gegenstand (z.B. Fahrrad, Kravatte) zu tun hatten als solche, die mit einem vorgegebenen Gefühl (z.B. traurig, zornig) im Zusammenhang standen (vgl. auch Cantor, Mischel & Schwartz, 1982; Reiser, Black & Kalamarides, 1986). Vielleicht ist die Anzahl der Begriffe (und Wörter) für Emotionen so viel kleiner als die für Gegenstände und Aktivitäten, daß bei der Nennung eines Gefühls viel mehr mentale Anschlüsse aktiviert werden und gegeneinander in Konkurrenz treten, so daß die Entscheidung für die Auswahl und die Nennung eines einzelnen Ereignisses mehr Zeit braucht, als dies bei der Erinnerung eines Gegenstands oder einer Handlung der Fall ist (vgl. Linton, 1986). Daß seltene Ereignisse und Orte häufiger erinnert werden können als häufige, konnte auch Brewer (1988) zeigen.

Fitzgerald (1980) hatte noch eine andere Vermutung: Die Organisation der Autobiographie dürfte im Laufe der Individualentwicklung systematische Veränderungen erfahren. Er gab nämlich pubertierenden Jugendlichen (durchschnittlich 13.4 Jahre alt) und Studierenden (durchschnittlich 19.1 Jahre alt) entweder emotionale oder Handlungs-Stichwörter vor, auf die sie ein konkretes Ereignis berichten sollten, das sie selbst betraf («that involved them personally»). Sobald die Versuchspersonen glaubten, sich erinnern zu können, sollten sie ein Signal geben und dann das Ereignis kurz beschreiben. Die entscheidende abhängige Variable war die Latenzzeit zwischen Stichwortvorgabe und Signal. Für die älteren Versuchspersonen war diese Zeit massiv länger als für die jüngeren, wenn das Stichwort ein emotionales war (Tabelle 13-1), und das, obwohl die entsprechenden Ereignisse auch bei den älteren Jugendlichen relativ kurze Zeit zurücklagen. Fitzgerald interpretierte den Befund so, daß die emotionalen Stichwörter erst nach der Pubertät die vielen Anschlüsse aufweisen, von denen Robinson (1976) gesprochen hatte.

Tabelle 13-1
Durchschnittliche Reaktionszeiten in Sekunden (Mediane) beim Erinnern von Episoden (nach Fitzgerald, 1980, 676)

	vorgegebenes Stichwort	
	Handlung	Emotion
Pubertierende	5.5	5.7
Studierende	5.9	13.0

Dieser Befund, den Fitzgerald (1981) wiederholte (Tabelle 13-2), kann für das Erinnern von kontrollrelevanten Episoden sehr wichtig werden, da diese voraussichtlich oft mit starken Gefühlen zusammenhängen. Es könnte sein, daß nachpubertäre Menschen einen freieren Zugang haben zu Ereignissen, die allenfalls auch andere als die aktuellen Gefühle einschlossen, als die jüngeren Personen, dafür aber besonders viel Zeit beanspruchen.

Tabelle 13-2
Durchschnittliche Reaktionszeiten in Sekunden (Mediane) beim Erinnern von Episoden (nach Fitzgerald, 1981, 72)

	vorgegebenes Stichwort		
	Objekt	Handlung	Emotion
Pubertierende	4.3	4.8	5.2
Studierende	5.2	6.3	8.3

Obwohl die biographischen Episoden per definitionem einmalige und damit zeitlich lokalisierbare Ereignisse sind, fand Wagenaar (1986; 1988) in seinem Selbstversuch, daß die Angabe des Zeitpunkts eines Ereignisses eine wesentlich geringere Hilfe war als alle anderen untersuchten Angaben (Tabelle 13-3; vgl. auch White, 1986 und 1988, in 13.3.1.1). Wenn man in Tabelle 13.3 je Ausgangspunkt die Durchschnitte über alle aufgeführten Zielpunkte rechnet, dann war die Angabe des Gegenstandes einer Aktivität in 47% der Fälle erfolgreich, die Angabe des Ortes in 24%, die Angabe einer beteiligten Person in 20% und die Angabe des Zeitpunktes in 2%.

Tabelle 13-3
Relative Wirkung von Erinnerungshilfen (aus Wagenaar, 1988, 228). Lesebeispiel (unten rechts): Die Angabe des Ortes führte in 13% zum Erinnern des Zeitpunkts, während die Angabe des Zeitpunkts nur in 2% der Fälle zum Erinnern des Ortes führte.

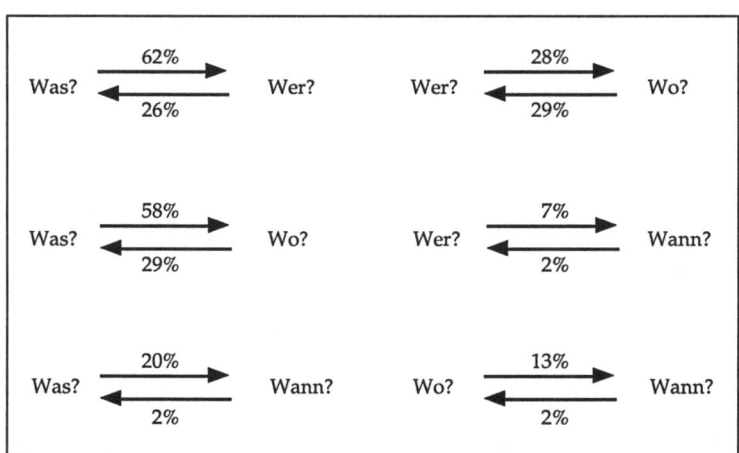

Linton (1975) hatte gezeigt, daß die zeitlichen Verhältnisse zwischen zwei Ereignissen (vorher resp. nachher) mit zunehmendem Behaltensintervall häufiger verwechselt werden.

Reiser, Black & Abelson (1985) wiesen in zwei interessant angelegten Experimenten nach, daß Skripte (in dieser Untersuchung «activities» genannt) für die selektive Suche aus dem Gedächtnis die geeigneteren Organisationsdeskriptoren sind als einzelne, in Skripte einbaubare Handlungen («actions» genannt; vgl. auch Reiser, 1988). Solche Skripte oder Aktivitäten waren z.B. «einen öffentlichen Waschautomaten benützen» oder «ein Konzert besuchen»; darin möglicherweise enthaltene Handlungen oder actions waren «sich setzen und warten» oder «etwas mitzunehmen vergessen». Die Versuchspersonen sollten konkrete eigene Erfahrungen nach vorgegebenen Deskriptoren erinnern und kurz beschreiben. Sobald sie glaubten, eine solche konkrete Erfahrung zu erinnern oder keine solche erlebt zu haben, sollten sie einen 'Ja'- oder einen 'Nein'-Knopf drücken, damit die Latenzzeit bis zum Finden im Gedächtnis gemessen werden konnte.

Da die Aktionen relativ unspezifisch waren resp. in vielen möglichen Skripten Platz finden konnten, erwarteten die Autoren, daß sie weniger wirksame Erinnerungshilfen wären als die viel eindeutigeren Skripte. Tatsächlich waren die Versuchspersonen viel rascher mit einer Antwort bereit, wenn der Deskriptor lautete: «ein Konzert besuchen», als wenn er lautete: «sich setzen und warten». Im zweiten Fall war es für die Versuchspersonen sogar eine Hilfe, wenn zur Handlung auch gleich noch ein Skript vorgegeben wurde, was ja eigentlich eine zusätzliche Auflage war («sich setzen und warten – ein Konzert besuchen»), aber keine Hilfe war es im ersten Fall, wenn – umgekehrt – zum Skript noch eine Handlung vorgegeben wurde. Während der erste Fall offensichtlich so etwas wie eine Konkretisierungshilfe war, stellte der zweite Fall eine erschwerende Einschränkung dar.

Im anderen Experiment von Reiser et al. (1985) mußten die Versuchspersonen genau solche Ereignisse erinnern, die beiden Deskriptoren genügten. Und wieder erwies sich das Skript als entscheidender erster Deskriptor: Die Versuchspersonen antworteten rascher, wenn das Skript vor der Handlung genannt wurde als umgekehrt (Beispiel: «ein Konzert besuchen – sich setzen und warten» vs. «sich setzen und warten – ein Konzert besuchen»). In ähnlicher Weise hatten bereits Freedman & Loftus (1971) zeigen können, daß Versuchspersonen signifikant rascher ein Beispiel zu einem sog. konjunktiven Konzept nennen konnten, wenn das Substantiv vor dem Adjektiv gegeben wurde als umgekehrt (Beispiel: Raschere richtige Reaktion auf «Gemüse – grün» als auf «grün – Gemüse»), obwohl ja viele Sprachen, so auch die deutsche, das Adjektiv vor das Substantiv setzen.

Ein weiterer Ordnungsgesichtspunkt der gedächtnismäßigen Autobiographie ist das *allgemeine Biographiewissen*, das wir Menschen haben (vgl. z.B. Atchley, 1975; Strube, 1985a,b; Ross, 1989). Das wird an einem Extrembeispiel leicht klar: Wenn jemand gefragt wird, wen er zuerst kennengelernt habe, sein erstgeborenes Kind oder seine eigene Kindergartenlehrerin, dann braucht er in seiner Autobiographie gar nichts zu suchen, da er weiß, daß man keine eigenen Kinder hat, solange man noch selber den Kindergarten besucht. Solche 'Erinnerungen' basieren also nicht auf episodischem Abrufen, sondern auf (Re-)Konstruktionen mithilfe von allgemeinem oder semantischem Wissen. Oder:

Wenn eine deutschschweizerische Versuchsperson gefragt wird, bei wem sie die Grundbegriffe der Trigonometrie gelernt hat, sucht sie überhaupt nicht bei den Primarschullehrpersonen, weil man Trigonometrie erst in den unteren Klassen der Mittelschule (Gymnasium, Lehrerseminar etc.) lernt (für Suchstrategien, die an solches Allgemeinwissen gebunden sind, vgl. auch Whitten & Leonard, 1981).

Linton (1986) und Neisser (1986) postulierten eine hierarchische Organisation der Gedächtnisinhalte überhaupt, wonach kleinere Elemente in größeren eingeschlossen sind und diese in noch größeren. Neisser illustrierte das überzeugend am Beispiel seines eigenen Schreibens des Artikels von 1986. Zu diesem Schreiben (als ziemlich umfassendem Element) gehören kleinere Elemente wie 'Kapitel X schreiben', 'überarbeiten' etc. In diesen eingeschlossen sind immer noch kleinere Elemente wie schließlich das Anschlagen einer bestimmten Taste auf dem Textverarbeitungssystem. Und das Schreiben dieses Artikels ist andererseits eingebettet in seine denkerische und publikatorische Tätigkeit. Diese Vorstellung entspricht durchaus den bekannten Konzepten der hierarchischen Handlungsorganisation (Hacker, 1978; Von Cranach et al., 1980). Neissers Anliegen war es aber zu zeigen, daß auch die gedächtnismäßige Aufbewahrung dieser objektiven Geschehnisse eine solche hierarchische Struktur aufweist. Daraus folgt dann, daß wir, obwohl wir ja das meiste, was wir erleben, vergessen, aufgrund dieser Struktur sehr viel dennoch erinnern, d.h. rekonstruieren können (Beispiel: Wenn Neisser sich sicher erinnert, den bestimmten Artikel in seinem Büro geschrieben zu haben, dann muß er ganz bestimmte Wörter auf einem ganz bestimmten Textsystem geschrieben haben, ob er sich daran erinnert oder nicht). Wir wandern in unserem Gedächtnis anhand unseres Wissens 'von oben nach unten' und 'von unten nach oben' («most recall moves either downward from context or upward from particulars»; Neisser, 1986, 77).

Diese hierarchische Strukturierung muß aber nicht die einzige und nicht rigide sein. Es ist wohl denkbar, daß ein Ereignis ein Element verschiedener, einander überschneidender hierarchischer Organisationen ist. Das Schreiben eines Artikels kann Bestandteil einer jahrelangen Auseinandersetzung mit einem Problem sein, aber auch Bestandteil jener Streßsituationen, die man nach zu fahrlässig abgegebenen Terminversprechen immer wieder erlebt, oder Bestandteil eines immer wieder unterbrochenen, aber nach jahrelangen Intervallen immer wieder aufgenommenen roten Fadens eines wissenschaftlichen Anliegens.

13.4 Chancen für Zugänge zu kontrollrelevantem Korrekturwissen

Was wir bis heute über die Organisationsformen der Autobiographie wissen, läßt keine sicheren Schlüsse zu über die Zugänge zu kontrollrelevantem episodischem Wissen, das nicht die bereits bestehenden Kontrollmeinungen beeinflußt hat. Aber begründete Spekulationen sind möglich.

Der beste Zugang zu kontrollrelevantem episodischem Wissen besteht vermutlich über sog. Kontrollskripte. Ich nehme an, daß die individuellen Menschen über gut etablierte Kontrollskripte verfügen und deshalb einschlägige Ereignisse bereits zum Zeitpunkt der Erfahrung als kontrollrelevant erkennen. Wenn die dazu gehörige Kontrollmeinung in jenem Zeitpnkt auch aktuell war, z.B. weil sie in Frage gestellt war, und wenn die Episode nicht nur als einschlägig, sondern auch als wichtig und diagnostisch aussagekräftig erkannt worden ist, dürfte diese Erfahrung bereits dann zuhanden der Kontrollmeinung ausgewertet worden sein. Wenn sie aber damals nicht als wichtig erkannt wurde, könnte sie nachträglich subjektiv über geeignete Hinweisreize wieder zugänglich sein und nachverarbeitet werden. Solche Hinweisreize wären etwa Suchfragen wie: 'Wann habe ich kürzlich Erfolg gehabt?' Oder: 'An welche Episoden erinnere ich mich, in denen ich mich hartnäckig angestrengt habe; wie gingen die Episoden aus?' Oder: 'Erinnere ich mich an eine ähnliche Episode, die aber erfolgreich ausging?' Solche Strategien werden auch therapeutisch eingesetzt (z.B. Bandler & Grinder, 1975; Grinder & Bandler, 1976).

Weitere starke Organisatoren der Autobiographie sind Handlungsgegenstände (Produkte, Mittel etc.), Orte und beteiligte Personen. Diese Organisatoren sind aber als solche nicht kontrollrelevant, weshalb das subjektive Suchen nach solchen Kriterien nur ausnahmsweise geeignete Episoden zu Tage befördern würde. Ganz anders liegen aber die Dinge, wenn nicht die suchende Person selbst die Suchfrage stellt, sondern eine Partnerperson, die von kontrollrelevanten Episoden weiß, die die Zielperson erinnern sollte (gelegentlich die Situation der Beratung oder der Therapie). Die Partnerperson kann solche biographische Organisatoren leicht verwenden, weil sie ja weiß, daß sie im konkreten Fall kontrollrelevant sind. Beispiel: 'Wie war es denn aber bei Schwimmwettbewerben?' Oder (zu jemandem, der glaubt, niemand würde sich um ihn kümmern): 'Und Deine Tochter?'

Paradoxerweise sind gerade emotionale Qualitäten, die in kontrollrelevanten Erfahrungen oft stark sind, nicht ohne weiteres geeignete Suchhilfen und zwar aus zwei Gründen. Die Emotionen, die für eine aktuelle Kontrollmeinung typisch sind, fördern höchstens Erinnerungen, die der aktuellen Kontrollmeinung recht geben, sie also nicht korrigieren. Die Person müßte dann schon alternative Emotionen aktualisieren können. Wenn sie das nicht 'emotional geleitet' tun kann, sondern auf verbale Hinweise angewiesen ist, ist das Verfahren wahrscheinlich zu wenig differenziert. Gleiche Gefühle (gleich im Sinne gleicher Bezeichnungen) sind an so viele verschiedene Erfahrungen gebunden, daß der Suchraum unpraktisch groß wird.

Unsere Überlegungen aufgrund der Literaturübersicht zur Organisation der Autobiographie führen uns also zu zwei möglichen Chancen für Zugänge zu kontrollrelevantem Korrekturwissen, nämlich einerseits Kontrollskripte im privaten Gebrauch und andererseits einigermaßen außenweltliche Kriterien (Gegenstände, Orte, Personen) im Gebrauch durch eine hilfreiche Zweitperson.

Zusammenfassung

Wenn indadäquate Kontrollmeinungen aufgrund der Nachverarbeitung früherer Erfahrungen verändert werden sollen, müssen im Gedächtnis episodische Eintragungen vorhanden und zugänglich sein, die noch unausgeschöpfte kontrollrelevante Information enthalten.

Untersuchungen aus der allgemeinen Gedächtnispsychologie und der Psycholgie der sozialen Wahrnehmung legen nahe, auch für den Fall der Kontrollmeinung episodische Reserven anzunehmen.

Wenn gezielt frühere Erfahrungen für eine aktuelle Aufgabe erinnert und nachverarbeitet werden sollen, sind Kriterien zur Taxonomisierung von kontrollrelevanten Erfahrungen nötig.

Möglicherweise sind kontrollrelevante Taxonomien um Kontrollskripte organisiert.

Kontrollskripte sind individuumsspezifisch und enthalten Information über typische Strategien und über die Wahrscheinlichkeit des Erfolgs, und sie lösen individualtypische Gefühle aus.

Kontrollskripte können wahrscheinlich als Suchhilfen für Erinnerungen an Episoden verwendet werden, die eine aktuelle Kontrollmeinung korrigieren könnten.

Untersuchungen zum autobiographischen Vergessen zeigen auch, daß jene Erfahrungen, die beim Enkodieren starke (positive oder negative) Emotionen auslösen und einen starken Bezug zur erlebenden Person aufweisen, besonders gut behalten werden. Emotionen sind aber keine guten Suchhilfen für Erinnerungen, die die aktuelle Kontrollmeinung korrigieren könnten, weil sie meistens zu Erinnerungen führen, die mit der aktuellen Kontrollmeinung konsistent sind.

Übrige starke Organisationskriterien der Autobiographie sind nicht kontrollrelevant und sind als Suchhilfen nur verwendbar, wenn das Gesuchte bereits bekannt ist; und das ist am ehesten der Fall, wenn eine Zweitperson (Beraterin, Therapeut) das gezielte Erinnern unterstützt.

Seminarliteratur

- Zur Skriptentwicklung: Adams & Worden (1986).
- Ereignisstruktur und Organisation des Gedächtnisses: Neisser (1986).
- Übersicht über die Forschung zum autobiographischen Gedächtnis: Strube & Weinert (1987).

14. Biographisches Erinnern und Kontrollmeinung; therapeutische Versuche

Im Kapitel 13 gingen wir strukturellen Voraussetzungen des autobiographischen Erinnerns nach, wobei uns vor allem interessierte, welche Zugänge zu autobiographischen Episoden, die noch weiter kontrollbezogen ausgewertet werden könnten, bestehen. Im Kapitel 14 wollen wir diese Prozesse direkt untersuchen. Zuerst werden die Prozesse des selektiven Erinnerns besprochen (Kapitel 14.1 bis 14.4), dann gehen wir jenen wenigen Untersuchungen genauer nach, die anhand solcher Erinnerungen eine Veränderung der Kontrollmeinung anstrebten (Kapitel 14.5). Der Exkurs in die allgemeine Gedächtnispsychologie (14.1) kann von Leserinnen und Lesern, die nicht an der aktiven Forschung in diesem Bereich interessiert sind, übersprungen werden.

14.1 Exkurs: Wie werden Episoden erinnert?

Wie die Suche im Gedächtnis vor sich geht, beschäftigt die Gedächtnisforscher schon seit langem. Die am breitesten geteilte Auffassung ist die, daß beim erfolgreichen Suchen eines episodischen Teils im Langzeitgedächtnis auf irgendeine Art eine Entsprechung zwischen aktivierten Gedächtnisspuren und dem Suchbild herzustellen versucht wird.

Als *aktiviert* gilt eine Gedächtnisspur, wenn sie sich im oder nahe beim Fokus der Aufmerksamkeit des Subjekts befindet (Konstruktebene). Das kann sich erlebnismäßig dadurch zeigen, daß sich eine bestimmte Episode im Bewußtsein einer Person befindet, d.h. daß die Person daran denkt (Selbsterfahrungsebene). Experimentell kann das dadurch zum Ausdruck kommen, daß die Beantwortung einer Frage oder die Lösung einer Aufgabe, die dieses episodische Element mitbetrifft, besonders rasch erfolgt (Fremdbeobachtungsebene). Es ist anzunehmen, daß diese Aktivierung auch eine hirnphysiologische Entsprechung hat.

Aus experimentalpsychologischen Untersuchungen wissen wir, daß diese Aktivierung sich auf jene Wissensbereiche *ausbreitet*, die mit dem erstaktivierten Wissensbereich in einem assoziativen Zusammenhang stehen (Anderson, 1983; Kahneman & Miller, 1986; Ratcliff & McKoon, 1986). Wir wissen auch, daß die Aktivierung mit dieser Ausbreitung immer schwächer wird und zwar desto schwächer, auf je mehr Assoziationen sie sich aufsplittert (sog. Fächereffekt; Anderson, 1983). Schließlich ist belegt, daß diese Aktivierung unabhängig von der Ausbreitung mit der Zeit abklingt, anfangs rasch (Größenornung Sekundenbruchteile), dann langsamer. Flammer & Morger (1985) haben Aktivierungsnachwirkungen beim Identifizieren von semantischen Einheiten (Wortbedeutungen) bis zu zehn Minuten und Morger (1990) bis zu 24 Stunden zeigen können; im Bereich der visuellen Wahrnehmung haben Jacoby & Dallas (1981) sowie Jacoby (1983) Präsentationsvorteile auf das Wiedererkennen von vorher schon bekanntem Material über Stunden und bis zu vier Tagen gefunden. Es ist allerdings unwahrscheinlich, daß Aktivierungsnachwirkungen so lange hinhalten; vermutlich sind da neue Einprägungsspuren im Spiel.

Als *Suchbild* bezeichnet man jenes Teilwissen, das wir darüber haben, was wir noch nicht eigentlich wissen. Das Suchbild ist vergleichbar mit dem, was die fragende Person von dem, was sie durch Fragen erfahren möchte, bereits weiß (Flammer, 1981). Man könnte das Suchbild in Anlehnung an die Kriminalistik auch Phantombild nennen. Gewisse Autoren sprechen einfach von *Deskriptoren* des Gesuchten (Bobrow & Norman, 1975; Norman & Bobrow, 1979; Williams & Hollan, 1981).

Es bestehen wenig klare Vorstellungen darüber, wie das Zusammentreffen von Suchbild und aktivierter Spur zustande kommt. Man nimmt an, daß vor allem automatisch ablaufende Prozesse daran beteiligt sind; Reiser, Black & Abelson (1985, 94-95) betonten aber mit Recht, daß das nicht reichen kann, sondern daß eine gezielte Leitung durch die suchende Person ebenfalls anzunehmen ist. Diesen Leitprozessen kommt wahrscheinlich die Funktion zu, die Suchrichtung zu bestimmen und aufrecht zu erhalten, vorläufige Ergebnisse zu evaluieren und allenfalls weitere Versuche einzuleiten. Williams & Hollan (1981) haben vorgeschlagen, das gezielte Erinnern als eine solche Folge von Abrufzyklen zu verstehen. Dabei profitiert jeder folgende Zyklus vom vorausgehenden dadurch, daß allfällige Erkenntnisse einerseits das Suchbild verbessern und andererseits die Aktivierung neuer Spuren einleiten.

Bisherige Befunde legen nahe, dem Suchbild nicht nur die Rolle des Vergleichspartners zuzudenken, sondern anzunehmen, daß vom Suchbild ebenfalls eine Aktivierung ausgeht. Wenn man z.B. jemanden fragt, ob sie oder er sich erinnern könne, in den letzten Tagen einen Mann mit einem grauen Vollbart gesehen zu haben, dann ist es wahrscheinlich, daß diese Deskriptoren ('Mann', 'Bart', 'weiß') in der befragten Person weitere Deskriptoren aktivieren, z.B. 'Baßstimme', 'alt', 'gebeugt', 'am Stock gehend' etc. Dabei können diese zusätzlichen Deskriptoren sowohl hilfreich sein als auch irreführen.

Die Untersuchungen von Brian Ackerman, (1982; 1983; 1985; 1986a,b,c; 1987; 1988a,b; Ackerman & Hess, 1982) haben gezeigt, daß die Vorgabe des Suchbildes das Finden sowohl durch seine semantischen als auch durch seine episodischen Assoziationen erleichtern kann. Ackerman arbeitete allerdings mit sehr stilisierten Episoden, die jeweils kurz zuvor im Gedächtnis enkodiert worden waren. Er verwendete Listen, bestehend aus einer Menge von Tripeln (manchmal Quadrupeln) von Wörtern, z.B. «scharf-Axt-*Schwert*» (Ackerman, 1985). Das letzte Wort war jeweils unterstrichen (hier kursiv wiedergegeben), und es wurde den Versuchspersonen im voraus gesagt, daß sie hernach das letzte Wort erinnern sollten, wenn ihnen eines der vorausgehenden oder alle vorausgehenden präsentiert würden. Das erste Wort paßte entweder gut in die semantische Kategorie der beiden folgenden Wörter und brachte so nichts Spezifisches in die Episodenliste (in unserem Beispiel: scharf), oder es war relativ unerwartet oder untypisch und machte so die Episodenliste einigermaßen spezifisch (in unserem Beispiel: «blutverschmiert-Axt-*Schwert*»). Überdies setzte Ackerman bei der Listendarbietung oft sog. Orientierungsfragen ein, die den episodischen oder gelegentlich den semantischen Kontext des Zielwortes noch akzentuieren sollten. Ein Beispiel für eine episodisch orientierende Frage zum Substantivpaar «Axt-*Schwert*» ist: «Könnte ein Prinz damit seine Feinde töten?» (man beachte, daß es für die Versuchspersonen vermutlich ein erstmaliger Gedanke war, daß ein Prinz Feinde mit einer Axt tötet). Ein Beispiel für eine semantisch orientierende Frage ist: «Kann man diese zum Kämpfen brauchen?»

Die Ergebnisse aus den vielen Untersuchungen Ackermans zeigten, daß die semantischen Erinnerungshilfen im allgemeinen wirksamer waren als die episodischen. Dieser Befund mag generalisierbar sein; er könnte aber auch dadurch bedingt sein, daß die Ackerman'schen Episoden im allgemeinen wenig eindrückliche Erlebnisse darstellten. Immerhin waren in seinen Untersuchungen die episodische Erinnerungshilfen desto wirksamer, je spezifischer sie waren. Kleinere Kinder (hier Zweitkläßler) zogen aus den spezifischen episodischen Erinnerungshilfen relativ wenig Nutzen, es sei denn, die vorausgehende Orientierungsfrage habe diese Episode bereits beim Enkodieren zu einer ungewöhnlichen gemacht.

Unsere eigenen Untersuchungen (für eine Übersicht vgl. Flammer, 1987) betreffen wesentlich komplexere Gedächtnisinhalte, nämlich solche, die einem längeren geschriebenen Text entsprechen. Zudem konzentrierten wir uns wie Ackerman auf Fälle, in denen der Suchbereich a priori stark eingegrenzt war. Dieser Spezialfall sollte gezieltes episodisches Erinnern resp. gezieltes episodisches Durchkämmen eines Suchbereichs besser ermöglichen, als wenn der Suchbereich sehr groß ist.

Den Versuchspersonen wurde eine komplexe Episode in Form eines Geschichtentextes präsentiert. In jeder dieser Geschichten kamen unter anderem mehrere Exemplare eines gleichen Begriffs vor. So war etwa in einem Bericht über eine Schulreise relativ unauffällig auch von verschiedenen Blumen und Gebäuden die Rede. Die Versuchspersonen hatten die Aufgabe, sich die (ganze) Geschichte möglichst gut zu merken, um hernach auf einschlägige Fragen antworten zu können. Danach wurden sie (überraschend) um die Wiedergabe möglichst vieler der Blumen (oder Gebäude etc.) gebeten, die im Text vorgekommen waren.

Die Auswertung richtete sich auf die Reihenfolge der richtig wiedergegebenen Begriffsexemplare. Entsprach sie nämlich der Reihenfolge ihres Vorkommens im Text, sollte das ein Indikator dafür sein, daß sich die Versuchspersonen bei ihrer Gedächtnisabsuche an die episodische Struktur hielten. Begann die Aufzählung aber mit sehr typischen oder geläufigen Exemplaren (z.B. 'Rose'), um dann zu immer weniger typischen oder weniger geläufigen (Beispiel: 'Zinie') überzugehen, dann konnte angenommen werden, daß die Gedächtnissuche durch allgemeines oder eben semantisches Wissen zu den gefragten Begriffen geleitet war. In mehreren Untersuchungen war vorausgehend nämlich gezeigt worden, daß Begriffsexemplare mehr oder weniger typisch sind und daß einem bei freier Wiedergabe die typischeren rascher in den Sinn kommen und darum auch zuerst wiedergegeben werden (Battig & Montague, 1969; Mervis & Rosch, 1981; Flammer, Reisbeck & Stadler, 1985). Es ist beizufügen, daß die Verteilung der Begriffsexemplare in den Texten so eingerichtet war, daß die typischsten in der Mitte waren und nach vorne und hinten im Text immer weniger typische Exemplare vorkamen. Damit waren die Reihenfolge im Text und die Typikalitätsreihenfolge unkorreliert.

Die Befunde dieser Untersuchungen mit verschiedenen Texten, verschiedenen Begriffen und an verschiedenen Versuchspersonen-Stichproben lassen sich wie folgt zusammenfassen:

— Beim Erinnern nach einem kurzen Intervall (5 bis 15 Minuten) hielten sich die Versuchspersonen spontan an die episodische Struktur, d.h. sie gaben die Exemplare, soweit sie sie überhaupt noch wußten, in der Reihenfolge wieder, in der sie im Text eingebettet waren. Das erscheint insofern als sinnvoll, als man annehmen kann, daß die episodische Gedächtniseintragung in der ersten Zeit noch sehr frisch und relativ vollständig ist (Flammer, Grob, Jann & Reisbeck, 1985).

— Wurden die Versuchspersonen ausdrücklich angeleitet, sich an die semantische Struktur zu halten, taten sie das nach dem kurzen Behaltensintervall dennoch nicht oder dann so, daß sie mit den untypischen Exemplaren statt mit den typischen begannen (Flammer & Grob, 1985). Man darf annehmen, daß die untypischen und seltenen Exemplare mehr aufgefallen waren, besondere Aufmerksamkeit genossen hatten und deshalb vom Suchbild aus besonders rasch oder stark mitaktiviert wurden. Aus der genannten Untersuchung von Flammer & Morger (1985) wissen wir nämlich, daß nach der Verwendung von typischen und untypischen Begriffsexemplaren in einer einfachen Vergleichsaufgabe die untypischen noch für mindestens einige Minuten ungewöhnlich leicht und rasch der Erinnerung zugänglich sind. Diese Erinnerungserleichterung verschwindet aber nach Stunden oder zumindest Tagen (vgl. Morger, 1990).

— Beim Erinnern nach drei Wochen war die episodische Struktur im allgemeinen nicht mehr erinnerungsleitend, dafür aber die semantische Struktur (gelegentlich spontan, oft aber auch nur nach entsprechender Instruktion), und zwar jetzt in der klassischen Form, wonach die typischen Begriffsexemplare *vor* den untypischen wiedergegeben wurden (Flammer & Grob, 1985).

— Die explizite Anleitung, die Geschichte in Gedanken nochmals durchzugehen und alle einschlägigen Items zu nennen (episodisch geleitete Suche), wurde beim Erinnern nach drei Wochen kaum befolgt, wahrscheinlich weil sie nicht mehr befolgt werden konnte, da die episodische Struktur unterdessen sehr lückenhaft geworden war (Flammer & Grob, 1985).

- In Übereinstimmung mit der Interpretation, daß die episodische Struktur (sofern sie noch einigermaßen lückenlos vorhanden ist) die sicherste Leitplanke für selektives Erinnern von Episodenteilen ist, steht der Befund, daß die episodische Instruktion bei unmittelbarer Wiedergabe zu insgesamt besseren Wiedergabeleistungen führte als die semantische Instruktion; für die Wiedergabe nach drei Wochen war es genau umgekehrt (Flammer & Grob, 1985).
- Die Untersuchungen bei 10- und 13-jährigen Schülern ergaben die gleichen Ergebnismuster (Morger & Flammer, 1989; Flammer & Lüthi, 1988), mit der Nuance, daß nach zwei (statt drei) Wochen überhaupt relativ wenig erinnert wurde und (deshalb?) auch die semantisch geleitete Suche selbst auf Anweisung hin weniger deutlich befolgt wurde.
- Eine erste Untersuchung an 8- und 9-jährigen Schülern mit einem locker aufgebauten Text (in dem die Ereignisse in verschiedener Reihenfolge ohne Sinnverlust behalten werden konnten) zeigte, daß sich diese Kinder wie die Erwachsenen nur beim unmittelbaren Erinnern am Text orientierten (in der Mehrheit sogar, indem sie sich im Text von hinten nach vorne bewegten). Dafür war in diesem Fall die semantische Struktur des Suchbilds nicht nur erst in der verzögerten Wiedergabe, sondern auch bereits bei der unmittelbaren Wiedergabe stark leitend (Flammer & Lüthi, 1988; Lüthi, Flammer & Gedeon, in Vorb.).
- In einer zweiten Untersuchung an 8- und 9-jährigen Schülern (Flammer & Lüthi, 1988; Lüthi, Flammer & Gedeon, in Vorb.) wurde ein Text eingesetzt, der eine sehr eindeutige und nicht auswechselbare Reihenfolge der Ereignisse enthielt. Diesmal erwies sich die Spurenstruktur nicht nur bei der unmittelbaren, sondern sogar bei der verzögerten Wiedergabe als leitend. Allerdings kann eine Spurenstruktur, die so stark durch die logische Ordnung geprägt ist, gerade deshalb nicht mehr einfach als episodisch bezeichnet werden. Auch sie ist semantisch geprägt, vergleichbar mit der zeitlaufgebundenen autobiographischen Erinnerungsstrategie, die durch allgemeines Biographiewissen unterstützt wird (vgl. 13.3.2).

Insgesamt zeigte sich sowohl in Ackermans wie auch in unseren Untersuchungen, daß Menschen ihre selektive Gedächtnisabsuche sowohl nach den episodischen als auch nach den allgemeinen Strukturen des Suchbereichs richten können. Nach unseren eigenen Befunden ist allerdings zu beachten, daß der episodische Suchbereich schon nach wenigen Wochen einigermaßen brüchig wird; mit Ausnahme von besonders wichtigen und eindrücklichen Ereignissen wird episodisches Wissen wohl wesentlich schneller vergessen als allgemeines.

Die praktische Anwendung dieser Erkenntnisse auf die gezielte Hinterfragung und Veränderung von Kontrollmeinungen stößt aber an ähnliche Grenzen, wie sie in Kapitel 13.4 sichtbar wurden: Für eine *gezielte und effiziente* Suche nach einer bestimmten Episode sollte diese schon bekannt sein, und das ist gerade dann nicht der Fall, wenn eine Person allein, also ohne Hilfe einer irgendwie informierten Person suchen muß. Für sich allein ist eine Person offensichtlich auf semantische Suchbilder angewiesen, wenn sie gezielt erinnern will. Das ist insofern bedauerlich, als das Erinnern mithilfe episodischer Zugänge eigentlich sehr wirksam ist. Die Wirksamkeit des episodischen Erinnerns hat Tulving (1976; 1979; Tulving & Thompson, 1973; Tulving & Watkins, 1975) mit dem *Prinzip der Enkodierungsspezifität* begründet und damit die vielfach belegten Befunde erklärt, daß spezifische Einzelheiten desto besser erinnert werden, je mehr andere, aber im Zusammenhang stehende episodische Einzelheiten erinnert resp. vorgegeben werden. Die Nutzung der episodischen Wege verlangt also in der Regel die Hilfe einer Zweitperson.

Daß diese Hilfe durch wissende Zweitpersonen nicht immer nötig ist, haben kürzlich Schmela und Schwarz (1990) demonstriert. Sie ließen Abiturienten frühere Schulnoten erinnern, was am besten gelang, wenn die Versuchspersonen zuerst diverse andere Erinnerungen an die damalige Klasse, den Unterricht, die Lehrpersonen etc. produzieren mußten. Diese Versuchsbedingung war signifikant wirkungsvoller als die vorausgehende Aktivierung von sog. Alltagstheorien über Begabungsabhängigkeit resp. Anstrengungsabhängigkeit von Schulnoten. Die Übertragung dieses Befundes auf die Situation der Erinnerung von kontrollrelevanter Korrekturinformtion ist jedoch daran gebunden, daß zuerst überhaupt der geeignete Suchbereich anvisiert wird.

14.2 Einstellung und autobiographisches Erinnern

Wenn bei der Suche aus dem autobiographischen Gedächtnis der Suchbereich nicht definiert oder sehr groß ist oder wenn er nur noch sehr fragmentarisch vorhanden ist, dann bleiben allein die semantischen Deskriptoren des sog. Suchbilds, die die Suche leiten können. Und dann erweisen sich gewisse Eigenheiten der Gedächtnisprozesse, die in den meisten Fällen sehr funktional sind, gelegentlich auch als ungünstig. Davon ist in diesem und dem nächsten Abschnitt die Rede.

Obwohl Menschen in ihrem Handeln, ihren Werten, ihren Einstellungen und ihren Aussagen nicht immer konsistent sind, sondern sich häufig selbst widersprechen, gilt für die meisten von uns Konsistenz unausgesprochen als hoher Wert. Im Prinzip versuchen wir, nicht-widersprüchlich zu sein, und bemühen uns im Fall von tatsächlichen Widersprüchen, diese aufzulösen, und sei es nur durch die Deklarierung einer gerechtfertigten Ausnahme (vgl. die Theorie der kognitiven Dissonanz von Festinger, 1957; sowie Ross, 1989).

Auch ich meine, Konsistenz sei ein hoher Wert; wenn meine Mitmenschen konsistent sind, weiß ich, 'mit wem ich es zu tun habe'; andernfalls können wir unser Handeln nicht gegenseitig koordinieren. Aber: Konsistenz allein würde Entwicklung nur in einem engen, zum voraus definierten Sinn zulassen. Es gibt immer wieder gute Gründe in uns selbst und um uns herum, eine Meinung zu ändern, eine Verhaltensgewohnheit abzulegen, eine neue Einstellung aufzubauen etc. Dann werden wir inkonsistent. Das stört uns nicht, wenn wir eine gute Erklärung dafür haben, z.B. den Hinweis auf ein neuartiges Ereignis oder die Tatsache, daß wir unterdessen älter (und weiser) geworden sind.

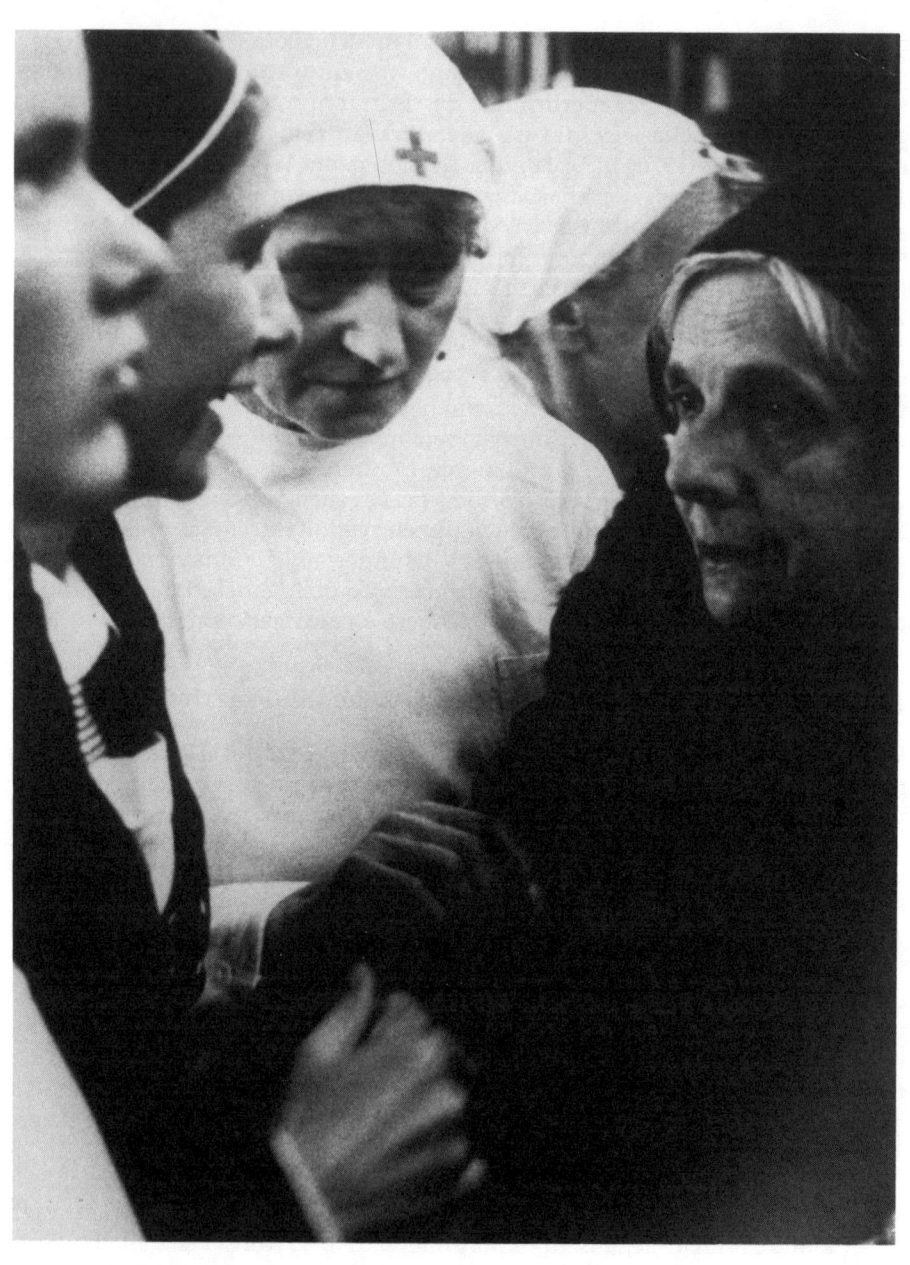

Flüchtlinge Genf 1940

Wenn wir aber keine guten Verdachtsgründe für eigene Inkonsistenz haben oder gar nicht einmal gemerkt haben, daß wir Gewohnheiten oder eine Einstellung oder eine Wertung verändert haben, dann werden die Mechanismen zur Rettung des konsistenten Selbstbilds subtiler. Einer dieser Mechanismen besteht darin, daß wir 'vergessen', welche Meinung wir bei früherer Gelegenheit äußerten oder welche Handlung wir früher ausgeführt haben. Meistens merken wir dann auch nicht, daß ein solcher Mechanismus mitspielt. Wir glauben ihn gelegentlich bei anderen zu sehen, aber wie können wir im Alltag sicher sein, daß nur unsere Mitmenschen der Konsistenz zuliebe gewisse Dinge behalten und andere vergessen, wir jedoch nicht? In einem kontrollierten psychologischen Experiment läßt sich das aber nachweisen.

Eine klassisch gewordene Untersuchung stammt von Goethals & Reckman (1973). Diese ließen Studierende einen Fragebogen über Einstellungen zu einer größeren Zahl von politischen Aktualitäten ausfüllen. Darunter waren auch Fragen zum sog. bussing, d.h. zur US-amerikanischen Maßnahme, Kinder mit Bussen in entferntere Schulen zu fahren, damit alle Schulen eine etwa gleiche Rassenzusammensetzung hatten. Vier bis vierzehn Tage später nahmen diese Versuchspersonen an Diskussionsgruppen über das bussing teil. In diese Gruppen war ein mit den Experimentatoren verbündeter Teilnehmer eingeschleust worden, der – mit guten Argumenten vorbereitet – versuchte, die Gruppenteilnehmer gegen ihre im Fragebogen geäußerte Einstellung zu beeinflussen. Die Versuchspersonen bemerkten aber die Zielsetzung des Experiments nicht. Unmittelbar nach dieser Gruppendiskussion hatten die Versuchspersonen wieder den Einstellungsfragebogen auszufüllen, und zum Abschluß sollten sie angeben, wie sie glaubten, bestimmte Fragen beim ersten Mal beantwortet zu haben. Es zeigte sich, daß der verbündete Teilnehmer mit seinen Änderungsversuchen recht erfolgreich war. Das erstaunlichste Resultat aber war, daß die Versuchspersonen sich an die erste Fragebogenbeantwortung zugunsten der zweiten in dem Maß falsch erinnerten, als sie die Meinung gewechselt hatten, und das, ohne daß sie sich darüber Rechenschaft gegeben hatten (weitere Untersuchungen, die mit diesem Befund in Einklang stehen, stammen von Bem & McConnell, 1970; Ross & Shulman, 1973; Ross, McFarland & Fletcher, 1981; Read & Rosson, 1982; Ross, McFarland, Conway & Zanna, 1983; Olson & Cal, 1984).

Ob diese Befunde auf das Erinnern von kontrollmeinungskonformen Episoden übertragbar sind, ist nicht von vornherein klar. Man kann annehmen, daß öffentlich geäußerte Werteinstellungen mehr binden als (private) Meinungen über die eigene Kontrolle. Auf der anderen Seite kann das Erinnern von Episoden, die eine aktuell hohe Kontrollmeinung nicht rechtfertigen, auch bedrohlich sein. Das Umgekehrte aber, das Erinnern von Ereignissen, die einen in besserem Licht erscheinen lassen, sollte nicht bedrohlich sein. Und gerade das tun Menschen, die zur Depression neigen, oft nicht. Wäre es also doch bedrohlich? Etwa weil man dann nicht so hilfebedürftig wäre, wie man sich jetzt fühlt, oder weil man dann aktiver werden und etwas wagen müßte?

14.3 Zustandsabhängiges Erinnern

Wir kommen nochmals auf das Prinzip der Enkodierungsspezifität zurück (vgl. 14.1). Die allgemeine Gedächtnispsychologie hat seit Tulvings Formulierung dieses Prinzips und teilweise auch schon früher überraschende Befunde gemeldet, wonach bisher als äußerlich und unwichtig geglaubte Bedingungen das episodische Erinnern fördern. Was man in einer bestimmten Umgebung gelernt hat, kann man z.b. etwas leichter in der gleichen Umgebung als in einer anderen erinnern (Godden & Baddeley, 1975; Smith, Glenberg & Bjork, 1978; Wippich, 1981). Goodwin, Powell, Bremer, Hoine & Stern (1969) und andere haben nachgewiesen, daß man das, was man unter Alkoholeinfluß gelernt hat, unter Alkoholeinfluß auch besser erinnert als in neutraler Situation. Ähnliches gilt für andere Drogen und für Tageszeiten (vgl. die Übersichten bei Baddeley, 1976, und bei Wippich, 1985, 22-24).

Neue Aufmerksamkeit hat in den letzten Jahren die Abhängigkeit des Erinnerns von Stimmungen und Gefühlen erhalten, ein Thema, das früher schon mehrfach Forschungsgegenstand war, dann aber vernachlässigt wurde (vgl. Bousfield, 1950). Ich gebe hier die wichtigsten Befunde wieder. Dabei verwende ich *Stimmung* als eine subjektiv erfahrene, momentane und allgemeine, d.h. alles Erleben betreffende Befindlichkeit (englisch: *mood* oder *feelings*). Es gibt verschiedene Stimmungen, z.B. Trauer, freudige Erwartung; in manchen Untersuchungen werden nur die beiden Hauptklassen, positive und negative Stimmungen, unterschieden. Im Gegensatz zu Stimmung verstehe ich *Gefühl* nicht allgemein, sondern an bestimmte Inhalte gebunden (englisch: *emotion*). Ein *Affekt* ist ein sehr starkes Gefühl (englisch: strong emotion). Als Oberbegriff für alle diese drei Begriffe dient *Emotion* (englisch: *affect*). Unser Gegenstand hier sind nur Gefühle und Stimmungen.

Es wurde bisher mehrfach nachgewiesen, daß Materialien, die durch ihren Inhalt oder ihre Bedeutung ein bestimmtes Gefühl wachrufen (zum Beispiel Trauer oder Ärger), besser behalten werden, wenn sich die Person zum Zeitpunkt der Enkodierung in einer Stimmung befindet, die mit diesem Gefühl übereinstimmt, als wenn sie sich in einer anderen Stimmung befindet (z.B. Bower, Gilligan & Monteiro, 1981; Nasby & Yando, 1982; Bower & Mayer, 1985).

Wenn die im Gedächtnis enkodierten Inhalte bestimmte Gefühle implizieren, dann werden diese Inhalte auch besser wiedererinnert, wenn die Person zum Wiedergabezeitpunkt in der gleichen Stimmung ist, als wenn die Person in einer anderen Stimmung ist (Macht, Spear & Levis, 1977; Bower, Monteiro & Gilligan, 1978; Bartlett & Santrock, 1979; Teasdale, Taylor & Fogarty, 1980; Derry & Kuiper, 1981; Teasdale & Taylor, 1981; Bartlett, Burleson & Santrock, 1982; Clark & Teasdale, 1982; Ehrlichman & Halpern, 1988; Salovey & Birnbaum, 1989; Salovey & Singer, 1989; sowie die Übersichten bei Coyne & Gotlib, 1983, und Blaney, 1986). Dieser Befund gilt sowohl für das Erinnern von im Labor gelernten Wörtern als auch für das Erinnern von natürlichen autobiographischen Ereignissen; und ebenso gilt er sowohl für habituelle Stimmungen im Sinne stabiler interindividueller Differenzen (z.B. Depressive vs. 'Normale') als auch für ad hoc induzierte Stimmungen, z.B. in der Hypnose (vgl.

die Übersicht von Blaney, 1986). Fogarty & Hemsley (1983) haben ihre depressiven Patienten zweimal veranlaßt, biographische Erinnerungen zu produzieren, und das gleiche Muster der Präferenz unangenehmer Ereignisse gefunden; zusätzlich zeigte sich, daß jene Patienten, deren Stimmung sich von der ersten bis zur zweiten Untersuchung verbessert hatte, auch das Übergewicht unangenehmer über angenehme Erinnerungen reduzierten. Pyszczynski, Hamilton, Herring & Greenberg (1989) demonstrierten, daß diese Erinnerungseinseitigkeit bei zur Depression neigenden Studierenden nur eintrat, wenn ihre Aufmerksamkeit auf sie selbst gelenkt war und nicht, wenn sie auf etwas außerhalb ihrer selbst gelenkt wurde. – Solche Befunde sind in unserem Kontext deshalb wichtig, weil Depression häufig mit der Überzeugung des Kontrollverlusts einhergeht (vgl. Kapitel 6).

Unabhängig vom Gefühlsbezug der Inhalte des gelernten Materials geben einige Untersuchungen Hinweise dafür, daß das Erinnern allenfalls besser gelingt, wenn die Person zum Zeitpunkt der Erinnerns sich in gleicher Stimmung befindet wie zum Zeitpunkt der Enkodierung, als wenn die Person in einer anderen Stimmung ist (Wippich, 1982; Überblick in Blaney, 1986, 230-231).

Während diese Stimmungsabhängigkeiten des Erinnerns häufig kleine Effekte bewirken, scheint die Stimmungsabhängigkeit deutlicher zu sein, wenn die Gefühle, die mit dem Erlebten zu tun haben, auf die Versuchspersonen selbst gerichtet sind (Selbstgefühle, Selbstwertgefühle; Bradley & Mathews, 1983; Ingram, Smith & Brehm, 1983; Hammen, Miklowitz & Dyck, 1986; Martin, Ward & Clark, 1983; Kuiper & MacDonald, 1982; vgl. auch Kapitel 13.3.1.3).

Von etwas anderer Art, aber mit diesen Befunden verwandt, ist das mehrfach berichtete Resultat, daß depressive Versuchspersonen nach dem Bearbeiten einer Reihe von Aufgaben, zu denen sie erfuhren, ob sie richtig oder falsch gelöst waren, das Verhältnis von Erfolgen zu Mißerfolgen unterschätzen, wogegen Nichtdepressive dieses Verhältnis entweder realistisch schätzen oder gar überschätzen (z.B. Nelson & Craighead, 1977; Gotlib, 1981; Wright & Mischel, 1982; Teasdale & Spencer, 1984; vgl. 11.3). Dieser Befund paßt in diese Reihe, wenn man – ziemlich problemlos – unterstellt, daß die depressiven Versuchspersonen auch im Moment der Untersuchung in schlechter Stimmung waren; er unterscheidet sich aber von den anderen, weil hier nicht das Erinnern konkreter einzelner Ereignisse, sondern die Schätzung ihrer Summe geprüft wurde.

Wie diese Stimmungsabhängigkeit zu erklären ist, kann in diesem Rahmen nicht ausführlich erörtert werden (vgl. Wippich, 1985, 24-31, und dort angegebene Originalliteratur). Eine der sparsamsten Interpretationen ist die, daß die die Inhalte begleitenden Gefühle resp. Stimmungen wie kognitive Elemente kodiert werden und durch ihre Verbindung über die allgemeine Enkodierung der betreffenden Gefühlsart zusätzliche Zugänge für die Suchprozesse ermöglichen (Bower, 1981). Daß diese Verbindungselemente als solche im Gedächtnis sogar stimmungs- und gefühlsunabhängig sein können, haben Perrig & Perrig-Chiello (1985; 1988) nachgewiesen, indem sie nicht aktuelle Stimmungen induzierten, sondern nur Stimmungswissen. Ihre Versuchspersonen hatten nämlich die Aufgabe, sich beim Einprägen einer Wortliste so zu verhalten, als ob (!) sie in ausgesprochen glücklicher (resp. trauriger) Stimmung wären. Auch diese Aufgabenstellung führte zu einem stimmungskonformen Überhang von Wörtern mit positiver resp. negativer Valenz. Daß aber diese Versuchspersonen wirklich nicht auch entsprechende Stimmungen aufkommen ließen, kann nicht strikte behauptet werden (vgl. Snyder & White, 1982).

14.4 Kontrollmeinung und autobiographisches Erinnern

Aktuelle Kontrollmeinungen immunisieren sich nicht nur gegen neue Erfahrungen (Kapitel 10 und 11), sondern erschweren vermutlich auch den Zugang zu widersprechenden episodischen Erinnerungen. Das legen jedenfalls die allgemeinpsychologischen Befunde in den Kapiteln 13, 14.2 und 14.3 nahe. Unsere Schlußfolgerung daraus, daß auch die aktuelle Kontrollmeinung eine selektive Wirkung auf das biographische Erinnern ausübt, ist unter folgenden Bedingungen plausibel:

– Wenn die Erfahrung einer Episode, die für resp. gegen eine entsprechende Kontrolle spricht, positiv resp. negativ erlebt wird, sind die Befunde über die Wirkung von Stimmungen zum Enkodierungszeitpunkt für unseren Kontext potentiell relevant.
– Wenn eine aktuell hohe resp. tiefe Kontrollmeinung mit einer positiven resp. negativen Stimmung einhergeht, sind die Befunde über die Wirkung von Stimmungen zum Erinnerungszeitpunkt in unserem Kontext einschlägig.
– Wenn die Erinnerung an eine Episode, die für resp. gegen eine entsprechende Kontrolle spricht, gleichzeitig und damit verbunden positive resp. negative Gefühle auslöst, dann sind die Befunde über die Übereinstimmung vs. Nichtübereinstimmung von an Gedächtnisinhalte gebundenen Gefühlen mit Stimmungen zum Erinnerungszeitpunkt für unseren Kontext potentiell relevant.
– Natürlich muß für eine Übertragung der meisten Befunde auch gewährleistet sein, daß die Prozesse und Bedingungen der Erinnerung an experimentell herbeigeführte Episoden denen von alltäglichen Episoden entsprechen.

Für die direkte Prüfung der Generalisierung auf den uns interessierenden Fall, daß in Abhängigkeit von der aktuellen Kontrollmeinung selektiv mehr Erfolgs- resp. Mißerfolgsepisoden erinnert werden, lassen sich drei empirische Untersuchungen verwenden, nämlich die von Johnson, Petzel, Hartney & Morgan (1983), die von Scheuber-Sahli & Flammer (1989) und die von Lüthi (1990).

Johnson, Petzel, Hartney & Morgan (1983) gaben zwanzig Papier-und-Bleistift-Tests vor; dabei unterbrachen sie die Versuchspersonen in zehn der Testaufgaben, bevor sie sie fertig bearbeitet hatten (Zeigarnik-Effekt). Unmittelbar danach sollten die Versuchspersonen die Aufgaben erinnern und ihre Namen niederschreiben. Zur Depression neigende Versuchspersonen (nach der Beck-Skala) erinnerten signifikant mehr nicht-abgeschlossene Aufgaben als abgeschlossene. Genau das Umgekehrte war der Fall bei den nicht zur Depression neigenden Versuchspersonen. Dieser Befund entspricht unserer Vermutung, denn die nicht abgeschlossenen Aufgaben können als Mißerfolgsepisoden gelten und die abgeschlossenen als Erfolgsepisoden, und den zur Depression neigenden Vpn sprechen wir eine tiefe und den nicht zur Depression neigenden Versuchspersonen eine hohe Kontrollmeinung zu. Der Befund läßt sich dann dahingehend interpretieren, daß zur Depression neigende Personen ihre geringe Kontrollmeinung aufrechterhalten und bestätigen, indem sie aus den erlebten Episoden mit Vorzug die erfolglosen erinnern. Diese Interpretation gewinnt noch dadurch an Gewicht, daß die zur Depression neigenden Personen im Vergleich zu den nicht zur Depression neigenden Personen in einer anschließenden Beurteilung die abgeschlossenen Aufgaben (aber nur diese) als weniger wichtig bewerteten.

Scheuber-Sahli & Flammer (1989) verfolgten fünf Einzelpersonen in einem halbjährigen Programm zur Überwindung von Studienschwierigkeiten. Nach diesem Programm führten die Klientinnen und Klienten in wöchentlichen Sitzungen Übungen durch. Nach einem bestimmten Plan wurden auch wiederholt aufgabenspezifische Kontrollmeinungen erhoben und Erinnerungen an frühere Übungen veranlaßt. Diese Erinnerungen waren entweder frei («Welche Übungen haben wir letztes Mal durchgeführt?») oder frei mit Nachfrage («Es waren aber noch andere Übungen dabei») oder geleitet («… eine Übung, in der von einem Akrobaten die Rede war»). Alle erinnerten Übungen konnten danach klassifiziert werden, ob sie erfolgreich oder nicht bearbeitet worden waren.

Uns interessiert hier die Frage, ob nach der Methode der freien Erinnerung unmittelbar nach der Angabe einer relativ hohen Kontrollmeinung auch mehr erfolgreiche Übungen erinnert wurden als unmittelbar nach der Angabe einer relativ tiefen Kontrollmeinung. Vier der fünf Personen zeigten ein statistisch konsistentes Muster, zwei davon wie vorhergesagt und zwei gerade in der umgekehrten Richtung, d.h. zwei erinnerten kontrollmeinungskonform und zwei gerade konträr. Es kann sein, daß die beiden letztgenannten Personen das Bedürfnis verspürten, die geäußerte Kontrollmeinung durch Erinnern von Gegenbefunden zu relativieren. Da sie sich vielleicht bewußt waren, daß Erfolge oft nicht so sicher versprochen werden können, sahen sie sich nach der Äußerung einer hohen Kontrollmeinung vor mit dem indirekten Hinweis auf die Möglichkeit von Mißerfolgen. Die gleiche Relativierungsstrategie spielte möglicherweise im Fall einer tiefen Kontrollmeinung: Wenn die Versuchspersonen sich eine relativ geringe Kontrolle zugesprochen hatten, war es ihnen ein Bedürfnis, mit Hinweisen auf Erfolge das negative Bild ein wenig zu 'nuancieren'. Leider wurde zur Prüfung dieser Posthoc-Erklärung keine Nachbefragung durchgeführt.

Beachtlich an diesen Befunden ist nicht nur, daß die selektive Erinnerung kontrollmeinungskonform oder -diskonform sein konnte, sondern daß vier von fünf Personen in dieser Beziehung ziemlich konsistent waren. Die einen bestätigten sich selbst meistens mit konkordanten Erinnerungen, die anderen relativierten sich selbst meistens mit diskordanten Erinnerungen.

Auch in zwei Experimenten von Ruth Lüthi (1990) konnten Zusammenhänge zwischen selektiven Erinnerungen an früher erbrachte Leistungen und der Kontrollmeinung festgestellt werden. Lüthi ließ jugendliche Versuchspersonen Aufgaben lösen, zu denen sie zuerst Beispiele zeigte und zu denen sie die Versuchspersonen ihre Erwartungen an ihre eigene Leistung äußern ließ. Wichen dann die tatsächlichen Leistungen von den Erwartungen ab, erinnerten sich die Versuchspersonen später an diese Aufgaben besser, als wenn die Leistungen den Erwartungen entsprachen, tendenzmäßig noch ausgeprägter, wenn die Leistungen die Erwartungen nicht erreichten, als wenn die Leistungen die Erwartungen übertrafen. Wenn man annimmt, daß sich die Kontrollmeinung durch die konkrete Erfahrung nicht wesentlich veränderte, so bestand hier eine Tendenz, kontrollmeinungsdiskonform zu erinnern. Das ist im Hinblick auf die emotionale Bedeutung der (positiven oder negativen) Überraschung plausibel, denn diese Erfahrungen waren eindrücklicher als die kontrollmeinungskonformen.

Die Untersuchungen von Scheuber-Sahli & Flammer und von Lüthi sind recht ermutigend, weil sie entgegen unserer pessimistischen Befürchtung zeigten, daß kontrollmeinungsdiskonforme Episoden im Gedächtnis durchaus zugänglich sein können. Ob das auch über längere Behaltensintervalle anhält und auch, wenn die Ereignisse noch deutlicher selbstwertbezogen sind, müssen weitere Untersuchungen zeigen.

14.5 Therapie durch gezieltes autobiographisches Erinnern und Neuinterpretieren?

Der letzte Prüfstein unserer Überlegungen in den Kapiteln 13 und 14 ist die Frage, ob es wirklich möglich ist, die aktuelle Kontrollmeinung durch gezieltes selektives episodisches Erinnern zu verändern. Ich kenne nur drei geplante Untersuchungen zu einer solchen 'Erinnerungstherapie' oder 'Therapie durch Gegenerinnern', nämlich die von Teasdale (1978), die von Scheuber-Sahli & Flammer (1989) und die von Lüthi (1990). Das ist eigentlich erstaunlich wenig, wenn man bedenkt, daß viele Psychotherapieformen mit biographischen Erinnerungen arbeiten.

Die Untersuchung von Teasdale (1978) lehnte sich an die klassischen Laboruntersuchungen zur Hilflosigkeitsforschung an (vgl. Kapitel 4) und wurde sehr systematisch durchgeführt. Teasdale arbeitete mit sechs Vergleichsgruppen (Tabelle 14-1). Alle Versuchspersonen stammten aus einer unausgelesenen Population von Studierenden, die anhand des Depressions-Fragebogens von Beck (1967) als Nichtdepressive (60, aufgeteilt in vier Gruppen) resp. Depressive (24, aufgeteilt in zwei Gruppen) definiert wurden.

Die zu lösenden Aufgaben bestanden aus Diskriminationsaufgaben (unpassende Elemente aus einer Reihe von Wörtern oder Figuren herausfinden). Drei der vier nichtdepressiven Gruppen erhielten nach dem Vortest ein Hilflosigkeitstraining (unlösbare Diskriminationsaufgaben). Anschließend erhielt eine der HL-Gruppen zwölf lösbare und relativ leichte Diskriminationsaufgaben (*Erfahrungstherapie*), eine andere der HL-Gruppen erhielt zwölf aus dem Vortest ausgewählte Aufgaben vorgesetzt, die sie richtig gelöst hatten, mit der Aufforderung, sich nochmals genau vorzustellen, was da passierte, warum sie erfolgreich waren etc. (*Erinnerungstherapie*). Die beiden depressiven Versuchspersonengruppen erhielten kein HL-Training, wohl aber eine davon die gleiche Erinnerungstherapie wie die eine der nichtdepressiven HL-Gruppen. Erfreulicherweise unterschieden sich die sechs Gruppen im Vortest nicht, waren also parallel.

Tabelle 14-1
Untersuchungsgruppen nach Teasdale (1978): HL = Hilflosen-Gruppe; Vgr = Vergleichsgruppe;
VT = Vortest; NT = Nachtest

«NICHT-DEPRESSIVE»				
Vgr/keine Therapie:	VT	keine Aufgabe	keine Therapie	NT
HL /keine Therapie:	VT	unlösbare Aufgaben	keine Therapie	NT
HL /Erfahrungstherapie:	VT	unlösbare Aufgaben	erfolgreiche Aufgaben	NT
HL / Erinnerungstherapie:	VT	unlösbare Aufgaben	geleitetes Aufgabenerinnern	NT
«DEPRESSIVE»				
Vgr/keine Therapie:	VT	keine Aufgabe	keine Therapie	NT
Vgr/Erinnerungstherapie:	VT	keine Aufgabe	geleitetes Aufgabenerinnern	NT

Die Erinnerungstherapie war teilweise erfolgreich, teilweise nicht. Die Resultate sind auf mehreren Ebenen zu analysieren.

Im Nachtest, also im eigentlichen Leistungstest, zeigte die Erinnerungstherapie keinen Erfolg (Tabelle 14-2): Die Versuchspersonen machten etwa so viele Fehler wie die HL-Gruppe ohne Therapie und wie die Depressiven ohne Therapie. Das gleiche Muster zeigte sich in den Latenz- oder Arbeitszeiten. Man kann daraus ablesen, daß die Erinnerungstherapie auch die Kontrollmeinung nicht anhob, denn sie hätte dann – nach der Logik dieses Experiments – auch die Leistungen im Nachtest verbessern müssen.

Teasdale hatte vor jeder Phase eine kurze Stimmungsmessung erhoben. Bei den nichtdepressiven Versuchspersonen senkte sowohl die Erfahrungstherapie als auch die Erinnerungstherapie das Niveau der durch das HL-Training produzierten Verzweiflungsstimmung (engl. despondency) signifikant gegenüber der nicht-therapierten HL-Gruppe, und es fand sich kein Unterschied zwischen den beiden Therapiegruppen. Bei den Depressiven aber war die Verzweiflungsstimmung auch in der Erinnerungstherapie resistent. Leider wurde mit den Depressiven keine Erfahrungstherapie durchgeführt, so daß offen bleibt, ob diese (kurze) Therapie die Stimmung der Depressiven hätte verbessern können.

Nach dem Nachtest wurde auch eine Messung der Kausalattributionen für die Mißerfolge erhoben. Im Vergleich zur nicht-therapierten HL-Gruppe nahmen beide Therapiegruppen signifikant mehr externale Attributionen für ihre Mißerfolge vor (ob sie sich auch voneinander noch unterschieden, geht aus dem Artikel nicht hervor; auch werden für die Depressiven keine Zahlen mitgeteilt).

Tabelle 14-2

Nachtestergebnisse (nach Teasdale, 1978, 161); * p<.05, ** p<.01, *** p<.001

Gruppe	Durchschnittliche Latenzzeit	Nicht- oder Falschlösungen
'NICHT-DEPRESSIVE'		
Vgr/keine Therapie:	21.45	1.93
HL / keine Therapie:	39.86	5.47
HL /Erfahrungstherapie:	22.53	2.13
HL /Erinnerungstherapie:	30.06	5.00
'DEPRESSIVE'		
Vgr/keine Therapie:	38.53	4.92
Vgr/Erinnerungstherapie:	31.87	4.00

Teasdale zog aus diesen Befunden den Schluß, daß Erinnerungstherapie eine ökonomische Chance gewesen wäre, die sich aber nicht erfüllte:

> Während Erfahrungstherapie und Erinnerungstherapie gleich wirksam waren auf die Verschiebung der Attributionen von Fehlerursachen auf externe Faktoren, behob nur die Erfahrungstherapie die hilflosigkeitsbedingten Leistungsdefizite. Es ist deshalb unwahrscheinlich, daß diese Attributionsverschiebung ein Mittel zum Erfolg werden kann (Teasdale, 1978, 163).

Dieser Schluß ist sicher voreilig (auch wenn aufgrund des Experiments das Gegenteil ebenfalls nicht garantiert ist), und zwar aus folgenden Gründen:

– So aufwendig das Experiment von Teasdale war und so sorgfältig es offensichtlich durchgeführt wurde, ist es doch nur eine Mini-Simulation der Alltagsprozesse. Nach allem, was wir über die Wirkung von Stimmungen wissen, ist es plausibel, daß eine durch geleitetes Erinnern gehobene Stimmung die Kontrollmeinung hebt und längerfristig neue Erfahrungen zugänglich macht und damit schließlich die Kontrolle selbst steigert. In diesem Experiment wurde die Stimmung durch die Erinnerungstherapie ja tatsächlich gehoben.

– Nach den Erfahrungen der Attributionsforschung dürfen wir die Verschiebung der Attributionsmuster für Mißerfolge auf externe Faktoren nicht gering schätzen. Sie sind tatsächlich imstande, künftige Leistungen und wohl auch die Kontrollmeinungen zu beeinflussen. Und auch diese Attributionsverschiebung durch die Erinnerungstherapie wurde in diesem Experiment nachgewiesen.

– Letztlich kann man darüber streiten, ob das Teasdale-Experiment wirklich eine 'Erinnerungstherapie' und nicht eher eine 'Aufmerksamkeitstherapie' enthielt. Der Aufgaben insgesamt waren doch nicht sehr viele, und alles lief in kurzer Zeit ab (vielleicht innerhalb einer Stunde), so daß dieses kurze Stück Autobiographie kaum aus dem Bewußtsein verschwunden sein konnte. Die spezielle Intervention mit der Aufforderung, sich in die erfolgreichen Lösungen nochmals zu vertiefen, hatte vielleicht gar keinen Erinnerungseffekt, sondern wurde als Aufforderung verstanden, intensiver an diese Erfolge zu denken statt an die Mißerfolge; daß deswegen die Probanden ihre subjektiven Wahrscheinlichkeiten der Richtiglösung vergleichbarer neuer Probleme veränderten, ist eine andere Erwartung, die nicht so sicher gerechtfertigt ist. Die Versuchspersonen haben wohl auch die tatsächlich erlebten Mißerfolge durch diese Kurztherapie nicht vergessen (so wenig wie sie sich erst jetzt an die Erfolge erinnerten, die sie sonst vergessen hätten).

Insgesamt möchte ich das Teasdale-Experiment wegen des nachgewiesenen Stimmungswechsels und des Attributionsmusterwechsels als ermunternd bezeichnen, obwohl es in der Laborsituation den definitiven Erfolg der Erinnerungstherapie – wenn es überhaupt eine war – nicht belegen konnte.

Auch die schon genannte Untersuchung mit fünf experimentell erstellten Autobiographien von Scheuber-Sahli & Flammer (1989) ging der Frage nach, ob allfällige Veränderungen in der Kontrollmeinung mit einer dazwischen erfolgten Erinnerungsaufgabe konsistent waren oder nicht, also von der Qualität der erinnerten Episoden abhing oder nicht. Eine Veränderung der Kontrollmeinung war konsistent, wenn nach der Erinnerung einer erfolgreich gelösten Aufgabe eine Erhöhung der Kontrollmeinung resp. nach der Erinnerung einer erfolglos bearbeiten Aufgabe eine Senkung der Kontrollmeinung festgestellt wurde. Für diese Berechnung standen 122 intraindividuelle Meßpaare von Kontrollmeinungen zur Verfügung. Neunzehn Meßpaare waren identisch, 65 zeigten eine konsistente Veränderung, 38 eine nicht-konsistente. Dieser Unterschied ist statistisch sehr signifikant.

Scheuber-Sahli & Flammer (1989) unterschieden drei verschiedene Erinnerungsaufgaben, nämlich freies Erinnern, freies Erinnern mit Nachfrage und geleitetes Erinnern (vgl. Kapitel 14.4). Die erinnerungskonsistente Veränderung der Kontrollmeinung galt für alle drei Erinnerungstypen, war aber nur für freies Erinnern und freies Erinnern mit Nachfrage signifikant. Möglicherweise wurde das geleitete Erinnern mitunter als Gängelei empfunden, die zu einer Art Trotzreaktion verleitete.

Die separate Betrachtung der einzelnen Versuchspersonen erbrachte in vier von fünf Fällen ebenfalls erinnerungskonsistente Veränderungen der Kontrollmeinung (wegen der geringen Zahl von Freiheitsgraden aber nur selten statistisch signifikant). Nur bei einer Person hielten sich die konsistenten und die nichtkonsistenten Veränderungen die Waage; dafür reagierte diese Person weitaus am stärksten von allen auf unmittelbare Erfahrungen mit entsprechenden Veränderungen der Kontrollmeinung.

Die Untersuchung von Scheuber-Sahli & Flammer (1989) gestattet noch mehr Hoffnung als jene von Teasdale (1978), über veranlaßtes selektives Erinnern an erlebte Episoden die aktuelle Kontrollmeinung zu beeinflussen. Im Hinblick auf die praktische Verwertbarkeit dieses Zusammenhangs ist aber

zu beachten, daß zwar solches kontrollmeinungveränderndes Erinnern mit
Vorteil durch eine Zweitperson gesteuert wird, daß aber mit veranlaßten Erinnerungen unter Umständen auch ein Bumerangeffekt in Kauf genommen werden muß. Dafür spricht allenfalls der Befund, daß die Erinnerungskonformität
der Kontrollmeinungveränderung am geringsten ausfiel bei geleitetem Erinnern; noch deutlicher dafür spricht der Befund, daß einzelne Versuchspersonen
die Neigung zeigten, Episoden zu erinnern, die der aktuellen Kontrollmeinung
widersprachen (vgl. Kapitel 14.4). Man wird nach Methoden zu suchen haben,
das Erinnern der Versuchspersonen wirksam und doch einigermaßen unauffällig zu lenken.

Schließlich ging es auch in einer Untersuchung von Lüthi (1990) darum zu
zeigen, daß Kontrollmeinungsveränderungen nicht nur durch neue Erfahrungen,
sondern noch stärker durch zusätzliche Erfahrungserinnerungen erreicht werden können. Zu Beginn dieser Untersuchung mußten die Vpn ihre Kontrolle in
verschiedenen Leistungsbereichen einschätzen. Anschließend erhielten sie zu
diesen Bereichen Aufgaben zu lösen, deren Güte sie hernach selbst zu beurteilen hatten. Eine Woche danach wurde die eine Hälfte der Vpn (Gruppe 1) gebeten, alle gut gelösten Aufgaben und die Leistungsbeurteilungen zu erinnern.
Anschließend hatten sie nochmals eine Schätzung ihrer bereichsspezifischen
Kontrollmeinungen abzugeben. Die andere Hälfte der Versuchspersonen
(Gruppe 2) erhielt in der zweiten Sitzung zuerst den Fragebogen zur Einschätzung der Kontrolle und hatte erst dann die gelösten Aufgaben und deren Beurteilungen zu erinnern. In einer multiplen Regressionsanalyse konnte im Fall
der Gruppe 1 die Kontrollmeinung der zweiten Sitzung mit der Kombination
der Kontrollmeinung der ersten Sitzung und der (erinnerten) Leistungserfahrung vorhergesagt werden, während im Fall der Gruppe 2 die Erfahrung (ohne
spezielle Erinnerungsaufforderung) keinen Prädiktionsbeitrag erbrachte. Lüthi wertete diesen Befund als Beleg dafür, daß die Erinnerungsaufforderung
die entscheidende zusätzliche Wirkung auf die Veränderung der Kontrollmeinung hatte.

Insgesamt geben diese drei Experimente Grund zur Annahme, daß über gezieltes selektives Erinnern aus der Autobiographie Veränderungen der aktuellen Kontrollmeinung möglich sind. Die Effekte scheinen nicht leicht erzielt
werden zu können. Das mag überraschen, wenn man bedenkt, daß der Erinnerung und die weitere Verarbeitung von früheren Erfahrungen zu verschiedenen
psychotherapeutischen Standardverfahren gehören. Psychotherapeutische
Arbeit ist aber bekanntlich immer aufwendig und zeitintensiv; es müßte darum ebenso überraschen, wenn Effekte, wie die hier angezielten, so leicht zu erreichen wären. Überdies erscheint es durchaus funktional, daß Menschen ihre
Meinungen über sich selbst nicht allzu leicht ändern und vor allem, daß sie
versuchen, sie möglichst konsistent mit ihrer mentalen Autobiographie zu
halten. Diese Konsistenz wird eben nicht nur über die Anpassung der Kontrollmeinung erreicht, sondern auch über die Anpassung der mental repräsentierten
(und erinnerten) Autobiographie.

Die wirksamen Strategien zur Erreichung von Kontrollmeinungsveränderungen aufgrund selektiven autobiographischen Erinnerns sind nach diesen weni-

gen Untersuchungen noch ungenügend geklärt. Ihre Erforschung und die Erforschung ihrer Bedingungen ist eine fällige und reizvolle Aufgabe der Zukunft. Persönlichkeitspsychologie (z.B. im Sinne der Kontrollmeinungspsychologie), Gedächtnispsychologie, Psychotherapie und Beratung berühren sich hier und könnten in Zukunft eine vertiefte gegenseitige Integration erfahren.

Zusammenfassung

Das gezielte Auffinden von Episoden im Gedächtnis ist über allgemeine (= semantische) und über episodische Spuren möglich. Für eine gezielte Nutzung der episodischen Spuren ist aber in der Regel die Hilfe einer Zweitperson nötig, da man selbst im voraus nur allgemein weiß, was man nicht weiß.

Episodische Gedächtniseintragungen von geringer subjektiver Bedeutung zum Zeitpunkt der Enkodierung werden im Gedächtnis rascher unzugänglich als allgemeines Wissen. Das beschränkt die Nachverwertung früherer Erfahrungen zusätzlich.

Aktuelle Einstellungen und Stimmungen steuern die Selektion beim Erinnern einzelner Episoden. Kontrollmeinungen können als spezielle Einstellungen sich selbst und seinen Handlungsmöglichkeiten gegenüber verstanden werden. Da Kontrollmeinungen auch den Selbstwert und die Wahrscheinlichkeit der Erreichung eines angestrebten Ziels betreffen, werden bestimmt auch sie von Stimmungen begleitet. Man muß deshalb damit rechnen, daß aktuelle Kontrollmeinungen die Selektion der erinnerten Episoden so steuern, daß vor allem kontrollmeinungskonsistente Episoden erinnert werden.

Die Steuerungswirkung der aktuellen Kontrollmeinung beim selektiven episodischen Erinnern ist in drei Untersuchungen klar nachgewiesen worden. Überraschenderweise wurden aber auch einige Versuchspersonen gefunden, die mit signifikanter Tendenz Erinnerungen gegen ihre früher geäußerte Kontrollmeinung produzierten. Sie taten es wahrscheinlich zum Zweck der Relativierung vorher geäußerter Kontrollmeinungen. Daß sie es aber überhaupt konnten, ist beachtlich.

In drei Experimenten wurden Versuchspersonen mithilfe einer Zweitperson angeleitet, spezifische Episoden selektiv zu erinnern. Diese Intervention veränderte entweder die Kontrollmeinung in der erwarteten Richtung oder zumindest wichtige Voraussetzungen dafür, nämlich Attributionsmuster und Stimmung.

Seminarliteratur

- Zu den Prozessen des gezielten Erinnerns: Norman & Bobrow (1979).
- Zur einstellungskonformen Rekonstruktion der Autobiographie: Ross & Conway (1986).
- Stimmung, Kontrolle und Gesundheit: Salovey & Birnbaum (1989).
- Depressionsneigung und Erinnerungseinseitigkeit: Pyszczynski, Hamilton, Herring & Greenberg (1989).
- Aufmerksamkeitslenkung, selektives Erinnern und Selbstwert: Sarason, Potter & Sarason (1986).
- Attributionstherapeutische Ansätze: Weiner (1988).
- Ein früher Versuch zur Erinnerungstherapie: Teasdale (1978).

Teil III
Entwicklung der Kontrollmeinung

Menschen werden nicht mit Kontrollmeinungen geboren. Es gibt auch keinen Zeitpunkt, von dem an sie plötzlich und definitiv Kontrollmeinungen besitzen. Kontrollmeinungen bauen sich im Lauf der menschlichen Entwicklung langsam auf.

Im Teil II ging es um den Aufbau und die Veränderung von konkreten Kontrollmeinungen auf der Basis von Erfahrungen und Erinnerungen. Daran sind Prozesse beteiligt, die als solche bereits zum Repertoire des Individuums gehören. Wenn jemand eine eigene Wirkung nicht wahrnimmt und deshalb bei einer ungerechtfertigten Kontrollmeinung bleibt, liegt es nicht daran, daß ihm die Ursache-Wirkungs-Verbindung als Denkkategorie fehlt, sondern daß er sie in diesem Fall nicht auf sein eigenes Handeln angewendet hat. Die Entwicklung der Kontrollmeinungen besteht vor allem im Erwerb von neuen und zusätzlichen Denk- und Wahrnehmungskategorien, die für den Aufbau und die Veränderung aller einzelnen Kontrollmeinungen Voraussetzung sind.

Die Aufbauprozesse, die im Teil II beschrieben wurden, vollziehen sich im Laufe eines Menschenlebens Tausende von Malen und verhältnismäßig rasch; die Aufbauprozesse, die im Teil III beschrieben werden, vollziehen sich während eines Menschenlebens prinzipiell nur einmal. Für die ersten verwendet man darum oft den Ausdruck der Aktualgenese, für den zweiten den der Ontogenese. An der Aktualgenese interessieren vor allem Inhalte (in welchem Bereich glaubt jemand, wieviel Kontrolle zu haben?), an der Ontogenese interessiert die je erreichte Struktur oder das Strukturniveau (wie differenziert kann jemand über die Kontrolle von Wirkungen nachdenken?).

15. Entwicklung der Kontrollmeinungen I: Begegnung mit der Welt

15.1 Strukturen, Bereiche und Inhalte

Die Entwicklung der Kontrollmeinung hat mehrere Aspekte. Einen ersten Aspekt könnte man den *strukturellen* nennen; er betrifft die Elaboriertheit und die Struktur des Wissens über seine eigene Kontrolle. Einen zweiten Aspekt könnte man als inhaltlich im Sinn von *Lebensbereichen* bezeichnen, in denen ein Mensch Wirksamkeitserfahrungen macht und anfängt, sich darüber ein Wissen aufzubauen. Ein dritter Aspekt könnte auch oder vor allem *inhaltlich* genannt werden –, nämlich die biographischen Erfahrungen, welche Menschen in bestimmten Bereichen tatsächlich machen und allenfalls mental repräsentieren, ob sie sich dieser Erfahrungen bewußt sind oder nicht.

Ich konzentriere mich im folgenden auf den strukturellen Aspekt. Da die Aspekte teilweise miteinander korreliert sind, werden die anderen beiden beiläufig auch berücksichtigt werden.

15.2 Entwicklung als Strukturgenese

Ich gehe davon aus, daß die Menschen im Laufe der Entwicklung lernen, die Welt und sich selbst differenzierter und umfassender wahrzunehmen und zu verstehen. Das tun sie mithilfe ihrer kognitiven Strukturen, die sich in der Interakton mit Erfahrungen aufbauen, eben auch differenzieren und immer wieder reintegrieren. Es entspricht wahrscheinlich der Realität, kommt aber sicher unseren Denkgewohnheiten entgegen, solche Entwicklung als eine Entwicklung in Stufen zu konzipieren. Diese Denkweise hat in der europäischen Entwicklungspsychologie Tradition (vgl. Flammer, 1988) und ist am ausgeprägtesten von Jean Piaget (z.B. 1936) gehandhabt worden. Für fast alle Stufentheorien gelten die folgenden Annahmen:

- Die Entwicklungsstufen sind qualitativ definiert, d.h. sie unterscheiden sich von einander anders, als daß nur die eine Stufe etwas 'mehr vom Gleichen' ist als die vorausgehende Stufe.
- Die Entwicklungsstufen werden in einer bestimmten Reihenfolge durchlaufen.
- Zwar erreichen nicht alle Menschen im Laufe ihres Lebens alle Stufen; aber jene, die sie durchlaufen, durchlaufen sie in der gleichen Reihenfolge.
- Somit kann keine Entwicklungsstufe übersprungen werden.

Die wichtigste Rechtfertigung dieser Annahmen besteht darin, daß diese Stufen im allgemeinen so beschrieben werden, daß jede nachfolgende Entwicklungsstufe alle vorausgehenden entweder einschließt oder sonst irgendwie logisch voraussetzt. Beispiel: Man kann nicht zwei Paare von Elementen miteinander in Beziehung bringen, wenn nicht erst einmal Paare da sind (vgl. Fischer, 1980); oder etwas konkreter: Man kann nicht die schriftliche Multiplikation lernen, wenn man nicht erst addieren kann; oder entwicklungspsychologischer: Man kann nicht eine äußere Handlung verinnerlichen, bevor man diese äußere Handlung überhaupt beherrscht (vgl. Piaget, 1947; aber auch Wygotski, 1934; Galperin, 1967; Luria, 1974).

Auch ich werde die Entwicklung der Kontrollmeinung in Stufen beschreiben. Sie ergeben sich teils aus einer logischen Analyse, teils aber aus empirischem Wissen. Die logische Analyse stellt eine erste Rechtfertigung der obigen Annahmen der Stufenfolge dar; empirische Befunde können die Annahmen allenfalls bestärken oder widerlegen, aber nicht abschließend beweisen.

15.3 Eine Entwicklungslogik der Kontrollmeinung

Die Kontrollmeinung stellt ein komplexes Konzept dar, und ich nehme an, daß sie sich im Lauf der Entwicklung sukzessive aufbaut und z.B. nicht simultan ausdifferenziert. Eine logische Analyse durch Rekonstruktion des Konzepts führt mich zur Annahme der folgenden entscheidenden Teile, die je die vorausgehenden voraussetzen.

(0) Wirkungen
Kontrolle hat immer mit Ereignissen zu tun. Insofern als sie aber nicht wahrgenommen werden, sind sie keine 'psychischen Gegenstände', d.h. entsprechen ihnen keine kognitiven Schemata. Dieses Element trägt darum die Nummer 0.

Ich will hier nicht auf die philosophische Frage eingehen, ob es außer den bewirkten auch nicht-bewirkte Ereignisse gebe; darum postuliere ich nicht explizit ein Element 'Ereignis', das dem Element 'Wirkung' logisch vorausginge.

(1) Wahrnehmung von Wirkungen
Kontrollierte Ereignisse resp. Wirkungen müssen zunächst einmal wahrgenommen werden. Das Element 'Wahrnehmung von Wirkungen' ist also das er-

ste psychologische Element unserer logischen Rekonstruktion. Daß wir Ereignis und Wirkung nicht unterschieden haben, ist nun auch psychologisch sinnvoll, wenn wir mit Piaget annehmen, daß die Wahrnehmung von Ereignissen immer irgendwie in eigenes Agieren eingebunden ist. Da aber der Säugling nach Piaget noch nicht zwischen sich und der Umwelt unterscheidet, können wir zunächst dennoch psychologisch auf die Unterscheidung zwischen Ursache und Wirkung verzichten.

(2) *Korrelationen zwischen Verhalten und Wirkung*
Wenn Wirkungen einmal als durch Handeln verursacht wahrgenommen werden sollen, dann ist zunächst eine Differenzierung zwischen eigenem Agieren und Wirkungen nötig. Wir gehen gleich zwei Schritte weiter und postulieren auch schon die Korrelationen zwischen Verhalten und Wirkung und die einfachste Wahrnehmung, daß das eine Ursache und das andere Wirkung ist.
Kontingenzerfahrung schließt die Wahrnehmung von Alternativen ein, nicht unbedingt ein Bewußtsein eigener Freiheit für Alternativen, aber wenigstens die Wahrnehmung einer 'Verhaltensfigur' auf einem Verhaltenshintergrund und einer 'Ereignisfigur' auf einem Ereignishintergrund. Logisch besteht dieser Hintergrund aus Alternativen, und sei die einzige Alternative im gegebenen Fall auch nur die Negation, das Nichtvorhandensein eines Ereignisses resp. das Nichtvorhandensein eines Verhaltensaktes.

(3) *Unterscheidung zwischen eigenen und fremden Wirkungen*
Viele (alle) Menschen lösen viele Wirkungen aus; es ist aber nicht selbstverständlich, daß sie ihre eigenen Wirkungen von denen anderer unterscheiden. Watson (1977, 124) hat das mit Bezug auf frühkindliche Bedingungen von Depressionen einmal so formuliert: «Es erscheint als eine sichere Annahme, daß kontrollierbare Ereignisse, deren Kontrolle aber nicht wahrgenommen wird, die gleichen Auswirkungen haben wie Ereignisse, die tatsächlich unkontrollierbar sind» (Übersetzung durch A.F.).
So wie die Wahrnehmung der Korrelation zwischen zwei Ereignissen zur Attribution von Ursachen führen kann (2), entspricht der Spezialfall, daß eigenes Verhalten als die Ursache wahrgenommen wird, der sog. internalen Kausalattribution.

(4) *Sich selbst imstande fühlen, eine bestimmte Wirkung zu verursachen*
Mit der Feststellung, daß man nicht nur diese oder jene Wirkung verursacht, sondern daß man jemand ist, der oder die über die Zeit immer wieder imstande ist, bestimmte Wirkungen zu erzielen, wird man sich seiner selbst als einer zu Wirkungen fähigen Person bewußt.

(5) *Bewußtwerdung der eigenen Kontrolle*
Wenn man eigenes Verhalten nicht nur als tatsächliche Ursache und sich selbst als konstanten Verursacher oder konstante Verursacherin versteht, sondern dieses Wirkverhalten gezielt und relativ frei auszuüben glaubt (wir sprechen dann von Handlung statt von Verhalten), erlebt man sich als kon-

trollierend. Das Bewußtsein der eigenen Kontrollmeinung schließt die Möglichkeit der Wahl ein, eine Wirkung zu erzielen oder nicht. Mit diesem Element haben wir das vollständige Konzept der Kontrollmeinung erreicht.

(6) Auseinandersetzung mit Werten
Schon das (relativ) freie Handeln, das mit dem Element 5 dazukam, führt zu Wahlen zwischen Zielen. Zu wissen, daß man zwischen Zielen wählen kann und muß, kann grundsätzliche Reflexionen einleiten über Werte und über ihre Hierarchisierung. Da es sich um Werte handelt, für die man seine eigene Kontrolle einsetzt, umfaßt diese Wertreflexion auch die Reflexion der Verantwortung und den sog. Selbstwert.

Die hier vertretene Vorstellung des logischen Aufbaus der Kontrollmeinung läßt sich formal wie in Tabelle 15-1 zusammenfassen.

Tabelle 15-1
Von der faktischen Wirkung zur Kontrollmeinung

Kognitives Schema	*Zusammensetzung*
(0) –	Wirkung
(1) Ereignisschema:	Wahrnehmung (Wirkung)
(2) Ursachenschema:	Wahrnehmung (Verhalten (Wirkung))
(3) Internale Kausalattribution:	Wahrnehmung (eigenes Verhalten (Wirkung))
(4) Selbstkonzept:	Bewußtsein (Wahrnehmung (eigenes Verhalten (Wirkung))) = Ich (Wirkung)
(5) Kontrollmeinung:	Möglichkeit (Ich (Wirkung))
(6) Selbstwert:	Werte (Möglichkeit (Ich (Wirkung)))

Diese Aufbaubeschreibung ist, wie gesagt, strukturell, d.h. sie umfaßt wichtige andere Entwicklungsdimensionen nicht, z.B.:

(a) Ausweitung der Lebensbereiche, in denen Kontrolle möglich ist.
(b) Ausweitung des strategischen Repertoires zur Kontrollrealisierung (z.B. indirekte Kontrolle, Anstreben potentieller Kontrolle).
(c) Auseinandersetzung mit Kontrollgrenzen und Anstreben eines Gleichgewichts zwischen sog. primärer und sog. sekundärer Kontrolle.

Dieser Aufbau betrifft die Kontrollmeinung, die ihrerseits der Planung und Ausführung von Kontrollhandlungen dienen kann. Es ist bemerkenswert, daß dieser logische und vermutlich ontogenetische Aufbau von der Wirkung über die Wahrnehmung zur Meinung führt, während die aktuelle Kontrollhandlung von der Meinung über die Handlung zur Wirkung führt.

15.4 Entwicklungsstufen der Kontrollmeinung

Die logische Analyse soll uns ein Grobraster geben für die möglichen Stufen der Entwicklung. Die folgende Darstellung elaboriert diese Stufen anhand von empirisch-psychologischem Wissen. Empirische Befunde werden teilweise als Illustration und Bestätigung des a priori erstellten Stufenaufbaus verwendet werden, teilweise aber als Anlaß für weitere Differenzierungen.

15.4.1 Stufe I: Elementare Transaktionen

Unter Transaktionen verstehe ich organismische Wirkungen und Rückwirkungen (Austauschbewegungen). Statt 'organismisch' könnte man auch 'selbstorganisierend' oder 'lebendig' sagen. Transaktionen enthalten also Wirkungen, die von Lebewesen ausgehen. Elementar sind solche Transaktionen dann, wenn die Wirkungen physikalisch feststellbar sind. Solche elementaren Transaktionen liegen z.B. vor, wenn ein Maulwurf Erde an die Oberfläche transportiert und so Raum für seine Bewegungen bekommt, oder wenn er Wurzeln frißt und so seinen Energie- und Aufbauhaushalt aufrechterhält, oder wenn ein Felsblock ihn zum Umkehren zwingt (genauer: Wenn seine Wahrnehmung der Felsbarriere in ihm ein Umwegverhalten auslöst). Es ist der Normalfall, daß eine Wirkung gleich zur Ursache für weitere Wirkungen wird (s. Kapitel 2). Ja, häufig wirkt eine Wirkung auf den Ort der ersten Wirkung zurück, d.h. Wirkungen sind häufig reziprok.

Leben besteht in solchen Transaktionen. Viele elementaren Transaktionen gehen vom angeborenen Verhaltensrepertoire der Lebewesen aus und dienen als Basis für die weitere Entwicklung. Aber sie können durch Lernen modifiziert, ergänzt und vervielfacht werden. Diese Stufe entspricht dem Element 0 der logischen Analyse in Kapitel 15.3. Sie gilt für alles Leben, nicht nur für das psychische Leben.

15.4.2 Stufe II: Elementare Funktionserfahrungen

Erfahrung in einem sehr allgemeinen Sinn liegt natürlich schon in der elementaren Transaktion vor. Ich möchte den Begriff der Erfahrung aber reservieren für die verwertbare Wahrnehmung von Unterschieden (Element 1 der logischen Analyse in Kapitel 15.3). Erfahrung setzt ein Minimum von Gedächtnis voraus, zunächst die elementaren Lernprozesse der Habituation, sodann des Signallernens (= klassische Konditionierung) und der instrumentellen Konditionierung. Tiere und Menschen können durch Konditionierungen zu immer erfolgreicheren Transaktionen gelangen (Beispiel: die Katze kann lernen, jeden Abend im Teller neben ihrem Körbchen Milch zu finden).

Erfolgreiche Konditionierungsexperimente mit neugeborenen Säuglingen wurden z.B. durchgeführt von Papousek (1967) und Sameroff (1968, 1971) und solche mit Kindern ab zwei Monaten von J.S. Watson. In den Experimenten von Watson (1966; 1967; 1971; 1979; Watson & Ramey, 1972) wurde das Köpfchen des Säuglings auf ein luftgefülltes Kopfkissen gelegt. Jedesmal wenn das Baby darauf einen Druck ausübte, bewegte sich über dem Bettchen etwa eine Sekunde lang ein Mobile (Gruppe mit Kontrollmöglichkeit). Diese Kinder fingen im Gegensatz zu einer Vergleichsgruppe (= Gruppe ohne Kontrollmöglichkeit) bald an, ihre Aktivität deutlich zu steigern und bei diesen Wirkungen zu lächeln. Das ist offensichtlich Ausdruck und Ergebnis von Wirkungserfahrung. Solche Aktivitätssteigerung ermöglicht aber auch vermehrte Wirkungserfahrung. Die Beschreibung eines schwer retardierten Mädchens, das ebenfalls diese instrumentelle Reaktion lernte und seine gesamten Aktivitäten dadurch beträchtlich steigerte, ist für diese Schneeballwirkung durchaus kennzeichnend (Seligman, 1975, dt. 1983, 133).

Schon Säuglinge sind bekanntlich recht empfänglich für Umweltreize, insbesondere für spezielle soziale Umweltreize. H. und M. Papousek haben zeigen können, daß Säuglinge nicht nur schon praktisch von Geburt an lernfähig sind, sondern auch sehr früh in geregelte Interaktionen mit der Mutter oder einer Pflegeperson eintreten können (Papousek & Papousek, 1979; vgl. auch Rovee-Collier & Lippsitt, 1982). Papouseks sind der Meinung, daß diese Verhaltensweisen zwar auf beiden Seiten weitgehend «endogen vorstrukturiert» (1979, 201) sind, aber dann eine Basis für darauf aufbauende gegenseitige neue Erfahrungen und Abstimmungen darstellen.

Piaget (1936; 1937) hat an Säuglingen nach dem ersten Lebensmonat (im sog. stade II) eine Klasse von Verhaltensweisen beobachtet, die sichtlich eine elementare Befriedigung durch bestimmte Transaktionen darstellen, nämlich die sog. *primären Kreisreaktionen*. Diese bestehen in der Aufrechterhaltung einer bestimmten Verhaltensweise, z.B. im fortgesetzten Lutschen an einem Stoffzipfel, im Wippen mit den Beinchen oder in der Produktion von Lauten. «Ihre Eigenart besteht in einfachen Bewegungen (saugen, beobachten, nehmen etc.), d.h. in Bewegungen, die auf sich selbst gerichtet sind ... und nicht auf irgendwelche Effekte im umgebenden Milieu. So greift das Kind um des Greifens willen, saugt es um des Saugens willen ... und tut nichts, um etwas zu bewegen, zu reiben oder um Töne erklingen zu lassen. Die Gegenstände um es herum, mit denen das Kind umgeht, sind mit der Aktivität eins, und diese ist dennoch einfach, weil die Mittel mit dem Ziel noch verschmolzen sind» (Piaget, 1936, 162; Übersetzung durch A.F.).

Offensichtlich verschaffen diese Verhaltensweisen der primären Kreisreaktion dem Säugling gewisse Empfindungen, in denen es lustvoll perseveriert. Man hat darum die Motivierung dieser Verhaltensweisen dem Konstrukt der Funktionslust zugeordnet (vgl. Kapitel 7). Auf dieser Stufe gibt es noch keine Trennung zwischen Subjekt und Objekt, zwischen Handlung und Wirkung (sog. Adualismus nach Baldwin, 1894).

Auf dieser wie auf den folgenden Stufen gilt, daß die beobachteten Verhaltensweisen je nach allgemeinem Entwicklungsniveau nur auf bestimmte Bereiche beschränkt und auch nur unter bestimmten Bedingungen möglich sind. So hat z.B. Watson (1967) gezeigt, daß die Verstärkung eines Verhaltens bei neun bis zehn Wochen alten Säuglingen nur möglich ist, wenn der Verstärker innert drei bis sieben Sekunden nach dem zu verstärkenden Verhalten folgt.

Auch sind natürlich je nach allgemeiner Entwicklungsstufe nur sehr ausgewählte Verhaltensweisen verstärkbar, etwa Saugen, Kopfdrehen, Vokalisieren, Lächeln oder Strampeln.

15.4.3 Stufe III: Elementare Ursachenerfahrungen

Bei den elementaren Funktionserfahrungen im Sinne der primären Kreisreaktionen lassen sich noch in keiner Weise Ursachen von Wirkungen unterscheiden. Das Kind gerät quasi zufällig in einen bestimmten ganzheitlichen Verhaltens-Empfindungs-Zustand, in dem es lustvoll verharrt.

Ein Anfang der Unterscheidung zwischen Ursache und Wirkung (Element 2 der logischen Analyse) zeigt sich dann, wenn der Säugling in einer bestimmten vorher erfahrenen Situation und beim Anblick eines Gegenstandes, auf den er früher eine Wirkung hatte, von sich aus den Kreis wieder einleitet. Piaget hat das als *sekundäre Kreisreaktion* beschrieben. Man kann sagen, daß diese Verhaltensweisen wegen der Freude an ihrer Wirkung wiederholt werden. Piaget beschreibt sie so: «Die Bewegungen sind auf ein Ergebnis im externen Milieu gerichtet, und das einzige Ziel der Aktion besteht darin, dieses Ergebnis aufrechtzuerhalten» (1936, 162-163; Übersetzung durch A.F.).

Auf dieser Stufe fängt also das Kind bereits an, die Umwelt von sich selbst zu unterscheiden. Piaget (1937, dt. 1975, 221) behauptete sogar: «In der Tat ist es dieses Stadium, in dem man mit Sicherheit im Verhalten des Kindes die Existenz eines systematischen Interesses für kausale Beziehungen finden kann. Von den ersten sekundären Kreisreaktionen an untersucht das Kind das Resultat der Aktivität seiner Hände und Füße und setzt jene Bewegung mit jener Folge in Beziehung.»

Piaget hatte die sekundären Kreisreaktionen ab etwa dem vierten Lebensmonat beobachtet. Dieser Altersmarke entsprechen auch zwei Befunde zur Generalisierung von Ursache- und Wirkerfahrungen. Finkelstein & Ramey (1977) ließen Kleinkinder im Altersbereich von vier bis neun Monaten wiederholt bestimmte kontingente Erfahrungen machen – auf bestimmte Armbewegungen resp. auf bestimmte Lautäußerungen folgten Bewegungen und Geräusche von Gegenständen – und stellten fest, daß diese Kleinkinder hernach auch in neuen Aufgaben rascher als Vergleichsgruppen lernten, bestimmte Wirkungen zu kontrollieren (sog. Lerntransfer). Diese Versuche entsprachen in Aufbau und Ergebnissen den Hilflosigkeitsexperimenten, die Seligman mit Tieren durchgeführt hatte. Dieser Befund war aber mit drei Monate alten Kleinkindern nicht möglich (Ramey & Finkelstein, 1978; zit. nach Ford & Thompson, 1985, 389). Auch Millar & Schaffer (1972, 1973) und Gunnar (1980a) haben zwischen dem vierten und dem siebenten Monat eine steigende Empfänglichkeit für operante Einflüsse festgestellt.

Marianne Riksen-Walraven ging bereits 1978 mit einer sorgfältig angelegten Studie der Frage nach, ob es die Reizanreicherung oder die Erfahrung mit eigenen Wirkungen ist, die die Entwicklung des Kleinkindes beschleunigen können, wie es amerikanische Frühförderungsprogramme gezeigt hatten. Sie wählte 100 neun Monate alte Kinder je mit ihrer Hauptbezugsperson (97 mal die Mutter, 3 mal der Vater) aus einfachen ökonomischen Verhältnissen aus und bot 75 davon über drei Monate hinweg in individuellen Sitzungen in der Wohnung der Kinder ein besonderes entwicklungsförderndes Programm an. Eine Programmgruppe (Stimulationsbedingung; n=25) erhielt Anweisungen, wie die Umgebung des Kindes anregender gemacht werden könnte (vermehrte Gelegenheiten zu visueller, akustischer und taktil-kinästhetischer Stimulation); eine andere Programmgruppe (Responsivitätsbedingung; n=25) erhielt Anweisungen, die kindlichen Erfahrungen von Wirkungen auf spontane Äußerungen zu vermehren; die dritte Programmgruppe (Stimulations-und-Responsivitäts-Bedingung; n=25) erhielt Anweisungen von beiden Typen; eine vierte Gruppe (n=25) diente als Vergleichsgruppe. Eine Reihe von Messungen als abhängige Variablen wurden vor und nach dem dreimonatigen Versuchsintervall erhoben.

Tabelle 15-2
Wirkungen von Entwicklungsprogrammen (Riksen-Walraven 1978, 124); V = Vergleichsbedingung, S = Stimulationsbedingung, R = Responsivitätsbedingung, S+R = Stimulations-und-Responsivitäts-Bedingung

Variable	Vortest	Nachtest			
	alle	V	S	R	S+R
Habituationsrate[a]	-1.38	-1.48	-2.06	-1.58	-1.90
Exploration I	153.9	183.2	148.2	263.1	252.3
Exploration II	11.1	14.6	13.4	18.4	18.5
Lerntest gelöst	9[b]	13	12	19	19
Durchgänge Lerntest	5.1	4.7	4.5	1.7	2.7

[a] = Regressionskoeffizient, repräsentiert Abnahme der Fixationszeit über wiederholte Präsentation von Stimuli
[b] = bezogen auf das Viertel der Stichprobe

Tabelle 15-2 enthält eine Auswahl der wichtigsten Ergebnisse. In den vier entscheidenden Messungen nach dem Versuchsintervall zeigten sich signifikante Wirkungen der Responsivitätsbedingung und der Stimulations-und-Responsivitäts-Bedingung, aber nicht der Stimulationsbedingung, nämlich:

– in beiden Tests zur Dauer des explorativen Umgangs mit einem neuen Gegenstand
– in der Wahrscheinlichkeit, eine Kontingenzaufgabe zu lernen, und
– in der Anzahl Übungsdurchgänge bis zum Lernerfolg in der Kontingenzaufgabe.

In allen diesen vier Messungen war die Responsivitätsbedingung erfolgreich, und es bestand kein Unterschied zwischen der Responsivitätsbedingung allein und der Stimulations-und-Responsivitäts-Bedingung. Die Stimulation allein war wirkungslos und konnte auch in Verbindung mit der Responsivitätsbedingung keine zusätzlichen Effekte erzielen. Im allgemeinen schienen die Kinder dieser Population (Niederlande, Ende siebziger Jahre) nicht der Stimulation zu ermangeln (Ceiling-Effekt), wohl aber der Erfahrung von kontingenten Wirkungen, sei es physischer Art (Spielsachen, an und mit denen man manipulieren kann) oder sozialer Art (elterliches Agieren und Sprechen auf die Initiative der Kinder und nicht einfach unabhängig oder um der Quantität willen [Stimulationsbedingung]).

Beachtlich ist überdies, daß die Stimulusanreicherung allein und in Kombination mit der Responsivitätsbedingung die Habituationsrate steigerte. Habituation bedeutet, daß ein Organismus einen neuartigen Reiz bei wiederholter Darbietung mehr oder weniger rasch außer acht läßt. Dieser Befund könnte bedeuten, daß mehr Stimulation bald einmal zur Reizüberflutung wird, die abstumpft (Habituation) statt das Interesse (Explorationsverhalten) zu wekken.

Gunnar (1980a,b; Gunnar-vonGnechten, 1978) hat mit Spielgegenständen gearbeitet, die, wenn sie in Bewegung waren, den Kindern Angst machten. Während diese Angst auch bei Vorhersagbarkeit (durch Übung) weiterbestand, verschwand sie, wenn das Kind den Spielgegenstand selbst und kontrolliert in Bewegung setzen konnte. Dieser Effekt war allerdings erst ab dem 12. Lebensmonat deutlich feststellbar. Es ist bemerkenswert, daß schon halbjährige Kinder Freude an Kontrolle haben können (sekundäre Kreisreaktionen), ihre Angst aber erst mit etwa 12 Monaten durch Kontrolle in den Griff bekommen. – Daß Affen, die im zweiten Lebensmonat über Futterzufuhr Kontrolle hatten, noch in der zweiten Lebenshälfte weniger Furcht vor mechanischen Spielsachen hatten, zeigten Mineka, Gunnar & Champoux (1986).

15.4.4 Stufe IV: Differenzierte Ursache-Wirkungs-Erfahrungen und Ergebnisevaluation

Die elementaren Wirkungserfahrungen lassen insofern elementare Ursachenerfahrungen zu, als das Individuum den entsprechenden Ursache-Wirkungs-Wahrnehmungskreis einleitet (nicht ohne durch einen Komplex von Umweltstimuli dazu geleitet zu werden). Der sekundäre Zirkel läuft danach aber fix und ohne Variationen ab. Wir erachten nun darin einen weiteren Entwicklungsschritt, daß das Individuum diesen Zirkel zu variieren anfängt; Piaget nennt dieses Verhalten *tertiäre Kreisreaktion*. Dadurch wird die Trennung zwischen Ursache und Wirkung deutlicher; ja sie ist gar eine Voraussetzung für das Vergnügen an der Variation. Wieder Piaget: «Das Kind ... ergründet in einer Art Untersuchung, inwiefern der Gegenstand oder das Ereignis neu ist... Weiterhin wiederholt das Kind die Bewegungen, die zum interessanten Ergebnis geführt haben, aber es wiederholt sie nicht mehr in identischer Form, sondern moduliert und verändert sie, um Variationen im Ergebnis zu entdecken» (Piaget, 1936, 270; Übersetzung durch A.F.).

Ein hübsches Beispiel früher tertiärer Kreisreaktionen ist das vorsprachliche Lallen. Babies genießen sichtlich ihre lautlichen Wirkungen und fangen bald einmal an, sie zu variieren, wodurch sie die elementare Beherrschung ihrer Sprechwerkzeuge erlernen. Bei tauben Kindern bricht dieses vorsprachliche Lallen vorzeitig ab; offensichtlich geben die propriozeptiven Wahrnehmungen weniger Information ab als die akustischen.

Hier wird im übrigen auch verständlich, warum kleine Kinder Spielzeuge bevorzugen, die ihnen Manipulationen gestatten. Selbstfahrende Autos etc. werden erst interessant, wenn die elementaren variierenden Wirkerfahrungen ausgekostet sind (vgl. McCall, 1979).

Logisch schließt die tertiäre Kreisreaktion auch eine differenzierte Evaluation der Wirkung ein. Das Kind kann feststellen, daß eine Wirkung von einer anderen Wirkung verschieden ist, allenfalls gar, daß die eine Wirkung einem Ziel oder Standard näher kommt als eine andere. Genau das haben Hetzer (1931) und Spangler, Bräutigam & Stadler (1984) beobachtet.

In einer aufschlußreichen Untersuchung an Kindern zwischen 14 und 17 Monaten haben Spangler, Bräutigam & Stadler (1984) die folgende Auftretensreihenfolge von Handlungstypen resp. Handlungsvorformen bestätigen können:

1) Handlungs-Effekt-Kontingenz (= Handlungen mit einfachem und kurzem Effekt, z.B. zwei Bauklötze zusammenschlagen).
2) Handlungen mit kontinuierlichem Effekt (z.B. Wackelente hinter sich herziehen).
3) Trennung von Handlung und Effekt (= Handlung, deren Effekt nach Ende der Handlung erfolgt, z.B. Ball werfen).
4) Quasi-zielgerichtete Handlungen (= Handlungen, die eigentlich zielgerichtet organisiert erscheinen, deren Wirkung das Kind aber doch nicht ausdrücklich beachtet).
5) Handlungen mit Ergebnisbeachtung (= Handlungen, deren Wirkung das Kind ausdrücklich beachtet).
6) Handlungen mit Urheberbeachtung.

Es überrascht natürlich nicht, daß die sechste Handlungskategorie in dieser Altersspanne kaum beobachtet werden konnte, nämlich nur in 1% aller registrierten Handlungen; auch die fünfte Handlungskategorie wurde nur in 2% der Fälle beobachtet.

Die Stufe IV entspricht mit der Stufe III dem Element 2 unserer logischen Analyse. Sie stellt aber einen wesentlichen Gewinn gegenüber Stufe III dar, wodurch das logische Element 2 differenziert wird.

15.4.4.1 Exkurs: Mutter-Kind-Interaktion

René Spitz (1945) hat seit den vierziger Jahren darauf hingewiesen, daß die Vernachlässigung von Säuglingen und Kleinkindern sowie überhaupt die soziale und die sachliche Armut ihrer Umwelt die normale Entwicklung kraß zu behindern vermögen (sog. *Hospitalismus*). Schwerer Hospitalismus beinhaltet nicht nur intellektuelle und affektiv-soziale Retardation, sondern auch körperliche. Das hat vor allem Dennis (1960) in seinen Berichten über erschreckende Zustände in gewissen damaligen Erziehungsheimen des Irans dokumentiert. Diese Berichte haben dazu geführt, daß von den Pädagogen und den Entwicklungspsychologen der Anregungsreichtum der kindlichen Umgebung immer mehr betont wurde.

Mit der Quantität und Vielfalt der Umweltstimulation allein ist es aber offensichtlich noch nicht getan. Seit den Untersuchungen von Yarrow, Rubenstein, Pedersen & Jankowski (1972), Riksen-Walraven (1978), Cohen & Beckwith (1979), Hunt (1979) und Papousek & Papousek (1979) hat man erkannt, wie Rauh (1987, 194) treffend formulierte, «daß das Anbieten von Stimulation nicht ausreicht; vielmehr muß bereits das Baby erleben, daß auf seine Aktivität hin eine *Wirkung* erfolgt, d.h. daß z.B. die Gegenstände, mit denen es umgeht, nicht nur vielfältig sind, sondern auf entsprechende Handhabung hin ihren Platz oder ihr Aussehen verändern oder Töne von sich geben» (Rauh, 1987, 194).

Mary Ainsworth hat im Anschluß an Bowlby (1969) Verhaltenssysteme beschrieben, die sie auf der Seite des Kindes mit Bindungsverhalten (attachment) und auf der Seite der Eltern als Fürsorge-Verhalten (maternal behavior) beschrieben hat. Das Bindungsverhalten zeigt sich in ausgeprägter Form erst ungefähr nach dem 7. Lebensmonat (Piaget's Stufe der Objekt- und Personenpermanenz), ausgeprägt etwa, wenn die Pflegeperson sich entfernt oder kurzfristig abwesend ist oder nach Abwesenheit zurückkehrt resp. wenn sich das Kind einer unbekannten Person gegenüber befindet (vgl. Dickstein et al., 1984). Es zeigt sich dann im Suchen, Nachlaufen, Blickkontakt, Schreien resp. Festklammern und Anschmiegen. Was für unseren Kontext besonders wichtig ist, sind die drei von Ainsworth, Blehar, Waters & Wall (1978) beschriebenen Bindungstypen, nämlich:

(A) die unsicher-vermeidende Bindung
(B) die sichere Bindung
(C) die ambivalent unsichere Bindung

Man kann annehmen, daß kontingente Wirkerfahrungen eine Schlüsselstellung in den Bindungsprozessen einnehmen. So konnte Sroufe (1983) nachweisen, daß eine sichere Bindung eine bessere soziale Anpassung und größere Selbständigkeit in der Vorschule erwarten läßt.

Ein spezieller Verhaltensbereich, in dem in letzter Zeit die enge Koppelung zwischen Eltern- und Kindverhalten dargestellt wurde, ist das Sprechen (vgl. Brazelton, Kozlowski & Main, 1974; Kaye & Charney, 1980; Papousek & Papousek, 1989). Einerseits gehen einfühlende erwachsene Bezugspersonen außerordentlich fein auf die Äußerungen ihrer Kinder ein (sie reagieren bereitwillig auf lautliche Äußerungen, wiederholen sie in identischer oder in normierter Form, interpretieren Aussagen, antworten, entsprechen Bitten etc.). Andererseits orientieren sich Kinder sehr genau an ihrer sozialen Umwelt; man denke etwa daran, wie unfehlbar und leicht Kinder den Dialekt ihrer Umgebung übernehmen. Vermutlich ist der Spracherwerb von Anfang an eingebettet in eine auf Wirkung ausgerichtete Kommunikation und in ein zunehmendes Verständnis von Welt- resp. Ereignisausschnitten, die kausale Verknüpfungsmuster enthalten (vgl. Bruner, 1975; 1983).

Unterdessen liegt eine ganze Reihe von Untersuchungen vor, die belegen, daß erwachsene Bezugspersonen (typischerweise Mütter) auf ihre Kinder meistens spontan kontingent reagieren, worauf Säuglinge und Kleinkinder ihrerseits mit erhöhter Aktivität reagieren (genau genommen re-re-agieren) und auf der Basis solcher Erfahrungen mehr positive Emotionen und mehr exploratives Verhalten zeigen, was seinerseits in gesteigerter Erfahrungsbildung (= Lernen, Entwicklung) mündet (Ainsworth & Bell, 1974; Matas, Arend & Sroufe, 1978; Jennings, Harmon, Morgan, Gaiter & Yarrow, 1979; Martin, 1981; Malatesta, 1982; Tronick, Ricks & Cohn, 1982; Perrez, Achermann & Diethelm, 1983; Thompson & Lamb, 1983; Adamson & Bakeman, 1984; Easterbrooks & Goldberg, 1984; Ford & Thompson, 1985; Isabella, Belsky & von Eye, 1989; Koester, Papousek & Papousek, 1989; Ahnert & Lehwald, 1990; Diethelm & Meister, 1990). So haben z.B. Malatesta & Haviland (1982) die Mimik von drei- bis sechsmonatigen Kleinkindern und ihren Müttern in Gesicht-zu-Gesicht-Stellung untersucht und gefunden, daß Mütter eine starke Tendenz haben, kindlichen Gesichtsausdruck der Freude, der Überraschung, der Trauer, der Wut oder des Interesses nachzuahmen, d.h. 'zurückzuspiegeln'. Watsons (1972) Vermutung, daß Kleinkinder den Umgang mit Erwachsenen deshalb dem Umgang mit Kleinkindern vorziehen, weil die Erwachsenen kontingenter reagieren, ist sehr plausibel.

Aus all diesen Untersuchungen wird deutlich, wie wichtig eine 'reagible' Umwelt für die Entwicklung ist. Abweichungen nach zwei Seiten sind offensichtlich ungünstig: die schon besprochene Deprivation oder Reizarmut (Hospitalismus) und die Überprotektion. Das zweite wurde bereits 1943 von Levy als «overprotection» beschrieben und meint den Umstand, daß Eltern ihren Kindern 'alles' geben, und zwar ohne Kontingenz mit kindlichem Verhalten, d.h. ohne daß die Kinder sich darum bemühen müssen durch Fragen, Ausprobieren, Verzicht etc. Auf diese Weise erfahren Kinder die Koppelung mit der Umwelt nur sehr eingeschränkt; das führt zur schon von Seligman beschriebenen Wohlstandsverwahrlosung.

Das Erlebnis von Wirkzusammenhängen ist basal und unentbehrlich für die Weltorientierung des Kleinkindes. Wenn Piaget recht hat mit der Auffassung, daß die elementare Kategorisierung der Welt dadurch geschieht, daß man (zuerst enaktisch) auf sie einwirkt und die Rückmeldungen wahrnimmt, dann muß man dem Kind die Erkundung der physikalischen Welt und ihrer Gesetzmäßigkeiten gestatten sowie in seinen eigenen Reaktionen auf das Kind Kontingenz walten lassen. Ein chaotisches soziales Beziehungsnetz verunsichert das Kind, selbst wenn die (zu) vielen Abweichungen dem Kind zuliebe gedacht sind. Wenn etwas verboten ist (z.B. die Erde aus den Blumentöpfen herauszugraben), dann sollte das immer gelten, auch wenn man sich mit Besuchern gerne einmal darüber ergötzen würde. Eltern fällt immer wieder auf, daß schon knapp einjährige Kinder sie immer wieder herausfordern, z.B. indem sie die Hand nach dem Blumentopf ausstrecken und die Mutter ansehen oder sich der Steckdose nähern und Papa beobachten. Eltern sprechen dann vom kleinen

Schelm, den bereits die 'Lust zum Bösen' packt. Wohl nicht; vielmehr erprobt das Kind damit, was wirklich gilt; es will/muß seine Welt kennen lernen, um sich darin orientieren zu können. Dazu gehören auch die sozialen Regeln. Das elterliche Nein zu provozieren, kann eine Wirkerfahrung sein.

Da die Eltern ihre Kinder aber nicht in jedem Augenblick bewußt erziehen, sollte ein kontingentes Reagieren auf die Bedürfnisse des Kindes Gewohnheit sein. Dafür brauchen auch die Eltern die Erfahrung von konsistenten Wirkungen auf ihre Kinder. Sie müssen solche Wirkungen haben und auch noch feststellen. Die von Ainsworth beschriebenen Bindungstypen stellen vermutlich solche mehr oder weniger gelungenen Interaktionsmuster dar. So hat Wilberta Donovan (1981) in Übernahme des triadischen Versuchsplans von Seligman an Müttern festgestellt, daß die Erfahrung, kindliches Weinen nicht vorhersagbar besänftigen zu können, sie hilflos machen kann, so daß sie schließlich auch die dem Schreien vorausgehenden Stimuli weniger gut wahrnehmen als Mütter mit vorausgehender Erfahrung erfolgreicher Besänftigung. Wie Bugental, Blue & Cruzcosa (1989) empirisch zeigen konnten, erhöht die Erfahrung von elterlicher Nichtkontrolle in der Erziehung die Wahrscheinlichkeit der Kindsmißhandlung.

Auch Ellen Skinner (1986) hat in einer Untersuchung zum Interaktionsverhalten zwischen Müttern und ihren ca. vierjährigen Kindern die Feststellung gemacht, daß situationsangemessene Initiativen der Mütter (z.B. Erklärungen statt Regeln geben; vorschlagen statt physisch zwingen) korreliert waren mit dem kindlichen Engagement in einer Papier-Faltaufgabe und mit einer speziell entwickelten Variablen zur kindlichen Kontrollmeinung, daß aber auf unerwünschtes Verhalten der Kinder überzufällig häufig nicht-einfühlsames Mutterverhalten folgte (circulus vitiosus). Kindliche und elterliche Kontrollerfahrungen oder –nichterfahrungen entsprechen sich oft gegenseitig (vgl. auch Thomas & Chess, 1977; Lerner, 1983; Lerner, Hultsch & Dixon, 1983).

Zusammenfassung

Die Entwicklung der Kontrollmeinungen wird als ein Aufbau der kognitiven Strukturen beschrieben, die hernach für den aktualgenetischen Aufbau und die Veränderung von konkreten Kontrollmeinungen zur Verfügung stehen. Es wird angenommen, daß diese Entwicklung nach einer festen Abfolge von Stufen erfolgt.

Die logische Analyse der Kontrollmeinung führt zu wenigstens sieben Elementen, die in einer nicht-beliebigen Reihenfolge der Voraussetzungsbeziehungen für die je nächsten Elemente stehen. Die je durch weitere Elemente angereicherten kognitiven Schemata sind Ereignisschema, Ursachenschema, internale Kausalattribution, Selbstkonzept, Kontrollmeinung und Selbstwert.

Die erste der beschriebenen Entwicklungsstufen ist die der elementaren Transaktionen. Sie ist allem Leben gemeinsam, nicht nur dem psychischen Leben.

Die Stufe II, die der elementaren Funktionserfahrungen, entspricht den primären Kreisreaktionen nach Piaget. Sie heißen Funktionserfahrungen, weil der Säugling auf dieser Stufe noch nicht zwischen Ursache und Wirkung unterscheidet.

Elementare Ursachenerfahrungen kennzeichnen die Stufe III. Sie sind durch sekundäre Kreisreaktionen gekennzeichnet.

Die tertiären Kreisreaktionen (Stufe IV) beinhalten Variationen von ursächlichen Handlungen und entsprechenden Variationen der Wirkungen.

Für die späteren Kontrollmeinungen entscheidende Grunderfahrungen macht das Kind in der Interaktion mit der Mutter resp. der Hauptpflegeperson. Untersuchungen zeigen, daß das gegenseitige Verhalten von Mutter und Kind sehr fein aufeinander abgestimmt ist und daß Störungen langfristige Wirkungen haben können.

Seminarliteratur

- Zu frühkindlichen Kontrollerfahrungen: Ford & Thompson (1985).
- Elementare Wirkungserfahrungen: Finkelstein & Ramey (1977).
- Entwicklungsförderung durch Vermittlung von Kontingenzerfahrungen: Riksen-Walraven (1978).
- Interaktionssynchronie und Kind-Mutter-Bindung: Isabella, Belsky & von Eye (1989).
- Kontrolle vs. Vorhersage von angstmachenden Spielsachen im ersten Lebensjahr: Gunnar (1980b).
- Reaktionen auf 'unkontrollierbares' Kindsverhalten: Bugental & Cortez (1988); Bugental, Blue & Cruzcosa (1989).

16. Entwicklung der Kontrollmeinung II: Begegnung mit sich selbst

Die Stufen I bis IV (Kapitel 15) kann man verstehen als Stufen zunehmender Welterfahrung. Aber natürlich ist da immer eine Person, die die Erfahrungen macht, und die epistemologische Konstitution der gegenständlichen Welt läßt als Gegenstück zu dieser Welt auch immer deutlicher das erkennende und handelnde Subjekt ins Gesichtsfeld gelangen. Kontrollerfahrung wird schließlich auch zur Selbsterfahrung: Stufen V bis XI.

16.1 Stufe V: Selber machen

Die Differenzierung zwischen Selbst als Ursache und der Welt als Wirkung wird für die Eltern spätestens dann offensichtlich, wenn das zwei- bis dreijährige Kind anfängt, sich selbst beim Namen zu nennen und von sich selbst in der dritten Person singular zu sprechen (Beispielaussage des kleinen Hans in der Schweiz: «De Hansli äßt Suppä»).

Kurz darauf wird die Selbstansprache reflexiver, nämlich mit dem Wörtchen 'ich' (für entwicklungslinguistische Aspekte vgl. Russell, 1984; Gerhardt, 1988). Der kleine Hans sagt nicht mehr «Hansli spilä», sondern «i spilä». Und häufig ertönt das «i au» oder einfach «i», was für Eltern gelegentlich zunächst Assoziationen an unschönen Egoismus weckt. Sie brauchen sich darüber nicht zu ängstigen, sondern dürfen sich freuen über diesen Entwicklungsschritt.

Die Selbstansprache mit dem eigenen Namen resp. mit «ich» und bald betont mit «selber» hat natürlich seine handlungsmäßige Entsprechung. Plötzlich will das Kind alles selber machen, was vorher die Mutter für es tat: Es zieht die Mütze, die ihm die Mutter auf den Kopf gesetzt hat, wieder vom Kopf, sagt «selber!» und setzt sie wieder auf; es läßt sich die Schuhe nicht mehr binden und verlangt, es «selber» zu tun, auch wenn diese Leistung dann doch nicht gelingt.

In der Forschung ist das erstmalige Auftreten des Selbermachen-Wollens selten untersucht worden. Nach einzelnen Untersuchungen im Zusammenhang mit der Entwicklung der Leistungsmotivation (Müller, 1958; Geppert & Küster, 1983) ist dafür frühestens das Alter von zwei Jahren anzusetzen. Klostermann (1984) und Müller (1984; beide zit. nach Lütkenhaus, Bullock, & Geppert, 1987, 156-157) fanden, daß bereits einjährige Kinder unnötige Hilfe nicht annahmen; im Gegensatz zu den zweijährigen aber bestand die Ablehnung noch nicht in einem Protest, sondern nur im Ignorieren der Hilfe.

Die 'Selber'-Phase wird von den Eltern im allgemeinen als erfreulich empfunden, manchmal aber auch als beschwerlich, weil alles langsamer und oft verkehrt geht. Das Kind aber lernt viel dabei: sich selbst von den andern zu unterscheiden, sich durchzusetzen, Handgriffe und Fertigkeiten zu üben, aber auch Grenzen zu erfahren. Wenn der Entwicklungsoptimismus erhalten bleiben soll, tun die Bezugspersonen gut daran, selbst ein bißchen das Machbare vom Unmöglichen zu unterscheiden, im Fall des ersten großzügig zu sein und im Fall des zweiten das Kind gelegentlich abzulenken oder der Enttäuschung sonst irgendwie zuvorzukommen.

Gegen Ende des zweiten und vor allem im dritten Lebensjahr macht es dem Kleinkind sichtlich Freude, 'selbstverständliches' Verhalten auch einmal nicht auszuführen. Freud ordnete solches Verhalten der sog. analen Phase zu. Nach dem affirmativen Selbermachen kommt das Nein. Typischerweise entsprechen die verweigerten Selbstverständlichkeiten ausgerechnet den Erwartungen der Mutter oder des Vaters, die sich dann desto leichter gekränkt fühlen.

In der ersten Hälfte dieses Jahrhunderts hat die Entwicklungspsychologie (vor allem die deutsche) für dieses Alter die sog. Trotzphase vorgesehen. Sie bestand nicht nur in der kindlichen Verweigerung von Selbstverständlichkeiten, sondern auch im entsprechenden Widerstand (incl. Schlägen) durch die Eltern, ja dem eigentlichen gegenseitigen Kämpfen um den Sieg (den natürlich meistens die Eltern davontrugen). Kinder können in solchen Situationen einen 'harten Kopf' zeigen, bis zur Verzweiflung schreien und erst infolge völliger Ermattung aufgeben. Das tat den Eltern natürlich schon damals weh, aber es bestand doch weiterum die Überzeugung, solches Verhalten kündige spätere Willensstärke und Ausdauer an, zur Sicherstellung der längerfristigen Einordnung müsse jedoch früh genug 'das Köpfchen gebrochen werden'. Diese Auffassung ist unterdessen aus der Wissenschaft gänzlich und aus der breiten volkstümlichen Meinung fast gänzlich verschwunden. Wir meinen heute, daß solche kindlichen Widerstände ein wichtiger Schritt auf dem langen Weg der Loslösung und des Autonomiegewinns seien, aber nicht notwendigerweise in so heftige Kämpfe und Verzweiflungssituationen ausarten müssen. Vielmehr versuchen wir modernen Erzieherinnen und Erzieher, die Härte der Auseinandersetzung von einem bestimmten Punkt an durch Ablenken oder Überreden zu beschränken und überhaupt in möglichst vielen Situationen den eigenen Weg zu gestatten (wo es eben geht). Es bleiben dann immer noch Grenzen und Ansprüche, von denen wir nicht abrücken können.

Verweigerung und Widerstand sind wichtige Modalitäten im menschlichen Leben, sie sind zu lernen und auszuhalten, nicht undifferenziert, sondern zunehmend gerechtfertigt durch höher eingestufte Werte. Sie zeigen sich später in sog. Konfliktfähigkeit, besonders innerhalb von Paar- und Gruppenbeziehungen, oder im politischen Widerstand. Verweigerung und Widerstand sind nur zunächst ausschließlich gegen die Mitwelt gerichtet, später können sie sich auch gegen eigene Wünsche wenden.

16.2 Stufe VI: Gratifikationsaufschub und Widerstand gegen Versuchungen

Die Stufe V entspricht der Aufnahme von Element 3 in Kapitel 15.3 (Tabelle 15-1). Die Stufe VI reichert die Kompetenzen der Stufe V insofern an, als nun zum Widerstand gegen fremde Wünsche auch der Widerstand gegen eigene Wünsche kommt. Diese Differenzierung legt uns die empirische Literatur nahe; in der logischen Analyse drängte sie sich nicht auf.

In der Literatur wird der Widerstand gegen eigene Wünsche unter dem Stichwort des *Gratifikationsaufschubs* (delay of gratification) diskutiert (vgl. Mischel, 1957; 1971). Einfache experimentelle Anlagen sehen wie folgt aus: Versuchspersonen (z.B. Kinder) können als Entgelt für eine gute Leistung oder für die Durchführung einer Aufgabe zwischen einer kleinen, aber unmittelbaren Belohnung oder einer großen, aber erst später zugänglichen Belohnung wählen. Während Erwachsene meistens die zweite wählen, kommen Kinder erst langsam dazu. Vermutlich hat das teils mit der Konsumationsmotivation zu tun und teils mit der exklusiv fokusierten Aufmerksamkeit auf Gegenwärtiges und Sichtbares als auch mit dem Zeitbegriff, der sich erst langsam entwickelt. Natürlich hängt die Bereitschaft zum Gratifikationsaufschub auch davon ab, ob ein Kind die vertrauenerweckende Erfahrung gemacht hat, daß sich die Erwachsenen tatsächlich an einmal gegebene Versprechen halten. Ebenso von Bedeutung sind die Modelle oder Vorbilder, die Eltern selbst in dieser Beziehung darstellen.

Schwieriger ist der Gratifikationsaufschub natürlich, wenn die Belohnung auch nach dem Aufschubentscheid immer noch in Sichtnähe und greifbar bleibt. Das ist die Situation der *Versuchung*. Offensichtlich ist es für Kinder in einer solchen Situation noch wichtiger als für Erwachsene, ihre Aufmerksamkeit von der Versuchung abzulenken und auf etwas Positives hinzuorientieren. Da kann die Erziehungsperson mithelfen, indem sie entsprechende Instruktionen erteilt oder indem sie ablenkt (vgl. Patterson & Mischel, 1976).

Fry (1975) konnte sogar zeigen, daß die Fähigkeit, einer Versuchung zu widerstehen, von der Stimmung abhängt. Er führte im Einzelversuch 57 sieben- bis achtjährige Kinder in einen Experimentierraum und eröffnete ihnen, daß sie später in diesem Raum spielen dürften, allerdings nicht mit dem Mobile, das auffällig an der Decke hing (dabei drückte er so nebenbei einen Knopf, der das Mobile in Bewegung brachte, stoppte das Schauspiel aber gleich wieder mit einem weiteren Knopfdruck). Dann kam ein zweiter männlicher Experimentator herein, von dem der erste sagte, daß er mit dem Kind etwas zu tun habe. Der erste verließ den Raum, und der zweite setzte sich dem Kind gegenüber und leitete es mit dauerndem Blickkontakt an, sich etwas Trauriges vorzustellen (oder: etwas Frohes, oder: ein Puzzle zu versuchen). Nach 30 Sekunden wurde das Kind unter einem Vorwand allein im Raum gelassen, aber durch eine Einwegscheibe beobachtet. Drei abhängige Variablen wurden erhoben:

- Latenz: Zeit, bis das Kind der Versuchung zum ersten Mal nachgab.
- Frequenz: Häufigkeit, mit der das Kind das Mobile betätigte.
- Dauer: Summe der Spielzeiten mit dem Mobile.

Bevor die Leserin oder der Leser weitergeht, sei ihr oder ihm empfohlen, zu überlegen, was sie oder er für Ergebnisse erwartet. Insbesondere wurden auch die männlichen mit den weiblichen Versuchspersonen verglichen; würden sich signifikante Unterschiede ergeben? In welcher Richtung? – Die Ergebnisse sind in der Tabelle 16-1 zusammengefaßt; alle Stimmungseffekte sind statistisch signifikant, von den Geschlechtseffekten sind alle statistisch nicht signifikant.

Tabelle 16-1
Widerstand gegen die Versuchung in Abhängigkeit von Stimmung und Geschlecht (aus Fry, 1975, 469); die Zeitzahlen geben die durchschnittliche Anzahl Sekunden an

	Latenz bis zum ersten verbotenen Spiel	Häufigkeit des verbotenen Spiels	Totale Dauer des verbotenen Spiels
Stimmung			
positv	368	.62	64
neutral	245	1.02	76
negativ	180	2.64	182
Geschlecht			
männlich	233	1.41	98
weiblich	269	1.21	64

Offensichtlich ist eine frohe Stimmung eine weit bessere Voraussetzung für das Widerstehen gegen eine Versuchung, auch wenn die Stimmung inhaltlich weder an den Versuchungsgegenstand noch an die aktuelle Tätigkeit gebunden ist.

So repräsentativ diese Aufgabe für Kinder ist, so wenig ist sie es für Erwachsene. Man verzichtet nicht einfach, weil jemand einem das auferlegt. Typischerweise möchten wir verstehen, um was für eines Wertes willen ein Verzicht erfolgen soll. Das selbst dann, wenn eine Autorität oder der Staat einem den Verzicht auferlegt. Das bedeutet aber, daß auch wir Erwachsene ohne Not nur dann verzichten, wenn wir damit etwas Größeres oder Besseres erreichen oder behalten können. Dabei kann dieser Wert u.U. recht abstrakt sein (vgl. die hohen Stufen des sog. moralischen Urteils nach Kohlberg, 1984). Das Stichwort der Erziehung zum Verzicht ist deshalb nicht im eingeschränkten Sinn zu verstehen, sondern im Sinne des Verzichts zugunsten eines höheren Wertes. Übung des Verzichts besteht dann in der persönlichen Wertklärung und der wohltuenden Erfahrung des Gewinns höherer Werte durch Verzicht.

Selbstverständlich sollten auch Kinder nach Möglichkeit die Gründe für Gebote und Verbote kennen und verstehen. Immer ist das nicht möglich; daß aber auch schon die Stimmungslage das Leben in solchen Situationen wesentlich erleichtern kann, ist nicht nur für die Erzieher wichtig zu wissen, sondern reflektiert überhaupt ein Stück Lebensweisheit, die wir auch uns selbst gegenüber anwenden können.

Nisan & Koriat (1977) haben in einem eindrücklichen Experiment gezeigt, daß Kindergartenkinder möglicherweise bereits eine große Spannung erleben zwischen dem, was sie als besser erachten, und ihrem tatsächlichen Verhalten. Diese beiden Autoren verglichen die relative Häufigkeit des Belohnungsaufschubs als tatsächlichem Verhalten mit der relativen Häufigkeit der Aussage der Kinder, daß Belohnungsaufschub etwas sei, das kluge Kinder («wenn sie größer sind») täten. Die Aussagehäufigkeiten übertrafen die Verhaltenshäufigkeiten klar. Vielleicht demonstriert dieses Ergebnis, wie sehr entsprechend der kognitivistischen Überzeugung höheres Verhalten durch vorausgehende Einsicht und Entscheidung langsam geformt und reguliert wird. Möglicherweise spiegeln sich aber in solchen Antworten einfach die erwachsenen Modelle. Danach denken die Kinder, daß sie sich später, wenn sie ja sowieso 'klüger' sind, ähnlich verhalten werden wie die Erwachsenen, daß es aber zu ihrer jetzigen Rolle gehört, noch nicht so zu handeln, mithin noch nicht klüger zu sein. Wenn dem so ist, brauchen sie einstweilen keine schmerzvolle Diskrepanz zwischen perzipiertem Entwicklungsziel und ihrem tatsächlichen Verhalten zu empfinden.

16.3 Stufe VII: Erfolg und Mißerfolg – Das Leistungskonzept

Mit der Formulierung dieser Entwicklungsstufe möchte ich der sukzessiven Herausbildung einer Differenzierung zwischen Handlungsziel und Handlungswirkung Rechnung tragen. Ziele bildeten sich schon auf den vorausgehenden Stufen heraus (ab Stufe V); sie anzustreben, ergibt sich dort praktisch automatisch ('selber machen'), ihr Nichterreichen löst Wut und Ärger aus, sowie neue Versuche, allenfalls mit Hilfe von Bezugspersonen. Mit der Zeit wird dem Kinde klar, daß es nicht alles kann, daß es sich anstrengen muß und daß die Handlung mißlingen kann. In der Psychologie hat sich für diese Auseinandersetzung der Terminus des Leistungsverhaltens eingebürgert.

Diese Stufe hat ohne Zweifel mit dem Element 4 in der logischen Analyse in Kapitel 15.3 zu tun, sie beansprucht ein erstes Selbstkonzept. Die empirische Literatur legt allerdings nahe, von diesem einfachen Selbstkonzept das explizite und ausgiebige Nachdenken über sich selbst in der Adoleszenz auszunehmen. Insofern wird das Element 4 auf der Stufe IX in neuer Form noch-

mals angesprochen werden. Andererseits spielt auch ab Stufe VII der Selbstwert eine Rolle (z.B. in den Emotionen der Scham und des Stolzes über eine gelungene Leistung); die logische Analyse hatte uns erst später auf dieses Element geführt.

Nach dem bedeutendsten deutschsprachigen Leistungsmotivationsforscher
Heinz Heckhausen (1926-1988) besteht das Leistungsmotiv im Bestreben, «die
persönliche Tüchtigkeit in allen jenen Tätigkeiten zu steigern oder möglichst
hochzuhalten, in denen man einen Gütemaßstab für verbindlich hält und deren Ausführung deshalb gelingen oder mißlingen kann» (Heckhausen 1965,
604).

Damit ein Handelnder oder eine Handelnde sein oder ihr Verhalten als
Leistungshandlung erlebt, müssen nach Heckhausen (1980, 111) folgende Kriterien erfüllt sein:

1) Die Handlung muß zu einem «aufweisbaren Ergebnis» führen.
2) Dieses Ergebnis muß an einem Gütemaßstab meßbar sein, qualitativ oder
   mengenmäßig.
3) Die Anforderungen an die zu bewertende Handlung dürfen weder zu schwer
   noch zu leicht sein.
4) Der oder die Handelnde muß den Vergleichsmaßstab und darauf die Norm
   für verbindlich halten.
5) Die Handlung muß vom Handelnden oder von der Handelnden selbst gewollt und das Ergebnis von ihm/ihr selbst zustande gebracht worden sein.

Damit sind die zentralen Aspekte der Kontrolle angesprochen: wahrnehmbare Wirkung (1), internale Attribution der Wirkung (5), alternative Ausgänge (3) und subjektive Bedeutsamkeit des Ziels (4). Punkt 2 ist nötig, damit
die Evaluation der Wirkung resp. der Zielerreichung überhaupt gewährleistet ist.

Ein Zwischenwort zur Bedeutung der Leistung: Nicht daß Kontrolle immer
mit Leistung zu tun hätte, Leistung setzt aber Kontrolle voraus. Das verbreitete Unbehagen über die 'Leistungsgesellschaft' halte ich als mögliche Kritik
an der Postulierung dieser Entwicklungsstufe nicht für tauglich. Kritisierbar
ist natürlich, ob das Leistungsmotiv einseitig gefördert wird und dadurch
überhand nimmt, sowie ob die Leistungsmaßstäbe zu oft interindividuelle
Vergleichsmaßstäbe sind und so das persönliche Glück an den Wettbewerbser-
folg und die Niederlage der andern knüpfen statt an persönliche Werte und intraindividuell gemessene Fortschritte. Ich teile die Richtung dieser Kritik im
allgemeinen, meine aber nicht, daß damit Leistung überhaupt anrüchig ist.
Ziele und Normen zu haben, diese anzustreben, daraus persönliche Bewährung
und Selbstwert abzuleiten, das halte ich für eine menschliche Ursituation.
Wer sich für Werte einsetzt, hat Werteprioritäten; und es ist lebenspraktisch
evident, daß diese nicht automatisch realisiert sind, sondern es oft erst aufgrund menschlicher Anstrengung werden, eben aufgrund von Leistung in diesem
allgemeinen Sinn. Zu meinem Menschenbild gehört die Vorstellung, daß sich
Menschen für Werte herausfordern lassen und Leistungen anstreben. Welche,
in welchem Ausmaß, auf Kosten wovon etc., das sind wichtige Folgefragen.

Woran läßt sich erkennen, daß Kinder diese Stufe VII erreicht haben, d.h. die oben genannten Bedingungen subjektiv realisieren? Eine Möglichkeit besteht darin, zu prüfen, ob die genannten Elemente vorhanden sind. Beispielsweise haben Bird & Thompson (1986) untersucht, ob Kinder zwischen drei und fünf Jahren bei der Beurteilung einer Aufgabe die Konzepte 'leicht' und 'schwierig' besitzen; die Ergebnisse aus drei Experimenten erlauben eine positive Antwort. Und Bullock & Lütkenhaus (1988) haben nachgewiesen, daß das Erkennen des Aufgabenziels und seiner Regulation bei einfachen Aufgaben bis zum Ende des dritten Lebensjahrs im allgemeinen erreicht ist (Tabelle 16-2).

Tabelle 16-2
Erreichung von fünf Stufen des Aufgabenverständnisses und der Aufgabenausführung 'Turmbau'; kein Standard = Aufgabe nicht verstanden, einfacher Standard = Aufgabe teilweise verstanden, kein Stop = Handlung wird über Zielerreichung hinaus weitergeführt. Die Zahlen sind kumulierte Prozentzahlen: Anteil Kinder, die wenigstens das betreffende Verhalten erkennen lassen (nach Bullock & Lütkenhaus, 1988, 668)

Alter in Monaten	17	20	26	32
kein Standard	100	100	100	100
Einfacher Standard, kein Stop	59	67	100	100
Einfacher Standard, Stop	45	38	70	89
korrekt, kein Stop	5	0	10	47
korrekt, Stop	5	0	10	47

Eine umfassendere Möglichkeit, das Vorhandensein des Erfolgs-/Mißerfolgskonzepts zu prüfen, besteht darin, zu untersuchen, ob die Ausführung einer Aufgabe zu den emotionalen Zuständen führt, die durch Erfolg resp. Mißerfolg üblicherweise ausgelöst werden. Sofern Erfolg oder Mißerfolg in der Öffentlichkeit erlebt werden, kann man annehmen, daß Erfolg *Stolz* und Mißerfolg *Scham* auslöst. Und genau diese Kriterien hat Heckhausen (1966) für die Feststellung des Leistungsmotivs angewandt. Er gab Kindern Klötze, mit denen sie einen Turm bauen sollten. Er berichtete, daß die Kinder unter $2^1/2$ Jahren und etwa zur Hälfte auch noch die Kinder zwischen $2^1/2$ und $3^1/2$ Jahren zwar den Turm bereits bauen konnten (differenzierte Ursache-Wirkungs-Erfahrung), aber nur Freude über das Ergebnis zeigten und noch nicht Stolz über den eigenen Erfolg. Das las er daraus ab, daß er dem Versuchsleiter auftrug, mit dem Kind in einen Wettbewerb zu treten; diesen Kindern machte es nichts aus, ob sie als zweite oder als erste fertig waren. Sie ließen sich auch noch gerne helfen; was für diese jüngeren Kinder zählte, war das Ergebnis (die Tatsache, daß diese Kinder bereits fähig sind, auf das Selbermachen zu bestehen, heißt nicht, daß sie es immer tun).

Erst die älteren Kinder waren fähig, Erfolg und Mißerfolg auf sich selbst zu beziehen und auch in einen echten Wettbewerb zu treten, d.h. die persönliche Herausforderung zu verstehen und anzunehmen. Heckhausen (1974, 160) schrieb: Sie «reagieren erstaunlich heftig auf Erfolg und Mißerfolg. Nach Erfolg richtet sich der Blick triumphierend auf den Verlierer. Der Körper strafft sich, die Hände werden hochgeworfen, so als sollte das eigene Ich stolz vergrößert werden. Nach Mißerfolg sackt das Kind förmlich zusammen, der Kopf ist zur Seite geneigt und der Blick verlegen gesenkt».

Obwohl unterdessen eine Reihe von weiteren Untersuchungen zum erfolgsbedingten Stolz und zur erfolgsbedingten Scham erschienen sind (Lütkenhaus, 1984; Lütkenhaus, Grossmann & Grossmann, 1985; für eine knappe Übersicht vgl. Lütkenhaus, Bullock & Geppert, 1987, 145-146), ist gegenwärtig nicht genügend klar, wann in der Entwicklung diese Emotionen frühestens auftreten. Heckhausen & Roelofsen (1962) fanden Stolz frühestens im 43. Lebensmonat; Heckhausen (1982) sprach in seiner Literaturübersicht von einer Altersgrenze zwischen $2^1/2$ und $3^1/2$. Halisch & Halisch (1980) konnten aber belegen, daß diese Grenze durch kognitive Ansprüche an das Erkennen des Erfolgs mitbedingt ist und je nach Aufgabe tiefer liegen kann. Und Jutta Heckhausen (1988) konnte nachweisen, daß das Gefühl des Stolzes bei geeigneter Hilfe durch die Mutter (Lenkung der Wahrnehmung, Modellierung, Gefühlsübertragung) wesentlich früher beobachtet werden kann. Interessant sind überdies die Befunde, wonach Stolz über Erfolg wesentlich früher als Scham über Mißerfolg sichtbar wird (Halisch & Halisch, 1980; H. Heckhausen, 1984; J. Heckhausen, 1988). Das könnte damit zu tun haben, daß ein Mißerfolg schwieriger festzustellen ist, da er ja die Negation des Erfolgs darstellt, oder daß ein Mißerfolg, weil er unangenehm ist, häufig ignoriert und ausgeblendet resp. nicht auf sich selbst bezogen wird (J. Heckhausen, 1988, 323).

Wenn es darum geht, Stolz oder Scham nicht nur als Reaktionen auf Erfolg oder Mißerfolg zu empfinden, sondern zu wissen, daß solche Gefühle die Folge von fähigkeits- und anstrengungsbedingtem Erfolg oder Mißerfolg sein können, sind die unteren Altersgrenzen beträchtlich höher anzusetzen, nämlich zu Beginn des zweiten Jahrzehnts (Stipek & DeCotis, 1988; vgl. Stufe VIII).

Heckhausens Konstrukt des Leistungsmotivs baut sich genauso wie unser Konstrukt der Kontrolle auf kognitiven Bestandteilen auf. Daß solche kognitive Voraussetzungen für das Erleben von Kontrolle im Lauf der Entwicklung unabdingbar sind, legt auch ein Befund von Heckhausen & Wasna (1965) nahe: Bei schwachbegabten Kindern traten diese Selbstwert-Indikatoren später auf und zwar korreliert mit ihrem Intelligenzalter.

Die bisher besprochenen Befunde belegen nur, daß schon früh in der Entwicklung die strukturellen Voraussetzungen für Leistungsmotive vorhanden sind. In welchen Bereichen solche Leistungsmotive entstehen und ob sie stark oder schwach sind, das ist eine inhaltliche Frage (vgl. Kapitel 15.1). Es lohnt sich, darauf einen kurzen Seitenblick zu werfen. Wahrscheinlich setzt die Ausbildung von Leistungsmotiven die Erfahrung von Leistungen voraus, also die Erfahrung der Zielsetzung, der Anstrengung, des Erfolgs und Mißerfolgs, aber auch eine gewisse Autonomie darüber, bestimmte Ziele anzustreben oder nicht.

Im Rahmen der Leistungsmotiv-Entwicklung untersuchte Marian Winterbottom (1958) acht- bis zehnjährige Buben und verglich solche mit hohem und solche mit tiefem Leistungsmotiv. Aus retrospektiven Interviews mit ihren Müttern ergab sich, daß Mütter von Buben mit hohem Leistungsmotiv früher und mehr Wert auf Selbständigkeit gelegt hatten (Unterstützung von persönlichen Initiativen und Erweiterung des Aktionsradius, z.B. allein draußen spielen, sich selber Freunde suchen) als Mütter von Buben mit tiefem Leistungsmotiv. Allerdings ergab sich kein Unterschied bezüglich der Selbständigkeit in häuslichen Alltagsverrichtungen (Beispiel: allein essen, Zähne putzen). Letzteres mag damit zu tun haben, daß die Erziehung zu häuslicher Selbständigkeit gelegentlich mehr einem Abschieben von Aufgaben gleichkommt als einer wohlwollenden Unterstützung von wachsender Selbständigkeit.

In dieser Einfachheit sind diese Befunde allerdings mit Vorsicht zu genießen. Sie wurden nämlich in Nachuntersuchungen nicht immer bestätigt, in Japan sogar widerlegt (Hayashi & Yamauchi, 1964; zit. nach Heckhausen, 1974a, 164). Letztere Autoren fanden gar einen umgekehrten Zusammenhang: Das später beobachtbare Leistungsmotiv korrelierte negativ mit der vorausgehenden Selbständigkeitserziehung. Nach Heckhausen könnte sich darin die negative Auswirkung einer Überforderung zeigen. Wenn es wahr ist, daß in Japan die Selbständigkeitserziehung früher einsetzt als in Europa/USA, dann könnten die relativ noch früher zur Selbständigkeit erzogenen japanischen Kinder bald einmal überfordert sein.

Aus Untersuchungen von Trudewind (1972) und Wendt, Ewert & Ewert (1971) stammen – konform mit unserer allgemeinen Hypothese – negative Korrelationen zwischen Erfolgsmotiviertheit von 9- bis 11jährigen und dem Ausmaß des Eingesperrtseins im Laufstall mit 1 bis 2 Jahren. Allerdings wies bereits die klassische Untersuchung von Rosen und d'Andrade (1959) nach, daß das Leistungsmotiv nicht einfach vom objektiven Freiraum abhängt, sondern von der damit verbundenen Atmosphäre der Wärme und Anerkennung.

Ebenfalls von Trudewind (1972) stammen Befunde, wonach die Vorläuferbedingungen für das Leistungsmotiv ein optimales Ausmaß haben können, unterhalb und oberhalb dessen die Leistungsorientierung abnimmt. Sie fand solche Kurven sowohl für die Menge und Variation von Spielzeug und Malgerät als auch für den durchschnittlichen Fernsehkonsum.

Ein indirekter Beleg dafür, daß das Kontrollerlebnis durch die Erfahrung selbstinitiierten erfolgreichen Handelns gefördert wird, liegt auch in den Studien über die extrinsische Motivation vor. Condry (1977) hat in einer interessanten Übersicht über viele Studien gezeigt, daß die soziale Belohnung für Neugierverhalten, für kreative Tätigkeiten oder für schwierige Problemlösungen zu einer Senkung entsprechender späterer Motivation und zu einer Geringschätzung des Vollbrachten führen kann, ebenso wie sachfremde Belohnung (z.B. Geld). Gemäß der Theorie von der kognitiven Dissonanz ist anzunehmen, daß extrinsische Verstärker das eigene Interesse abwerten.

Exkurs: Animismus und Artifizialismus

Die Entdeckung des Kindes, selbst Verursacher sein zu können, ist wohl der wesentlichste Bestandteil des unreflektierten Selbstbildes eines Vorschulkindes. Entsprechend seiner Tendenz, zunächst die ganze Welt von sich aus zu sehen und zu beurteilen (Egozentrismus), kommt es auch bald dazu, andere eigenständige Wesen ähnlich wie sich selbst als Persönlichkeit oder doch als belebt und als Verursacher zu sehen. Tatsächlich macht das Kind genug Erfahrung mit den Machtansprüchen seiner Umgebung, mit der Konfrontation von Wille gegen Wille.

Wenn man der Interpretation Jean Piagets glauben darf, werden nach der epistemologischen Trennung der Welt in Ich und Umwelt zunächst die je eigenen Qualitäten relativ undifferenziert auf die Umwelt projiziert. Dadurch sieht das Kind die ganze Welt, auch die physikalische, als belebt wie sich selbst. Dieses Weltverständnis nennt Piaget *Animismus*. Er bedeutet «die Tendenz, alle Gegenstände als belebt und von Absichten geleitet zu verstehen» (Piaget, 1926, Nachdruck 1938, 160; Übersetzung durch A.F.). Dadurch schreibt das Kind diesen Gegenständen Wirkverhalten zu wie sich selbst. Die damit verbundene geistige Auseinandersetzung mit Absichten, Ursachen und Wirkungen gestattet interessante Einsichten in das kindliche Kausaldenken. Aber sie passen nicht in eine bestimmte unserer Stufen; darum wird hier darüber in einem Exkurs gesprochen. Das ist noch desto angezeigter, als offensichtlich nicht alle Menschen eine Phase animistischen Denkens durchlaufen.

Animismus hat damit zu tun, daß das Kind entsprechend dem fortschreitenden Abbau seines Egozentrismus bei sich selbst früher Kausalität und Kontrolle wahrnimmt als außerhalb seiner selbst. Und wenn es diese nach außen projiziert, dann geschieht das zunächst ziemlich undifferenziert. Piaget (1926) unterschied vier Stadien im Verlauf der Ablösung vom Animismus:

a) *Stadium 1*: Alle Gegenstände können Bewußtsein haben, wenn sie in Bewegung («aktiv») sind. Mit Bewußtsein meint Piaget, daß die Kinder diesen Gegenständen Wissen von sich selbst, von ihrer Bewegung und ihrer Zukunft zuschreiben und vor allem auch die Fähigkeit, Schmerz, Freude etc. zu empfinden. Dieses Stadium reicht nach Piaget bis etwa zum Schulbeginn. Wie immer belegt er seine Theorie mit Transkripten von Befragungen. Die erste zu diesem Stadium ist so schön, daß ich sie hier wiedergeben möchte (Piaget sagt, es handle sich dabei um eines der älteren Kinder dieses ersten Stadiums):

Vel (8;6) erklärt, nur die Tiere könnten einen Stich spüren, was zeigt, daß er seine Antworten nuancieren kann. Er will damit sagen, daß nur die Tiere imstande sind, Schmerzen zu empfinden. Die Wolken zum Beispiel würden den Stich nicht spüren.
«Warum nicht?
Weil es Luft ist.
Spüren sie den Wind oder spüren sie ihn nicht?
Ja, das stößt sie voran.
Spüren sie die Wärme?
Ja.»
Was aber das einfache Bewußtsein betrifft, so kann jeder Körper zeitweilig bewußt sein:
«Spürt die Bank etwas?
Nein.

Spürt sie es, wenn man sie verbrennt?
    Ja.
Warum?
    Weil sie kleiner wird.
Spürt eine Mauer etwas?
    Nein.
Und wenn man sie umstürzt, spürt sie es?
    Ja.
Warum?
    Weil sie zerbricht.»
Einen Augenblick später:
    «Wenn ich diesen Knopf (einer Jacke) abreiße, spürt er es dann?
    Ja.
Warum ?
    Weil der Faden zerreißt.
Tut es ihm weh?
    Nein, aber er spürt, daß es reißt.
Weiß der Mond, daß er sich bewegt, oder weiß er es nicht?
    Ja.
Weiß diese Bank, daß sie hier ist?
    Ja.
Glaubst du das ? Bist du sicher oder nicht sicher?
    Nicht sicher.
Warum glaubst du ein wenig, daß die Bank es nicht weiß?
    Weil sie aus Holz ist.
Und warum glaubst du ein wenig, daß sie es weiß?
    Weil sie hier ist.
Wenn der Wind gegen den Salève bläst, spürt er dann, daß dort ein Berg ist, oder spürt er es nicht?
    Ja.
Warum?
    Weil er darüber hinweg geht.
Weiß ein Fahrrad, daß es rollt?
    Ja.
Warum?
    Weil es rollt.
Weiß es, wann es stillsteht?
    Ja.
Womit weiß es das?
    Mit seinen Pedalen.
Warum?
    Weil sie sich nicht mehr drehen.
Glaubst du das?
    Ja.
(Wir lachen.) Meinst du, daß ich es glaube?
    Nein.
Aber du glaubst es?
    ...
Kann die Sonne uns sehen?
    Ja.
Hast du schon darüber nachgedacht?
    Ja.
Womit sieht sie uns?
    Mit ihren Strahlen.
Hat sie Augen?
    Ich weiß es nicht» (Piaget, 1926, dt. 1980, 148).

b) *Stadium 2*: Bewußtsein ist reserviert für jene Gegenstände, die normaler-
weise in Bewegung sind, wie Wolken, Sonne, Flüsse, Fahrzeuge, Velos, Feuer.
Dieses Stadium ist nach Piaget im Alter von acht und neun Jahren ausgeprägt.
Auf dieser Stufe ist das Kind etwa der Meinung, der Wind wisse wohl, daß er

sich fortbewege, auch daß er an einen Berg anstoße und darüber hinwegklettern muß. Während jedoch Steine keine Schmerzen haben können, ist das bei einem Auto möglich, wenn ein Nagel in seinem Pneu steckt.

c) *Stadium 3*: In diesem Stadium ist Bewußtsein für jene Gegenstände reserviert, die (anscheinend) von sich aus in Bewegung sind oder wachsen, also die Sonne, der Wind, die Blumen, die Flüsse, aber nicht die Dinge, die gemacht sind oder deren Bewegung von jemandem veranlaßt ist, wie das Feuer, das Fahrrad oder der Ball. Dieses Stadium ist nach Piaget im Alter von elf und zwölf Jahren ausgeprägt.

d) *Stadium 4:* Bewußtsein (und a fortiori: Leben) ist reserviert für Tiere und Menschen. Dieses Stadium ist ab etwa zwölf Jahren, aber gelegentlich schon ab sechs Jahren beobachtbar (vgl. Piaget, 1926, Nachdruck 1938, 180).

Nach dem heutigen Forschungsstand muß man annehmen, daß einige, aber nicht alle Kinder durch ein animistisches Entwicklungsstadium gehen. Dabei sind die interindividuellen Differenzen offensichtlich recht stabil (Berzonsky, 1988).

Eine hübsche Parallele zum Animismus als einer Übergeneralisierung der Selbstwahrnehmung auf andere Gegenstände findet sich im kindlichen Verständnis der Warum-Fragen. Wenn man Vorschulkinder fragt, warum der Heizkörper warm sei, kann man durchaus zwei verschiedene Antworttypen erhalten: (a) Weil heißes Wasser drin ist; (b) Damit es im Zimmer warm wird. Die erste Antwort verweist auf ein kausales Verständnis der Warum-Frage, die zweite auf ein finales. Ähnliche Final-Antworten kann man erhalten, wenn man fragt, warum die Sonne scheine oder warum der Fluß in den See fließe. Diese Präferenz von finalen Erklärungen zeigt sich natürlich besonders deutlich, wenn es sich um die Erklärung von menschlichem Verhalten handelt, wie Miller & Aloise (1989) mit ihrer Literaturübersicht belegten.

Mit der Animismus-Entwicklung hängt der sog. *Artifizialismus* zusammen. Piaget (1926, Nachdruck 1938, 259-411) ist diesem Phänomen besonders in seinen Untersuchungen über das kindliche Verständnis der Sterne, der Sonne und des Mondes, des Wetters, der Berge etc. begegnet. Das Phänomen besteht darin, daß die Kinder die Dinge, insbesondere die nicht-lebenden, als in ihrer Form gemacht oder hergestellt wahrnehmen. Meistens ist es der liebe Gott, manchmal «un monsieur». Häufig aber geschieht das Machen nicht so von Hand, sondern instrumentell: Jemand hat ein Feuer gemacht, und dieses Feuer hat die Sonne angezündet.

Wie schon angedeutet, haben spätere Untersuchungen die Animismus-Stadien nach Piaget und besonders die Altersangaben nicht immer bestätigen können. Vor allem hat sich bis heute auch nicht die vermutete zeitlich verschobene Parallele zu dieser Entwicklung bei weniger zivilisierten Völkern nachweisen lassen. So hat z.B. Dennis (1943) gezeigt, daß die Hopi-Indianer zwei Begriffe für 'lebend' haben, einen, der unserem Begriff gleicht, und einen für bewegte Dinge wie Feuer, Flüsse und Wind. Und Jahoda (1958) fand bei westafrikanischen Stämmen, daß die gleichen Dinge verschiedene Namen haben können, je nachdem ob sie im Kontext des Alltagsgebrauchs oder innerhalb von Geschichten und Mythen erwähnt werden.

Auf jeden Fall ist animistisches Denken nicht entweder durchgehend vorhanden oder völlig überwunden. Und auch junge Kinder mit animistischen Zügen in ihrem Denken können dennoch zwischen Menschen und Nichtmenschen und zwischen lebenden und nichtlebenden Wesen in den prototypischen Existenzformen recht gut unterscheiden (Gelman, Spelke & Meck, 1983; Dolgin & Behrend, 1984; Bullock, 1985). Inagaki & Hatano (1987) haben Kinder zwischen fünf und sechs Jahren gefragt, ob Personen, Hasen, Tulpen und Steine bestimmte (menschliche) Eigenschaften haben oder nicht. Waren diese Eigenschaften äußerlich sichtbare (z.B. Ohren haben), dann waren die Antworten fast zu hundert Prozent korrekt (d.h.: Tulpen haben keine Ohren; Steine haben keine Ohren). Waren die Eigenschaften hingegen nicht beobachtbar (z.B. denken können, frieren), fielen die Antworten für die Tulpen relativ anthropomorph aus, nicht aber für die Steine. Offensichtlich setzten die Kinder in Rechnung, ob etwas überhaupt ein Lebewesen ist oder nicht. In einer zweiten Untersuchung wurden (andere) Kinder im Kindergartenalter nach möglichen Reaktionen von Hasen und Tulpen in für diese ungewohnten (anthropomorphisierten) Situationen gefragt (Beispiel: Verwicklung in einen Autounfall). Diese Situationen verleiteten die allermeisten Kinder nicht dazu, den Hasen und Tulpen menschengleiches Verhalten zuzusprechen.

Ähnlich gestreckte Übergänge sind für den Artifizialismus gefunden worden. Fetz (1988; Fetz, Reich & Valentin, im Druck) und Valentin (1989) haben gezeigt, daß bis ins Erwachsenenalter hinein immer weitere Teile von unreflektierten Annahmen darüber fallen gelassen werden, was in der Welt als solches von Gott oder von den Menschen 'gemacht' oder 'hergestellt' ist. Die neueren Untersuchungen lassen auch vermuten, daß animistische und artifizialistische Konzepte im Lauf des zwanzigsten Jahrhunderts abgenommen haben.

16.4 Stufe VIII: Differenzierung von Anforderungen, Kompetenzen und Aufwand

Menschen – nicht nur Kleinkinder – haben häufig die Tendenz, für sich als Mißerfolg zu buchen, was eigentlich kein Mißerfolg sein müßte, weil die Aufgabe in Wirklichkeit einfach zu schwer war. Andererseits zeigen Menschen gelegentlich die unverfrorene Gelassenheit, sich selbst als Erfolg zuzuschreiben, was in Wirklichkeit doch vor allem Glück oder Wirkung von Handlungen anderer Menschen ist. So gelten reiche Menschen für viele eo ipso als erfolgreich, und so denken viele Menschen durchaus nicht an Zufall, wenn man ihnen für eine Prüfung oder zu einem Stellenantritt 'viel Glück' wünscht.

Die bereichsspezifische Differenzierung zwischen Aufgabenanforderungen, persönlichen Kompetenzen und eigenem Aufwand ist vermutlich eine lebenslange Entwicklungsaufgabe, die gleich nach dem ersten Erreichen der Konzepte von Erfolg und Mißerfolg einsetzt und vermutlich im Volksschulalter, bedingt durch die Anforderungen und die Evaluationserfahrungen in der Schule, am deutlichsten voranschreitet. Dafür sprechen auch die Daten von

Skinner, Chapman & Baltes (1988b), die in einer Altersquerschnittuntersuchung zunehmende Unterschiede der Gewichtung von Anstrengung, Fähigkeit, Einfluß anderer und Zufall fanden (Figur 16-1). Es mag im besonderen Maß mit der schulischen Sozialisation zusammenhängen, daß im allgemeinen Anstrengung optimistisch als der wichtigste Faktor bezeichnet wurde. Der gleiche Optimismus wird auch sichtbar im drastischen Bedeutungsverlust des Zufalls. Die Werte der Figur 16-1 drücken allerdings nur eine Differenzierung des durchschnittlichen Gewichts der verschiedenen Faktoren aus und nicht die konzeptuelle Differenzierung im einzelnen Fall. Die Kurven der Figur 16-1 könnten deckungsgleich (= gleichgewichtig) sein, und dennoch wäre es möglich, daß die Individuen im Einzelfall die Faktoren auseinanderhalten. Andererseits ist die durchschnittliche Gewichtungsdifferenzierung in Figur 16-1 nicht möglich ohne eine erfolgte konzeptuelle Differenzierung.

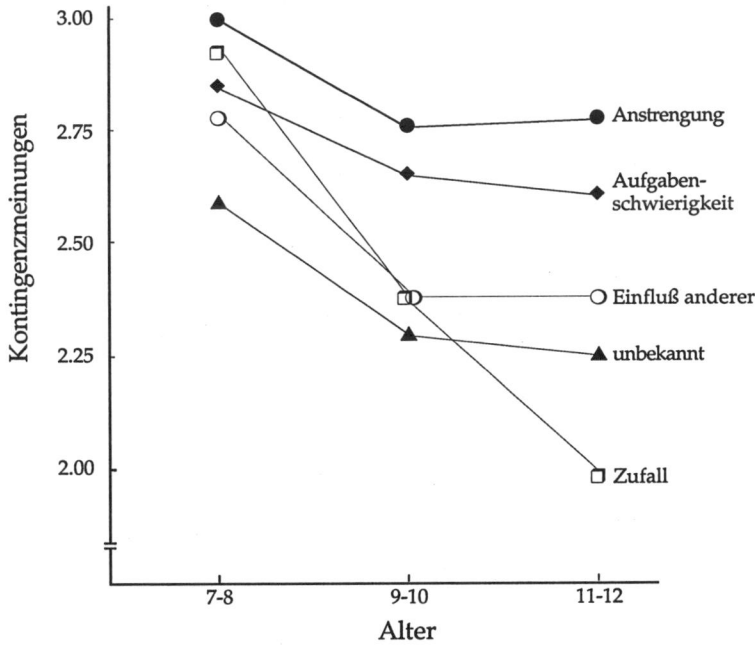

Figur 16-1
Altersdifferenzierung möglicher Ursachen für wichtige Ereignisse in den Bereichen Schule und Freundschaft (Skinner, Chapman & Baltes, 1988b, 380)

Die Ergebnisse von Skinner, Chapman & Baltes (1988b) entsprechen den wiederholten Befunden aus der Locus-of-control-Forschung, wonach die Internalität im Lauf des Lebens im allgemeinen auf Kosten der Externalität zunimmt (vgl. Weisz & Stipek, 1982; Skinner & Connell, 1986; Krampen, 1989b).

Heckhausen (1982, 608-618) kam aufgrund einer Literaturübersicht zum Schluß, daß Erfolg und Mißerfolg von Vorschulkindern entweder undifferenziert sowohl auf die unterschiedliche Aufgabenschwierigkeit als auch auf die persönlichen unterschiedlichen Kompetenzen attribuiert werden oder dann mit Vorzug auf unterschiedliche Aufgabenschwierigkeiten. Und nach der Ausgliederung des speziellen Faktors der persönlichen Kompetenz kovariiert dieser meistens zunächst noch mit Anstrengung. Das kompensatorische Verhältnis von Fähigkeit und Anstrengung erscheint erst im Schulalter. Diese Abfolge kommt sehr schön zum Ausdruck in den Daten einer Untersuchung von Nicholls (1975; 1978; vgl. auch Chapman & Skinner, 1989). Nicholls präsentierte Kindern zwischen fünf und 13 Jahren Filme, in denen Kinder Erfolg oder Mißerfolg hatten und sich dafür stark oder wenig anstrengten. Die Inhaltsanalyse der Attributionen führte zu einer Phasenfolge, wie sie in Figur 16-2 dargestellt ist. Die Phasen sind die folgenden:

(1) Globales Kompetenzkonzept mit undifferenzierter Mischung von Fähigkeit und Anstrengung,
(2) Anstrengung als Hauptkovariate des Erfolgs,
(3) Fähigkeit als unabhängige Ursache,
(4) Kompensatorisches Verhältnis zwischen Fähigkeit und Anstrengung.

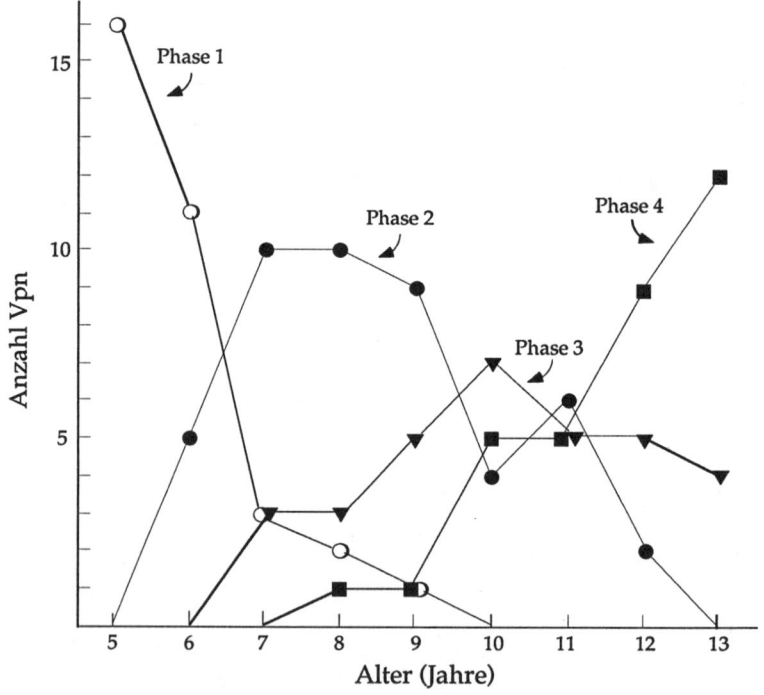

Figur 16-2
Ursachenattribution von Erfolg und Mißerfolg bei 5- bis 13-jährigen (nach Zahlen von Nicholls, 1978, 805)

Mit der Stufe VIII sind wir beim Element 5 der logischen Analyse des Kapitels 15.3 angelangt. Mit der Differenzierung zwischen Anforderungen, Kompetenzen und Aufwand (den man erbringen kann oder nicht) ist nach meiner Auffassung strukturell eine reife und ausgewogene Kontrollmeinung möglich geworden, sofern wir in das Aufwandkonzept auch das Wissen um einen eigenen Entscheidungsspielraum darüber einschließen, ob man den Aufwand erbringen will oder nicht. Damit umfaßt die Kontrollmeinung Kontingenzwissen (Anforderungen), Kompetenzwissen und das Wissen um den eigenen Entscheidungsspielraum (vgl. Kapitel 5).

16.5 Stufe IX: Identität: Selbstbild und Selbstwert

Obwohl mit der Stufe VIII die strukturelle Vollständigkeit der Kontrollmeinung erreicht ist, lassen sich weitere Entwicklungsstufen ausmachen. Sie betreffen zunächst die Reflexion über die eigene Identität und dann die Auseinandersetzung mit Werten. Weil die intensive Auseinandersetzung mit der eigenen Identität unweigerlich auch Wertfragen, mithin den Selbstwert einschließt, läßt sich die logische Analyse hier nicht ganz durchhalten, wonach zunächst nur der kognitive Aspekt der Identität im Zentrum der Aufmerksamkeit stünde. Es klingt also bereits hier das Element 6 der logischen Analyse (Kapitel 15.3) deutlich an.

Wissen um sich selbst setzt prinzipiell schon früh ein (allenfalls schon ab Stufe III), jede weitere Stufe macht aber die Identität reicher (vgl. Lewis & Brooks-Gunn, 1979; Bertenthal & Fischer, 1978). In einem engeren Sinn ermöglichen erst das Nachdenken über eigene Kompetenzen und Grenzen und der Vergleich eigener Kompetenzen mit denen anderer oder mit eigenen zu anderen Zeitpunkten ein profiliertes Bild über sich selbst. Dieses dürfte im Laufe der Schulzeit sukzessive aufgebaut (und stabilisiert) werden, um nach der definitiven Differenzierung der Konzepte Schwierigkeit, Anstrengung, Fähigkeit und Zufall, insbesondere in der Adoleszenz, zum Gegenstand eigener Kognitionen zu werden.

Die Auffassung, daß die Identität während der ganzen Entwicklung aufgebaut resp. verändert wird, hat bei Erikson (1968) beredten Ausdruck gefunden. Er hat die menschliche Entwicklung bekanntlich als eine Abfolge von acht Phasen beschrieben, von denen jede gekennzeichnet ist durch eine hervorstechende Krise, die zu meistern ist. Die fünfte Phase in seiner Theorie ist gekennzeichnet durch eine Identitätskrise. Den Identitätsanteil jeder vorausgehenden Phase hat Erikson auf folgende Formeln gebracht, von denen wenigstens zwei (zufällig?) deutlich kontrollbezogen sind:

(1) «Ich bin, was ich an Hoffnung habe und einflöße» (Erikson, 1968, dt. 1981, 108).

(2) «Ich bin, was ich unabhängig wollen kann» (116).

(3) «Ich bin, wovon ich mir vorstellen kann, daß ich es sein werde» (124).

(4) «Ich bin das, was zum Funktionieren zu bringen ich lernen kann» (139).

Gerade weil solche Leistungserfahrungen selbstwertrelevant sind, sind Menschen an Information über ihre Leistungsfähigkeit interessiert (vgl. Kapitel 10.1.3). Wenn sie eine reelle Chance des Erfolgs sehen, der Erfolg aber doch nicht garantiert ist, stellt eine Leistungsaufgabe eine Herausforderung dar. Wenn die Chance zu schwinden beginnt, erlöschen der Herausforderungscharakter und das Interesse an der Erfolgs-Mißerfolgs-Information. Ruble & Flett (1988) sowie Boggiano, Main & Katz (1988) haben nachgewiesen, daß gute Volksschüler sich mehr um selbstdiagnostische Information bemühen als schwächere Volksschüler, was wahrscheinlich die desolate Situation jener Kinder reflektiert, die in ihrer Klasse trotz individueller Fortschritte immer zu den schwächeren gehören. Immerhin fanden Ruble & Flett, daß die Kinder sich mit zunehmendem Alter weniger mit anderen Kinder und mehr mit sich selbst verglichen. Ob sich dieser Befund in einer Wiederholungsuntersuchung bestätigen läßt?

16.6 Stufe X: Auseinandersetzung mit Werten und Wertrealisierung

Mir scheint, daß in den meisten Erwachsenenleben Bemühungen um Kontrolle und Auseinandersetzungen mit Werten erfolgen, die umfassender und differenzierter sind als jene in der Adoleszenz. Der adoleszente Mensch setzt sich unbedingter und für (fast) alle von ihm erkannten großen Werte persönlich ein, der erwachsene Mensch versucht, seine Kräfte zu konzentrieren und so effizienter zu kontrollieren; er gibt manchem Wert seine persönliche Unterstützung in Form von Arbeitsaufwand, Zeit oder persönlichem Mut, andere unterstützt er mehr prinzipiell und ohne großen persönlichen Aufwand, z.B. mit dem Stimmzettel, durch eine finanzielle Geste, durch die Wahl der Tageszeitung. Viele Werte unterstützt er prinzipiell, sieht aber ihre Verwirklichung gefährdet oder kompromittiert und ist darum zurückhaltend (Beispiele: großer Verwaltungsaufwand bei gewissen Wohltätigkeitsorganisationen; die Vielfalt von wünschbaren und nicht-wünschbaren Wirkungen der Entwicklungshilfe; sog. menschliche Schwächen bei jenen, die ein politisches Programm realisieren sollen). Andere Werte hält er für hochstehend, sieht aber keinen vertretbaren Weg, sich selbst dafür einzusetzen, sei es, weil er seine Ressourcen für andere Werte reserviert hat, sei es, daß er gar keine persönlichen Möglichkeiten (Kontrolle) sieht. Er akzeptiert aber auch, daß vieles, was ihm wichtig ist, in der Hand anderer liegt.

Werte sind vermutlich nicht in einer einzigen Hierarchie zu ordnen. Und auch die Realisierung von Werten kann einer Kosten-Nutzen-Rechnung unterworfen werden. Aus dem, was der Mensch kann, und was er wirklich tut, gewinnt er einen wesentlichen Teil seines eigenen Selbstwerts (natürlich gibt es auch andere Quellen, z.B. die Wertschätzung, die man von anderen Menschen erfährt).

16.7 Stufe XI: Auseinandersetzung mit Kontrollgrenzen

Die Stufe XI erhält ihre Virulenz im allgemeinen nach der Lebensmitte. Ihre Thematik ist allerdings im ganzen Leben präsent. Die Kontrolle jedes Menschen hat Grenzen, teils weil er persönlich vieles nicht kann, was machbar ist, teils weil vieles überhaupt nicht machbar ist. Und vieles ist an sich machbar, aber unter den gegebenen Umständen (Verteilung von Gütern, Machtstrukturen) nicht (vgl. Kapitel 9).

Auf der Stufe XI wird der alternde, aber noch nicht unbedingt alte Mensch konfrontiert mit der Endlichkeit seines Strebens, seiner Zeit, seiner Ressourcen. Das kann ein beträchtlicher Schock sein und oft gar ein wiederkehrender. Dabei sind viele sichtbar werdende Grenzen nicht schon unverrückbare; es gibt die Möglichkeit geeigneterer Strategien, von Kompensationen und auch von Prothesen (Beispiele: Wenn man wegen des Rheumas das Campieren nicht mehr wie in der Jugend erträgt, kann man sich, anders als in der Jugend, ein Hotel leisten; wenn das alternde Gedächtnis an Fitness verliert, reicht es mithilfe gezielter Erinnerungshilfen und 'externer Gedächtnisse' [Notizblock, PC] immer noch hin). Das ist aber nur eine Seite; die andere ist die, daß die Leistungsfähigkeit und die verbleibende Zeit, wenn auch nicht genau vorhersagbar, dennoch definitiv abnimmt.

Indirekte Kontrolle und sekundäre Kontrolle gewinnen an Bedeutung. Das nimmt etwa die Form an von Vertrauen in die junge Generation, von Religiosität oder einer umspannenden persönlichen Philosophie vom Weltlauf im Großen. Sichtbare Spuren des eigenen Lebens, vollbrachte Leistungen, eigene Kinder etc. gestatten oft, die Überzeugung zu verlassen, Selbstwert und persönliche aktuelle Kontrolle seien notwendigerweise korreliert. Erikson (1968, dt. 1981, 144) prägte dafür die Formel «Ich bin, was von mir überlebt»; und vielleicht läßt sich der Selbstwert schließlich auch davon ablösen.

Zusammenfassung

Nachdem die ersten vier Entwicklungsstufen das Kind zu einem Verständnis des Zusammenhangs zwischen Ursachen und Wirkungen geführt haben, gelangt es in den folgenden Entwicklungsstufen zu einem immer differenzierteren Bild seiner selbst als jemand, der oder die Kontrolle hat, Entscheidungen fällt und Werte realisiert.

Den Anfang macht die Stufe V, auf der das Kind anfängt, Hilfen zu verweigern und sich selbst mit Namen oder als 'ich' zu bezeichnen.

Wenn der Widerstand nicht nur gegen andere gerichtet werden kann, sondern auch gegen eigene Wünsche, indem diese wegen noch gewichtigerer Wünsche hintangestellt werden, ist die Stufe VI erreicht (Gratifikationsaufschub und Widerstand gegen Versuchung).

Auf der Stufe VII, der Stufe der Leistung, wird die Herausforderung seiner selbst auch manchmal schmerzhaft. Erfolge werden möglich, aber auch Mißerfolge: Die Kontrollversuche können gelingen oder mißlingen, es gibt Anlaß, stolz zu sein, aber auch Anlaß, sich zu schämen.

Gelingen und Mißlingen können verschiedene Ursachen haben, und man muß sich nicht für jedes Mißlingen schämen und kann sich nicht für jedes Gelingen brüsten. Die Aufgabenschwierigkeit kann zu groß oder lächerlich gering sein; Anstrengungen können ungenügend sein. Anstrengungen können aber leichter korrigiert werden als etwa Kompetenzen oder Fähigkeiten. Mit diesen Differenzierungen auf Stufe VIII sind die strukturellen Voraussetzungen für eine ausgereifte Kontrollmeinung erreicht.

Die Stufen, die noch folgen, bestehen in besonderen Auseinandersetzungen mit dem Selbstbild (Stufe IX), mit Werten (Stufe X) und mit Kontrollgrenzen (Stufe XI).

Nicht einer bestimmten Stufe zuteilbar, aber ebenfalls Ausdruck des zunehmenden Kontrollverständnisses sind die Phänomene des Animismus und des Artifizialismus. Beide gehen auf Übergeneralisierungen der Kontrolle zurück: Nach der animistischen Auffassung haben auch nicht-lebende Gegenstände Eigenschaften von Lebewesen und damit Absicht und Kontrollmöglichkeiten; nach der artifizialistischen Auffassung steht hinter allem Gewordenen jemand, der es gemacht hat.

Seminarliteratur

- Zur Phase des Selbermachen-Wollens: Geppert & Küster (1983).
- Ontologische Ursprünge des kausalen Denkens: White (1988).
- Neuere Untersuchung zum Animismus: Inagaki & Hatano (1987).
- Zur Entwicklung der Leistungsmotivation: Heckhausen (1982).
- Zur Handlungsentwicklung: Spangler, Bräutigam & Stadler (1984).
- Zur Differenzierung der Kontrollattribution im Regelschulalter: Skinner (1990).

Schlußwort

In seiner eben abgeschlossenen Dissertation hat Alexander Grob unter seinen Hypothesen eine untersucht, wonach «Personen, die sich ... Kontrolle zuschreiben, eher Beziehungen zwischen ihren Handlungen im Umweltbereich und deren umweltschädigenden oder umwelterhaltenden Effekten herstellen... Je größer die an sich attribuierte Kontrolle ... ist, desto umweltgerechter verhält sich eine Person gegenüber der Umwelt» (Grob, 1990, 54-55). Die Hypothese wurde über verschiedene Messungen geprüft, konnte aber nicht verifiziert werden. Ich finde das bedauerlich, in doppelter Hinsicht. Zum einen hätte es doch in das liebgewordene Kontrollkonzept gepaßt, daß wenigstens jene, die (gegenüber der gegenwärtigen Umweltbelastung) nicht hilflos sind, auf dem Weg wären, die Situation tatkräftig zu verbessern. Zum anderen wissen wir doch, daß die natürliche Umwelt nicht einfach in sich und aus sich leidet, sondern infolge der massiven Eingriffe des Menschen, des homo faber. Es ist doch die Übernutzung, die schamlose Ausnutzung durch unsere kontrolltrunkene technologische Zivilisation, die dem Gleichgewicht der Natur derart zusetzt. Wir haben zu viel und gleichzeitig zu wenig Kontrolle über unsere Welt. Sollten wir zurückbuchstabieren, d.h. auf Kontrolle verzichten? Oder die Flucht nach vorne antreten, d.h. noch umfassender kontrollieren? Ich halte das erste nicht für möglich und das zweite nicht für sinnvoll, wenn es eine Flucht sein soll. Ich vertraue auf ein neues Maßhalten und auf die kontrollierte Korrektur der angerichteten Schäden. Wird uns das gelingen?

Der Null-Befund von A. Grob sollte uns nicht mutlos machen, denn die Korrektur über das einsichtgeleitete Handeln von Millionen und Milliarden von Einzelmenschen ist nicht die einzig mögliche. Kontrolle auszuüben, ist letztlich nie Sache von einzelnen Menschen. Entsprechend der prinzipiellen kausalen Multidetermination von Ereignissen (Kapitel 2.2.2) gibt es immer auch viele Mitkontrolleure oder Kontrollpartizipanten an einem Geschehen (Kapitel 12.2.2). Wirkungsvolles Handeln setzt darum häufig die Koordination der Handlungen vieler einzelner voraus. Auch diese Koordination ist allenfalls kontrollierbar. Wer diese Kontrolle aber innehat, ist nicht nur eine individuelle Angelegenheit, sondern auch eine soziale, eine politische. Darum – so hoffe ich – sind wir alle durchaus imstand, der Natur mehr Raum zu geben, ihr Gleichgewicht wieder zu finden, sofern wir uns politisch entsprechend organisieren und koordinieren.

Würde die Grob-Hypothese zutreffen, wenn die Voraussetzung der kollektiven Koordination erfüllt wäre? Ich hoffe es. Je nachdem, wie diese Koordination aussähe, sollte dann eher die primäre oder eher die sekundäre Kontrolle der einzelnen Menschen greifen. Wenn die Koordination demokratisch per Gesetze und Dekrete angeordnet und mithilfe polizeilicher Überwachung und gerichtlicher Sanktionierung der Abweichungen durchgesetzt würde, so wäre bei den einzelnen (ein Minimum) primäre(r) Kontrolle angesprochen;

wenn die Koordination durch empathische, ja symbiotische Integration der einzelnen in Gruppen und Kulturen, letztlich mithilfe von unhinterfragten Normen geschehen sollte, dann wäre eine sekundäre Kontrollorientierung eine bessere Voraussetzung (vgl. die Gruppen- vs. Individualorientierung von Kulturen; Kapitel 8.7). Aber wir haben unsere 'Unschuld' längst verloren; wir können, wenn wir etwas korrigieren oder 'verbessern' wollen, nur noch primäre Kontrolle anwenden. Es könnte höchstens 'passieren', daß uns nichts anderes mehr bleibt als sekundäre Kontrolle.

Primäre Kontrolle ist Verpflichtung. Da haben wir keine prinzipielle Wahl. Primäre Kontrolle ist aber auch eine Chance, wie sie sich der Menschheitsgeschichte wohl zum ersten Mal bietet. Es ist die Chance, uns diese Welt einzurichten, uns selbst in dieser Welt einzurichten und sogar unsere Entwicklung selbst an die Hand zu nehmen (Flammer, 1988, 299-313). Dabei ist nicht nur wichtig, was geschieht und was wir bewirken, sondern auch, wie wir dazu stehen, wie wir uns in diesen Handlungsfeldern fühlen. Darum ist der Fokus dieses Buches auf die Kontroll*meinung* als Bestandteil des Selbstkonzepts und als Basis des subjektiven Selbstwerts und des Handelns gerichtet. Es trägt offensichtlich zu unserem Wohlbefinden bei, uns als Kontrolleure oder doch als Kontrollpartizipanten zu erleben (Kapitel 6). Die Kontrollmeinung soll nicht eine Kontrollillusion sein (weil sich krasse Illusionen im Normalfall doch nicht lange aufrechterhalten lassen); sie soll aber auch nicht eine Unterschätzung der realen Möglichkeiten sein.

Es ist mir wichtig, daß Kontrollmeinungen nicht nur synchron (über Beziehungen zu anderen Teilen des Selbstkonzepts und zu den aktuellen Handlungen und Erfahrungen), sondern auch diachron integriert sind (über Beziehungen zur eigenen tatsächlichen und zur eigenen mental repräsentierten Autobiographie). Gerade weil wir Menschen nicht Robinson'sche Kontrolleure sind, sondern am großen Tuch der Geschichte mitweben, an dem so viele und so unterschiedlich mit-wirken, erhält die Pflege der eigenen Autobiographie neue Bedeutung. Die rasante Gesamtentwicklung der Gesellschaft birgt die Gefahr, die einzelnen derart lieblos voranzuziehen und in immer neue Lebenssituationen hineinzukatapultieren, daß sie ihre Geschichte 'verlieren' und dadurch sich selbst nicht mehr verstehen. Das macht nicht glücklich, und das ist keine gute Basis für verantwortliches Mit-Handeln.

Und verantwortliches Mit-Handeln muß sein. Denn nochmals: Wir mögen es bedauern; aber wenn wir das Bessere wollen, können wir es nur noch über primäre Kontrolle anstreben. Wir mögen die sekundäre Kontrolle vorziehen, aber wir haben die nötige Unschuld dafür verloren. – Ich ziehe dennoch die primäre Kontrolle vor. Oder gerade deshalb? Also im Grunde doch sekundäre Kontrolle? Primäre Kontrolle auf der Basis sekundärer Kontrolle? Primäre Kontrolle aus Not? Oder als Geschenk?

Literaturverzeichnis

Abramson, L. (1977) Universal versus personal helplessness: An experimental test of the reformulated theory of learned helplessness and depression. Unpublished doctoral dissertation. University of Pennsylvania.

Abramson, L.Y., Alloy, L.B. (1980) Judgments of contingency: Errors and their implications. In Baum, A., Singer, E., Eds., *Advances in environmental psychology, vol. 2.* Hillsdale, N.J.: Lawrence Erlbaum, 111-130.

Abramson, L.Y., Garber, J., Seligman, M.E.P. (1980) Learned helplessness in humans: an attributional analysis. In Garber, J., Seligman, M.E.P., Eds., *Human helplessness.* New York: Academic, 3-34.

Abramson, L.Y., Metalsky, G.I., Alloy, L.B. (1989) Hopelessness depression: A theory-based subtype of depression. *Psychological Review, 96,* 358-372.

Abramson, L.Y., Seligman, M.E.P., Teasdale, J.D. (1978) Learned helplessness in humans: Critique and reformulation. *Journal of Abnormal Psychology, 87,* 49-74.

Ackerman, B.P. (1982) Retrieval variability: The inefficient use of retrieval cues by young children. *Journal of Experimental Child Psychology, 33,* 413-428.

Ackerman, B.P. (1983) Encoding distinctiveness and the encoding shift penalty in children and adults. *Journal of Experimental Child Psychology, 36,* 257-283.

Ackerman, B.P. (1985) Children's use of context and category cues to retrieve episodic information from memory. *Journal of Experimental Child Psychology, 40,* 420-438.

Ackerman, B.P. (1986a) Differences in the associative constraint on retrieval search from context cue for children and adults. *Journal of Experimental Child Psychology, 42,* 315-344.

Ackerman, B.P. (1986b) Children's use of «extra-list» cues to retrieve theme and category episodic information from memory. *Journal of Experimental Child Psychology, 41,* 508-533.

Ackerman, B.P. (1986c) Developmental differences in the use of conceptual features in retrieving episodic information from memory. *Child Development, 57,* 1109-1122.

Ackerman, B.P. (1987) Cued recall of specific memories in children and adults. *Journal of Experimental Child Psychology, 43,* 367-386.

Ackerman, B.P. (1988a) Cued recall for category, thematic and ad hoc classified events in children and adults. *Journal of Experimental Child Psychology, 45,* 88-118.

Ackerman, B.P. (1988b) Search set access problems in retrieving episodic information from memory in children and adults. *Journal of Experimental Child Psychology, 45,* 88-118.

Ackerman, B.P., Hess, L. (1982) The effects of encoding distinctiveness on retrieval variability in children and adults. *Journal of Experimental Child Psychology, 33,* 465-474.

Adams, L.T., Worden, P.E. (1986) Script development and memory organization in preschool and elementary school children. *Discourse Processes, 9,* 149-166.

Adamson, L.B., Bakeman, R. (1984) Mothers' communicative acts: changes during infancy. *Infant Behavior and Developmentk, 7,* 467-478.

Adler, A. (1930) *The education of children.* London: Allen & Unwin (dt. *Kindererziehung.* Frankfurt: Fischer, 1976).

Adler, A. (1933a) Über den Ursprung des Strebens nach Überlegenheit und des Gemeinschaftsgefühles. *Internationale Zeitschrift für Individualpsychologie, 11,* 257-263 (Nachdruck in Adler, A., *Psychotherapie und Erziehung. Ausgewählte Aufsätze, Band 3.* Frankfurt: Fischer, 1983, 21-32).

Adler, A. (1933b) *Der Sinn des Lebens.* Wien und Leipzig: Passer.

Adorno, T.W., Frenkel-Brunswik, E., Levinson, D., Sanford, N. (1950) *The authoritarian personality.* New York: Harper.

Aebli, H. (1980) Denken: *Das Ordnen des Tuns, Band I.* Stuttgart: Klett.

Aebli, H. (1981) Denken: *Das Ordnen des Tuns, Band II.* Stuttgart: Klett.

Affolter, B. (1989) Sekundäre Kontrolle: Strategie zur Dissonanzreduktion? Seminararbeit. Universität Bern: Psychologisches Institut.

Ahnert, L., Lehwald, G. (1990) Die Mutter und ihre Wirksamkeit im Rahmen frühkindlicher Interaktion. In Lehwald, G., Mönks, F., Hg., *Neugier, Kompetenz, Begabung.* München: Reinhardt (im Druck).

Ainsworth, M.D.S., Bell, S.M. (1974) Mother-infant interaction and the development of competence. In Connolly, K.S., Bruner, J.S., Eds., *The growth of competence.* New York: Academic, 97-118.

Ainsworth, M.D.S., Blehar, M.C., Waters, E. Wall, S.N. (1978) *Patterns of attachment.* Hillsdale, N.J.: Lawrence Erlbaum.

Ajzen, I. (1971) Attributions of dispositions to an actor. *Journal of Personality and Social Psychology, 18,* 144-156 (dt. Attribution von Eigenschaften an eine handelnde Person: Die Rollen von Konsensus-, Distinktheits- und Konsistenzinformation. In Herkner, W., Hg., *Attribution. Psychologie der Kausalität.* Bern: Huber, 1980, 111-136).

Alba, J.W., Hasher, L. (1983) Is memory schematic? *Psychological Bulletin, 93,* 203-231.

Albright, J.S., Alloy, L.B., Barch, D., Dykman, B.M. (1988) Depression and social comparison: The role of comparison set and target other. Manuscript.

Allen, V.L., Greenberger, D.B. (1980) Destruction and perceived control. In Baum, A., Singer, E., Eds., *Advances in environmental psychology, Vol. 2.* Hillsdale, N.J.: Lawrence Erlbaum, 85-109.

Alloy, L.B., Abramson, L.Y. (1979) Judgment of contingency in depressed and nondepressed students: sadder or wiser? Journal of Experimental Psychology: General, 108, 441-485.

Alloy, L.B., Abramson, L.Y. (1982) Learned helplessness, depression and the illusion of control. *Journal of Personality and Social Psychology, 42,* 1114-1126.

Alloy, L.B., Abramson, L.Y. (1988) Depressive realism: Four theoretical perspectives. In Alloy, L.B., Ed., *Cognitive processes in depression: Treatment, research and theory.* New York: Guilford, 223-265.

Alloy, L.B., Abramson, L.Y., Metalsky, G.I., Hartlage, S. (1988) The hopelessness theory of depression: Attributional aspects. British *Journal of Clinical Psychology, 27,* 5-21.

Alloy, L.B., Abramson, L.Y., Viscusi, D. (1981) Induced mood and the illusion of control. *Journal of Personality and Social Psychology, 41,* 1129-1140.

Alloy, L.B., Albright, J.S., Abramson, L.Y., Dykman, B.M. (1988) Depressive realism and nondepressive optimistic illusions: The role of the self. Manuskript, erscheint in Ingram, R.E., Ed., *Contemporary psychological approaches to depression: Treatment, research and theory.* New York: Plenum.

Amrhein, J., Salovey, P., Rosenhan, D.L. (1982) Joy and sadness generate attributional vulnerability in men. Unpblished manuscript. Standford University.

Anderson, C.A., Horowitz, L.M., French, R. (1983) Attributional style of lonely and depressed people. *Journal of Personality and Social Psychology, 45,* 127-136.

Anderson, C.A., Jennings, D.L., Arnoult, L.H. (1988) Validity and utility of the attributional style construct at a moderate level of specificity. *Journal of Personality and Social Psychology, 55,* 979-990.

Anderson, J.R. (1983) A spreading activation theory. *Journal of Verbal Learning and Verbal Behavior, 22,* 261-295.

Anderson, J.R., Ross, B.H. (1980) Evidence against a semantic/episodic distinction. *Journal of Experimental Psychology: Learning, Memory & Cognition, 6,* 441-465.

Anderson, R.C., Pichert, J.W. (1978) Recall of previously unrecallable information following a shift in perspective. *Journal of Verbal Learning and Verbal Behavior, 17,* 1-12.

Anderson, R.C., Pichert, J.W., Shirey, L.L. (1983) Effects of the reader's schema at different points in time. *Journal of Educational Psychology, 75,* 271-279.

Andrews, J.D.W. (1989) Psychotherapy of depression: a self-confirmation model. *Journal of Personality and Social Psychology, 96,* 576-607.

Anscombe, G.E.M. (1957) *Intention.* Ithaca: Cornell University Press.

Anscombe, G.E.M. (1975) Causality and determination. In Sosa, E., Ed., *Causation and conditionals.* Oxford: University Press, 63-81.

Arcuri, L., Forzi, M. (1988) Prior expectations and manner of data presentation as factors influencing covariation estimates for incomplete contingency tables. *Acta Psychologica, 67,* 121-133.

Arkes, A., Harkness, A. (1983) Estimates of contingency between two dichotomous variables. *Journal of Experimental Psychology: General, 112,* 117-135.

Arkin, R.M., Baumgardner, A.H. (1985) Self-handicapping. In Harvey, J.H., Weary, G., Eds., *Attribution.* New York: Wiley, 169-202.

Asch, S.I. (1946) Forming impressions of personality. *Journal of Abnormal and Social Psychology, 41,* 258-290.

Atchley, R.C. (1975) The life course, age grading and age-linked demands for decision making. In Datan, N., Ginsberg, L.H., Eds., *Life-span developmental psychology: Normative life crises.* New York: Academic, 261-278.

Atkinson, J.W. (1957) Motivational determinants of risk-taking behavior. *Psychological Review, 64,* 359-372.

Atkinson, J.W. (1964) *An introduction to motivation.* Princeton, N.J.: Van Nostrand.

Ausubel, D.P. (1962) A subsumption theory of meaningful verbal learning and retention. *The Journal of General Psychology, 66,* 213-224.

Averill, J. (1973) Personal control over aversive stimuli and its relationship to stress. *Psychological Bulletin, 80,* 286-303.

Azuma, H. (1984) Secondary control as a heterogeneous category. *American Psychologist, 39,* 970-971.

Baddeley, A.D. (1976) *The psychology of memory.* New York: Basic (dt. *Die Psychologie des Gedächtnisses.* Stuttgart: Klett-Cotta, 1979).

Baddeley, A.D. (1983) *Your memory.* Middlesex, England: Penguin.

Baddeley, A.D., Lewis, V., Nimmo-Smith, I. (1978) When did you last ...? In Gruneberg, M.M., Morris, P.E., Sykes, R.W., Eds., *Practical aspects of memory.* York: Academic, 77-83.

Baillet, S.D., Keenan, J.M. (1986) The role of encoding and retrieval processes in the recall of text. *Discourse Processes, 9,* 247-268.

Balch, P., Ross, A.W. (1975) Predicting success in weight reduction as a function of locus of control: A unidimensional and multidimensional approach. *Journal of Consulting and Clinical Psychology, 43,* 119.

Baldwin, J.M. (1894) *The development of the child and of the race.* New York: MacMillan.

Balk, U. (1983) Learned helplessness: A model to understand and overcome a child's extreme reaction to failure. *Journal of School Health, 53,* 365-370.

Baltes, M., Baltes, B., Eds. (1986) *The psychology of control and aging.* Hillsdale, N.J.: Erlbaum.

Band, E.B., Weisz, J.R. (1988) How to feel better when it fells bad: Children's perspectives on coping with everyday stress. *Developmental Psychology, 24,* 247-269.

Bandler, R., Grinder, J. (1975) *The structure of magic I.* Palo Alto: Science and Behavior (dt. *Metasprache und Psychotherapie.* Paderborn: Junfermann, 1981).

Bandura, A. (1967) *Principles of behavior modification.* London: New York: Holt, Rinehart and Winston.

Bandura, A. (1977) Self-efficacy: Toward a unifying theory of behavioral change. *Psychological Review, 84,* 191-215.

Bandura, A. (1983) Self-efficacy determinants of anticipated fears and calamities. *Journal of Personality and Social Psychology, 45,* 464-469.

Bandura, A. (1986) *Social foundations of thought and actions: A social cognitive theory.* Englewood Cliffs, N.J.: Prentice-Hall.

Bandura, A. (1989) Human agency in social cognitive theory. *American Psychologist, 44,* 1175-1184.

Bandura, A., Adams, N.E. (1977) Analysis of self-efficacy theory of behavioral change. *Cognitive Therapy and Research, 1,* 287-308.

Bandura, A., Adams, N.E., Beyer, J. (1977) Cognitive processes mediating behavioral change. *Journal of Personality and Social Psychology, 35,* 125-139.

Bandura, A., Schunk, D.H. (1981) Cultivating competence, self-efficacy and intrinsic interest through proximal self-motivation. *Journal of Personality and Social Psychology, 41,* 586-598.

Barber, J.G., Winefield, A.H. (1986) Learned helplessness as conditioned inattention to the target stimulus. *Journal of Experimental Psychology: General, 115,* 236-246.

Barber, J.G., Winefield, A.H. (1987) Three accounts of learned helplessness effect. Genetic, *Social and General Monographs, 112,* 143-163.

Barclay, C.R. (1988) Truth and accuracy in autobiographical memory. In Gruneberg, M.M., Morris, P.E., Sykes, R.N., Eds., *Practical aspects of memory.* New York: Wiley, 289-294.

Barclay, C.R., Wellman, H.M. (1986) Accuracies and inaccuracies in autobiographical memories. *Journal of Memory and Language, 25,* 93-103.

Bartlett, F.C. (1932) *Remembering.* Cambridge, UK: Cambridge University Press.

Bartlett, J.C., Burleson, G., Santrock, J.W. (1982) Emotional mood and memory in young children. *Journal of Experimental Child Psychology, 34,* 59-76.

Bartlett, J.C., Santrock, J.W. (1979) Affect-dependent episodic memory in young children. *Child Development, 50,* 513-518.

Basedow, H. (1925) *The australian aboriginal.* Adelaide, Australia: Preece.

Battig, W.F., Montague, W.E. (1969) Category norms for verbal items in 56 categories: A replication and exstension of the Connecticut category norms. *Journal of Experimental Psychology Monograph, 80,* 1-46.

Baum, A., Gatchel, R.J. (1981) Cognitive determinants of reaction to uncontrollable events: Development of reactance and learned helplessness. *Journal of Personality and Social Psychology, 40,* 1078-1089.

Baumeister, R.F., Scherer, S.J. (1988) Self-defeating behavior patterns among normal individuals: Review and analysis of common self-destructive tendencies. *Psychological Bulletin, 104,* 3-22.

Beck, A.T. (1967) *Depression: Clinical, experimental and theoretical aspects.* New York: Harper & Row.

Beck, A.T. (1979) *Cognitive therapy of depression.* New York: Guilford Press (dt. *Kognitive Therapie der Depression.* München: Urban & Schwarzenberg, 1981).

Beck, A.T. (1987) Cognitive models of depression. *Journal of Cognitive Psychotherapy, 1,* 5-27.

Beck, A.T., Beck, R.W. (1972) Screening depressed patients in family practice: A rapid technique. *Postgraduate Medicine, 52,* 81-85.

Beck, A.T., Rush, A.J., Shaw, B.F., Emery, G. (1979) *Cognitive therapy of depression.* New York: Guilford Press (dt. *Kognitive Therapie der Depression.* München: Urban & Schwarzenberg, 1981).

Beck, A.T., Ward, C.H., Mendelson, M., Hock, J., Erbaugh, J. (1961) An inventory for measuring depression. *Archives of General Psychiatry, 4,* 561-571.

Bell, P.A., Byrne, D. (1978) Repression - sensitization. In London, H., Exner, J.E., Eds., *Dimensions of personality.* New York: Wiley, 449-485.

Bem, D.J. (1967) Self-perception. *Psychological Review, 74,* 183-200.

Bem, D.J., McConnell, H.K. (1970) Testing the self-perception of dissonance phenomena: On the salience of premanipulation attitudes. *Journal of Personality and Social Psychology, 14,* 23-31.

Benassi, V.A., Mahler, H.I.M. (1985) Contingency judgments by depressed college students: sadder but not always wiser. *Journal of Personality and Social Psychology, 49,* 1323-1329.

Benson, J.S., Kennely, K.J. (1976) Learned helplessness: The result of uncontrollable reinforcements or uncontrollable aversive stimuli? *Journal of Personality and Social Psychology, 34,* 138-145.

Bergin, A.E., Masters, K.S., Richards, P.S. (1987) Religiousness and mental health reconsidered: A study of an intrinsically religious sample. *Journal of Counseling Psychology, 34,* 197-204.

Berglas, S., Jones, E.E. (1978) Drug choice as a self-handicapping strategy in response to noncontingent success. *Journal of Personality and Social Psychology, 36,* 405-415.

Bernard, L.L. (1924) *Instinct: A study of social psychology.* New York: Holt.

Berscheid, E., Graziano, W., Monson, T., Dermer, M. (1976) Outcome dependency: Attention, attribution and attraction. *Journal of Personality and Social Psychology, 34,* 978-989 (dt. Ereignisabhängigkeit: Aufmerksamkeit, Attribution und Sympathie. In Herkner, W., Hg., *Attribution. Psychologie der Kausalität.* Bern: Huber, 187-208).

Bertenthal, B.I., Fischer, K.W. (1978) Development of self-recognition in the infant. *Developmental Psychology, 14,* 44-50.

Berzonsky, M.D. (1988) Child animism: Situational influences and individual differences. *Journal of Genetic Psychology, 149,* 293-303.

Bettman, J.R., Weitz, B.A. (1983) Attributions in the boardroom: Causal reasoning in corporate annual reports. *Administrative Science Quarterly, 28,* 165-183.

Bird, E., Thompson, G.B. (1986) Understanding of the dimensional terms 'easy' and 'hard' in the self-evaluation of competence. *International Journal of Behavioral Development, 9,* 343-357.

Blaney, P.H. (1986) Affect and memory: A review. *Psychological Bulletin, 99,* 229-246.

Blau, P.M. (1964) *Exchange and power in social life.* New York: Wiley.

Blau, P.M. (1968) Social exchange. In Sills, D.L., Ed., *International encyclopedia of the social sciences, vol. 7.* New York: Macmillan, 452-457.

Blau, P.M. (1974) *On the nature of organizations.* New York: Wiley.

Blöschl, L. (1988) Verhaltenstherapeutische Ansätze zur Depression im Kindes- und Jugendalter. In Friese, H.J., Trott, G.E., Hg., *Depression in Kindheit und Jugend.* Bern: Huber, 206-214.

Blöschl, L., Hg. (1981) *Verhaltenstherapie depressiver Reaktionen.* Bern: Huber.

Bobrow, D.G., Norman, D.A. (1975) Some principles of memory schemata. In Bobrow, D.G., Collins, A.M., Eds., *Representation and understanding: Studies in cognitive science.* New York: Academic, 131-150.

Bock, M. (1980) Angenehme und unangenehme Erfahrungen aus gedächtnispsychologischer Sicht – Bilanz einer 80jährigen Forschung. *Psychologische Beiträge, 22,* 280-292.

Bogart, K., Geis, F.L., Levy, M., Zimbardo, P. (1970) No dissonance for machiavellians. In Christie, R., Geis, F.L., Eds., *Studies in machiavellism.* New York: Academic, 111-119.

Boggiano, A.K., Main, D.S., Katz, P.A. (1988) Children's preference for challenge: The role of perceived competence and control. *Journal of Personality and Social Psychology, 54,* 134-141.

Borland, R., Flammer, A. (1985) Encoding and retrieval processes in memory for prose. *Discourse Processes, 8,* 305-317.

Borland, R., Flammer, A., Wearing, A.J. (1987) Text memory: Recalling twice, using different perspectives. *European Journal of Psychology of Education, 2,* 209-217.

Bousfield, W.A. (1950) The relationship between mood and the production of affectively toned associates. *Journal of General Psychology, 42,* 67-85.

Bower, G.H. (1981) Mood and memory. *American Psychologist, 36,* 129-148.

Bower, G.H., Gilligan, S.G., Monteiro, K.P. (1981) Selectivity of learning caused by affective states. *Journal of Experimental Psychology: General, 110,* 451-473.

Bower, G.H., Hilgard, E.R. (1981) *Theories of learning.* 5th edition. New York: Prentice-Hall (dt. *Theorien des Lernens.* Stuttgart: Klett, 1984).

Bower, G.H., Mayer, J.D. (1985) Failure to replicate mood-dependent retrieval. *Bulletin of the Psychonomic Society, 23,* 39-42.

Bower, G.H., Monteiro, K.P., Gilligan, S.G. (1978) Emotional mood as a context for learning and recall. *Journal of Verbal Learning and Verbal Behavior, 17,* 573-585.

Bowers, K. (1968) Pain, anxiety and perceived control. *Journal of Consulting and Clinical Psychology, 32,* 596-602.

Bowlby, J. (1969) *Attachment and Loss. Vol. I: Attachment.* London: Hogarth (dt.: *Bindung.* München: Kindler, 1975).

Bradley, B., Mathews, A. (1983) Negative self-schemata in clinical depression. *British Journal of Clinical Psychology, 22,* 173-181.

Bradley, G. (1978) Self-serving biases in the attribution process: A re-examination of the fact or fiction question. *Journal of Personality and Social Psychology, 36,* 56-71.

Braginski, D.D. (1970) Machiavellianism and manipulative interpersonal behavior in children. *Journal of Experimental Social Psychology, 6,* 77-99.

Brandtstädter, J., Krampen, G., Baltes-Götz, B. (1989) Kontrollüberzeugungen im Kontext persönlicher Entwicklung. In Krampen, G., Hg., *Diagnostik von Attributionen und Kontrollüberzeugungen.* Göttingen: Hogrefe, 153-171.

Brandtstädter, J., Krampen, G., Greve, W. (1987) Personal control over development: Effects on the perception and emotional evaluation of personal development in adulthood. *International Journal of Behavioral Development, 10,* 99-120.

Bransford, J.D., Johnson, M.K. (1972) Contextual prerequisites for understanding: Some investigations of comprehension and recall. *Journal of Verbal Learning and Verbal Behavior, 11,* 717-726.

Brauckmann, W., Ahammer, J., Angleitner, A., Filipp, S.H., Olbrich, E. (1983) Bedeutende Lebensereignisse als subjektive Orientierungspunkte bei der retrospektiven Betrachtung der eigenen Biographie. In Löwe, H., Lehr, U., Birren, J.E., Hg., *Psychologische Probleme des Erwachsenenalters.* Berlin: VEB Deutscher Verlag der Wissenschaften, 89-103.

Brazelton, T.B., Kozlowski, B., Main, M. (1974) The origins of reciprocity: Early mother-infant interaction. In Lewis, M., Rosenblum, L., Eds., *The effect of the infant on its caregiver.* New York: Wiley, 49-74.

Brehm, J.W. (1966) *A theory of psychological reactance.* New York: Academic.

Brehm, J.W. (1972) *Responses to loss of freedom: a theory of psychological reactance.* Morristown, N.J.: General Learning Press.

Brehm, J.W., Stires, L.K., Sensenig, J., Shaban, J. (1966) The attractiveness of an eliminated choice alternative. *Journal of Experimental Social Psychology, 2,* 301-313.

Brehm, S.S., Brehm, J.W. (1981) *Psychological reactance: A theory of freedom and control.* New York: Academic.

Brewer, W.F. (1988) Qualitative analysis of the recall of randomly sampled autobiographical events. In Gruneberg, M.M., Morris, P.E., Sykes, R.N., Eds., *Practical aspects of memory.* New York: Wiley, 263-268.

Brophy, J.E., Good, T.L. (1974) *Teacher-student relations: Causes and consequences.* New York: Holt, Rinehart and Winston.

Brown, I., Inouye, D.K. (1978) Learned helplessness through modelling: The role of perceived similarity in competence. *Journal of Personality and Social Psychology, 36,* 900-908.

Brown, J. (1984) Effects of induced mood on causal attributions for success and failure. *Motivation and Emotion, 8,* 343-353.

Bruner, J.S. (1966) *Studies in cognitive growth.* New York: Wiley (dt. *Studien zur kognitiven Entwicklung.* Stuttgart: Klett, 1971).

Bruner, J.S. (1975) The ontogenesis of speech acts. *Journal of Child Language, 2,* 1-19.

Bruner, J.S. (1983) *Child's talk: Learning to use language.* New York: Norton (dt. *Wie das Kind sprechen lernt.* Bern: Huber, 1987).

Bruner, J.S., Postman, L. (1949/1950) Perception, cognition and behavior. *Journal of Personality, 18,* 14-31.

Brunson, B.I., Mathews, K.A. (1981) The type A coronary-prone behavior pattern and reactions to uncontrollable stress: An analysis of performance strategies, affect and attributions during failure. *Journal of Personality and Social Psychology, 40,* 906-916.

Brunstein, J.C. (1986) Attributionsstil und Depression: Erste Befunde zur Reliabilität und Validität eines deutschsprachigen Attributionsstil-Fragebogens. *Zeitschrift für Differentielle und Diagnostische Psychologie, 7,* 45-53.

Brunstein, J.C. (1990) *Hilflosigkeit, Depression und Handlungskontrolle.* Göttingen: Hogrefe.

Brunswik, E. (1952) *The conceptual framework of psychology.* Chicago: University of Chicago Press.

Buchwald, A.M. (1977) Depressive mood and estimates of reinforcement frequency. *Journal of Abnormal Psychology, 86,* 443-446.

Bugental, D.B., Blue, J., Cruzcosa, M. (1989) Perceived control over caregiving outcomes: Implications for child abuse. *Developmental Psychology, 25,* 532-539.

Bugental, D.B., Cortez, V.L. (1988) Physiological reactivity to responsive and unresponsive children as moderated by perceived control. *Child Development, 59,* 686-693.

Bühler, K. (1924) *Die geistige Entwicklung des Kindes. 4. Auflage.* Jena: Gustav Fischer.

Bühler, K. (1927) *Die Krise der Psychologie.* Nachdruck. Stuttgart: Gustav Fischer, 1965.

Bullock, M. (1985) Animism in childhood thinking: A new look at an old question. *Developmental Psychology, 21,* 217-225.

Bullock, M., Lütkenhaus, P. (1988) The development of volitional behavior in the toddler years. *Child Development, 59,* 664-674.

Bulman, R.J., Wortman, C.B. (1977) Attributions of blame and coping in the 'real world': Severe accident victims react to their lot. *Journal of Personality and Social Psychology, 35,* 351-363.

Burger, J.M. (1981) Motivation biases in the attribution of responsibility for an accident: A meta-analysis of the defensive-attribution hypothesis. *Psychological Bulletin, 90,* 496-512.

Burger, J.M. (1985) Desire for control and achievement-related behavior. *Journal of Personality and Social Psychology, 48,* 1520-1533.

Burger, J.M. (1989) Negative reactions to increases in perceived personal control. *Journal of Personality and Social Psychology, 56,* 246-256.

Burger, J.M., Cooper, H.M. (1979) The desirability of control. *Motivation and Emotion, 3,* 381-393.

Busse, S., Schierwagen, C. (1988) Vertrauen – eine Dimension der Friedensfertigkeit. In Vorweg, M., Hg., *Beiträge zur psychologischen Friedensforschung.* Leipzig: Karl-Marx-Universität, 5-28.

Byrne, B.M., Shavelson, R.J. (1986) On the structure of adolescent self-concept. *Journal of Educational Psychology, 78,* 474-481.

Byrne, D., Przybyla, D.P.J. (1980) Authoritarianism and political preferences in 1980. *Bulletin of the Psychonomic Society, 16,* 471-472.

Cannon, W.B. (1942) 'Voodoo' death. *American Anthropologist, 44,* 169-181.

Cantor, N., Mischel, W., Schwartz, J.C. (1982) A prototype analxsis of psychological situation. *Cognitive Psychology, 14,* 45-77.

Carver, C.S., Scheier, M.F. (1981) *Attention and self-regulation.* New York: Springer.

Case, R. (1985) *Intellectual development. Birth to adulthood.* New York: Academic.

Caspi, A., Boller, N., Eckenrode, J. (1987) Linking person and context in the daily stress process. *Journal of Personality and Social Psychology, 52,* 184-195.

Chapin, M., Dyck, D.G. (1976) Persistence in children's reading behavior as a function of N length and attribution retraining. *Journal of Abnormal Psychology, 85,* 511-515.

Chapman, M., Skinner, E.A. (1989) Children's agency beliefs, cognitive performance and conceptions of effort and ability: Individual and developmental differences. *Child Development, 60,* 1229-1238.

Chapman, M., Skinner, E.A., Baltes, P.B. (1990) Interpreting correlations between children's perceived control and cognitive performance: Control, agency, or means-ends beliefs? *Developmental Psychology, 26,* 246-253.

Chodoff, P., Friedman, S., Hamburg, D. (1964) Stress defenses and behavior. *American Journal of Psychiatry, 120,* 743-749.

Christie, R., Geis, F.L., Eds. (1970) *Studies in machiavellism.* New York: Academic.

Ciborowsky, T., Price-Williams, D. (1982) Animistic cognition: some cultural, conceptual and methological questions. In Wagner, D.A., Stevenson, H.W., Eds., *Cultural perspectives on child development.* San Francisco: Freeman, 166-180.

Clark, D.M., Teasdale, J.D. (1982) Diurnal variation in clinical depression and accessibility of memories of positive and negative experiences. *Journal of Abnormal Psychology, 91,* 87-95.

Clary, E.G., Tesser, A. (1983) Reactions to unexpected events: The naive scientist. *Personality and Social Psychology Bulletin, 9,* 609-620.

Cohen, A.R. (1958) Upward communication in experimentally created hierarchies. *Human Relations, 11,* 41-53.

Cohen, S. (1980) After effects of stress on human performance and social behavior: A review of research and theory. *Psychological Bulletin, 88,* 82-108.

Cohen, S., Edwards, J. (1989) Personality characteristics as moderators of the relationship between stress and disorder. In Neufeld, R., Ed., *Advances in the investigation of psychological stress.* New York: Wiley, 235-283.

Cohen, S.E., Beckwith, L. (1979) Preterm infant interaction with the caregiver in the first year of life and competence at age two. *Child Development, 50,* 767-776.

Colegrove, F.W. (1898) Individual memories. *American Journal of Psychology, 10,* 228-255.

Collingwood, R.G. (1969) *An essay on metaphysics.* Oxford: Clarendon Press (reprint).

Condry, J. (1976) The effects of choice and information on effort and linking for a task. Unpublished manuscript. Yale University.

Condry, J. (1977) Enemies of exploration: self-initiated versus other-initiated learning. *Journal of Personality and Social Psychology, 35,* 459-477.

Contrada, R.J. (1989) Type A behavior, personality hardiness and cardiovascular responses to stress. *Journal of Personality and Social Psychology, 57,* 895-903.

Conty, M. (1980) Kognitive und affektive Konsequenzen von Hilfeleistungen für den Empfänger von Hilfe. Diplomarbeit. Universität Bielefeld: Abteilung Psychologie.

Cooley, G.H. (1922) *Human nature and the social order.* New York: Scribner.

Costa, P.T., McCrae, R.R. (1978) Objective personality assessment. In Storandt, M., Siegler, I.C., Elias, M.F., Eds., *The clinical psychology of aging.* New York: Plenum, 119-143.

Coyne, J.C., Gotlib, I.H. (1983) The role of cognition in depression: A critical appraisal. *Psychological Bulletin, 94,* 472-505.

Coyne, J.C., Metalsky, G.J., Lavelle, T.L. (1980) Learned helplessness as experimenter-induced faialure and its alleviation with attentional redeployment. *Journal of Abnormal Psychology, 89,* 350-357.

Craighead, W.E., Hickey, K.S., DeMonbreun, B.G. (1979) Distortion of perception and recall of neutral feedback in depression. *Cognitive Therapy and Research, 3,* 291-298.

Crovitz, H.F., Schiffman, H. (1974) Frequency of episodic memories as a function of their age. *Bulletin of the Psychonomic Society, 4,* 517-518.

Cunningham, J.D., Kelley, H.H. (1975) Causal attributions for interpersonal events of varying magnitude. *Journal of Personality, 43,* 74-93.

D'Agostino, P.R., Pittman, T.W. (1982) Effort expenditure following control deprivation. *Bulletin of the Psychonomic Society, 19,* 282-283.

Dalenberg, C.J., Bierman, K.L., Furman, W. (1984) A reexamination of developmental changes in causal attributions. *Developmental Psychology, 20,* 575-583.

Darley, J.M., Latane, B. (1968) Bystander intervention in emergencies. *Journal of Personality and Social Psychology, 8,* 377-383.

Davidson, L.M., Baum, A., Collins, D.L. (1982) Stress and control-related problems at Three Mile Island. *Journal of Applied Social Psychology, 12,* 349-359.

Deaux, K. (1976) Sex: A perspective on the attribution process. In Harvey, J.H., Ickes, W.J., Kidd, R.F., Eds., *New directions in attribution research I.* Hillsdale, New York: Lawrence Erlbaum, 335-352.

Debler, W.F. (1984) *Attributionsforschung.* Salzburg: Verlag der Arbeitsgemeinschaft für Verhaltensmodifikation.

DeCharms, R. (1968) *Personal causation.* New York: Academic.

Deci, E.L. (1975) *Intrinsic motivation.* New York: Plenum.

DeJong, P.F., Koomen, W., Mellenbergh, G.J. (1988) Structure of causes for success and failure: A multidimensional scaling analysis of preference judgments. *Journal of Personality and Social Psychology, 55,* 718-725.

DeLongis, A., Coyne, J.C., Dakof, G., Folkman, S., Lazarus, R.S. (1982) Relationship of daily hassles, uplifts and major life events to health status. *Health Psychology, 1,* 119–136.

DeMonbreun, B.G., Craighead, W.E. (1977) Distortion of perception and recall of positive and neutral feedback in depression. *Cognitive Therapy and Research, 1,* 311-329.

Dennis, W. (1943) Animism and related tendencies in Hopi children. *Journal of Abnormal and Social Psychology, 38,* 21-36.

Dennis, W. (1960) Causes of retardation among institutional children: Iran. *Journal of Genetic Psychology, 96,* 47-59 (dt. in Graumann, C.F., Heckhausen, H., Hg., *Pädagogische Psychologie 1.* Frankfurt: Fischer, 1973, 175-189).

Derry, P.A., Kuiper, K.A. (1981) Schematic processing and self-reference in clinical depression. *Journal of Abnormal Psychology, 90,* 286-297.

DeVellis, R.,F., DeVellis, B., McCauly, C. (1978) Vicarious acquisition of learned helplessness. *Journal of Personality and Social Psychology, 36,* 894-899.

Diamond, S. (1939) A neglected aspect of motivation. *Sociometry, 2,* 77-85.

Dickstein, S., Thompson, R.A., Estes, D., Malkin, C., Lamb, M.E. (1984) Social referencing and the security of attachment. *Infant Behavior and Development, 7,* 505-516.

Diener, C.I., Dweck, C.S. (1978) An analysis of learned helplessness. *Journal of Personality and Social Psychology, 36,* 451-462.

Diener, E. (1984) Subjective well-being. *Psychological Bulletin, 95,* 542-575.

Diethelm, K., Meister, P. (1990) Zusammenhänge zwischen Kontingenzerfahrungen mit 2 Monaten und Explorationsverhalten mit 12 Monaten. *Schweizerische Zeitschrift für Psychologie, 49,* 86-96.

Dillehay, R.C. (1978) Authoritarianism. In London, H., Exner, J.E.(Eds.), *Dimensions of personality.* New York: Wiley, 85-127.

Dizerens, C. (1985) Le vécu du chômage. Dossier de psychologie, no. 24. Université de Neuchâtel.

Dobson, K.S., Shaw, B.F. (1981) The effects of self-correction on cognitive distortions in depression. *Cognitive Therapy and Research, 5,* 391-403.

Doherty, W.J. (1983) Locus of control and marital interaction. In Lefcourt, H.M., Ed., *Research with the locus of control construct, Vol. 2: Developments and social problems.* New York: Academic, 155-183.

Dolgin, K.G., Behrend, D.A. (1984) Children's knowledge about animates and inanimates. *Child Development, 55,* 1646-1650.

Donovan, D.M., O'Leary, M.R. (1983) Control orientation, drinking behavior and alcoholism. In Lefcourt, H.M., Ed., *Research with the locus of control construct, Vol. 2: Developments and social problems.* New York: Academic, 107-153.

Donovan, W.L. (1981) Maternal helplessness and physiologic response to infant crying. *Journal of Personality and Social Psychology, 5,* 919-926.

Douglas, D., Anisman, H. (1975) Helplessness or expectation incongruency. *Journal of Experimental Psychology: HPP, 1,* 411-417.

Dowrick, P.W. (1983) Self modelling. In Dowrick, P.W., Biggs, S.J., Eds., *Using video: Psychological and social applications.* London: Wiley, 105-124.

Dubois, N. (1987) *La psychologie du contrôle. Les croyances internes et externes.* Grenoble: Presses universitaires de Grenoble.

Ducasse, C.J. (1926) On the nature and observability of the causal relation. *Journal of Philosophy, 23,* 57-68.

Duncker, K. (1935) *Zur Psychologie des produktiven Denkens.* Berlin: Springer (Nachdruck 1974).

Dunning, D., Parpal, M. (1989) Mental addition versus subtraction in counterfactual reasoning: On assessing the impact of personal actions and life events. *Journal of Personality and Social Psychology, 57,* 5-15.

Durkin, J.E. (1970) Encountering: What low Machs do. In Christie, R., Geis, F.L., Eds., *Studies in machiavellism.* New York: Academic.

Duval, S., Hensley, V. (1976) Extensions of objective self-awareness-theory: The focus of attention-causal attribution hypothesis. In Harvey, J.H., Ickes, W.J., Kidd, R.F., Eds., *New directions in attribution research I.* Hillsdale, N.J.: Lawrence Erlbaum, 164-198.

Duval, S., Wicklund, R.A. (1972) *A theory of objective self awareness.* New York: Academic.

Duval, S., Wicklund, R.A. (1973) Effects of objective self-awareness on attribution of causality. *Journal of Experimental Social Psychology, 9,* 17-31.

Dweck, C.S. (1975) The role of expectations and the alleviation of learned helplessness. *Journal of Personality and Social Psychology, 31,* 674-685.

Dweck, C.S. (1988) Motivational processes affecting learning. *American Psychologist, 10,* 1040-1048.

Dweck, C.S., Reppucci, N.D. (1973) Learned helplessness and reinforcement responsibility in children. *Journal of Personality and Social Psychology, 25,* 109-116.

Dyck, D.G., Hoser, C.G., Janisse, M.P. (1987) Type A behavior and situation-specific perceptions of control. *Psychological Reports, 60,* 991-999.

Dyer, J.A.T., Kreitman, N. (1984) Hopelessness, depression and suicidal intent in parasuicide. *British Journal of Psychiatry, 144,* 127-133.

Dykman, B.M., Abramson, L.Y., Alloy, L.B., Hartlage, S. (1989) Processing of ambiguous and unambiguous feedback by depressed and nondepressed college students: Schematic biases and their implications for depressive realism. *Journal of Personality and Social Psychology, 56,* 431-445.

Easterbrooks, M.A., Goldberg, W.A. (1984) Toddler development in the family: Impact of father involvment and parenting characteristics. *Child Development, 55,* 740-752.

Ebbinghaus, H. (1885) *Über das Gedächtnis*. Nachdruck. Amsterdam: Bonset.

Eckenrode, J. (1984) Impact of chnronic and acute stressors on daily reports of mood. *Journal of Personality and Social Psychology, 46,* 907-918.

Ehrlichman, H., Halpern, J.N. (1988) Affect and memory: Effects of pleasant and unpleasant odors on retrieval of happy and unhappy memories. *Journal of Personality and Social Psychology, 55,* 769-779.

Eimer, M. (1987) *Konzepte von Kausalität.* Bern: Huber.

Ellenberger, H.F. (1973) *Die Entdeckung des Unbewußten.* 2 Bände. Bern: Huber.

Elliott, G.C. (1979) Some effects of deception and level of self-monitoring on planning and reacting to a self-presentation. *Journal of Personality and Social Psychology, 37,* 1282-1292.

Ellis, A. (1977) Psychotherapie und der Wert eines Menschen. In Ellis, A., Grieger, R., Eds., *Handbook of rational-emotive therapy.* New York: Springer (dt. *Praxis der rational-emotiven Therapie.* München: Urban & Schwarzenberg, 1979, 65-78).

Elms, A.C., Milgram, S. (1966) Personality characteristics associated with obedience and defiance toward authoritative command. *Journal of Experimental Research in Social Psychology, 1,* 282-289.

Epiktet (1984) *Handbüchlein der Moral und Unterredungen.* Stuttgart: Kröner.

Epstein, R. (1966) Aggression toward outgroups as a function of authoritarianism and imitation of aggressive models. *Journal of Personality and Social Psychology, 3,* 574-579.

Erikson, E.H. (1968) *Identity. Youth and crisis.* New York: Norton (dt. *Jugend und Krise.* Weinheim: Klett-Cotta, 1981).

Essau, C., Trommsdorff, G. (1990) Kontrollwahrnehmung in individual- und gruppenorientierten Kulturen. Vortrag zum 37. Kongress der Deutschen Gesellschaft für Psychologie in Kiel.

Faber, G. (1989) Fehlerartspezifische Selbsteinschätzungen im Kontext von Schülerselbstkonzepten, Rechtschreibleistungen und Lehrerurteilen. *Zeitschrift für Pädagogische Psychologie, 3,* 181-191.

Fass, W., Schumacher, G.M. (1981) Schema theory and prose retention: Boundary conditions for encoding and retrieval effects. *Discourse Processes, 4,* 17-26.

Feather, N.T., Volkmer, R.E. (1988) Preference for situations involving effort, time pressure and feedback in relation to type A behavior, locus of control and test anxiety. *Journal of Personality and Social Psychology, 55,* 266-271.

Feldman, R.S., Allen, V.L. (1975) Attribution of ability: An unexpected recency effect. *Psychological Reports, 36,* 59-66.

Festinger, L. (1957) *A theory of cognitive dissonance.* Stanford: Stanford University Press (dt. *Theorie der kognitiven Dissonanz.* Bern: Huber, 1978).

Fetz, R. (1988) *Struktur und Genese.* Bern: Haupt.

Fetz, R., Reich, K.H., Valentin, P. (im Druck) Weltbild, Gottesvorstellung, religiöses Urteil: Welche Beziehungen? In Bucher, A.A., Reich, K.H., Hg., *Entwicklung von Religiosität.* Freiburg/Schweiz: Universitätsverlag.

Filipp, S.H. (1982) Kritische Lebensereignisse als Brennpunkte einer Angewandten Entwicklungspsychologie des mittleren und höheren Erwachsenenalters. In Oerter, R., Montada, L., Hg., *Entwicklungspsychologie.* München: Urban & Schwarzenberg, 769-790.

Filipp, S.H., Hg. (1981) *Kritische Lebensereignisse.* München: Urban & Schwarzenberg.

Findley, M.J., Cooper, H.M. (1983) Locus of control and academic achievement: A literature review. *Journal of Personality and Social Psychology, 44,* 419-427.

Finkelstein, N.W., Ramey, C. (1977) Learning to control the environment in infancy. *Child Development, 48,* 806-819.

Fischer, K.W. (1980) A theory of cognitive development: The control and construction of hierarchies of skills. *Psychological Review, 87,* 477-531.

Fisher, S. (1984) *Stress and the perception of control.* Hillsdale, N.J.: Lawrence Erlbaum.

Fisher, S. (1986) *Stress and strategy.* Hillsdale, N.J.: Lawrence Erlbaum.

Fisher, S., Reason, J., Eds. (1988) *Handbook of life stress, cognition and health.* New York: Wiley.

Fitzgerald, J.M. (1980) Sampling autobiographical memory reports in adolescents. *Developmental Psychology, 16,* 675-676.

Fitzgerald, J.M. (1981) Autobiographical memory reports in adolescence. *Canadian Journal of Psychology, 35,* 69-75.

Fivush, R., Hudson, J., Nelson, K. (1984) Children's long-term memory for a novel event: An exploratory study. *Merrill-Palmer Quarterly, 30,* 303-316.

Flammer, A. (1970) *Transfer und Korrelation.* Weinheim: Beltz.

Flammer, A. (1975a) A model relating transfer of learning and correlation. *Psychometrika, 40,* 487-503.

Flammer, A. (1975b) Zur Geschichte der experimentellen Lernforschung – Erkenntnisgewinn oder Suche nach dem Ansatz? Zeitschrift für Erziehungswissenschaftliche Forschung, 9, 127-142.

Flammer, A. (1975c) *Individuelle Unterschiede im Lernen.* Weinheim: Beltz.

Flammer, A. (1981) Towards a theory of question asking. *Psychological Research, 43,* 407-420.

Flammer, A. (1985) Sekundäre Kontrolle. In Montada, L., Hg., *Bericht über die 7. Tagung für Entwicklungspsychologie in Trier vom 22.-25.9.1985.* Trier: Druckerei der Universität Trier, 299-301.

Flammer, A. (1987) Selective retrieval from memory. *German Journal of Psychology, 11,* 198-214.

Flammer, A. (1988) *Entwicklungstheorien.* Bern: Huber.

Flammer, A. (1990) Lehren als Lernhilfe und als Lernbehinderung. Wissenschaftliche Beilage der Neuen Zürcher Zeitung, *211,* Nr. 14.

Flammer, A., Grob, A. (1985) Behaltensdauer und selektive Wiedergabe. *Zeitschrift für Entwicklungspsychologie und Pädagogische Psychologie, 17,* 287-298.

Flammer, A., Grob, A., Jann, M., Reisbeck, C. (1985). Mentale Repräsentation und selektive Wiedergabe. *Zeitschrift für experimentelle und angewandte Psychologie, 32,* 21-32.

Flammer, A., Grob, A., Leuthardt, T., Lüthi, R. (1984) Asking how to act. *Archives de psychologie, 52,* 103-120.

Flammer, A., Grob, A., Lüthi, R. (1987a) Einfluß und Partizipation. *Schweizerische Zeitschrift für Psychologie, 46,* 237-249.

Flammer, A., Grob, A., Lüthi, R. (1987b) Kontrollattributionen bei Jugendlichen. Forschungsbericht 1987-4 des Psychologischen Instituts der Universität Bern.

Flammer, A., Grob, A., Lüthi, R. (1989a) Swiss adolescents' attribution of control. In Forgas, J.P., Innes, J.M., Eds., *Recent advances in social psychology. An international perspective.* Amsterdam: North-Holland, 81-94.

Flammer, A., Grob, A., Lüthi, R. (1989b) Selective retrieval from memory in adults and children. Paper presented to the XXIV International Congress of Psychology in Sydney, Australia.

Flammer, A., Kaiser, F.G. (1990) Control-belief and self-knowledge among adolescents. Manuscipt. University of Bern/Switzerland: Department of Psychology.

Flammer, A., Kaiser, F.G., Lüthi, R., Grob, A. (1990) Kontrollmeinung und Selbstwissen. *Schweizerische Zeitschrift für Psychologie, 49,* im Druck.

Flammer, A., Lüthi, R. (1988) Strategies in selective recall. In Weinert, F.E., Perlmutter, M., Eds., *Memory development: Universal changes and individual differences.* Hillsdale, N.J.: Lawrence Erlbaum, 51-70.

Flammer, A., Morger, V. (1985) Die Wirkungen von Voraktivierung und Typikalität auf die Verifikationszeiten von Begriffsexemplaren. *Schweizerische Zeitschrift für Psychologie, 44,* 1-16.

Flammer, A., Reisbeck, C., Stadler, S. (1985) Typikalitätsnormen für dreizehn Begriffe in einer deutschschweizerischen Studentenpopulation. *Sprache und Kognition, 4,* 49-63.

Flammer, A., Schläfli, A., Keller, B. (1978) Meeting the reader's interests – Who should care? In Gruneberg, M.M., Morris, P.E., Sykes, R.N., Eds., *Practical aspects of memory.* London: Academic Press, 679-686.

Flammer, A., Tauber, M. (1982) Changing the reader's perspective. In Flammer, A., Kintsch, W. (Eds.), *Discourse Processing.* Amsterdam: North-Holland, 379-391.

Flammer, A., Züblin, C., Grob, A. (1988) Sekundäre Kontrolle bei Jugendlichen. *Zeitschrift für Entwicklungspsychologie und Pädagogische Psychologie, 20,* 239-262.

Flett, G.L., Pliner, P., Blankstein, K.R. (1989) Depression and components of attributional complexity. *Journal of Personality and Social Psychology, 56,* 757-764.

Florès, C. (1975) La mémoire. In Fraisse, P., Piaget, J., Eds., *Psychologie expérimentale IV.* Paris: P.U.F., 207-339.

Fogarty, S.J., Hemsley, D.R. (1983) Depression and the accessibility of memories. *British Journal of Psychiatry, 142,* 232-237.

Folkman, S. (1984) Personal control and stress and coping processes: a theoretical analysis. *Journal of Personality and Social Psychology, 46,* 839-852.

Fölsing, A. (1983) *Galileo Galilei. Prozeß ohne Ende.* München: Piper.

Ford, M.E., Thompson, R.A. (1985) Perceptions of personal agency and infant attachment: Toward a life-span perspective of competence development. *International Journal of Behavioral Development, 8,* 377-406.

Försterling, F. (1986) *Attributionstheorie in der Klinischen Psychologie.* München: Psychologie Verlags-Union.

Försterling, F. (1989) Models of covariation and attribution: How do they relate to the analogy of analysis of variance? *Journal of Personality and Social Psychology, 57,* 615-625.

Frank, M.G., Gilowich, T. (1989) Effect of memory perspective on retrospective causal attributions. *Journal of Personality and Social Psychology, 57,* 399-403.

Franklin, H.C., Holding, D.H. (1977) Personal memories at different ages. *Quarterly Journal of Experimental Psychology, 29*, 527-532.

Freedman, J.L., Loftus, E.F. (1971) Retrieval of words from long-term memory. *Journal of Verbal Learning and Verbal Behavior, 10*, 107-115.

French, J.R.P., Raven, B.H. (1959) The bases of social power. In Cartwright, D., Ed., *Studies in social power*. Ann Arbor: Univ. of Michigan, 150-167.

Frese, M. (1977) Partialisierte Handlung und Kontrolle: Zwei Themen der industriellen Psychopathologie. In Frese, M., Greif, S., Semmer, N. Hg., *Industrielle Psychopathologie*. Bern: Huber, 159-183.

Frese, M. (1979) Arbeitslosigkeit, Depressivität und Kontrolle: Eine Studie mit Wiederholungsmessung. In Kieselbach, M., Offe, A., Hg., *Arbeitslosigkeit*. Darmstadt: Steinkopf, 222-257.

Frese, M., Sabini, J. (1985) *Goal directed behavior: The concept of action in psychology*. Hillsdale, N.J.: Lawrence Erlbaum.

Freud, A. (1936) *Das Ich und die Abwehrmechanismen*. Wien: Internationaler psychoanalytischer Verlag (Nachdruck 1982: München: Kindler).

Freud, S. (1905) *Drei Abhandlungen zur Sexualtheorie*. Gesammelte Werke, Band V. Frankfurt, Fischer, 1942.

Freud, S. (1917) *Trauer und Melancholie*. Gesammelte Werke, Band X. 4. Auflage, 1967. Frankfurt: Fischer, 428-446.

Freud, S. (1926) Hemmung, Symptom und Angst. In: *Gesammelte Werke XIV*. Frankfurt: Fischer, 1968, 111-205.

Freud, Sophie (1988) *My three mothers and other passions*. New York: University Press (dt. *Meine drei Mütter und andere Leidenschaften*. Düsseldorf: Classen).

Frey, D., Rogner, O., Havemann, D. (1983) Kognitive und psychosoziale Determinanten des Genesungsprozesses von Unfallpatienten. Manuskript. Universität Kiel.

Friedman, M., Rosenman, R.H. (1959) Association of specific overt behavior patterns with blood and cardiovascular findings. *Journal of the American Medical Association, 169*, 1286-1296.

Friedman, M., Ulmer, D. (1984) *Treating type A behavior and your heart*. New York: Knoph.

Fromm, E. (1941) *Escape from freedom*. New York (dt. *Die Furcht vor der Freiheit*. Frankfurt, 1966).

Fry, P.S. (1975) Affect and resistance to temptation. *Developmental Psychology, 11*, 466-472.

Galperin, P.J. (1967) Die Entwicklung der Untersuchungen über die Bildung geistiger Operationen. In Hiebsch, H., Hg., *Ergebnisse der sowjetischen Psychologie*. Berlin: VEB Deutscher Verlag der Wissenschaften, 367-405.

Garber, J., Hollon, S.D. (1980) Universal vs. personal helplessness in depression: Belief in uncontrollability or incompetence? *Journal of Abnormal Psychology, 89*, 56-66.

Garber, J., Miller, S.M., Abramson, L.Y. (1980) On the distinction between anxiety and depression. In Garber, J., Seligman, M.E.P., Eds., *Human helplessness*. New York: Academic, 131-169.

Geer, J.H., Davison, G.C., Gatchel, R.I. (1970) Reduction of stress in humans through nonveridical perceived control of aversive stimulation. *Journal of Personality and Social Psychology, 16*, 731-738.

Geer, J.H., Maisel, E. (1972) Evaluating the effects of the prediction control confound. *Journal of Personality and Social Psychology, 23*, 314-319.

Gehringer, M., Strube, G. (1985) Organization and recall of life events: What is special in autobiographical memory? München: Max-Planck-Institut für Psychologische Forschung.

Geis, F.L. (1968) Machiavellianism in a semireal world. Proceedings of the 76th *Annual Convention of the American Psychological Association, 3*, 407-408.

Geis, F.L. (1978) Machiavellianism. In London, H., Exner, J., Eds., *Dimensions of personality*. New York: Wiley, 305-363.

Geis, F.L., Christie, R., Nelson, C. (1970) In the search of the Machiavel. In Christie, R., Geis, F.L., Eds., *Studies in machiavellianism*. New York: Academic, 76-95.

Gelman, R., Spelke, E., Meck, E. (1983) What preschoolers know about animates and inanimate objects. In Rogers, D., Ed., *The development of symbolic thought*. New York: Plenum, 297-326.

Geppert, U., Küster, U. (1983) The emergence of 'wanting to do it oneself': A precursor of achievement motivation. *International Journal of Behavioral Development, 3*, 355-369.

Gerhardt, J. (1988) From discourse to semantics: The development of verb morphology and forms of self-reference in the speech of a two-year-old. *Journal of Child Language, 15*, 337-393.

Gibbons, F.X., Gaeddert, W.P. (1984) Focus of attention and attention utility. *Journal of Experimental Social Psychology, 20*, 159-176.

Gilbert, D.T., Osborne, R.E. (1989) Thinking backward: Some curable and incurable consequences of cognitive business. *Journal of Personality and Social Psychology, 57*, 940-949.

Glass, D.C. (1977) Stress, behavior patterns and coronary disease. *American Scientist, 65*, 177-187.

Glass, D.C. (1983) Behavioral, cardiovascular and neuroendocrine responses to psychological stressors. *International Review of Applied Psychology, 32*, 137-151.

Glass, D.C., Carver, C.S. (1980a) Helplessness and the coronary-prone personality. In Garber, J., Seligman, M.E.P., Eds., *Human helplessness.* New York: Academic, 223-243.

Glass, D.C., Carver, C.S. (1980b) Environmental stress and the type A response. In Baum, A., Singer, J.E., Eds., *Advances in environmental psychology, vol. 2: Applications and personal control.* Hillsdale, N.J.: Lawrence Erlbaum, 59-85.

Glass, D.C., Singer, J.L. (1972) *Urban stress.* New York: Academic.

Glass, D.C., Singer, J.L., Friedman, L.N. (1969) Psychic cost of adaptation to an environmental stressor. *Journal of Personality and Social Psychology, 12*, 200-210.

Gleser, G.C., Ihilevich, D. (1969) An objective instrument for measuring defense mechanisms. *Journal of Consulting and Clinical Psychology, 33*, 51-60.

Gniech, G., Grabitz, H.J. (1978) Freiheitseinengung und psychologische Reaktanz. In Frey, D., Hg., *Kognitive Theorien der Sozialpsychologie.* Bern: Huber, 48-73.

Godden, D.R., Baddeley, A.D. (1975) Context-dependent memory in two natural environments: On land and under water. *British Journal of Psychology, 66*, 325-331.

Goethals, G.R., Frost, M. (1978) Value change and the recall of earlier values. *Bulletin of the Psychonomic Society, 11*, 73-74.

Goethals, G.R., Reckman, R.F. (1973) The perception of consistency in attitudes. *Journal of Experimental Social Psychology, 9*, 491-501.

Goldman, M., Wallis, D. (1979) Restoring freedom when pressured not to select alternatives. *Psychological Reports, 44*, 563-566.

Golin, S., Sweeney, P.D., Shaeffer, D.E. (1981) The causality of causal attributions in depression. A cross-lagged panel correlational analysis. *Journal of Abnormal Psychology, 90*, 14-22.

Golin, S., Terell, F., Johnson, B. (1977) Depression and the illusion of control. *Journal of Abnormal Psychology, 86*, 440-442.

Golin, S., Terrell, T., Weitz, J., Drost, P.L. (1979) The illusion of control among depressed patients. *Journal of Abnormal Psychology, 88*, 454-457.

Goodwin, D.W., Powell, B., Bremer, D., Hoine, H., Stern, J. (1969) Alcohol and recall: State dependent effects in man. *Science, 163*, 1358.

Gotlib, I.H. (1981) Self-reinforcement and recall: Differential deficits in depressed and nondepressed psychiatric inpatients. *Journal of Abnormal Psychology, 90*, 521-530.

Gotlib, I.H. (1983) Perception and recall of interpersonal feedback: Negative bias in depression. *Cognitive Therapy and Research, 7*, 399-412.

Grabitz, H.J., Wittmann, B. (1986) Verlust von Vorhersagbarkeit und experimentelle Neurose. *Archiv für Psychologie, 138*, 13-21.

Graesser, A.C., Gordon, S.E., Sawyer, J.D. (1979) Recognition memory for typical and atypical actions in scripted activities: Tests of a script pointer + tag hypothesis. *Journal of Verbal Learning and Verbal Behavior, 18*, 319-332.

Graesser, A.C., Woll, S.B., Kowalski, D.J., Smith, D.A. (1980) Memory for typical and atypical actions in scripted activities. *Journal of Experimental Psychology: Human Learning & Memory, 6*, 503-515.

Grant, B.T. (1988) Quality of life and visual impairment: Coping strategies and adaptation procedures. Doctoral dissertation. University of Melbourne.

Grinder, J., Bandler, R. (1976) *The structure of magic, vol II.* Palo Alto: Science and Behavior (dt. *Kommunikation und Veränderung.* Paderborn: Junfermann, 1982).

Grob, A. (1990) Meinungen im Umweltbereich und umweltgerechtes Verhalten. Dissertation. Universität Bern.

Grob, A., Flammer, A., Kaiser, F.G., Lüthi, R. (1989) Wohlbefinden und Kontrolle bei jugendlichen Delinquenten und Nicht-Delinquenten. *Schweizerische Zeitschrift für Psychologie, 48*, 75-85.

Grob, A., Lüthi, R., Kaiser, F.G., Flammer, A., Mackinnon, A., Wearing, A.J. (1990) Berner Fragebogen zum Wohlbefinden Jugendlicher (BFW). *Diagnostica, 36*, im Druck.

Groos, K. (1899) *Die Spiele der Menschen.* Jena: Gustav Fischer.

Guilford, J.P. (1967) *The nature of human intelligence.* New York: McGraw-Hill.

Gunnar, M.R. (1980a) Contingent stimulation: A review of its role in early development. In Levine, S., Ursin, H., Eds., *Coping and health.* New York: Plenum, 101-119.

Gunnar, M.R. (1980b) Control, warning signals and distress in infancy. *Developmental Psychology, 16*, 281-289.

Gunnar-VonGnechten, M.R. (1978) Changing a frightening toy into a pleasant toy by allowing the infant to control its action. *Developmental Psychology, 14*, 157-162.

Gurin, P., Brim, O.G. (1984) Change in self in adulthood: The example of sense of control. In Baltes, P.B., Brim, O.G., Eds., *Life-span development and behavior, vol. 6.* New York: Academic, 282-234.

Hacker, W. (1978) *Allgemeine Arbeits- und Ingenieurpsychologie. 2. Auflage.* Bern: Huber.

Hacker, W. (1986) *Arbeitspsychologie.* Bern: Huber (Neufassung von Hacker, 1978).

Halbwachs, F. (1971) Réflexions sur la causalité physique. Dans Bunge, M. et al., éds, *Les théories de la causalité.* Paris: Presses universitaires de France, 19-38.

Halisch, C., Halisch, F. (1980) Kognitive Voraussetzungen frühkindlicher Selbstbewertungsreaktionen nach Erfolg und Mißerfolg. *Zeitschrift für Entwicklungspsychologie und Pädagogische Psychologie, 12,* 193-212.

Halpin, J.A., Puff, C.R., Mason, H.F., Marston, S.P. (1984) Self-reference encoding and incidental recall by children. *Bulletin of the Psychonomic Society, 22,* 87-89.

Hammen, C., Miklowitz, D.J., Dyck, D.G. (1986) Stability and severity parameters of depressive self-schemata responding. *Journal of Social and Clinical Psychology, 4,* 23-45.

Hammock, B., Brehm, J.W. (1966) The attractiveness of choice alternatives when freedom to choose is eliminated by a social agent. *Journal of Personality, 34,* 546-554.

Harkness, A.R., DeBono, K.G., Borgida, E. (1985) Personal involvment and strategies for making contingency judgments: A stake in the dating game makes a difference. *Journal of Personality and Social Psychology, 49,* 22-32.

Harlow, H.F., Harlow, M.K., Meyer, D.R. (1950) Learning motivated by a manipulation drive. *Journal of Experimental Psychology, 40,* 228-234.

Harter, S. (1978) Effectance motivation reconsidered. *Human Development, 21,* 34-64.

Harter, S. (1982) The perceived competence scale for children. *Child Development, 53,* 87-97.

Hartig, M. (1973) *Selbstkontrolle.* München: Urban & Schwarzenberg.

Härtling, P. (1980) *Nachgetragene Liebe.* Darmstadt: Luchterhand.

Hartmann, H. (1939) Ichpsychologie und Anpassungsproblem. *Internationale Zeitschrift für Psychoanalyse und Imago, 26,* 62-135 (Nachdruck bei Klett, Stuttgart, 1960).

Hartmann, H. (1956) Notes on the reality principle. *Psychoanalytical Studies of the Child, 11,* 31-53.

Harvey, J.H. (1989) Fritz Heider (1896-1988). *American Psychologist, 44,* 570-571.

Harvey, J.H., Yarkin, K.L., Lightner, J.M., Town, J.P. (1980) Unsollicited attribution and recall of interpersonal events. *Journal of Personality and Social Psychology, 38,* 551-568.

Hastie, R. (1984) Causes and effects of causal attribution. *Journal of Personality and Social Psychology, 46,* 44-56.

Hausser, K. (1983) *Identitätsentwicklung.* Stuttgart: utb.

Hausser, K. (1985) Situative Kontrollerwartung während der Arbeitslosigkeit. In Kieselbach, T., Wacker, A., Hg., *Individuelle und gesellschaftliche Kosten der Massenarbeitslosigkeit.* Weinheim: Beltz, 55-65.

Hautzinger, M. (1984) Die Beziehung kritischer Lebensereignisse zur Depression. *Schweizerische Zeitschrift für Psychologie, 43,* 317-330.

Havighurst, R.J. (1948) *Developmental task and education.* New York: McKay.

Havighurst, R.J. (1956) Research on the developmental-task concept. *The School Review, 64,* 215-223.

Hayashi, T., Yamauchi, K. (1964) The relation of children's need for achievement to their parents' home discipline in regard to independence and mastery. *Bulletin of Kyoto Kakugei University, A, 25,* 31-40.

Head, H. (1920) *Studies in Neurology.* Oxford: University Press.

Heckhausen, H. (1965) Leistungsmotivation. In Thomae, H., Hg., *Handbuch der Psychologie, Band 2: Motivation.* Göttingen: Hogrefe, 602-702.

Heckhausen, H. (1966) Die Entwicklung des Erlebens von Erfolg und Mißerfolg. *Bild der Wissenschaft, 7,* 547-553 (Nachdruck in Graumann, C.F., Heckhausen, H., Hg., *Pädagogische Psychologie 1.* Frankfurt: Fischer, 1973, 95-105).

Heckhausen, H. (1974) Motive und ihre Entstehung. In Weinert, F., Graumann, C.F., Heckhausen, H., Hofer, M., Hg., *Pädagogische Psychologie.* Frankfurt: Fischer, 131-171.

Heckhausen, H. (1980) *Motivation und Handeln.* Berlin: Springer.

Heckhausen, H. (1982) The development of achievement motivation. In Hartup, W.W., Ed., *Review of child development research, vol. 6.* Chicago, Ill.: University of Chicago Press, 600-668.

Heckhausen, H. (1984) Emergent achievement behavior: Some early developments. In Nicholls, J.G., Ed., *The development of achievement motivation, vol. 3.* Greenwich, Ct.: JAI Press, 1-37.

Heckhausen, H. (1986) Why some time out might benefit achievement motivation research. In Van den Bercken, J.H.L., De Bruyn, T., Bergen, J.H., Eds., *Achievement and task motivation*. Berwyn: Swets, 7-39.

Heckhausen, H., Roelofsen, I. (1962) Anfänge und Entwicklung der Leistungsmotivation: (1) Im Wetteifer des Kleinkindes. *Psychologische Forschung, 26*, 313-379.

Heckhausen, H., Wasna, M. (1965) Erfolg und Mißerfolg im Leistungseifer des imbezillen Kindes. *Psychologische Forschung, 28*, 391-421.

Heckhausen, J. (1987) Adults' expectations about controllability of gains and losses in adult development. Paper presented to the IXth biennial meetings of the International Society for the Study of Behavioral Development in Tokyo.

Heckhausen, J. (1988) Becoming aware of one's own competence in the second year: Developmental progression within the mother-child dyad. *International Journal of Behavioral Development, 11*, 305-326.

Heckhausen, J., Baltes, P.B. (1989) Perceived controllability and expected psychological change across adulthood and old age. Manuscript. Berlin: Max Planck Institute for Human Development and Education.

Heider, F. (1926) Ding und Medium. *Symposion,1*, 109-157.

Heider, F. (1930) Die Leistung des Wahrnehmungssystems. *Zeitschrift für Psychologie, 114*, 371-394.

Heider, F. (1944) Social perception and phenomenal causality. *Psychological Review, 51*, 358-374 (dt. Soziale Wahrnehmung und phänomenale Kausalität. In Irle, M., Hg., *Texte aus der experimentellen Sozialpsychologie*. 2. Auflage. Neuwied: Luchterhand, 1973, 26-56).

Heider, F. (1958) The psychology of impersonal relations. New York: Wiley (dt. *Psychologie der interpersonalen Beziehungen*. Stuttgart: Klett, 1977).

Heider, F. (1983) *The life of a psychologist*. Kansas: University Press of Kansas (dt. *Das Leben eines Psychologen. Eine Autobiographie*. Bern: Huber, 1984).

Heider, F. (1989) Fritz Heider. In Lindzey, G., Ed., *A history of psychology in autobiography*. Standford, Cal.: Stanford University Press.

Helmke, A. (1989) Ist ein unrealistisches Fähigkeitsbild dysfunktional? Beitrag zur 9. Tagung für Entwicklungspsychologie in München.

Hendrick, I. (1942) Instinct and the ego during infancy. *Psychoanalytic Quarterly, 11*, 33-58.

Hendrick, I. (1943) The discussion of the 'instinct to master'. *Psychoanalytic Quarterly, 12*, 561-565.

Herkner, W. (1980) *Attribution. Psychologie der Kausalität*. Bern: Huber.

Herrmann, D.J. (1982) The semantic-episodic distinction and the history of long-term memory typologies. *Bulletin of the Psychonomic Society, 20*, 207-210.

Herzog, W. (1990) Der 'Coping man' – ein Menschenbild für die Psychologie. *Schweizerische Zeitschrift für Psychologie, 49*, im Druck.

Hetzer, H. (1931) *Kind und Schaffen*. Jena: Gustav Fischer.

Hill, T., Lewicki, P., Czyzewska, M., Boss, A. (1989) Self-perpetuating development of encoding biases in person perception. *Journal of Personality and Social Psychology, 57*, 373-387.

Hilton, D.J., Slugoski, B.R. (1986) Knowledge-based causal attributions: The abnormal conditions focus model. *Psychological Review, 93*, 75-88.

Hintzman, D.L. (1984) Episodic versus semantic memory: A distinction whose time has come – and gone? *Behavioral and Brain Sciences, 7*, 240-241.

Hiroto, D.S. (1974) Locus of control and learned helplessness. *Journal of Personality and Social Psychology, 102*, 187-193.

Hiroto, D.S., Seligman, M.E.P. (1975) Generality of learned helplessness in man. *Journal of Personality and Social Psychology, 31*, 311-327.

Hobbes, T. (1971, Nachdruck) Of power. In Champlin, J.R., Ed., *Power*. New York: Atherton, 69-77.

Hofstädter, P.R. (1957) *Gruppendynamik*. Hamburg: Rowohlt.

Hofstede, G. (1983) Dimensions of national cultures in fifty countries and three regions. In Deregowski, J.B., Dziurawiec, S., Annis, R.C., Eds., *Expirations in cross-cultural psychology*. Lisse: Swets & Zeitlinger, 335-355.

Hohman, P.M. (1988) *Kontrolle und Zufriedenheit in Beziehungen*. München: Profil.

Hohner, H.U. (1987) *Kontrollbewußtsein und berufliches Handeln*. Bern: Huber.

Hollandsworth, J.G., Glazeski, R.C., Kirkland, K., Jones, G.E., Van Norman, L.R. (1979) An analysis of the nature and effects of test anxiety: Cognitive, behavioral and physiological components. *Cognitive Therapy and Research, 3*, 165-180.

Holmes, D.S. (1970) Differential change in affective intensity and the forgetting of unpleasant personal experiences. *Journal of Personality and Social Psychology, 15*, 234-239.

Hulse, S.H. (1973) Patterned reinforcement. In Bower, G.H., Ed., *The psychology of learning and motivation*. Vol. 7. New York: Academic.

Hume, D. (1748) *An enquiry concerning human understanding* (dt. *Eine Untersuchung über den menschlichen Verstand*. Stuttgart: Reclam, 1986).

Hunt, J.McV. (1979) Erkenntnisse aus der kompensatorischen Vorschulerziehung in den USA. In Montada, L., Hg., *Brennpunkte der Entwicklungspsychologie*. Stuttgart: Kohlhammer, 213-230.

Hürlimann, F.W. (1988) Verkehrssicherheit: Wer setzt die Normen? Bulletin der Schweizer Psychologen, 9, 135-139.

Hurwitz, J.I., Zander, A.F., Hymowitch, B. (1968) Some effects of power on the relations among group members. In Cartwright, D.A., Zander, A., Eds., *Group dynamics*. New York: Harper & Row, 391-397.

Ickes, W., Layden, M.A. (1978) *Attributional styles*. In Harvey, J.H., Ickes, W.J., Kidd, R.F., Eds., *New directions in attribution research II*. Hillsdale, N.J.: Lawrence Erlbaum, 119-152.

Inagaki, K., Hatano, G. (1987) Young children's spontaneous personification. *Child Development, 58*, 1013-1020.

Inglehart, M.R. (1988) *Kritische Lebensereignisse. Eine sozialpsychologische Analyse*. Stuttgart: Kohlhammer.

Ingram, R.E., Smith, T.W., Brehm, S.S. (1983) Depression and information processing: Self-schemata and the encoding of self-referent information. *Journal of Personality and Social Psychology, 45*, 412-420.

Isabella, R.A., Belsky, J., von Eye, A. (1989) Origins of infant-mother attachment: An examination of interactional synchrony during the infant's first year. *Developmental Psychology, 25*, 12-21.

Jacoby, L.L. (1983) Perceptual enhancement: Persistent effects of an experience. *Journal of Experimental Psychology: Learning, Memory and Cognition, 9*, 21-38.

Jacoby, L.L., Dallas, M. (1981) On the relationship between autobiographical memory and perceptual learning. *Journal of Experimental Psychology: General, 3*, 306-340.

Jäger, A.O. (1967) *Dimensionen der Intelligenz*. Göttingen: Hogrefe.

Jahoda, G. (1958) Child animism: I. A critical survey of cross-cultural research. II. A study in West Africa. *Journal of Social Psychology, 47*, 197-212, 213-222.

James, W.H., Woodruff, A.B., Werner, W. (1965) Effect of internal and external control upon changes in smoking behavior. *Journal of Consulting Psychology, 29*, 184-186.

Jamieson, D.W., Thomas, K.H. (1974) Power and conflict in the student teacher relationship. *Journal of Applied Behavioral Science, 10*, 321-336.

Janoff-Bulman, R. (1979) Characterological vs. behavioral self blame: Inquiries into depression and rape. *Journal of Personality and Social Psychology, 37*, 1798-1809.

Janoff-Bulman, R., Wortman, C.B. (1977) Attributions of blame and coping in the 'real world': Severe accident victims react to their lot. *Journal of Personality and Social Psychology, 35*, 351-363.

Jennings, K.D., Harmon, R.J., Morgan, G.A., Gaiter, J.L., Yarrow, L.J. (1979) Exploratory play as an index of mastery motivation: Relationships to persistence, cognitive functioning and environmental measures. *Child Development, 15*, 386-394.

Jerusalem, M. (1990) *Persönliche Ressourcen, Vulnerabilität und Streßerleben*. Göttingen: Hogrefe.

Joffe, J.M., Rawson, R.A., Mulick, J.A. (1973) Control of their environment reduces emotionality in rats. *Science, 180*, 1383-1384.

Johnson, J.E. (1973) Effects of accurate expectations about sensations on the sensory and distress components of pain. *Journal of Personality and Social Psychology, 27*, 261-275.

Johnson, J.E., Morrissey, I.F., Leventhal, H. (1973) Psychological preparation for an endoscopic examination. *Gastrointestinal Endoscopy, 19*, 180-182.

Johnson, J.E., Petzel, T.P., Hartney, L.M., Morgan, L.M. (1983) Recall and importance ratings of completed and uncompleted tasks as a function of depression. *Cognitive Therapy and Research, 7*, 51-56.

Jones, E.E., Berglas, S. (1978) Control of attributions about the self through self-handicapping strategies. *Personality and Social Psychology Bulletin, 4*, 200-206.

Jones, E.E., Harris, V.A. (1967) The attribution of attitudes. *Journal of Personality and Social Psychology, 3*, 1-24.

Jones, E.E., Nisbett, R.E. (1972) The actor and the observer. In Jones, E.E., Kanouse, D.E., Kelley, H.H., Nisbett, R.E., Valins, S., Weiner, B., Eds., *Attribution*. Morristown, N.J.: The General Learning Press, 79-94.

349

Jones, E.E., Rock, L., Shaver, K.G., Goethals, G.R., Ward, L.M. (1968) Patterns of performance and ability attribution: An unexpected primacy effect. *Journal of Personality and Social Psychology, 10,* 317-340.

Joray, M., Avramakis, J. (1989) Kontrolle bei depressiven Jugendlichen. Seminararbeit. Bern: Psychologisches Institut der Universität.

Kahneman, D., Miller, D.T. (1986) Norm theory: Comparing reality to its alternatives. *Psychological Review, 93,* 136-153.

Kahneman, D., Slovic, P., Tversky, A., Eds. (1982) *Judgment under uncertainty: Heuristics and biases.* New York: Cambridge University Press.

Kahneman, D., Tversky, A. (1972) Subjective probability: A judgment of representativeness. *Cognitive Psychology, 3,* 430-454 (Nachdruck in Kahneman, D., Slovic, P., Tversky, A., Eds., *Judgment under uncertainty: Heuristics and biases.* New York: Cambridge University Press, 1982, 32-47).

Kahneman, D., Tversky, A. (1982) The simulation heuristic. In Kahneman, D., Slovic, P., Tversky, A., Eds., *Judgment under uncertainty: Heuristics and biases.* New York: Cambridge University Press, 201-208.

Kammer, J., Stiensmeier-Pelster, J. (1989) Erfassung des depressiven Attributionsstils: Erfahrungen mit einer deutschen Form des ASQ. In Krampen, G., Hg., *Diagnostik von Attributionen und Kontrollüberzeugungen.* Göttingen: Hogrefe, 54-61.

Kanner, A.D., Coyne, J.C., Schaefer, C., Lazarus, R.S. (1981) Comparison of two modes of stress measurement: Daily hassles and uplifts versus major life events. *Journal of Behavioral Medicine, 4,* 1-39.

Karsten, A. (1928) Psychische Sättigung. *Psychologische Forschung, 10,* 142-254.

Karsten, A. (1963) Motivation und affektives Geschehen. In Meili, R., Rohracher, H., Hg., *Lehrbuch der experimentellen Psychologie.* Bern: Huber, 264-309.

Katz, D. (1960) The functional approach to the study of attitude. *Public Opinion Quarterly, 24,* 163-204.

Katz, D., Stotland, E. (1959) A preliminary statement to a theory of attitude structure and change. In Koch, S., Ed., *Psychology: A study of science, vol. 3: Formulations of the person and the social context.* New York: McGraw-Hill, 423-475.

Kavanagh, D.J., Bower, G.H. (1985) Mood and self-efficacy: Impact of joy and sadness on perceived capabilities. *Cognitive Therapy and Research, 9,* 507-525.

Kaye, K., Charney, R. (1980) How mothers maintain 'dialogue' with two-year-olds. In Olson, D., Ed., *The social foundations of language and thought.* New York: Norton, 211-230.

Kelley, H.H. (1967) Attribution theory in social psychology. In Levine, D.E., Ed., *Nebraska symposium on motivation.* Lincoln: University of Nebraska Press, 192-240.

Kelley, H.H. (1972) *Causal schemata and the attribution process.* In Jones, E.E., Kanouse, D.E., Kelley, H.H., Nisbett, R.E., Valins, S., Weiner, B., Eds., *Attribution: Perceiving the causes of behavior.* Morristown, N.J.: General Learning Press, 151-174.

Kelley, H.H., Michela, J.L. (1980) Attribution theory and research. *American Review of Psychology, 31,* 457-501.

Kesselring, T. (1988) *Jean Piaget.* München: Beck.

Kipnis, D. (1972) Does power corrupt? *Journal of Personality and Social Psychology, 24,* 33-41.

Kirsch, I. (1982) Efficacy expectations or response predictions: The meaning of efficacy ratings as a function of task characteristics. *Journal of Personality and Social Psychology, 42,* 132-136.

Kistner, J.A., Osborne, M., LeVerrier, L. (1988) Causal attributions of learning-disabled children: Developmental patterns and relation to academic progress. *Journal of Educational Psychology, 80,* 82-89.

Klatzky, R.L. (1980) *Human memory: Structures and processes, 2nd ed.* San Francisco: Freeman.

Klein, D.C., Seligman, M.E.P. (1976) Reversal of performance deficits in learned helplessness and depression. *Journal of Abnormal Psychology, 85,* 11-26.

Klein, S.B., Kihlstrom, J.F. (1986) Elaboration, organization and the self-reference effect in memory. *Journal of Experimental Psychology: General, 115,* 26-38.

Klein, S.B., Loftus, J., Burton, H.A. (1989) Two self-reference effects: The importance of distinguishing between self-descriptiveness judgments and autobiographical retrieval in self-referent encoding. *Journal of Personality and Social Psychology, 56,* 853-865.

Klein-Moddenborg, V. (1984) Psychische Folgen der Arbeitslosigkeit: Erlernte Hilflosigkeit, Heft 4. Darmstadt: Berichte aus dem Psychologischen Institut der Technischen Hochschule.

Klonowicz, T., Zawadzka, G. (1988) Reactivity and personal control over stimulation supply. *European Journal of Personality, 2,* 1-10.

Klostermann, M. (1984) Selbermachenwollen bei Kindern in Abhängigkeit vom Schwierigkeitsgrad. Diplomarbeit. Bochum: Ruhr-Universität.

Kobasa, S.C. (1979) Stressful life events, personality and health: An inquiry into hardiness. *Journal of Personality and Social Psychology, 37,* 1-11.

Kobasa, S.C. (1982) Commitment and coping in stress-resistance among lawyers. *Journal of Personality and Social Psychology, 42,* 707-717.

Kobasa, S.C. (1983) The hardy personality: Toward a social psychology of stress and health. In Sanders, G.S., Suls, J., Eds., *Social psychology of health and illness.* Hillsdale, N.J.: Lawrence Erlbaum, 3-31.

Kobasa, S.C., Maddi, S.R. (1977) Existential personality theory. In Corsini, R., Ed., *Current personality theories.* Itasco, Ill.: Peacock, 243-276.

Kobasa, S.C., Maddi, S.R., Kahn, S. (1982) Hardiness and health: A prospective study. *Journal of Personality and Social Psychology, 42,* 168-177.

Kobasa, S.C., Maddi, S.R., Zola, M.A. (1983) Type A and hardiness. *Journal of Behavioral Medicine, 6,* 41-51.

Kobasa, S.C., Puccetti, M.C. (1983) Personality and social resources in stress resistance. *Journal of Personality and Social Psychology, 45,* 839-850.

Koester, L.S., Papousek, H., Papousek, M. (1989) Patterns of rhythmic stimulation by mothers with three-month-olds: A cross-modal comparison. *International Journal of Behavioral Development, 12,* 143-154.

Kohlberg, L. (1969) *Stage and sequence: the cognitive-developmental approach to socialization.* In Goslin, D.A., Ed., *Handbook of socialization theory and research.* New York: Rand McNally 347-480.

Kohlberg, L. (1974) *Zur kognitiven Entwicklung des Kindes.* Frankfurt: Suhrkamp.

Kohlberg, L. (1984) *The psychology of moral development.* New York: Harper & Row.

Kohlberg, L., Levine, C., Hewer, A. (1983) *Moral stages: a current formulation and a response to critics.* Basel: Karger.

Kojima, H. (1984) A significant stride toward the comparative study of control. *American Psychologist, 39,* 972-974.

Kolditz, T.A., Arkin, R.M. (1982) An impression management interpretation of the self-handicapping strategy. *Journal of Personality and Social Psychology, 43,* 492-502.

Koller, P.S., Kaplan, R.M. (1978) A two-process theory of learned helplessness. *Journal of Personality and Social Psychology, 36,* 1177-1183.

Krahé, B. (1985) Die Zuschreibung von Verantwortlichkeit nach Vergewaltigungen: Opfer und Täter im Dickicht der attributionstheoretischen Forschung. *Psychologische Rundschau, 36,* 67-82.

Kramis, J., Oser, F., Kramis-Aebischer, K. (1987) Lebenszufriedenheit von Studenten. Forschungsbericht Nr. 62. Pädagogisches Institut der Universität Freiburg/Schweiz.

Krampen, G. (1981) *IPC-Fragebogen zu Kontrollüberzeugungen.* Göttingen: Hogrefe.

Krampen, G. (1986) Zur Spezifität von Kontrollüberzeugungen für Problemlösen in verschiedenen Realitätsbereichen. *Schweizerische Zeitschrift für Psychologie, 45,* 67-85.

Krampen, G. (1987) *Handlungstheoretische Persönlichkeitspsychologie.* Göttingen: Hogrefe.

Krampen, G. (1989a) Mehrdimensionale Erfassung generalisierter und bereichsspezifischer Kontrollüberzeugungen. In Krampen, G., Hg., *Diagnostik von Attributionen und Kontrollüberzeugungen.* Göttingen: Hogrefe, 100-106.

Krampen, G. (1989b) Perceived childrearing practices and the development of locus of control in early adolescence. *International Journal of Behavioral Development, 12,* 177-193.

Krampen, G., Hg. (1989c) *Diagnostik von Attributionen und Kontrollüberzeugungen.* Göttingen: Hogrefe.

Kris, E. (1956) The recovery of childhood memories in psychoanalysis. *Psychoanalytic Study of the Child, 11,* 54-88.

Krüger, J., Möller, H., Meyer, W.U. (1983) Das Zuweisen von Aufgaben verschiedener Schwierigkeit: Auswirkungen auf Leistungsbeurteilung und Affekt. *Zeitschrift für Entwicklungspsychologie und Pädagogische Psychologie, 15,* 280-291.

Kruglanski, A.W., Friedman, I., Zeevi, G. (1971) The effects of extrinsic incentives on some qualitative aspects of task performance. *Journal of Personality, 39,* 601-617.

Kuhl, J. (1981) Motivational and functional helplessness: The moderating effect of state versus action orientation. *Journal of Personality and Social Psychology, 40,* 155-170.

Kuhl, J. (1983) *Motivation, Konflikt und Handlungskontrolle.* Berlin: Springer.

Kuhn, T.S. (1971) Les notions de causalité dans le développement de la physique. Dans Bunge, M. et al., éds, *Les théories de la causalité.* Paris: Presses universitaires de France, 7-18.

Kuiper, K.A., MacDonald, M.R. (1982) Self and other perception in mild depressives. *Social Cognition, 3,* 223-239.

Kun, A., Weiner, B. (1973) Necessary vs. sufficient schemata for success and failure. *Journal of Research in Personality, 7*, 197-207.

Lachman, R., Naus, M.J. (1984) The episodic/semantic continuum in an evolved machine. *Behavioral and Brain Sciences, 7*, 244-246.

Langer, E.J. (1975) The illusion of control. *Journal of Personality and Social Psychology, 32*, 311-328.

Langer, E.J. (1983) *The psychology of control*. London: Sage.

Langer, E.J., Rodin, J. (1976) The effects of choice and enhanced personal responsibility for the aged: A field experiment in an institutional setting. *Journal of Personality and Social Psychology, 34*, 191-198.

Lau, R.R. (1984) Dynamics of the attribution process. *Journal of Personality and Social Psychology, 46*, 1017-1028.

Lau, R.R., Russell, D. (1980) Attributions in the sports pages: A field text of some current hypotheses in attribution research. *Journal of Personality and Social Psychology, 39*, 29-38.

Laucken, U. (1974) *Naive Verhaltenstheorie*. Stuttgart: Klett.

Lavelle, T.L., Metalsky, G.J., Coyne, J.C. (1979) Learned helplessness, test anxiety and acknowledgment of contingencies. *Journal of Abnormal Psychology, 88*, 381-387.

Lazarus, R.S. (1966) *Psychological stress and the coping process*. New York: McGraw-Hill.

Lazarus, R.S. (1984) On the primacy of cognition. *American Psychologist, 39*, 124-129.

Lazarus, R.S. (1986) Puzzles in the study of daily hassles. In Silbereisen, R.K., Eyferth, K., Rudinger, G., Eds., *Development as action in context*. Berlin: Springer, 39-53.

Lazarus, R.S., Folkman, S. (1984) *Stress, appraisal and coping*. New York: Springer.

Lee, C. (1982) Self-efficacy as a predictor of performance in competitive gymnastics. *Journal of Sport Psychology, 4*, 405-409.

Lee, C. (1983) Self-efficacy and behaviour as a predictor of subsequent behaviour in an assertiveness training programme. *Behavior Research and Therapy, 21*, 225-232.

Lee, C. (1984a) Accuracy of efficacy and outcome expectations in predicting performance in a simulated assertiveness task. *Cognitive Therapy and Research, 8*, 37-48.

Lee, C. (1984b) Efficacy expectations and outcome expectations as predictors of performance in a snake-handling task. *Cognitive Therapy and Research, 8*, 509-516.

Lee, C., Schmaman, F. (1987) Self-efficacy as a predictor of clinical skills among speech pathology students. *Higher Education, 16*, 407-416.

Lefcourt, H.M. (1976) *Locus of control: Current trends in theory and research*. New York: Wiley.

Lefcourt, H.M. (1983) The locus of control as a moderator variable: stress. In Lefcourt, H.M., Ed., *Research with the locus of control construct, Vol. 2: Developments and social problems*. New York: Academic, 253-270.

Lei, H., Skinner, H.A. (1980) A psychometric study of life events and social readjustment. *Journal of Psychosomatic Research, 24*, 57-65.

Lenk, H., Hg. (1981) *Handlungstheorien - interdisziplinär*. München: Fink.

Lepper, M.R., Greene, D. (1975) Turning play into work: Effects of adult surveillance and extrinsic rewards on children's intrinsic motivation. *Journal of Personality and Social Psychology, 31*, 479-486).

Lepper, M.R., Greene, D., Nisbett, R.E. (1973) Undermining children's intrinsic interest with extrinsic rewards: A test of the overjustification hypothesis. *Journal of Personality and Social Psychology, 28*, 129-137.

Lerner, J.V. (1983) The role of temperament in psychosocial adaptation in early adolescents: a test of a 'goodness of fit' model. *Journal of Genetic Psychology, 143*, 149-157.

Lerner, M.J. (1974) The justice motive. *Journal of Personality and Social Psychology, 29*, 539-550.

Lerner, M.J. (1977) The justice motive: Some hypotheses as to its origins and forms. *Journal of Personality, 45*, 11-52.

Lerner, M.J. (1980) *The belief in a just world: A fundamental delusion*. New York: Plenum.

Lerner, M.J., Miller, D.T. (1978) Just world research and the attribution process: Looking back and ahead. *Psychological Bulletin, 85*, 1030-1051.

Lerner, R.M., Hultsch, D.F., Dixon, R.A. (1983) Contextualism and the character of developmental psychology in the 1970s. *Annals of the New York Academy of Sciences, 412*, 101-128.

Lersch, P. (1964) *Aufbau der Person. 9. Aufl.* München: Barth.

Levy, D.M. (1943) *Maternal overprotection*. New York: Columbia University Press.

Levy-Warren, M. (1974) Effects of perceived control on expression of self-perception. Unpublished manuscript. Yale University.

Lewicki, P. (1986) *Nonconscious social information processing*. New York: Academic.

Lewis, M., Brooks-Gunn, J. (1979) *Social cognition and the acquisition of self*. New York: Plenum.

Liepmann, D., Stiksrud, A., Hg. (1985) *Entwicklungsaufgaben und Bewältigungsprobleme in der Adoleszenz.* Göttingen: Hogrefe.

Linden, E. (1983) Analyse von Operationalisierungen und Interpretationen zur Theorie der Gelernten Hilflosigkeit. Eine empirische Untersuchung. Berlin: Dissertation.

Linton, M. (1975) Memory for real-world events. In Norman, D.A., Rumelhart, E., Eds., *Explorations in cognition.* San Francisco: Freeman, 376-404.

Linton, M. (1978) Real world memory after six years: An in vivo study of very long term memory. In Gruneberg, M.M., Morris, P.E., Sykes, R.W., Eds., *Practical aspects of memory.* York: Academic, 69-76.

Linton, M. (1982) Transformations of memory in everyday life. In Neisser, U., Ed., *Memory observed: Remembering in natural contexts.* San Francisco: Freeman, 77-91.

Linton, M. (1986) Ways of searching and the contents of memory. In Rubin, D.C., Ed., *Autobiographical memory.* New York: Cambridge University Press, 50-67.

Lloyd, G.G., Lishman, W.A. (1975) Effect of depression on the speed of recall of pleasant and unpleasant experiences. *Psychological Medicine, 5,* 173-180.

Loftus, E.F. (1979) *Eyewitness testimony.* Cambridge, Mass.: Harvard University Press.

Lubow, R.E., Weiner, I., Schnur, P. (1981) Conditioned attention theory. *The Psychology of Learning and Motivation, 15,* 1-49.

Luria, A.R. (1974, engl. 1976) *Cognitive development. Its cultural and social foundations.* Cambridge: Harvard University Press.

Lüthi, R. (1990) Der Einfluß von Erfahrungen und Erinnerungen auf den Aufbau und die Veränderung von Selbstkognitionen. Dissertation. Universität Bern.

Lüthi, R., Flammer, A., Aebi, G. (1988) Kontrollattributionen bei delinquenten und nicht-delinquenten Jugendlichen. In Schönpflug, W., Hg., *Bericht über den 36. Kongreß der Deutschen Gesellschaft für Psychologie in Berlin.* Göttingen: Hogrefe, 126.

Lüthi, R., Flammer, A., Gedeon, E. (in Vorb.) Selektives Erinnern bei acht- und neunjährigen Kindern. Bern: Psychologisches Institut.

Lüthi, R., Grob, A., Flammer, A. (1989) Differenzierte Erfassung bereichsspezifischer Kontrollmeinungen bei Jugendlichen. In Krampen, G., Hg., *Diagnostik von Attributionen und Kontrollüberzeugungen.* Göttingen: Hogrefe, 134-145.

Lütkenhaus, P. (1984) Pleasure derived from mastery in three-year olds: its function for persistence and the influence of maternal behavior. *International Journal of Behavioral Development, 7,* 343-358.

Lütkenhaus, P. (1987) Preschooler's feelings of competence, its function for persistence and its relation to social experiences. Paper presented to the ISSBD Conference in Tokyo, Japan.

Lütkenhaus, P., Bullock, M., Geppert, U. (1987) Toddler's action: Knowledge, control and the self. In Halisch, F., Kuhl, J., Eds., *Motivation, intention and volition.* Berlin: Springer, 145-161.

Lütkenhaus, P., Grossmann, K.E., Grossmann, K. (1985) Transactional influences of infants' orienting ability and maternal cooperation on competition in three-year-old children. *International Journal of Behavioral Development, 8,* 257-272.

Macht, M.L., Spear, N.E., Levis, D.J. (1977) State-dependent retention in humans induced by alteration in affective state. *Bulletin of the Psychonomic Scociety, 10,* 415-418.

Madden, M.E. (1987) Perceived control and power in marriage: A study of marital decision making and task performance. *Personality and Social Psychology Bulletin, 13,* 73-82.

Maier, S.F. (1970) Failure to escape traumatic shock: incompatible skeletal motor response or learned helplessness? *Learning and Motivation, 1,* 157-169.

Maier, S.F. (1984) Helplessness and immune function. Paper presented to the XIIIrd International Congress of Psychology. Acapulco.

Maier, S.F., Seligman, M.E.P. (1976) Learned helplessness: Theory and evidence. *Journal of Experimental Psychology: General, 105,* 3-46.

Malatesta, C.Z. (1982) The expression and regulation of emotion: A lifespan perspective. In Field, T., Fogel, A., Eds., *Emotion and early interaction.* Hillsdale, N.J.: Lawrence Lawrence Erlbaum, 1-24.

Malatesta, C.Z., Haviland, J.M. (1982) Learning display rules: The socialization of emotion expression in infancy. *Child Development, 53,* 991-1003.

Malinowski, B. (1955) *Magic, science and religion.* Garden City, N.J.: Doubleday.

Mandler, G., Sarason, S.B. (1952) A study of anxiety and learning. *Journal of Abnormal and Social Psychology, 47,* 166-173.

Manis, M. (1977) Cognitive social psychology. *Personality and Social Psychology Bulletin, 3,* 550-566.

Mann, L., Dashiell, T. (1975) Reactions to the draft lottery: a text of conflict theory. *Human relations, 28,* 155-173.

Maris, R.W. (1981) *Pathways to suicide*. Baltimore: Johns Hopkins University Press.

Markus, H. (1977) Self-schemata and processing information about the self. *Journal of Personality and Social Psychology, 35,* 63-78.

Marsh, H.W. (1986) Self-serving effect (bias?) in academic attributions: Its relation to academic achievement and self-concept. *Journal of Educational Psychology, 78,* 190-200.

Marsh, H.W., Smith, I.A., Barnes, J. (1984) Multidimensional self-concepts: Relationships with inferred self-concepts and academic achievement. *Australian Journal of Psychology, 36,* 367-386.

Martin, D.J., Abramson, L.Y., Alloy, L.B. (1984) The illusion of control for self and others in depressed and nondepressed college students. *Journal of Personality and Social Psychology, 46,* 125-136.

Martin, J.A. (1981) A longitudinal study of the consequences of early mother-infants interaction: A microanalytic approach. *Monographs of the Society for Research in Child Development, 46,* 3.

Martin, M., Ward, J.C., Clark, D.M. (1983) Neuroticism and the recall of positive and negative personality information. *Behavior Research and Therapy, 21,* 495-503.

Marx, K. (1867; 1885; 1894) *Das Kapital. 3 Bände.* Hamburg: Otto Meissner.

Maslow, A.H. (1954) *Motivation and personality*. New York: Harper.

Masters, J.C., Furman, W. (1966) Effects of affective states on noncontingent outcome expectancies and beliefs in internal or external control. *Developmental Psychology, 12,* 481-482.

Matas, L., Arend, R.A., Sroufe, L.A. (1978) Continuity of adaptation in the second year: The relationship between quality of attachment and later competence. *Child Development, 49,* 547-556.

Maturana, H.R. (1975) The organization of the living: a theory of the living organization. *International Journal of Man-Machine Studies, 7,* 313-332 (dt. Die Organisation des Lebendigen: Eine Theorie der lebendigen Organisation. In Maturana, H.R., Hg., *Erkennen: Die Organisation und Verkörperung der Wirklichkeit*. Braunschweig: Vieweg, 1985, 138-156).

Maturana, H.R., Varela, F.J. (1984) *El arbor de conocimiento* (dt. *Der Baum der Erkenntnis*. Bern: Scherz, 1987).

Mayman, M. (1968) Early memories and character structure. *Journal of Projective Techniques. 32,* 302-316.

McAdams, D.P. (1982) Experiences of intimacy and power: Relationships between social motives and autobiographical memory. *Journal of Personality and Social Psychology, 42,* 292-302.

McArthur, L.A. (1972) The how and what of why: some determinants and consequences of causal attribution. *Journal of Personality and Social Psychology, 22,* 171 - 193.

McArthur, L.A., Post, D.L. (1977) Figural emphasis and person perception. *Journal of Experimental Social Psychology, 13,* 520-535.

McCall, R.B. (1979) Qualitative transitions in behavioral development in the first two years of life. In Bornstein, M.H., Kessen, W., Eds., *Psychological development from infancy: Image to intention.* Hillsdale, N.J.: Lawrence Erlbaum, 183-224.

McCaul, K.D. (1983) Observer attributions of depressed students. *Journal of Personality and Social Psychology, 9,* 74-82.

McCauley, C., Jacques, S. (1979) The popularity of conspiracy theories of presidential assassination: A Bayesian analysis. *Journal of Personality and Social Psychology, 37,* 637-644.

McCormack, P.D. (1979) Autobiographical memory in the aged. *Canadian Journal of Psychology, 33,* 118-124.

McDougall, W. (1932) *The energies of man*. London: Methuen.

McGrath, J.E. (1981) Stress and behavior in organizations. In Dunnette, M.D., Ed., *Handbook of industrial and organizational psychology.* Chicago: Rand McNally, 1351-1395 (dt. Stress und Verhalten in Organisationen. In Nitsch, J., Hg., *Stress*. Bern: Huber, 441-499).

McKoon, G., Ratcliff, R., Dell, G. (1986) A critical evaluation of the semantic/episodic distinction. *Journal of Experimental Psychology: Learning, Memory & Cognition, 12,* 108-115.

Medea, A., Thompson, K. (1974) *Against rape.* New York: Farrar.

Meili, R. (1964) Die faktorenanalytische Interpretation der Intelligenz. *Schweizerische Zeitschrift für Psychologie, 23,* 135-155.

Menzies, R. (1935) The comparative memory values of pleasant, unpleasand indifferent experiences. *Journal of Experimental Psychology, 18,* 267-297.

Mervis, C.B., Rosch, E. (1981) Categorization of natural objects. *Annual Review of Psychology, 32,* 89-115.

Messe, L.A., Buldain, R.W., Watts, B. (1981) Recall of social events with the passage of time. *Personality and Social Psychology Bulletin, 7,* 33-38.

Meyer, W.U. (1984) Das Konzept von der eigenen Begabung: Auswirkungen, Stabilität und voraus-laufende Bedingungen. *Psychologische Rundschau, 35*, 136-150.

Meyer, W.U. (1988) Die Rolle von Überraschung im Attributionsprozeß. *Psychologische Rundschau, 39*, 136-147.

Meyer, W.U., Engler, U., Mittag, W. (1982) Auswirkungen von Tadel auf die Beurteilung des eige-nen Leistungsstandes und auf das Interesse an Aufgaben. *Zeitschrift für Entwicklungspsychologie und Pädagogische Psychologie, 14*, 263-276.

Meyer, W.U., Plöger, F.O. (1979) Scheinbar paradoxe Wirkungen von Lob und Tadel auf die wahr-genommene eigene Begabung. In Filipp, S.H., Hg., *Selbstkonzept-Forschung*. Stuttgart: Klett, 221-235.

Michalos, A.C. (1985) Multiple discrepancies theory (MDT). *Social Indicators Research, 16*, 347-413.

Michotte, A. (1963) *The perception of causality*. London: Methuen.

Mielke, R. (1982) Das Problem der Mehrdimensionalität bei der Erfassung interner/externer Kon-trollüberzeugung. In Mielke, R. , Hg., *Interne/externe Kontrollüberzeugung*. Bern: Huber, 119-138.

Mielke, R. (1984) *Lernen und Erwartung*. Bern: Huber.

Mielke, R. (1986) Zur Selbst-Wirksamkeits-Theorie Banduras: Untersuchung der Veränderung des Redeverhaltens und des Durchsetzungsverhaltens in der Gruppe. *Archiv für Psychologie, 138*, 39-52.

Mielke, R., Hg. (1982) *Interne/externe Kontrollüberzeugung*. Bern: Huber.

Mikulincer, M. (1988) Reactance and helplessness following exposure to unsolvable problems: The effects of attributional style. *Journal of Personality and Social Psychology, 54*, 679-686.

Mikulincer, M. (1989) Cognitive interference and learned helplessness: The effects of off-task co-gnitions on performance following unsolvable problems. *Journal of Personality and Social Psychology, 57*, 129-135.

Mikulincer, M., Nizan, B. (1988) Causal attribution, cognitive interference, and the generali-zation of learned helplessness. *Journal of Personality and Social Psychology, 55*, 470-478.

Milgram, S. (1974) *Obedience to authority. An Experimental view*. New York: Harper & Row (dt. *Das Milgram-Experiment*. Hamburg: Rowohlt, 1983).

Mill, J.S. (1843) *A system of logic*. London: Longmans, Green, Reader & Dyer.

Millar, W.S., Schaffer, H.R. (1972) The influence of spatially displaced feedback on infant ope-rant conditioning. *Journal of Experimental Child Psychology, 14*, 442-452.

Millar, W.S., Schaffer, H.R. (1973) Visual manipulative response strategies in infant operant conditioning with spatially displaced feedback. *British Journal of Psychology, 64*, 545-552.

Miller, D.T., Norman, S.A., Wright, E. (1978) Distortion in person perception as a consequence of the need for effective control. *Journal of Personality and Social Psychology, 36*, 598-607.

Miller, D.T., Ross, M. (1975) Self-serving biases in the attribution of causality: Fact or fiction? *Psychological Bulletin, 82*, 213-225.

Miller, G.A., Galanter, E., Pribram, K.H. (1960) *Plans and the structure of behavior*. New York: Holt, Rinehart and Winston (dt. *Strategien des Handelns*. Stuttgart: Klett, 1973).

Miller, I.W., Norman, W.H. (1979) Learned helplessness in humans: A review and attribution-theory model. *Psychological Bulletin, 86*, 93-118.

Miller, P.H., Aloise, P.A. (1989) Young children's understanding of the psychological causes of behavior: A review. *Child Development, 60*, 257-285.

Miller, S.M. (1979) Controllability and human stress: Method, evidence and theory. *Behavior Research and Therapy, 17*, 287-304.

Miller, S.M. (1981) Predictability and human stress: Toward a clarification of evidence and theory. In Berkowitz, L., Ed., *Advances in experimental social psychology, 14*. New York: Academic, 203-256.

Miller, W.R., Seligman, M.E.P. (1975) Depression and learned helplessness in man. *Journal of Abnormal Psychology, 84*, 228-238.

Mineka, S., Gunnar, M.R., Champoux, M. (1986) Control and early socioemotional development: Infant rhesus monkeys reared in controllable vs. uncontrollable environments. *Child Development, 57*, 1241-1256.

Mineka, S., Kihlstrom, J.F. (1978) Unpredictable and uncontrollable events: A new perspective on experimental neurosis. *Journal of Abnormal Psychology, 87*, 256-271.

Mischel, W. (1957) Preference for delayed reinforcement. *Journal of Abnormal Social Psychology, 56*, 57-61.

Mischel, W. (1971) *Introduction to personality*. New York: Holt.

Monat, A. (1976) Temporal uncertainty, anticipation time and cognitive coping under threat. *Journal of Human Stress, 2*, 32-43.

Monson, T.C., Keel, R., Stephens, D., Genung, V. (1982) Trait attributions: Relative validity, co-variation with behavior and prospect of future interaction. *Journal of Personality and Social Psychology, 42,* 1014-1024.

Montada, L. (1988) Die Bewältigung von Schicksalsschlägen. Erlebte Ungerechtigkeit und wahr-genommene Verantwortlichkeit. *Schweizerische Zeitschrift für Psychologie, 47,* 203-215.

Moore, R.G., Watts, F.N., Williams, J.M.G. (1988) The specificity of personal memories in depression. *British Journal of Clinical Psychology, 27,* 275-276.

Morgan, G.A., Harmon, R.J. (1984) Developmental transformations in mastery motivation. In Emde, R.N., Harmon, R.J., Eds., *Continuities and discontinuities in development.* London: Plenum, 263-291.

Morger, V. (1990) Wiederholungs-Effekte bei Kategorie-Verifikationen: Zur Dauerhaftigkeit des Effektes und der Transferangemessenheit der vorausgegangenen Verarbeitungs-Prozesse. Dissertation. Universität Bern.

Morger, V., Flammer, A. (1989) Strategieinstruktion und selektive Wiedergabe bei Kindern. *Zeitschrift für Entwicklungspsychologie und Pädagogische Psychologie, 21,* 40-42.

Mulder, M. (1959) Power and satisfaction in task-oriented groups. *Acta Psychologica, 16,* 178-225.

Mulder, M. (1960) The power variable in communication experiments. *Human Relations, 13,* 241-257.

Mulder, M., Veen, P., Rodenburg, C., Frenken, J., Tielens, H. (1973) The power distance reduction hypothesis on a level of reality. *Journal of Experimental Social Psychology, 9,* 87-96.

Müller, A. (1958) Über die Entwicklung des Leistungsanspruchsniveaus. *Zeitschrift für Psychologie, 162,* 238-353.

Müller, L. (1984) Selbermachenwollen bei Kleinkindern, wenn der erwachsene Spielpartner vor-übergehend den Tätigkeitsvollzug an sich ziehen will. Diplomarbeit. Bochum: Ruhr-Universität.

Murray, H.A. (1938) *Explorations in personality.* Oxford U. Press.

Nasby, W., Yando, R. (1982) Selective encoding and retrieval of affectively valent information: Two cognitive consequences of children's mood stastes. *Journal of Personality and Social Psychology, 43,* 1244-1253.

Neisser, U. (1967) *Cognitive psychology.* New York: Appleton-Century-Crofts (dt. *Kognitive Psychologie.* Stuttgart: Klett, 1974).

Neisser, U. (1976) *Cognition and reality.* San Francisco: Freeman (dt. *Kognition und Wirklichkeit.* Stuttgart: Klett, 1979).

Neisser, U. (1981) John Dean's memory: A case study. *Cognition, 9,* 1-22.

Neisser, U. (1986) Nested structure in autobiographic memory. In Rubin, D.C., Ed., *Autobiographical memory.* New York: Cambridge University Press, 71-81.

Nekanda-Trepka, C.J.S., Bishop, S., Blackburn, I.M. (1983) Hopelessness and depression. *British Journal of Clinical Psychology, 22,* 49-60.

Nelson, K. (1986) *Event knowledge: Structure and function in development.* Hillsdale, N.J.: Lawrence Erlbaum.

Nelson, K., Fivush, R., Hudson, J., Lucariello, J. (1983) Scripts and the development of memory. In Chi, M.T.H., Ed., *Contributions to human development. Vol. 9: Trends in memory development research.* Basel: Karger, 52-70.

Nelson, K., Gruendel, J.M. (1981) Generalized event representations: Basic building blocks of cognitive development. In Brown, A., Lamb, M., Eds., *Advances in developmental psychology.* Hillsdale, N.J.: Lawrence Erlbaum, 131-158.

Nelson, R.E., Craighead, W.E. (1977) Selective recall of positive and negative feedback, self-control behaviors and depression. *Journal of Abnormal Psychology, 86,* 379-388.

Neuenschwander, M. (1989) Kontrolle und Zufriedenheit. Seminararbeit. Bern: Psychologisches Institut der Universität.

Nicholls, J.G. (1978) The development of the concepts of effort and ability, perception of academic attainment and the understanding that difficult tasks require more ability. *Child Development, 49,* 800-814.

Nisan, M, Koriat, A. (1977) Children's actual choices and their conception of the wise choice in a delay-of-gratification situation. *Child Development, 48,* 488-494.

Nisbett, R.E., Borgida, E. (1975) Attribution and the psychology of prediction. *Journal of Personality and Social Psychology, 32,* 932-943.

Nisbett, R.E., Borgida, E., Crandall, R., Reed, H. (1976) Popular induction: Information is not always informative. In Carroll, J.S., Payne, J.W., Eds., *Cognition and social behavior.* Hillsdale, N.J.: Lawrence Erlbaum, 113-133.

Nolen-Hoeksema, S., Girgus, J.S., Seligman, M.E.P. (1986) Learned helplessness in children: A longitudinal study of depression, achievement and explanatory style. *Journal of Personality and Social Psychology, 51,* 435-442.

Norman, D.A., Bobrow, D.G. (1979) Descriptions: An intermediate stage in memory retrieval. *Cognitive Psychology, 11,* 107-123.

Novgorodoff, B.D. (1974) Boy meets girl: Machiavellism and romantic attraction. Unpublished master's thesis. University of Delaware.

Nuttin, J.R. (1973) Pleasure and reward in human motivation and learning. In Berlyne, D.E., Madsen, K.B., Eds., *Pleasure, reward and preference.* New York: Academic, 243-274.

Oesterreich, R. (1981) *Handlungsregulation und Kontrolle.* München: Urban & Schwarzenberg.

Olson, J.M., Cal, A.V. (1984) Source credibility, attitude and the recall of past behaviors. *European Journal of Social Psychology, 14,* 203-210.

Orvis, B.R., Cunningham, J.D., Kelley, H.H. (1975) A closer examination of causal inference. *Journal of Personality and Social Psychology, 32,* 605-616.

Oser, F., Gmünder, P. (1984) *Der Mensch – Stufen seiner religiösen Entwicklung.* Zürich: Benziger.

Osnabrügge, G., Stahlberg, D., Frey, D. (1985) Die Theorie der kognizierten Kontrolle. In Frey, D., Irle, M., Hg., *Theorien der Sozialpsychologie. Band III: Motivations- und Informationsverarbeitungstheorien.* Bern: Huber, 127-172.

Osterkamp, U. (1983) Kontrollbedürfnis. In Frey, D., Greif, S., Hg., *Sozialpsychologie.* München: Urban & Schwarzenberg, 222-226.

Overmier, J.B., Seligman, M.E.P. (1967) Effects of inescapable shock upon subsequent escape or avoidance learning. *Journal of Comparative and Physiological Psychology, 63,* 23-33.

Papousek, H. (1967) Experimental studies of appetitional behavior in human newborns and infants. In Stevenson, H.W., Hess, E.H., Rheingold, H.L., Eds., *Early behavior: Comparative developmental approaches.* New York: Wiley, 249-277.

Papousek, H., Papousek, M. (1979) Lernen im ersten Lebensjahr. In Montada, L., Hg., *Brennpunkte der Entwicklungspsychologie.* Stuttgart: Kohlhammer, 194-212.

Papousek, M., Papousek, H. (1989) Stimmliche Kommunikation im frühen Säuglingsalter als Wegbereiter der Sprachentwicklung. In Keller, H., Hg., *Handbuch der Kleinkindforschung.* Berlin: Springer, 465-489.

Patterson, C.J., Mischel, W. (1976) Effects of temptation and task facilitating plans of self-control. *Journal of Personality and Social Psychology, 32,* 209-217.

Perlmuter, L.C., Monty, R.A., Chan, F. (1986) Choice, control and cognitive functioning. In Baltes, M.M., Baltes, P.B., Eds., *The psychology of control and aging.* Hillsdale, N.J.: Lawrence Erlbaum, 91-118.

Perrez, M. (1985) Soziale Kontingenzen bei Säuglingen als Antezedenten von Kontrollüberzeugungen. In Albert, D., Hg., *Bericht über den 34. Kongreß der Deutschen Gesellschaft für Psychologie in Wien 1984, Band 1.* Göttingen: Hogrefe, 391-394.

Perrez, M. (1989) Diagnostik von Kontingenzerfahrungen in der frühen Kindheit. In Krampen, G., Hg., *Diagnostik von Attributionen und Kontrollüberzeugungen.* Göttingen: Hogrefe, 172-185.

Perrez, M., Achermann, E., Diethelm, K. (1983) Die Bedeutung der sozialen Kontingenzen für die Entwicklung des Kindes im ersten Lebensjahr. *Verhaltensmodifikation, 4,* 114-129.

Perrez, M., Reicherts, M. (1986) Appraisal, coping and attribution processes by depressed persons: An S-R-S-R approach. *The German Journal of Psychology, 10,* 315-326.

Perrig, W.J., Perrig-Chiello, P. (1985) Selektives Lernen bei induzierten Stimmungszuständen: Resultat des Stimmungszustandes oder bloß der Aufgabenstellung? *Schweizerische Zeitschrift für Psychologie, 44,* 17-30.

Perrig, W.J., Perrig-Chiello, P. (1988) Mood and memory: mood-congruity effects in absence of mood. *Memory & Cognition, 16,* 102-109.

Perrig-Chiello, P. (1980) Kausalattribuierung und Schülerbeurteilung durch Lehrer. Dissertation. Universität Freiburg/Schweiz.

Perrig-Chiello, P. (1983) Kausalattribuierung und Schülerleistungsbeurteilung durch den Lehrer. *Bildungsforschung und Bildungspraxis, 5,* 22-36.

Pervin, L.A. (1963) The need to predict and control under conditions of threat. *Journal of Personality, 31,* 570-587.

Peterman, F. (1983) Nachwort. In Seligman, M.E.P., *Erlernte Hilflosigkeit. 2. deutsche Auflage.* München: Urban & Schwarzenberg, 209-248.

Petermann, F. (1986) Zehn Jahre 'Erlernte Hilflosigkeit' in Theorie, Forschung und Anwendung. Nachwort zur zweiten Auflage der deutschen Übersetzung. In Seligman, M.E.P., 1975, *Helplessness. On depression, development and death.* San Francisco: Freeman (dt. *Erlernte Hilflosigkeit.* München: Urban & Schwarzenberg, 1986, 209-246).

Peterson, C., Luborsky, L., Seligman, M.E.P. (1983) Attributions and depressive mood shifts. *Journal of Abnormal Psychology, 92*, 96-103.

Peterson, C., Schwartz, S.M., Seligman, M.E.P. (1981) Self-blame and depressive symptoms. *Journal of Personality and Social Psychology, 41*, 253-259.

Peterson, C., Seligman, M.E.P. (1984) Causal explanations as a risk factor for depression: Theory and evidence. *Psychological Review, 91*, 347-374.

Peterson, C., Semmel, A., Von Baeyer, C., Abramson, L.Y., Metalsky, G.I., Seligman, M.E.P. (1982) The attributional style questionnaire. *Cognitive Therapy and Research, 6*, 287-299.

Pfrang, H., Schenk, J. (1988) Generalisierte Kontrollüberzeugungen als verdeckte politische Einstellungen. *Zeitschrift für Sozialpsychologie, 19*, 193-201.

Phares, E.J. (1957) Expectancy changes in skill and chance situations. *Journal of Abnormal and Social Psychology, 54*, 339-342.

Phares, E.J. (1978) Locus of control. In London, H., Exner, J.E., Eds., *Dimensions of personality*. New York: Wiley, 263-304.

Piaget, J. (1926) *La représentation du monde chenz l'enfant*. Paris: Alcan (dt. *Das Weltbild des Kindes*. Frankfurt: Klett-Cotta, 1980).

Piaget, J. (1936) *La naissance de l'intelligence chez l'enfant*. Neuchâtel: Delachaux et Niestlé (dt. *Das Erwachen der Intelligenz beim Kinde*. Stuttgart: Klett, 1969).

Piaget, J. (1937) *La construction du réel chez l'enfant*. Neuchâtel: Delachaux et Niestlé (dt. *Der Aufbau der Wirklichkeit beim Kinde*. Stuttgart: Klett, 1975).

Piaget, J. (1947) *Psychologie de l'intelligence*. Paris: Colin (dt. *Psychologie der Intelligenz*. Zürich: Rascher, 1948).

Piaget, J. (1964) *Six études de psychologie*. Genève: Gonthier (dt. *Theorien und Methoden der modernen Erziehung, Kapitel II: Sechs psychologische Studien*. Frankfurt: Fischer, 1972, 153-278).

Piaget, J. (1970) *Piaget's theory*. Reprint from Carmichael's Manual of Child Psychology. In Mussen, P.H., Ed., *Handbook of child psycholgy*. New York: Wiley, 103-128.

Piaget, J. (1973) *La psychologie de l'enfant*. Paris: Presses universitaires de France (dt. *Die Psychologie des Kindes*. München: dtv, 1986).

Piaget, J. (1980) *Les formes élémentaires de la dialectique*. Paris: Gallimard.

Piontkowski, U., Ruppelt, M., Sandmann, M. (1981) Eine Normierung von Rotters I-E-Skala. *Diagnostica, 27*, 313-323.

Pittman, N.L., Pittman, T.S. (1979) Effect of amount of helplessness training and internal-external locus of control on mood performance. *Journal of Personality and Social Psychology, 37*, 39-47.

Pittman, T.S., D'Agostino, P.R. (1985) Motivation and attribution: The effects of control deprivation on subsequent information processing. In Harvey, J.H., Weary, G., Eds., *Attribution*. New York: Academic, 117-141.

Pittman, T.S., Pittman, N.L. (1980) Deprivation of control and the attribution effect. *Journal of Personality and Social Psychology, 39*, 377-389.

Pittner, M.S., Houston, B.K., Spiridigliozzi, G. (1983) Control over stress, type A pattern and response to stress. *Journal of Personality and Social Psychology, 44*, 627-637.

Preiser, S. (1988) *Kontrolle und engagiertes Handeln*. Göttingen: Hogrefe.

Prussing, S. (1975) The effects on self-perception. Master's thesis. Yale University.

Pyszczynski,T.A., Greenberg, J. (1981) Role of disconfirmed expectancies in the instigation of attributional processing. *Journal of Personality and Social Psychology, 40*, 31-38.

Pyszczynski, T., Hamilton, J.C., Herring, F.H., Greenberg, J. (1989) Depression, self-focused attention and the negative memory bias. *Journal of Personality and Social Psychology, 57*, 351-357.

Quast, H.H., Jerusalem, M., Schwarzer, R. (1985) The impact of daily stress on social anxiety and helplessness: A longitudinal field study. In Sanchez-Soza, J.J., Ed., *Health and clinical psychology*. Amsterdam: North-Holland, 157-175.

Ramey, C.T., Finkelstein, N.W. (1978) Contingent stimulation and infant competence. *Journal of Pediatric Psychology, 3*, 89-96.

Raps, C.S., Reinhard, K.E., Seligman, M.E.P. (1980) Reversal of cognitive and affective deficits associated with depression and learned helplessness by mood elevation in patients. *Journal of Abnormal Psychology, 89*, 342-349.

Ratcliff, R., McKoon, G. (1986) More on the distinction between episodic and semantic memories. *Journal of Experimental Psychology: Learning, Memory & Cognition, 12*, 312-313.

Rauh, H. (1987) Frühe Kindheit. In Oerter, R., Montada, L., Hg., *Entwicklungspsychologie, 2. Aufl.* München: Urban & Schwarzenberg, 131-203.

Raven, B.H., Kruglanski, A.W. (1970) Conflict and power. In Swingle, P., Ed., *The structure of conflict*. New York: Academic, 69-109.

358

Read, D. (1985) Determinants of relative mutability. Unpublished research. Vancouver: University of British Columbia.

Read, S.J., Rosson, M.B. (1982) Rewriting history: The biasing effects of attitudes on memory. *Social Cognition*, 7, 240-255.

Regan, D.T., Straus, E., Fazio, R. (1974) Liking and the attribution process. *Journal of Experimental Social Psychology*, 10, 385-397.

Regan, J.W., Brehm, J.W. (1972) Compliance in buying as a function of induced components that threaten freedom. In Bickman, L., Henchy, T., Eds., *Beyond the laboratory: Field research in social psychology*. New York: McGraw-Hill, 269-274.

Reicherts, M., Käslin, S., Scheurer, F., Fleischhauer, J., Perrez, M. (1987) Belastungsverarbeitung bei endogenen Depressiven. *Zeitschrift für klinische Psychologie, Psychopathologie und Psychotherapie*, 35, 197-210.

Reichle, B., Dalbert, C. (1983) Entwicklung interpersonaler Verantwortlichkeit und interpersonaler Schuld. Forschungsbericht. Universität Trier: Fachbereich Psychologie.

Reid, D.W., Ziegler, M. (1980) Validity and stability of a new desired control measure pertaining to psychological adjustment of the elderly. *Journal of Gerontology*, 35, 395-402.

Reiser, B.J. (1983) Contexts and indices in autobiographical memory. Technical Report No. 24. Yale University: Cognitive Science Program.

Reiser, B.J. (1988) Predictive inferencing in autobiographical memory retrieval. In Gruneberg, M.M., Morris, P.E., Sykes, R.N., Eds., *Practical aspects of memory*. New York: Wiley, 269-276.

Reiser, B.J., Black, J.B., Abelson, R.P. (1985) Knowledge structures in the organization and retrieval of autobiographical memories. *Cognitive Psychology*, 17, 89-137.

Reiser, B.J., Black, J.B., Kalamarides, P. (1986) Strategic memory search processes. In Rubin, D., Ed., *Autobiographical memory*. New York: Cambridge University Press, 100-121.

Relich, J.D., Debus, R.L., Walker, R. (1986) The mediating role of attribution and self-efficacy variables for treatment effects on achievement outcomes. *Contemporary Educational Psychology*, 11, 195-216.

Richter, C.P. (1957) On the phenomenon of sudden death in animals and man. *Psychosomatic Medicine*, 19, 191-198.

Riedesser, P., Wolff, G. (1985) Elterliches Schulderleben bei der Erkrankung ihrer Kinder. *Monatschrift zur Kinderheilkunde*, 133, 657-662.

Riksen-Walraven, J.M. (1978) Effects of caregiver behavior on habituation rate and self-efficacy in infants. *International Journal of Behavioral Development*, 1, 105-130.

Robinson, J.A. (1976) Sampling autobiographical memories. *Cognitive Psychology*, 8, 578-595.

Robinson, J.A. (1980) Affect and retrieval of personal memories. *Motivation and Emotion*, 4, 149-174.

Rodin, J. (1986) Health, control and aging. In Baltes, M.M., Baltes, P.B., Eds., *The psychology of control and aging*. Hillsdale, N.J.: Lawrence Erlbaum, 139-165.

Rodin, J., Langer, E.J. (1977) Long-term effects of a control-relevant intervention with the institutionalized aged. *Journal of Personality and Social Psychology*, 35, 897-903. Erratum to Rodin & Langer: *Journal of Personality and Social Psychology*, 36, 462.

Rodin, J., Rennert, K., Solomon, S.K. (1980) Intrinsic motivation for control: Fact or fiction? In Baum, A., Singer, J.E., Eds., *Advances in environmental psychology, vol. 2: Applications and personal control*. Hillsdale, N.J.: Lawrence Erlbaum, 131-148.

Roediger, H.L. (1984) Does current evidence from dissociation experiments favor the episodic/semantic distinction? *Behavioral and Brain Sciences*, 7, 252-254.

Rogers, T.B., Kuiper, N.A., Kirker, W.S. (1977) Self-reference and the encoding of personal information. *Journal of Personality and Social Psychology*, 35, 677-688.

Rohsenow, D.J., O'Leary, M.R. (1978) Locus of control research on alcoholic populations: A review. *International Journal of the Addictions*, 1978, 13, 55-78 (I) and 213-226 (II).

Rosen, B.C., d'Andrade, R. (1959) The psychosocial origins of achievement motivation. *Sociometry*, 22, 185-218 (dt. in Graumann, C.F., Heckhausen, H., Hg., *Pädagogische Psychologie*. Frankfurt: Fischer, 1973, 106-122).

Rosenbaum, R.M. (1972) A dimensional analysis of the perceived causes of succes and failure. Unpublished dissertation. Los Angeles: University of California.

Ross, L. (1977) The intuitive psychologist and his shortcomings. In Berkowitz, L., Ed., *Advances in experimental social psychology, vol. 10*. New York: Academic, 173-220.

Ross, L, Greene, D., House, P. (1977) The «false consensus effect». *Journal of Experimental Social Psychology*, 13, 279-301.

Ross, M. (1989) Relation of implicit theories to the construction of personal histories. *Psychological Review*, 69, 341-357.

Ross, M., Conway, M. (1986) Remembering one's own past. The construction of personal histories. In Sorrentino, R.M., Higgins, E.T., Eds., *Handbook of motivation and Cognition*. New York: Guilford Press, 122-144.

Ross, M., McFarland, C., Conway, M., Zanna, M.P. (1983) Reciprocal relation between attitudes and behavioral recall: Committing people to newly formed attitudes. *Journal of Personality and Social Psychology, 45*, 257-267.

Ross, M., McFarland, C., Fletcher, G.J.O. (1981) The effect of attitude on the recall of personal histories. *Journal of Personality and Social Psychology, 40*, 627-634.

Ross, M., Shulman, R.F. (1973) Increasing the salience of initial attitudes: Dissonance versus self-perception theory. *Journal of Personality and Social Psychology, 28*, 138-144.

Ross, M., Sicoly, F. (1979) Egocentric biases in availability and attribution. *Journal of Personality and Social Psychology, 37*, 322-336.

Rost-Schaude, E. (1982) Untersuchungen zu einer deutschen Form des IEC-Fragebogens von Rotter. In Mielke, R., Hg., *Interne/externe Kontrollüberzeugung*. Bern: Huber, 156-177.

Roth, S. (1980) A revised model of learned helplessness in humans. *Journal of Personality, 48*, 103-133.

Roth, S., Bootzin, R.R. (1974) Effects of experimentally induced expectancies of external control: An investigation of learned helplessness. *Journal of Personality and Social Psychology, 29*, 253-264.

Roth, S., Kubal, L. (1975) Effects of noncontingent reinforcement on tasks of differing importance. *Journal of Personality and Social Psychology, 32*, 680-691.

Rothbaum, F.M., Weisz, J.R., Snyder, S.S. (1982) Changing the world and changing the self: a two-process model of perceived control. *Journal of Personality and Social Psychology, 42*, 5-37.

Rotter, J.B. (1954) *Social learning and clinical psychology*. Englewood Cliffs, N.J.: Prentice-Hall.

Rotter, J.B. (1966) General expectancies for internal versus external control of reinforcement. *Psychological Monographs, 80*, 1 (Whole No. 609), 1-28.

Rotter, J.B. (1975) Some problems and misconceptions related to the construct of internal versus external control of reinforcement. *Journal of Consulting and Clinical Psychology, 43*, 56-67 (dt. Einige Probleme und Mißverständnisse beim Konstrukt der internen vs. externen Kontrolle der Verstärkung. In Mielke, R., Hg., *Interne/externe Kontrollüberzeugung*. Bern: Huber, 43-62).

Rotter, J.B. (1982) Social learning theory. In Feather, N.T., Ed., *Expectations and actions: Expectancy-value models in psychology*. Hillsdale, N.J.: Lawrence Erlbaum, 241-260.

Rotter, J.B. (1990) Internal versus external control of reinforcement. *American Psychologist, 45*, 489-493.

Rovee-Collier, C.K., Lippsitt, L.P. (1982) Learning, adaptation and memory in the newborn. In Stratton, P.M., Ed., *Psychobiology of the human newborn*. New York: Wiley, 147-190.

Rubin, D.C. (1982) On the retention function for autobiographical memory. *Journal of Verbal Learning and Verbal Behavior, 21*, 21-38.

Ruble, D.N., Flett, G.L. (1988) Conflicting goals in self-evaluative information seeking: Developmental and ability level analyses. *Child Development, 59*, 97-106.

Rüedi, J. (1987) *Die Bedeutung Alfred Adlers für die Pädagogik*. Bern: Haupt.

Russell, D. (1982) The Causal Dimension Scale: A measure of how individuals perceive causes. *Journal of Personality and Social Psychology, 42*, 1137-1145.

Russell, D., Lenel, J.C., Spicer, C., Miller, J., Albrecht, J., Rose, J. (1985) Evaluating the physically disabled: An attributional analysis. *Personality and Social Psychology Bulletin, 11*, 23-32.

Russell, D., McAuley, E. (1986) Causal attributions, causal dimensions and affective reactions to success and failure. *Journal of Personality and Social Psychology, 50*, 1174-1185.

Russell, D., McAuley, E., Tarico, V. (1987) Measuring causal attributions for success and failure. A comparison of methodologies for assessing causal dimensions. *Journal of Personality and Social Psychology, 52*, 1248-1257.

Russell, J. (1984) The subject-object division in language acquisition and ego development. *New Ideas in Psychology, 2*, 57-74.

Rustemeyer, R. (1982) Wirkungen von Emotionen auf die Wahrnehmung der eigenen Fähigkeit. Diplomarbeit. Universität Bielefeld: Abteilung Psychologie.

Ryff, C.D. (1989) Happiness is everything, or is it? Explorations on the meaning of psychological well-being. *Journal of Personality and Social Psychology, 57*, 1069-1081.

Sales, S.M. (1972) Economic threat as a determinant of conversion rates in authoritarian and nonauthoritarian churches. *Journal of Personality and Social Psychology, 23*, 420-428.

Salovey, P., Birnbaum, D. (1989) Influence of mood on health-relevant cognitions. *Journal of Personality and Social Psychology, 57*, 539-551.

Salovey, P., Singer, J.A. (1989) Mood congruency effects in recall of childhood versus recent memories. *Journal of Social Behavior and Personality, 4,* 99-120.

Sameroff, A.J. (1968) The components of sucking in the newborn. *Journal of Experimental Child Psychology, 6,* 607-623.

Sameroff, A.J. (1971) Can conditioned responses be established in the newborn infant? *Developmental Psychology, 5,* 411-442.

Sarason, I.G. (1975) Anxiety and self-preoccupation. In Sarason, I.G., Spielberger, C.D., Eds., *Stress and anxiety, Vol. 2.* Washington, D.C.: Hemisphere, 27-44.

Sarason, I.G., Potter, E.H., Sarason, B.R. (1986) Recording and recall of personal events: effects on cognitions and behavior. *Journal of Personality and Social Psychology, 51,* 347-356.

Sarason, I.G., Stoops, R. (1978) Test anxiety and the passage of time. *Journal of Consulting and Clinical Psychology, 46,* 102-109.

Saul, L., Snyder, T., Sheppard, E. (1956) On earliest memories. *Psychoanalytic Quarterly, 25,* 228-287.

Schank, R.C., Abelson, R.P. (1977) *Scripts, plans, goals and understanding.* Hillsdale, N.J.: Lawrence Erlbaum.

Schaufeli, W.B. (1988) Perceiving the causes of unemployment: An evaluation of the causal dimensions scale in a real-life situation. *Journal of Personality and Social Psychology, 54,* 347-356.

Scherer, J. (1972) Änderungen von Lehrerattribuierungen und deren Auswirkungen auf Leistungsverhalten und Persönlichkeitsmerkmale von Schülern. Diplomarbeit. Ruhr-Universität Bochum.

Scheuber-Sahli, E., Flammer, A. (1989) Modifikation der Kontrollmeinung durch episodisches Erinnern. Forschungsbericht Nr. 1989-5. Universität Bern: Psychologisches Institut, 1989.

Scheuerl, H., Hg. (1975) *Theorien des Spiels.* Weinheim: Beltz.

Schlenker, B.R., Trudeau, J.V. (1990) Impact of self-presentations on private self-beliefs: Effects of prior self-beliefs and misattribution. *Journal of Personality and Social Psychology, 58,* 22-32.

Schmela, M., Schwarz, N. (1990) Die Erinnerung an die eigenen Schaulnoten. Beitrag zur Tagung experimentell arbeitender Psychologen, Trier.

Schneider, D.J. (1981) Tactical self-presentation: Toward a broader conception. In Tedeschi, J.T., Ed., *Impression managment theory and social psychological research.* New York: Academic, 23-40.

Schneider, H.D. (1977) *Sozialpsychologie der Machtbeziehungen.* Stuttgart: Enke.

Schulz, R. (1976) Effects of control and predictability on the physical and psychological well-being of the institutionalized aged. *Journal of Personality and Social Psychology, 33,* 563-573.

Schulz, R., Hanusa, B.H. (1978) Long-term effects of control and predictability enhancing interventions: Findings and ethical issues. *Journal of Personality and Social Psychology, 36,* 1194-1201.

Schunk, D.H. (1981) Modelling and attributional effects on children's achievement: A self-efficacy analysis. *Journal of Educational Psychology, 73,* 93-105.

Schwarz, N. (1987) *Stimmung als Information.* Berlin: Springer.

Schwarz, N. (1988) Stimmung als Information. *Psychologische Rundschau, 39,* 148-159.

Schwarzer, R. (1981) *Streß, Angst und Hilflosigkeit.* Stuttgart: Kohlhammer.

Seeman, M., Evans, J.W. (1962) Alienation and learning in a hospital setting. *American Sociological Review, 27,* 772-783.

Segal, Z.V. (1988) Aappraisal of the self-schema construct in cognitive models of depression. *Psychological Bulletin, 103,* 147-162.

Segal, Z.V., Hood, J.E., Shaw, B.F., Higgins, E.T. (1988) A structural analysis of the self-schema construct in major depression. *Cognitive Therapy and Research, 12,* 471-485.

Segal, Z.V., Shaw, B.F. (1986) Cognition in depression: A reappraisal of Coyne and Gotlib's critique. *Cognitive Therapy and Research, 10,* 671-693.

Seiffge-Krenke, I. (1986) Problembewältigung im Jugendalter. *Zeitschrift für Entwicklungspsychologie und Pädagogische Psychologie, 18,* 122-152.

Seligman, M.E.P. (1975) *Helplessness. On depression, development and death.* San Francisco: Freeman (dt: *Erlernte Hilflosigkeit.* 2. Auflage. München: Urban & Schwarzenberg, 1983).

Seligman, M.E.P. (1981) A learned helplessness point of view. In Rehm, L.P., Ed., *Behavior therapy for depression: Present status and future directions.* New York: Academic, 123-141.

Seligman, M.E.P., Maier, S.F. (1967) Failure to escape traumatic shock. *Journal of Experimental Psychology, 74,* 1-9.

Semmer, N. (1984) *Streßbezogene Tätigkeitsanalyse. Psychologische Untersuchungen zur Analyse von Streß am Arbeitsplatz.* Weinheim: Beltz.

Semmer, N. (1990) Streß und Kontrollverlust. In Frei, F., Udris, I., Hg., *Das Bild der Arbeit*. Bern: Huber, 190-207.

Shaklee, H. (1983) Human covariation judgment: Accuracy and strategy. *Learning and Motivation, 14*, 433-448.

Shaklee, H., Hall, L. (1983) Methods of assessing strategies for judging covariation between events. *Journal of Educational Psychology, 75*, 583-594.

Shaklee, H., Holt, P., Elek, S., Hall, L. (1988) Covariation judgment: Improving rule use among children, adolescents and adults. *Child Development, 59*, 755-768.

Shaklee, H., Mims, M. (1981) Development of rule use in judgments of covariation between events. *Child Development, 52*, 317-325.

Shaklee, H., Paszek, D. (1985) Covariation judgment: Systematic rule use in middle childhood. *Child Development, 56*, 1229-1240.

Shavelson, R.J., Hubener, J.J., Stanton, G. (1976) Self-concept: Validation of construct interpretations. *Review of Educational Research, 46*, 407-441.

Shavelson, R.J., Marsh, H.W. (1986) On the structure of self-concept. In Schwarzer, R., Ed., *Self related cognitions in anxiety and motivation*. Hillsdale, N.J.: Lawrence Erlbaum, 305-330.

Shultz, T.R., Ravinsky,F.B. (1977) Similarity as a principal of causal inference. *Child Development, 48*, 1552-1558.

Shure, G.H., Meeker, R.J., Hansford, E.A. (1965) The effectiveness of pacific strategies in bargaining games. *Journal of Conflict Resolution, 9*, 106-117.

Singh, D. (1970) Preference for bar pressing to obtain reward over freeloading in rats and children. *Journal of Comparative and Physiological Psychology, 73*, 320-327.

Skinner, B.F. (1938) *The behavior of organisms*. New York: Appleton.

Skinner, E.A. (1985) Action, control judgments and the structure of control experience. *Psychological Review, 92*, 39-58.

Skinner, E.A. (1986) The origins of young children's perceived control: Mother contingent and sensitive behavior. *International Journal of Behavioral Development, 9*, 359-382.

Skinner, E.A. (1990) What causes success and failure in school and friendship? Developmental differentiation in children's beliefs across middle childhood. *International Journal of Behavioral Development, 13*, 157-176.

Skinner, E.A., Chapman, M. (1984) Control beliefs in an action perspective. *Human Development, 27*, 129-133.

Skinner, E.A., Chapman, M., Baltes, P.B. (1988a) Control, means-ends and agency beliefs: A new conceptualization and its measurement during childhood. Journal of Personality and Social Psychology, 54, 117-133.

Skinner, E.A., Chapman, M., Baltes, P.B. (1988b) Children's belief about control, means-ends and agency: Developmental differences during middle childhood. *International Journal of Behavioral Development, 11*, 369-388.

Skinner, E.A., Connell, J.P. (1986) Control understanding: Suggestions for a developmental framework. In Baltes, M., Baltes, P.B., Eds., *The psychology of aging and control*. Hillsdale, N.J.: Erlbaum, 35-69.

Skinner, E.A., Schindler, A., Tschechne, M. (1990) Self-other differences in children's perceptions about the causes of important events. *Journal of Personality and Social Psychology, 58*, 144-155.

Smith, G. (1970) Personality and smoking: A review of the empirical literature. In Hunt, W.A., Ed., *Learning mechanisms in smoking*. Chicago: Aldinge, 42-61.

Smith, S.M., Glenberg, A., Bjork, R.A. (1978) Environmental context and human memory. *Memory and Cognition, 6*, 342-353.

Smith, T.W., Anderson, N.B. (1986) Models of personality and disease: An interactional approach to type A behavior and cardiovascular risk. *Journal of Personality and Social Psychology, 50*, 1166-1173.

Sneary, J.R. (1985) Cross-cultural universality of social-moral development: a critical review of Kohlbergian research. *Psychological Bulletin, 97*, 202-232.

Snyder, M.L, Stephan, W.G., Rosenfield, D. (1976) Egotism and attribution. *Journal of Personality and Social Psychology, 33*, 435-441.

Snyder, M.L., Stephan, W.G., Rosenfield, D. (1978) Attributional egotism. In Harvey, J.H., Ickes, W.J., Kidd, R.F., Eds., *New directions in attribution research II*. Hillsdale, N.J.: Lawrence Erlbaum, 91-120.

Snyder, M.L., Uranowitz, S.W. (1978) Reconstructing the past: Some cognitive consequences of person perception. *Journal of Personality and Social Psychology, 36*, 941-950.

Snyder, M.L., White, P. (1982) Moods and memories: Elation, depression and the remembering of events of one's life. *Journal of Personality, 50*, 149-167.

Solomon, S.K. (1976) Control-seeking behavior: Are people motivated to attain control? Unpublished manuscript. Yale University.

Solomon, S.K., Rodin, J. (1978) Who's responsible for this? An investigation into the relationship between self-esteem and responsibility. Unpublished manuscript. Yale University.

Spangler, G., Bräutigam, I., Stadler, R. (1984) Handlungsentwicklung in der frühen Kindheit und ihre Abhängigkeit von der kognitiven Entwicklung und der emotionalen Erregbarkeit des Kindes. *Zeitschrift für Entwicklungspsychologie und Pädagogische Psychologie, 16*, 181-193.

Spence, J.T. (1985) Achievement American style. The rewards and costs of individualism. *American Psychologist, 40*, 1285-1295.

Sperbeck, D.J., Whitbourne, S.K., Hoyer, W.J. (1986) Age and openness to experience in autobiographical memory. *Experimental Aging Research, 12*, 169-172.

Spitz, R. (1945) Hospitalism. *Psychoanalytic Study of the Child, 1*, 53-74.

Sroufe, L.A. (1983) Infant-caregiver attachment and patterns of adaptation in preschool: The roots of maladaptation and competence. In Perlmutter, M., Ed., *Development and policy concerning children with special needs.* Hillsdale, N.J.: Lawrence Erlbaum, 41-83.

Stannieder, G. (1988) *Selbstvertrauen und Möglichkeiten seiner Beeinflussung bei Schülern.* Berlin: Volk & Wissen.

Staton, J.J. (1984) Acquired practical reasoning through teacher-student interactions in dialogue journals. Unpublished dissertation. Los Angeles: University of California.

Staub, E., Kellett, D.S. (1972) Increasing pain tolerance by information about aversive stimuli. *Journal of Personality and Social Psychology, 21*, 198-203.

Staub, E., Tursky, B, Schwartz, G.E. (1971) Self-control and predictability: Their effects on reactions to aversive stimulation. *Journal of Personality and Social Psychology, 18*, 157-162.

Stephan, W.G., Rosenfield, D., Stephan, C. (1978) Egotism in males and females. *Journal of Personality and Social Psychology, 34*, 1161-1167.

Stiensmeier, J. (1985a) Wichtigkeit als Bedingung von Lageorientierung. *Archiv für Psychologie, 137*, 1-11.

Stiensmeier, J. (1985b) Begabungskonzept als Bedingung von Lageorientierung. *Zeitschrift für experimentelle und angewandte Psychologie, 22*, 627-641.

Stiensmeier, J. (1986) Wichtigkeit und Kontrollerleben als Bedingungen von Lageorientierung. *Archiv für Psychologie, 138*, 127-138.

Stiensmeier, J., Kammer, D., Pelster, A., Niketta, R. (1985) Attributionsstil und Bewertung als Risikofaktoren der depressiven Reaktion. *Diagnostica, 31*, 300-311.

Stiensmeier-Pelster, J. (1988) *Erlernte Hilflosigkeit, Handlungskontrolle und Leistung.* Berlin: Springer.

Stipek, D.J., DeCotis, K.M. (1988) Children's understanding of the implications of causal attributions for emotional experiences. *Child Development, 59*, 1601-1616.

Stoltz, R.F., Galassi, J.P. (1989) Internal attributions and types of depression in college students: The learned helplessness model revisited. *Counseling Psychology, 36*, 316-321.

Stotland, E., Blumenthal, A. (1964) The reduction of anxiety as a result of the expectation of making a choice. *Canadian Journal of Psychology, 18*, 139-145.

Strack, F. (1988) Social cognition: Sozialpsychologie innerhalb des Paradigmas der Informationsverarbeitung. *Psychologische Rundschau, 39*, 72-82.

Strack, F., Erber, R., Wicklund, R. (1982) Effects of salience and time pressure on ratings of social causality. *Journal of Experimental Social Psychology, 18*, 581-594.

Straits, B.C., Sechrest, L. (1963) Further support of some findings about characteristics of smokers and non-smokers. *Journal of Consulting Psychology, 27*, 282.

Strickland, B.R. (1978) Internal–external expectancies and health-related behaviors. *Journal of Consulting and Clinical Psychology, 46*, 1192-1211.

Strickland, B.R. (1989) Internal-external control expectancies: From contingency to creativity. *American Psychologist, 44*, 1-12.

Strickland, L.H., Lewicki, R.J., Katz, A.M. (1966) Temporal orientation and perceived control as determinants of risk-taking. *Journal of Experimental Social Psychology, 2*, 143-151.

Strube, G. (1985a) Knowing what's going to happen in life I: A model of biographical knowledge. München: Max-Planck-Institut für Psychologische Forschung.

Strube, G. (1985b) Knowing what's going to happen in life II: Biographical knowledge in developmental perspective. München: Max-Planck-Institut für Psychologische Forschung.

Strube, G., Neubauer, S. (1988) Remember that exam? In Gruneberg, M.M., Morris, P.E., Sykes, R.N., Eds., *Practical aspects of memory.* New York: Wiley, 247-252.

Strube, G., Weinert, F.E. (1987) Autobiographisches Gedächtnis: Mentale Repräsentation der individuellen Biographie. In Jüttemann, G., Thomae, H., Hg., *Biographie und Psychologie.* Berlin: Springer, 151-167.

Strube, M.J., Lott, C.L., Lê-Xuân-Hy, G.M., Oxenberg, J., Deichman, A.K. (1986) Self-evaluation of abilities: Accurate self-assessment versus biased self-enhancement. *Journal of Personality and Social Psychology, 51,* 16-25.

Strube, M.J., Werner, C. (1985) Relinquishment of control and the type A behavior pattern. *Journal of Personality and Social Psychology, 48,* 688-701.

Suls, J.M., Miller, R.L., Eds., (1977) *Social comparison processes: Theoretical and empirical perspectives.* Washington: Hemisphere.

Supersaxo, A., Perrez, M., Kramis, J. (1986) Beeinflussung der kausalen Attributionstendenzen von Schülern durch Lehrerattribution. *Psychologie in Erziehung und Unterricht, 33,* 108-116.

Swann, W.B., Stephenson, B., Pittman, T.S. (1981) Curiosity and control: On the determinants of the search for social knowledge. *Journal of Personality and Social Psychology, 40,* 635-642.

Sweeney, P.D., Anderson, K., Bailey, S. (1986) Attributional style in depression: A meta-analytic review. *Journal of Personality and Social Psychology, 50,* 974-991.

Taylor, S.E., Brown, J.D. (1988) Illusion and well-being: A social psychological perspective on mental health. *Psychological Bulletin, 103,* 193-210.

Taylor, S.E., Fiske, S.T. (1975) Point of view and perceptions of causality. *Journal of Personality and Social Psychology, 32,* 439-445.

Teasdale, J.D. (1978) Effects of real and recalled success on learned helplessness and depression. *Journal of Abnormal Psychology, 87,* 155-164.

Teasdale, J.D., Spencer, P. (1984) Induced mood and estimates of past success. *British Journal of Clinical Psychology, 23,* 149-150.

Teasdale, J.D., Taylor, R. (1981) Induced mood and accessibility of memories: An effect of mood state or of induction procedure? *Journal of Clinical Psychology, 20,* 39-48.

Teasdale, J.D., Taylor, R., Forgarty, S.J. (1980) Effects of induced elation-depression on the accessibility of memories of happy and unhappy experiences. *Behavior Research and Therapy, 18,* 339-346.

Tennen, H., Eller, S.J. (1977) Attributional components of learned helplessness and facilitation. *Journal of Personality and Social Psychology, 35,* 265-271.

Thibaut, J.W., Riecken, H.W. (1955) Some determinants and consequences of the perception of social causality. *Journal of Personality, 24,* 113-133.

Thomae, H. (1984) Formen der Auseinandersetzung mit Konflikt und Belastung im Jugendalter. In Olbrich, E., Todt, E., Hg., *Probleme des Jugendalters.* Berlin: Springer, 89-110.

Thomas, A., Chess, S. (1977) *Temperament and development.* New York: Brunner/Mazel.

Thommen, B. (1985) *Alltagstheorie von Lehrern über verhaltensauffällige Schüler.* Bern: Huber.

Thompson, C.P. (1982) Memory for unique personal events: The roommate study. *Memory and Cognition, 10,* 324-332.

Thompson, C.P. (1984) Memory for unique personal events: Some implications of the self-schema. *Human Learning, 4,* 267-280.

Thompson, R.A., Lamb, M.E. (1983) Individual differences in dimensions of socioemotional development in infancy. In Plutchik, R., Kellerman, H., Eds., *Emotion: Theory, research and experience, Vol. 2: Emotions in early development.* New York: Academic, 87-114.

Thompson, S.C. (1981) Will it hurt less if I can control it? A complex answer to a simple question. *Psychological Bulletin, 90,* 89-101.

Thorndton, J.W., Jacobs, P.D. (1972) The facilitating effects of prior inescapable/unavoidable stress on intellectual performance. *Psychonomic Science, 26,* 185-187.

Thorndyke, P.W. (1977) Cognitive structures in comprehension and memory of narrative discourse. *Cognitive Psychology, 1977, 9,* 77-110.

Thurstone, L.L., Thurstone, T.G. (1941) Factorial studies of intelligence. *Psychometric Monograph,* 2.

Towbes, L.C., Cohen, L.H., Glyshaw, K. (1989) Instrumentality as a life-stress moderator for early versus middle adolescents. *Journal of Personality and Social Psychology, 57,* 109-119.

Trommsdorff, G. (1985) Kontrollorientierung aus kulturvergleichender Sicht. In Montada, L., Hg., *Bericht über die 7. Tagung Entwicklungspsychologie.* Trier: Universitätsdruckerei, 309-310.

Trommsdorff, G. (1989) Sozialisation und Werthaltungen im Kulturvergleich. In Trommsdorff, G., Hg., *Sozialisation im Kulturvergleich.* Stuttgart: Enke, 97-121.

Trommsdorff, G., John, H. (1990) The role of empathy in decoding affective communication in intimate relations. Manuscript. Konstanz: Fachgruppe Psychologie der sozialwissenschaftlichen Fakultät.

Tronick, E.Z., Ricks, M., Cohn, J.F. (1982) Maternal and infant affective exchange: Patterns of adaptation. In Field, T., Fogel, A., Eds., *Emotion and early interaction,* Hillsdale, N.J.: Lawrence Erlbaum, 83-100.

Trope, Y. (1982) Self-assessment and task performance. *Journal of Experimental Social Psychology, 18,* 201-215.

Trope, Y. (1983) Self-assessment in achievement behavior. In Suls, J.M., Greenwald, A.G., Eds., *Psychological perspective on the self, vol. 2.* Hillsdale, N.J.: Lawrence Erlbaum, 92-121.

Trudewind, C. (1972) Versuch einer Taxonomie von leistungsmotivationsgenetisch relevanten Bedingungen des nichtschulischen Lebensraums. Dissertation. Universität Bochum.

Tucker, J.A., Vuchinich, R.E., Sobell, M.B. (1981) Alcohol consumption as a self-handicapping strategy. *Journal of Abnormal Psychology, 90,* 220-230.

Tulving, E. (1972) Episodic and semantic memory. In Tulving, E., Donaldson, W., Eds., *Organization of memory.* Academic, 381-403.

Tulving, E. (1976) Ecphoric processes in recall and recognition. In Brown, J., Ed., *Recall and recognition.* London: Wiley, 37-73.

Tulving, E. (1979) Relation between encoding specificity and levels of processing. In Cermak, S., Craik, F.I.M., Eds., *Levels of processing and human memory.* Hillsdale, N.J.: Lawrence Erlbaum, 405-428.

Tulving, E. (1983) *Elements of episodic memory.* New York: Oxford University Press.

Tulving, E. (1984) Precis, Elements of episodic memory. *Behavioral and Brain Sciences, 6,* 223-268.

Tulving, E. (1985) How many memory systems are there? *American Psychologist, 40,* 385-398.

Tulving, E. (1986) What kind of a hypothesis is the distinction between episodic and semantic memory? *Journal of Experimental Psychology: Learning, Memory and Cognition, 12,* 307-311.

Tulving, E., Thomson, D.M. (1973) Encoding specificity and retrieval processes in episodic memory. *Psychological Review, 80,* 352-373.

Tulving, E., Watkins, M.J. (1975) Structure of memory traces. *Psychological Review, 82,* 261-275.

Turner, R.H., Barlow, J.A. (1951) Memory for pleasant and unpleasant experiences: Some methodological considerations. *Journal of Experimental Psychology, 42,* 189-196.

Turnquist, D.C., Harvey, J.H., Andersen, B.L. (1988) Attributions and adjustment to life-threatening illness. *British Journal of Clinical Psychology, 27,* 55-65.

Tversky, A., Kahneman, D. (1973) Availability: A heuristic for judging frequency and probability. *Cognitive Psychology, 5,* 207-232.

Ulich, D. (1987) *Krise und Entwicklung.* München: Psychologie Verlagsunion.

Ulich, D., Hausser, K., Mayring, P., Strehmel, P., Kandler, M., Degenhardt, B. (1985) *Psychologie der Krisenbewältigung.* Weinheim: Beltz.

Underwood, B., Froming, W.J., Moore, B.S. (1980) Mood and personality: A search for the causal relationship. *Journal of Personality, 48,* 15-23.

Valentin, P. (1989) Weltbildentwicklung. Lizentiatsarbeit in Kinder- und Jugendpsychologie. Universität Bern.

Vallerand, R.J., Richer, F. (1988) On the use of the causal dimension scale in a field setting: A test with confirmatory factor analysis in success and failures situations. *Journal of Personality and Social Psychology, 54,* 704-712.

Van Overwalle, F. (1989) Structure of freshmen's causal attributions for exam performance. *Journal of Educational Psychology, 81,* 400-407.

Velden, E. (1968) A laboratory task for the induction of mood states. *Behavior Research and Therapy, 6,* 473-482.

Veroff, J., Reuman, D., Feld, S. (1984) Motives in American men and women across the adult life span. *Developmental Psychology, 20,* 1142-1158.

Visintainer, M.A., Seligman, M.E.P., Volpicelli, J. (1983) Helplessness, chronic stress and tumor development. *Psychosomatic Medicine, 45,* 75-76.

Von Cranach, M., Kalbermatten, U., Indermühle, K., Gugler, B. (1980) *Zielgerichtetes Handeln.* Bern: Huber.

Wagenaar, W.A. (1986) My memory: A study of autobiographic memory over six years. *Cognitive Psychology, 18,* 225-252.

Wagenaar, W.A. (1988) People and places in my memory: A study on cue specificity and retrieval from autobiographical memory. In Gruneberg, M.M., Morris, P.E., Sykes, R.N., Eds., *Practical aspects of memory.* New York: Wiley, 228-233.

Wagman, M. (1955) Attitude change and authoritarian personality. *Journal of Psychology, 40,* 3-24.

Wall, T.D., Clegg, C.W. (1981) A longitudinal field study of group work redesign. *Journal of Occupational Behavior, 2,* 31-49.

Wall, T.D., Kemp, N.J., Jackson, P.R., Clegg, C.W. (1986) Outcomes of autonomous workgroups: A long-term field experiment. *Academy of Management Journal, 29,* 280-304.

Walster, E. (1966) Assignment of responsibility for an accident. *Journal of Personality and Social Psychology, 3,* 73-79.

Walter, H. (1978) *Angst bei Schülern*. Basel: Reinhardt.

Warrington, E.K., Sanders, H.I. (1971) The fate of old memories. *Quarterly Journal of Experimental Psychology, 23*, 423-442.

Waters, R.H., Leeper, R. (1936) The relation of affective tone to the retention of experiences of daily life. *Journal of Experimental Psychology, 19*, 203-215.

Watson, J.S. (1966) The development and generalization of 'contingency awareness' in early infancy: Some hypotheses. *Merrill-Palmer Quarterly, 12*, 123-135.

Watson, J.S. (1967) Memory and 'contingent analysis' in infant learning. *Merrill-Palmer Quarterly, 13*, 55-76.

Watson, J.S. (1971) Cognitive perceptual development in infancy. *Merrill-Palmer Quarterly, 18*, 139-152.

Watson, J.S. (1972) Smiling, cooing and the 'game'. *Merrill-Palmer Quarterly, 18*, 323-339.

Watson, J.S. (1977) Depression and the perception of control in early childhood. In Schulterbrandt, J.G., Raskin, A., Eds., *Depression in Childhood: Diagnosis, treatment and conceptual models*. New York: Raven Press, 123-133.

Watson, J.S. (1979) Perception of contingency as a determinant of social responsiveness. In Thoman, E.B., Ed., *Origins of the infant's social responsiveness*. Hillsdale, N.J.: Lawrence Erlbaum, 33-64.

Watson, J.S., Ramey, C.T. (1972) Reactions to response-contingent stimulation in early infancy. *Merrill-Palmer Quarterly, 18*, 219-227.

Watzlawick, P., Beavin, J.H., Jackson, D.D. (1967) *Pragmatics of human communication* (dt. *Menschliche Kommunikation*. Bern: Huber, 1969).

Weary, G., Arkin, R. (1981) Attributional self-presentation. In Harvey, J.H., Ickes, W.J., Kidd, R.F., Eds., *New directions in attribution research, Vol 3*. Hillsdale, N.J.: Lawrence Erlbaum, 223-246.

Weber, H., Knapp-Glatzel, B. (1988) Alltagsbelastungen. In Brüderl, L., Hg., *Prozesse der Auseinandersetzung mit belastenden Lebenssituationen*. München: Juventa, 161-181.

Weber, M. (1972, Nachdruck) *Wirtschaft und Gesellschaft*. Tübingen: Mohr.

Weidner, G., Mathews, K.A. (1978) Reported physical symptoms elicited by unpredictable events and the Type A coronary-prone behavior pattern. *Journal of Personality and Social Psychology, 36*, 1213-1220.

Weiner, B. (1972) *Theories of motivation*. Chicago: Markham (dt. *Theorien der Motivation*. Stuttgart: Klett, 1976).

Weiner, B. (1978) Achievement strivings. In London, H., Exner, J.E., Eds., *Dimensions of personality*. New York: Wiley, 1-36.

Weiner, B. (1980) *Human motivation*. New York: Holt, Rinehart and Winston (dt. *Motivationspsychologie*. Weinheim: Beltz, 1984).

Weiner, B. (1985) 'Spontaneous' causal thinking. *Psychological Bulletin, 97*, 74-84.

Weiner, B. (1988) Attribution theory and attributional therapy: Some theoretical observations and suggestions. *British Journal of Clinical Psychology, 27*, 93-104.

Weiner, B., Frieze, I.H., Kukla, A., Reed, L., Rest, S., Rosenbaum, R.M. (1971) *Perceiving the causes of success and failure*. New York: General Learning Press.

Weiner, B., Litman-Adidzes, T. (1980) An attributional, expectance-value analysis of learned helplessness. In Garber, J., Seligman, M.E.P., Eds., *Human helplessness*. New York: Academic, 35-57.

Weiss, J.M. (1968) Effects of coping response on stress. *Journal of Comparative and Physiological Psychology, 65*, 251-260.

Weiss, J.M. (1971a) Effects of coping behavior in different warning signal conditions on stress pathology in rats. *Journal of Comparative and Physiological Psychology, 77*, 1-13.

Weiss, J.M. (1971b) Effects of punishing the coping response (conflict) on stress pathology in rats. *Journal of Comparative and Physiological Psychology, 77*, 14-21.

Weiss, J.M. (1971c) Effects of coping behavior with and without feedback signal on stress pathology in rats. *Journal of Comparative and Physiological Psychology, 77*, 22-30.

Weisz, J.R. (1983) Can I control it? The pursuit of veridical answers across the life span. In Baltes, P.B., Brim, O.G., Eds., *Life-span development and behavior. Vol. 5*. New York: Academic, 233-300.

Weisz, J.R., Rothbaum, F.M., Blackburn, T.C. (1984a) Standing out and standing in: The psychology of control in America and Japan. *American Psychologist, 39*, 955-969.

Weisz, J.R., Rothbaum, F.M., Blackburn, T.C. (1984b) Swapping recipes for control. *American Psychologist, 39*, 974-975.

Weisz, J.R., Stipek, D.J. (1982) Competence, contingency and the development of perceived control. *Human Development, 25*, 250-281.

366

Weldon, D.E., Malpass, R.S. (1981) Effects of attitudinal, cognitive and situational variables on recall of biased communications. *Journal of Personality and Social Psychology, 40,* 39-52.

Wells, G.I., Gavanski, I. (1989) Mental simulation of causality. *Journal of Personality and Social Psychology, 56,* 161-169.

Wells, G.L., Harvey, J.H. (1977) Do people use consensus information in making causal attributions? *Journal of Personality and Social Psychology, 35,* 279-293 (dt. Verwendet man Konsensusinformation bei Kausalattributionen? In Herkner, W., Hg., *Attribution. Psychologie der Kausalität.* Bern: Huber, 1980, 253-276).

Wendt, H.W., Ewert, O.M., Ewert, U. (1971) Die vorsprachliche Umwelt aus einiger Entfernung betrachtet. *Archiv für Psychologie, 123,* 17-34.

Wener, A.E., Rehm, L.P. (1975) Depressive affect: A test of behavioral hypotheses. *Journal of Abnormal Psychology, 84,* 221-227.

Wenzlaff, R.M., Berman, J.S. (1985) Judgmental accuracy in depression. Paper presented to the Annual Meeting of the American Psychological Association in Los Angeles.

Werner, H. (1926) *Einführung in die Entwicklungspsychologie.* Leipzig: Barth (3. Auflage: 1953).

White, P.A. (1988) Causal processing: Origins and development. *Psychological Bulletin, 104,* 36-52.

White, R.T. (1982) Memory for personal events. *Human Learning, 1,* 171-183.

White, R.T. (1986) Recall of events. Paper presented to the AERA meeting in San Francisco.

White, R.T. (1988) Recall of autobiographical events. *Applied Cognitive Psychology, 2,* in press.

White, R.W. (1959) Motivation reconsidered: the concept of competence. *Psychological Review, 66,* 297-333.

Whitley, B.E., Frieze, I.H. (1985) Children's causal attributions for success and failure in achievement settings: A meta-analysis. *Journal of Educational Psychology, 77,* 608-616.

Whitten, W.B., Leonard, J.M. (1981) Directed search through autobiographical memory. *Memory and Cognition, 9,* 566-579.

Wicklund, R.A. (1974) *Freedom and reactance.* Hillsdale, N.J.: Lawrence Erlbaum.

Wicklund, R.A. (1975) Objective self-awareness. In Berkowitz, L., Ed., *Advances in experimental social psychology, vol. 8.* New York: Academic, 233-275.

Wicklund, R.A., Brehm, J.W. (1968) Attitude change as a function of felt competence and threat to attitudinal freedom. *Journal of Experimental Social Psychology, 4,* 64-75.

Wicklund, R.A., Duval, S. (1971) Opinion change and performance facilitation as a result of objective self awareness. *Journal of Experimental Social Psychology, 7,* 319-342.

Widdel, H. (1977) *Attribuierungsfragebogen für Erfolg und Mißerfolg in der Schule für 5. - 7. Klassen (AEM 5-7).* Weinheim: Beltz.

Wieczerkowski, W., Nickel, H., Janowski, F., Fittkau, R., Rauer, W. (1979) *Angstfragebogen für Schüler (AFS).* Hogrefe: Göttingen.

Williams, J.M.G., Broadbent, K. (1986) Autobiographical memory in suicide attempters. *Journal of Abnormal Psychology, 95,* 144-149.

Williams, J.M.G., Dritschel, B.H. (1988) Emotional disturbance and the specificity of autobiographical memory. *Cognition and Emotion, 2,* 221-234.

Williams, J.M.G., Scott, J. (1988) Autobiographical memory in depression. *Psychological Medicine, 18,* 689-695.

Williams, M.D., Hollan, J.D. (1981) The process of retrieval form very long-term memory. *Cognitive Science, 5,* 87-119.

Wilson, T.D. (1985) Strangers to ourselves: The origins and accuracy of beliefs about one's own mental states. In Harvey, J.H., Weary, G., Eds., *Attribution.* New York: Wiley, 9-39.

Wilson, T.D., Hull, J.G., Johnson, J. (1981) Awareness and self-perception: Verbal reports on internal states. *Journal of Personality and Social Psychology, 60,* 53-71.

Wingfield, A., Byrnes, D. (1981) *The psychology of human memory.* New York: Academic.

Winter, D.G. (1975) *The power motive.* New York: Free Press.

Winter, D.G., Stewart, A.J. (1978) The power motive. In London, H., Exner, J.E., Eds., *Dimensions of personality.* New York: Wiley, 391-447.

Winterbottom, M.R. (1958) The relation of need for achievement to learning experiences in independence and mastery. In Atkinson, J.W., Ed., *Motives in fantasy, action and society.* Princeton, N.J.: Van Nostrand, 453-478.

Wippich, W. (1981) Lernen in vertrauter oder fremder Umgebung: Kontexteffekte beim Behalten. *Schweizerische Zeitschrift für Psychologie, 40,* 40-54.

Wippich, W. (1982) Textverarbeitung unter Entspannung: Kontexteffekte beim Behalten. *Zeitschrift für experimentelle und angewandte Psychologie, 29,* 343-356.

Wippich, W. (1984) *Lehrbuch der angewandten Gedächtnispsychologie, Band 1.* Stuttgart: Kohlhammer.

Wippich, W. (1985) *Lehrbuch der angewandten Gedächtnispsychologie, Band 2.* Stuttgart: Kohlhammer.

Wong, P.T.P., Weiner, B. (1981) When people ask 'why' questions and the heuristics of attributional search. *Journal of Personality and Social Psychology, 40,* 650-663.

Woodworth, R.S. (1958) *Dynamics of behavior.* London: Methuen.

Wortman, C.B. (1975) Some determinants of perceived control. *Journal of Personality and Social Psychology, 31,* 282-294.

Wortman, C.B. (1976) Causal attribution and personal control. In Harvey, J.H., Ickes, W.J., Kidd, R.F., Eds., *New directions in attribution research I.* Hillsdale, N.J.: Lawrence Erlbaum, 23-52.

Wortman, C.B., Brehm, J.W. (1975) Responses to uncontrollable outcome. In Berkowitz, L., Ed., *Advances in experimental social psychology,* vol. 8. New York: Academic, 277-336.

Wortman, C.B., Dintzer, L. (1978) Is an attributional analysis of the learned helplessness phenomenon viable? *Journal of Abnormal Psychology, 87,* 75-90.

Wright, J., Mischel, W. (1982) The influences of affect on cognitive social learning person variables. *Journal of Personality and Social Psychology, 43,* 901-914.

Wygotski, L.S. (1934, dt. 1977) *Denken und Sprechen.* Frankfurt: Fischer.

Yarrow, L.J., Rubenstein, J.L., Pedersen, F.A., Jankowki, J.J. (1972) Dimensions of early stimulation and their differential effects on infant development. *Merrill-Palmer Quarterly, 18,* 205-218.

Zajonc, R.B. (1980) Feeling and thinking: Preferences need no inferences. *American Psychologist, 35,* 151-175.

Zajonc, R.B. (1984) On the primacy of affect. *American Psychologist, 39,* 117-123.

Zander, A., Cohen, A.R., Stotland, E. (1959) Power and the relations among professions. In Cartwright, D., Ed., *Studies in social power.* Ann Arbor, Michigan: Institute for Social Research, 15-34.

Zimmerman, M. (1983) Weighted versus unweighted life event scores: Is there a difference? *Journal of Human Stress, 9,* 30-35.

Züblin, C. (1986) Wie reagieren Jugendliche in Situationen, in denen ihre Kontrolle eingeschränkt wird? Lizentiatsarbeit. Universität Bern: Psychologisches Institut.

Zuckerman, M. (1979) Attribution of success and failure revisited, or: The motivational bias is alive and well in attribution theory. *Journal of Personality and Social Psychology, 47,* 245-287.

Zumkley-Münkel, C. (1984) *Freiheit und Zwang in Erziehung und Unterricht.* Göttingen: Hogrefe.

Zuroff, D.C., Colussy, S.A., Wielgus, M.S. (1983) Selective memory and depression: A cautionary note concerning response bias. *Cognitive Therapy and Research, 7,* 223-232.

Zuroff, D.C., Colussy, S.A., Wielgus, M.S. (1986) Additional comments on depression, selective memory and response bias. *Cognitive Therapy and Research, 10,* 271-274.

Personenregister

371

373

Sachregister

379